HISTOIRE DU CONSULAT
ET DE L'EMPIRE
1799-1815

collection tempus

JACQUES-OLIVIER BOUDON

HISTOIRE DU CONSULAT ET DE L'EMPIRE

1799-1815

Perrin

www.editions-perrin.fr

© Éditions Perrin, 2000 et 2003 pour la présente édition.
ISBN : 2-262-02005-1

tempus est une collection des éditions Perrin.

Introduction

En novembre 1799, un jeune général corse s'empare du pouvoir. Cinq ans plus tard, Napoléon Bonaparte se fait sacrer empereur des Français. Le Consulat laisse la place à l'Empire. En 1815, après un ultime soubresaut, l'expérience prend fin. Pourtant, deux siècles après, l'aventure de Napoléon Bonaparte continue de fasciner. Qu'il suscite l'admiration ou le rejet, Napoléon ne laisse personne indifférent. Cette fascination tient en partie à l'abondance des écrits, mais aussi à celle des images qu'a suscitées l'épopée napoléonienne. Aux archives particulièrement nombreuses laissées par les administrations impériales, s'est ajoutée une moisson de mémoires, de récits, de souvenirs, publiés par les acteurs ou les témoins d'une histoire vécue comme palpitante. Le sentiment de rupture provoqué par la défaite de Waterloo accentue ce phénomène et fait entrer très vite l'Empire dans la légende. Néanmoins, les contemporains n'hésitèrent pas à faire l'histoire du temps présent, et lorsque Adolphe Thiers se lance dans sa vaste entreprise d'une *Histoire du Consulat et de l'Empire*, il peut bénéficier des témoignages de nombreux survivants de l'épopée. La rançon de ce succès cependant est une abondance telle qu'elle confine au chaos. La profusion des romans historiques, des histoires romancées, des récits anecdotiques contribue à brouiller les repères. La peinture et le théâtre au XIXe siècle, le cinéma au XXe siècle se sont emparés de l'aventure napoléonienne et ont ajouté leurs flots d'images aux impressions laissées par les lectures de souvenirs. Ainsi, lorsque l'on songe à l'époque du Consulat et de l'Empire, les images et les bruits se chevauchent : à la fureur des champs de bataille se mêlent les échos des débats au Conseil d'État ou des ordres tempêtés par l'Empereur, à l'éclat des uniformes de la Garde répond la magnificence des habits de cour. Ce mémorial sonore et visuel se nourrit aussi du cri des victimes de la guerre et des plaintes des soldats prisonniers. Le silence, en revanche, s'abat sur un monde paysan et ouvrier pourtant toujours actif, mais dépourvu du droit à la parole.

Pour comprendre l'histoire du Consulat et de l'Empire, si l'écoute de ces bruits, la lecture de ces témoignages, le décryptage de ces images sont essentiels, ils nécessitent d'être confrontés aux archives, parfois plus austères mais non moins fondamentales à la perception d'une époque. Or, si l'intérêt des historiens pour le Consulat et l'Empire ne s'est jamais démenti, il a pris une nouvelle orientation depuis une trentaine d'années. La célébration du bicentenaire de la naissance de Napoléon Bonaparte en 1969 marque symboliquement une période de renouveau dans la manière d'appréhender cette époque, ce qui justifie une nouvelle synthèse sur le Consulat et l'Empire qui, sans négliger les apports anciens, mette en valeur les résultats des recherches les plus récentes. L'histoire de cette période ne saurait être envisagée comme formant un tout en soi. 1799 ne constitue pas une année zéro, pas plus que 1815 ne remet complètement en cause l'action engagée par Napoléon. Le Consulat et l'Empire marquent une étape dans le processus de construction de la France moderne, ce qui oblige à tenir compte de l'héritage dont ils bénéficient, comme des prolongements de l'œuvre entreprise. De ce point de vue, une telle histoire ne peut que s'inscrire dans une démarche sur la longue durée, qu'il s'agisse des changements économiques et sociaux, des bouleversements institutionnels ou des transformations culturelles.

L'époque n'en conserve pas moins sa spécificité. Dominée par Napoléon, elle donne naissance à un régime inédit en France, régime autoritaire assis sur la puissance des armes, mais qui parvint toutefois à construire une œuvre considérable dans les domaines les plus divers : l'administration, la justice, l'éducation, les finances, la religion. C'est cette multiplicité de chantiers achevés qui fascine. Comment un homme seul a-t-il pu construire une telle œuvre, tout en bataillant aux quatre coins de l'Europe ? Poser une telle question revient presque inévitablement à s'interroger sur la responsabilité personnelle de Napoléon dans la conduite du pays. Certes, l'ampleur de son action est indéniable, mais il est aussi le produit d'une génération qui l'a accompagné et prodigieusement soutenu dans son œuvre. Du reste, même si la légende a contribué à masquer l'apport des compagnons de Napoléon, elle n'a pu totalement effacer l'image des principaux artisans de l'action impériale. Portraits, statues, noms de rues, biographies rendent compte de l'action des généraux, mais aussi des diplomates, des administrateurs, des financiers ou des hommes de loi à la construction de la France moderne. Cette contribution collective n'enlève rien aux qualités de Napoléon qui sut s'entourer bien mieux qu'on ne l'a dit souvent et qui sut surtout diriger ces hommes avec une grande harmonie. Les écarts d'un Talleyrand ou d'un Fouché, que Napoléon a cependant utilisés avec beaucoup d'efficacité, ne doivent pas faire oublier le nombre de collaborateurs, célèbres ou obscurs, qui contribuèrent à sa gloire.

Comprendre comment le Consulat et l'Empire ont pu s'établir en France, puis s'étendre à une grande partie de l'Europe, mesurer l'étendue des réalisations entreprises, en faisant la part de l'action propre de Napoléon par rapport à celle de son entourage, s'interroger sur leur réception dans les pays comme sur leur pérennité, tels sont les objectifs des pages qui vont suivre. En reprenant les trois grandes séquences que représentent le Consulat, les débuts de l'Empire jusqu'en 1809 et la période marquée par l'enracinement monarchique de 1810 à 1814, on mettra l'accent sur l'apport de chacune d'entre elles à l'histoire politique du pays, sans négliger les conséquences que chacune a eues sur l'évolution de la société. La connaissance du Consulat et de l'Empire, avec leurs gloires et leurs faiblesses, est essentielle à la compréhension de la France moderne, mais aussi à l'appréhension de l'imaginaire contemporain.

Première partie

La République consulaire
(1799-1804)

1

La France en crise

Le 14 juillet 1799, Sieyès préside les cérémonies commémorant la prise de la Bastille et la fête de la Fédération, mais le temps est loin où les Français, réunis sur le Champ-de-Mars autour de Louis XVI, le 14 juillet 1790, donnaient l'image d'une nation consolidée, prête à s'engager dans la voie de la monarchie constitutionnelle. En 1799, les divisions l'emportent. Néo-jacobins d'un côté, royalistes de l'autre cherchent à s'emparer d'un pouvoir que les modérés se disputent également. Ce n'est donc pas un hasard si Sieyès, alors président du Directoire, profite des cérémonies du 14 juillet pour s'en prendre violemment aux jacobins et annoncer par là même son intention de s'opposer à tout retour à la République radicale. Il est en même temps conscient des défauts du régime qu'il préside et songe déjà à le réformer. Le 14 juillet 1799 annonce donc le 18-Brumaire. Mais où en est la France après dix ans de révolution ?

1. LA FRANCE ET LES FRANÇAIS À LA FIN DU DIRECTOIRE

Il n'est pas certain qu'un Français de 1799 ait une claire conscience de ce que représente la France à la fin du Directoire. Cette hypothèse revient aussi à s'interroger sur ce que signifie être Français à cette date. Dans quelle mesure, en effet, les habitants qui vivent dans cet espace que l'on appelle « France » ont-ils le sentiment d'appartenir à une même collectivité ? Dans ses limites, la France semble répondre au vœu de Danton qui, à la Convention, en 1793, souhaitait qu'elle s'étende jusqu'à ses « frontières naturelles », à savoir l'Océan, les Pyrénées, la Méditerranée, les Alpes et le Rhin. C'est chose faite en 1798 puisque l'extension, amorcée en 1793, s'est poursuivie. La France contrôle désormais la rive gauche du Rhin et la Belgique, à l'est et au nord ; elle a en outre annexé Genève en

1798, complétant ainsi son emprise sur le massif alpin. Elle a achevé aussi l'unification de son territoire intérieur, en annexant la ville libre de Mulhouse en 1798. À cette date, la France s'étend donc de Nice aux Bouches de l'Escaut, de Bayonne à Mayence. Cet espace recouvre cent trois départements, y compris les deux départements corses du Golo et de Liamone, c'est-à-dire vingt de plus qu'en 1790 lorsque fut créé ce cadre administratif.

S'il ne suffit pas d'imposer un cadre unique pour forger une nation, l'uniformité dans l'administration, l'imposition à tous de la même législation, les efforts pour faire du français la seule langue nationale, à la fois langue de l'administration et de l'enseignement, l'unification du système des poids et mesures sont autant d'éléments qui contribuent à la création d'un espace homogène. Il existe cependant des résistances nombreuses, notamment dans les campagnes où les langues régionales sont encore très répandues et où l'usage des nouveaux modes de calcul n'a guère percé. Ces résistances se rencontrent aussi à l'égard des deux principales contributions demandées aux Français, à savoir l'impôt financier et l'impôt du sang. L'égalité de tous les Français devant l'impôt est une des bases fondamentales de la Révolution ; elle légitime l'action du tiers état en 1789. Toutefois, force est de constater que les impôts rentrent mal à la fin du Directoire, ce qui n'est pas nécessairement un signe d'incivisme, mais plutôt une marque de la désorganisation ambiante. Beaucoup de Français ne voient pas l'intérêt de payer l'impôt que n'acquitte pas leur voisin. Le rapport à la conscription est d'un autre ordre, car il met en cause la défense même du sol. Depuis la loi Jourdan de 1798, tous les jeunes gens de vingt à vingt-cinq ans sont soumis à l'obligation de la conscription, même si tous ne sont pas appelés sous les drapeaux. Chaque département est mis à contribution, à proportion de sa population, sauf Paris et les départements de l'Ouest qui, pour des raisons opposées, obtiennent un traitement de faveur. Les réponses à cet impôt du sang sont un moyen de comprendre la force de l'attachement des Français à leur nation.

Dans les départements belges, on assiste à de véritables révoltes contre la conscription. Pour nombre de jeunes Belges, la France est une puissance occupante. Des résistances à la conscription se font également jour à l'intérieur de l'Hexagone, en particulier dans les départements méridionaux. Dans certains cas, plus de la moitié des recrues refusent de s'enrôler ou désertent quelque temps après leur incorporation. Cette attitude révèle le rejet d'une politique imposée par Paris et le refus de la centralisation ; elle ne signifie pas nécessairement une opposition à l'œuvre révolutionnaire, mais indique les limites de l'effort d'unification consenti depuis 1790. Dix ans plus tard, la nation française est loin d'être acceptée par tous, ce qui conduit à nuancer l'enthousiasme unificateur de la fête de la Fédération, le 14 juillet 1790.

Cependant, la conscription a aussi un aspect positif. D'abord, elle indique le fort patriotisme des populations du Bassin parisien et des plaines de l'Est, régions dans lesquelles les taux de désertion et d'insoumission sont très faibles. Il est vrai que les moyens de s'y dissimuler sont plus réduits que dans les montagnes du centre et du sud de la France. En outre, la conscription à laquelle se plient tout de même plus des deux tiers des jeunes Français, et près de la moitié des Méridionaux, sert à consolider la nation française. L'armée est un creuset ; elle mêle des soldats d'origine diverse, venus d'horizons différents, mais aussi de couches sociales variées. De ce point de vue, l'armée offre un formidable moyen d'ascension sociale à la jeunesse de France. À condition de ne pas être tué, un jeune soldat peut espérer gravir tous les échelons de la hiérarchie. Les généraux de la Révolution offrent suffisamment d'exemples, à commencer par Murat, fils d'aubergiste, pour servir de modèle d'intégration aux soldats. Or, l'armée incarne la Révolution ; elle est porteuse des idéaux de 1789 et continue de professer son intention de les étendre à toute l'Europe. Jusqu'en 1799, les victoires des armées françaises ont décuplé l'enthousiasme des conscrits. Ces armées sont, en revanche, moins ardentes au combat lorsque la France est défaite, comme durant l'été de 1799. En cette fin du Directoire, l'armée qui a pris une très grande place dans la société reste le principal symbole de la France révolutionnaire. Elle incarne « la Nation en armes ».

Les contours de la nation peuvent aussi se dessiner négativement. Si la France fait corps avec la Révolution, tous ceux qui la refusent se trouvent rejetés hors du champ de la nation. Depuis 1790, les émigrés sont ainsi considérés comme des traîtres à la patrie ; leurs biens ont été confisqués. À partir de 1793, il leur est défendu de rentrer sur le sol français sous peine d'y trouver la mort. Ces émigrés ont en outre perdu la qualité de citoyen français, ce qui leur interdit toute participation à la vie politique. On peut ainsi être Français de naissance, de culture et de langue, mais être considéré comme un étranger dans son pays d'origine, même lorsque l'on y est rentré clandestinement depuis plusieurs années. Les proscriptions qui ont suivi le coup d'État antiroyaliste du 18 fructidor an V (septembre 1797) sont venues le rappeler. La prison, le bannissement ou l'exil ont été promis aux royalistes inscrits sur les listes d'émigrés. De ce fait, la diaspora des émigrés qui s'était amenuisée après la chute de Robespierre s'est à nouveau renforcée à la fin du Directoire. En Angleterre, en Allemagne, en Espagne ou en Italie, une autre France, royaliste pour l'essentiel, scrute avec attention l'évolution de la situation française. Mais elle reste très minoritaire.

À la fin de 1799, la France compte un peu plus de 29 millions d'habitants. Sa population a augmenté de plus de 900 000 personnes en cinq ans, ce qui indique une certaine vitalité démographique. De fait, en 1799, on se marie un peu plus qu'en 1789 et un peu plus jeune, entre 29 et 30 ans pour les hommes et 27 ans pour les femmes. L'âge au mariage reste cependant tardif, ce qui demeure le meilleur moyen de limiter le nombre des naissances. Malgré un léger fléchissement dans la décennie révolutionnaire, il naît encore en moyenne plus de trente-six enfants pour mille habitants. Mais des indices du déclin démographique apparaissent déjà, sauf dans l'Ouest où, après la saignée des années 1793-1794, une nette reprise s'est amorcée. L'importance du nombre des mariages et la persistance d'un fort taux de natalité montrent que les Français sont confiants dans l'avenir du pays, même s'ils manifestent quelques signes d'inquiétude sur la situation présente. Ainsi, ils sont de moins en moins nombreux à gagner les villes. Le mouvement de l'exode rural est donc partiellement stoppé, alors qu'une partie des citadins a même tendance à quitter les grandes villes. Ces dernières voient donc leur population stagner au profit des villes petites et moyennes et, naturellement, des villages qui demeurent la cellule de base des Français de 1799.

La France est encore fortement rurale, puisque près de 81 % de la population vivent à la campagne. L'activité agricole est elle-même prédominante. La condition juridique des paysans s'est notablement transformée, depuis dix ans, sans que leur mode de vie en soit toutefois bouleversé. L'abolition des droits féodaux les a rendus libres de la tutelle des seigneurs, de même que l'abandon de la dîme a rompu le lien financier qui les unissait à l'Église. La réforme fiscale a aussi contribué à rendre moins lourde la charge reposant sur leurs épaules, dans la mesure où l'impôt est davantage partagé que par le passé. L'obtention de l'égalité civile reste assez formelle et ne modifie pas, pour l'heure, les habitudes des paysans. Quant à la vente des biens nationaux, elle ne leur profite que marginalement, puisque, au mieux, dans certains départements, les paysans ont acheté 20 % des terres mises en vente, l'essentiel étant acquis par des représentants de la bourgeoisie, dont les disponibilités financières sont plus grandes. La baisse des divers prélèvements pesant sur la paysannerie a soulagé un groupe très pressuré à la veille de la Révolution. En outre, dans de nombreuses régions, les nouveaux impôts rentrent mal, ce qui renforce un peu plus l'autonomie à l'égard du pouvoir central. Les paysans doivent faire face à d'autres contraintes, dont la principale est liée aux levées de soldats opérées depuis 1792. Toutefois, la ponction en hommes demeure modérée. Si la levée des trois cent mille hommes, en 1793, a été l'une des causes de la révolte vendéenne, dans l'ensemble, la ponction reste supportable, d'autant que les campagnes sont surpeuplées. Du reste, la loi Jourdan qui institutionnalise la conscription en 1798 prévoit des enrôlements limités, seuls 30 % d'une classe d'âge effectuant un service armé.

La persistance de foyers de guerre civile est sans doute plus durement ressentie par la population. La France du Directoire connaît de nombreuses poches de résistance au gouvernement où se mêlent lutte contre l'État et brigandage. Néanmoins, ces zones restent limitées au sud-est et à l'ouest de la France et concernent surtout des régions montagneuses, à l'écart des voies de communication et des villes. Là où persiste un danger, les habitants hésitent à bouger, notamment à l'occasion des élections, ce qui explique la faiblesse de la participation électorale dans certaines régions. Il faut se garder toutefois de considérer les campagnes comme des foyers de résistance à la Révolution, tandis que les villes lui seraient davantage acquises. Dans bien des circonscriptions, les paysans sont attachés à l'indépendance qu'ils ont gagnée à l'occasion des premières années révolutionnaires et ils n'entendent pas la perdre. En même temps, ils restent assez méfiants à l'égard d'un régime qui n'a pas su opérer la stabilisation économique et financière. L'assignat, puis le mandat territorial, restent les symboles de l'échec financier de la Révolution. Sa répercussion est sans doute plus faible à la campagne qu'en ville, mais il a cependant contribué à un repli des campagnes sur elles-mêmes. L'absence d'argent liquide et la peur de la « mauvaise monnaie » poussent à revenir aux formes traditionnelles du troc qui ne favorisent pas les échanges extérieurs. En outre, la crise qu'ont subie les campagnes, après les mauvaises récoltes de 1795 et de 1796, a réduit les achats de matériel agricole et d'objets manufacturés. Ainsi, alors que la Révolution avait été portée par l'idéologie libérale et que les premières mesures avaient tendu à libérer l'économie en brisant les frontières intérieures, en 1799 tout concourt à laisser vivre les campagnes en autarcie. À l'absence de monnaie d'échange fiable s'ajoute le mauvais état des routes, peu entretenues depuis dix ans et soumises au passage répété des armées de la République ou de ses adversaires. Seuls les fournisseurs des armées restent en contact avec la campagne où ils achètent chevaux et denrées diverses. Mais, pour des raisons stratégiques évidentes, ils prospectent surtout les environs des villes ou les régions frontalières.

Il faut cependant se garder de noircir le tableau des campagnes françaises en 1799. L'absence de l'État n'est pas toujours perçue de façon négative, bien au contraire. Elle s'accompagne, en effet, du renforcement de communautés villageoises désormais privées de la tutelle traditionnelle que représentait le seigneur, voire le curé. Ces communautés continuent de vivre en marquant leur attachement aux pratiques traditionnelles d'exploitation du sol. C'est ainsi que la décision de partager les biens communaux n'est guère mise en application, car elle se heurte à la résistance des plus pauvres, des paysans sans terre qui tirent une part importante de leurs revenus de ces biens communaux où paissent leurs maigres troupeaux. Cette solidarité joue également lorsqu'il s'agit de protéger un prêtre réfractaire, sorti de la clandestinité après le 9-Thermidor et de nouveau menacé depuis le 18-Fructidor. Ailleurs, c'est derrière un prêtre constitutionnel que se regroupe la communauté. Naturellement, dans certains cas, des divisions naissent, des partis se forment, mais le trait majeur reste la consolidation des communautés villageoises dans cette période troublée. Elles ont appris à vivre sans le secours de l'État — lequel apparaît de plus en plus lointain — d'autant mieux que la pression fiscale n'est pas très forte et que la guerre se déroule à l'étranger. Ce lien distendu avec le pouvoir central explique en grande partie l'indifférence dont fait preuve une partie de la population à l'égard de l'arrivée au pouvoir de Bonaparte.

Le sentiment est sans doute différent en ville. Le milieu urbain est plus composite dans sa structure sociale. S'y côtoient la bourgeoisie, qui a le plus profité de la Révolution, notamment en achetant des biens nationaux ou en spéculant sur les assignats, et une frange du peuple, dont une partie, venue récemment de la campagne, peine à trouver sa place dans la société urbaine. Les uns et les autres aspirent au retour de la paix intérieure et à la consolidation de la reprise économique, en même temps qu'ils n'entendent pas voir remis en cause les principes de la Révolution. Même dans les régions marquées par la dissidence, dans l'Ouest ou le Sud-Ouest, par exemple, les villes restent des foyers républicains, ce qui ne les empêche pas d'abriter aussi de fortes minorités royalistes. C'est aussi en ville que séjournent les représentants de l'État ou les garnisons militaires, qui propagent les idées révolutionnaires. Dans les régions royalistes où les prêtres réfractaires ont conservé de fortes positions, l'Église constitutionnelle s'est réfugiée dans les villes.

Sans négliger l'aspiration au changement des ruraux, en particulier de la population des bourgs et des villages, il est sans doute plus juste de considérer le malaise social et politique ressenti par les Français de 1799 comme un malaise essentiellement urbain. Malgré la stabilisation financière opérée par le Directoire et la reprise économique qui se dessine — que les contemporains ont cependant quelque mal à percevoir — l'impression prévaut d'une crise généralisée qui provient plus de l'instabilité politique, du désordre intérieur, des difficultés économiques que de la guerre étrangère et des défaites. Ainsi, l'évêque constitutionnel d'Ille-et-Vilaine, Le Coz, écrit à son collègue Grégoire : « Nous ne pouvons plus nous le dissimuler, la crise où nous sommes est la plus terrible que nous ayons éprouvée, non pas à cause des Russes ou des Autrichiens, je les crains peu ; le mal corrosif est au milieu de nous, c'est le mécontentement général de toutes les classes. On n'y peut penser sans frémir [1]. » Ces propos sont très révélateurs du malaise général qui s'est emparé de la population. On peut parler d'une véritable crise de société, comparable à celles qui ont précédé les grandes crises politiques de l'époque contemporaine. Comme souvent, cette crise de société trouve sa traduction en termes politiques.

2. LA CRISE POLITIQUE

En 1799, la France vit sous le régime du Directoire, ainsi désigné parce qu'à la tête de l'État figure un directoire de cinq membres qui se partagent le pouvoir exécutif et décident donc en principe de la politique à conduire. Ce régime a été instauré quatre ans plus tôt par la Constitution dite de l'an III, votée par les députés de la Convention qui avaient échappé aux diverses purges menées en son sein, en 1793 et 1794. Les thermidoriens, c'est-à-dire les députés qui avaient provoqué la chute de Robespierre le 9 thermidor an II et mis ainsi un terme à la Terreur, avaient choisi d'établir un régime dans lequel les pouvoirs seraient largement partagés. C'est pourquoi, à l'assemblée unique qui prévalait depuis les débuts de la Révolution, se sont substituées deux assemblées : le Conseil des Cinq-Cents et le Conseil des Anciens qui ensemble forment le Corps législatif. En outre, les députés craignaient par-dessus tout le retour à la dictature d'un seul homme, ils décidèrent donc d'instaurer un directoire de cinq membres, renouvelable par cinquième tous les ans. Toutefois, le rôle des assemblées reste prépondérant, puisqu'elles ont la responsabilité de désigner les directeurs. Les constituants de l'an III sont donc demeurés fidèles au principe selon lequel le pouvoir exécutif est directement issu des assemblées, elles-mêmes représentantes du peuple. Ce principe, inauguré en 1792, est resté intangible, dans l'histoire de la République française, excepté la parenthèse de la IIe République, jusqu'en 1958. La République consulaire elle-même n'y échappera pas, comme on le verra.

Cet édifice, apparemment simple, comportait cependant quelques failles. La première réside dans le mode de désignation des représentants aux deux assemblées. Leurs membres sont renouvelés par tiers tous les ans, au printemps. Les concepteurs du projet voulaient éviter les profonds bouleversements dans la composition des assemblées, et en même temps permettre un renouvellement régulier. Mais le résultat fut une succession d'élections qui, loin de freiner les soubresauts de l'opinion, les rendirent plus visibles encore. Les premières élections pour la désignation des représentants au Corps législatif avaient eu lieu en octobre 1795, après l'acceptation de la Constitution. Les suivantes, pour le renouvellement, chaque fois, d'un tiers des assemblées, se déroulèrent en mars 1797, en avril 1798, puis en avril 1799. Aucune de ces consultations ne s'effectua dans la sérénité. Les résultats des premières élections furent en effet faussés par la décision des rédacteurs de la Constitution de conserver deux tiers de conventionnels dans les futures assemblées. Les électeurs n'avaient donc que à choisir que le troisième tiers restant, ce qui contribua à démobiliser une partie de l'électorat.

Il est vrai que le mode de scrutin ne se caractérisait pas par sa clarté. Ne pouvaient prendre part aux opérations électorales que les citoyens français, qualité reconnue aux seuls hommes âgés de plus de vingt et un ans, résidant au même domicile depuis un an et assujettis à l'impôt. Ces citoyens se réunissaient dans des assemblées primaires où étaient désignés des électeurs, à raison d'au moins un électeur pour deux cents habitants. Ces électeurs étaient choisis parmi les notables du lieu ; ils formaient à leur tour les assemblées électorales, réunies au chef-lieu du département, où étaient désignés les députés aux deux conseils. Ce système complexe revenait à confier le droit de suffrage aux seuls Français payant l'impôt et le droit de représentation aux plus fortunés d'entre eux. C'est donc un système censitaire qui a fait dire que la République directoriale était une République bourgeoise.

Malgré les précautions prises pour éviter que le pouvoir échappe à la caste qui le détenait en l'an III, celle-ci dut multiplier les actes illégaux. Ainsi, la victoire royaliste aux élections du printemps 1797 provoqua quelques mois plus tard, en septembre, une réaction des républicains qui, au terme du « coup d'État du 18 fructidor », firent investir militairement les assemblées et déporter deux directeurs et une cinquantaine de députés. Dans cette opération menée au nom de la sauvegarde de la République, l'armée joua un rôle essentiel, en la personne du général Augereau, détaché de l'armée d'Italie par Bonaparte pour aller prêter main-forte au Directoire. Quelques mois plus tard, en avril 1798, le renouvellement d'un tiers des assemblées se traduisit par une poussée jacobine. Cette fois, les assemblées n'attendirent pas que les nouveaux députés soient dans la place. C'est à l'occasion de la vérification, au mois de floréal, de la validité des élections que s'opéra l'épuration. L'élection d'une centaine de députés jacobins fut invalidée, au terme de ce qui s'apparente sinon à un coup d'État, au moins à un coup de force parlementaire. Il ne fut pas de même nature que le coup d'État du 18 fructidor, car on ne procéda pas à l'élimination de tous les jacobins, une centaine d'entre eux continuant à siéger, il n'en fut pas moins un pas supplémentaire accompli par le Directoire dans la voie de l'illégalité.

Ce lourd passif joue un rôle essentiel au moment du 18-Brumaire. Nul ne s'étonne alors de l'accroc fait à la Constitution, tant l'opinion publique y a été habituée. Il faut toutefois se garder de brocarder trop vite le régime de la Constitution de l'an III. S'il ne brille pas par sa capacité à respecter les règles fixées par son texte fondateur, il reste, en revanche, fidèle à l'esprit qui avait présidé à sa naissance, à savoir le refus des extrêmes, qu'ils soient royalistes ou jacobins. Ce choix de la modération ou du « juste milieu » était-il viable dans un pays aussi divisé que l'était la France de 1799 ? Certains le croyaient encore, au lendemain des élections du printemps 1799, les dernières organisées avant le coup d'État bonapartiste. Elles furent marquées par une nouvelle poussée de la gauche et la défaite des candidats du gouvernement. Mais leur principal enseignement vint de la faiblesse de la participation. Dans certaines assemblées primaires, moins d'un cinquième des électeurs se déplaça. À quoi bon, il est vrai, prendre le risque de participer à la vie politique, pour voir aussitôt son choix remis en cause par le pouvoir ? L'indifférence prévaut donc dans l'opinion. Lassée par les agissements du Directoire, elle n'est pas pour autant prête à se donner à nouveau aux jacobins. Elle attend.

Or, le jeu politique ne manque pas d'intérêt. Après les élections du mois d'avril 1799, les assemblées procèdent au choix d'un nouveau directeur. Sur la proposition du Corps législatif, le Conseil des Anciens apporte, le 16 mai, ses suffrages à Sieyès. Entre alors dans le jeu politique une des pièces maîtresses de la partie qui devait se clore au 18-Brumaire. Emmanuel-Joseph Sieyès, natif de Fréjus, a alors cinquante-trois ans. Cet ancien abbé, membre avant la Révolution du célèbre chapitre cathédral de Chartres, s'était surtout fait remarquer au début de 1789, comme l'un des premiers théoriciens de la Révolution, en publiant *Qu'est-ce que le Tiers État ?* ouvrage dans lequel il revendiquait un rôle politique actif pour le tiers, ce qui conduisit ce dernier à le choisir comme député aux États généraux. Personnage en vue de la Constituante, il est encore élu à la Convention et vote la mort du roi, avant de s'effacer provisoirement à l'heure de la Terreur. Sous le Directoire, il prend du recul en devenant ambassadeur à Berlin, puis revient à Paris en 1799 et est élu directeur. Sieyès n'avait pas caché son désir de réformer la Constitution de l'an III dont il avait à plusieurs reprises critiqué les méfaits. On pouvait donc s'attendre à des remous au sein du Directoire, d'autant que l'action des directeurs était de plus en plus contestée par les assemblées. Par crainte d'un nouveau coup d'État contre le Corps législatif, les députés prirent les devants, afin de modifier la composition du Directoire. La première victime de cette reprise en main parlementaire fut Treilhard dont l'élection comme directeur fut cassée, alors qu'elle datait d'un an. Il fut remplacé par un jacobin, Gohier. Un mois plus tard, deux autres directeurs, La Révellière et Merlin, furent accusés d'avoir voulu organiser un coup d'État contre les assemblées et contraints à démissionner. Ils furent remplacés par un général jacobin, Moulin, et par un ancien député des Landes, proche de Sieyès, Roger Ducos. Ainsi, en un mois, quatre des cinq directeurs furent changés. Seul Barras parvint à se maintenir au Directoire où il siégeait depuis la naissance du régime. Après avoir fait l'expérience de l'épuration des assemblées, la France faisait ainsi connaissance avec la purge de l'exécutif. De ce point de vue, le 18-Brumaire n'invente rien. Il se contente de concentrer en une même fournée les éléments constitutifs des précédents coups de force.

Il est vrai que le dernier en date, perpétré contre le Directoire, se déroule dans un contexte particulièrement tendu. Depuis six mois, en effet, la France subit les coups des puissances européennes coalisées contre elle. Au mois de décembre 1798, Anglais, Russes, Autrichiens et Napolitains ont conjugué leurs efforts et lancé trois cent cinquante mille hommes contre la France qui ne peut leur opposer que cent cinquante mille soldats, une partie de son armée, sous la direction du général Bonaparte, restant bloquée en Égypte. Au printemps, les Français sont bousculés sur le Rhin et en Suisse, tandis que la plus grande partie de l'Italie leur échappe. Sauf en Hollande, les républiques sœurs qui avaient été constituées pour faire tampon entre la France et le reste de l'Europe n'offrent qu'une faible résistance aux coalisés. En Italie, les Républiques parthénopéenne, romaine et cisalpine s'effondrent, de même que la République helvétique. Ces défaites marquent l'échec de la politique étrangère du Directoire, obligé à nouveau d'avoir recours au réservoir humain de la France.

Grâce à la loi Jourdan, votée en septembre 1798, le gouvernement dispose d'un outil permettant de mobiliser rapidement des dizaines de milliers d'hommes, même si les résistances restent nombreuses à l'égard de cet impôt du sang. Ainsi la levée de deux cent mille hommes décidée à la fin de 1798 ne fournit en réalité que la moitié du contingent souhaité. Le vote d'une nouvelle mobilisation de cent cinquante mille soldats, en avril 1799, au plus fort de la crise militaire, attise les résistances. À peine plus d'un tiers seulement des jeunes gens appelés se rend sous les drapeaux, les récalcitrants allant nourrir les bandes de brigands ou de conspirateurs alors en formation. Certes, la France n'est pas directement touchée par le conflit qui se déroule hors de ses « frontières naturelles », mais elle est encerclée. De plus, les difficultés militaires du pays, vaincu à plusieurs reprises au printemps, puis en été, attisent les convoitises des royalistes qui cherchent à profiter de ce climat d'instabilité pour reprendre le pouvoir par les armes, avec l'aide des coalisés. La crise militaire a donc contribué à aggraver la crise politique en faisant ressortir l'impéritie du Directoire. Comme en l'an II, le péril aux frontières sert de prétexte à une tentative de reprise en main du pays. La crise apparaît d'autant plus criante que les divisions politiques n'ont cessé de s'accentuer, rendant difficile la constitution de majorités stables et durables.

3. LES FORCES EN PRÉSENCE

La crise du printemps et de l'été 1799 s'explique en effet par la division politique du pays. Trois partis aspirent alors à gouverner la France. Les « directoriaux », installés au pouvoir depuis 1795, souhaitent s'y maintenir mais ils sont confrontés à une double opposition, jacobine sur leur gauche et royaliste sur leur droite. Dans chaque famille, des nuances sont elles-mêmes perceptibles, mais c'est d'abord cette division du paysage politique en trois grands blocs qui s'impose à l'examen.

À gauche, le retour en force des jacobins est patent. Pourtant cette famille politique paraissait moribonde au début du Directoire. La traque des jacobins consécutive à la chute de Robespierre, le 9 thermidor an II (27 juillet 1794), lui avait porté un rude coup. Puis, la répression conduite au lendemain des journées de prairial an III (mai 1795) semblait avoir sonné le glas de ce mouvement. De fait, lors des premières élections du Directoire, les derniers jacobins se terrent. Mais le jacobinisme n'est pas mort. Dès 1796, certains de ses sectateurs se sont rapprochés de Gracchus Babeuf et ont fourni une partie de ses recrues au mouvement des Égaux. La liquidation de ce complot par le Directoire, loin d'anéantir le courant jacobin, le confirme dans la nécessité de poursuivre sa réorganisation. Mais c'est surtout la lutte engagée par le régime contre les royalistes qui lui donne des ailes. Au lendemain du coup d'État de Fructidor (septembre 1797), les jacobins sortent de l'ombre. Ils sont ainsi prêts à faire face aux élections du printemps 1798, que les royalistes ont délaissées. La désaffection dont sont victimes les candidats du gouvernement les sert et, malgré les nombreuses invalidations dont ils sont victimes, ils peuvent désormais affirmer leurs options au grand jour. En outre, l'épuration de floréal n'a pas complètement décimé leurs rangs. Ils comptent donc près d'une centaine de députés dans les deux Conseils, certains du reste élus sur un programme plus modéré.

Les élections du printemps 1799 ont encore renforcé leur poids au sein des assemblées à l'intérieur desquelles ils restent malgré tout minoritaires, comme dans le pays. Néanmoins, en s'alliant aux révisionnistes, ils ont pu provoquer la recomposition du Directoire au printemps, et ils parviennent à faire passer ensuite plusieurs lois qui rappellent l'époque de l'an II, notamment un emprunt forcé sur les riches et une loi sur les otages, votés en juin 1799. Représentés au Directoire par le général Moulin et Gohier qui appartiennent à cette mouvance, les néo-jacobins occupent également de fortes positions dans certains ministères, en particulier le ministère de l'Intérieur tenu par l'ancien conventionnel Quinette, le ministère des Finances, confié à Robert Lindet, ancien membre du Comité de salut public, et surtout le ministère de la Guerre qui, depuis le 2 juillet, est aux mains du général Bernadotte. Parallèlement, les jacobins se sont imposés à la tête de l'administration de la capitale, tandis que le général Marbot, un jacobin convaincu, détient le commandement de la division militaire de Paris. En un mois, la position politique des néo-jacobins s'est donc considérablement renforcée. En outre, ils bénéficient dans le pays de relais nombreux.

Un peu partout en France, des comités jacobins ont revu le jour en ce printemps de 1799. À Paris, dans le faubourg Saint-Antoine, si remuant depuis 1789, le Cercle constitutionnel a été fondé en 1797.

Il est l'un des clubs les plus importants de la capitale, avec plus de deux cents membres. Dans le Maine et la Basse-Normandie, quatre-vingt-cinq cercles sont apparus au lendemain du 18-Fructidor ; certains, comme ceux du Mans ou de Caen, sont si actifs que plusieurs sont fermés par le gouvernement dès les premiers mois de 1799, mais le mouvement jacobin parvient à se réorganiser, notamment dans la Sarthe où se développent des cercles ambulants et où, à l'été, renaît un journal jacobin, *Le Courrier de la Sarthe*. En tout, ces divers clubs rassemblent, sur l'ensemble du territoire, environ trente mille adhérents qui forment la base militante du mouvement néo-jacobin. C'est moins que les cent mille sans-culottes de l'an II, cela n'en représente pas moins une force notable. Beaucoup ont du reste appartenu aux sections de l'an II. Ils offrent donc un visage assez proche de celui du militant sans-culotte. Ce sont des boutiquiers, des artisans, attachés au droit de propriété, auxquels se sont joints des ouvriers. Ils souhaitent avant tout la consolidation de la Révolution et de la République. C'est pourquoi ils défendent la Constitution de l'an III qu'ils haïssaient quelque temps plus tôt. D'autres, en revanche, continuent d'espérer le rétablissement de la Constitution de l'an II, votée au temps de la Convention mais jamais appliquée.

Parmi les comités qui renaissent alors, le plus important est sans conteste le club du Manège qui se réinstalle, en juillet 1799, aux abords immédiats des Tuileries, dans le lieu même où se réunissaient naguère les conventionnels. Présidé par Drouet, l'homme qui avait reconnu Louis XVI à Varennes, avant de se rapprocher de Babeuf, ce club inscrit immédiatement son action dans la fidélité à l'œuvre jacobine. Fréquenté par près de trois mille membres, le club du Manège s'impose vite comme le lieu de cristallisation des forces jacobines dans le pays. Il devient, pour cette raison, l'une des cibles privilégiées du gouvernement. À côté de la vitalité de ses clubs, le néo-jacobinisme s'affirme aussi par la renaissance d'une presse active. Après avoir obtenu le rétablissement de la liberté de la presse, en juin 1799, les jacobins ont favorisé la renaissance de *L'Ami du peuple*, puis du *Père Duchesne*, avant d'encourager le lancement par Vatard du *Journal des hommes libres*, et enfin, en août, du journal *Le Démocrate ou le défenseur de la vérité*, par Bescher et Lamberté. Ces journaux, à l'existence parfois éphémère, servent de tribune aux idées jacobines et contribuent, en cet été 1799, à renforcer ce courant politique.

À droite, la liberté de la presse permet aussi aux idées royalistes de s'exprimer sous le Directoire. De la même façon, des organisations royalistes ont continué à se développer, malgré la répression qui a suivi le coup d'État du 18 fructidor. Ainsi, les Instituts philanthropiques, qui sont des associations royalistes fondées au début du Directoire à travers tout le pays, sont réorganisés en 1799. Ils représentent surtout la façade légale d'un mouvement qui s'est enfoncé un peu plus dans la clandestinité, après avoir, au début du Directoire, espéré rétablir la monarchie par les urnes. L'essentiel du mouvement royaliste est, en effet, clandestin. Le nombre total des militants royalistes est de ce fait très difficile à connaître, d'autant qu'il n'existe pas une organisation unique mais des réseaux divers et parfois concurrents. Le plus important de ces réseaux a été tissé par l'Agence de Souabe qui dirige en principe le mouvement royaliste en France et qui, de ce fait, coordonne l'action des Instituts philanthropiques. Elle est animée par Dandré, par le général Précy qui avait dirigé la contre-révolution à Lyon, et par Imbert-Colomès, député fructidorisé. L'Agence de Souabe est en outre directement en relations avec le prétendant, à savoir le comte de Provence. Pour mieux asseoir son influence en France, elle a encouragé la constitution, en 1799, à Paris, d'un Conseil royal secret, dirigé par Royer-Collard, ancien député aux Cinq-Cents qui, après avoir été fructidorisé, s'est rallié à l'idée d'une monarchie constitutionnelle. On y côtoie également l'abbé de Montesquiou, mis en avant « pour l'ornement », mais dont le rôle n'est pas très actif. De même, Joseph Fiévée lui apporte une brève collaboration. Ce conseil a une fonction essentiellement politique ; il adresse des rapports au roi sur l'état de l'opinion et prépare l'éventuelle restauration du monarque, en tenant par exemple prêts des projets de constitution. En 1799, la priorité des royalistes est donnée à l'action militaire. Ils pensent que la situation est mûre pour tenter une insurrection armée dans le pays. La pression des troupes coalisées aux frontières leur fait espérer un prompt renfort. C'est dans ce but qu'agissent, à partir du printemps 1799, les Instituts philanthropiques. Dans l'Ouest et le Sud-Ouest surtout, là où les royalistes ont conservé des positions solides, ces Instituts mettent sur pied des groupes armés, profitant notamment du rejet de la conscription chez une partie des jeunes gens. Ils manquent toutefois d'armes et les chefs attendus hésitent parfois à franchir la frontière pour se mettre à la tête de ces troupes mal préparées. Le danger royaliste n'en est pas moins réel pour le Directoire, au début de l'été de 1799. Finalement, la principale menace à l'encontre de ce régime vient sans nul doute du délitement de ses propres soutiens.

Face aux néo-jacobins et aux royalistes, contre lesquels le régime de l'an III s'était formé, les directoriaux apparaissent de plus en plus divisés. Les députés encore attachés au gouvernement sont de moins en moins nombreux, tandis que croît le groupe des révisionnistes, ainsi nommés parce qu'ils souhaitent la révision de la Constitution ; critiques à l'égard d'un régime instable et corrompu, ils ont largement contribué à l'élection de Sieyès au Directoire, en mai. Ils ont ensuite, à l'image de Boulay de la Meurthe, appuyé la charge contre les directeurs qui a contraint La Révellière et Merlin à démissionner, s'alliant pour l'occasion avec les jacobins. Toutefois, cette alliance reste conjoncturelle, car ces hommes qui ont fait

Thermidor redoutent par-dessus tout le retour des jacobins sur le devant de la scène. Ils appuient donc également la politique répressive menée contre eux par le gouvernement, à partir du mois d'août. Ainsi, les directoriaux retrouvent un semblant d'unité lorsqu'il s'agit de lutter contre toute résurgence de l'esprit sans-culotte. Ils n'en restent pas moins divisés sur la meilleure manière de parvenir à une réforme du régime.

Deux groupes se dégagent en leur sein. D'un côté figurent les députés qui souhaitent maintenir la Constitution de l'an III au nom de la défense des principes révolutionnaires. Leur nombre est difficile à mesurer, mais il n'est pas négligeable puisque, alliés aux jacobins, ils peuvent empêcher toute révision légale de la Constitution, ce qui contraint les révisionnistes à chercher un général pour faire triompher leurs idées. Les révisionnistes forment la seconde tendance. Ils sont conduits par les deux directeurs Sieyès et Roger Ducos. Parmi eux figurent notamment les Idéologues, un groupe de libéraux attachés à la République mais soucieux de préserver la liberté en France, qu'ils jugent menacée aussi bien par le péril jacobin que par le péril royaliste. Plusieurs d'entre eux sont des révolutionnaires de la première heure, à l'image de Volney, Destutt de Tracy ou Garat, élus aux États généraux. D'autres ont appartenu à la Convention, comme Daunou qui a largement inspiré la Constitution de l'an III mais en mesure les imperfections et souhaite la corriger quatre ans plus tard. Bien représentés dans les assemblées, mais aussi à l'Institut où ils ont contribué à l'élection de Bonaparte, les Idéologues placent leurs espoirs dans une révision de la Constitution. Ils rejoignent ainsi les sentiments de Germaine de Staël et de Benjamin Constant, deux autres figures du libéralisme qui souhaitent également une réforme du régime et appuient les initiatives de Sieyès dont Mme de Staël reconnaîtra, dans ses *Mémoires d'exil*, qu'il avait « des vues transcendantes » sur tous les sujets. Fort de soutiens aussi nombreux, le parti révisionniste apparaît bien armé pour parvenir à ses fins, à l'automne de 1799. Encore lui faut-il trouver le moyen d'imposer ses vues à l'ensemble des assemblées, sinon du pays. En annonçant, le 14 juillet 1799, son intention de lutter contre le retour des jacobins au pouvoir, Sieyès lance son programme d'action en vue d'une révision du régime.

4. L'action politique de Sieyès

Dès l'été de 1799, les bruits de complot se multiplient. L'instabilité chronique du Directoire et les coups d'État à répétition opérés depuis deux ans ne laissent guère augurer d'une longue vie pour ce régime. Sieyès apparaît alors comme l'homme fort du Directoire. Il ne s'est pas caché de son dessein de modifier la Constitution pour construire une République plus forte, pour ne pas dire plus autoritaire. Il lui faut toutefois justifier cette initiative. Ses adversaires vont l'y aider. En s'activant, chacun à leur manière, royalistes et jacobins procurent au Directoire un motif d'agir, en même temps que, la dramatisation des événements aidant, l'opinion se prépare à une reprise en main du pays.

Au cours des fêtes du 14 juillet 1799, Sieyès avait désigné les néo-jacobins comme les principaux adversaires du régime. Dès lors le harcèlement à leur encontre est incessant. Le 20 juillet, un remaniement ministériel permet à Joseph Fouché, l'ancien conventionnel régicide, de s'installer au ministère de la Police. L'un de ses premiers actes, six jours plus tard, consiste à obliger le club du Manège à quitter les Tuileries et à déménager rue du Bac. L'avertissement est clair : le Directoire entend empêcher l'essor d'un nouveau Club des jacobins. Finalement, le club est définitivement fermé, le 13 août, après que, célébrant l'anniversaire du 10 août 1792, Sieyès s'en est à nouveau pris aux jacobins. « Trois jours après la diatribe de Sieyès, écrit Fouché dans ses *Mémoires*, je pris sur moi de faire procéder à la fermeture de la salle des jacobins de la rue du Bac [2]. » Quelques jours plus tôt déjà, Fouché avait contribué à écarter du commandement de la division militaire de Paris le général Marbot, qu'il décrit comme « tout à fait dévoué au parti des républicains exaltés et opposé à la politique de Sieyès [3] ». Le gouvernement commence ainsi à se débarrasser des éléments jacobins qui peuplent les postes stratégiques dans l'appareil d'État. Dans le même temps, le Directoire, au sein duquel Sieyès peut s'appuyer sur Barras et Ducos, décide de combattre la presse jacobine. Les journaux jacobins, notamment le *Journal des hommes libres*, sont attaqués pour avoir critiqué la politique du gouvernement. Leurs rédacteurs sont poursuivis en justice. Et finalement, le 3 septembre, plusieurs d'entre eux sont interdits. Dix jours plus tard, le ministre de la Guerre, Bernadotte, est remercié par le triumvirat Sieyès-Ducos-Barras, sans même que les deux autres directeurs, Gohier et Moulin, aient été informés. Le gouvernement est ainsi parvenu, en moins de deux mois, à limiter les espaces d'expression du parti jacobin et ses soutiens dans le pays. Celui-ci reste cependant puissant au Corps législatif où ses orateurs continuent à se faire entendre.

Le débat le plus significatif a lieu le 13 septembre. Face au danger extérieur, Jourdan demande que l'assemblée décrète la « patrie en danger », comme en septembre 1793, à l'époque de la Convention robespierriste et du Comité de salut public. Le débat est âpre. La proposition est repoussée par une majorité de deux cent quarante-cinq députés qui refusent de voir ressurgir les vieux démons qu'ils ont combattus, mais elle n'en recueille pas moins cent soixante et onze voix, qui marquent d'une certaine manière les contours du groupe jacobin au Conseil des Cinq-Cents. Sans être majoritaire, celui-ci rassemble une forte minorité de députés, attentifs à la sauvegarde des intérêts révolutionnaires et à la préservation de la république de l'an III. On comprend pourquoi les conjurés du 18-Brumaire craignent l'attitude des jacobins au Corps législatif. Le paradoxe vient de ce qu'ils prennent prétexte d'un prétendu complot anarchiste pour obliger les assemblées à renforcer les pouvoirs de l'exécutif, alors même que la puissance du parti jacobin a été fortement réduite depuis trois mois et que le seul lieu où il reste puissant est précisément le Corps législatif auquel s'adresse la demande.

À l'automne de 1799, les jacobins n'avaient du reste aucun plan pour s'emparer du pouvoir par les armes. Il n'en est pas de même des royalistes qui espèrent alors tirer parti de la situation pour restaurer la monarchie. Une vaste insurrection est organisée. Elle doit embraser le sud-ouest de la France à partir du 15 août 1799. Mais les actions des diverses troupes royalistes échouent sans que le pouvoir ait été véritablement inquiété. Dans la région de Toulouse, où les royalistes ont réussi à rassembler trente mille hommes sous la conduite du général Rouget, l'insurrection est lancée le 4 août, mais la ville de Toulouse, ardemment jacobine, se ferme aux insurgés qui doivent refluer vers les Pyrénées. Ils parviennent à s'emparer de villes moyennes, mais l'intervention de troupes républicaines met rapidement un terme au mouvement, après la reconquête, le 20 août, de Montréjau. L'échec des royalistes est dû en partie à leur manque de coordination. À Bordeaux et dans sa région, l'insurrection est en effet plus tardive, si bien que les pouvoirs publics, prévenus, ont le temps d'intervenir et de faire arrêter certains des chefs. Fouché, en sa qualité de ministre de la Police, mais aussi Ducos, originaire des Landes, mettent un soin jaloux à éradiquer rapidement le mouvement. À la fin du mois d'août, tout le Sud-Ouest est pacifié, tandis que l'Ouest n'est pas encore entré en action.

Dans l'Ouest, les royalistes préparaient une insurrection qui devait, comme dans le Sud-Ouest, être déclenchée le 15 août. Du fait de l'impréparation de leurs troupes, elle fut retardée et lorsque les chefs de la chouannerie, à savoir Cadoudal dans le Morbihan, Le Gris-Duval dans les Côtes-du-Nord, Bourmont dans le Perche et Frotté en Normandie, décidèrent de passer à l'action, il était trop tard. Certes, quelques villes sont conquises, par exemple Redon et La Roche-Bernard ou encore Le Mans, voire Nantes, occupée quelques heures du 20 au 21 octobre, ou Saint-Brieuc prise dans la nuit du 25 au 26 octobre. Mais ces succès sont de courte durée et la reprise en main, effectuée par le général Hédouville qui s'appuie sur des colonnes mobiles sillonnant la région, comme en Vendée en 1794, permet au Directoire de juguler le danger royaliste avant même la fin du mois d'octobre, donc avant le coup d'État du 18 brumaire. En outre, les défaites militaires des coalisés, au mois de septembre, rendaient illusoire toute aide de leur part et vouaient donc à l'échec l'insurrection royaliste de l'automne. Elle gêne le gouvernement, car elle mobilise des troupes dans ces régions sensibles, en même temps qu'elle accroît le sentiment d'insécurité dans le pays, mais elle ne représente pas en soi une menace pour le régime. L'art des partisans du coup d'État consista naturellement à grossir le danger royaliste, comme ils avaient grossi le péril jacobin.

Quelle que soit la nature réelle des dangers menaçant le Directoire en 1799, l'impression prévaut d'un très grand trouble dans les esprits. Plus encore que les menaces d'insurrection ou l'insécurité latente dans le pays, voire que les périls extérieurs, ce sont les divisions internes du monde politique parisien qui ont provoqué le malaise général régnant en France en 1799. De ce point de vue, la crise de l'an VII est bien une crise de confiance qui ne paraît pouvoir être réglée que par une remise en ordre ou par ce que les contemporains appellent, au sens premier du terme, une révolution.

2

La révolution du 18 brumaire

« Rien de plus singulier que la révolution du 18 brumaire », note Mathieu Molé dans ses *Souvenirs de jeunesse* [1], tandis que Germaine de Staël, évoquant ce moment, rappelle que l'on « a parlé diversement de la manière dont s'est accomplie cette révolution du 18 brumaire [2] ». Chez les adversaires de Bonaparte, ce sentiment d'ébranlement est aussi partagé. Ainsi le baron de Frénilly, ardent royaliste, décrit l'événement en ces termes : « C'est pendant ce petit séjour à Méry qu'arriva la Révolution du 18 brumaire. Bonaparte s'était enfui d'Égypte comme il s'enfuit de Russie, comme il s'enfuit de Waterloo [...]. Cet homme se glissa donc de nuit hors de l'Égypte, se faufila entre les frégates anglaises et le voilà à Paris. Là il n'avait qu'à se baisser et à prendre. La France haletait après le despotisme d'un seul, après avoir passé pendant huit ans de l'anarchie des bourreaux à l'anarchie des histrions [3]. »

Pour les témoins du drame qui se joue en ce mois de novembre 1799, c'est bien une révolution qu'engage Bonaparte. Ce terme est abandonné au XIXᵉ siècle pour désigner l'événement du 18 brumaire, car il recèle une connotation trop radicale, mais les contemporains lui accordent son sens premier, celui qui a cours en cette fin du XVIIIᵉ siècle. Une révolution est le déplacement d'un objet sur son axe. Pour beaucoup de ces contemporains férus d'astronomie, elle signifie donc que la France, au terme d'un mouvement cyclique, reviendrait en arrière, chacun fixant différemment la période de ce repli. Pour les nostalgiques de l'Ancien Régime, la révolution doit être profonde et ramener la France à l'avant-1789. Pour d'autres, au contraire, à l'image de Mme de Staël, ce mouvement de pendule doit s'arrêter à l'année 1791. Les défenseurs de la République gardent quant à eux un œil fixé sur 1792. Les espoirs ou les craintes placés dans la révolution du 18 brumaire sont différents selon les partis en présence, mais ils révèlent la profondeur de la crise politique qui submerge la France en 1799.

1. LE RETOUR DE BONAPARTE

Depuis qu'il avait engagé la reprise en main du régime, au milieu du mois de juillet 1799, Sieyès avait envisagé de s'appuyer sur un bras armé pour imposer son point de vue aux assemblées où il savait cependant pouvoir compter sur quelques solides appuis. Ce bras armé ne pouvait être qu'un général, auréolé de quelque gloire militaire. Plusieurs résident alors à Paris, en particulier Bernadotte, ancien ministre de la Guerre, ou Augereau qui avait aidé le Directoire lors du coup d'État antiroyaliste de Fructidor, et qui depuis s'était fait élire député au Conseil des Cinq-Cents. Mais l'un et l'autre passent pour être liés aux jacobins, ce qui les condamne à rester hors du complot. Quant aux généraux Macdonald et Moreau, consultés par Sieyès, ils déclinent son offre. Sieyès prend donc langue avec le général Joubert.

Jeune général de trente ans, Joubert s'était illustré lors de la campagne d'Italie, au côté de Bonaparte, avant de combattre un temps sur le Rhin. Depuis octobre 1798, il était commandant de la 17ᵉ division militaire, stationnée à Paris, position qui lui permettait d'être en contact fréquent avec les milieux dirigeants du pays. Une fois l'accord trouvé entre Sieyès et Joubert, ce dernier est immédiatement pourvu du commandement de l'armée d'Italie, afin d'aller gagner une gloire que sa relative inaction depuis la fin de 1798 avait quelque peu écornée. Mais Joubert a le mauvais goût de se faire tuer à Novi, le 15 août 1799, sa mort rappelant que, contrairement à une idée reçue, les officiers supérieurs ont payé un lourd tribut aux campagnes de la Révolution et de l'Empire. La mort de Joubert pose à nouveau le problème du choix d'un bras armé pour appuyer le complot qui se prépare. Elle en retarde en tout cas l'exécution, même si très vite les regards se tournent vers un autre général, Bonaparte, dont le retour d'Égypte est connu à Paris au début du mois d'octobre.

Au moment où Joubert meurt en Italie, Bonaparte fête ses trente ans, puisqu'il est né à Ajaccio le 15 août 1769, alors que la Corse venait d'être cédée à la France par les Génois. Deuxième d'une famille de douze enfants dont huit ont survécu, il apparaît très vite comme le chef du clan, alors que son père, Charles Bonaparte, marié depuis 1764 à Letizia Ramolino, est mort en 1785. Officier en 1789, après des études au collège de Brienne puis à l'École militaire et un séjour en garnison à Valence, puis à Auxonne, il ne joue pas de rôle actif dans les premières années de la Révolution, plus préoccupé par le destin de la Corse où il fait de fréquents séjours que par l'avenir de la France. Son opposition à Paoli en 1793 le contraint à quitter l'île avec toute sa famille. Dès lors, c'est sur le continent qu'il cherche fortune. À Toulon, il fête son baptême du feu en participant à la reconquête de la ville, aux mains des Anglais. Son premier choix politique se révèle désastreux puisqu'il se rapproche des montagnards au moment même où leur étoile décline. Pour s'être compromis avec le frère de Robespierre qui l'avait envoyé en mission à Gênes en juillet 1794, il est un temps emprisonné, avant d'être blanchi. Promu général à l'armée de l'Ouest, il se garde bien de se rendre dans cette contrée troublée et préfère se faire employer au ministère de la Guerre. C'est précisément parce qu'il est présent à Paris que le gouvernement lui demande de participer à la lutte contre l'insurrection royaliste du 13 vendémiaire an III (5 octobre 1795), ce qui lui vaut d'être promu général de division. Désormais protégé de Barras, l'un des cinq directeurs, dont il épouse le 9 mars 1796 la maîtresse, Joséphine de Beauharnais, il a le pied à l'étrier. Il obtient peu après le commandement de l'armée d'Italie, promotion remarquable pour un général dont les faits d'armes sont somme toute limités. Mais Bonaparte tient sa chance. Avec une armée d'à peine trente mille hommes qu'il parvient à galvaniser, il remporte succès sur succès, et conquiert tout le nord de la péninsule. Les Autrichiens sont contraints de traiter. La science militaire de Bonaparte, puisée aux meilleurs auteurs, parmi lesquels Guibert, se double d'un sens politique développé. Non seulement il négocie seul avec l'Autriche les préliminaires de paix, mais encore il organise de son propre chef une république alliée à la France, la République cisalpine où il fait ses premiers essais de gouvernement politique. Enfin, il teste lors de la campagne d'Italie les effets d'une propagande bien orchestrée. Pour les Français, il est avant tout un général conquérant qui « vole de victoire en victoire ». Mais en Italie, il a surtout construit sa fortune, financière comme politique ; il en retire l'argent qui lui faisait défaut et s'y construit des réseaux d'amitiés décisifs pour la suite de sa carrière. De retour en France, ses exploits inquiètent les milieux politiques et le Directoire n'est donc pas mécontent de l'éloigner quelque temps en lui confiant le commandement de l'expédition d'Égypte, décidée en concertation avec Talleyrand, dans le but d'affaiblir l'Angleterre en lui coupant la route des Indes. Bonaparte caresse déjà un grand rêve oriental auquel il associe une troupe imposante de savants. Ce rêve le porte aux pieds des Pyramides le 21 juillet 1798, puis en Palestine où, sur les traces de Saint Louis, il conquiert Jaffa le 7 mars 1799. Mais la peste en Palestine, les déboires de sa marine, coulée par la flotte anglaise à Aboukir le 1er août 1798, et la persistance de résistances à l'intérieur du pays l'empêchent de tirer pleinement partie de ses succès. Fort de la victoire remportée à Aboukir le 25 juillet 1799, il décide donc de rentrer en France.

Que sait Bonaparte de la situation française lorsqu'il prend la décision de quitter l'Égypte en août 1799 ? Entre la France et l'Égypte, toutes les relations sont en principe rompues. « Nous étions sans nouvelles d'Europe depuis longtemps », relate Lavalette, alors aide de camp de Bonaparte, en évoquant la bataille d'Aboukir. Lavalette raconte ensuite comment les Anglais leur firent passer des journaux présentant la situation française. « Nous apprîmes, pour-suit-il, que tout le midi de l'Italie était évacué, que l'on se battait sur les frontières du Piémont, et qu'enfin la France était aux abois. Le général Bonaparte se garda bien de laisser percer dans l'armée ces tristes nouvelles ; mais, dès ce moment il se décida à repasser en Europe, bien convaincu que lui seul pouvait réparer les maux que le mauvais gouvernement du Directoire avait accumulés sur le pays [4]. » Il ne faut pas prendre au pied de la lettre ces propos écrits après coup, mais ils révèlent malgré tout l'état des relations entre l'armée d'Égypte et la France. Néanmoins, il est certain que des messages ont réussi à passer au travers des mailles tendues par la marine anglaise. On imagine mal en effet que Bonaparte se soit décidé à retourner en France sur les seules informations fournies par l'inter-médiaire des Anglais, alors que ceux-ci tenaient les mers.

Quoi qu'il en soit, Bonaparte n'attend qu'une occasion favorable pour mettre les voiles. Dès qu'il a vent que l'escadre anglaise de Sidney Smith a levé le blocus des côtes égyptiennes pour aller ravi-tailler, il s'embarque, le 22 août, à Alexandrie. La division navale française compte quatre bateaux. Bonaparte tient à rapatrier en France ses fidèles seconds et une partie de sa garde personnelle, composée des fameux mamelouks. À Sainte-Hélène, il précisera, évoquant cette force : « Ils étaient indispensables pour moi. J'avais mon projet. Il me fallait les garder, et trois cents hommes sûrs et d'élite étaient une chose immense. » Bonaparte emmène aussi avec lui Murat, Marmont, Lannes, Berthier, Andréossy ou encore Lava-lette. Le commandement de l'armée d'Égypte est confié à Kléber. Profitant d'un concours de circonstances favorable, Bonaparte par-vient à échapper aux Anglais dont le plan était de le laisser quitter l'Égypte pour le capturer. Il fait escale en Corse, à Ajaccio, où il finit de s'informer de l'état de la France. Puis, il repart pour le conti-nent et débarque à Fréjus le 9 octobre 1799, sans respecter le délai de quarante jours imposé aux voyageurs de retour d'un pays où sévissait la peste.

L'accueil est enthousiaste. Les témoignages sur ce point concor-dent, même si leur caractère dithyrambique ne doit pas tromper. Suivons par exemple Lavalette, relatant l'arrivée à Fréjus. « Un che-val blanc lui fut amené, et il alla descendre chez le frère de l'abbé Sieyès, qui habitait cette ville. Il ne fut bientôt plus possible au général de se tromper sur les sentiments qui animaient toute la population. "Vous seul pouvez sauver la France, lui criait-on de toutes parts ; elle périt sans vous, c'est le ciel qui vous envoie, pre-nez les rênes du gouvernement [5]". » Même si ce témoignage comporte une part de recréation, il recèle des éléments montrant la stratégie de Bonaparte. Ce dernier se rend en effet chez le frère du directeur, dont il connaît le poids à la tête de l'État. Pour un homme habitué aux relations claniques dont la Corse a le secret, ce choix est un signe évident de rapprochement avec l'homme fort du régime.

Mais tout au long de sa marche vers Paris, il multiplie les gestes de ce genre. Ainsi, à Lyon, il croise le général Marbot, jacobin avéré, remercié de son commandement parisien et envoyé à l'armée d'Italie. Lors de leur rencontre, il tente de le rallier et, n'ayant pu y parvenir, s'attache à se montrer avec lui, comme le rapporte le fils de Marbot, futur général d'Empire, qui décrit « Bonaparte, se rapprochant de [son] père avec un air patelin, passer amicalement son bras sous le sien, probablement pour que les autorités qui se trouvaient dans la cour et les nombreux curieux qui encombraient les croisées du voisinage pussent dire que le général Marbot adhérait aux projets du général Bonaparte, car cet homme habile ne négligeait aucun moyen pour parvenir à ses fins [6] ».

Ainsi, avant même que son retour soit connu à Paris, Bonaparte suscite l'enthousiasme des foules venues se presser sur son passage. Le phénomène est essentiellement citadin et peut-être à l'engouement pour le général Bonaparte s'ajoute-t-il un certain attrait pour les hommes qu'il a ramenés d'Égypte. Quoi qu'il en soit, la réaction de la population n'est pas indifférente. Lavalette décrit la marche de Fréjus à Lyon comme un triomphe, ajoutant que son arrivée à Lyon était « désirée avec un emportement difficile à peindre [7] ». Le fils du général Marbot qui arrive dans l'autre sens, comme on l'a vu, dépeint également les cris d'allégresse qui entourent le cortège de Bonaparte. Cet accueil surprend même l'un de ses aides de camp : « Cette ville était restée par la haine contre le gouvernement, et nous supposions que le général en chef ne voudrait pas y rester [8]. » Mais, précisément, sans doute les Lyonnais voient-ils dans Bonaparte l'homme qui pourra mettre un terme à la République. Il n'est pas certain qu'en terre républicaine, l'accueil eût été le même. Lavalette rapporte du reste que Bonaparte prit bien soin d'éviter Mâcon « où le club des Républicains avait irrité les classes moyennes aristocratiques ». Bonaparte se détourne de la Bourgogne et passe par le Bourbonnais.

La nouvelle de son débarquement précède de quelques jours son arrivée à Paris. Elle y est connue le 13 octobre, alors qu'il est à Lyon. Paris bruit encore de l'annonce de la victoire d'Aboukir, parvenue le 4 octobre. C'est donc un général victorieux qui s'avance vers la capitale, ce qui renforce naturellement l'enthousiasme des foules, à Paris comme en province. Thibaudeau, un des mémorialistes les plus perspicaces de son temps, ancien membre de la Convention et bientôt préfet de Bonaparte, assiste alors à une représentation au Théâtre-Français et décrit la salle applaudissant la nouvelle de son débarquement, ce qui en dit long sur l'attente des esprits et aussi sur la préparation qui a entouré l'événement. Face au retour en France de Bonaparte, le Directoire reste désemparé. Réunis le 14 octobre, les directeurs sont incapables de s'entendre sur l'attitude à adopter, alors que le général Bonaparte a, à plusieurs reprises, transgressé la légalité et que chacun peut entrevoir ses véritables intentions. Sieyès lui-même marque d'abord quelque mécontentement devant la venue de ce bras armé qu'il aurait trouvé un peu long à son goût. Pourtant, Bonaparte n'a guère été prolixe dans le message qu'il a adressé au Directoire, depuis Aix, le 10 octobre. Après avoir raconté comment il avait appris l'état de la France par l'intermédiaire des journaux anglais, il se contente d'écrire : « Je n'ai pas pensé devoir calculer les dangers ; je devais me trouver où ma présence pouvait être le plus utile [9] », Bonaparte suggérant ainsi qu'il ne pouvait espérer grand-chose d'un séjour prolongé en Égypte.

Bonaparte arrive à Paris le 16 octobre 1799. Il se rend le soir même chez Gohier, le président en exercice du Directoire. Le lendemain, il est reçu par les cinq directeurs et s'engage devant eux à ne tirer l'épée « que pour la défense de la République et de son gouvernement ». Le Directoire, divisé, se refuse à prendre quelque sanction que ce soit. Dès lors, Bonaparte a les mains libres pour tenter d'imposer ses choix au pays, ce que Fouché, dans ses *Mémoires*, traduit en ces termes : « Se voyant accueilli et recherché par les gouvernants eux-mêmes, Bonaparte, bien résolu de s'emparer de l'autorité, se crut sûr de son fait [10]. » Fouché ajoute cependant que rien alors n'est joué. « Tout allait dépendre de l'habileté de ses manœuvres. » Autrement dit, revenu à Paris, Bonaparte bénéficie d'un large crédit dans l'opinion, mais il lui faut en retirer rapidement les dividendes. C'est ce qu'il cherche à faire en organisant immédiatement un complot pour prendre le pouvoir.

2. La préparation du complot

L'histoire traditionnelle présente le 18-Brumaire comme un coup d'État parlementaire préparé par Sieyès et dont Bonaparte n'aurait été que le bras armé, avant de prendre les événements à son compte. Certains historiens avancent même l'idée que Sieyès aurait cherché à rappeler Bonaparte d'Égypte, pour lui confier la direction des opérations militaires au sein de la conjuration. Cette thèse minimise le rôle de Bonaparte dans la décision du coup d'État, le cantonnant dans un simple rôle d'exécutant d'une action illégale certes, mais voulue par le plus grand nombre. En réalité, toute la stratégie de Bonaparte, depuis son débarquement, vise à apparaître comme le seul recours possible pour remettre de l'ordre en France. De ce point de vue, le coup d'État se prépare avant le 18 brumaire. En se déplaçant sans cesse accompagné d'une escorte de généraux et de soldats, Bonaparte veut imposer l'idée que seule l'armée peut reprendre les choses en main. Ensuite seulement, il se tourne vers Sieyès et accepte de suivre son plan, mais avant tout pour le contrôler et obtenir le soutien de ses amis révisionnistes. Ce n'est donc pas

Bonaparte qui sert de bras armé à Sieyès, mais bien Sieyès qui est la caution parlementaire du général. Il suffit de reprendre la chronologie des événements pour s'en convaincre.

À son arrivée à Paris, Bonaparte évite soigneusement de rencontrer Sieyès en privé, bien qu'il sache tout de ses projets, en particulier par l'entremise de son frère Lucien, une des pièces maîtresses du complot orchestré par Sieyès. Cette prise de distance s'explique assez aisément par la réputation qui entoure l'ancien abbé, soupçonné de s'être rapproché des monarchistes et qui subit, pour cette raison, une forte campagne de dénigrement dans la presse jacobine. Or, à la fin du mois d'octobre, Bonaparte n'a pas complètement chassé de son esprit l'idée d'une alliance avec les jacobins dont il a encore quelque mal à mesurer l'exacte influence dans le pays et surtout dans les assemblées. Ses contacts fréquents avec Gohier, l'un des représentants des jacobins au Directoire, montrent son souci de ne pas se couper de cette partie de l'opinion. De même, la rencontre que Joseph Bonaparte a organisée, le 29 octobre, dans sa propriété de Mortefontaine, entre son frère Napoléon et son beau-frère Bernadotte, un des généraux jacobins, indique la volonté de Bonaparte sinon de s'entendre avec les jacobins, au moins de sonder leurs intentions. Au soir du 30 octobre, son opinion est faite. Il sait que les jacobins ne sont pas prêts à faciliter son accession au pouvoir, mais il a aussi compris que leur poids était moins grand qu'il ne le pensait. Il se tourne donc sans hésiter vers les révisionnistes et accepte de rencontrer Sieyès, le 1er novembre.

Cette rencontre qui a lieu chez Lucien Bonaparte est toutefois l'aboutissement d'un processus préparé de longue date. Bonaparte était au courant des projets de Sieyès depuis son arrivée à Paris. Surtout, il avait multiplié les contacts avec des hommes politiques partageant sa volonté révisionniste. Parmi eux figure Talleyrand, ancien ministre des Relations extérieures. C'est une vieille connaissance de Bonaparte, puisque tous deux avaient collaboré, non sans quelque friction, à la signature de la paix de Campoformio, en 1797, avant que Talleyrand n'appuie le projet égyptien de Bonaparte. Les deux hommes se sont donc retrouvés à Paris ; ils se voient fréquemment, soit au domicile de Bonaparte, rue Victoire, soit chez Talleyrand. À leurs côtés, Roederer joue également un rôle décisif dans la préparation du complot. Ancien conseiller au parlement de Metz, élu député à l'Assemblée constituante en octobre 1789, Roederer partage dès cette époque les idées de Sieyès. C'est chez Talleyrand que Roederer a rencontré Bonaparte pour la première fois, en mars 1798, donc avant l'expédition d'Égypte. Les deux hommes s'emploient activement à rapprocher Bonaparte de Sieyès, multipliant les visites au Luxembourg, siège du Directoire, dans les derniers jours d'octobre. Parmi ses plus proches soutiens, Bonaparte peut aussi compter sur Regnaud de Saint-Jean-d'Angély et Boulay de la Meurthe. Le premier, ancien membre de l'Assemblée constituante, inquiété au temps de la Terreur, a accompagné Bonaparte en Égypte. Le second, avocat avant la Révolution, puis juge au tribunal de Nancy, volontaire à Valmy, est député au Conseil des Cinq-Cents.

On ne saurait omettre dans ce petit groupe des fidèles de Bonaparte ses deux frères, Joseph et Lucien, acquis à des degrés divers à sa cause. L'un et l'autre sont alors députés au Conseil des Cinq-Cents et occupent donc une position stratégique au sein de l'appareil d'État. Joseph, l'aîné, n'a jamais cessé de suivre la carrière de son frère. Il reste son principal confident pendant la campagne d'Égypte. Bonaparte demande ainsi à Joseph, dans une lettre du 28 juillet 1798, de lui préparer une campagne en France pour son retour qu'il envisageait plus prompt qu'il ne fut. Et Bonaparte, s'épanchant sur l'ennui de la nature humaine, lançant un pathétique et peut-être sincère cri de désespoir : « La gloire est fade à vingt-neuf ans ; j'ai tout épuisé », concluait sa lettre par ces mots : « Adieu, mon unique ami ; je n'ai jamais été injuste envers toi [11]. » Lucien, de six ans plus jeune que Napoléon, ne l'a guère connu dans sa jeunesse. Il a construit lui-même sa carrière, devenant député de Corse à vingt-trois ans, c'est-à-dire sans avoir l'âge requis. Il espère pouvoir seul parvenir au faîte des honneurs et n'attend pas le retour de son frère pour entrer dans le complot mis sur pied par Sieyès. « La première quinzaine de vendémiaire, signalée par tant de prospérités, vit aussi mûrir le plan de notre réforme républicaine [12] », raconte Lucien dans ses Mémoires sur le 18-Brumaire, en évoquant les nombreux conciliabules tenus chez Sieyès. Son enthousiasme n'est pas débordant, à l'annonce du retour de son frère : « J'avoue que je ne fus pas moi-même exempt d'inquiétudes ; mais ces inquiétudes chez moi n'étaient pas spontanées ; elles tenaient plutôt aux craintes de mes amis. Presque toujours éloigné de mon frère par les événements, je le connaissais peu. Quoiqu'il n'eût que six ans de plus que moi, il n'y avait jamais eu entre nous d'intimité d'enfance ni de jeunesse, parce que nous avions presque toujours été séparés. Cette intimité, que j'ai souvent regrettée, fut réservée tout entière à notre frère Joseph [13]. »

Néanmoins, Lucien comprend vite l'intérêt que peut représenter son frère pour la réussite du complot mis au point par Sieyès. Il le tient informé des projets du directeur, puis organise chez lui le premier tête-à-tête entre les deux hommes, le 1er novembre. Dans l'intervalle, il a été élu président du Conseil des Cinq-Cents, le 23 octobre, renforçant ainsi le parti des révisionnistes. Cette élection marquait aussi que, même aux Cinq-Cents, les jacobins étaient minoritaires, ce qui représentait un encouragement à poursuivre le complot. Lucien apporte donc à Napoléon sa science de l'intrigue. Il l'assure aussi du soutien de l'exécutif au Conseil des Cinq-Cents. Le rôle de Joseph est plus effacé, sans être négligeable. Lui aussi use de sa demeure, en l'occurrence le château de Mortefontaine, acquis l'année précédente, pour organiser des rencontres entre les principaux hommes politiques du temps. Surtout, il contribue à rallier à Bonaparte le groupe des Idéologues, au premier rang desquels Cabanis, Jean de Bry et Andrieux, ses collègues aux Cinq-Cents. Le premier, médecin et philosophe, était aussi un habitué du salon de Mme Helvétius à Auteuil, un des hauts lieux de la pensée libérale du temps. Le deuxième, avocat avant la Révolution, élu à la Législative, puis à la Convention, avait voté la mort de Louis XVI tout en se démarquant des jacobins, ce qui lui permit de passer ensuite au Conseil des Cinq-Cents dont il assura quelque temps la présidence. Quant à Andrieux, il était écrivain et membre de l'Institut lorsqu'il fut élu en 1798 député de la Seine au Conseil des Cinq-Cents. Ces trois hommes sont des figures marquantes du groupe des Idéologues auquel se rattache également Germaine de Staël, sans y appartenir pleinement. Or, Mme de Staël est une intime de Joseph Bonaparte qui fréquente assidûment son salon.

Le rôle des ministres du Directoire est plus ambigu. Cambacérès, ministre de la Justice depuis 1798, a connaissance du complot auquel il s'est rallié, sans pour autant lui apporter un soutien actif. Il prépare dans l'ombre les changements législatifs. Très attaché au droit, il se montre attentif à sortir le moins possible de la légalité. Cette attitude circonspecte peut le cas échéant lui permettre de quitter le complot sans être compromis. L'attitude de Fouché n'est guère plus franche. Il reconnaît lui-même dans ses *Mémoires* que Bonaparte ne l'avait pas mis au courant de tous ses projets, mais il connaît l'existence du complot et, en sa qualité de ministre, aurait pu en gêner l'exécution. « La révolution de Saint-Cloud aurait échoué, si je lui avais été contraire », écrit Fouché, avant d'ajouter : « Mes idées étaient fixées. J'avais jugé Bonaparte seul capable d'effectuer les réformes politiques impérieusement commandées par nos mœurs, nos vices, nos écarts, nos excès, nos revers et nos funestes divisions [14]. » Les autres ministres partagent cette attitude attentiste mais sont plutôt favorables au coup d'État, à l'exception notable du ministre de la Guerre, Dubois-Crancé.

Les soutiens politiques n'ont donc pas manqué à Bonaparte à la veille du 18-Brumaire. Il eut aussi des appuis financiers et militaires. Les intrigants ont besoin d'argent pour réussir dans leur entreprise, ne serait-ce que pour acheter certaines consciences, récompenser les troupes mobilisées, ou tout simplement payer l'impression des affiches et des proclamations éditées à cette occasion. La réalité de ces soutiens financiers reste encore difficile à établir, mais il apparaît clairement que certains banquiers et négociants ont apporté leur contribution au complot. Collot, fournisseur aux armées, en relations avec Bonaparte depuis la campagne d'Italie, lui aurait avancé cinq cent mille francs, Michel le jeune, également fournisseur aux armées, aurait avancé quant à lui deux, puis six millions. D'autres financiers ont été mis à contribution et l'on peut penser que la création, quelques mois après le coup d'État, de la société dite des Vingt

Négociants réunis, voire la naissance de la Banque de France sont aussi un moyen de récompenser les milieux de la finance qui s'étaient montrés généreux à la veille du 18-Brumaire et qui surtout avaient promis leur soutien après le coup d'État. Quant au banquier Ouvrard, ami de Barras, il a rencontré Bonaparte deux jours avant le coup d'État, mais sans que ce dernier le sollicite directement. Toutefois, au matin du 18 brumaire, lorsque Ouvrard comprend que le coup d'État est en marche, en voyant passer Bonaparte et sa troupe sous ses fenêtres, il offre son appui financier au général.

L'aspect militaire n'en est pas moins important. Le complot doit s'assurer le soutien, ou au moins la bienveillance, des troupes stationnées à Paris et de leurs officiers. Or la densité militaire autour de la capitale est forte en cet automne 1799. Un véritable « parti des généraux » s'est en effet constitué au sein du Directoire et depuis le coup d'État de Fructidor, au cours duquel le général Augereau a apporté un soutien décisif au régime, les officiers supérieurs jouent un rôle politique important au sommet de l'État. Plusieurs sont membres du Corps législatif, à l'image de Jourdan ou Augereau, et l'offensive parlementaire du printemps 1799 qui a provoqué la chute de deux directeurs a été partiellement fomentée par les militaires de l'assemblée. En tout cas, elle leur profite, puisqu'elle ouvre les portes du gouvernement au général Bernadotte, puis celles du Directoire au général Moulin. Toutefois, ce « parti des généraux » manque d'unité, si bien qu'il ne peut s'entendre pour s'emparer du pouvoir. Bonaparte a compris qu'il devait réaliser cette unité pour y parvenir.

À côté des politiques figurent, parmi les généraux, ceux qui ont une fonction militaire. Leur rôle est crucial à la veille du coup d'État. C'est du reste pourquoi ces postes stratégiques sont occupés par des hommes sûrs. Ainsi, le 11 août, le général Lefebvre remplace le général Marbot, de tendance jacobine, à la tête de la division militaire de Paris. En septembre, le général Macdonald, auquel on a pensé un temps pour être le bras armé du complot, est nommé commandant de la place de Versailles. D'autres généraux sont également présents à Paris, notamment le général Moreau, sur le point d'aller prendre le commandement de l'armée du Rhin ; Bernadotte, contraint de quitter le ministère de la Guerre en septembre, mais qui gravite toujours autour de la capitale, ou encore Beurnonville, alors proche de Sieyès. Il faut ajouter l'entourage de Bonaparte. Les généraux Berthier, Lannes ou Murat, revenus d'Égypte, sont directement mêlés au complot ; ils forment le premier noyau de fidèles, auquel s'adjoint très vite l'amiral Bruix, l'une des pièces maîtresses de l'intrigue.

Cette concentration est remarquable, comme le note Lavalette dans ses Souvenirs : « Les officiers généraux les plus célèbres dans l'armée étaient presque tous à Paris. » Encore fallait-il les convaincre d'entrer dans le complot ou au moins de rester neutres.

L'affaire n'est pas aussi aisée qu'il y paraît, car l'armée a conservé de fortes attaches jacobines, à l'instar de plusieurs de ses généraux. Elle est par ailleurs divisée en corps, pour ne pas dire en castes, ce qui rend incertain le soutien des troupes qui n'ont pas servi sous Bonaparte. C'est pourquoi ce dernier s'emploie à convaincre les généraux du bien-fondé de ses projets. Il rencontre notamment Moreau qui l'assure de sa bienveillance, ainsi que Bernadotte qui, bien que très engagé dans le camp jacobin, promet sa neutralité. Quant à Jourdan et Augereau, ils sont laissés en dehors d'un complot qu'ils désapprouvent. La constitution de ce réseau de généraux est complétée par des contacts directs entretenus avec des officiers subalternes, invités à venir rue Victoire, chez Bonaparte qui ne néglige donc aucun moyen pour s'assurer du soutien des troupes de la capitale.

La police est également passée sous le contrôle de Bonaparte qui s'est acquis la bienveillance de Fouché, mais aussi le soutien de Réal, ancien jacobin, membre de la Commune de Paris. Réal s'était lié avec Barras à la fin de la Convention et avait alors fait la connaissance de Joséphine. Il rencontre le général Bonaparte après la campagne d'Italie et contribue, par l'entremise de sa compagnie de fournitures militaires, à équiper l'armée d'Égypte. Or, en juillet 1799, Réal est devenu commissaire exécutif du Directoire auprès du département de la Seine, fonction que Bonaparte remplacera par celle de préfet de la Seine. Elle confère à Réal un grand pouvoir sur le contrôle des esprits et de l'administration de ce département hautement stratégique. Réal est l'un des premiers à se rendre auprès de Bonaparte après son retour d'Égypte ; il devient ainsi l'un des principaux animateurs du complot, participant à toutes les réunions qui sont organisées, soit chez Bonaparte, soit dans ses propres bureaux de l'administration de la Seine. C'est là, par exemple, que se réunissent, le 17 brumaire, les conjurés pour mettre au point les derniers détails de l'opération. À la tête de l'administration parisienne, Réal décide de fermer les barrières de la capitale et joue un rôle décisif pour empêcher que les douze municipalités de Paris ne se concertent en vue de faire échouer le complot. C'est enfin Réal qui recommande d'avancer la date du coup d'État au 18 brumaire, afin d'éviter toute tentative de réaction.

Le coup d'État prévu par Bonaparte apparaît en effet comme un secret de polichinelle. Une grande partie du monde politique est au courant, ce qui ne signifie pas que la date en soit connue, non plus que les modalités précises. De même, les conjurés n'ont aucune assurance quant au résultat de leur plan. Tant de péripéties ont marqué la vie politique depuis dix ans qu'une grande modestie s'impose aux conjurés. La peur leur est du reste une compagne familière. Talleyrand a ainsi raconté comment, alors qu'il complotait chez lui avec Bonaparte, l'arrêt d'une voiture devant sa porte, à une heure du matin, les a fortement inquiétés. « Nous rîmes beaucoup, le général et moi, de notre panique qui n'était toutefois que bien naturelle, quand on connaissait, comme nous, les dispositions du Directoire et les extrémités auxquelles il était capable de se porter [15]. » S'il ne déplaît pas à Talleyrand de montrer un Bonaparte blêmissant, soumis à la peur, il n'en demeure pas moins que cette anecdote confirme la précarité des préparatifs. Certes, beaucoup sont au courant de ce qui se trame, mais précisément le danger vient de cette trop grande publicité qui peut amener une réaction. Ce sentiment de peur se retrouve également sous la plume de Lucien Bonaparte, ou encore dans l'attitude de quelques-uns des conjurés, attendant fébrilement l'issue du coup d'État, une voiture prête à les emmener loin de la capitale au cas où leurs affaires tourneraient mal. C'est dire combien, malgré les nombreux soutiens dont bénéficiait Bonaparte, le coup d'État n'était pas gagné d'avance.

3. LES JOURNÉES DE BRUMAIRE

Bonaparte n'a pas perdu de temps depuis son retour à Paris le 16 octobre. Il a multiplié rencontres et contacts, s'est fait une claire idée des forces en présence, avant de se rallier au projet de Sieyès d'un changement de constitution dont le but reste l'instauration d'un régime stable. Au début du mois de novembre, ses intentions sont nettement arrêtées. Lors de sa première rencontre avec Sieyès, en compagnie de son frère Lucien, il a même imposé quelques modifications au plan initial. Alors que Sieyès souhaitait proposer une nouvelle constitution au peuple, Bonaparte rétorque qu'il faut d'abord mettre en place un gouvernement provisoire, tandis qu'une commission législative serait chargée de préparer une « constitution raisonnable » et de la proposer à « la votation du peuple » car, précise Bonaparte, « je ne voudrai jamais rien qui ne soit librement discuté et approuvé par une votation universelle bien constatée » [16]. Cet attachement à la notion de souveraineté populaire sur laquelle reposent les bases de la Révolution française peut apparaître comme un subterfuge pour déjouer les plans de Sieyès ; il est aussi un gage donné aux jacobins dont Bonaparte ne néglige pas l'influence dans le pays. Mais le général n'oublie pas ses ambitions personnelles ; il a clairement fait savoir à Sieyès, le 1er novembre, qu'il entendait être l'un des trois consuls provisoires, chargés d'assurer le pouvoir en attendant la rédaction d'une nouvelle constitution.

Le plan d'ensemble est donc adopté le 1er novembre. La première mesure à prendre est d'organiser le transfert du Corps législatif hors de Paris pour empêcher que la pression populaire puisse s'exercer sur les assemblées comme ce fut le cas à plusieurs reprises depuis 1789. Pour ce faire, les conjurés comptent s'appuyer sur l'article 102 de la Constitution de l'an III qui dispose que le Conseil des Anciens peut commander un transfert du Corps législatif hors de Paris, en cas de danger. La large majorité dont jouissent les révisionnistes au sein du Conseil des Anciens rend cette mesure envisageable. Le deuxième acte doit consister à provoquer la vacance du pouvoir exécutif en obtenant la démission des cinq directeurs. Sieyès et Ducos, pierres angulaires du complot, y sont tout disposés, mais il reste à convaincre Barras, Gohier et Moulin, de gré ou de force, d'accepter cette formule. Ensuite, seulement, le troisième acte peut être envisagé. Il consiste à faire constater par les assemblées la vacance du pouvoir et à les pousser à adopter le principe d'un changement de régime et d'une révision constitutionnelle. C'est à ce moment-là que s'opère l'entrée dans l'illégalité. La Constitution de l'an III rend, en effet, impossible toute révision avant un délai de neuf ans. De plus, rien ne prévoit qu'une démission collective des directeurs doit conduire à un changement de régime. Il suffit au contraire de les remplacer, selon les procédures prévues par la Constitution. C'est du reste ce que proposent quelques députés lors de la journée du 19 brumaire. Mais l'état de l'opinion est tel et la décomposition du Directoire si grande que personne n'envisage sa survie. La démission des cinq directeurs doit donc provoquer le choc nécessaire à une prise de décision que beaucoup pensent urgente. Quel besoin dès lors d'un général et de ses troupes ? Un tel coup d'État ne peut-il s'accomplir sans l'appoint des armes ? Sans doute, Sieyès pensait-il que la présence d'un bras armé ne devait être que seconde. Mais il lui fallait ce bras, d'abord pour protéger les députés acquis à sa cause, ensuite pour empêcher une réaction des partisans du Directoire. Ce général devait tenir l'armée, pour éviter qu'elle ne soit utilisée contre les conjurés. Bonaparte outrepasse, en ce domaine, le plan initial, en usant de ses hommes contre les députés du Conseil des Cinq-Cents. N'est-il pas sciemment sorti de son rôle pour apparaître en pleine lumière ? La question reste posée.

Le coup d'État est lancé le 18 brumaire. Dans la nuit, des messages ont invité un grand nombre d'officiers à se rendre, au petit matin, au domicile de Bonaparte. Ce dernier leur explique ses plans. Dans le même temps, les députés du Conseil des Anciens ont été convoqués, à la hâte, pour une séance spéciale qui doit se tenir à 7 h 30. Tandis que le régiment commandé par le colonel Sebastiani, un fidèle de Bonaparte, a pris place en face du château des Tuileries où siège le Conseil des Anciens, celui-ci vote le transfert du Corps législatif à Saint-Cloud pour le lendemain et confie à Bonaparte le soin d'exécuter ce décret, tout en protégeant les députés. Le général obtient ainsi le commandement des troupes de Paris. Celles-ci occupent dès lors les points stratégiques de la capitale. Le premier acte du drame s'est joué sans encombre, d'autant mieux que quelques députés susceptibles de s'y opposer n'ont pas été prévenus. Le décret officiel du Conseil des Anciens permet à Bonaparte de convaincre les derniers militaires hésitants. Il part peu après prêter serment devant le Conseil des Anciens et promet de maintenir la république. De leur côté, les députés du Conseil des Cinq-Cents ont pris connaissance du décret des Anciens, plusieurs avec colère, et n'ont pas poursuivi leur séance.

Le deuxième acte, à savoir la démission des directeurs, paraît plus difficile à mettre en œuvre. Certes, comme convenu, Sieyès et Ducos se démettent de leurs fonctions. Puis Barras, circonvenu par Talleyrand et l'amiral Bruix, accepte de se retirer du jeu politique, dans la matinée du 18 brumaire. Mais Gohier et Moulin font de la résistance. Ils ont appris le transfert des assemblées par Fouché, mais ils ne peuvent guère agir, les troupes du général Moreau ayant investi la cour du palais du Luxembourg où les deux directeurs sont quasiment enfermés. Ils ont bien tenté de faire passer aux Cinq-Cents un message dans lequel ils protestent contre l'attentat fomenté contre eux, mais ce message est saisi. Toutefois, bien qu'internés, ils refusent de démissionner. La journée du 18 brumaire s'achève sans nouvel élément spectaculaire, Bonaparte continuant à consulter et à recevoir, préparant l'assaut final. Le soir, il réunit jusque fort tard les principaux conjurés, sans que le déroulement de la journée du 19 brumaire soit élaboré avec précision.

C'est, en effet, le lendemain du 18 brumaire que le coup d'État s'opère véritablement. Comme prévu, les Conseils se transportent à Saint-Cloud où le château a été aménagé à la hâte pour les accueillir. Les Anciens doivent siéger dans le château lui-même, les Cinq-Cents dans l'Orangerie, bâtiment relié au premier par une galerie. Mais les députés ne sont pas les seuls à se diriger vers Saint-Cloud. Les conjurés, Bonaparte en tête, escortés par les dragons de Sebastiani, font de même. Des curieux et des journalistes se mêlent à la foule des parlementaires, si bien que la route de Saint-Cloud se trouve très vite encombrée. Cette petite bourgade devient pour un jour le centre de la vie politique française. La crainte des faubourgs a suscité ce déplacement ; il fallait que le coup d'État se déroule hors de Paris. Bonaparte et les conjurés refusent de heurter de front la ville symbole de la Révolution qui reste ainsi pure de toute souillure. À la différence de César, auquel plusieurs observateurs comparent Bonaparte, ce dernier franchit le Rubicon à rebours. Il n'entre pas armé dans les limites de la capitale. Il sort au contraire de Paris pour opérer son forfait.

Les deux Conseils tiennent séance séparément en début d'après-midi. Lucien, frère de Bonaparte, président du Conseil des Cinq-Cents, cherche à gagner du temps en faisant occuper la tribune par des fidèles acquis à la cause révisionniste. Mais il se heurte à la mobilisation des jacobins qui, la veille au soir, se sont promis de tout faire pour empêcher le coup d'État, sans parvenir à convaincre Bernadotte de se porter à la tête des troupes de Paris. Les jacobins n'ont toutefois guère de moyens d'agir, tant qu'aucun acte illégal n'a été commis. Ils parviennent certes à obtenir une nouvelle prestation de serment des députés en faveur de la Constitution de l'an III, afin que soit affirmé le soutien du Conseil à la République, mais ce vote, opéré par nom, a pour principal effet de ralentir encore le rythme de la séance. C'est ce que souhaite Lucien. Il attend le message annonçant la démission des cinq directeurs pour pouvoir lancer la discussion sur le changement de régime. Il n'en aura pas l'occasion. Pendant ce temps, au Conseil des Anciens, quelques jacobins, dont le poids est pourtant moins grand qu'aux Cinq-Cents, s'inquiètent des raisons du transfert et demandent des informations sur le pré- tendu danger qui l'a provoqué. Bien plus, à l'annonce du message annonçant la vacance du Directoire, plusieurs députés évoquent l'hypothèse d'une simple élection de directeurs pour les remplacer. C'en est trop pour Bonaparte qui, depuis le début de l'après-midi, attend près de Sieyès, dans un salon voisin, l'issue de la journée.

Accompagné des officiers de son état-major, il fait irruption dans la salle où siègent les Anciens et leur adresse une harangue maladroite qui, loin de les apaiser, a le don d'exciter des députés pourtant majoritairement acquis à la cause du complot la veille au soir. Incapable d'imposer son point de vue, Bonaparte se retire. Mais son désir d'en finir est intact. Il lui faut pour cela démasquer les responsables du péril terroriste qu'il a évoqué devant les Anciens. Il compte le faire devant le Conseil des Cinq-Cents, en mettant directement en cause le général Augereau, l'un des chefs de file du parti jacobin. Mais l'entrée dans l'Orangerie de Bonaparte et de sa suite provoque une bronca qui tourne au pugilat, comme le raconte Lucien :

« Le général Bonaparte entre ; il est suivi de quatre grenadiers de notre garde ; d'autres soldats, des officiers, des généraux occupent l'entrée de l'Orangerie. L'assemblée entière, indignée de ce spec- tacle, est debout... Une foule de membres s'écrient : " Des hommes armés ici !... " On se précipite au-devant du général, on le presse, on l'apostrophe, on le repousse quelques pas en arrière... Plusieurs bras lèvent des poignards et le menacent... Les grenadiers font à Bonaparte un rempart de leurs corps et l'entraînent hors de la salle. Un d'eux, le grenadier Thomé, eut son habit percé. Les spectateurs s'étaient précipités par les fenêtres basses de l'Orangerie. Tout cela s'était passé en un clin d'œil... La consternation de nos amis, les cris de fureur de nos adversaires, la retraite précipitée des militaires, le cliquetis des armes, faisaient en ce moment ressembler l'Orangerie à un pêle-mêle de champ de bataille [17]. »

Lucien a inventé la thèse de la menace de mort pesant sur son frère, ce qui lui permet de s'attribuer un rôle particulièrement déci- sif dans le règlement de la crise. Il parvient en effet à éviter la mise hors la loi de son frère, mais se montre incapable de le défendre plus avant et sort du Conseil avec quelques députés. Dehors, dans la cour encombrée de soldats, il retrouve son frère et, au cours d'une scène devenue célèbre, enfourche un cheval pour haranguer les troupes chargées de la protection des assemblées. Il dénonce « quelques représentants à stylet qui assiègent la tribune », et demande aux soldats de « délivrer la majorité des représentants du peuple ». Immédiatement, Bonaparte donne l'ordre à ses hommes d'investir l'Orangerie. Sous le commandement de Murat, ils pénètrent dans le bâtiment et s'empressent d'obéir à l'ordre lancé par leur chef : « Foutez-moi tout ce monde-là dehors. » L'armée impose sa loi aux parlementaires. Le sabre fait taire le verbe. Le coup d'État militaire a supplanté le coup d'État parlementaire, sans qu'aucun coup de feu soit tiré et sans qu'aucune victime soit à déplorer.

Très vite, le droit reprend ses prérogatives. Tout d'abord, le Conseil des Anciens n'a jamais cessé de siéger. Vers le début de la soirée, il a désigné une commission de cinq membres pour discuter de la réforme des institutions. Puis, un peu avant 19 heures, il prend acte de la vacance du Directoire et de la dispersion du Conseil des Cinq-Cents et décide la création d'une « commission exécutive provisoire », composée de trois membres. Mais le souci de légalité pousse les conjurés à souhaiter que ces décisions soient entérinées par le Conseil des Cinq-Cents. À la demande de Sieyès, les députés de ce conseil restés à Saint-Cloud sont donc réunis vers 21 heures. Ils acceptent à leur tour de désigner une « commission consulaire exécutive » et de confier le pouvoir à Bonaparte, Sieyès et Ducos. Le 20 brumaire, à 4 heures du matin, les consuls prêtent serment devant le Conseil des Anciens qui a tenu séance toute la nuit. Puis, l'ensemble des acteurs du drame rentre à Paris. Chacune des deux assemblées a en outre désigné une commission législative de vingt-cinq membres dont l'une des attributions est de rédiger une nouvelle constitution. Les Cinq-Cents ont également procédé à une épuration dans leurs rangs en décidant la proscription ou l'emprisonnement de cinquante-cinq députés jacobins. Commencé le 18 brumaire, le coup d'État s'achève le 20 au matin. La France a mis un terme à l'expérience du Directoire.

4. LA RÉACTION DE LA POPULATION

Bonaparte n'a pas négligé l'état de l'opinion au moment de sa conquête du pouvoir. Habile à organiser sa propagande en Italie comme en Égypte, il confirme ses talents de communicateur à l'occasion des journées de Brumaire. Tandis que le coup d'État parlementaire est lancé, le 18, il fait placarder sur les murs de Paris des affiches et des proclamations en faveur de sa personne. Elles ont été rédigées par Roederer, l'un des hommes clefs de la conspiration, propriétaire du *Journal de Paris* où il fait également publier des articles favorables à Bonaparte. Le fils de Roederer, Antoine, employé comme apprenti dans une imprimerie participe à cet effort de propagande qui aboutit à un placardage massif d'affiches en faveur de Bonaparte dans la matinée du 18 brumaire. La population parisienne est ainsi préparée au coup d'État. Bonaparte lui-même publie plusieurs proclamations pour expliquer son geste. Dès le 18 brumaire, il s'adresse à la garde nationale de Paris et à l'armée pour justifier la constitutionnalité de ses actions et affirmer son souci de préserver la République. Puis le 19 au soir, dans une proclamation rédigée à la première personne, Bonaparte relate les faits qui l'ont conduit à prendre la tête du mouvement de sauvegarde de la République. Et, dans une proclamation du 21 brumaire, signée des trois consuls, Bonaparte invite les Français à prêter le serment « d'être fidèles à la République une et indivisible, fondée sur l'égalité, la liberté et le système représentatif », c'est-à-dire les principes fondateurs de la Révolution française. Comment les Français reçoivent-ils ce message ?

Ils accueillent le 18-Brumaire dans une relative indifférence. Certes, une partie de l'opinion éclairée se satisfait du changement de régime. « Le 18-Brumaire fut une délivrance », écrit dans ses *Souvenirs* Victor de Broglie qui n'a que quatorze ans au moment des faits mais n'en exprime pas moins le sentiment de la frange libérale de l'opinion qui craint par-dessus tout un retour de la Terreur [18]. Mme de Staël l'exprime à sa manière. Mais on ne peut pour autant parler d'un véritable enthousiasme. Les propos du ministre de la Police ne doivent donc pas tromper, ou plutôt ils doivent être lus avec sagacité :

« La nouvelle des journées des 18 et 19 brumaire a excité la satisfaction de la presque universalité des citoyens français. S'il s'est trouvé un petit nombre de contradicteurs, c'est parmi les fonctionnaires publics, connus par leurs opinions exagérées. Une autre classe d'hommes a bien cherché aussi à faire tourner les événements à son profit, mais tous les partis ont paru se convaincre que ces mémorables journées seraient le tombeau des factions. Le peuple n'a entrevu que les changements heureux qui doivent en résulter ; il attend un gouvernement sage, qui assure une garantie à tous [19]. »

Ces derniers mots sont les plus significatifs du rapport de Fouché : les Français sont dans l'expectative. Ils n'en sortent guère en décembre, lorsque le gouvernement les invite à ratifier la constitution, c'est-à-dire le nouvel ordre des choses. Un million cinq cent mille Français seulement se rendent dans leur mairie pour signer le registre ouvert à cet effet. Le plus grand nombre s'abstient. De la même façon, les administrations départementales se montrent prudentes face à l'événement ; une vingtaine de départements seulement adressent des félicitations au nouveau gouvernement à l'issue des journées de Brumaire. À l'inverse, le coup d'État n'a pas suscité de réactions d'hostilité. Certes, dans les régions troublées, l'Ouest en particulier, l'ordre ne revient pas immédiatement. « Les journées des 18 et 19 brumaire n'ont pas arrêté spontanément tous les désordres », note ainsi Fouché. Mais il n'en a pas provoqué d'autres, alors même que le nouveau régime poursuit une politique d'épuration qui n'épargne pas les jacobins. Les foyers de jacobinisme restent calmes, à l'image du faubourg Saint-Antoine, il est vrai particulièrement surveillé, où aucune manifestation d'hostilité n'est décelée. La France attend pour juger les premiers actes de Bonaparte. De ce point de vue, l'année 1800 se révèle décisive.

3

La mise en place du Consulat

Quel est l'état d'esprit de Bonaparte au matin du 20 brumaire, alors que le coup d'État qu'il a organisé a réussi ? Sans doute goûte-t-il le plaisir d'avoir été porté au sommet de l'État, lui qui, dix ans plus tôt, n'était qu'un petit officier corse, sans fortune. Mais les difficultés commencent. Les journées des 18 et 19 brumaire n'ont pas effacé les raisons qui avaient provoqué la colère du pays. La France est toujours en guerre avec ses voisins et reste partiellement troublée, l'état des finances est déplorable. Le désenchantement guette une société harassée par dix années de révolution. Bonaparte connaît ces difficultés et sait que sa propre stabilité passe par leur apurement. Il ne lui suffit pas de donner des institutions fortes au pays, même si c'est sa priorité. Il doit aussi lui assurer la paix et la stabilité à l'intérieur comme à l'extérieur. C'est ce qu'il s'attache à mettre en œuvre au cours de l'année 1800.

1. L'ÉTABLISSEMENT D'UN RÉGIME FORT

Le 20 brumaire, les Français se réveillent avec un nouvel exécutif qui ressemble cependant à l'ancien. Le directoire de cinq membres a laissé place à un régime provisoire placé sous la direction d'un exécutif à trois têtes : Bonaparte, Sieyès et Ducos. Ces deux derniers figuraient dans l'ancien Directoire, ce qui nuance l'impression de changement ressentie alors par les contemporains. Néanmoins, le rôle de Sieyès et Ducos apparaît très vite secondaire, lorsque Bonaparte s'empare, avec le soutien de Ducos, de la présidence du Consulat provisoire. Quant au pouvoir législatif, il ne disparaît pas, même s'il est restreint. Il est confié à deux commissions législatives provisoires, de vingt-cinq membres chacune, émanant des deux assemblées du Directoire, le Conseil des Anciens et le Conseil des

Cinq-Cents. Ces assemblées n'ont donc pas été dissoutes, mais plutôt épurées, afin de conserver les éléments les plus favorables au nouvel ordre des choses. Cette auto-reproduction des assemblées parlementaires devient décidément une habitude, à chaque changement de régime ; elle est, aux yeux des libéraux, une garantie de stabilité. La principale fonction de ces commissions est la rédaction d'une nouvelle constitution, mais elles se chargent aussi des autres réformes entreprises par le consulat provisoire.

Le nouveau pouvoir s'appuie également sur un groupe de plusieurs ministres, placés directement sous l'autorité des trois consuls, selon un modèle qui s'inspire du Directoire. Les ministres sont avant tout des serviteurs de l'État, même si leur désignation revêt un caractère politique. Ils sont choisis pour leurs compétences. Là encore le changement n'est pas total. Les ministres du Directoire les plus influents qui s'étaient ralliés au coup d'État sont conservés, à l'image de Cambacérès, à la Justice, et de Fouché, à la Police. Bonaparte impose aussi quelques-uns de ses choix ; ainsi, le général Berthier qui le suivait depuis la campagne d'Italie remplace au ministère de la Guerre Dubois-Crancé qui s'était opposé au coup d'État. De même, le mathématicien Laplace, membre de l'Institut où il avait contribué à faire entrer Bonaparte, devient ministre de l'Intérieur, Bonaparte donnant ainsi un gage aux Idéologues. Seul le ministre des Finances, Gaudin, un spécialiste de ces questions, est désigné sur la proposition de Sieyès. Quant aux ministères de la Marine et des Relations extérieures, après un bref passage de Bourdon de Vatry et de Reinhard, ils furent finalement confiés à deux proches de Bonaparte, le premier à Forfait qui avait organisé l'expédition d'Égypte, le second à Talleyrand, un des principaux soutiens de Bonaparte lors du coup d'État, qui retrouve un poste abandonné quelques semaines plus tôt et pour lequel ses compétences sont déjà reconnues. Le gouvernement ainsi constitué peut gérer les affaires courantes, pendant que se prépare la nouvelle constitution.

Depuis des mois, Sieyès et ses amis réfléchissaient à la réforme de la constitution, objet même du coup d'État du 18 brumaire. Il fallut pourtant plus d'un mois pour qu'un texte soit rédigé. Sieyès lui-même avait naturellement des idées sur ce qu'elle devait être, mais aucun texte écrit qu'il pût proposer aux commissions chargées de la rédiger, ce que confirme Mme de Staël : « On croyait que Sieyès présenterait toute rédigée cette constitution dont on avait souvent parlé pendant le cours de la Révolution comme de l'arche d'alliance qui devait réunir tous les partis, mais par une bizarrerie singulière, il n'avait pas un mot d'écrit à ce sujet [1]. » Ses principes, distillés peu à peu à ses proches, reposaient sur une construction pyramidale des institutions, le pouvoir remontant par étage du peuple vers le sommet, au gré d'un système électoral à plusieurs degrés que résume la formule célèbre : « L'autorité vient d'en haut, la confiance vient d'en bas. » En effet, une fois délégué, ce pouvoir devait être fort. Le projet final, revu par Bonaparte, reprit plusieurs des propositions de Sieyès, en les simplifiant toutefois. Surtout, la fonction de « grand électeur », c'est-à-dire de gardien des institutions et de dispensateur des charges, réservée par Sieyès à Bonaparte, ne convint pas du tout au nouvel homme fort du régime, peu soucieux d'être « un cochon à l'engrais », selon sa propre expression, c'est-à-dire un haut personnage, couvert d'honneurs et d'argent, mais sans aucun pouvoir réel. Bonaparte n'avait assurément pas délaissé les champs de bataille pour se contenter de veiller à la bonne marche des institutions.

Il le fait du reste savoir en accélérant au début du mois de décembre 1799 la conclusion des débats constitutionnels dont avaient été chargés deux comités issus des deux commissions parlementaires désignées au lendemain du coup d'État. Chacun de ces comités comprenait six membres, parmi lesquels de véritables spécialistes du droit constitutionnel, tels Daunou ou Boulay de la Meurthe. La lenteur supposée de leurs travaux ne tenait pas à une quelconque apathie de leur part, mais plutôt à des divergences de vues sur la nature des futurs pouvoirs. Aux amis de Bonaparte qui souhaitaient l'instauration d'un exécutif fort, les libéraux proches de Sieyès opposaient la nécessité de conserver un poids réel aux assemblées législatives. Ils durent céder sous la pression de Bonaparte lui-même. Ce dernier décida que les deux comités se réuniraient au Luxembourg, en présence des consuls provisoires. Daunou fut chargé de rédiger un avant-projet. Déjà associé à la rédaction de la Constitution de l'an III, membre du groupe des Idéologues, il était proche de Sieyès dont il avait recueilli les idées depuis un mois ; on en retrouve donc tout naturellement les traces dans son avant-projet qui met l'accent sur la collégialité de l'exécutif et le principe de souveraineté populaire. Cette esquisse fut considérablement amendée, à la demande de Bonaparte, pour finalement donner naissance à ce qui devait être la Constitution de l'an VIII. Plusieurs voix, dont celles de Daunou et de Chénier, s'élevèrent cependant pour critiquer la concentration de tous les pouvoirs entre les mains d'un seul homme, celles du Premier consul. Elles ne furent pas entendues, parce qu'isolées, mais elles montrent combien les principes de 1789 ne sont pas encore totalement éteints.

Achevée le 13 décembre 1799, cette constitution est présentée au peuple deux jours plus tard, à travers une déclaration courte et relativement obscure. On peut y lire : « La Constitution est fondée sur les vrais principes du gouvernement représentatif, sur les droits sacrés de la propriété, de l'égalité, de la liberté. Les pouvoirs qu'elle institue seront forts et stables, tels qu'ils doivent être pour garantir les droits des citoyens et les intérêts de l'État. » Et cette déclaration s'achève par cette célèbre formule : « Citoyens, la Révolution est fixée aux principes qui l'ont commencée. Elle est finie [2]. » Dans cette dernière phrase, Bonaparte résume ses intentions : être fidèle à l'œuvre de 1789 en conservant certains de ses grands principes, mais en ayant soin de rejeter la liberté au dernier rang de ses priorités, après le respect de la propriété et de l'égalité civile, droits auxquels le régime naissant sera moins infidèle qu'à la première. En même temps, Bonaparte affirme son souci de terminer la Révolution, de l'achever au double sens du terme.

Composée de quatre-vingt-seize articles, répartis en sept titres, la Constitution de l'an VIII n'est précédée d'aucune Déclaration des droits de l'homme, à la différence des précédentes. En revanche, elle réitère d'emblée l'attachement de ses rédacteurs au régime républicain, tout en prenant acte des agrandissements survenus depuis 1792 : « La République française est une et indivisible. Son territoire européen est distribué en départements. » Ce dernier point rappelle que la France de 1799 englobe la Belgique et la rive gauche du Rhin, héritage de l'époque révolutionnaire auquel Bonaparte resta très attaché jusqu'à la fin de son règne, au point de ne pas vouloir en céder une parcelle à l'heure des défaites de 1814. Le cadre est donc fixé, avant même que soient évoqués les habitants qui le peuplent. La qualité de « citoyen français » n'est reconnue qu'aux seuls hommes de plus de vingt et un ans, nés en France et y résidant depuis au moins un an. Les femmes échappent à cette définition, tandis que les étrangers peuvent acquérir la nationalité française, mais avec moins de facilité que sous la Révolution puisqu'il faut habiter en France depuis plus de dix ans et en formuler la demande. La qualité de « citoyen » peut se perdre pour divers motifs, notamment une condamnation judiciaire, mais aussi l'emploi comme domestique. Les droits reconnus aux citoyens sont assez minces. Inscrits sur les registres civiques, ils sont de droit électeurs au sein d'assemblées primaires qui forment la première étape dans le long processus électoral conduisant à la sélection des notabilités politiques. Pour le reste, la Constitution est muette en ce qui concerne les droits de l'homme, se contentant, dans ses derniers articles, de limiter l'arbitraire en matière d'arrestation. Cambacérès rappelle à ce propos, dans ses *Mémoires*, les remarques qu'il avait formulées sur ce point au moment où le texte était élaboré : « Il n'est question dans le projet ni des droits de l'homme, ni de la liberté de la presse. Si c'est une intention de la part des rédacteurs, je n'ai rien à dire. Si c'était une omission, je remarquerais qu'une déclaration des droits serait un écueil par la difficulté qu'il y aura toujours à ne pas empiéter sur la législation par des maximes [3]. » La Constitution de l'an VIII n'a pas été rédigée pour répondre à l'éventuelle soif de libertés des citoyens, mais pour régler la question du gouvernement de la France et assurer l'organisation des divers pouvoirs. De ce point de vue, elle porte en elle les attributs du régime dictatorial. Il est vrai qu'en 1799 la stabilisation politique apparaît plus urgente que le respect de libertés qui, bien qu'inscrites dans la Constitution, ont été plusieurs fois bafouées depuis 1789.

L'essentiel de la Constitution est donc consacré à l'organisation des pouvoirs. Dans l'ordre de présentation, le « Sénat conservateur » arrive en tête, avant l'exposé des prérogatives des consuls. Le Sénat est l'élément de stabilité du nouveau régime, puisque ses membres, d'abord soixante, puis à terme quatre-vingts, sont nommés à vie. Il en est également le pivot ; le Sénat désigne les membres des assemblées, un certain nombre de hauts fonctionnaires et enfin les consuls eux-mêmes. Il est en outre chargé de veiller à la constitutionnalité des lois. Mais le Sénat n'est pas une haute assemblée comme en possèdent les monarchies parlementaires ; il n'a pas à connaître les projets de lois discutés par les autres chambres, sauf si leur conformité avec la Constitution est contestée. Le Sénat ne participe donc pas à l'exercice du pouvoir législatif, lequel est partagé entre deux assemblées, le Tribunat, composé de cent membres, et le Corps législatif qui en compte trois cents. Aucune de ces deux assemblées n'a l'initiative des lois ; seul le gouvernement peut proposer des projets de lois, mais le Tribunat peut exprimer des vœux sur les lois à faire. Les projets sont examinés par le Tribunat qui les discute et fait connaître son avis, avant d'envoyer devant le Corps législatif trois représentants chargés de présenter ses conclusions. Les membres du Corps législatif, après avoir entendu les orateurs du Tribunat et les représentants du gouvernement, se prononcent sur les projets de loi, au cours d'un scrutin secret, sans pouvoir en discuter ni les amender. Ainsi le Tribunat est-il la seule assemblée délibérative ; elle est aussi de ce fait la plus remuante, celle où la vie politique conserve, au moins dans les premières années du Consulat, une certaine vigueur. Le rôle du Corps législatif est plus restreint, puisqu'il se contente d'approuver ou de repousser les lois, sans que l'opinion de ses membres soit nécessairement connue.

La marge de manœuvre des assemblées est de toute manière faible tant s'impose le poids du gouvernement et surtout du Premier consul. « Qu'y a-t-il dans la Constitution ? Il y a Bonaparte », proclame-t-on alors. En principe, la collégialité de l'exécutif a été respectée, puisque le gouvernement est assuré par trois consuls. En réalité, le premier d'entre eux est le véritable détenteur du pouvoir. Nommé pour dix ans, aux termes de la Constitution de l'an VIII, il a des pouvoirs quasi régaliens ; il nomme aux principales fonctions de l'État, propose les lois et veille à leur exécution, dirige les armées et la politique extérieure du pays. Les deux autres consuls n'ont qu'une voix consultative. Quant aux ministres, nommés par le Premier consul, ils restent dans une position subalterne. Ils secondent les consuls dans l'exécution des lois, comme les conseillers d'État les aident dans leur élaboration. Un Conseil d'État, véritable conseil du prince, est chargé d'élaborer les projets de loi voulus par le Premier consul, puis de les présenter et de les défendre devant les assemblées. Ce sont donc les conseillers d'État et non les ministres qui viennent exposer la politique du gouvernement devant le Tribunat et le Corps législatif. Tout concourt par conséquent, dans la Constitution, à séparer le pouvoir exécutif du pouvoir législatif. De même, le pouvoir judiciaire est apparemment distinct du pouvoir exécutif, les juges étant inamovibles, mais tous, sauf les juges de la Cour de cassation désignés par le Sénat et les juges de paix élus, sont nommés par le Premier consul qui détient ainsi un moyen de pression sur leur carrière. C'est donc peu de dire que la Constitution de l'an VIII place le Premier consul au cœur de la vie politique.

Bonaparte n'attend pas pour appliquer cette Constitution. Elle entre en vigueur avant même que le peuple se soit prononcé en sa faveur. Les rédacteurs de la Constitution avaient en effet prévu d'en soumettre le texte à l'approbation populaire, au cours d'un plébiscite qui se déroule au cours du mois de décembre 1799. Tous les citoyens français pouvaient prendre part au vote. Pour ce faire, ils devaient signer l'un des registres ouverts à cet effet, soit le registre des oui, soit celui des non. Dans l'armée, le vote s'effectue par régiment, sans que l'expression d'une opposition soit rendue possible. Dans le pays, beaucoup d'électeurs préférèrent s'abstenir de faire connaître leur sentiment à l'égard d'un régime naissant. Signer, c'est se découvrir et, dans certaines régions troublées notamment, ce geste pouvait n'être pas sans conséquence. Cette abstention massive fut toutefois masquée par le gouvernement, peu désireux de laisser transparaître le désintérêt suscité par la consultation nationale qu'il avait organisée. En l'espèce, le ministre de l'Intérieur et frère de Napoléon Bonaparte, Lucien, fit en sorte que la participation officielle s'établisse à trois millions d'électeurs. Un million cinq cent mille s'étaient déplacés, ce qui signale l'extrême désintérêt ou du moins la passivité des Français face au nouveau régime. Cette manipulation de l'opinion, à l'aube du Consulat, n'est pas de bon augure pour le développement de l'expression publique dans le pays. Néanmoins, approuvée par le peuple, la Constitution de l'an VIII repose désormais sur un fondement légal.

2. Les premiers pas du Consulat

Sa Constitution en main, Bonaparte ne perd pas de temps pour la mettre en application. Il lui faut d'abord trouver les hommes susceptibles de l'incarner. Ses deux collègues au sein du Consulat avaient été désignés dans le texte même de la Constitution. Ils ne paraissaient pas devoir faire de l'ombre au nouveau maître du pays, même si tous les deux avaient acquis une forte expérience du travail parlementaire pendant les années révolutionnaires. Le deuxième consul, Cambacérès est un Méridional. Fils d'un conseiller à la cour des comptes de Montpellier, ville où il est né en 1753, il appartient par là même à la noblesse de robe. Licencié en droit de la faculté de

Montpellier, puis avocat, il a succédé à son père à la cour des comptes et s'est acquis une excellente réputation de juriste dans sa ville natale. Elle ne lui suffit pas pourtant à être élu aux États généraux, mais, après avoir rempli plusieurs fonctions locales, il est envoyé à la Convention en septembre 1792. Il y vote la mort du roi, en l'assortissant du sursis, mais cette qualité de « régicide » devait le suivre longtemps. Cet homme du Marais se montre discret à l'heure de la Terreur, se réfugiant dans les questions juridiques et préparant la publication d'un Code civil qui devient sa spécialité. On le retrouve tout naturellement parmi les thermidoriens qui abattent Robespierre et il poursuit sa carrière sous le Directoire, au Conseil des Cinq-Cents. En 1797, il est battu aux élections et doit se retirer momentanément de la vie politique, pour y revenir en qualité de ministre de la Justice en juillet 1799. Associé au coup d'État du 18 brumaire, il conserve ce portefeuille sur les conseils de Sieyès. Pendant les semaines du Consulat provisoire, Bonaparte a pu apprécier ses qualités et ses compétences de juriste, ce qui, associé à un passé honorable de révolutionnaire, lui ouvre les portes du Consulat. Le Premier consul a aussi opté pour un homme de réseaux, excellent connaisseur des hommes du temps et qui, par les nombreux contacts qu'il a noués depuis sept ans peut s'avérer précieux à l'heure où se recompose le paysage politique. Parmi ces réseaux figure notamment celui de la franc-maçonnerie qui est alors en pleine réorganisation, sous la houlette de Röettiers et avec un large soutien de Cambacérès qui, en 1799, amorce une ascension spectaculaire dans les instances de la maçonnerie française.

C'est un autre profil qu'offre le troisième consul, Lebrun. Son nom émergea du reste moins vite que celui de Cambacérès. En effet, d'autres candidats se dégagèrent, notamment Roederer. Mais Lebrun fut choisi. Conformément à la Constitution, il était désigné pour cinq ans. Normand d'origine, Lebrun, né dans la Manche en 1739, est le plus âgé des trois consuls ; il a trente ans de plus que Bonaparte. Il représente de ce fait la France du XVIIIe siècle ; il a du reste été associé à la tentative de réforme judiciaire du chancelier Maupeou, à l'époque de Louis XV, avant de partager son infortune jusqu'à ce que la convocation des États généraux le ramène à la vie publique ; il y est effet élu par la noblesse du bailliage de Dourdan. Député effacé, il n'en occupe pas moins, à sa sortie de charge, les fonctions de président du directoire du département de Seine-et-Oise. Puis, retiré à Dourdan, un temps inquiété et emprisonné sous la Terreur, il ne recouvre la liberté qu'à la chute de Robespierre. Il commence ensuite une nouvelle carrière parlementaire, en se faisant élire en 1797 député au Conseil des Anciens. Sans être du complot, il approuve le coup d'État du 18 brumaire et participe à la commission législative provisoire. C'est à cette occasion que Bonaparte le côtoie. Ses origines nobles et les liens qu'il a conservés avec les milieux royalistes en font une garantie de modération. À côté du presque régicide Cambacérès, il incarne la résistance aux excès de la Terreur. Au sein du gouvernement consulaire, il est plus particulièrement chargé des questions financières.

Ce gouvernement peut aussi s'appuyer sur un groupe de ministres, nommés directement par Bonaparte et responsables devant lui seul. Le Premier consul conserve la plupart des hommes qui avaient été désignés au lendemain du coup d'État. Il lui faut cependant opérer un remaniement, dû en particulier à la promotion de Cambacérès comme deuxième consul ; il est remplacé à la Justice par Abrial, un spécialiste du droit, avocat de formation, devenu sous la Révolution commissaire du pouvoir exécutif auprès de la Cour de cassation, fonction qu'il occupe encore au début du Consulat, après avoir été chargé d'organiser la République parthénopéenne. Bonaparte en profite aussi pour changer de ministre de l'Intérieur et substituer à l'inefficace Laplace son propre frère, Lucien, élément clef du complot du 18 brumaire. Enfin, il crée un poste de secrétaire d'État confié à Maret, qui occupait déjà les fonctions de secrétaire des consuls provisoires. Ce Bourguignon de trente-six ans, avocat sous l'Ancien Régime et diplomate sous la Révolution, se voit confier la charge de coordonner l'action des divers ministères. Son rôle s'avère donc crucial au fil des ans. Le ministère est alors restreint puisqu'il ne compte que huit personnages. Outre Maret, Lucien Bonaparte et Abrial, ce sont Fouché à la Police, Talleyrand aux Relations extérieures, Gaudin aux Finances, Forfait à la Marine et Berthier à la Guerre, ce dernier étant provisoirement remplacé par Carnot d'avril à octobre 1800 avant de reprendre son poste.

Une fois ses ministres au complet, Bonaparte doit mettre en place le Conseil d'État, instance chargée de préparer les projets de loi et de rédiger les décrets. Composé d'une quarantaine de membres, répartis en sept sections, il est fort actif, en cette période d'intense volonté réformatrice. Chaptal qui fut l'un des premiers nommés au Conseil d'État, avant de devenir ministre de l'Intérieur, rapporte dans ses Mémoires la difficulté de la charge : « Les fonctions de conseiller d'État étaient alors aussi pénibles qu'étendues ; il fallait tout organiser, et, chaque jour, nous nous réunissions, en conseil ou en section ; presque tous les soirs nous avions un conseil chez le Premier consul, où nous discutions et délibérions depuis dix heures jusqu'à quatre ou cinq heures du matin [4]. » À l'image de Chaptal, de nombreux conseillers d'État sont des personnalités en vue du régime consulaire. Bonaparte a ainsi choisi d'y installer Roederer, Regnaud de Saint-Jean-d'Angély et Boulay de la Meurthe qui lui avaient été d'un précieux secours lors du 18-Brumaire. Le premier avait été pourtant élu au Sénat, mais Bonaparte lui demanda de refuser cette fonction pour entrer au Conseil d'État où il fut en outre président de la section de l'Intérieur, charge assimilée à celle d'un ministre. Bonaparte parlait en effet à propos des présidents de sections du Conseil d'État de ses « petits ministres ». En 1800, c'est donc en ce conseil que se retrouvent les personnalités les plus importantes du régime. Thibaudeau qui y entre en décembre 1800 écrit que « le Conseil d'État était alors le théâtre le plus favorable à l'ambition ». Il est, en effet, un marchepied, soit vers de hautes charges dans la fonction publique — Thibaudeau devient préfet —, soit vers les postes de ministres ; c'est au Conseil d'État que Bonaparte puise ses nouveaux ministres, à partir de 1800. Il est vrai que le Conseil d'État acquiert rapidement un statut privilégié dans l'ensemble des institutions consulaires. Il est un véritable lieu de discussion politique, au point d'être assimilé parfois à une assemblée parlementaire, ce qu'il n'est pas puisque les conseillers sont nommés par le Premier consul et ne peuvent donc se considérer comme les représentants de la nation, à la différence des membres des assemblées législatives.

La représentativité des sénateurs, tribuns et législateurs est toutefois relative. Certes, le Consulat ne remet pas en cause le principe de la souveraineté populaire. Il restaure le suffrage universel, mais en prenant bien soin de l'encadrer. Les électeurs réunis dans les assemblées primaires, au niveau de la commune, doivent établir une liste de « notabilités communales », en ne retenant donc que les plus riches et les plus estimés. Cette manière d'orienter le vote en signale les limites. La même opération se répète au niveau de l'arrondissement, du département, puis au niveau national, pour aboutir à la confection d'une liste de « notabilités nationales », sur laquelle devaient être pris les représentants. L'extrême dilution du suffrage, tout en préservant la fiction de la souveraineté populaire, contribue à renforcer le poids des notables dans le gouvernement du pays. Mais, ces listes n'étant pas encore prêtes au début du régime, elles ne purent être utilisées dans la désignation des parlementaires dont le Sénat se chargea seul. Il s'ensuit que le recrutement des assemblées, effectué à la fin de 1799, montre une forte reproduction des élites de la Révolution, pour la plupart d'origine bourgeoise, dans les assemblées consulaires.

Considérons d'abord le Sénat. La Constitution désigne ses deux premiers membres en la personne des deux consuls provisoires, Emmanuel Sieyès et Roger Ducos. Pour eux, cette nomination est un véritable enterrement politique, car que les sénateurs, nommés à vie, ne peuvent plus être élus à aucune autre charge. Devenir sénateur revient à abandonner tout espoir de retour à la politique active. Sieyès et Ducos procèdent, avec le concours des deux consuls Cambacérès et Lebrun, au choix d'un premier groupe de vingt-neuf sénateurs. En fait, Sieyès met en avant nombre de ses amis, d'autant que Bonaparte connaît mal alors le personnel politique. Les choix se portent donc pour l'essentiel sur des proches de Sieyès qui ont approuvé le coup d'État. Ces brumairiens ne sont pas hostiles à Bonaparte, mais ils n'en sont pas les créatures. La plupart ont dépassé la cinquantaine et bon nombre d'entre eux ont appartenu aux assemblées révolutionnaires. Plusieurs ont même été membres des commissions législatives provisoires mises en place le 20 brumaire. C'est le cas, par exemple, de Cabanis, médecin de formation, qui fut l'ami de Mirabeau et de Condorcet, avant de se rapprocher de Sieyès. Membre du groupe des Idéologues, il s'est rallié au coup d'État au soir du 19 brumaire. D'autres Idéologues entrent également au Sénat. Destutt de Tracy, officier sous l'Ancien Régime, élu de la noblesse aux États généraux, mais libéral et proche des philosophes des Lumières, est l'une des figures phares de ce groupe. C'est au même cercle qu'appartient Volney, philosophe républicain et anticlérical, membre de l'Institut, qui fut député du tiers état de l'Anjou aux États généraux. Proche de Bonaparte dans les jours qui précèdent le coup d'État, il lui est tout acquis, au moins au début du Consulat. Quant à Garat, autre Idéologue notoire, il a lui aussi connu les bancs de l'assemblée des États généraux comme représentant du tiers, avant de devenir ministre de la Justice, puis de l'Intérieur, à l'époque de la Convention. Comme Destutt, Volney et Cabanis, Garat est membre de l'Institut qui fournit aussi bon nombre des nouveaux sénateurs, selon le vœu de Bonaparte, soucieux de remercier ainsi ses collègues pour leur soutien. Aux philosophes s'ajoutent dans la première fournée de sénateurs des savants, à l'image de Berthollet, Lacépède, Monge ou Laplace, éphémère ministre de l'Intérieur à la fin de 1799 et qui trouve au Sénat une compensation à ses déboires ministériels. Une fois ce premier contingent de sénateurs désigné, il se charge de coopter les autres membres de l'assemblée, en tenant davantage compte cette fois-ci des avis de Bonaparte. Plusieurs généraux, tel le général corse Casabianca, ou des amiraux, à l'image du célèbre navigateur Bougainville, font alors leur entrée au Sénat. Tous les nouveaux sénateurs sont des brumairiens, mais, dans le choix des hommes, se manifeste aussi la volonté de faire du Sénat une assemblée représentative des grands intérêts du pays. On y retrouve en effet l'élite du monde politique, de l'armée, des sciences, des arts et des finances.

Le Sénat s'installe au Petit Luxembourg et adopte très vite, selon un rituel datant du Directoire, un costume d'apparat, fait de drap bleu, de soie blanche et de broderies d'or. Il est d'abord présidé par Sieyès qui se retire après avoir reçu la terre de Crosne, pour être successivement remplacé par Ducos, Lemercier, Kellermann, Lacépède et Barthélemy, ce dernier nommé en 1802. Dès ses premiers mois d'existence, les fonctions du Sénat paraissent assez réduites, hormis le choix des membres des assemblées. Sans éclat et sans débat, ses séances ne pouvaient guère susciter l'intérêt à l'extérieur, d'autant qu'elles n'étaient pas publiques. Une fois les désignations dans les autres assemblées effectuées, au début de 1800, il ne lui reste plus qu'à sommeiller, au moins jusqu'en 1802. Il ne se réunit plus que deux fois par mois. Pourtant, le Sénat aurait pu servir de contrepoint au pouvoir de Bonaparte. Les amis de Sieyès y étaient nombreux, et le Sénat se paya même le luxe, en mars 1800, de coopter en ses rangs Jean-Denis Lanjuinais, dernière figure du parti girondin. Cet avocat rennais, né en 1753, qui avait été tour à tour membre des États généraux, de la Convention, puis du Conseil des Anciens, était un véritable libéral. Son choix, peu conforme aux vœux de Bonaparte, est toutefois trop isolé pour permettre la constitution, au sein du Sénat, d'un pôle d'opposition.

L'activité du Sénat se réduit donc à la nomination des membres du Tribunat et du Corps législatif. Comme pour la désignation des premiers sénateurs, le rôle de Sieyès est déterminant dans le choix des tribuns et des législateurs. Le recrutement s'effectue très largement dans les anciennes assemblées révolutionnaires. Sur trois cents députés au Corps législatif, deux cent quatre-vingt-trois ont été parlementaires depuis 1789, dont deux cent quarante et un dans les assemblées du Directoire. Le Consulat fait mieux que le précédent régime qui avait prévu de conserver, en 1795, deux tiers des conventionnels, aux termes d'un décret très critiqué dans l'opinion. Cette proportion se retrouve au Tribunat où sur cent tribuns, soixante-sept viennent directement des assemblées du Directoire. Cette auto-reproduction des élites politiques d'un régime à l'autre permet de nuancer l'impression de rupture entre la Révolution et le Consulat. En même temps, il faut y voir un double calcul de la part de Bonaparte. En laissant entrer massivement les législateurs de l'époque de la Révolution dans les assemblées du Consulat, le Premier consul semble donner un gage aux idées de 1789. Il a aussi intérêt à empêcher une recomposition qui pourrait permettre l'avènement d'une nouvelle élite politique. Il sait le discrédit dont pâtissent les parlementaires dans le pays — la faiblesse de la participation lors des élections du Directoire l'a bien montré — et peut donc penser qu'ils ne trouveront pas d'écho dans l'opinion. L'antiparlementarisme, si caractéristique du bonapartisme, s'exprime ainsi par l'enfermement, dans un cadre doré, de députés, privés de tout lien direct avec un peuple qu'ils sont pourtant censés représenter. Certes, une fraction du Tribunat tente de résister, mais sans grand succès. Bonaparte, avec l'aide involontaire de Sieyès, a donc choisi de conserver sous son contrôle les hommes politiques susceptibles de se transformer en opposants. À Paris, dans les palais de la République, privés de véritable pouvoir, ils paraissent moins dangereux que rejetés dans l'opposition, même s'ils ne renoncent pas à s'exprimer, au moins dans les premiers temps du régime.

Malgré les précautions prises pour diviser le travail législatif, Bonaparte savait qu'il n'empêcherait pas toute critique de s'élever. Il prit soin cependant de séparer les assemblées. Alors que le Sénat siégeait au Luxembourg où les consuls étaient encore installés pour un temps, avant leur transfert aux Tuileries, le Corps législatif s'installait dans l'actuel Palais-Bourbon, siège des assemblées du Directoire, tandis que le Tribunat trouvait place dans l'ancien Palais-Royal, rebaptisé Palais-Égalité. Les tribuns se plaignirent du reste de la proximité de lieux de plaisir installés dans les galeries voisines. Les centres du pouvoir sont ainsi répartis sur quatre sites, cette division géographique de part et d'autre de la Seine symbolisant la volonté de dilution des pouvoirs, auxquels Bonaparte peut dès lors mieux imposer son autorité. Seul le Tribunat tente, dans les premières années du régime, de faire entendre sa voix. Il se manifeste notamment en élisant comme président l'Idéologue Daunou. Certes, ce dernier avait participé à la rédaction de la Constitution de l'an VIII, mais, proche de Sieyès et attaché au libéralisme, il n'avait pas caché son intention de rogner les pouvoirs, à ses yeux trop étendus, du Premier consul. Ce dernier était intervenu pour lui fermer les portes du Sénat, avant qu'il ne soit finalement envoyé au Tribunat dont il assume la première présidence. Le choix du Corps législatif a une portée moindre, puisqu'il élit à sa présidence, en janvier 1800, un député sans grande envergure en la personne de Jean-Baptiste Perrin des Vosges, négociant à Épinal. Cet ancien régicide, rallié à Bonaparte depuis le 18-Brumaire, illustre la volonté d'orthodoxie d'une assemblée qui peut seule faire barrage, en les repoussant éventuellement, aux projets de Bonaparte. D'emblée donc le Tribunat s'affirme plus irrespectueux des pouvoirs en place que le Corps législatif, ce qu'illustrent les premiers débats parlementaires de la France consulaire.

3. Une timide opposition parlementaire

À l'ouverture de la session parlementaire, le ton est donné. Si Bonaparte pensait faire taire les critiques, il se trompait. En effet, dès le dépôt du premier projet de loi, relatif à l'organisation du travail législatif, des voix s'élèvent au Tribunat pour dénoncer les procédés du gouvernement. Plusieurs orateurs critiquent la forme même du projet, mal rédigé, lorsque se lève un tout jeune tribun, Benjamin Constant. À la différence de la plupart de ses collègues, qui avaient usé leur habit sur les bancs des diverses assemblées révolutionnaires, Benjamin Constant est alors un novice en politique, ce qui ne lui en donne que plus de fougue, d'autant que l'amant de Germaine de Staël, à qui il doit d'avoir été désigné au Tribunat, s'est passionné pour les débats politiques depuis les débuts de la Révolution. Constant monte à la tribune, le 5 janvier 1800, et se lance dans une démonstration visant à préciser les droits du Tribunat. À ses yeux, il ne doit pas être un lieu d'opposition systématique, mais doit examiner les projets qui lui sont proposés sans parti pris, pour espérer avoir de l'influence : « L'opposition est sans force alors qu'elle est sans discernement, et des hommes dont la vocation serait de résister à l'établissement des lois utiles ne seraient bientôt écoutés qu'avec indifférence, lors même qu'ils en combat-traient de dangereuses », et Constant poursuit un peu plus loin : « Le Tribunat n'est point une assemblée de rhéteurs, n'ayant pour occupation qu'une opposition de tribune et pour but que des succès d'éloquence [5]. » Il défend toutefois le droit de critique lorsque les projets sont jugés néfastes et invite en l'occurrence à repousser le premier projet de loi proposé par le gouvernement.

La réaction de Bonaparte est vive, théâtrale même : « C'est une honte, s'écrie-t-il. C'est un homme qui veut tout brouiller et qui voudrait nous ramener au 2 ou 3 septembre. Mais je saurai le conte-nir. J'ai le bras de la Nation levé sur lui. » Dans sa réponse, le Premier consul fait peser l'ombre des massacres de septembre 1792 pour alourdir le débat. Surtout il oppose la Nation au Tribunat, déniant ainsi à cette assemblée toute représentativité populaire, alors que lui-même peut se targuer d'avoir été légitimé par un plé-biscite victorieux. Le piège constitutionnel tendu aux libéraux est en train de se refermer sur eux, Constant l'a bien senti. Le Tribunat, conçu dans le projet de Sieyès pour porter la contradiction aux pro-jets du gouvernement, pour être en quelque sorte l'avocat du diable, risque de tomber dans le discrédit le plus complet s'il paraît faire une opposition trop systématique aux projets de réforme du Consu-lat. La composition de l'assemblée sert du reste le Premier consul qui peut opposer à sa fraîcheur politique le jeu tortueux de parle-mentaires uniquement soucieux de conserver leur fauteuil. N'ayant pu contrôler la composition du Tribunat, Bonaparte s'en sert comme d'un repoussoir et attise, par ses réactions épidermiques, la fibre antiparlementaire du public. La presse relaie ses propos. *La Gazette de France* par exemple dénonce « les hommes qui ont intri-gué pour avoir des places », tandis que *Le Publiciste* se plaint des nominations « si étranges » effectuées par le Sénat.

Cette méthode est d'autant plus frappante que le Premier consul n'a rien à craindre sur le plan politique. Les critiques d'un petit groupe de libéraux n'entament pas sa majorité qui reste forte, tant au Tribunat qu'au Corps législatif. Ainsi, le projet sur l'organisation du travail législatif est critiqué par vingt-six tribuns seulement contre cinquante-quatre, et il passe sans problème devant le Corps législatif, par deux cent trois voix contre vingt-trois. Certes, ce pre-mier vote dessine un noyau d'opposants, plus fort au Tribunat qu'au Corps législatif, mais il ne menace en rien le régime. Cette opposi-tion n'en continue pas moins de s'exprimer, comme lors du débat sur la réforme de la justice au cours duquel le tribun Thiessé porte la contradiction au gouvernement. Une nouvelle fois, le Tribunat approuve le projet, mais d'une courte majorité, de quarante-quatre voix contre trente-deux. Néanmoins, chargé d'être l'un des trois orateurs du Tribunat devant le Corps législatif, Thiessé se lance dans un violent réquisitoire contre le projet, ce qui lui vaut une remontrance d'un des représentants du gouvernement. Cette atteinte au droit du Parlement exaspère les députés qui repoussent le projet. Cette fois-ci, c'est le Corps législatif qui fait entendre sa voix. Son veto n'entrave pas l'action du gouvernement qui présente un nouveau projet un mois plus tard, lequel sera voté sans encombre. Entre-temps, tribuns et législateurs avaient approuvé le projet concernant l'organisation administrative de la France, malgré quelques critiques, émanant notamment de Daunou, sur l'extrême centralisation des pouvoirs entre les mains du préfet. Le projet fut défendu par les conseillers d'État Roederer et Chaptal qui note dans ses Mémoires, à propos de cette loi : « Le Tribunat la combattit de toutes ses forces ; le tribun Daunou prononça, à ce sujet, un discours très fort. Je lui répondis, et la loi passa [6]. » L'obstruction la plus significative concerna sans nul doute le vote de la loi de finances pour l'an IX dont quarante tribuns contre quarante-cinq demandèrent le rejet ; seuls dix-neuf députés du Corps législatif les suivirent, deux cent quarante-huit votant pour le projet. Ce vote mit pratiquement un terme à la première session parlementaire du Consulat, puisque le Corps législatif acheva ses travaux le 1ᵉʳ germinal, tandis que le Tribunat, siégeant en permanence, limita ses séances à deux par semaines, son activité étant réduite à l'éventuel renvoi devant le Sénat des actes du gouvernement qu'il jugerait inconstitutionnels, ainsi qu'à l'émission de vœux sur les lois à faire.

Les tribuns profitèrent de cette relative inactivité pour élire un nouveau président. Deux noms obtinrent le même nombre de voix : Jard-Panvillers et Andrieux qui, plus âgé, fut déclaré élu. Ce duel manifeste la division du Tribunat entre deux partis que Thibaudeau, alors préfet de Gironde, décrit ainsi, en s'appuyant sur les dires de son ami Siméon, devenu tribun en cours de session : « D'après ce que Siméon m'écrivait, le Tribunat ressemblait aux Conseils législatifs avant le 18-Fructidor, au nombre près ; il était divisé en deux partis : l'un, le révolutionnaire, plein d'énergie ; l'autre, faible et mou. Quant au gouvernement, il avait acquis de la force ; les Assemblées n'en avaient guère [...]. Ce que Siméon appelait le parti révolutionnaire, c'était le parti républicain, il formait l'opposition, c'était son rôle. Benjamin Constant était un de ses chefs, et le salon de Mme de Staël en était le foyer [7]. » C'est ce parti qui réussit à porter à la présidence du Tribunat Andrieux, un des Idéologues proches de Mme de Staël. En 1800, il est encore fluctuant ; ses effectifs oscillent entre vingt et quarante, ce qui ne lui permet pas de peser efficacement et avec constance sur la vie politique.

L'opposition parlementaire a bien compris que ses chances de barrer la route à la toute-puissance napoléonienne, au sein des assemblées, étaient faibles. Il lui reste donc à envisager le remplacement de Bonaparte. Le lancement de la seconde campagne d'Italie en avril 1800 en offre une occasion inespérée. Après avoir entamé la pacification et la réorganisation du pays, Bonaparte sait qu'il joue sa crédibilité sur sa capacité à restaurer la paix à l'extérieur. Encore lui faut-il au préalable rétablir la situation d'une France encerclée, et donc redevenir le général victorieux que les Français ont plébiscité. Six mois après sa prise de pouvoir, le Premier consul doit vaincre pour survivre politiquement. Il ne peut se dérober à cette charge et confier les armées à un autre général, au risque de voir se dresser devant lui un rival couvert des lauriers qu'il n'aurait pas su cueillir sur les champs de bataille. En choisissant de se mettre en personne à la tête de ses armées, Bonaparte affirme à la face de l'Europe qu'il entend être à la fois chef d'État et chef de guerre. Il ne dérogera pas à cette politique durant tout son règne. En cela, la décision de partir pour l'Italie au printemps de 1800 est capitale.

Pour ses adversaires, ce choix est aléatoire et beaucoup pensent qu'il n'en reviendra pas victorieux. « Ses ennemis, et leur nombre augmentait tous les jours, espéraient des revers et se flattaient que des défaites lui arracheraient le pouvoir ; mais ils attendaient en silence l'issue de la campagne », écrit Miot de Mélito, un proche de Joseph Bonaparte, devenu conseiller d'État [8]. Les armes pour abattre le Premier consul se fourbissent dans le secret des réunions et des complots. Dans l'entourage de Sieyès, on s'agite déjà pour trouver un remplaçant à Bonaparte. On songe à Carnot, organisateur de la victoire en 1793, et alors ministre de la Guerre, victime du coup d'État antiroyaliste de Fructidor et pourtant républicain intransigeant. D'autres relancent l'idée d'une solution orléaniste, qui consisterait à confier le trône au duc d'Orléans, le fils de Philippe Égalité, autrement dit le futur Louis-Philippe. Mais l'attachement à la République est alors trop fort pour que cette solution soit envisagée sérieusement. Plusieurs groupes se préoccupent de ce changement. Les uns se réunissent à Auteuil chez un restaurateur du nom de Brigault. Ce sont pour la plupart des proches de Sieyès qui ont approuvé le coup d'État, mais sont déçus du tour pris par le Consulat. Ces « brumairiens mécontents », pour reprendre le mot de Roederer, n'ont cependant échafaudé aucun plan visant à abattre Bonaparte ; ils se contentent d'attendre sa perte, tout comme un autre groupe d'anciens brumairiens, pour la plupart membres du groupe des Idéologues, tels Cabanis ou Garat. Ceux-ci se retrouvent chez un restaurateur de la rue du Bac, on les côtoie aussi dans le salon de Mme de Staël, autre foyer de cette opposition diffuse qui se constitue au moment de la campagne d'Italie. Miot de Mélito participe à ces réunions, le 3 de chaque décadi, et évoque le projet d'une constitution calqué sur le modèle anglais, de même que l'éventualité de choisir Joseph Bonaparte comme successeur de son frère [9].

Sans doute est-ce dans les rangs du gouvernement que les plans de rechange sont les plus avancés. Les traces sont peu nombreuses, car les intéressés ne se sont pas vantés de leur participation à de tels projets, mais il n'est pas improbable que les deux ministres de la Police et des Relations extérieures, Fouché et Talleyrand, aient comploté pour remplacer Bonaparte. La nouvelle, erronée, d'une défaite du général à Marengo parvient à Paris le 20 juin. Talleyrand confirme dans ses *Mémoires* que le sort fut incertain, évoquant une « bataille à la fin de laquelle la fortune aidée par le général Desaix et le général Kellermann, se déclare pour lui, quand lui-même ne l'espérait plus ». Et le ministre poursuit : « Averti par les craintes qu'il avait eues d'une défaite, il sut alors profiter de la victoire sans en abuser [10]. » Talleyrand confirme, sans se découvrir, la fragilité du pouvoir de Bonaparte en ce printemps de 1800. La nature de ses relations avec Fouché, voire avec d'autres ministres, tels Carnot, ministre de la Guerre, ou encore Cambacérès, reste obscure. S'est-on contenté, dans les milieux gouvernementaux, d'évoquer comme une hypothèse d'école, la disparition de Bonaparte, ou l'a-t-on espérée ? Pour le chef de l'agence royaliste en France, Hyde de Neuville, qui souhaitait lui aussi une défaite de Bonaparte, le complot fomenté par Fouché et Talleyrand a existé : « Il est hors de doute, écrit-il dans ses *Mémoires*, que l'absence du général Bonaparte, lorsqu'il partit pour l'Italie, et surtout les bruits fâcheux qui précédèrent le triomphe de Marengo, avaient réveillé beaucoup d'ambitieux et suscité plus d'une intrigue dans le sein même du gouvernement. Plusieurs parmi ses membres se préparaient pour l'éventualité d'une défaite qui eût arraché le pouvoir des mains de Bonaparte vaincu. Les deux ministres que je viens de nommer étaient bien décidés à ne se dévouer à lui que dans la mesure de ses succès [11]. » Le fait est que, six mois après les débuts du Consulat, tous les retournements sont possibles. Les liens tissés au temps des assemblées révolutionnaires, voire auparavant, restent forts. Ainsi Daunou, un des principaux opposants à Bonaparte, est un ancien oratorien comme Fouché. Quant au sénateur Clément de Ris, il est un ami de Sieyès et aurait pu tremper dans le complot, ce qui expliquerait son enlèvement quelque temps plus tard. En commanditant ce rapt, Fouché aurait cherché à effacer les traces du complot, avant de faire libérer Clément de Ris, le danger écarté. Quoi qu'il en soit de ces manigances, elles se heurtent à l'imparable que représente la victoire de Bonaparte à Marengo. Celle-ci marque « le baptême de la puissance personnelle de Napoléon ». L'expression est de Hyde de Neuville, adversaire acharné du Premier consul, mais observateur lucide des soubresauts de la vie politique française. Revenu victorieux d'Italie, Bonaparte peut s'atteler à poursuivre la réforme de la France, mise en chantier dès la fin de 1799. Il lui reste aussi à conclure la paix, car, comme le rappelle Talleyrand, Bonaparte a compris que la consolidation de son pouvoir passait par une paix au moins momentanée avec ses voisins.

La victoire de Marengo consolide incontestablement le pouvoir de Bonaparte : « Jamais l'orgueil national n'avait été plus flatté, jamais plus d'espérance de bonheur n'avait pénétré dans les âmes et jamais la nation ne s'était montrée plus disposée à la reconnaissance envers l'homme à qui elle devait tant de gloire et dont elle attendait alors, comme le plus grand des bienfaits, la paix, une paix solide, donnée par la victoire [12]. » Fort de ce soutien populaire, Bonaparte peut reprendre le chantier des réformes engagé au lendemain du 18-Brumaire.

4

Le chantier des réformes

« Le 18-Brumaire fut une délivrance, et les quatre années qui le suivirent furent une série de triomphes au-dehors sur les ennemis ; au-dedans sur les principes du désordre et sur l'anarchie. Ces quatre années sont avec les dix années du règne d'Henri IV la meilleure, la plus noble partie de l'histoire de France[1]. » L'auteur de ces lignes s'appelle Victor de Broglie. Né en 1785, il est adolescent au début du Consulat, mais ses origines familiales, son mariage avec la fille de Germaine de Staël et son appartenance au milieu libéral ne font pas de lui un thuriféraire du régime bonapartiste. Son jugement n'en est que plus intéressant. Il révèle combien l'impression de changement fut grande chez les contemporains, au moins sous le Consulat. C'est, en effet, dans les premières années du règne de Napoléon Bonaparte, les moins guerrières du régime, que l'essentiel des réformes a été accompli.

1. L'ORDRE ET LA PAIX

Révoltes chouannes dans l'Ouest, poches de résistance royalistes dans le Sud, brigandage endémique sur une bonne partie du territoire font de la France un pays peu sûr, à la fin de 1799. On hésite à s'y déplacer et à y faire du commerce, ce qui ralentit l'activité économique du pays. Les premières mesures prises par Bonaparte, au lendemain du coup d'État, tendent à rétablir la légalité républicaine sur l'ensemble du territoire. C'est dans l'Ouest que la situation est la plus préoccupante, car les chouans y ont conservé des positions solides et des relais nombreux dans l'opinion. Les attaques menées contre plusieurs villes au mois d'octobre ont laissé des traces. L'ancien montagnard Levasseur, retiré au Mans où il exerce les fonctions de chirurgien à l'hôpital, est tout ému de l'attaque des chouans contre la ville ; il a alors repris les armes contre cette offensive. L'agitation est encore sporadique, pendant les dernières semaines de l'année 1799, mais les armées du général Hédouville tiennent les principaux axes de communication et empêchent tout développement du mouvement. C'est dans ce contexte que les chefs chouans acceptent de négocier avec Bonaparte qui a adressé quelques signes en leur direction. Le premier est l'abrogation de la loi sur les otages, votée quelques semaines plus tôt sous l'impulsion des néo-jacobins et qui permettait d'emprisonner les membres de la famille d'un émigré. L'abandon de cette mesure arbitraire est d'autant mieux perçu par les milieux royalistes qu'il s'accompagne d'un assouplissement de la législation en faveur des émigrés.

Mais l'action décisive concerne la signature d'une paix durable dans l'Ouest. Bonaparte est d'autant plus attentif à la pacification de la Vendée qu'il s'agit d'une région sensible, véritable symbole de la contre-révolution depuis 1793. L'apaisement de la Vendée doit sanctionner la fin de la Révolution. Hyde de Neuville ne s'y est pas trompé : « La pacification de la Vendée était un des actes auxquels le Premier consul tenait le plus à attacher son nom », écrit-il [2]. Pour cette opération, Bonaparte s'appuie en particulier sur un prêtre d'Angers, l'abbé Bernier, qui appartenait à l'armée de Vendée et qui accepte de se rallier au nouveau régime, au lendemain du 18-Brumaire. S'il n'intervient pas dans l'armistice d'Angrie, signé le 24 novembre 1799 entre le général Hédouville qui dirige alors l'armée républicaine et les chefs vendéens, Bourmont, Châtillon et d'Autichamp, il se montre très actif ensuite pour que les chouans consentent à négocier. Mais ces derniers sont alors réticents et, s'ils envoient le général d'Andigné à Paris auprès de Bonaparte, c'est dans le seul dessein de le convertir à l'idée de restauration. Le Premier consul ne peut y consentir mais, pour favoriser l'établissement de la paix, il assure, dans une déclaration du 28 décembre, le pardon et l'amnistie aux combattants qui acceptent de déposer les armes ; il promet aussi la liberté du culte. Malgré ces concessions, les royalistes hésitent à traiter. C'est alors que l'action de l'abbé Bernier s'avère décisive. Ne pouvant convaincre l'ensemble des insurgés, il réunit les seuls chefs vendéens, le 19 janvier 1800, au château de Montfaucon et obtient d'eux la signature de la paix. La soumission de la Vendée est alors effective. Quelques jours plus tard, Bernier est reçu à Paris par Bonaparte. Il peut faire valoir la justesse de ses vues, la paix en Vendée provoquant, par ricochet, la paix dans tout l'Ouest : Châtillon signe la paix le 20 janvier, d'Andigné le 29 et Bourmont le 4 février, sans pour autant rendre leurs armes. Quelques groupes isolés continuent la lutte, derrière Cadoudal en Bretagne et Frotté en Normandie. Cependant, ces hommes sont trop peu nombreux et sont vite battus par les armées de Bonaparte. Frotté est exécuté le 14 février, tandis que Cadoudal parvient à gagner l'Angleterre. Le danger militaire a disparu dans l'Ouest, mais la résistance royaliste n'y est pas éteinte et représente l'une des formes d'expression de l'opposition au nouveau régime.

Dans le Sud, la situation est plus confuse, et aussi plus difficile à maîtriser. Le pouvoir n'a pas affaire à de véritables armées, mais plutôt à des bandes plus ou moins organisées qui associent le brigandage et la résistance royaliste. Se réfugiant dans les montagnes de l'arrière-pays méditerranéen et recrutant des troupes parmi les déserteurs, ces bandes de brigands sèment la terreur sur les routes, dans les villages et jusqu'aux abords des petites villes. Des fermiers sont rançonnés, leurs femmes et leurs filles violées, les voyageurs délestés de leur pécule. En décembre 1799, Draguignan est investie par mille deux cents déserteurs de l'armée d'Italie, vite ramenés à la raison par les troupes du général Masséna, mais le danger n'en est pas moins réel. L'armée, mais aussi la gendarmerie, réorganisée en 1800, sont mises à contribution pour débusquer les bandes armées, mais il faut également les empêcher de se reformer. C'est le sens de la loi du 7 février 1801 qui crée des tribunaux criminels composés uniquement de magistrats, de militaires et de civils nommés par Bonaparte. Puis, en mai 1802, des tribunaux spéciaux sont établis dans plusieurs départements pour juger les faits de brigandage, le jury étant suspendu en octobre. La poursuite de cette politique de répression, deux ans après le 18-Brumaire, montre la persistance des résistances au régime dans certaines régions. À la fin de 1802, la paix civile a enfin été globalement imposée au pays. Depuis mars, la France vit également en paix avec ses voisins.

« Le cri unanime est la paix », écrivait Fouché aux consuls dans un des rapports adressés au lendemain du 18-Brumaire. Bonaparte connaît cette attente et s'engage dans cette voie, une fois la Constitution promulguée. Il n'entend cependant pas brader les conquêtes passées et promet la paix certes, mais une paix glorieuse. Son adresse aux Français, datée du 25 décembre 1799, est claire : « La République sera imposante aux étrangers, si elle sait respecter dans leur indépendance le titre de sa propre indépendance ; si ses engagements, préparés par la sagesse, formés par la franchise, sont gardés par la fidélité. Elle sera enfin formidable aux ennemis, si ses armées de terre et de mer sont fortement constituées [3]. » Les ennemis de la France, qui est toujours en guerre contre l'Autriche et l'Angleterre, sont prévenus. Bonaparte n'entend pas désarmer. Le même jour, il en avertit du reste le souverain autrichien, en l'incitant à la négociation : « Tout fait prévoir que, dans la campagne prochaine, des armées nombreuses et habilement dirigées tripleront le nombre des victimes que la reprise des hostilités a déjà faites [4]. » Bonaparte use ainsi de la dissuasion, tout en se préparant à un prochain conflit qu'il juge inévitable. Une lettre, datée du même jour, part pour l'Angleterre. Elle contient une offre de « pacification générale », mais sans qu'aucune concession permette d'envisager l'interruption des combats. De fait, Bonaparte n'envisage la paix que dans les limites du traité de Campoformio, c'est-à-dire avec la rive gauche du Rhin et l'Italie du Nord que les Français ont presque totalement évacuées. Ces conditions sont inacceptables pour les souverains anglais et autrichien qui déclinent l'offre de Bonaparte. Ce dernier peut dès lors préparer la prochaine campagne.

Le Premier consul profite du calendrier. Parvenu au pouvoir à la fin de l'automne, il a tout l'hiver pour préparer et galvaniser des troupes qu'il entend conduire lui-même à la bataille, comme il le leur indique dès le 25 décembre 1799 : « Soldats ! lorsqu'il sera temps, je serai au milieu de vous, et l'Europe se souviendra que vous êtes de la race des braves. » La flatterie, élément nécessaire à la conduite des hommes, converge avec la menace. Aux soldats expérimentés, dont certains ont servi sous ses ordres en Italie, il adjoint de nouvelles recrues, mobilisées en vertu de la loi Jourdan de 1798. Il fait aussi appel au dévouement des jeunes Français qu'il incite à s'enrôler : « Si vous êtes jaloux d'être une armée destinée à finir la guerre de la Révolution, en assurant l'indépendance, la liberté et la gloire de la grande nation : aux armes [5] ! » Appuyé par deux armées, l'une sur le Rhin, commandée par le général Moreau et forte de cent mille hommes, l'autre sur la frontière italienne, dirigée par le général Masséna avec quarante mille soldats, il prend la tête de l'armée de réserve, qui réunit cinquante-cinq mille hommes, et s'engage vers la plaine du Pô, à travers les Alpes, pour encercler les Autrichiens. La manœuvre faillit échouer, à la suite de la prise de Gênes par les Autrichiens, mais Bonaparte sortit finalement victorieux du conflit, après la bataille de Marengo, le 14 juin 1800. D'abord incertaine, à cause de la dispersion des forces françaises, la bataille tourne à l'avantage de Bonaparte, grâce notamment au soutien décisif du général Desaix et de ses vingt-huit mille hommes qui permettent à l'armée française d'emporter la victoire. Le combat fut âpre, laissant sur le champ de bataille près de six mille soldats français, dont le général Desaix. Toutefois, la victoire de Marengo devait s'avérer décisive. Elle permit au Premier consul de rentrer en France auréolé d'un nouveau succès en Italie. Celui-ci fut par ailleurs consolidé par les victoires parallèles de Moreau en Allemagne. L'Italie du Nord reconquise, Bonaparte pouvait envisager de négocier avec l'Autriche. Il fallut cependant attendre l'hiver suivant et les nouveaux déboires autrichiens devant Moreau pour que les pourparlers de paix s'engagent. Finalement, par la paix de Lunéville, signée le 15 février 1801, l'Autriche concédait la rive gauche du Rhin à la France et acceptait sa tutelle sur l'Italie du Nord et l'Italie centrale. Le Consulat retrouvait ainsi l'aire d'influence qui avait été celle du Directoire jusqu'en 1799.

La guerre n'en était pas pour autant finie. L'Angleterre restait un ennemi redoutable. C'était aussi un adversaire isolé, privé de l'allié autrichien, alors que la France avait, elle, renforcé son alliance avec l'Espagne et s'était rapprochée de la Russie de Paul Ier, qui, à la tête d'une ligue des neutres englobant les pays scandinaves, fermait la Baltique au commerce anglais. Bonaparte s'employa aussi à renforcer sa marine, dans la perspective d'une éventuelle descente en Angleterre. Dans ce contexte défavorable, les Anglais acceptèrent de négocier. Comme l'écrit Talleyrand, « l'Angleterre, sans alliés au-dehors, et éprouvant quelques embarras au-dedans, sentit elle-même le besoin de la paix [6] ». Les négociations avaient été engagées dès le mois de février 1801 par le nouveau ministre des Affaires étrangères anglais, Hawkesbury, mais le départ, en mars, de Pitt qui incarnait depuis huit ans la guerre contre la France révolutionnaire, facilite leur déroulement. Ces négociations sont longues ; elles n'empêchent du reste pas la poursuite du conflit, tant en Égypte que dans la péninsule Ibérique où l'Espagne, alliée de la France, engage, au printemps 1801, une guerre feutrée contre le Portugal, protégé par l'Angleterre. La défaite du général Menou en Égypte, suivie de l'évacuation des troupes françaises de ce pays aux termes de la convention du 31 août 1801, lève l'une des hypothèques qui pesaient sur les négociations, la France ne pouvant plus désormais espérer garder cette conquête. Deux mois plus tard, le 1er octobre 1801, des préliminaires de paix sont donc signés à Londres, entre le ministre anglais Hawkesbury et l'ambassadeur français, Louis Otto, un Badois au service de la France depuis le règne de Louis XVI. Ils prévoient la rétrocession à la France, à l'Espagne et à la Hollande de leurs colonies, sauf Ceylan et la Trinité, conservées par l'Angleterre qui s'engage, en revanche, à évacuer Malte.

Avant même la signature de la paix d'Amiens, le canon se tait. Sans attendre, Bonaparte envoie vers Saint-Domingue une expédition maritime chargée de rétablir l'autorité française sur cette île passée sous le contrôle de Toussaint-Louverture. De plus, un traité de paix est signé avec la Russie le 8 octobre. Restent à résoudre les derniers problèmes relatifs au règlement de la paix entre la France et l'Angleterre. Pour ce faire, de nouvelles négociations sont engagées à Amiens, entre Joseph Bonaparte et lord Cornwallis. Les accords de paix sont signés le 25 mars 1802 par ces deux plénipotentiaires, auxquels se joignirent Schimmelpenninck pour la République batave et Azara pour l'Espagne. Les préliminaires de Londres étaient confirmés, les deux pays s'engageant à évacuer simultanément l'île de Malte et les ports napolitains, les Anglais obtenant en outre la promesse d'un traité de commerce, qui leur ouvrirait les portes de la France. Mais l'Angleterre ne remettait pas en cause les frontières européennes de la France qui abandonnait simplement toute visée sur l'Égypte. « En moins de deux ans et demi, écrira Talleyrand, c'est-à-dire du 18 brumaire (9 novembre 1799) au 25 mars 1802, date de la paix d'Amiens, la France avait passé de l'avilissement où le Directoire l'avait plongée au premier rang en Europe [7]. »

En 1802, l'influence de la France s'étend sur toute l'Europe occidentale. Les républiques sœurs qui avaient vu le jour à l'époque du Directoire ont été réorganisées. Au nord, la Hollande est réformée à l'initiative du général Augereau, commandant en chef de l'armée française, et de l'ambassadeur Sémonville. En septembre 1801, le directoire de cinq membres est remplacé par un gouvernement collégial confié à douze régents, en même temps que les assemblées sont épurées. La République batave est invitée à aider financièrement la France et à entretenir une armée de dix-huit mille hommes. Elle doit aussi accepter, aux termes du traité d'Amiens, la perte de Ceylan. La Suisse avait également formé une république sœur sous le Directoire, la République helvétique, dont les Français furent chassés au printemps de 1799, avant d'y reprendre pied à l'automne. Comme en Hollande, la prise de pouvoir de Bonaparte s'accompagne d'une réforme des institutions qui ne parvient cependant pas à imposer l'ordre aux diverses factions du pays. Il faut attendre 1803 pour que Bonaparte prenne en main la destinée de la Suisse en s'imposant comme le médiateur des cantons suisses. En Italie, le traité de Lunéville avait reconnu à la France le contrôle du nord et du centre de la péninsule. Bonaparte choisit immédiatement de réorganiser la République cisalpine autour de Milan et la République ligure autour de Gênes, deux États constitués sous le Directoire, mais il décide de ne pas rétablir la République romaine qui avait été créée en 1797 ; il laisse au pape ses États, réduits au Latium, aux Marches et à l'Ombrie. Pie VII en prend possession en juillet 1800. Dans le même temps, la Toscane est confiée à Louis de Bourbon, gendre du roi d'Espagne, dans le cadre d'une ample négociation diplomatique destinée à resserrer les liens entre la France et l'Espagne. Louis de Bourbon devient donc roi d'Étrurie. Le duché de Parme est également occupé par les troupes françaises, mais sans statut particulier ; il est administré par un conseiller d'État proche de Talleyrand, Moreau de Saint-Méry, ancien député de la Martinique, son île natale, à la Constituante. Il introduit les institutions françaises dans le duché de Parme. C'est également un administrateur provisoire, le Corse Saliceti, qui est chargé en 1801 d'organiser la République de Lucques.

À côté de ces petits États placés sous l'influence française, le principal État satellite constitué par la France reste la République cisalpine, transformée en janvier 1802 en République italienne. Bonaparte convoque alors à Lyon les principaux dirigeants cisalpins et leur impose une nouvelle constitution, calquée sur le modèle français. Cette constitution crée deux assemblées : une Consulte, composée de membres élus à vie et qui joue à la fois le rôle du Conseil d'État et du Sénat, et un Corps législatif de soixante-quinze membres, élus par trois collèges de propriétaires fonciers, commerçants et savants, et qui, comme son homologue français, n'a le pouvoir que d'approuver ou rejeter les projets de lois qui lui sont soumis. À la tête de cette république figure un président. Bonaparte impose, non sans quelque difficulté, sa nomination à ce poste, tandis que François Melzi d'Éril, un noble milanais de quarante-neuf ans, obtient la vice-présidence de la République italienne qu'il est en fait appelé à gouverner. Quant au Piémont, son sort n'est réglé qu'en septembre 1802, lorsqu'il est divisé en départements rattachés à la France.

Dans les États placés sous la dépendance française, des institutions copiées sur le modèle consulaire se mettent en place, mais l'hégémonie française s'exprime surtout par la présence armée, constante sur ces territoires. Bonaparte a envoyé ses meilleurs généraux dans ces États satellites : Augereau en Hollande, Murat en Italie, afin d'empêcher toute tentative d'émancipation.

2. LE PERCEPTEUR, LE PRÉFET ET LE JUGE

Dans la déclaration qu'il adresse aux Français le 25 décembre 1799, Bonaparte expose son programme d'action : « Rendre la République chère aux citoyens », et ajoute : « Elle sera chère aux citoyens si les lois, si les actes de l'autorité sont toujours empreints de l'esprit d'ordre, de justice, de modération. Sans ordre, l'administration n'est qu'un chaos : point de finances, point de crédit public ; et, avec la fortune de l'État, s'écroulent les fortunes particulières. Sans justice, il n'y a que des partis, des oppresseurs et des victimes. La modération imprime un caractère auguste aux gouvernements comme aux nations ; elle est toujours la compagne de la force et le garant de la durée des institutions sociales [8]. » La paix intérieure est donc un préalable à toute action publique. Elle ne saurait cependant suffire. Pour Bonaparte, il faut redonner toute sa place à l'État dans le pays. Sa déclaration indique quels sont les trois piliers de cet État reconstruit : le préfet qui administre, le percepteur qui lève l'impôt, le juge garant de la paix civile. Il n'a pas encore, à cette date, intégré le prêtre dans son schéma de la vie en société.

Le premier souci de Bonaparte est d'ordre financier. Les caisses de l'État sont vides lorsqu'il accède au pouvoir. Même si le jugement du ministre Gaudin est quelque peu partial, il n'en révèle pas moins l'état calamiteux du budget lorsque Bonaparte arrive à la tête de l'État : « Au 20 brumaire, il n'existait réellement plus vestige de finances en France. Une misérable somme de cent soixante-sept mille francs était, à cette époque, tout ce que possédait, en numéraire, le Trésor public d'une nation de trente millions d'hommes ! [...] Tout était donc à faire, et tout à changer pour remédier aux maux que le système (si l'on peut l'appeler ainsi) qui avait été suivi jusque-là aurait bientôt rendus sans remède [9]. » La réorganisation du système fiscal est l'une des premières tâches auxquelles s'attelle le nouveau ministre. « Il fallait premièrement, note-t-il, réorganiser la confection des rôles des contributions directes. » Pour y parvenir, il crée, dès le mois de novembre, au sein de son ministère, une Direction des contributions directes qui prélude à la mise en place d'une nouvelle administration fiscale. L'essentiel n'est pas d'innover, mais de rationaliser les structures existantes. De fait, Gaudin conserve les impôts directs créés par la Révolution, ceux qu'on appelle au XIXᵉ siècle, lorsque de nouvelles contributions auront été inventées, les « quatre vieilles » ; ce sont l'impôt foncier, le plus important puisqu'il représente les trois quarts des impôts directs, prélevé en fonction de la valeur du patrimoine immobilier, l'impôt mobilier, reposant sur les avoirs industriels et commerciaux, la patente payée par les commerçants et l'impôt dit des « portes et fenêtres », censé taxer les habitants en fonction du confort apparent de leur habitation. De nouveaux rôles d'imposition sont établis, fondés d'abord sur une estimation des biens, avant qu'un cadastre soit mis au point. Fort de ces données, un nouveau corps d'agents de l'État peut se mettre au travail et exiger la rentrée de l'argent.

La nouvelle structure fiscale suit le cadre administratif. Un percepteur est envoyé dans chaque canton pour lever l'impôt. Les sommes collectées sont ensuite remises à un receveur général établi dans chaque arrondissement, puis dirigées vers le receveur général du département. Ce dernier est véritablement l'héritier du fermier général d'Ancien Régime, catégorie qui, à l'image de Lavoisier, guillotiné à l'époque de la Terreur, eut beaucoup à souffrir de la Révolution, car elle symbolisait alors une pression fiscale intolérable. C'est sans doute pourquoi les receveurs généraux sont le plus souvent des hommes neufs, venus du monde du négoce ou de la finance. Il leur faut en effet disposer de quelque fortune pour se porter garants des sommes qui leur sont confiées. Un double garde-fou est prévu. Tout d'abord, pour assurer une rentrée régulière d'argent, le receveur doit tirer par avance des bons payables chaque mois, d'un montant des sommes à percevoir. L'État se prémunit ainsi contre d'éventuels retards dans les rentrées fiscales. En outre, un cautionnement équivalant au vingtième du produit de l'impôt foncier de son département est demandé à chaque receveur général. La nouveauté vient de ce que ces sommes sont versées en numéraire, alors que le cautionnement s'appuyait auparavant sur des immeubles. Il s'ensuit qu'elles sont disponibles et forment une avance dont l'État use pour constituer les premiers fonds de la Caisse d'amortissement qu'il crée dans le même temps.

La création de la Caisse d'amortissement représente le deuxième volet de la politique d'assainissement des finances publiques. Elle vise en effet à apurer la dette publique, qui est considérable, en rachetant des rentes perpétuelles et surtout en versant les intérêts de la rente d'État. L'objectif principal est de rétablir la confiance chez les épargnants, passablement échaudés par la faillite des assignats et la banqueroute de l'État en l'an VI. La confiance revenue, l'argent sort des bas de laine pour alimenter la machine économique, mais aussi les réseaux financiers si nécessaires à la bonne marche de l'État. La Caisse d'amortissement est également sollicitée pour faire des avances au Trésor. Tout naturellement, elle se trouve associée à la création de la Banque de France en 1800. Le régime désirait disposer d'un établissement financier solide, sur lequel il puisse s'appuyer en cas de déficit budgétaire ou de besoin urgent. Diverses tentatives de création d'une banque d'escompte avaient vu le jour sous le Directoire, mais aucun des établissements créés n'était assez puissant pour pouvoir accorder son crédit à l'État. Les liens qu'avait noués Bonaparte, à la veille du 18-Brumaire, avec les milieux de la banque parisienne permirent d'envisager une concentration de capitaux suffisante pour créer un tel établissement.

L'initiative de la création semble appartenir aux banquiers eux-mêmes, mais elle n'aurait pas abouti sans l'aval du gouvernement qui reste cependant discret, tant la méfiance est grande dans le public vis-à-vis de toute intervention de l'État en matière financière. Le 6 janvier 1800, les statuts de la nouvelle banque sont approuvés. Le 13 février se tient la première assemblée générale des actionnaires. Deux hommes jouèrent un rôle particulièrement important dans sa fondation : Lecouteulx de Canteleu, manufacturier rouennais et banquier, devenu sénateur, et Perrégaux, banquier d'origine suisse, également membre du Sénat. La Banque de France est administrée par un conseil de quinze régents et trois censeurs, élus par l'assemblée générale et devant disposer d'au moins trente actions. Le capital de la Banque de France, de trente millions de francs, a en effet été divisé en trente mille actions de mille francs. Les souscriptions sont hésitantes jusqu'à la paix de Lunéville ; il faut deux ans et demi pour placer les trente mille actions initiales. La famille Bonaparte participe elle-même au capital, afin de renforcer la confiance dans ce nouvel établissement. Finalement, le capital se trouve être assez dispersé, entre plus de deux mille actionnaires, mais un dixième d'entre eux, constituant ce qu'on appellera ensuite les « deux cents familles », dispose de la moitié du capital. Ces gros actionnaires appartiennent au monde de la haute finance, de la banque ou du négoce maritime. Le soutien du régime se traduit par le renforcement des réserves métalliques de la nouvelle banque : la Caisse d'amortissement lui confie la moitié des fonds provenant de la caution des receveurs généraux, tandis qu'elle absorbe aussi deux autres établissements financiers. Le stock métallique de la Banque de France doit en effet être suffisant pour lui permettre d'effectuer le réescompte des traites reçues par les autres établissements bancaires et financiers. Par son poids, la Banque de France garantit ainsi une stabilisation du réseau bancaire, jusque-là fragile ; elle permet d'éviter des faillites préjudiciables au crédit. Elle facilite par là même la reprise économique, en aidant à la circulation de l'argent, par exemple par l'entremise d'avances considérables consenties aux négociants chargés de la fourniture aux armées. Bien que privée et en principe indépendante du pouvoir, la Banque joue aussi un rôle de soupape de sécurité pour le Trésor, puisqu'elle fait des avances sur les rentrées futures. Elle acquiert ainsi un statut privilégié. Dès le 18 janvier 1800, Bonaparte lui a accordé la protection du gouvernement, la Banque ayant obtenu le droit d'émettre des billets. Mais elle n'est pas, pour l'heure, la seule à avoir ce privilège.

Une nouvelle étape est franchie en avril 1803, avec la réforme monétaire entreprise par Bonaparte, qui vient parachever la réorganisation financière du pays. Contrairement à une idée reçue, la loi du 17 germinal an XI ne crée pas une nouvelle monnaie, que l'on appellera ensuite le « franc germinal », dans la mesure où cette unité monétaire avait été mise en place par la Convention, en 1795, avec l'intention d'unifier les monnaies sur l'ensemble du territoire. De même, la décision de fixer la valeur du franc par rapport à l'argent (un franc représente cinq grammes d'argent), mais aussi à l'or, reprend une tradition ancienne. Toutefois, après la crise financière des années révolutionnaires, le lancement du franc germinal a un effet psychologique évident ; le régime entend montrer son intention de faire du neuf, en procédant à la refonte des anciens francs ; il souhaite également parachever l'unité monétaire du pays en provoquant la disparition des vieilles monnaies, toujours en circulation, avec un résultat mitigé puisque, pour les échanges locaux notamment, les monnaies d'Ancien Régime sont encore utilisées, dans certaines régions, au milieu du XIXe siècle. Il n'en demeure pas moins que le franc dit germinal connaît une grande faveur, au point de conserver sa valeur jusqu'à la Première Guerre mondiale. La réforme monétaire de 1803 a cependant un autre effet : la Banque de France obtient le privilège de l'émission des billets de banque sur Paris, pendant quinze ans. Il ne faut pas y voir l'abandon de la méfiance à l'égard du papier-monnaie, car les billets émis sont de grosses coupures, de cinq cents francs, destinées à faciliter les échanges entre établissements financiers et de négoce. Ainsi, la Banque de France renforce son rôle de banque centrale. Elle absorbe alors les deux autres établissements financiers qui émettaient de la monnaie : la Caisse d'escompte du commerce et le Comptoir commercial.

La réforme financière et partant la bonne rentrée des impôts ne pouvait être efficace, aux yeux de Bonaparte, sans une réforme de l'administration. De ce point de vue, la loi du 17 février 1800 marque un tournant considérable dans la vie politique et administrative du pays en instaurant une extrême centralisation des pouvoirs entre les mains d'un seul homme, le préfet. Le Consulat conserve le cadre du département dont l'élaboration avait suscité de nombreux débats en 1790. Il remplace en revanche le district, jugé trop étroit, par l'arrondissement qui, en englobant un tiers à un quart du département, paraît une circonscription suffisamment large pour servir d'intermédiaire entre la commune et le département. Au-delà des modifications du cadre administratif, le changement primordial provient de la nature des charges dévolues aux administrateurs. Ceux-ci sont désormais nommés et non plus élus comme par le passé. Les formes collégiales de direction qui prévalaient sous la Révolution disparaissent au profit d'un unique agent d'exécution. Le préfet, héritier de l'intendant d'Ancien Régime, devient l'un des personnages clefs de la France napoléonienne. Nommé par le Premier consul sur proposition du ministre de l'Intérieur, il est le plus souvent étranger au département qu'il est chargé d'administrer, afin d'éviter les compromissions et les pressions diverses. En 1800, la plupart d'entre eux ont été choisis au sein du personnel révolutionnaire. Près de soixante-dix avaient appartenu à l'une ou l'autre des assemblées successives. D'autres avaient eu des responsabilités locales. L'influence de Lucien Bonaparte, alors ministre de l'Intérieur, qui parvient à imposer soixante-cinq des noms qu'il avait proposés, mais aussi celle de Cambacérès ou de Talleyrand expliquent largement cette reproduction du personnel révolutionnaire dans le corps préfectoral du Consulat. Le temps presse et les hommes disponibles sont rares, d'autant que la fonction a des contours encore flous, que le ministre de l'Intérieur s'emploie pourtant à clarifier rapidement. Les instructions qu'il adresse aux préfets en mars 1800 confirment la lourdeur des charges qui leur sont confiées : « La tâche que vous avez à remplir est grande ; vos attributions sont multipliées, elles embrassent tout ce qui tient à la fortune publique, à la prospérité nationale, au repos de vos administrés [10]. » Chargé de veiller à l'ordre public, à la bonne rentrée de l'impôt, à l'efficacité du système de la conscription, le préfet doit aussi s'occuper des questions d'enseignement et, bientôt, après la signature du Concordat, de la réorganisation des Églises. Il a aussi pour mission d'encourager le développement de l'agriculture, du commerce et de l'industrie et, à cet effet, veille à l'entretien des routes et à la construction de nouveaux ouvrages d'art. De par ses multiples fonctions, le préfet est en relation avec la plupart des ministres, même si le ministre de l'Intérieur reste son interlocuteur privilégié. Agent d'exécution, il sait aussi prendre des initiatives et secouer le joug parfois pesant du gouvernement. Ainsi, à Fouché qui lui reprochait de ne pas l'avoir informé d'une question d'ordre public, le préfet de l'Isère répondit : « J'ai toujours regardé comme un principe de bonne administration de ne point épuiser l'action ou la surveillance du gouvernement sur des détails que l'autorité locale peut régler définitivement [11]. »

L'omnipotence du préfet n'est qu'à peine contenue par la présence à ses côtés d'un conseil de préfecture, composé de membres nommés par l'État, et dont le rôle est purement consultatif. Quant au conseil général, assemblée représentative des intérêts locaux, mais où, en vertu du système électoral, ne sont admis que des notables du département, il limite son action à des tâches budgétaires auxquelles il adjoint, le cas échéant, la rédaction d'adresses au gouvernement. Son influence est donc très réduite sur la vie et l'administration du département. Ce schéma se reproduit au niveau de l'arrondissement puisque le sous-préfet, souvent un homme du cru, est entouré d'un conseil de sous-préfecture et d'un conseil d'arrondissement au rôle effacé. Lui-même se contente d'administrer en pleine dépendance à l'égard du préfet.

Le préfet représente l'État dans son département et, à ce titre, il se doit d'être à la hauteur de sa charge, ce qui n'est pas sans poser quelques difficultés à certains de ces hommes qui, tout en étant issus de la bourgeoisie, n'ont pas une fortune considérable. Thibaudeau, nommé préfet de la Gironde le 2 mars 1800, en fait l'amère expérience : « Le Premier consul voulait que les préfets eussent une maison montée et de la représentation, qu'ils donnassent des repas, des bals, des fêtes, pour procurer de la considération à l'autorité, de la dignité au gouvernement et lui rallier les partis. La plupart des nouveaux fonctionnaires n'avaient pas assez de fortune. Avec un traitement de vingt-quatre mille francs, le préfet de la Gironde n'avait pas de quoi faire grande figure à Bordeaux [12]. » Les listes de notabilités montrent en effet que dans la plupart des départements certains habitants, en général issus de l'ancienne noblesse, ont conservé ou récupéré des fortunes considérables. Le préfet ne peut donc rivaliser avec eux, mais la primauté que lui offre le protocole dans les cérémonies, aussi bien que l'uniforme qu'il porte ou l'hôtel qu'il habite, en fait malgré tout un des premiers personnages de son département.

Le préfet a aussi mission de nommer les maires des communes de son département ou, pour les plus importantes, de proposer cette nomination à Bonaparte. Dans tous les cas, les premiers magistrats des trente-six mille communes françaises échappent aux suffrages de leurs concitoyens et deviennent des agents de l'État, même si le conseil municipal qui les entoure est recruté au terme d'une élection. Cette décision qui renforce la centralisation administrative est justifiée par Bonaparte qui, dans une note dictée à son frère Lucien, en mars 1800, s'en prend au système qui prévalait sous la Révolution, déplorant la spoliation des communes, « filles délaissées ou pillées depuis dix ans par les tuteurs municipaux de la Convention et du Directoire », et ajoutant : « En changeant de maires, d'adjoints et de conseillers de commune, elles n'ont guère fait, en général, que changer de mode de brigandage ; on a volé le chemin vicinal, on a volé le sentier, on a volé les arbres, on a volé l'église, on a volé le mobilier de la commune, et on vole encore sous le flasque régime municipal de l'an VIII [13]. » Bonaparte use du procédé qu'il a utilisé au niveau national lorsqu'il s'appuyait sur l'antiparlementarisme pour justifier l'accroissement du pouvoir personnel. Dans le cadre de la commune, la déposition des pouvoirs dans les mains d'un seul homme, nommé par l'État ou son représentant, est présentée comme favorable aux intérêts de la communauté, ce qui peut paraître paradoxal, mais s'avère un argument payant à l'heure de la dislocation des élites locales.

Le cadre administratif sert enfin de base à la refonte de la carte judiciaire. Dans une société marquée par l'insécurité, la fonction du juge apparaît essentielle ; elle est complémentaire de celle du préfet. « Surveiller et punir » sont en effet les maîtres mots de la pensée bonapartiste. Une nouvelle fois, la nomination remplace l'élection, sauf dans le cas particulier des juges de paix, chargés au niveau du canton de régler les petits contentieux. Ils restent élus directement par les citoyens jusqu'en 1802. Mais tous les autres magistrats sont nommés, avec une double intention. La première consiste à faire dépendre l'avancée de leur carrière de l'État, ce qui forme un frein à leur indépendance. La seconde revient à les distraire aux influences locales et ainsi à leur donner une plus grande autorité dans leurs jugements. La volonté de rompre avec certaines formes de laxisme contemporaines de la Révolution est manifeste. Le Code pénal, publié dix ans plus tard, le démontrera avec force. Déjà, les consignes données en 1800 vont dans le sens d'une plus grande sévérité des tribunaux. La réforme judiciaire de mars 1800 concerne avant tout la délimitation des compétences propres à chaque tribunal.

À la base de l'édifice judiciaire, figure la justice de paix qui s'inscrit dans le cadre cantonal. Au niveau de l'arrondissement, un nouvel échelon de juridiction est créé avec l'instauration des tribunaux de première instance ; composés de trois juges au moins, ils ont compétence pour juger les affaires civiles et pénales, et ils servent de chambre d'appel pour les jugements prononcés par les juges de paix. À l'échelon supérieur, le chef-lieu de département abrite le tribunal criminel. Mais un quatrième niveau de juridiction est créé qui déborde le cadre administratif, à savoir le tribunal d'appel dont le ressort s'étend sur quatre ou cinq départements. En 1800, le champ de l'appel est limité aux affaires civiles et commerciales, mais s'étendra, après 1808, aux jugements des tribunaux correctionnels. Le système mis en place sous la Révolution est donc partiellement préservé, avec notamment la persistance des deux jurys, maintenus jusqu'à la réforme de 1808. Enfin, au sommet de la hiérarchie judiciaire, une Cour de cassation est maintenue, désormais composée de quarante-huit juges nommés à vie par le Sénat. Sa principale fonction reste la cassation des jugements qui lui sont déférés, mais elle acquiert aussi le droit, à partir de 1800, d'interpréter la loi.

Le cadre dans lequel vivent les Français a donc été partiellement transformé dans les premiers mois du Consulat. De nouvelles habitudes se mettent en place, tant en matière de perception des deniers publics, d'administration, que de justice. Ces réformes entraînent le recrutement d'un nouveau personnel d'agents du fisc, de préfets ou de juges, dont la particularité est de devoir sa place au nouveau régime. La recomposition de ces élites locales, souvent recrutées parmi le personnel des anciens révolutionnaires, a largement contribué à rallier ces hommes au nouveau pouvoir et a de ce fait privé l'opposition d'éventuels soutiens. Toutefois, en 1800, tout un pan de la société reste encore aux marges du régime. Ce sont les catholiques, vers lesquels se tourne désormais l'attention du Premier consul.

3. LA PAIX RELIGIEUSE

Lorsque le Consulat se met en place, la question religieuse domine la vie politique. Les Églises sont sorties de la période de terreur marquée par la déchristianisation et tentent de se régénérer, mais elles doivent continuer à lutter contre les éléments anticléricaux qui souhaitent limiter leur puissance. En outre, si le différend s'est provisoirement estompé entre catholiques et protestants, il n'en est pas de même à l'intérieur de l'Église catholique, toujours profondément divisée entre réfractaires et constitutionnels. L'attitude face au serment à la Constitution exigé en 1790 continue de diviser le clergé, même si depuis plusieurs autres serments ont été proposés qui brouillent la carte des forces en présence. Les réfractaires ont alors le vent en poupe. Depuis 1795, ils ont rouvert de nombreux lieux de culte et obtenu le renfort d'un nombre croissant de prêtres rentrés d'exil. La répression subie au lendemain du 18-Fructidor a freiné cette reprise, sans l'interrompre. La situation de l'Église constitutionnelle est plus délicate. Elle n'a pas été épargnée par la Terreur et souffre des conséquences de la séparation de l'Église et de l'État décrétée en 1795. Nombre de ses membres ont été guillotinés ou ont rendu leurs lettres de prêtrise. Ses évêques, conduits par Grégoire, se sont réunis à Paris en 1797 pour tenter d'enrayer le déclin de leur Église. Ils ont désigné de nouveaux titulaires pour les évêchés vacants et encouragé l'ordination de prêtres. L'Église constitutionnelle continue par ailleurs à administrer de très nombreuses paroisses, en particulier en ville, mais elle échoue dans ses projets de fusion avec l'Église réfractaire et se heurte à l'intransigeance de Rome et des anciens évêques en exil. Cette division entre Églises embarrasse les pouvoirs publics ; elle est en effet une atteinte au principe d'unité nationale et à la réconciliation prônée par Bonaparte. C'est pourquoi l'un de ses premiers soucis consiste à régler la question religieuse.

Le Coz, alors évêque constitutionnel d'Ille-et-Vilaine et l'un des chefs de file de l'Église des Réunis, pressent cette intention chez Bonaparte et s'en ouvre à son collègue Grégoire, dès le 20 décembre 1799 : « Comme sans religion et sans culte bien établi, les mœurs publiques et le gouvernement ne se pourraient soutenir, notre état doit aussi changer, et j'ai des raisons de croire que notre souverain Consul va s'en occuper incessamment [14]. » Il est vrai que Bonaparte a déjà pris des mesures en faveur du culte, non qu'il soit particulièrement attaché à la religion, mais parce qu'il a compris que le pays ne pourrait être sagement gouverné sans un apaisement religieux. En bon disciple de Rousseau, il sait qu'une société ne peut vivre sans la religion, fût-elle naturelle. L'échec des religions de substitution, que ce soit le culte de l'Être suprême ou la théophilanthropie, l'incline à penser que seul le catholicisme, religion de la « grande majorité des Français », peut être le lien social indispensable à toute vie en société. C'est pourquoi ses premières mesures visent à briser les contraintes qui pesaient encore sur l'exercice du culte. Tout d'abord, une certaine tolérance prévaut à l'encontre des prêtres émigrés qui commencent à rentrer en France sans être inquiétés. Surtout, au lendemain de la promulgation de la Constitution, Bonaparte prend plusieurs décrets, datés du 28 décembre 1799, qui permettent au clergé de récupérer les églises ou chapelles qui n'ont pas été vendues comme biens nationaux. De même, il est désormais possible de pratiquer le culte un autre jour que le décadi, bien que le calendrier républicain subsiste. Dans le même temps, la politique de pacification de la Vendée et plus généralement de l'Ouest s'appuie sur un important volet religieux. La promesse faite aux populations catholiques de ces régions de pouvoir exercer librement leur culte a fortement contribué à les désolidariser de la chouannerie. Enfin, le Premier consul tente de briser la division entre les deux clergés, réfractaire et constitutionnel, en n'exigeant plus qu'une simple promesse de fidélité à la Constitution de l'an VIII. Ce geste d'allégeance au nouveau pouvoir, que quelques prêtres intransigeants refusent encore, prélude sinon à la réconciliation des deux clergés, du moins à son unification sous une même autorité. Bonaparte facilite le libre exercice du culte, tout en le cantonnant à la sphère du privé. Son entourage républicain, composé d'anticléricaux virulents et de matérialistes, n'aurait pas alors compris qu'il allât plus loin dans la reconnaissance des cultes chrétiens. Pourtant il fait encore un geste le 30 décembre 1799, en demandant que des honneurs funèbres soient rendus à la dépouille de Pie VI, mort en captivité à Valence au mois d'août. Par cette décision, l'État français reconnaît l'existence de la papauté, au travers de son représentant, et amorce ainsi un rapprochement indispensable au règlement de la question religieuse.

Paradoxalement, ce rapprochement est favorisé par la reprise de la guerre qui ramène Bonaparte en Italie. Il s'y présente alors, non sans quelque exagération, comme le restaurateur du culte catholique. Ainsi, après l'entrée de ses troupes dans Milan, il fait célébrer un *Te Deum* à la cathédrale, « pour l'heureuse délivrance de l'Italie des hérétiques et des infidèles », selon les mots dictés pour le *Bulle-*

tin de l'Armée d'Italie, daté du 4 juin 1800, qui visent les « hérétiques anglais » et les « infidèles musulmans », alliés de l'Autriche et du royaume du Piémont contre la France. Le lendemain, il est encore plus clair lorsqu'il réunit les curés de la ville de Milan pour leur exprimer la nature de ses sentiments religieux : « Persuadé que cette religion est la seule qui puisse procurer un bonheur véritable à une société bien ordonnée, et affermir les bases d'un bon gouvernement, je vous assure que je m'appliquerai à la protéger et à la défendre dans tous les temps et par tous les moyens » et, se souvenant de l'époque lointaine de son baptême, il menace de punir toute atteinte et toute insulte « à notre commune religion » [15]. Ce plaidoyer, adressé à l'Italie, vaut également pour la France dont il regrette les divisions religieuses, épinglant au passage « les philosophes modernes [qui] se sont efforcés de persuader à la France que la religion catholique était l'implacable ennemie de tout système démocratique ». « L'expérience a détrompé les Français, poursuit-il, et les a convaincus que de toutes les religions, il n'y en a pas qui s'adapte, comme la catholique, aux diverses formes de gouvernement, qui favorise davantage, en particulier, le gouvernement démocratique républicain, en établisse mieux les droits et jette plus de jour sur ses principes [16]. » Et Bonaparte conclut en souhaitant pouvoir « s'aboucher avec le nouveau pape ». De fait, après la victoire de Marengo, de retour vers la France, il s'arrête à Verceil où il rencontre le cardinal Martiniana, l'évêque du lieu. Il lui confie le soin de proposer au pape l'ouverture de négociations en vue d'un concordat.

À Rome, Pie VII vient d'entrer en fonction, après avoir été élu pape, le 14 mars 1800, au terme d'un très long conclave de cent quatre jours, réuni à Venise. Le cardinal Chiaramonti a alors cinquante-huit ans. Bénédictin, évêque d'Imola depuis 1785, il est apparu comme un candidat de compromis et a été imposé par le cardinal Ercole Consalvi qui sera son secrétaire d'État. En 1797, à la suite de l'annexion des Légations à la République cisalpine, il avait appelé ses diocésains d'Imola à se soumettre au nouveau pouvoir, précisant le jour de Noël de la même année : « La forme de gouvernement démocratique adoptée parmi vous, frères très aimés, ne contredit nullement aux maximes que j'ai précédemment énoncées ni ne répugne à l'Évangile [..] Oui ! mes chers frères, soyez de bons chrétiens et vous serez d'excellents démocrates. » Se fondant sur le principe d'autorité qui oblige les catholiques à obéir aux pouvoirs constitués, le futur Pie VII laissait voir des talents de conciliation que Bonaparte n'oubliera pas. De fait, c'est vers ce nouveau pape, qui n'a pas eu, comme son prédécesseur, à prendre position contre la Révolution, que se tourne le Premier consul. Il lui demande de lui envoyer à Paris Mgr Spina dont il avait fait la connaissance à Valence, à son retour d'Égypte.

Mgr Spina arrive à Paris en novembre 1800, avec un théologien qui le seconde, le père Caselli. Il engage les négociations avec l'abbé Bernier, tout auréolé de son image de pacificateur de la Vendée. Bonaparte, dès sa rencontre de Verceil, avait mis deux conditions à l'ouverture des négociations : la vente des biens d'Église ne serait pas remise en cause par le pape et l'épiscopat serait complètement refondu. Au-delà de ces deux points, les différends restent cependant nombreux, si bien que la négociation se prolonge pendant plusieurs mois, une dizaine de projets et de contre-projets étant tour à tour examinés et repoussés. Devant ce retard, Bonaparte prend lui-même l'affaire en main, en février 1801, et propose son propre plan que Mgr Spina porte à Rome où le pape le repousse. Pour éviter la rupture, Pie VII se décide à envoyer à Paris, sur les conseils de l'ambassadeur de France, Cacault, son secrétaire d'État, à charge pour lui de conclure les travaux.

Après quelques hésitations, le cardinal Consalvi accepte de gagner Paris où, accompagné de Mgr Spina et du père Caselli, il reprend, en juin, avec l'abbé Bernier les négociations interrompues. Lors de leur première entrevue, Bonaparte lui avait fixé un ultimatum de cinq jours ; il fallut encore plus de cinq semaines pour arriver au texte définitif. Le secrétaire d'État batailla notamment pour empêcher la démission collective et donc l'éventuelle destitution par le pape des anciens évêques, allant même jusqu'à défendre, en la circonstance, les droits de l'Église gallicane. Il n'obtint pas davantage que le catholicisme soit déclaré « religion d'État » et dut se contenter d'une mention concernant la « religion de la grande majorité des Français ». Des écueils s'élevèrent également concernant la tolérance religieuse, inscrite dans le texte, et *in fine* sur l'exercice du culte que le cardinal Consalvi refusait de voir soumis à des restrictions de police. Ce dernier point faillit faire capoter la négociation qui aboutit finalement dans la nuit du 15 au 16 juillet 1801, chez Joseph Bonaparte qui signa le concordat, au nom de son frère, assisté du conseiller d'État Cretet et de l'abbé Bernier, tandis que les trois représentants du Saint-Siège, Consalvi, Spina et Caselli, faisaient de même. « À peine la nouvelle de la signature du Concordat se répandit-elle dans Paris que la joie fut générale, écrit Consalvi dans ses *Mémoires*, excepté parmi les ennemis de la religion joints au clergé constitutionnel [17]. » Rapporté à Rome par le cardinal Consalvi, le texte du Concordat fut approuvé par le pape le 15 août 1801, puis ratifié par Bonaparte le 16 septembre suivant.

Précédé d'un préambule qui fait du catholicisme « la religion de la grande majorité des Français », ce qui revient à reconnaître l'existence d'autres religions dans le pays, le Concordat règle en dix-sept articles les conditions d'existence de l'Église de France. Il reprend des dispositions du concordat de Bologne de 1516, notamment en ce qui concerne les nominations d'évêques dévolues au Premier consul, avant que le pape ne donne son investiture canonique. Le Concordat prévoit cependant une refonte de la carte ecclésiastique, des évêchés comme des paroisses, et une recomposition complète du clergé, ce dernier s'engageant à prêter serment au gouvernement. Les points les plus délicats concernaient la vente des biens d'Église dont le pape confirmait le caractère intangible, ce qui revenait à reconnaître *de facto* l'œuvre de la Révolution. Déjà, en traitant avec le Premier consul, héritier de la Révolution, Pie VII avait franchi le pas. C'était le prix à payer pour clore dix années de guerres religieuses. Fruit d'un compromis, le Concordat provoqua néanmoins des résistances qui ne furent pas toutes levées immédiatement.

Les évêques de l'Église constitutionnelle, réunis pour la deuxième fois en concile à partir de janvier 1801, à Paris, avaient en effet fait pression sur le gouvernement pour qu'il cède le moins possible à Rome. Grégoire en particulier, devenu membre du Corps législatif, ne ménagea pas ses efforts pour que ses amis ne soient pas sacrifiés sur l'autel de la réconciliation entre Paris et Rome. De fait, alors que le Concordat ne disait mot des constitutionnels, toujours considérés comme schismatiques par le pape, Bonaparte fit savoir à Consalvi son désir de les associer à la nouvelle Église, notamment au travers des nominations épiscopales, Consalvi obtenant non sans mal qu'ils signent au préalable une formule de rétractation. Ainsi l'Église concordataire devait-elle se construire à partir des débris des deux Églises rivales et parachever, sur le plan religieux, l'unité nationale chère à Bonaparte. La démission des constitutionnels ne posa pas de problème. En revanche, celle des évêques d'Ancien Régime, demandée par le pape dans le bref *Tam multa*, publié en même temps que le Concordat le 15 août, rencontra de plus grandes résistances. Sur les cent trente évêques en place en 1789, quarante-sept étaient morts ou avaient quitté l'Église, tel Talleyrand, pendant la Révolution. Parmi les quatre-vingt-trois évêques encore en vie, quarante-sept acceptent de donner leur démission, mais trente-six la refusent et forment bientôt la Petite Église, hostile au Concordat et au Consulat. Parmi les premiers, la plupart de ceux qui étaient encore en émigration rentrent alors en France.

La reconstruction de l'Église peut dès lors s'opérer. Bonaparte confie cette charge à un conseiller d'État qu'il connaît pour l'avoir vu à l'œuvre dans la préparation du Code civil. Portalis, avocat à Aix avant la Révolution, est, en effet, nommé directeur des Cultes le 7 octobre 1801. Il lui revient de préparer en premier lieu les nominations d'évêques. Le Concordat avait prévu un redécoupage de la France. Ce travail effectué au début de 1801 conduisit à retenir cinquante puis soixante diocèses, dont huit érigés dans les départements belges et rhénans. Le cadre administratif est donc conservé, mais l'État est moins généreux qu'en 1790 où chaque diocèse correspondait à un département. Désormais, sauf dans l'Ouest, il recouvre deux, voire trois départements. L'administration des Cultes prépare, dans le même temps, les nominations des évêques, selon un principe déjà utilisé lors de la désignation des parlementaires ou des préfets. Les principaux dirigeants sont invités à faire connaître leurs préférences. Portalis et son équipe d'un côté, l'abbé Bernier de l'autre, font des propositions, puis Bonaparte tranche, non sans avoir reçu des recommandations diverses émanant notamment de son entourage militaire. Son principe est simple ; il souhaite amalgamer les deux anciens épiscopats et leur adjoindre une moitié de nouveaux venus. De ce fait, le nouvel épiscopat comprend seize évêques d'Ancien Régime, douze évêques constitutionnels et trente-deux prêtres venus, à quatre exceptions près, de l'Église réfractaire. Bonaparte a privilégié les prélats tôt rentrés en France, écarté les trop fortes personnalités, à l'image de Grégoire, et favorisé un certain népotisme, censé lui assurer le soutien de ces nouveaux évêques. Ainsi, son oncle Fesch est nommé archevêque de Lyon et primat des Gaules, tandis que le frère du second consul, l'abbé Cambacérès, est envoyé à Rouen. Des prêtres parents des généraux Miollis, Dessoles, Savary, Caffarelli parviennent également à l'épiscopat. Ces nominations sont importantes, car Bonaparte compte beaucoup sur ces évêques pour contribuer à la paix civile dans le pays. Tout-puissants dans leur diocèse, ils doivent être de véritables « préfets violets » dans leur circonscription. Ils sont nommés à partir du mois d'avril 1802, c'est-à-dire au lendemain de la promulgation du Concordat, car il a fallu huit mois pour briser les résistances d'une opinion parlementaire majoritairement hostile à ce rapprochement avec le pape.

Dès que les négociations ouvertes avec Rome furent connues, des voix s'élevèrent pour en dénoncer la teneur. À l'Institut comme dans les salons de Mme de Condorcet ou de Mme de Staël, la perspective d'un retour en force de la religion était fortement critiquée. Les Idéologues menaient le combat et, puissants dans les assemblées, menaçaient de faire barrage au texte du Concordat lorsqu'il serait soumis à leur vote. Cette opposition prévisible fit reculer Bonaparte, d'autant plus que son entourage immédiat émettait également des réserves sur le Concordat. Pour le contourner, le Premier consul fit d'abord rédiger un addendum au Concordat, suivant en cela les conseils de Talleyrand. Ce furent les Articles organiques, qui restreignaient fortement les droits de l'Église en soumettant par exemple à une autorisation les communications du clergé avec le pape ou encore la tenue de réunions d'ecclésiastiques, synodes ou conciles. Le texte ainsi amendé fut proposé aux assemblées, le 8 avril 1802. Entre-temps elles avaient subi une épuration qui en avait chassé les éléments les plus hostiles à Bonaparte. Néanmoins, malgré la récente annonce de la paix d'Amiens et les pressions de Bonaparte pour un vote unanime, la ratification de la loi comprenant le Concordat et les Articles organiques souleva encore des réticences. Portalis, chargé de la présenter, avait pourtant, en philosophe des Lumières, mis l'accent sur la nécessité de la religion comme garant de l'ordre social. Mais des voix s'élevèrent encore. Ainsi, au Corps législatif, près d'un tiers des députés s'abstinrent ou votèrent contre. Il n'est pas certain, toutefois, que ces manifestations d'hostilité aient été appréciées dans le pays où la promulgation du Concordat fut au contraire accueillie avec une certaine ferveur, comme l'atteste le succès des fêtes organisées à Notre-Dame le 18 avril 1802. Elle ouvrait en tout cas la voie à la réorganisation des Églises.

Celle-ci est préparée de concert par les évêques et les préfets qui s'emploient tout d'abord à redessiner la carte des paroisses, prélude à la recomposition du clergé. Le choix des nouveaux curés est une affaire délicate, car les évêques doivent, à cette occasion, régler la querelle entre les deux Églises. En général, un tiers des postes est réservé aux anciens constitutionnels, mais ils obtiennent surtout les cures les moins attrayantes et, lorsque leur évêque est un ancien réfractaire, ils doivent subir les assauts de leur supérieur pour faire amende honorable. La reconstruction s'opère aussi par des visites pastorales, prescrites par le Concordat et que l'évêque s'attache à faire rapidement, à la fois pour bien connaître son diocèse et pour relancer le culte dans certaines paroisses où l'on n'a parfois pas vu de prêtres depuis plusieurs années. Il faut aussi recruter un nouveau clergé, car les vocations se sont taries pendant la Révolution et le réservoir de prêtres s'épuise. Les premiers séminaires voient alors le jour pour favoriser le recrutement. Il faut enfin reconstruire églises et presbytères endommagés par dix années de crise.

Le même effort est consenti par les protestants dont les Églises ont été réorganisées au même moment par le biais des Articles organiques du culte protestant annexés à la loi du 18 germinal an X. Elles s'organisent sur la base du consistoire qui rassemble en principe six mille protestants au moins. Le consistoire se compose de membres désignés parmi les notables de la communauté et des pasteurs salariés par l'État. Il procède au choix des pasteurs et règle la vie de la communauté. Mais l'Église réformée voit disparaître, pour un temps, l'une des composantes majeures de son organisation, à savoir le synode général, c'est-à-dire l'assemblée des représentants des divers consistoires ; en effet, les articles organiques soumettent la tenue d'un tel synode à l'autorisation du gouvernement qui interdit de fait ces réunions, comme il interdit la réunion des assemblées d'évêques. En revanche, l'Église luthérienne, dominante en Alsace, mais aussi dans les départements allemands, et organisée sur le même modèle consistorial, est dotée d'un consistoire général qui se réunit à Strasbourg et comprend des membres nommés par le gouvernement. Ainsi, le Consulat parachève l'œuvre de la Révolution en favorisant l'intégration des protestants à la nation. L'organisation mise en place au début du Consulat devait durer, pour les catholiques comme pour les protestants, jusqu'en 1905.

L'examen des divers domaines dans lesquels le Consulat est intervenu montre la vitalité réformatrice de ce régime qui bénéficie il est vrai de tout le travail préparatoire de l'époque révolutionnaire. Dans bien des cas, Bonaparte se contente de clore un débat largement engagé dans la décennie précédente. Il le peut parce que le système politique favorise les gestes d'autorité. Rien ne l'oblige à abandonner un texte contesté ; il peut au contraire le retravailler. Les critiques servent d'aiguillon à son action ; elles ne le menacent pas directement puisqu'il n'existe aucune forme de responsabilité de l'exécutif devant les assemblées, mais elles l'obligent à une plus grande vigilance dans la présentation des textes, qu'il s'agisse du Code civil ou du Concordat. Quoi qu'il en soit, l'œuvre réformatrice du Consulat est imposante, en matière d'administration, de justice, de finance ou de religion. Sans doute l'instauration d'un régime autoritaire a-t-elle favorisé cette profusion de réformes.

5

La lutte contre les oppositions

Malgré les efforts de Bonaparte, l'unanimité de l'opinion n'a jamais prévalu. Plusieurs courants d'opposition ont continué à se développer, au moins pendant les premières années du régime, provoquant une vive réaction du pouvoir. Ces oppositions avaient-elles le moyen de renverser Bonaparte ? Leur manque d'unité et l'absence d'une stratégie clairement définie ont contribué à leur échec qui s'explique aussi par une très forte répression de la part du pouvoir.

1. LA LIQUIDATION DU JACOBINISME

Les jacobins avaient profité de la crise politique de la fin du Directoire pour refaire surface et apparaître comme les principaux adversaires des révisionnistes au moment du coup d'État du 18 brumaire. Leur résistance au Conseil des Cinq-Cents avait manqué faire échouer le complot, si bien qu'ils furent particulièrement visés par la répression qui s'abattit sur les députés au lendemain du coup d'État. Dix-neuf d'entre eux furent emprisonnés tandis que trente-six autres étaient bannis. Certains échappent à ces mesures, à la suite d'interventions de notables du nouveau régime : Joseph Bonaparte s'attribue ainsi l'initiative d'avoir soustrait à cette mesure Jourdan, Bernadotte et Saliceti. Quelques jours plus tard, le 17 novembre, Fouché dressa une liste de trente-huit proscrits, condamnés à la déportation en Guyane, parmi lesquels quatre anciens députés, Destrem, Aréna, Marquesy et Truc, tandis que vingt-trois autres étaient assignés à résidence dans le département de Charente-Inférieure. La mesure fut rapportée pour la plupart des intéressés, mais la menace d'une arrestation policière planait en permanence sur les jacobins. Certains acceptèrent du reste de se rallier, à l'image du député de la Lys, Beyts, auquel Bonaparte écrivit : « Ralliez-vous tous à la masse du peuple. Le simple titre de citoyen français vaut bien, sans doute celui de royaliste, de clichyen, de jacobin, de feuillant et ces mille et une dénominations qu'enfante l'esprit de faction et qui, depuis dix ans, tendent à précipiter la nation dans un abîme d'où il est temps enfin qu'elle soit tirée pour toujours. » Beyts fut peu après nommé préfet du Loir-et-Cher. De même, Moreau de Worms que Bourrienne avait soustrait à la liste de proscription obtint, après son ralliement, une place de commissaire au Conseil des prises. Plus généralement, Bonaparte puisa dans ce réservoir que constituaient les anciens jacobins pour former les cadres de la nation. Cette politique de ralliement est au cœur de la stratégie bonapartiste de réconciliation des partis. Elle déroute certains observateurs, par exemple Talleyrand relatant dans ses *Mémoires* un propos de Bonaparte distinguant parmi les jacobins les ralliés et les irréductibles :

« Je me rappelle qu'un jour où je parus étonné de voir sortir du cabinet du Premier consul un des jacobins les plus déhontés de la Révolution, il me dit : " Vous ne connaissez pas les jacobins. Il y en a deux espèces : des sucrés et des salés. Celui que vous venez de voir est un jacobin salé. De ceux-là, je fais ce que je veux. Il n'y a personne de meilleur à employer pour soutenir toutes les hardiesses d'un pouvoir nouveau. Quelquefois il faut les arrêter, mais avec un peu d'argent, c'est bientôt fait. Mais les jacobins sucrés ! Ah ! ceux-là sont indécrottables ! Avec leur métaphysique, ils perdraient vingt gouvernements [1] ". »

Une fraction des jacobins refusa cependant de se rallier, sans pour autant mener une opposition systématique au nouveau régime. De toute manière, les mesures prises contre la presse, en janvier 1800, les privaient de toute tribune. Aucun journal véritablement jacobin ne figurait sur la liste des treize journaux parisiens autorisés à paraître et le *Journal des hommes libres*, dont la rédaction avait été confiée par Fouché à Méhée de la Touche, naguère impliqué dans les massacres de Septembre, fut à son tour supprimé pour avoir tenu des propos trop imprégnés d'esprit révolutionnaire. En province, les principaux titres jacobins sont également supprimés. Privés de tribune, les jacobins apparaissent aussi isolés et sans soutien véritable dans le pays. Les clubs de province n'avaient pas bougé après le 18-Brumaire. Ils ne pouvaient donc espérer le salut d'un sursaut national. À Paris, même le faubourg Saint-Antoine, haut lieu de la résistance populaire aux tentatives de réaction pendant la décennie révolutionnaire, resta étonnamment calme. Seule une poignée de jacobins tenta de résister au coup d'État. Mais ils ne furent pas suivis par la population. En outre, ces révolutionnaires professionnels étaient particulièrement bien surveillés par la police de Fouché qui les connaissait tous. Parmi ces meneurs, Guillaume Massard, d'origine bretonne, fréquentait le Club des jacobins depuis son arrivée à Paris en 1793. Il avait été incarcéré en l'an III, puis avait participé à la conjuration babouviste, mais avait été acquitté. Ce passé le désignait d'office à l'attention de la police lors des journées de Brumaire. Après avoir été porté sur la liste de proscription du 26 novembre 1799, il fut arrêté en août 1800. L'extrême surveillance des milieux jacobins par la police explique leur incapacité à agir efficacement contre le régime.

Ils ne forment plus du reste un groupe uni et ils ont perdu leurs armes favorites : la propagande par la presse et la discussion publique. Fouché avait fait fermer le club du Manège où se réunissaient les jacobins en août 1799. Il s'attacha ensuite à empêcher toute réunion de ce type. Les jacobins durent se rabattre sur les cafés où leurs propos n'étaient pas à l'abri des mouchards. Toute forme d'expression leur étant ôtée et le mode de scrutin leur interdisant d'espérer des représentants dans les assemblées, quelques jacobins isolés furent tentés par l'action directe et songèrent à débarrasser le pays de Bonaparte. C'est ainsi que naquit le projet d'assassiner le Premier consul, au travers de ce que l'on a appelé la « conspiration des poignards ». Elle est fomentée par des « seconds couteaux » du mouvement jacobin qui agissent de leur propre initiative, sans aucune concertation avec les autres ennemis de Bonaparte. Cinq hommes seront compromis dans l'affaire : deux Italiens, le sculpteur Cerracchi et Diana, un peintre, Topino-Lebrun, Demerville, ancien secrétaire de Barère, et Joseph Aréna, ancien député de la Corse au Conseil des Cinq-Cents, dont la participation effective au complot reste douteuse. Un sixième homme, Harel, devait en fait éventer le complot en faisant prévenir Bourrienne, le secrétaire particulier de Bonaparte, qui suggéra au préfet de police, Dubois, de laisser l'affaire se développer, aidant même au besoin à la préparation de l'attentat, ce qui permit à la police de prendre les initiateurs du complot en flagrant délit, le 10 octobre 1800 au soir, alors que Bonaparte assistait à une représentation à l'Opéra où l'attentat devait se produire. Dubois profita de l'affaire pour faire arrêter quelques jacobins dont il surveillait les activités, en particulier Metge qui venait de publier un pamphlet très virulent contre Bonaparte, sous le titre *Le Turc et le militaire*. D'autres comme Rossignol, ancien général de l'armée républicaine en Vendée, furent invités à s'éloigner de Paris.

Bonaparte exploita habilement cette conspiration. Tout en montrant sa fermeté à l'égard des conjurés, il ne voulut pas dramatiser l'affaire, comme le montre le texte qu'il adresse au Tribunat après que celui-ci lui a envoyé un message de sympathie : « Je remercie le Tribunat de cette preuve d'affection. Je n'ai point réellement couru de dangers. Ces sept ou huit malheureux, pour avoir la volonté, n'avaient pas le pouvoir de commettre les crimes qu'ils méditaient. Indépendamment de l'assistance de tous les citoyens qui étaient au spectacle, j'avais avec moi un piquet de cette brave garde. Les misérables n'auraient pu supporter ses regards. » Et il ajoute, reconnaissant au passage que le complot avait été éventé par les hommes de Dubois : « La police avait pris des mesures plus efficaces encore. » Il conclut enfin en cherchant à détruire l'idée que sa mort entraînerait le chaos dans le pays : « J'entre dans tous ces détails, parce qu'il est peut-être nécessaire que la France sache que la vie de son premier magistrat n'est exposée dans aucune circonstance. Tant qu'il sera investi de la confiance de la nation, il saura remplir la tâche qui lui a été imposée [2]. » Du reste, les conjurés sont incarcérés, mais ne sont pas immédiatement jugés. Le gouvernement ne tient pas à un procès public qui aurait deux effets néfastes : donner une tribune aux accusés et favoriser la contagion d'attentats du même type. C'est donc le complot suivant, plus menaçant et plus sanglant, perpétré rue Saint-Nicaise, qui décide de leur sort. La répression qui s'abat alors sur les jacobins trouve ses premières victimes chez les animateurs de la « conspiration des poignards », exécutés en janvier 1801.

C'est en effet vers le parti jacobin que se tourne d'abord la police de Fouché, au lendemain de l'attentat de la rue Saint-Nicaise. Au couteau, arme par excellence du tyrannicide depuis l'Antiquité jusqu'à l'époque contemporaine, les conjurés ont préféré la poudre. Pourtant, de César assassiné par Brutus à Marat poignardé par Charlotte Corday, en passant par Henri IV victime de la lame de Ravaillac, ou Louis XV échappant au fer de Damiens, c'est au couteau que se règlent les différends politiques, du moins en France. Le poignard, comme le poison, est l'arme favorite de la vengeance personnelle ou du complot de cour. Il nécessite une certaine familiarité avec la victime et une grande habileté. L'arme utilisée en décembre 1800, dans l'attentat de la rue Saint-Nicaise, est d'un autre ordre. Elle est et plus moderne, sans être pour autant plus efficace. La « machine infernale » comme l'ont appelée les partisans de Bonaparte n'est en réalité qu'un baril de poudre monté sur un cabriolet et destiné à exploser au moment où passerait la voiture du Premier consul. Le procédé est cependant aléatoire, puisque l'allumage s'opère avant le passage de la voiture et ne peut donc qu'être approximatif. C'est ce qui advint le 24 décembre 1800. Bonaparte se rendait à l'Opéra lorsque, quelques instants après son passage, une explosion se produisit, faisant deux morts et six blessés. Immédiatement, l'attentat est attribué aux jacobins alors qu'il avait été fomenté par les royalistes. Cette erreur d'appréciation a été parfois présentée comme un calcul qui aurait permis d'éliminer tour à tour les deux factions les plus dangereuses : les jacobins et les royalistes. Certes, ce résultat fut obtenu, mais dans le détail l'enchaînement des motifs est plus complexe.

Tout d'abord, la police fut conduite à soupçonner les jacobins parce qu'elle avait eu connaissance de la préparation d'un complot du même type. En octobre 1800, un certain Chevalier, artificier et ancien employé du Comité de salut public, avait préparé un engin explosif dont il avait même essayé les possibilités, un soir d'octobre 1800, derrière la Salpêtrière. Cette explosion aux portes de Paris avait suscité l'intérêt de la police qui n'avait pas eu trop de difficultés à arrêter Chevalier et ses complices. Rien n'interdisait de penser que l'idée avait été reprise par d'autres. De fait, lorsqu'une machine infernale, construite à peu près selon les plans retrouvés chez Chevalier, explose, les soupçons se tournent vers le parti jacobin. C'était aussi ce qu'avaient prévu les royalistes, organisateurs de l'attentat. En reprenant les projets de Chevalier, décidément fort répandus, ils escomptaient que la responsabilité de l'attentat serait imputée aux jacobins. Ceux-ci éliminés, les royalistes n'en apparaîtraient que mieux à même de rétablir l'ordre dans le pays.

Néanmoins, le premier effet de surprise passé, la responsabilité jacobine se dissipe. Fouché est très tôt convaincu que le complot a été fomenté par des chouans, ce que l'enquête de police, diligentée par le préfet de police en personne, Dubois, confirme assez vite. Ces découvertes n'entravent pas la marche de la répression antijacobine. Dès le lendemain de l'attentat, Bonaparte avait stigmatisé le clan des « massacreurs de Septembre », et avait établi une liste d'individus à déporter. Devant le Conseil d'État, il s'en prend aux « quatre à cinq cents individus couverts de crimes, sans asile, sans occupation et sans ressources. Ces hommes, ajoute-t-il, sont une armée continuellement agissante contre le gouvernement [...] Il faut enfin purger la société de ce fléau. Il faut que, d'ici à cinq jours, vingt ou trente de ces monstres expirent et que deux à trois cents autres soient déportés ». D'anciens sans-culottes sont alors arrêtés, puis déportés, sans qu'aucune preuve ait pu, et pour cause, être apportée contre eux. Même s'il y eut quelques erreurs, la police mit la main surtout sur les chefs de file du mouvement jacobin, ainsi dans le remuant faubourg Saint-Antoine où les principaux meneurs sont arrêtés. Comme l'avait indiqué Bonaparte en suggérant une véritable décimation, la répression est sélective ; elle distingue les « exclusifs », c'est-à-dire les jacobins jugés les plus dangereux, et les autres que le pouvoir espère avoir suffisamment effrayés par ses mesures de rétorsion pour qu'ils se tiennent tranquilles. Il est vrai qu'à côté des jacobins irréductibles, prêts à tout pour éliminer Bonaparte, d'autres marquent une plus grande modération, à l'image de l'ancien conventionnel Levasseur qui déplore l'attentat de la rue Saint-Nicaise, tout en rappelant son opposition au Premier consul : « Ennemi par principe de Napoléon, je fus révolté de l'atrocité de l'entreprise, et certes il faut avouer que, dans nos jours les plus calamiteux, les plus sombres terroristes n'ont jamais rien trouvé qui approchât de la machine infernale [3]. »

Levasseur, présent à Paris lors de l'attentat, regagne peu après Le Mans, sur les conseils déguisés de Fouché, son ancien collègue à la Convention. Le ministre de la Police a en effet cherché à protéger certains de ses amis jacobins, ce qui ne l'empêche pas de signer, sous la pression de Bonaparte, le texte prévoyant la déportation des meneurs jacobins. L'affaire fut rondement menée, puisque, avant même la fin de l'enquête, le Premier consul avait fait dresser une liste de cent trente jacobins. Mais Bonaparte rencontra des difficultés inattendues lorsqu'il voulut faire entériner sa décision. Le Conseil d'État auquel le projet avait été soumis pour examen émit de sérieuses réserves face à une loi qui rétablissait une forme d'arbitraire dans le pays. Plusieurs conseillers, parmi lesquels Thibaudeau et Roederer, déconseillèrent de la présenter aux assemblées où elle risquait d'être repoussée. Ces réserves conduisirent Bonaparte à consulter le Sénat, gardien de la Constitution, afin qu'il sanctionne avant même son application le caractère constitutionnel de la loi en préparation. Le gouvernement, encore incertain de son pouvoir, ne voulait pas prendre le risque, en janvier 1801, de voir un de ses actes jugé inconstitutionnel par le Sénat, d'où le choix de lui déférer le projet de déportation. Le Sénat l'approuva sans difficulté, malgré la protestation vive de Lanjuinais et les critiques de quelques Idéologues, notamment Cabanis, Garat et Volney. À cette occasion, le Sénat gagna en pouvoir, puisqu'il se vit reconnaître le droit de légiférer, ce que la Constitution n'avait pas prévu. Surtout le sénatus-consulte du 3 nivôse an IX évite d'avoir à demander son avis au Tribunat et au Corps législatif où l'opposition aurait pu regrouper une majorité sur cette question touchant à l'arbitraire.

Ce sénatus-consulte prévoit donc la déportation de cent trente jacobins. Parmi eux figurent notamment Destrem, Fournier l'Américain, Hesse et Félix Lepelletier. Douze provenaient du faubourg Saint-Antoine. C'est le cas de Jean-Martin Vacret, un marchand bonnetier du quartier Sainte-Marguerite, qui fut arrêté et déporté aux îles Seychelles où il devait rester jusqu'en 1811. Il représente l'archétype du jacobin dénoncé par Bonaparte. Sans-culotte en 1793, il a passé cinq mois en prison après la chute de Robespierre, avant de participer à la Conjuration des Égaux dirigée par Gracchus Babeuf. C'est donc un révolutionnaire pur et dur qui paie en 1801 son long passé de jacobin. Avec lui, neuf autres jacobins du faubourg Saint-Antoine sont déportés. Seuls deux des douze proscrits y échappent, l'un Humblet parce qu'il parvient à se cacher dans son quartier, l'autre Tissot parce que certains de ses amis intercèdent en sa faveur, ce qui ne l'empêche pas d'être surveillé pendant toute la période de l'Empire. L'exemple du faubourg Saint-Antoine montre comment le mouvement jacobin a été éradiqué. Le gouvernement a visé ses dirigeants et a ainsi terrorisé une base désormais incapable de s'organiser. Certes, après janvier 1801, les opinions jacobines continuent à être professées, mais elles le sont dans la plus extrême discrétion, tant les lieux publics, les cafés en particulier, sont soumis à une surveillance policière sévère.

L'armée conserve cependant des foyers de jacobinisme. Depuis

1792, elle avait été l'ardent propagateur des idées révolutionnaires. Après la prise du pouvoir par Bonaparte, les militaires se sont majoritairement ralliés au Premier consul, d'autant mieux qu'il mettait fin à l'instabilité politique. Mais des résistances demeurent, même si tout est fait pour les camoufler, par exemple au moment des plébiscites auxquels les soldats participent par régiment, ce qui empêche l'émergence d'une opinion contraire. Toutefois des groupes d'opposants se forment au sein de l'armée, des tentatives de putsch s'y développent, comme, en 1802, la conspiration dite des « libelles » ou des « pots de beurre ». Cette conjuration a été étouffée dans l'œuf par la police de Bonaparte ; elle n'en révèle pas moins la présence de foyers d'opposition dans l'armée. Le complot est éventé par la découverte en mai 1802, au fond de pots de beurre, de libelles adressés à des officiers supérieurs, les appelant à se tourner contre Bonaparte. On pouvait y lire : « Un tyran s'est emparé du pouvoir, et ce tyran quel est-il ? Bonaparte... Formons une fédération militaire ! Que nos généraux se montrent, qu'ils fassent respecter leur gloire et celle des armées. Nos baïonnettes sont prêtes. Qu'ils disent un mot et la République est sauvée ! » Le complot était parti de l'Ouest où l'armée rassemblée dans la perspective de la guerre contre l'Angleterre avait été démobilisée. Plusieurs régiments devaient quitter la région. Certains officiers étaient déjà à Paris, à l'image de Bernadotte qui venait d'en abandonner le commandement et qui fut impliqué dans le complot, sans toutefois de preuve tangible. À Rennes, le général Simon avait accepté de prendre la tête de la rébellion. Arrêté, il dénia la participation de Bernadotte au complot et fut écarté de l'armée jusqu'en 1809, mais aucun procès ne fut organisé. La conjuration intervient au printemps de 1802, à un moment crucial pour l'armée. Celle-ci doit faire face à la paix d'Amiens qui la prive de terrain d'action. Elle est de plus confrontée à la ratification du Concordat en avril, puis au passage au Consulat à vie, discuté dès le mois de mai. Les éléments républicains de l'armée ne peuvent se satisfaire de cet état de fait, mais Bonaparte sait étouffer leurs revendications. La création de la Légion d'honneur, en mai 1802, vient à point pour apaiser les rancœurs d'une armée démobilisée par la perspective de la paix. En 1802, la cause jacobine a donc vécu. Mais il reste encore des républicains dans l'opposition à Bonaparte ; ils figurent notamment dans les rangs libéraux.

2. Des libéraux divisés

Le libéralisme ne forme pas, sous le Consulat, une famille unie. C'est pourquoi, bien qu'étant l'héritier de l'esprit de 1789, il ne peut constituer un rempart solide face à l'affermissement du pouvoir personnel, et ce d'autant que bon nombre de libéraux ont approuvé le coup d'État du 18 brumaire. C'est le cas en particulier des Idéologues.

Ce groupe a traversé la Révolution en affirmant son souci d'éviter les excès. Son influence grandit sous le Directoire jusqu'à devenir le pivot de la conjuration du 18 brumaire. Principaux soutiens de Bonaparte, les Idéologues en espèrent alors la sauvegarde de la République et le respect de la liberté. Ils sont bientôt déçus par les premières mesures du régime, mais leurs tentatives d'opposition, au sein des assemblées où ils sont entrés nombreux, se révèlent vaines. Ils n'en conservent pas moins une grande fidélité à leurs principes. C'est en 1801 que Destutt de Tracy publie ses *Éléments d'idéologie*, ouvrage longuement mûri puisqu'il l'avait partiellement rédigé dans les prisons de la Terreur ; il devait servir de référence et de nom de baptême au groupe des Idéologues. Destutt y définit son projet d'étudier l'intelligence humaine « comme l'on observe et l'on décrit une propriété d'un minéral ou d'un végétal, ou une circonstance remarquable de la vie d'un animal ». L'idéologie est donc à ses yeux une « partie de la zoologie ». Son but est de bien connaître « la marche de l'intelligence humaine ». Les Idéologues ont en effet foi dans le progrès universel et placent toute leur confiance dans l'éducation comme moyen de parvenir au bonheur de l'humanité. Les travaux de l'Institut relayés par l'enseignement dans les écoles centrales, fondées en 1795, comme à l'École normale, participent de cet engouement pour l'éducation qui est un des traits caractéristiques de ce groupe. Elle est pour eux la garantie de la libération de l'homme à l'égard des dogmes religieux dans lesquels les Idéologues ne voient que superstition. Si certains restent déistes, tel l'ancien oratorien Daunou, tous sont hostiles à l'emprise du catholicisme sur la société française, à la fois parce qu'il symbolise l'alliance du trône et de l'autel et parce qu'ils voient en lui l'incarnation de l'obscurantisme. La foi dans la raison, héritée de la philosophie des Lumières, est martelée par Destutt. Dans la préface des *Éléments d'idéologie*, il s'en prend à mots couverts à Bonaparte qui avait taxé les Idéologues de « métaphysiciens », mais aussi à ses partisans, naguère jacobins et qui, à l'époque de la Terreur, considéraient les Idéologues comme trop modérés : « C'est ainsi que l'on a vu des hommes, novateurs effrénés, coiffés d'un bonnet rouge, accuser les philosophes d'être des réformateurs timides et des amis froids du bien de l'humanité, qui maintenant les accusent d'avoir tout bouleversé, et, en conséquence, travaillent sans relâche à renverser encore les institutions utiles que ces mêmes philosophes sont parvenus à conserver ou à établir au milieu des murmures et des proscriptions [4]. » Destutt vise en la circonstance les projets cherchant à remettre en cause l'œuvre de la Révolution, à laquelle les Idéologues restent profondément attachés.

Fidèles à l'esprit de 1789, républicains, les Idéologues ne sont pas pour autant des démocrates. S'ils sont attachés au principe de souveraineté populaire, ils se méfient du suffrage universel et lui préfèrent un système censitaire qui inspire l'établissement des listes de notabilités en l'an VIII. En cela, ils sont bien représentatifs du courant libéral qui s'épanouit au XIXᵉ siècle. De 1789, ils retiennent surtout la défense de la liberté et la lutte contre l'arbitraire, d'où le divorce croissant avec Bonaparte. « Le but de l'homme est l'accroissement de la liberté », rappelle Destutt de Tracy. Les libéraux partagent aussi le souci d'une plus grande liberté du commerce, nécessaire au développement de l'économie. Jean-Baptiste Say, autre Idéologue éminent, défend, dans son *Traité d'économie politique*, publié en 1803, l'abolition des frontières entre États, après avoir décrit dans *Olbie*, au début du Consulat, les traits de la cité idéale, fondée sur la morale et sur une plus grande solidarité des plus riches à l'égard des plus pauvres. C'est ce que Volney avançait déjà, dans un ouvrage publié en 1791, *Les Ruines. Méditations sur la grandeur et la décadence des Empires*. L'influence de ce livre, plusieurs fois réédité, est ensuite considérable. La Révolution lui paraît permettre l'avènement d'une nouvelle société, fondée sur les deux principes que constituent l'égalité et la liberté. « L'égalité et la liberté sont donc les bases physiques et inaltérables, écrit-il, de toute réunion d'hommes en société, et par suite, le principe nécessaire et régénérateur de toute loi et de tout système de gouvernement régulier. » Les Idéologues restent globalement fidèles à cette devise et ne peuvent donc voir qu'avec réserve l'orientation du Consulat, même si leurs moyens d'action sont de plus en plus limités pour faire face à la montée du pouvoir personnel.

En dehors des assemblées, ils continuent à se rencontrer, notamment dans les salons. Jusqu'à sa mort en 1800, c'est dans le salon de Mme Helvétius, la veuve du philosophe disparu en 1771, que la plupart de ces hommes se retrouvent. On y croise notamment Volney, Garat ou Ginguené et surtout Cabanis et Destutt de Tracy qui en sont les piliers. Tous deux s'installent du reste à Auteuil auprès de Mme Helvétius, de même que Daunou. Après la mort de Mme Helvétius, c'est chez Destutt que se tiennent les réunions du groupe. À Auteuil, vit aussi Mme de Condorcet dont le salon accueille nombre d'Idéologues. Il est plus ouvert et reçoit notamment Jean-Baptiste Say, Andrieux, Chénier ou encore Dupuis, l'auteur de *De l'origine des cultes,* dont l'élection comme président du Corps législatif est perçue comme un affront à la politique ecclésiastique de Bonaparte. On y vit même Benjamin Constant. Mme de Condorcet accueille également Mailla-Garat, introduit par son oncle Garat, un habitué du cercle de Mme Helvétius. Mailla-Garat devient bientôt l'amant de Mme de Condorcet. Les liens entre les deux salons étaient nombreux et furent même renforcés par le mariage de Cabanis avec la fille de Mme de Condorcet. Le petit village d'Auteuil, à l'ouest de Paris, devient ainsi, au début du Consulat, l'un des hauts lieux de l'Idéologie. On parle alors de la Société d'Auteuil.

Les idéologues se retrouvent également très nombreux au sein de l'Institut, fondé en 1795 et alors divisé en trois classes. Cabanis, Destutt de Tracy, Ginguené et Volney appartiennent à la classe des sciences morales et politiques, alors la plus influente, tandis que Andrieux et Chénier siègent dans la classe des lettres. Ce lieu d'échange et de confrontation des idées survit quelque temps à la mainmise de Bonaparte sur le pays. Mais, en 1803, lassé des débats qui se déroulent au sein de l'Institut, notamment à l'intérieur de la classe des sciences morales et politiques, le Premier consul décide de le réformer. La classe des sciences morales disparaît et ses membres sont répartis dans les quatre nouvelles classes : sciences, langue et littérature françaises, histoire et littérature anciennes, beaux-arts. Cette réforme contribue à briser un peu plus l'unité du groupe des Idéologues, d'autant que ces derniers avaient vu leur principale tribune perdre de son influence.

Depuis sa fondation, en effet, les travaux de l'Institut étaient relayés par la *Décade philosophique, littéraire et politique*, journal qui peut être considéré comme l'organe officieux des Idéologues. Lancée par Ginguené en 1794, la *Décade* appartient à six actionnaires qui sont, outre Ginguené, Amaury Duval, Le Breton, Andrieux, Toscan et Jean-Baptiste Say. Ce dernier en est en fait le principal rédacteur. La vocation de ce journal est double ; il se veut un outil de vulgarisation des travaux scientifiques débattus à l'Institut, en même temps qu'un organe politique, attentif aux affaires de la cité. Mais cette dimension tend à s'atténuer après le coup d'État du 18 brumaire et, surtout, après l'épuration de la presse en janvier 1800. La *Décade* est alors invitée à modérer ses ardeurs polémistes, ce qui ne l'empêche pas d'égratigner les royalistes ou de critiquer le retour en force du catholicisme dans le pays. Ainsi en 1802, Ginguené s'en prend, dans la *Décade*, à la publication du *Génie du christianisme* de Chateaubriand. De plus en plus en butte aux critiques du gouvernement qui lui reproche de trop s'attacher aux luttes du passé, le journal connaît une première transformation en 1804. Il abandonne alors un nom aux accents révolutionnaires pour devenir la *Revue philosophique*. L'Empire installé, les Idéologues, républicains et libéraux, sont contraints au silence.

La censure s'est aussi abattue sur l'autre groupe marquant du libéralisme, constitué autour de Germaine de Staël et de Benjamin Constant. Même si des liens existent avec les Idéologues, les deux groupes ne peuvent être confondus, ni sur le plan des hommes, ni tout à fait sur le plan des idées. C'est dans son salon parisien que Germaine de Staël réunit, dès la fin du Directoire, une partie de l'élite intellectuelle et politique du pays. La fille de Necker, mariée en 1786, à vingt ans, au baron de Staël-Holstein, ambassadeur de Suède à Paris, s'est passionnée pour la Révolution de 1789, avant de quitter Paris pour Coppet en 1792. C'est en 1794 qu'elle rencontre Benjamin Constant, d'un an son cadet — il est né en 1767 à Lausanne —, avec qui elle retourne à Paris en 1795. L'un et l'autre partagent la même adhésion au régime républicain et la même exécration du jacobinisme, ce qui les conduit à se rapprocher des révisionnistes et à soutenir le coup d'État du 18 brumaire. Constant obtient alors une place au Tribunat, tandis que le salon de Mme de Staël s'enorgueillit d'accueillir les principaux dirigeants du moment : Talleyrand, Roederer, Regnaud de Saint-Jean-d'Angély, mais aussi Lucien et Joseph Bonaparte. Le discours de Constant au Tribunat, le 5 janvier 1800, provoque la première rupture avec Bonaparte et la désertion de son salon : « Le lendemain du jour où l'humeur de Bonaparte éclata contre moi, il gronda publiquement son frère aîné, Joseph Bonaparte, sur ce qu'il venait dans ma maison. Joseph se crut obligé de n'y pas mettre les pieds pendant trois mois et son exemple fut le signal que suivirent les trois quarts des personnes que je connaissais [5]. » Le différend s'apaise toutefois, la publication en avril 1800 de *De la littérature considérée dans ses rapports avec les institutions sociales* remplissant à nouveau le salon de Mme de Staël. « Il n'y avait pas un mot sur Bonaparte dans mon livre sur la littérature, écrit-elle, mais les sentiments libéraux y étaient exprimés avec force [6]. » Dans les mois suivants, ses rapports avec Bonaparte s'enveniment. Au début de 1802, Constant est victime de l'épuration du Tribunat. À la fin de la même année, la publication de *Delphine* où Germaine de Staël manifeste indirectement ses réserves à l'égard du régime conduit Bonaparte à l'exiler de Paris. Elle reçoit l'ordre, le 15 octobre 1803, de s'éloigner à plus de quarante lieues de la capitale. Elle part alors pour l'Allemagne avec Constant, avant de se retirer à Coppet. Benjamin Constant n'en poursuit pas moins sa réflexion, au travers de contributions données au journal *Le Publiciste*, autre tribune du libéralisme.

Le tableau de l'opposition libérale au Consulat ne saurait être complet si l'on n'y ajoutait certaines figures isolées, celle en particulier de La Fayette. Le héros de la guerre d'Indépendance américaine, le commandant de la garde nationale qui fit prêter au roi Louis XVI, le 14 juillet 1790, le serment de fidélité à la nation et à la loi, vivait en exil en Hollande lorsque Bonaparte prit le pouvoir. Il lui devait pourtant d'avoir été libéré des geôles autrichiennes en 1797, à la suite du traité de Campoformio, et, depuis le retour d'Égypte, suivait de loin, mais avec attention, la progression du jeune général. « Je ne lui crois pas la sottise de vouloir n'être qu'un despote », écrit-il le 30 octobre 1799 à sa femme. Approuvant le coup d'État, il est autorisé à rentrer en France, mais il n'entend pas aliéner sa liberté et refuse le poste de sénateur qui lui est proposé : « Si Bonaparte veut servir la liberté, je lui suis dévoué, s'exclame-t-il, mais je ne veux ni approuver un gouvernement arbitraire ni m'y associer. » Cette attitude ne l'empêche pas de fréquenter les salons de Joséphine et de côtoyer Bonaparte, mais il reste ferme dans son refus de collaborer avec le nouveau régime, repoussant tour à tour la Légion d'honneur et une ambassade aux États-Unis, avant de voter contre le Consulat à vie : « Je ne puis voter pour une telle magistrature jusqu'à ce que la liberté publique soit suffisamment garantie. » Il se prononce de même contre la proclamation de l'Empire et se retire alors sur ses terres de Seine-et-Marne, tout en restant en contact avec les autres représentants du courant libéral, notamment par l'intermédiaire de son fils Georges qui a épousé en 1802 la fille de Destutt de Tracy.

L'exemple de La Fayette est très représentatif de l'incapacité des libéraux à s'organiser et à s'unir pour lutter contre l'arbitraire qui monte dans le pays. Ils le peuvent d'autant plus difficilement que le pouvoir les a couverts d'honneurs et de places comme les Idéologues, ou leur a permis de retrouver en France leur foyer et leurs terres. L'habileté du gouvernement consulaire tient précisément dans cette distribution de faveurs qui émousse la résistance des plus irréductibles. Dans le même temps, Bonaparte choisit une stratégie de l'isolement qui a pour objectif d'empêcher la constitution de partis hostiles, mais aussi de briser les personnalités. Plutôt que d'attaquer de front l'opposition libérale, Bonaparte a choisi de l'étouffer, en l'empêchant de s'exprimer partout où elle le pouvait, dans les assemblées, à l'Institut ou dans la presse. L'aspiration à la liberté est ainsi renvoyée à la sphère du privé. Mais cette stratégie a des limites, lorsqu'il s'agit d'opposants plus vindicatifs, comme c'est le cas des royalistes.

3. Les derniers feux du parti royaliste

En 1799, au moment de l'effondrement du Directoire, les royalistes nourrissaient de sérieux espoirs de reprendre le pouvoir en France. Les divisions traditionnelles entre partisans d'une monarchie constitutionnelle, désireux de faire appel au duc d'Orléans, et tenants d'une restauration pleine et entière des Bourbons, s'étaient estompées, tant la nécessité d'en finir avec la Révolution paraissait urgente. Les levées d'armes dans le Sud-Ouest et l'Ouest avaient représenté les manifestations les plus marquantes de cette aspiration monarchique. Le coup d'État du 18 brumaire mit à mal ces espoirs.

En instaurant un régime fort en France, Bonaparte ôtait aux royalistes l'un de leurs arguments en faveur de la monarchie. Mais il sut surtout jouer de la lassitude d'une base royaliste harassée par dix années de lutte. Les premières mesures du Consulat provisoire s'inscrivent dans ce contexte. La levée de la loi des otages, puis la clémence à l'égard des émigrés sont autant de gestes en faveur des soutiens traditionnels du parti royaliste, comme aussi le choix du troisième consul, Lebrun, réputé proche des idées monarchistes. Sur le plan politique, l'amnistie envers les députés fructidorisés en 1797, c'est-à-dire victimes de la répression antiroyaliste, confirme ce souci de réintégrer dans la nation les partisans d'une solution monarchiste, non pour qu'ils en défendent à nouveau le principe, mais pour qu'ils reconnaissent les bienfaits du nouveau régime. De fait, nombre de royalistes de la veille se rallient au Consulat ou observent du moins une sage neutralité, car le régime personnel de Bonaparte leur apparaît préférable à une République jacobine. Bonaparte a su aussi leur ôter tout motif d'opposition. Après avoir permis le retour des émigrés, il leur offre la possibilité de recouvrer leurs biens non aliénés et donc de reconquérir une position sociale dans leur pays, ce que vient compléter une inscription sur les listes de notabilités ou une nomination comme maire. Après des années de lutte, la tentation d'une trêve est grande.

C'est le choix fait par de nombreux émigrés qui rentrent à l'annonce du 18-Brumaire, sans même attendre parfois le blanc-seing du gouvernement. Le baron de Vitrolles, après avoir envoyé sa femme en avant, s'empresse de la suivre et de gagner Paris. Il se confine alors dans une prudente abstention, avant d'accepter un peu plus tard les faveurs du régime. Le retour des émigrés renforce les salons à la coloration monarchiste. Le salon de Mme Récamier est alors le plus couru. Il accueille des proches du gouvernement, mais aussi des monarchistes avérés, à l'image de Mathieu de Montmorency, l'un des soupirants les plus assidus de Juliette Récamier. Le salon de Mme de La Briche est quant à lui plus sélectif, puisqu'il reçoit surtout des représentants de l'ancienne noblesse dont beaucoup ne sont pas ralliés au régime, sans pour autant lui faire d'opposition. Son gendre, Mathieu Molé, descendant d'une célèbre famille de parlementaires, dont le père a été guillotiné sous la Terreur, l'a décrit avec quelque ironie. Si l'on ne s'oppose pas au Consulat, on se montre, en revanche, très critique à l'égard de la Révolution et de ses principes. À ce titre, les salons du faubourg Saint-Germain ou du Marais restent des foyers contre-révolutionnaires où se retrouvent souvent les débris de familles décimées par la Terreur.

L'avènement du Consulat a, en effet, suscité une nouvelle vague d'esprit contre-révolutionnaire qui s'exprime dans la presse et la littérature. Ainsi, le soutien accordé par Lucien Bonaparte au journal *Le Mercure*, lancé par Fontanes en juin 1800, permet à plusieurs écrivains monarchistes d'exposer leurs idées contre-révolutionnaires. Fontanes, issu d'une famille de la noblesse, proche des monarchiens au début de la Révolution, avait connu le sort de bien des nobles émigrés. Rentré en France après la chute de Robespierre, il avait été fructidorisé en 1797 et avait gagné Londres, avant de revenir en France en 1798. Proche d'Élisa Bacciochi dont il devient l'amant, il se lie également avec Lucien Bonaparte qui soutient ses ambitions éditoriales. À la rédaction du *Mercure*, Fontanes fait naturellement appel à ses amis ou à des hommes qui partagent les mêmes idées, notamment le vicomte de Bonald, Fiévée et surtout Chateaubriand. En 1800, Louis de Bonald est surtout connu pour l'ouvrage qu'il a publié en émigration, *Théorie du pouvoir politique et religieux dans la société civile*, dans lequel il fait une véritable apologie de la théocratie. Ce Rouergat de petite noblesse, maire de Millau en 1787, avait été plutôt favorable aux débuts de la Révolution, avant de basculer dans le camp contre-révolutionnaire. Bonaparte ne désespère pas de le rallier à sa cause. Il lui propose même de rééditer aux frais de l'État son ouvrage qu'il a emporté lors de la seconde campagne d'Italie.

Au même moment, un autre émigré avait également publié ses propres réflexions sur la Révolution. C'est en 1797 que René de Chateaubriand fait paraître à Londres son *Essai historique, politique et moral sur les révolutions considérées dans leur rapport avec la Révolution française*. « L'Essai offre le compendium de mon existence, comme poète, moraliste, publiciste et politique », écrira Chateaubriand dans les *Mémoires d'outre-tombe* ; l'écho en est cependant faible : « Une ombre subite engloutit le premier rayon de ma gloire », poursuit l'auteur. L'*Essai* marquait les doutes de Chateaubriand à l'égard de Dieu. La mort de sa mère en 1798 devait le ramener vers la religion. Peu après, il entame la rédaction du *Génie du christianisme*. Commencé à Londres, l'ouvrage est poursuivi à Paris où Chateaubriand est rentré clandestinement, comme beaucoup d'autres, en mars 1800. Il y retrouve son ami Fontanes et s'installe chez Joubert. Mathieu Molé complète bientôt ce groupe. C'est par Fontanes que Chateaubriand entre à la rédaction du *Mercure*. Peu après il publie *Atala*, roman séparé du *Génie du christianisme* auquel il continue de travailler jusqu'en 1802. Les négociations en vue du Concordat l'ont persuadé, depuis l'automne de 1800, de l'importance des phénomènes religieux dans la société. Il attend du reste la publication du Concordat pour éditer son ouvrage. « Ce fut au milieu des débris de nos temples que je publiai le *Génie du christianisme* », raconte avec grandiloquence Chateaubriand dans ses *Mémoires*. L'ouvrage rencontre un très grand succès qui ne peut que réjouir le régime en place ; il légitime en effet le rétablissement des autels par le Consulat. Le *Génie* devient une arme contre les détracteurs du Concordat qui s'opposent à sa publication par fidélité à l'esprit des Lumières. Il participe de la vague contre-révolutionnaire que le régime laisse monter pour mieux contrecarrer les velléités des héritiers de 1789. L'appui recherché des royalistes qui se traduit, dans le cas de Chateaubriand, par une nomination d'attaché d'ambassade à Rome, suppose sinon une adhésion franche, au moins une réelle neutralité de leur part.

Les royalistes irréductibles refusent cette neutralité, même s'ils ont cru un moment pouvoir utiliser Bonaparte pour restaurer la monarchie. C'est dans ce sens qu'il faut interpréter les contacts entre le Premier consul et les représentants du parti royaliste en France, comme l'échange de correspondance entre lui-même et le prétendant au trône. Au moment où Bonaparte engage des négociations avec les chefs de la chouannerie, il accepte également de recevoir deux des chefs du parti royaliste, à savoir Hyde de Neuville, chef de l'agence royaliste à Paris, et Louis d'Andigné, un des principaux généraux chouans mandatés par ses pairs pour cette négociation. Ces derniers ont alors reçu l'ordre depuis Londres de ne rien tenter contre le pouvoir issu du 18-Brumaire. Hyde de Neuville et d'Andigné ont tous les deux raconté l'entrevue dans leurs *Mémoires*. Hyde de Neuville voit une première fois Bonaparte, seul : « La porte s'ouvrit. Instinctivement je regardai celui qui entrait, petit, maigre, les cheveux collés sur les tempes, la démarche hésitante ; l'homme qui m'apparut n'était en rien celui que mon imagination me représentait [7]. » D'un regard, Bonaparte transforme le premier sentiment de son visiteur : « L'homme avait grandi pour moi tout à coup de cent coudées. » Le lendemain, l'entrevue associe le général d'Andigné et se déroule en présence de Talleyrand. Après avoir réglé le sort des officiers émigrés, ils en viennent à la question de la restauration, Hyde de Neuville rapportant le refus de Bonaparte : « Il protesta de nouveau qu'il ne rétablirait point les Bourbons, et il nous répéta plusieurs fois que si les royalistes ne venaient pas à lui, ils seraient exterminés [8]. » L'échange de vues s'achève donc sur un résultat négatif, d'Andigné refusant de se satisfaire de la seule parole de Bonaparte. La lettre qu'il lui adresse quelques jours plus tard en faveur de la restauration ne trouve pas davantage d'écho. Les royalistes qui refusent de se rallier sont ainsi contraints de trouver d'autres moyens d'action.

Hyde de Neuville continue alors d'animer l'agence royaliste de Paris dont les premières mesures sont essentiellement symboliques. Le 21 janvier 1800, par exemple, il affiche le testament de Louis XVI sur la porte de l'église de la Madeleine, tendue clandestinement de noir par le chevalier de Toustain, à l'occasion de l'anniversaire de la mort de Louis XVI. Surtout, grâce au réseau qu'il a constitué à Paris, mais aussi à travers la France, il peut correspondre avec les chefs chouans encore en rébellion, comme avec le comité de Londres. Les royalistes comptent alors beaucoup sur l'insurrection de l'Ouest et pensent que la présence du comte d'Artois la renforcerait, comme l'écrit Hyde de Neuville : « Au premier rang des moyens d'action se plaçait à mes yeux l'indispensable présence de Monsieur en Vendée, comme base de toutes nos tentatives. C'était pour moi et mes amis une idée fixe [9]. » L'abstention du futur Charles X qui se garde bien de venir en France, ajoutée à la pacification vendéenne, ruine les espoirs des royalistes de l'intérieur, même si des poches de résistance se développent en Normandie derrière Frotté, dans le Morbihan avec Cadoudal et dans le Maine derrière Bourmont. Ces trois chefs résistent quelque temps, inquiétant Bonaparte qui réclame à plusieurs reprises que des mesures énergiques soient prises contre eux. Finalement, Cadoudal et Bourmont se rendent, tandis que Frotté est fusillé après avoir déposé les armes. Mais, jusqu'à la victoire de Marengo, l'espoir demeure dans les rangs royalistes d'un possible sursaut militaire que viendrait appuyer une descente anglaise : « Je pouvais réunir douze cents hommes en vingt-quatre heures, écrit le général d'Andigné, le reste de mon monde en quatre jours [10]. »

L'action militaire n'a donc pas cessé pendant l'échange de lettres entre Bonaparte et Louis XVIII en 1800. Le comte de Provence, frère de Louis XVI, se considérait comme le souverain légitime de la France depuis la mort de Louis XVII, l'enfant du Temple. Vivant à Varsovie, au palais Lazienski, il pensait que Bonaparte pourrait jouer le rôle qu'avait rempli Monk, à l'époque de la révolution anglaise, en rétablissant le roi Charles II sur le trône, après l'épisode de Cromwell. La nomination comme troisième consul de Lebrun, dont les liens avec la monarchie étaient connus, incitait à l'optimisme. Louis XVIII s'adressa du reste parallèlement à Lebrun et à Bonaparte. Dans une lettre du 20 février 1800, il invitait le premier à « sauver la France de ses propres passions » et à lui « rendre son roi ». En Bonaparte, il saluait « le conquérant de l'Italie et de l'Égypte », lui demandant de mettre sa gloire au service de la royauté. Prudent, le Premier consul attendit son retour victorieux de la campagne d'Italie pour répondre à Louis XVIII, en des termes dénués de toute ambiguïté : « Vous ne devez pas souhaiter votre retour en France, il vous faudrait marcher sur cent mille cadavres », allusion à peine voilée au manifeste de Brunswick qui, en 1792, avait provoqué la réaction parisienne conduisant à la journée du 10 août et à la chute de la royauté. Pour Bonaparte, les Français ne veulent pas du retour de la monarchie, du moins telle que Louis XVIII la conçoit.

Pourtant, ce dernier croit en une prochaine restauration. Trois jours après sa lettre à Bonaparte, il signe les lettres patentes instituant officiellement le Conseil royal de Paris, déjà en activité depuis un an, sous l'égide de Royer-Collard. Ce conseil « serait autorisé à se convertir [...] en conseil de gouvernement » si les événements s'accéléraient. Dans l'immédiat, son rôle essentiel reste d'adresser des rapports au roi sur la situation française. À la différence de l'agence anglaise d'Hyde de Neuville, il n'organise ni complot ni action armée, mais se contente de faire connaître à Louis XVIII la situation du pays. Ainsi, le 27 février 1800, Royer-Collard lui adresse un rapport qui ne pouvait que le conforter dans ses projets de retour en France : « Le malaise général augmente chaque jour », pouvait-on y lire. Néanmoins, la répression contre le mouvement royaliste, qui touche en particulier l'agence anglaise, contraint le Conseil royal à la prudence. Il se dissout officiellement le 25 mai 1800, mais dans la pratique, il se met en sommeil, poursuivant l'envoi de rapports à Louis XVIII jusqu'en décembre 1803. La victoire de Marengo ébranle donc fortement les espoirs de restauration monarchiste. L'agence anglaise a été démantelée en mai et les papiers d'Hyde de Neuville saisis chez l'abbé Godart, permettant l'arrestation de plusieurs de ses comparses. Les chefs du parti royaliste sont particulièrement surveillés. Ainsi, le général d'Andigné, suspect de comploter encore contre le gouvernement, est interpellé dans son château de La Blanchaye, le 5 décembre 1800. Transféré le 22 décembre d'Angers à Paris, il est enfermé au Temple. C'est là qu'il prend connaissance de l'attentat perpétré contre Bonaparte, le 3 nivôse.

L'attentat est alors devenu le seul moyen d'abattre Bonaparte. Mais, pas plus que les jacobins, les royalistes ne sont unanimes à souhaiter ce recours au tyrannicide. À cette date, ils n'ont du reste aucune assurance que leur geste servira la restauration. L'attentat royaliste de la rue Saint-Nicaise est donc avant tout une manifestation contre-révolutionnaire, qui prend pour cible le chef de l'exécutif, en ce qu'il incarne la Révolution. Aux yeux des royalistes irréductibles, elle ne s'est pas close au 18-Brumaire. De ce point de vue, l'attentat doit être replacé dans une série d'actes contre-révolutionnaires qui marquent les derniers jours de l'année 1800 et qui, s'ils ne répondent pas nécessairement à un plan parfaitement orchestré, n'en sont pas moins révélateurs d'une opposition persistante aux symboles de la Révolution. Le 25 septembre 1800, le sénateur Clément de Ris est enlevé en Touraine, par une bande de brigands composée d'anciens chouans. L'affaire paraît suffisamment sérieuse à Bonaparte pour que, deux jours seulement après les faits, il dépêche sur place son aide de camp, Savary, munis d'ordres particulièrement fermes : « Vous activerez les préfets, maires, commandants de gendarmerie et de force armée, et vous suivrez les traces des brigands jusqu'à ce que vous les ayez atteints [11]. » Bonaparte ne peut admettre que l'autorité de l'État soit ainsi bafouée en la personne de l'un de ses hauts représentants. Deux mois plus tard, le 19 novembre 1800, c'est un autre symbole de la Révolution qui est visé, en la personne d'Audrein, évêque constitutionnel du Finistère, mais aussi ancien membre de la Convention et régicide. Audrein est assassiné par une bande de chouans, alors même que le représentant du pape, Mgr Spina, vient d'entamer à Paris les négociations qui devaient conduire au Concordat. La crainte de concessions faites à l'Église constitutionnelle a sans doute contribué à armer le bras des assassins d'Audrein. Un de ses collègues de l'Église constitutionnelle, Le Coz, évêque d'Ille-et-Vilaine ne s'y trompe pas ; il voit dans cet assassinat, comme il l'écrit à Grégoire, une volonté de punir « la religieuse constance avec laquelle l'évêque de Quimper et ses semblables n'ont cessé de prêcher aux peuples l'obligation de se soumettre aux lois de leur patrie [12] ».

C'est aussi en novembre 1800 qu'arrivent à Paris deux chouans décidés à tuer Bonaparte, Limoélan et Saint-Régent. Fouché est tenu informé de leur venue et les fait filer, mais les deux hommes échappent à la surveillance de ses policiers et préparent l'attentat de la rue Saint-Nicaise, avec l'aide de comparses, parmi lesquels Carbon qui achète la charrette ayant servi à transporter le baril de poudre. L'attentat fut attribué à l'activité de Cadoudal et d'Hyde de Neuville. Ce dernier s'est défendu farouchement d'en être l'instigateur, sans qu'il soit nécessaire de mettre sa parole en doute. Toutefois, il est présent à Paris au même moment. Cadoudal lui a confié qu'il songeait alors à enlever Bonaparte. Quoi qu'il en soit, on ne peut qu'être frappé par la concordance de ces actes avec l'ouverture des négociations avec le Saint-Siège. Les milieux royalistes n'ont-ils pas craint qu'une réconciliation entre Paris et Rome ne sape à tout jamais les bases de la royauté ?

L'enquête menée par la police permet d'établir les responsabilités directes de l'attentat. Carbon et Saint-Régent sont arrêtés et exécutés peu après. Limoélan parvient à s'échapper et à se cacher, avant de quitter la France ; il se réfugie aux États-Unis où il entre dans les ordres. L'attentat est surtout l'occasion d'une vaste répression contre le parti royaliste dont plusieurs membres sont arrêtés et emprisonnés, à l'image de Simonnet qui rejoint d'Andigné dans la prison du Temple où l'ancien chef vendéen séjournait depuis décembre. Tous deux devaient ensuite connaître la même errance carcérale à travers la France. À la suite de cette répression, le mouvement royaliste se trouve décimé. Ses principaux chefs sont en prison ou en exil. Les attentats contre la personne de Bonaparte ont échoué. Certes, des actes de résistance sporadique sont encore notés, mais l'essentiel de l'opposition royaliste s'est transporté dans les salons, du moins jusqu'en 1803. Comme les jacobins ou les libéraux, les royalistes assistent impuissants à la montée du pouvoir personnel de Bonaparte.

6

Le renforcement du pouvoir personnel

La Constitution de l'an VIII avait concédé de larges prérogatives au Premier consul, mais elle avait aussi prévu des contre-pouvoirs. Or, au fil des ans, ceux-ci s'effacent pour laisser place à l'omnipotence de Bonaparte qui, pour mieux renforcer son hégémonie sur la France, en vient à interpréter la Constitution dans un sens favorable à ses intérêts avant de l'amender à deux reprises.

1. LES ROUAGES DU GOUVERNEMENT

Bonaparte s'est emparé des commandes de l'État dès le début du Consulat, mais on ne saurait dire qu'il exerce un pouvoir solitaire. Au contraire, il se plaît à s'entourer, il s'informe, écoute les avis de ses conseillers et de ses ministres, même s'il ne les suit pas toujours, puis décide en connaissance de cause. Depuis le 19 février 1800, c'est-à-dire deux mois à peine après la mise en place de la Constitution de l'an VIII, Bonaparte a déménagé aux Tuileries. Le palais des anciens rois de France qui avait accueilli les assemblées révolutionnaires redevient ainsi le centre de la vie politique. Bonaparte y a installé ses appartements et ses bureaux. Au lendemain de la campagne d'Italie, sa présence à Paris est quasi constante, à l'exception de quelques séjours en province. Cette omniprésence du Premier consul tranche avec les absences de l'Empereur qui, à partir de 1805, est très souvent en campagne. De juin 1800 jusqu'à la fin du Consulat, le contrôle de Bonaparte sur les affaires de l'État s'exerce directement.

À ses côtés, son principal confident et secrétaire intime fut tout d'abord Bourrienne qui avait été son condisciple au collège de Brienne, avant de le rejoindre pendant la première campagne d'Italie. Bourrienne avait ensuite suivi pas à pas l'ascension de son ami dont il était, dès l'Italie, devenu le secrétaire. Il s'installe du reste dans le bureau du Premier consul, prêt, à tout moment, à copier sous sa dictée une note ou une lettre. Cette association dure jusqu'à ce que Bonaparte décide d'éloigner Bourrienne, compromis, en 1802, dans un scandale financier. Envoyé comme diplomate en Allemagne, il est remplacé au cabinet du Premier consul par Claude-François Méneval qui avait exercé la fonction de secrétaire de Joseph Bonaparte et avait de ce fait été associé aux dernières négociations du Concordat, ainsi qu'à la signature des traités de paix de Lunéville et d'Amiens. Entré dans l'entourage de Bonaparte au printemps de 1802, il collabore quelque temps avec Bourrienne, avant de prendre seul en main le secrétariat du Premier consul. Méneval reste un homme de cabinet, dans l'ombre de Bonaparte, alors que Bourrienne, nommé dès 1800 conseiller d'État, était, comme le dit son successeur, « un personnage important ». « Il correspondait, ajoute Méneval, avec les ministres pour quelques détails de leurs services. » On le côtoyait aussi dans les salons où il était, au dire de Hortense de Beauharnais, « plus redoutable [...] que par sa place auprès du consul [1] ». Homme d'influence, éminence grise du régime naissant, Bourrienne joue un rôle incontestable dans la mise en place du Consulat, après avoir été une des pièces maîtresses du coup d'État du 18 brumaire.

Bonaparte n'a donc pas oublié ses compagnons d'armes des campagnes d'Italie ou d'Égypte, cependant, parce qu'il connaît leur fidélité, il préfère leur confier des postes stratégiques plutôt que de leur offrir des fonctions honorifiques. Plusieurs restent placés dans son entourage direct. Ainsi, Duroc et Lauriston, aides de camp de Bonaparte, se voient confier des missions délicates, à mi-chemin entre la police et la diplomatie, en même temps qu'ils secondent Bourrienne dans les tâches de secrétariat et procèdent à l'analyse et au classement des pétitions adressées au Premier consul. Le général Lannes est quant à lui placé à la tête de la garde consulaire, créée en 1800. Clarke dirige le cabinet topographique, situé aux Tuileries, à côté du bureau de Bonaparte, signe de l'importance qu'accorde le Premier consul à la géographie de l'Europe et au théâtre des batailles. Quant à Lavalette qui avait également fait partie de l'expédition d'Égypte, il quitte l'armée et se voit offrir un poste d'administrateur à la Caisse d'amortissement, avant d'être finalement nommé en novembre 1801 commissaire à l'administration des postes. À cette place, il est plus particulièrement chargé de réorganiser le « cabinet noir », auquel est confiée la surveillance du courrier. Un autre ancien d'Égypte, Jean-Marie Savary, alors aide de camp du général Desaix, s'attache à Bonaparte après la bataille de Marengo et devient commandant de la légion de gendarmerie d'élite. Il dirige en fait la police personnelle du Premier consul qui lui confie des missions délicates, et l'envoie par exemple enquêter en septembre 1800 sur l'enlèvement du sénateur Clément de Ris.

Ces hommes, issus du sérail militaire, remplissent aussi à l'occasion des missions diplomatiques. Lavalette a été envoyé à Berlin dès 1800, Lauriston part pour Londres au moment des négociations de paix, Duroc surtout remplit plusieurs missions dans les principales capitales européennes, notamment à Berlin, Vienne et Saint-Pétersbourg, Clarke devient en 1801 ministre plénipotentiaire auprès du roi d'Étrurie, Lannes occupe les mêmes fonctions au Portugal jusqu'en 1803. Aux yeux de Bonaparte, ces emplois sont beaucoup plus importants que ceux de parlementaires, même si certains de ses anciens compagnons en retirent quelque amertume. Ainsi, Lavalette, dépité d'être versé dans l'administration, rapporte dans ses *Mémoires* ce mot de Lannes parlant de Bonaparte : « Il veut, me dit-il, éloigner ses fidèles amis : nous verrons ce qu'il y gagnera [2]. » La carrière ultérieure de la plupart des compagnons de Bonaparte dément cette prédiction, mais il n'en demeure pas moins que, tout en les conservant dans son entourage, le Premier consul n'a pas souhaité les placer en pleine lumière, notamment pour ne pas donner crédit aux accusations de dictature militaire.

Bonaparte fit cependant une exception en nommant, dès novembre 1799, au ministère de la Guerre le général Berthier, l'un de ses plus fidèles amis. Né en 1753, ce fils de militaire était officier avant la Révolution et avait déjà une longue carrière derrière lui puisqu'il avait notamment participé à la guerre d'Indépendance américaine. Destitué en 1792 pour ses liens avec la monarchie, il n'est réintégré qu'en 1795 et envoyé à l'armée d'Italie où il rencontre le général Bonaparte. Les deux hommes ne devaient plus se quitter. Berthier participe à l'expédition d'Égypte, puis au coup d'État du 18 brumaire et Bonaparte le nomme, immédiatement après, ministre de la Guerre. Berthier conserve ce poste jusqu'en 1807, sauf pendant six mois, d'avril à octobre 1800, au cours desquels il est remplacé par Lazare Carnot pour pouvoir se consacrer à l'organisation de l'armée d'Italie. Plus qu'un ministre de la Guerre, Berthier est en réalité, comme le précise le baron Fain, le « chef d'état-major » de Bonaparte, c'est-à-dire qu'il est consulté à tout moment de la journée ou de la nuit sur des questions d'ordre militaire, mais aussi civil. Berthier représente une exception parmi les ministres. La plupart d'entre eux n'étaient pas des intimes de Bonaparte avant le 18-Brumaire, à l'exception des deux éphémères ministres de l'Intérieur, Laplace et, naturellement, Lucien Bonaparte.

Lucien, dont le rôle avait été décisif au soir du 18-Brumaire, est choisi pour remplacer Laplace au ministère de l'Intérieur. Plus que le frère de Bonaparte, le nouveau ministre est surtout un homme politique de poids qui, malgré son jeune âge, a participé activement aux tribulations politiques et aux complots qui ont marqué la fin du Directoire. Il connaît bien le milieu politique, ce qui s'avère décisif au moment de désigner les préfets, mais également le nombreux personnel administratif nécessaire au fonctionnement des nouvelles institutions. Toutefois, son règne est de courte durée, puisqu'il est à son tour remercié en octobre 1800. Il s'est, en effet, trop hâté de pousser le régime vers la monarchie, en inspirant la publication d'un ouvrage au fort retentissement, le *Parallèle entre César, Cromwell, Monk et Bonaparte*, paru anonymement au début du mois de novembre 1800, presque un an jour pour jour après le coup d'État. Très vite, il apparut que Lucien avait commandité l'ouvrage, même si celui-ci fut rédigé par Fontanes, un des membres de la coterie néo-monarchiste formée autour de lui. Lucien avait en outre signé son œuvre en faisant expédier un exemplaire de la brochure à tous les agents dépendant du ministère de l'Intérieur, ce que Fouché s'empresse de faire savoir à Bonaparte. Le but de l'ouvrage est clair ; il entend proposer le passage vers un régime héréditaire. Ayant fait l'éloge de Bonaparte, l'auteur s'écrie « Heureuse république, s'il était immortel ! Mais le sort d'un grand homme est sujet à plus de hasards que celui des hommes vulgaires. O nouvelles discordes ! O calamités renaissantes ! Si tout à coup Bonaparte manquait à la patrie, où sont ses héritiers [3] ? » L'auteur met donc en garde contre le retour à l'instabilité politique du temps du Directoire et propose en fait de rendre le Consulat héréditaire. Lucien songe alors qu'il pourrait être le successeur de Bonaparte. Il reprend certes des idées de son frère, mais celui-ci juge l'initiative trop brusquée et, sous la pression des milieux jacobins, il décide de l'éloigner provisoirement en lui confiant l'ambassade de Madrid. Si l'on en croit Roederer, Bonaparte aurait songé pour lui succéder, non à Lucien, mais à un autre de ses frères, Louis, son cadet de neuf ans, avec lequel il était particulièrement lié ; il avait été son aide de camp en Italie. Ce projet, soutenu par Joséphine, conduit au mariage de Louis Bonaparte et d'Hortense de Beauharnais en janvier 1802 ; il s'agit de consolider l'union des deux familles à la tête de l'État.

Ces projets, concrétisés en 1804, lorsque Louis est désigné nommément pour être, après Joseph, le successeur de Bonaparte, sont alors tenus secrets. Le Premier consul met même un soin prudent à éloigner momentanément les membres de sa famille, trop prompts selon lui à vouloir s'approcher du pouvoir. Si l'aîné, Joseph, demeure dans l'entourage du prince, Lucien est écarté, de même que Pauline, contrainte de suivre son mari, le général Leclerc dans son expédition à Saint-Domingue. Jérôme enfin, jugé trop enclin aux fêtes et aux honneurs, est envoyé parfaire sa formation militaire dans l'escadre de l'amiral Ganteaume, à la fin de l'année 1800. Bonaparte a placé et marié ses frères et sœurs, mais il ne souhaite pas s'encombrer de leur personne. Il entend construire seul son pouvoir personnel.

Il continue cependant de recevoir les conseils d'influents ministres, parmi lesquels dominent toujours les figures de Fouché et de Talleyrand, tour à tour rivaux et alliés. Le premier réorganise le ministère de la Police dont il avait la charge depuis la fin du Directoire. Fouché s'est entouré d'une équipe soudée où l'on retrouve notamment Maillocheau, ancien oratorien comme lui, Villiers du Terrage, Fauriel, proche du groupe des Idéologues et Lombard-Taradeau, ancien lieutenant général de la sénéchaussée de Draguignan et député aux États généraux, qui est nommé secrétaire général du ministère. Quant à Desmarets, ancien chanoine du chapitre de Tours, il est nommé chef de la division de la police secrète, après avoir commencé sa carrière de policier au cabinet de Fouché, et se révèle un redoutable auxiliaire du ministre. Cette équipe reste en place jusqu'en 1802. Elle procède, aux côtés de Fouché, à la réforme de la police. Fouché en épure le personnel et met en place les divisions du ministère. Il oblige également ses subordonnés à formuler par écrit leurs ordres. Le recrutement de près de trois cents « mouchards » et l'organisation d'une police secrète donnent à Fouché un pouvoir considérable dans la France du Consulat, d'autant qu'il a réussi à imposer la mise en place de commissaires généraux, installés dans les principales villes du pays et qui, tout en étant théoriquement placés sous l'autorité des préfets, dépendent en fait du seul ministre de la Police. Il en est de même des commissaires spéciaux envoyés dans certaines régions stratégiques, par exemple sur les côtes de la mer du Nord où Mengaud contrôle les mouvements de personnes en provenance d'Angleterre. En revanche, Fouché ne parvient pas à imposer son autorité au préfet de police de Paris, mis en place après la réforme de mars 1800. Placé sous ses ordres, le préfet de police Dubois s'émancipe largement de la tutelle de son ministre. Fouché qui avait défendu la création de cette fonction et approuvé le choix de Dubois pour ce poste s'aperçut vite que l'ancien procureur du Châtelet, ami du conseiller d'État Réal, n'était pas le personnage falot qu'il pensait. Bonaparte sut jouer, dans ce domaine comme en bien d'autres, de la rivalité entre les divers services de police pour empêcher la constitution d'un État dans l'État.

Le rôle de Talleyrand est également de tout premier plan en ces années 1800-1802 marquées par un effort de paix sans précédent. Installé rue du Bac, dans l'hôtel de Galliffet, le ministère des Relations extérieures est partagé en plusieurs divisions : la division du Nord, dirigée par Durant de Mareuil, est chargée des relations avec les pays germaniques, la République batave, la Russie, les pays scandinaves, les États-Unis, l'Autriche, la Prusse et l'Angleterre, tandis que la division du Midi, dirigée par Blanc d'Hauterive, s'occupe des relations avec l'Espagne, le Portugal, le royaume de Naples et les divers États italiens, la République helvétique et l'Empire ottoman. Cette répartition ajoutée à la réorganisation de la carrière diplomatique, en mars 1800, montre le souci du Consulat de rationaliser les échanges et les correspondances avec l'étranger. Talleyrand a compris l'intérêt de conserver les employés en place ; ils assurent la continuité de l'administration par-delà les régimes :

« La conservation des chefs de bureau, disait-il, compose le ministère et supplée à tout. » De fait, d'Hauterive, par exemple, ancien oratorien, entré dans la carrière diplomatique sous l'influence de Choiseul, appartenait déjà au ministère des Relations extérieures sous le Directoire. Mais l'influence de Talleyrand doit autant à son poids personnel qu'à son action à la tête de ce ministère. En effet, plusieurs négociations de paix lui échappent au moins en partie ; il en est ainsi de la conclusion de la paix de Lunéville ou de la paix d'Amiens. Bonaparte entend conserver la haute main sur la diplomatie et confie à son frère Joseph certaines négociations, qui font de lui une sorte de ministre *bis*. Cette mise à l'écart partielle de Talleyrand n'en révèle que mieux le rôle crucial qu'il joue dans les années du Consulat, notamment en ce qui concerne les choix de politique intérieure.

Les autres ministres sont plus effacés, ce qui n'enlève rien à leur efficacité. Le discret ministre de la Justice, Abrial, met sur pied la réforme du système judiciaire, sans hésiter à imposer son point de vue. Aux Finances, Gaudin poursuit l'œuvre de redressement budgétaire amorcée au lendemain du 18-Brumaire. Mais il se voit de plus en plus réduit à des fonctions essentiellement fiscales par la création d'une Direction du Trésor, d'abord confiée à Defresne et qui passe ensuite à Barbé-Marbois. Ce dernier, ancien diplomate, notamment auprès de la jeune démocratie américaine, puis intendant général de Saint-Domingue, avait bénéficié de ses liens de famille avec le vainqueur de Valmy, Kellermann, pour se faire élire au Conseil des Anciens. Exilé comme monarchiste au moment du coup d'État de Fructidor, il dut à son amitié avec Lebrun d'entrer au Conseil d'État au début du Consulat. Devenu directeur du Trésor en février 1801, il fut nommé ministre du Trésor en septembre de la même année. À la tête de ce nouveau ministère il gère en fait les finances de l'État, en particulier les fonds que Gaudin a fait entrer dans les caisses. Il est en relation constante avec la haute banque et les compagnies financières et se trouve donc en première ligne, en 1803, lors de la nouvelle définition du franc.

À l'Intérieur, Bonaparte a remplacé, en novembre 1800, l'impétueux Lucien par le prudent Chaptal, retiré au Conseil d'État. Administrateur efficace, il est vite débordé par sa tâche qui couvre, il est vrai, un domaine immense, comme il se plaît à le rappeler dans ses Mémoires : « Le département qui m'était confié ne comprenait pas seulement les administrations qui constituent aujourd'hui ce qu'on appelle le ministère de l'Intérieur ; il embrassait en outre l'instruction publique, les cultes, les droits réunis, le contentieux des douanes, les spectacles, les fabriques devenues impériales, les palais, la maison du Souverain, les musées, les travaux publics, etc. [4]. » Pour remédier à cette difficulté, le Premier consul crée des directions qui acquièrent en fait une totale autonomie à l'égard de leur ministère de tutelle pour ne dépendre que de lui seul. Il en est ainsi de la direction des Cultes, confiée en octobre 1801 à Portalis, avant qu'il devienne ministre en titre en 1804. Jusqu'à cette date, Portalis travaille de façon très artisanale, avec l'aide d'un secrétaire, tâche confiée à son neveu, l'abbé d'Astros, puis à Joseph Jauffret, d'origine provençale comme Portalis. C'est avec eux qu'il prépare les premières nominations épiscopales, la réorganisation des diocèses, puis s'occupe de la surveillance des cultes et du versement des traitements aux ecclésiastiques. C'est le gonflement de ce poste budgétaire qui conduit du reste à la transformation en ministère en 1804. Auparavant Bonaparte a confié à un autre conseiller d'État, Roederer, la direction générale de l'Instruction publique, à charge pour lui d'organiser ce secteur important de la vie publique. Il prépare notamment la grande loi sur les lycées, avant d'être remplacé en septembre 1802 par Fourcroy, chimiste de renom, directeur du Muséum d'histoire naturelle, également membre du Conseil d'État. À la différence du secteur des cultes, l'instruction publique n'accède pas au rang de ministère.

En revanche, au début de 1802, Bonaparte crée un nouveau portefeuille ministériel, l'Administration de la guerre, dissocié du ministère de la Guerre. Ce poste est confié à Dejean, officier du génie sous l'Ancien Régime, qui sert ensuite sous la Révolution, avant de devenir directeur des fortifications, puis conseiller d'État. Chargé par Bonaparte d'organiser en 1800 la République ligurienne, il est nommé ministre de l'Administration de la guerre en mars 1802, c'est-à-dire au moment même où la paix est signée avec l'Angleterre. Le nouveau ministre a donc la charge d'opérer la transition entre le temps de guerre et le temps de paix et d'organiser la gestion de cette masse militaire désormais confinée à des tâches de maintien de l'ordre. L'armée ne peut plus vivre sur les pays occupés ; il faut impérativement la ravitailler, la nourrir et la vêtir, principales fonctions dévolues au ministre Dejean. Son collègue de la Marine doit quant à lui reconstruire une flotte qui a été totalement négligée pendant la Révolution. Pour ce faire, Bonaparte se tourne vers un jeune officier de marine de quarante ans, ayant servi sous la Révolution, et qu'il avait connu au cours de l'expédition d'Égypte, le contre-amiral Denis Decrès. Il le nomme ministre de la Marine en octobre 1801 à la place de Forfait. Decrès reste à ce poste jusqu'à la fin de l'Empire, sans toutefois parvenir à bâtir une flotte capable de lutter contre les navires anglais. Mais en 1801 Bonaparte place encore ses espoirs dans la marine, jusqu'à envoyer son plus jeune frère Jérôme se former dans ce domaine.

L'équipe ministérielle qui entoure Bonaparte est donc réduite, mais elle s'étoffe au fil des ans, notamment lorsqu'un secteur s'affirme particulièrement important pour la vie du pays, les cultes par exemple. Pour chaque poste, le Premier consul privilégie des spécialistes. Il faut attendre l'Empire pour que des remaniements ministériels conduisent à des changements d'attributions. Pour l'heure, la sortie du ministère se traduit par l'entrée au Tribunat pour Lucien Bonaparte et Carnot, ou au Sénat pour Laplace. À l'inverse, le Conseil d'État s'affirme comme l'antichambre du ministère, ce qui s'explique assez bien dans la mesure où Bonaparte y a placé des spécialistes de la chose publique. Il y puise donc tout naturellement les ministres dont il a besoin. De fait, tous ceux qui sont nommés à partir de 1800 sont issus du Conseil d'État, à l'exception de Decrès.

Sur le plan du fonctionnement, ces ministres se réunissent autour des consuls au cours de conseils qui se déroulent habituellement le mercredi, tradition appelée à durer. Tour à tour les ministres exposent les problèmes de leur compétence et Bonaparte demande leurs avis aux autres participants concernés par l'affaire abordée, mais sans qu'il y ait de véritable débat. Le secrétaire d'État prend note des échanges soulevés entre ministres. Il confirme ainsi son rôle charnière dans l'organisation du gouvernement ; le secrétaire d'État, en l'espèce Maret, joue un rôle d'intermédiaire entre les ministres, mais aussi entre les ministres et Bonaparte, afin d'éviter en particulier tous les conflits de compétence. Hors des conseils des ministres, une bonne partie du travail s'opère dans des entrevues directes entre le Premier consul et les divers ministres. Bonaparte a aussi pris l'habitude de convoquer des conseils d'administration qui réunissent, en fonction des affaires à traiter, le ministre compétent, les chefs de bureaux et de divisions de son ministère et des conseillers d'État, autrement dit les principales parties intéressées à la fabrication de la loi et à sa mise en application. Cette division du travail contribue à faire de Bonaparte le seul maître d'œuvre de la politique conduite dans le pays, une politique dont il est le seul à connaître l'ampleur véritable et les diverses facettes.

2. LE DIFFICILE CONTRÔLE DES ASSEMBLÉES

Bonaparte avait perçu dès l'an VIII que les assemblées ne seraient pas aussi soumises qu'il aurait pu l'espérer. Mais, au début du Consulat, cette opposition latente lui est utile, dans la mesure où elle sert d'exutoire au fond d'antiparlementarisme existant dans le pays. Elle risque toutefois, à terme, de représenter une véritable menace pour le régime si elle parvient à s'organiser et à s'étoffer. Le Premier consul ne lui en laisse pas le temps.

Pendant la première année du Consulat, le Tribunat avait été l'assemblée la plus remuante, mais il n'avait repoussé au total que quatre projets de loi. Au cours de la session parlementaire suivante, qui s'ouvre le 10 décembre 1800, le Tribunat n'en rejette que trois. Parmi eux figure un projet sur la réforme des justices de paix qui est âprement disputé. Les tribuns lui reprochent de limiter les pouvoirs du juge de paix, élu par le corps électoral dans chaque canton, et de lui retirer notamment la police judiciaire. La crainte de l'arbitraire est le motif principal de cette fronde parlementaire. Les orateurs se succèdent à la tribune pour critiquer le texte proposé si bien que Bonaparte décide de le retirer, avant le vote définitif, pour ne pas courir le risque d'un échec. Il tente alors de convaincre plusieurs des opposants du bien-fondé de son projet, mais en vain. Ainsi, en quelques jours, le gouvernement se heurte à une opposition parlementaire relativement soudée, qui prépare les débats en se répartissant les rôles lors des séances, ce qui lui permet d'éviter l'impression de cacophonie qui avait prévalu lors de la session précédente. Dès ce moment-là, Bonaparte songe à une réforme des assemblées.

L'attentat de la rue Saint-Nicaise, le 24 décembre 1800, freine l'ardeur de ses opposants. Pour autant, Bonaparte se refuse à présenter devant les assemblées le projet de loi tendant à déporter les jacobins prétendument impliqués dans l'attentat. Il craint que le Tribunat ne repousse cette mesure arbitraire et préfère s'en remettre finalement au Sénat. Cependant, dès le mois de février, le Tribunat trouve une nouvelle occasion de se manifester à propos de la loi sur les tribunaux spéciaux. Pour lutter contre le brigandage endémique sur une partie du territoire, notamment dans le Sud, le gouvernement avait imaginé la création de tribunaux spéciaux, confiés à des magistrats professionnels, sans jury et sans recours possible devant le tribunal de cassation. L'objectif était de juger rapidement les brigands arrêtés et d'empêcher d'éventuelles pressions ou intimidations sur les populations locales appelées à former jusque-là les jurys. L'opposition trouve dans ce projet un motif particulier de critique. Même si le premier orateur, Duveyrier, naguère proche des Idéologues et désormais rallié à Bonaparte, justifia le projet, ses collègues furent plus virulents. Tour à tour, Benjamin Constant, Isnard, Chazal, Daunou, Chénier et Ginguené prirent la parole contre le texte, pour dénoncer son caractère inconstitutionnel et le retour à l'arbitraire qu'il symbolisait. Constant insista par exemple sur le risque de ne pas respecter la Constitution, fût-elle imparfaite, car ce serait ouvrir la porte à d'autres violations : « Si l'on se permet de violer un point de la Constitution sous prétexte de la tranquillité publique, je ne vois pas de raison pour laquelle, sous le même prétexte, l'on n'en violerait pas un autre, s'exclame-t-il, avant de formuler cette sentence : " Ne dévions jamais des principes. En suivant l'acte constitutionnel, nous ne sommes pas responsables des inconvénients qui peuvent y être attachés ; mais nous répondons des attributions et des mesures arbitraires que la Constitution n'avoue pas [5]". » Comme les libéraux de la Restauration, attachés à la défense de la Charte, ceux du Consulat défendent la Constitution qu'ils ont contribué à mettre en œuvre. Elle leur paraît le meilleur rempart légal face à la montée de la dictature.

Malgré la forte mobilisation de l'opposition, le projet sur les tribunaux spéciaux obtient la majorité des voix au Tribunat. Les pressions exercées par le pouvoir sur les hésitants, l'émoi suscité par l'attentat contre Bonaparte et la répression qui s'ensuivit ont sans nul doute contribué à ce résultat. L'opposition n'en espère pas moins un sursaut du Corps législatif, même si le projet y est présenté, conformément à la règle, par trois tribuns favorables à son adoption. Un noyau d'opposants vote contre, mais le projet est adopté avec plus de cent voix de majorité. Cette victoire parlementaire ne calme pourtant pas les craintes de Bonaparte, de plus en plus irrité par la persistance d'une forte opposition dans les assemblées, et notamment au Tribunat, ainsi qu'il l'exprime devant le Conseil d'État : « Ils sont douze ou quinze métaphysiciens bons à jeter à l'eau. C'est une vermine que j'ai sur mes habits. Il ne faut pas croire que je me laisserai attaquer comme Louis XVI. » Ce propos peu amène confirme le faible crédit que Bonaparte accorde aux droits des assemblées, accusées en l'espèce d'avoir provoqué la chute de la royauté. Il confirme par là même son souhait de gouverner seul.

L'opposition parlementaire ne doit toutefois pas être majorée. Avec le projet de loi sur les archives nationales, deux autres réformes seulement furent repoussées par le Tribunat au cours de la session de l'an IX, l'une portant sur la dette et les domaines nationaux, l'autre sur le tribunal de cassation. Pour le reste, huit projets sur une soixantaine présentée aux tribuns recueillirent plus d'un tiers d'opposants. Le Corps législatif suivit, dans l'ensemble, les indications fournies par le Tribunat, puisque, sur soixante-cinq projets de lois qui lui furent soumis, il en vota soixante et un, en repoussa deux, les projets sur les archives nationales et sur le tribunal de cassation, tandis que deux autres textes étaient retirés. Autrement dit, les cinq sixièmes des réformes proposées par le gouvernement ne rencontrèrent aucune hostilité ou presque et furent adoptées rapidement. C'est le signe que les adversaires de Bonaparte n'ont pas choisi d'user le gouvernement par une opposition systématique, réservant leurs flèches aux projets qui posaient des questions de principes et mettaient en cause les droits hérités de la Révolution française, notamment en matière de justice. L'opposition parlementaire entend donc être le défenseur des droits issus de 1789 en même temps que le gardien de la Constitution de l'an VIII.

Cette opposition est finalement stérile et sans grands moyens. Elle ne dispose pas de véritables relais dans le pays, se refusant même à faire publier les quelques discours de ses orateurs hostiles au régime. En outre, elle ne peut que critiquer ou repousser des projets de loi, mais rien n'empêche le gouvernement de les retirer avant le vote final, ce qu'il fait parfois, ou de proposer à nouveau, avec quelques amendements, un projet repoussé. De surcroît, la session parlementaire est courte, environ quatre mois, ce qui laisse les mains libres au Premier consul le reste du temps. De son côté, Bonaparte jouit d'un contexte favorable. La victoire de Moreau à

Hohenlinden face aux Autrichiens, le 3 décembre 1800, aurait pu lui faire craindre l'avènement d'un rival ; elle lui ouvre au contraire les portes de la paix de Lunéville, signée le 9 février 1801. Le Premier consul est le principal bénéficiaire de cette paix continentale qui consolide un peu plus son pouvoir dans le pays. Il en profite même pour faire avancer les discussions avec le pape en vue du Concordat. L'ultimatum adressé à Pie VII par l'intermédiaire de l'ambassadeur à Rome, Cacault, date d'avril. Bonaparte utilise ainsi les vacances parlementaires pour faire aboutir son projet de concordat, sachant fort bien l'opposition que suscite, au sein des assemblées, toute idée d'un accord avec le pape.

Cette opposition doit donc attendre, pour se manifester, l'ouverture de la session de l'an X, en novembre 1801. Entre-temps, Bonaparte a déjà commencé à préparer les esprits, tant au Conseil d'État devant lequel il justifie à plusieurs reprises sa politique religieuse, que devant l'opinion. La politique religieuse du Premier consul est un signe du peu de cas qu'il fait de l'avis des parlementaires. Pourtant le Corps législatif réagit. À l'ouverture de la session parlementaire, le 22 novembre 1801, il élit pour président Charles-François Dupuis, ancien avocat au Parlement de Paris, mathématicien et astronome, député à la Convention puis aux Cinq-Cents, mais surtout auteur d'un ouvrage sur *L'Origine des cultes* dans lequel il avait manifesté sa répulsion à l'égard de la religion catholique. Le Corps législatif, à qui tout débat politique était interdit, manifeste ainsi clairement son hostilité au Concordat signé quatre mois plus tôt. Quelques jours après, lorsqu'il doit désigner un candidat pour un fauteuil de sénateur, il porte son choix sur Grégoire, considéré comme le chef de l'Église constitutionnelle et dont l'opposition à toute idée de concordat était connue. Le Sénat approuve ce choix et coopte Grégoire dans ses rangs, à une courte majorité il est vrai. Bonaparte s'était pourtant bien gardé de proposer d'emblée aux assemblées le projet de concordat. Il préféra leur soumettre en premier lieu les cinq traités de paix qui avaient été signés pendant les vacances, avec le royaume des Deux-Siciles, les États-Unis, la Bavière, le Portugal et la Russie. En principe, ces traités n'auraient pas dû donner lieu à de longues discussions. Les premiers furent en effet ratifiés rapidement, mais le Tribunat s'avisa que le traité de paix avec la Russie évoquait les « sujets » des deux États, ce qui apparut comme un retour aux mœurs d'Ancien Régime. Chénier manifeste alors une vive opposition, s'écriant que « ce mot devait rester enseveli sous les ruines de la Bastille ». Certes, le projet passe, après un débat houleux, mais ce débat donne le ton en rappelant l'existence d'une certaine opposition au sein des assemblées. La discussion suivante allait le confirmer.

L'idée de rédiger un code civil, rassemblant l'ensemble des dispositions réglant la vie en société, remontait au début de la Révolution. Mais, en dépit de plusieurs projets notamment rédigés par

Cambacérès, la question n'avait jamais abouti, jusqu'à ce que Bonaparte en reprenne l'idée au lendemain de la victoire de Marengo. Une commission de juristes est alors réunie. Composée de juristes du sud de la France, le Bordelais Malleville et le Provençal Portalis, et de la partie septentrionale du pays, le Parisien Tronchet et le Breton Bigot de Préameneu, la commission prépara une première esquisse, bientôt soumise au Tribunal de Cassation, avant d'être confiée au Conseil d'État pour être mise en forme. Bonaparte avait participé activement aux débats du Conseil d'État et souhaitait une adoption rapide du projet par les assemblées. Il fut donc décidé de le présenter par morceau. Fort logiquement, le premier élément soumis aux députés fut le titre 1 consacré à une présentation générale de l'esprit du Code civil. Parvenu au Tribunat, ce projet est très mal reçu, notamment par l'Idéologue Andrieux qui critique ce préambule dont il trouve la forme incohérente. Chazal qui le suit à la tribune émet quant à lui des critiques plus vives où perce le regret de voir abandonner une partie du droit révolutionnaire au profit de lois d'Ancien Régime, reproche repris par Mailla-Garat, l'ancien amant de Mme de Condorcet, qui s'exclame : « On substitue à la simplicité des lois de la République la confusion des jurisprudences monarchiques, à l'uniformité des rapports la diversité des garanties, à l'égalité des lois les préférences de l'arbitraire et au règne de la justice l'autorisation de tous les abus. » Au-delà du projet de code civil est ainsi visé l'ensemble de la politique du Consulat. Cette fronde représente un échec pour le gouvernement, d'autant plus que treize tribuns seulement votent en faveur du projet contre soixante-cinq qui le récusent. Les arguments du Tribunat, exposés devant le Corps législatif par Andrieux, y font mouche et le projet est repoussé, de justesse, avec trois voix de majorité. L'échec du gouvernement se confirme. Il n'en fait pas moins poursuivre l'examen des articles suivants du Code civil. Après le préambule, la première partie du « Livre des Personnes » est à son tour critiquée par le Tribunat qui la repousse par trente voix de majorité. L'opposition est moins virulente sur la seconde partie, consacrée aux actes d'état civil, mais Benjamin Constant en profite néanmoins pour regretter que les assemblées soient obligées de repousser en bloc un projet, même si elles en approuvent certaines dispositions. Ce plaidoyer en faveur des libertés parlementaires, et en particulier du droit d'amendement, ne pouvait satisfaire le Premier consul qui, bien que le Tribunat ait voté en faveur de ce texte, décida d'interrompre la discussion du Code civil et de mettre les assemblées à la diète des lois. La session parlementaire n'est pas suspendue, mais tribuns et législateurs se trouvent privés de travail. Bonaparte saisit cette occasion pour se débarrasser définitivement de l'opposition parlementaire.

3. L'épuration et la réforme des assemblées

Irrité par l'opposition persistante des assemblées, Bonaparte songea un moment à les dissoudre purement et simplement. Cambacérès lui fit admettre le principe d'une épuration que rendait possible le renouvellement annuel d'un cinquième des députés, prévu par la Constitution de l'an VIII. La date du premier renouvellement avait été fixée à l'an X, sans que les modalités d'organisation aient été précisées. Dans un cas similaire, à l'époque du Directoire, on avait eu recours à un tirage au sort pour désigner les sortants. Bonaparte préfère user d'un autre moyen, plus radical, pour se débarrasser du noyau d'opposants que comprenaient les deux assemblées et notamment le Tribunat. On peut s'étonner de cette volonté d'épuration qui tranche avec le mépris affiché de Bonaparte à l'égard des assemblées. Elle prouve que le Premier consul redoute la persistance d'une opposition organisée. Certes, elle ne représente qu'un noyau minoritaire, mais son influence peut dépasser ce cadre, comme l'ont montré plusieurs votes négatifs du Tribunat et du Corps législatif. On a trop négligé cette opposition, sous prétexte qu'elle avait été inefficace. Il ne faut pas lire cette histoire à la lumière de l'Empire. En 1800-1801, rien n'est joué. Bonaparte le sait. Le gouvernement n'est pas parvenu à organiser une majorité stable et forte, capable d'annihiler les efforts de l'opposition, malgré certaines tentatives pour rassembler les tribuns qui lui étaient dévoués, notamment Jard-Panvillers, Chabaud-Latour, Savoye-Rollin, Siméon, Girardin et Fleurieu. Bonaparte paie en la circonstance son dédain pour les assemblées, qui l'a conduit à en négliger la composition tandis qu'il peuplait le Conseil d'État de ses fidèles.

Pour épurer le Tribunat et le Corps législatif, Bonaparte a besoin du Sénat, puisque la Constitution de l'an VIII lui avait confié le soin de désigner les députés de ces deux assemblées. Depuis deux ans, le Sénat avait certes émis quelques gestes d'humeur, notamment en cooptant en son sein des hommes peu agréables à Bonaparte, par exemple Lanjuinais en 1800 ou Grégoire en 1801. Il avait aussi su se plier au bon vouloir du Premier consul. Ainsi, quand Bonaparte eut besoin, au début de 1801, de faire approuver la loi de proscription visant les jacobins accusés à tort d'être impliqués dans l'attentat de la rue Saint-Nicaise, le Sénat accepta de s'en charger. Craignant que l'acte de proscription soit repoussé par le Tribunat, le gouvernement qui ne voulait pas prendre seul l'initiative d'un geste arbitraire demanda au Sénat de l'examiner pour savoir s'il était conforme à la Constitution. Malgré des réserves émises par un noyau de sénateurs opposants à Bonaparte, parmi lesquels Lanjuinais, Volney, Garat ou Cabanis, le Sénat déclara l'acte de proscription conforme à la Constitution, par un sénatus-consulte adopté en janvier 1801. Par ce vote, le Sénat voyait son champ d'action s'étendre. Il s'insinuait dans la procédure législative et montrait aussi sa relative docilité à l'égard de Bonaparte.

Il plie de nouveau devant la volonté du Premier consul qui, le 2 janvier 1802, en recevant les sénateurs aux Tuileries, leur enjoint de ne pas élire en leur sein Daunou, un des chefs de file de l'opposition, que le Tribunat et le Corps législatif avaient désigné en tête : « Je vous préviens, leur dit-il, que je regarderai la nomination de Daunou comme une insulte personnelle. Vous savez que je n'en ai jamais souffert aucune. » Le Sénat entend l'avertissement et choisit le général Fabre de Lamartillière plutôt que Daunou, manifestant que le gouvernement peut désormais compter sur lui. Le 7 janvier 1802, Bonaparte demande au Sénat de procéder au renouvellement d'un cinquième des assemblées. Parti pour Lyon où il dirige la réorganisation de la République italienne, il confie au deuxième consul, Cambacérès, le soin de piloter l'opération, tout en continuant de formuler par lettres ses conseils et ses directives. Il désigne ainsi nommément les hommes qu'il entend voir disparaître des assemblées, au premier rang desquels Daunou. « Le système n'a pas de plus grand ennemi que Daunou », écrit-il à Cambacérès.

Cette idée d'épuration ne fut cependant pas admise sans résistance au Sénat. En effet, ce dernier avait désigné l'ensemble des députés deux ans plus tôt, sous la direction de Sieyès qui y comptait encore de nombreux amis. De fait, lorsqu'il fut proposé de procéder à une nouvelle élection de quatre cinquièmes des sortants, ce qui revenait à éliminer le cinquième restant, des voix s'élevèrent pour réclamer un tirage au sort. Une quinzaine de sénateurs, la plupart membres du groupe des Idéologues, soit le quart de l'assemblée, prirent la parole dans ce sens. Ils ne furent pas suivis et le Sénat procéda comme il l'avait prévu, examinant tour à tour, selon l'ordre alphabétique, le cas des cent tribuns et des trois cents législateurs. Du Tribunat furent éliminés vingt députés, des membres du groupe des Idéologues comme Daunou, Ginguené, Mailla-Garat, Parent-Réal, Thiessé ou Isnard, des proches de Sieyès, comme Bailleul, Ganilh, Thiébault ou Courtois, et des députés qui s'étaient manifestés par leur opposition au régime, tels Desrenaudes, ancien collaborateur de Talleyrand, Chazal et surtout Chénier et Constant. Au Corps législatif où l'opposition était moins nettement identifiable, en l'absence de débat public, l'épuration touche essentiellement des proches de Sieyès ou d'anciens conventionnels, jugés trop attachés au souvenir de la Révolution.

Restait au Sénat à remplacer les quatre-vingts députés éliminés. À la différence de l'an VIII, il disposait désormais de la liste de notabilités nationale, composée à partir des listes départementales, en vertu de la Constitution de l'an VIII. Il choisit donc sur cette liste, conformément à la Constitution, les vingt nouveaux tribuns et les soixante députés du Corps législatif. Le scrutin se déroule au mois de février 1802, le Sénat élisant d'abord les tribuns, puis les législateurs, s'attachant dans ce dernier cas à une juste représentation de tous les départements. Ces nouveaux députés tranchent par rapport à ceux de l'an VIII. Ils n'ont pour la plupart pas d'expérience parlementaire, puisque 20 % seulement ont appartenu à une assemblée révolutionnaire. Leurs origines sociales sont diverses, même si dominent les juristes et les représentants de l'État, parmi lesquels une dizaine de préfets, auxquels il faut ajouter aussi plusieurs officiers. Le Sénat a privilégié des connaisseurs de la chose publique. Il a aussi suivi les recommandations de Bonaparte, comme le lui confirme Cambacérès, le 28 janvier : « Le Sénat a nommé ce matin le général Ballemont, membre du Corps législatif. C'est à l'intérêt que vous avez témoigné à ce militaire que cette nomination est due. » Et le deuxième consul ajoute : « Les élections ont continué : les choix nous paraissent bons et la très grande majorité des sénateurs animés du meilleur esprit [6]. » Toutefois, les figures connues sont rares parmi les nouveaux élus, si l'on excepte Lucien Bonaparte, Daru et Carnot nommés au Tribunat.

Le gouvernement ne se contente toutefois pas de cette épuration. Il impose aussi une réforme du Tribunat, décidément devenu la bête noire du Premier consul. Le 1er mars 1802, son règlement est modifié. Pour atténuer l'impact des discussions en séance plénière, il se divise en trois sections permanentes, législation, intérieur et finances, chargées chacune, selon ses compétences, d'examiner les projets qui lui seront soumis. Bonaparte complète ce dispositif en autorisant des conférences entre tribuns et conseillers d'État, sous la présidence d'un consul, afin de discuter préalablement des projets de loi. Cette concession offre aux tribuns la possibilité d'amender les projets, en en faisant au moins disparaître les défauts les plus criants. Le principal résultat de la réforme du Tribunat revient à mettre quasiment un terme à la publicité des débats. Les discussions ont désormais lieu dans les sections, à huis clos, le public n'entendant en séance que les rapports conclusifs de ces sections. Le débat s'en trouve fortement altéré, comme le constate un témoin anglais, profitant de la paix d'Amiens pour visiter la France et qui décrit ainsi une séance du Tribunat : « J'ai depuis assisté à ce que l'on appelle ici un débat. Mais ce terme n'a pas le même sens qu'en Angleterre. Ici, cela consiste en la lecture d'un discours par chacun des membres sur un sujet quelconque, pour la plus grande distraction et l'amusement des autres. Naguère encore, après ces lectures, avait lieu une délibération d'environ un quart d'heure : mais on s'aperçut que c'était du temps perdu et maintenant, depuis l'épuration du Tribunat, tout est voté à l'unanimité. En fait, ils ont pris l'habitude de penser tous de la même façon. Le frère Lucien a été placé expressément à la tête de cette assemblée pour la maintenir dans l'obéissance [7]. » Le Tribunat a cessé d'être un lieu d'opposition à Bonaparte, même s'il émet encore à l'occasion quelque vote négatif.

Cette reprise en main des assemblées opérée, Bonaparte peut

mettre fin à près de trois mois de disette législative. Une session extraordinaire est organisée, du 4 avril au 15 mai 1802, pour permettre l'examen des projets de loi en suspens. Le Code civil n'est pas immédiatement représenté aux assemblées, mais le premier texte qui leur est soumis n'en forme pas moins un test important puisqu'il s'agit du Concordat signé avec le pape auquel Bonaparte a adjoint, pour le rendre plus acceptable par les parlementaires, des Articles organiques qui réglementent la vie de l'Église catholique, mais aussi des cultes protestants. Le Premier consul connaît l'hostilité des députés à l'égard du Concordat, mais il les met en garde contre toute manifestation d'opposition. Les recevant, le jour de l'ouverture de la session extraordinaire, alors qu'ils sont venus le féliciter de la conclusion de la paix d'Amiens avec l'Angleterre, il leur déclare : « J'espère que dans votre vote, vous serez unanimes », ajoutant : « La France verra avec une vraie joie que ses législateurs ont voté la paix des consciences, la paix des familles, cent fois plus importante pour le bonheur du peuple que celle à l'occasion de laquelle vous me félicitez [8]. » Bonaparte confie ensuite au conseiller d'État Portalis, directeur des Cultes depuis octobre 1801, le soin de présenter le projet devant le Corps législatif. Homme des Lumières et franc-maçon, mais resté attaché au catholicisme, Portalis définit devant les députés les fondements du régime concordataire et plaide pour une tolérance religieuse nécessaire au maintien de l'ordre social. Protéger la religion est un devoir pour l'État qui s'assure ainsi que le catholicisme ne servira pas d'arme aux adversaires du régime : « La religion catholique est celle de la très grande majorité des Français, explique Portalis. Abandonner un ressort aussi puissant, c'était avertir le premier ambitieux ou le premier brouillon qui voudrait de nouveau agiter la France, de s'en emparer et de la diriger contre sa patrie. » Le Concordat est donc justifié au nom de la stabilité politique. Malgré cet avertissement net, il se trouve encore une petite fraction de députés pour s'opposer au texte de loi. Le Tribunat assagi vote le texte à une large majorité, confiant à Lucien Bonaparte et au protestant Jaucourt le soin de présenter ses conclusions devant le Corps législatif. Dans cette assemblée, plus des deux tiers des représentants votent positivement, tandis que vingt et un députés se prononcent contre, mais cinquante s'abstiennent, affirmant ainsi leur regret de voir le catholicisme romain redevenir la religion dominante en France. La ratification par les assemblées du Concordat, œuvre personnelle de Bonaparte à laquelle le Conseil d'État n'avait pas été associé, marque l'emprise qu'a désormais le Premier consul sur le pays. Ce résultat confirme, au lendemain de l'épuration parlementaire, le renforcement du pouvoir personnel.

Bonaparte sait maintenant que, même si une petite opposition persiste au sein des assemblées, elle ne présente aucun risque pour lui. La fin de la session est en effet marquée par quelques manifestations négatives chez certains députés. Ainsi, ils sont soixante-trois à s'opposer, au Corps législatif, au rétablissement de l'esclavage dans les colonies. Le vote de la loi du 20 mai 1802 revient donc sur la décision de la Convention d'abolir l'esclavage en 1794. En fait, cette mesure avait surtout concerné les Antilles. Dès 1800, en effet, le gouvernement avait précisé que l'esclavage restait en vigueur dans les îles de l'océan Indien. Mais, depuis les débuts du Consulat, le *lobby* colonial poussait à la suppression de cette mesure d'abolition dans les Antilles. Le contexte de 1802 favorise la loi du 20 mai. L'élimination des Idéologues des assemblées a fait perdre au parti antiesclavagiste certains de ses ténors. Ceux qui ont encore une place dans les allées du pouvoir ne sont guère écoutés, à l'instar de Volney, membre avant la Révolution de la Société des Amis des Noirs, comme l'abbé Grégoire, récemment devenu sénateur. L'amiral Truguet, ancien ministre du Directoire et membre du Conseil d'État, est également impuissant à faire prévaloir ses vues. Le contexte international ne doit pas non plus être négligé. La loi sur l'abolition de l'esclavage est votée deux mois à peine après la signature de la paix d'Amiens qui rouvre à la France la route des Antilles et lui rend notamment la souveraineté sur la Martinique et ses dépendances. Or, l'esclavage avait été conservé dans ces îles pendant l'occupation anglaise, ce qui avait incité Bonaparte à prévoir une distinction entre ces îles, d'une part, où l'esclavage serait rétabli et, d'autre part, la Guadeloupe, la Guyane et Saint-Domingue où l'abolition serait maintenue. Finalement, après une intervention du Sénat, la loi rétablissant l'esclavage fut destinée à l'ensemble des colonies. Le 16 juillet 1802, l'esclavage est rétabli en Guadeloupe, à la suite de l'intervention sur place des troupes commandées par le général Richepanse, arrivé dans l'île au début de mai 1802, pour mater la rébellion. Cette décision ravive les tensions dans l'île voisine de Saint-Domingue, où l'expédition conduite par le général Leclerc, arrivée en février 1802 pour mettre fin au pouvoir de Toussaint-Louverture, se heurte à une résistance renforcée. Ainsi, le musellement de l'opposition en 1802 et l'orientation autoritaire du régime se traduisirent par la négation d'un des principes émis en 1789 et précisé en 1794, c'est-à-dire le principe d'égalité.

Dans un autre domaine, l'affaiblissement de l'opposition permit l'adoption d'un projet également contesté, parce que attentatoire au principe d'égalité. Il se trouve en effet cent dix-neuf députés du Corps législatif pour voter, en mai 1802, contre le projet portant création de la Légion d'honneur qui ne passe donc qu'avec une courte majorité, cent soixante-six députés votant pour. Au Tribunat également, le projet sur la Légion d'honneur était passé de justesse, avec cinquante-six voix contre trente-huit. Dans ce dernier cas, l'opposition provient souvent de députés proches du gouvernement, à l'image de Savoye-Rollin. Ces députés refusent la mise en cause du principe d'égalité sur lequel s'est précisément fondé le bonapartisme. Alors que jusqu'à l'épuration l'opposition était libérale, protestant contre tous les projets attentatoires à la liberté individuelle et porteurs d'arbitraire, en revanche, l'opposition à l'établissement de la Légion d'honneur est d'essence démocratique. Elle refuse le retour de ce qui apparaît comme un privilège et manifeste une certaine réticence à l'égard d'un pouvoir qui prend des allures monarchiques, en abandonnant ses racines révolutionnaires. Au même moment, le 26 avril 1802, Bonaparte fait voter par le Sénat un sénatus-consulte qui prononce une amnistie en faveur des émigrés et les autorise à rentrer en France, en leur accordant même de pouvoir recouvrer ceux de leurs biens qui n'ont pas été vendus. Cependant, les réserves émises par les nostalgiques des principes révolutionnaires ne menacent pas directement un pouvoir qui, au contraire, se consolide en se pérennisant.

7

Le consulat à vie

Le printemps de l'année 1802 est une période faste pour Bonaparte. Il est venu à bout de l'opposition parlementaire, mais il peut surtout s'enorgueillir des résultats de sa politique économique et de ses succès diplomatiques. En matière économique, le Consulat a dû faire face en 1801 à une grave crise frumentaire qui a provoqué la hausse du prix du pain, aggravant la disette dans de nombreuses régions. Pour lutter contre cette crise économique dont les conséquences se firent vite sentir sur le commerce et les manufactures, Bonaparte s'employa à favoriser l'approvisionnement en blé des grandes villes afin d'éviter les émeutes et fit en sorte que les entreprises en difficulté puissent emprunter à des taux satisfaisants. Ces mesures contribuèrent à rassurer le pays. Au printemps de 1802, la crise économique est en passe d'être jugulée. Le pouvoir est aussi parvenu, sur le plan financier, à l'équilibre budgétaire. Mais les yeux sont surtout tournés alors vers les mers où le canon s'est tu.

1. LA STABILISATION DU RÉGIME

Après dix ans de conflits quasiment ininterrompus, la paix a été signée avec l'Angleterre à Amiens, le 25 mars 1802. La paix d'Amiens paraît répondre aux promesses formulées par Bonaparte au soir de son avènement. Rien ne laisse alors présager les guerres à venir. La paix rassure le pays ; elle flatte aussi l'orgueil national dans la mesure où elle s'effectue sans que la France abandonne une seule parcelle des territoires conquis depuis 1792. Bonaparte peut apparaître aux yeux des contemporains comme l'homme qui a parachevé l'œuvre militaire de la Révolution, en consolidant les frontières naturelles et en favorisant l'expansion d'États satellites liés à la France par de communes institutions. Symboliquement, deux jours après la signature de la paix d'Amiens, Bonaparte troque l'uniforme militaire pour un costume civil, ce qu'il n'avait plus fait depuis la seconde campagne d'Italie. L'homme de guerre laisse de nouveau la place au législateur.

C'est dans ce contexte qu'est envisagée la consolidation des institutions consulaires. L'idée qui déjà circulait dans les milieux du pouvoir d'une prolongation du Consulat fait son chemin. Reste à la faire admettre par l'opinion. Le deuxième consul, Cambacérès, se charge des premières démarches. Il suggère au Tribunat d'émettre un vœu en faveur de Bonaparte, à l'occasion de la séance de présentation du traité de paix avec l'Angleterre. Un des principaux soutiens du gouvernement au sein du Tribunat, Chabot de l'Allier, qui préside alors cette assemblée, propose à ses collègues, le 7 mai 1802, l'adoption de la motion suivante : « Le Tribunat émet le vœu qu'il soit donné au Premier consul de la République un gage éclatant de la reconnaissance nationale. » Il n'est pas encore question de consulat à vie, mais tel est bien l'objectif que poursuit l'entourage de Bonaparte. Il lui faut néanmoins l'aval du Sénat auquel le vœu du Tribunat est donc déféré. Le Sénat en sa qualité de gardien de la Constitution paraît la seule institution susceptible de modifier le texte de l'an VIII, bien que rien de précis ne fût prévu dans ce sens par la Constitution. Depuis 1801, le Sénat avait à trois reprises voté des sénatus-consultes par lesquels il avait interprété la loi organique. C'est pourquoi le gouvernement se tourne naturellement vers lui en mai 1802.

Les divers contacts entre les proches de Bonaparte et les sénateurs ne pouvaient leur laisser ignorer les intentions du Premier consul. Si tel avait été le cas, la publication par Roederer, président de la section de la législation au Conseil d'État, le 8 mai 1802 d'une brochure intitulée *Lettre d'un citoyen à un sénateur*, devait dissiper tous les doutes. Roederer, fidèle soutien de Bonaparte, écrivait clairement quelle récompense le Sénat devrait accorder au Premier consul : « Vous ne pouvez lui faire qu'un don digne de son dévouement : c'est celui du temps nécessaire pour assurer le bonheur de la France, donnez-lui le siècle qui commence avec lui. » Roederer expliquera ensuite que les cent exemplaires qu'il avait fait envoyer au Sénat ne parvinrent pas à temps, mais ses idées étaient connues, à tel point que le débat qui se développe alors envisage la question du consulat à vie. L'opinion générale penche plutôt vers une prolongation de dix ans des pouvoirs du Premier consul, tandis qu'une minorité qui regroupe quelques Idéologues derrière Sieyès, ainsi que Lanjuinais, se refuse à toute modification de la Constitution. Finalement, le président du Sénat, Tronchet, invite ses collègues à ne se prononcer que sur la prolongation de dix ans, votée par soixante voix contre une. Seul Lanjuinais a manifesté jusqu'au bout son hostilité à tout renforcement des pouvoirs de Bonaparte. Ce vote offre à Bonaparte le pouvoir jusqu'en 1819, mais le Premier consul ne s'en satisfait pas, sans toutefois le refuser.

Pour contourner le Sénat, l'entourage de Bonaparte met alors en avant l'origine de son pouvoir, en s'appuyant sur le fait que la désignation de Bonaparte comme Premier consul, inscrite dans la Constitution de l'an VIII, repose sur le soutien populaire exprimé par le plébiscite de décembre 1799. C'est oublier que cette même Constitution donnait au Sénat le pouvoir d'élire les consuls. Le Conseil d'État est donc chargé de rédiger un arrêté posant la question suivante : « Napoléon Bonaparte sera-t-il consul à vie ? » Une seconde question proposée par Roederer, « Aura-t-il la faculté de désigner son successeur ? » fut gommée par Bonaparte, afin de ne pas paraître aller immédiatement vers un régime monarchique, mais l'idée d'une succession organisée était incluse dans le choix du consulat à vie. En termes de droit, cet appel au peuple marque un tournant important dans l'évolution du régime. Pour la première fois depuis le début de la Révolution, le peuple est invité à désigner directement le chef de l'exécutif qui, jusqu'à présent, avait toujours été placé sous le contrôle, au moins formel, des mandataires du peuple. Certes, en l'an VIII, le choix de Bonaparte comme Premier consul avait été ratifié par le peuple, mais il avait été en fait désigné par les membres des conseils provisoires mis en place au lendemain du 18-Brumaire. À l'inverse, en 1802, c'est contre l'avis du Sénat qu'est prise cette décision. L'appel au peuple parachève ainsi la formation du césarisme démocratique. Bonaparte entend ne devoir rien aux assemblées et tirer sa seule légitimité du peuple. C'est aussi pour cette raison qu'il se considérera apte à brimer encore davantage l'expression des assemblées.

Le plébiscite est donc organisé au mois de juin 1802. Comme en l'an VIII, on ouvre des registres dans la plupart des administrations, dans les tribunaux, chez les maires et les notaires, mais aussi dans les assemblées qui sont les premières à se prononcer. Le vote en faveur du Consulat à vie y est quasiment unanime. Seul Lazare Carnot, au Tribunat, se prononce contre, accompagnant sa signature de ces mots : « Dussé-je signer ma proscription, rien ne m'obligera à déguiser mes sentiments », avant de rayer cette phrase sous la pression de ses collègues inquiets de l'ire du Premier consul. Dans le pays, la mobilisation est meilleure qu'en l'an VIII. Officiellement le Sénat comptabilisera 3 653 600 oui. Certes, les chiffres ont été un peu gonflés, notamment en ce qui concerne l'armée, mais dans une proportion bien moindre qu'en l'an VIII. On peut donc estimer que 2 800 000 Français, soit plus de deux électeurs sur cinq, ont approuvé le passage au consulat à vie. C'est 1 520 000 de plus qu'en 1799, si l'on tient compte des chiffres réels. Le régime bonapartiste s'est enraciné dans le pays, même si les pressions en faveur du vote furent fortes. Quant aux votes négatifs, ils sont très faibles, 8 272 seulement ; ils proviennent des plus irréductibles parmi les républicains et les royalistes. Ce plébiscite représente le sommet de l'adhésion populaire au régime de Bonaparte.

Ce dernier en profite pour modifier la Constitution, ce que le passage au consulat à vie ne rendait pas nécessaire. Quelques voix s'élèvent alors, parmi les brumairiens qui avaient continué à le soutenir, pour souligner la nécessité de préserver les acquis de 1789, tel le président du Tribunat, Chabot de l'Allier : « Bonaparte a des idées trop grandes, trop généreuses, pour s'écarter jamais des principes qui ont fait la Révolution et fondé la République. » Thibaudeau, alors conseiller d'État, et qui avait émis des réserves sur le projet de consulat à vie, met en garde Bonaparte contre la tentation de rétablir la monarchie : « Quel poids auront alors les hommes qui, après avoir renversé la monarchie, auront relevé le trône ? » se demande-t-il, avant de suggérer le rétablissement d'assemblées élues directement par le peuple. Ces craintes émanant d'anciens jacobins restés fidèles au principe républicain s'étaient déjà exprimées lors du vote du projet de loi en faveur de la Légion d'honneur. Elles étaient également sous-jacentes dans le débat sur le consulat à vie. Fouché par exemple, dont la fibre jacobine reste forte, voyait d'un mauvais œil la proclamation du consulat à vie, au point de faire pression sur les sénateurs pour qu'ils n'en émettent pas le vœu. C'est ainsi qu'il faut comprendre les notations sibyllines consignées dans ses *Mémoires*. Évoquant les projets du deuxième consul dont il aurait été tenu écarté, il précise : « J'en pénétrai le secret et voulant agir dans l'intérêt du Premier consul comme dans celui de l'État, je donnai avec beaucoup de prudence, à mes amis qui siégeaient au Sénat, une impulsion particulière. J'avais en vue de contrecarrer ou de faire évanouir les plans concertés chez Cambacérès, dont j'augurais mal [1]. » Fouché fait allusion à la préparation du consulat à vie. Il ne se trompe pas en évoquant la prudence nécessaire, puisque son attitude, au cours du mois de mai 1802, allait contribuer à sa disgrâce à l'automne suivant. Pour l'heure, le parti républicain est défait par les tenants d'une orientation monarchique du régime consulaire, conduits par Cambacérès, Roederer, mais aussi Lucien Bonaparte, revenu de son ambassade espagnole et qui a retrouvé un fauteuil de tribun en mars 1802. Il a alors pesé de tout son poids en faveur des deux textes contestés sur le Concordat et la Légion d'honneur et soutient fermement le projet de consulat à vie, avec le secret espoir de succéder un jour à son frère, alors sans enfant.

La modification de la Constitution est aussi une ultime victoire sur le camp des idéologues, puisqu'elle vise à débarrasser la loi organique des restes du projet de Sieyès que Bonaparte n'avait pu éviter en l'an VIII. Il s'agit, en effet, pour lui de mieux contrôler les organes législatifs qui, notamment dans le mode de désignation des assemblées et dans leur organisation interne, échappaient à la tutelle du Premier consul. La révision de la Constitution en l'an X allait y remédier. Encore fallait-il ne pas froisser le Sénat, dont le soutien était nécessaire à cette transformation. Bonaparte évite cet obstacle en renforçant ses pouvoirs. La nouvelle Constitution, élaborée au sein du Conseil d'État, dès la fin du mois d'avril 1802, est achevée le 4 août, lors d'une assemblée extraordinaire qui réunit les trois consuls, les neuf ministres et les présidents des sections du Conseil d'État auxquels s'était joint Joseph Bonaparte. Le texte soumis au Sénat est adopté sans encombre et devient le sénatus-consulte du 16 thermidor an X, plus connu sous le nom de Constitution de l'an X. Composée de quatre-vingt-six articles, répartis en dix titres, elle ne comporte toujours pas de déclaration des droits et commence de façon abrupte par ces mots : « Chaque ressort de justice de paix a une assemblée de canton. » Alors, en quoi modifiait-elle la Constitution de l'an VIII ?

2. LA CONSTITUTION DE L'AN X

Les principales modifications concernent le pouvoir législatif. Bonaparte n'avait décidément pas apprécié la fronde parlementaire, pourtant modeste, qui avait sévi depuis le début de 1800. Le dispositif mis en place en l'an VIII est préservé. Le Conseil d'État, dont le nombre des membres est fixé à cinquante, continue de rédiger les lois, avant que le Tribunat ne les discute et que le Corps législatif ne les vote, mais l'influence des assemblées est restreinte. Le Tribunat perd la moitié de son effectif ; il est réduit à cinquante membres, renouvelables par moitié tous les trois ans, tandis que les trois cents députés du Corps législatif sont eux toujours élus pour cinq ans, et sont renouvelables par cinquième tous les ans. Tous les législateurs représentent un département. La principale mesure limitant l'autonomie de ces deux assemblées vient de la possibilité désormais offerte au Sénat de les dissoudre. Enfin, le renforcement des pouvoirs législatifs du Sénat menace à terme les prérogatives du Tribunat et du Corps législatif. Grand électeur et gardien de la Constitution en vertu des dispositions votées en l'an VIII, le Sénat devient en l'an X une véritable assemblée délibérative, sans rien perdre de ses prérogatives antérieures. Le texte indique clairement qu'il peut modifier la Constitution, par le biais d'un sénatus-consulte organique qui nécessite de recueillir les suffrages des deux tiers des sénateurs. Il peut ainsi régler « tout ce qui n'a pas été prévu par la Constitution et qui est nécessaire à sa marche », formulation vague qui rend possibles toutes les interprétations. Il définit aussi la constitution des colonies, mais, sur ce plan, son activité sera réduite du fait de la perte rapide par la France de son empire colonial. En outre, par un simple sénatus-consulte, voté à la majorité, mais nécessairement proposé par le gouvernement, le Sénat est doté d'un pouvoir discrétionnaire important en matière judiciaire ; il peut suspendre le jury dans certains départements, placer l'un de ceux-ci hors du champ de la Constitution, casser des jugements attentatoires à la sûreté de l'État. En somme, l'arbitraire entre dans la Constitution. Comme le Sénat n'a pas l'initiative des sénatus-consultes, il ressort que toute décision prise par lui découle d'un vœu du pouvoir exécutif. De plus, les consuls sont membres du Sénat et le président lorsqu'ils assistent aux séances. Enfin, Bonaparte peut nommer jusqu'à un tiers des sénateurs de sa propre initiative, moyen idéal pour éventuellement briser une opposition naissante au sein de cette assemblée. En contrepartie, les sénateurs, toujours inamovibles, peuvent exercer d'autres fonctions politiques ou publiques.

Le pouvoir de Bonaparte, déjà étendu, sort donc renforcé de la Constitution de l'an X. Nommé consul à vie en vertu du plébiscite du mois de juin, il accorde la même longévité à ses deux collègues dont on comprend ainsi mieux le zèle à obtenir le passage au consulat à vie. En cas de décès, le choix des deux consuls revient à Bonaparte, le Sénat n'ayant plus le droit que de récuser deux des trois candidats proposés. Surtout, le Premier consul peut désigner son successeur. C'est la porte ouverte à l'hérédité. Il conserve pour le reste tous les pouvoirs que lui accordait la Constitution de l'an VIII, avec une extension en matière diplomatique, puisque les traités de paix et d'alliance conclus par le Premier consul n'ont plus besoin d'être ratifiés par les assemblées ; il se contente d'en donner connaissance au Sénat. La guerre et la diplomatie sont plus que jamais le domaine réservé du chef de l'État. Enfin, Bonaparte obtient un droit de regard sur la plupart des nominations aux diverses fonctions administratives, politiques et judiciaires qui lui avaient échappé en l'an VIII.

Ce renforcement de son pouvoir de nomination s'accompagne d'une transformation du mode d'élection aux diverses fonctions politiques. La Constitution de l'an X supprime les listes de confiance qui n'auront donc guère servi, mais elle conserve le principe d'un suffrage universel à plusieurs degrés, en cherchant toutefois à renforcer la vie politique locale. En effet, en vertu de la Constitution de l'an VIII, les membres des diverses assemblées, locales ou nationales, étaient choisis sur les listes de confiance, communales, départementales ou nationale, mais celles-ci étaient établies une fois pour toutes, les conditions de leur modification étant très complexes. Avec la Constitution de l'an X, le droit de suffrage reste limité, mais il s'exerce périodiquement au sein d'assemblées chargées de présenter des candidats aux diverses fonctions électives. À la base de la pyramide électorale figure l'assemblée de canton qui réunit tous les citoyens domiciliés dans cette circonscription. C'est en elle que repose l'expression de la nation, selon le vœu de Bonaparte. Les pouvoirs de l'assemblée de canton ne sont du reste pas complètement négligeables ; elle désigne en effet deux candidats au poste de juge de paix, le choix final appartenant au Premier consul ; elle présente également les personnalités susceptibles de faire partie du conseil municipal de chaque commune, en proposant deux noms par place à remplir, mais son choix ne peut se porter que sur les cent citoyens les plus imposés du canton. Elle intervient dans la désignation des membres des collèges électoraux de département et d'arrondissement, en choisissant là aussi parmi les plus riches contribuables. Ainsi, la Constitution de l'an X affirme le caractère censitaire de l'élection, tout en préservant à la base le suffrage universel. Encore ce système ne se met-il réellement en place qu'en 1806. Pendant une période transitoire, les assemblées de canton ne sont en fait composées que des seuls notables, inscrits sur les listes communales en l'an IX. De plus, le pouvoir du citoyen est extrêmement réduit, puisqu'il n'a pas le dernier mot en matière d'élection. Enfin, son suffrage est encadré dans une structure parfaitement contrôlée par les pouvoirs publics, le Premier consul nommant le président de l'assemblée de canton.

Le caractère censitaire de l'élection se retrouve aux étapes suivantes de la vie politique. Les représentants aux collèges électoraux d'arrondissement et de département ne peuvent être choisis que parmi les citoyens les plus imposés du département, le préfet étant chargé de dresser la liste des six cents contribuables les plus riches de sa circonscription. Ils sont élus à vie. Cette pérennité, ajoutée à leur fortune, montre le souci de Bonaparte d'asseoir son régime sur le socle que représentent les notables. Composé de deux cents à trois cents membres, à raison d'un représentant pour mille habitants, le conseil électoral de département agit d'abord sur la vie locale en désignant deux candidats par place au conseil général. Mais surtout, il intervient dans la sélection des sénateurs et des députés au Corps législatif, en présentant, pour chaque siège à pourvoir, deux candidats. Les collèges électoraux d'arrondissement sont pour leur part composés de cent vingt à deux cents membres, à raison d'un représentant pour cinq cents habitants ; ils présentent les candidats aux sièges de membres du conseil d'arrondissement, assemblée délibérative chargée de seconder le sous-préfet. Chaque collège électoral d'arrondissement propose aussi deux candidats pour chaque siège à occuper au Corps législatif, comme le collège de département. Ces candidats forment une liste, à partir de laquelle le Sénat fait son choix. Cette liste peut regrouper jusqu'à huit noms si trois collèges d'arrondissement et le collège de département proposent chacun deux noms différents. Dans la pratique, ils se retrouvent souvent sur des personnalités communes. La Constitution de l'an X prévoit également que les collèges électoraux d'arrondissement interviendront, seuls, dans la sélection des membres du Tribunat. Comme son effectif devait être réduit à cinquante, à partir de 1805, par non-renouvellement des députés quittant leur siège, et comme il fut supprimé en 1807, le système n'eut pas le temps de se mettre en place. De ce fait, plus aucun tribun n'est élu après la recomposition de 1802.

Bien que leur rôle soit très limité, ces collèges électoraux de département et d'arrondissement restent un lieu de débat politique, même si le Premier consul n'a rien négligé pour encadrer les discussions. Ainsi, non seulement ils nomment le président de chacun de ces collèges, mais ils peuvent encore en modifier la composition en ajoutant de leur propre chef dix membres supplémentaires dans chaque collège d'arrondissement et vingt membres dans les collèges de département. En outre, ces assemblées primaires ne peuvent se réunir que sur convocation du gouvernement qui fixe également la durée des débats ; elles ne peuvent prendre l'initiative de les prolonger, au risque d'être dissoutes. Le pouvoir veut éviter que ces collèges deviennent des assemblées délibératives et sortent du seul rôle qui leur a été assigné, à savoir la sélection des candidats aux principales charges électives. C'est ce que Napoléon exprimera avec force en 1810 devant le Conseil d'État : « L'esprit des Constitutions repousse les assemblées populaires, ces foyers de trouble et d'anarchie. Qu'on prenne garde aux précautions dont elles entourent la tenue des collèges électoraux. Ces corps ne se réunissent jamais d'eux-mêmes ; on ne les assemble pas tous à la fois ; la durée de leur session est limitée ; la matière de leurs travaux déterminée ; ils ne peuvent, sous aucun prétexte, s'occuper des affaires publiques, ni de rien étranger aux élections [2]. » Ces dispositions sont déjà valables à l'époque du Consulat. De plus, le remodelage du mode d'élection, tout en conservant comme base théorique le suffrage universel, place en fait le Premier consul au cœur du système électoral. Il a désormais les moyens d'intervenir, soit directement soit indirectement, dans toutes les élections, ce qui renforce d'autant un pouvoir déjà fort étendu. Il a conquis ce pouvoir de « grand électeur » que lui réservait Sieyès en l'an VIII, mais il cumule cette fonction avec l'ensemble des pouvoirs exécutifs, ce qui tend à renforcer le caractère dictatorial du régime consulaire. La République n'est plus qu'une fiction en l'an X, ce qui n'empêche pas le Consulat de conserver une façade parlementaire et de laisser se développer certaines formes de vie politique.

3. La vie politique à l'époque du consulat à vie

Les débats sur le consulat à vie avaient suscité quelques réticences, dans les rangs mêmes du pouvoir. Fort de la nouvelle légitimité acquise par l'intermédiaire du plébiscite de juin-juillet 1802, et s'appuyant sur les droits que lui confère la Constitution de l'an X, Bonaparte affirme sa mainmise sur l'État en procédant à quelques changements de personnes dans les instances dirigeantes du pays.

Deux ministres sont ainsi remerciés, à la fin de l'année 1802. Abrial quitte le ministère de la Justice le 4 septembre 1802. Surtout, Fouché subit sa première disgrâce lorsque est supprimé le ministère de la Police, le 15 septembre 1802. Il est écarté pour avoir intrigué contre le consulat à vie, mais aussi pour avoir émis des doutes sur la pertinence du Concordat et pour avoir montré de la clémence à l'égard des conjurés jacobins impliqués dans le complot des libelles en avril 1802. Tous ces éléments laissent entendre qu'il a gardé des liens avec le parti jacobin et qu'il voit avec regret le tournant monarchique du régime. C'est ce qui explique la suppression du ministère de la Police et son rattachement au ministère de la Justice à la tête duquel Bonaparte a placé un homme neuf, en la personne de Régnier. Cet ancien avocat, dont la carrière parlementaire avait commencé dès 1789 aux États généraux, avait été l'un des plus impliqués dans le complot du 18 brumaire, ce qui lui avait valu de présider la commission des Anciens chargée de rédiger la nouvelle Constitution. Juriste, il avait ensuite opté pour le Conseil d'État, plutôt que pour le Sénat. Bonaparte le retire en l'an X du Conseil d'État pour en faire un ministre de la Justice. Quant à Fouché et Abrial, ils sont nommés au Sénat par le Premier consul. Ce dernier y envoie également Roederer, l'un de ses principaux appuis lors du coup d'État. Cette nomination montre le souci de réorganiser le Conseil d'État. Roederer en était l'une des pièces maîtresses puisqu'il était président de la section de l'Intérieur, fonction qu'il cumulait avec celle de directeur de l'Instruction publique. Son passage au Sénat est une relative disgrâce, même si Bonaparte y renforce par là même le camp de ses partisans. Boulay de la Meurthe abandonne quant à lui la présidence de la section de législation. Thibaudeau qui au Conseil d'État avait émis des réserves sur le consulat à vie est envoyé comme préfet à Marseille. Les nouveaux hommes forts du Conseil d'État sont désormais Bigot de Préameneu qui s'était fait remarquer dans l'élaboration du projet de Code civil et Regnaud de Saint-Jean-d'Angély. Le premier devient président de la section de la législation, le second président de la section de l'intérieur. Ces remaniements au sein du Conseil d'État traduisent des changements dans son mode de fonctionnement.

À partir de 1802, le Conseil d'État perd quelque peu son rôle de conseil politique, dans lequel les brumairiens n'hésitaient pas à s'exprimer, pour devenir une instance de plus en plus technique. Bien des décisions sont désormais prises avant même que le Conseil d'État soit saisi, notamment au sein des conseils privés que Bonaparte a instaurés par la Constitution de l'an X. Ces conseils regroupent autour des consuls deux ministres, deux conseillers d'État et quelques autres personnalités, selon un ordre variable. Bonaparte peut ainsi, pour les grands projets qu'il envisage, avoir un avis rapide et s'éviter les longs débats du Conseil d'État. Certes, cette institution perdure, mais son rôle décroît. Les séances y sont moins longues et le ton, souvent franc et direct au début du régime, tend à devenir compassé. Toutefois, son importance reste grande pour l'élaboration des textes de loi et en particulier pour la fabrication des codes judiciaires. Les conseillers d'État du service ordinaire, toujours répartis dans les cinq sections instaurées en 1800, reçoivent à partir de 1803 l'aide des auditeurs au Conseil d'État, jeunes gens souvent issus de familles de l'ancienne noblesse ou de la bonne bourgeoisie et qui s'initient en ces lieux aux fonctions administratives. Ils aident les conseillers d'État dans la préparation des dossiers et l'étude des questions sensibles.

Les projets de loi élaborés au sein du Conseil d'État continuent ensuite à être soumis aux assemblées. Mais, depuis la réforme de 1802, le Tribunat peut être consulté préalablement, ce qui évite les affrontements en séance. Réduit à cinquante membres, il subit une épuration effectuée par le Sénat. À la fin de 1802, la liste complète des tribuns appelés à quitter le Tribunat dans les trois ans à venir est élaborée : vingt doivent s'effacer en l'an XI, vingt autres en l'an XII et dix en l'an XIII. Parmi les premiers visés figurent notamment Laromiguière, Andrieux et Jean-Baptiste Say, trois membres du groupe des Idéologues à avoir échappé à l'épuration de 1802. Ce n'était que partie remise, puisqu'ils quittent le Tribunat l'année suivante. Cette épuration prive une nouvelle fois le Tribunat de ses forces vives et de plus, le non-renouvellement de ses membres l'empêche de se rénover. La sclérose s'empare de cette assemblée où le débat est réduit à néant. De fait, en 1803-1804, trois projets seulement sont rejetés, encore étaient-ils de peu d'importance, si bien que le gouvernement en retire deux. Aucune décision politique ne soulève plus la moindre opposition. Seule la loi sur le divorce qui doit prendre place dans le Code civil ravive encore l'émotion d'une poignée de tribuns ; dix-neuf d'entre eux la repoussent, mais la loi reçoit le soutien d'une majorité de quarante-six autres. Enfin, si en février 1804, le Tribunat émet une protestation contre l'arrestation du général Moreau, compromis dans le complot Cadoudal, mais devant le courroux de Bonaparte, il ne poursuit pas dans cette voie. Après les réformes de 1802, le Tribunat a donc cessé définitivement d'être un lieu d'opposition au régime.

Quant au Corps législatif, il se sort un peu mieux des modifications constitutionnelles de 1802, puisque Bonaparte n'y a guère touché. La nouvelle procédure de désignation de ses membres, choisis dans le cadre départemental, tend à favoriser les notables locaux, au détriment des élites parisiennes au rayonnement national. De plus, l'atonie du Tribunat rejaillit sur le Corps législatif. L'absence de débat et la faiblesse de l'opposition au Tribunat privent le Corps législatif d'arguments pour repousser éventuellement tel ou tel projet. Les échanges entre orateurs du Tribunat et représentants du Conseil d'État n'ont plus lieu d'être et le vote se déroule souvent sans qu'aucun d'entre eux demande la parole. De ce fait, deux projets de loi seulement sont écartés par les députés entre l'automne de 1802 et le printemps de 1804. Enfin, en novembre 1803, le Corps législatif subit une réforme de ses statuts. Bonaparte impose d'abord que la session soit ouverte par le Premier consul accompagné de douze sénateurs, ce qui marque la fin de l'autonomie de cette assemblée, d'autant que, dans le même temps, le Premier consul s'attribue le choix de son président, certes sur une liste de cinq noms, mais sans obligation de respecter l'ordre de présentation. Le Corps législatif perd ainsi une de ses dernières prérogatives. Bonaparte ne se prive pas en effet de faire valoir ses nouveaux droits. Alors que les députés avaient présenté, dans l'ordre, Toulangeau, Latour-Maubourg, Duranteau, Viennot-Maublanc et Fontanes, Bonaparte choisit ce dernier, en janvier 1804, pour présider le Corps législatif. Cet ami de Chateaubriand, mais aussi de Lucien Bonaparte, incarne alors le courant néo-monarchiste au sein du régime. Sa désignation prépare donc le passage vers un régime héréditaire que Fontanes appelait de ses vœux dès 1800 lorsqu'il contribuait à la rédaction du *Parallèle entre César, Cromwell, Monk et Bonaparte*. Lors de sa prise de possession de la présidence du Corps législatif, Fontanes se veut prophétique : « Il est permis de tout oser à celui qui put tout prévoir », dit-il à l'adresse de Bonaparte. Son attachement au Premier consul ne va pas jusqu'à l'approbation de l'exécution du duc d'Enghien. En mars 1804, alors que s'achève la dernière session du Corps législatif du temps du Consulat, Fontanes refuse d'approuver dans son discours cette exécution et fait rectifier le compte rendu du *Moniteur* où le discours évoquant « la sage uniformité de vos lois » avait été modifié par « la sage uniformité de vos mesures ». Fontanes avait voulu s'en tenir à l'éloge du seul domaine qu'il dirigeait, refusant par là même de cautionner les actes arbitraires du Premier consul. Signe des temps, la réprobation se dissimule sous le silence des mots.

Le Tribunat défait et le Corps législatif sous la coupe du Premier consul, c'est au Sénat que se manifestent encore quelques traces de vie politique. Les nouvelles dispositions concernant son recrutement permettent désormais à Bonaparte d'y faire entrer des membres qu'il a choisis. Après Fouché, Abrial et Roederer, il nomme le général d'Abosville, qui avait fait partie du corps expéditionnaire français au cours de la guerre d'Indépendance américaine, et le cardinal de Belloy, archevêque de Paris et doyen de l'épiscopat. À côté des législateurs, juristes, financiers, savants et militaires, le haut clergé fait ainsi son entrée au Sénat, confirmant le souci de Bonaparte d'en faire une assemblée représentative des grands intérêts du pays. Les autres choix, effectués par les sénateurs eux-mêmes, furent également agréables au Premier consul qui surveillait de près l'élaboration des listes de trois noms qu'il soumettait au Sénat. Néanmoins, le caractère inamovible des sénateurs rendait plus difficile une adhésion complète au régime. Un noyau d'opposants continuait de se réunir, notamment chez Lenoir-Laroche. Parmi ces sénateurs réticents à l'égard de la toute-puissance du Premier consul figurent toujours Sieyès, les Idéologues Destutt de Tracy, Garat et Cabanis, ou encore l'abbé Grégoire, le général Kellermann voire Fouché qui ne se prive pas de jouer de son influence au sein de cette assemblée. Cette opposition reste cependant très feutrée à partir de 1802. Le Sénat se montre docile, dès les lendemains de la Constitution de l'an X, en approuvant, avec parfois quelques modifications de forme, les sénatus-consultes présentés par Bonaparte. Pour prix de leur soutien, les sénateurs obtiennent du reste une gratification supplémentaire, sous la forme des sénatoreries. Elles correspondent à une dotation globale de cinq millions de francs, constituée de forêts domaniales et de biens nationaux non aliénés. Cette dotation fut divisée en vingt-huit sénatoreries, à savoir une par ressort de cour d'appel. Les titulaires des sénatoreries recevaient un revenu supplémentaire d'environ vingt à vingt-cinq mille francs par an mais devaient en contrepartie séjourner trois mois par an, dans le ressort de leurs sénatoreries où ils devaient entretenir une maison. L'objectif du Premier consul est double ; il cherche certes à s'assurer le soutien indéfectible du Sénat par cette nouvelle attribution de revenus. Il entend aussi donner davantage de lustre à cette assemblée en élevant les sénateurs au-dessus des autres citoyens et en leur offrant une assise terrienne. Le nouveau statut de ses membres, ajouté à l'inamovibilité, à la prédominance des choix du Premier consul et au rôle de plus en plus actif pris dans l'élaboration de la loi, tend à faire du Sénat une assemblée à part entière, voire une chambre haute, telle qu'en connaît déjà la monarchie anglaise. Dans le passage vers l'Empire, les transformations successives, mais inabouties, du Sénat en Chambre des Lords ont marqué une étape importante.

Si au sommet de l'État la vie politique s'épuise pour laisser place à un simple enregistrement des projets de loi soumis aux assemblées par le gouvernement, à la base, la participation aux diverses élections ne permet pas non plus de constater une véritable liberté d'expression. Les élections locales ne suscitent pas un engouement exceptionnel, sans être pour autant négligées. De 1802 à 1806, les assemblées de canton ne réunissent en fait que les notables inscrits sur les listes établies en l'an IX. Ils forment des collèges assez réduits, réunis parfois pour plusieurs jours au chef-lieu de canton afin de procéder en même temps aux diverses élections qui leur sont soumises. Ce rassemblement de notables cantonaux offre un cadre privilégié au développement de la vie politique locale, puisque ces assemblées peuvent délibérer sur les choix à formuler. De même, le vote s'effectue par un bulletin, en principe secret, mais, comme l'électeur doit inscrire les noms sur place au vu de tous, la dissimulation est restreinte et les choix en général connus. C'est surtout l'orientation des votes effectuée par le président du collège de canton qui ôte son principal intérêt à ces consultations. Les notables l'ont compris qui ne se déplacent pas massivement pour un vote sans surprise, mais mangeur de temps. La participation s'établit en effet entre la moitié et les deux tiers du corps électoral, avec une pointe à 75 % dans les Alpes-Maritimes, mais seulement un tiers de votants dans certains quartiers de Paris. Ces proportions concernent une très petite minorité de citoyens français. La particularité des années 1802-1805 étant, sur le plan électoral, la mise entre parenthèses du suffrage universel, ce qui ne permet pas de mesurer pleinement l'adhésion populaire au régime.

Il faut donc se contenter du résultat au plébiscite de juillet 1802. Il a révélé une poussée des partisans de Bonaparte qui fait du Premier consul l'élu de la nation, tandis que les assemblées émanent des seuls notables. Bonaparte a adroitement maintenu, au moins dans un premier temps, cette partition afin que les assemblées ne disposent pas de la même légitimité que lui. Il cherche aussi à mesurer son audience auprès du peuple par d'autres moyens. L'organisation de fêtes propres au Consulat participe de cette politique. La mise en scène du pouvoir vise en effet à lui assurer des assises solides. Les symboles changent. La suppression de la fête républicaine du 21 janvier, célébrant la mort de Louis XVI, vise à rassurer les milieux royalistes. Le Consulat conserve comme jours de fêtes nationales le 14 juillet et le 1er vendémiaire, jour de l'instauration de la République. La volonté de consensus s'affirme alors dans le choix des fêtes préservées. Mais les références républicaines finissent par s'estomper. La commémoration du 14 juillet faiblit à Paris dès 1802, alors qu'elle reste en vigueur à Marseille, comme le constate avec étonnement Thibaudeau qui prend ses fonctions en 1803. Finalement, Bonaparte, devenu empereur, la supprime en 1804 de même que la fête de la République. D'autres événements sont désormais commémorés, en particulier le 15 août, jour anniversaire de Bonaparte, d'abord masqué sous un apparat religieux, comme le rapporte le député Siméon dans une lettre à Thibaudeau : « Grande fête le 27 [15 août], parce que c'est le jour de la signature du Concordat ; parce que c'est la fête la plus solennelle de la Vierge, protectrice de la France ; parce que c'est la naissance du Premier consul. Ce jour-là les *Oremus* ne seront que pour *Napoleonem primum consulem nostrum*, et je ne sais pas si à l'avenir cet *oremus* ne prévaudra pas sur celui où l'on prie pour les trois consuls [3]. » Siméon pressent la transformation du 15 août en fête de souveraineté, c'est-à-dire en solennité consacrée au seul Bonaparte.

C'est en 1802 que le changement s'opère. Les fêtes laïques et républicaines sont supplantées par des cérémonies tout à la fois nationales et religieuses. Le plus bel exemple en est offert par la fête du 18 avril 1802, correspondant au jour de Pâques. Une grande cérémonie religieuse est organisée à Notre-Dame de Paris pour célébrer « la paix des consciences, la paix des familles, cent fois plus importante pour le bonheur des peuples », selon le mot de Bonaparte. Le légat du pape, le cardinal Caprara, célèbre une messe d'action de grâces en présence des représentants de l'État. Les cloches de la cathédrale résonnent de nouveau dans Paris et sont reprises en écho à travers toute la France. Ce n'est pas un hasard si Bonaparte choisit cette occasion, hautement symbolique dans l'année chrétienne, pour célébrer à la fois la paix d'Amiens avec l'Angleterre et la promulgation du Concordat, voté par le Corps législatif dix jours plus tôt. Le jour de Pâques marque la résurrection de l'ordre et de la paix après dix ans de guerre et d'abstinence. Le message est clair. Bonaparte veut apparaître simultanément comme l'homme de la paix extérieure et de la paix religieuse. Il lui faut pour cela frapper les esprits. La cérémonie religieuse du 18 avril, avec son déploiement d'ornements et son ébranlement de cloches, répond à cet objectif. Le Premier consul ne craint pas de choquer les républicains, car, en dépit de quelques résistances, le rétablissement de la paix religieuse est bien perçu par l'opinion publique, comme l'attestent les manifestations de liesse populaire en ce jour de Pâques 1802.

À partir de cette date, le religieux réinvestit l'État. Bonaparte a permis la réouverture de la chapelle des Tuileries où une messe est dite chaque dimanche matin, comme à Saint-Cloud ou à Fontainebleau, lorsque la Cour s'y trouve. Les fêtes du 15 août achèvent ce processus de réinvestissement de la fête nationale par le religieux. Les fêtes républicaines ont toujours conservé un ferment de division. Bonaparte entend donc les remplacer par de nouvelles fêtes nationales comportant une dose de symbolique chrétienne, ce qui les rend, à ses yeux, acceptables par tous. La réutilisation des rites religieux est à même de favoriser le consensus national. Cette place accordée au religieux dans l'enracinement du régime est un signe supplémentaire de son cheminement vers l'Empire. Bonaparte ne peut en effet concevoir de monarchie que chrétienne.

4. Vers l'Empire

Le projet de transformer le Consulat en un régime héréditaire est ancien puisque dès 1800 le parti néo-monarchiste, conduit par Fontanes, avait envisagé ce tournant politique et trouvé en Lucien Bonaparte un allié de poids. Les réticences sont alors trop nombreuses du côté des républicains pour que le Premier consul accepte d'emblée cette évolution. Il n'en saisit pas moins toutes les occasions pour asseoir son autorité par le rétablissement des formes monarchiques du pouvoir. L'installation aux Tuileries a représenté la première étape de ce réinvestissement de la symbolique monarchique, même si le rituel de cour est encore réduit en 1800. Le véritable tournant s'opère en 1802, avant même le vote du consulat à vie. Déjà le texte du Concordat contenait des formules accréditant l'idée d'une continuité entre la monarchie d'Ancien Régime et le Consulat ; Bonaparte revendiquait auprès de Rome les mêmes prérogatives que les anciens rois. C'est aussi en sa qualité de quasi-souverain catholique qu'il obtenait le droit de nomination des évêques. Le texte de la Constitution de l'an X, en lui concédant le droit de grâce, renforce ses pouvoirs régaliens. L'établissement de la Légion d'honneur, en mai 1802, lui permet enfin de distribuer à sa guise des récompenses et de former ainsi au sein du pays une caste à part, celle des légionnaires, assimilable à une nouvelle noblesse.

Inspiré des ordres de chevalerie existant depuis le Moyen Âge, l'ordre de la Légion d'honneur fut créé après de vifs débats pour récompenser les citoyens qui se seraient distingués tant par leurs actions militaires que par leurs services au profit de la collectivité. L'objectif de Bonaparte était de fonder une caste de serviteurs de l'État, d'autant plus dévoués qu'ils auraient été récompensés pour leurs mérites passés. La dimension militaire de la distinction est cependant première, ne serait-ce que dans les appellations choisies, très fortement inspirées de la Rome antique : l'ordre est placé sous la direction d'un chef, fonction dévolue de droit au Premier consul, le récipiendaire de la décoration est qualifié de légionnaire, les élus sont répartis en quinze cohortes dont l'assise est territoriale. Au sommet, un grand conseil d'administration comprend les trois consuls et un représentant élu par chacune des quatre assemblées. Enfin, un grand chancelier et un grand trésorier sont désignés pour administrer l'ensemble ; Lacépède est nommé grand chancelier et le restera pendant tout l'Empire, le général Dejean, déjà directeur de l'Administration de la guerre, obtient le poste de grand trésorier. La Légion d'honneur, installée dans l'hôtel de Salm, disposait en effet d'un budget important, nécessaire au versement des traitements alloués aux titulaires de l'ordre : deux cent cinquante francs pour un légionnaire, mille francs pour un officier, deux mille francs pour un commandeur et cinq mille francs pour un grand officier, sommes qui étaient loin d'être simplement symboliques. À ce traitement s'ajoutait le privilège de figurer de droit sur les listes des collèges électoraux, puis, en 1808, l'accès à la noblesse d'Empire. Enfin, les filles des membres de la Légion d'honneur peuvent accéder aux maisons d'éducation ouvertes à leur intention, notamment à Saint-Denis. Attribuée d'abord de droit aux titulaires des Armes d'honneur, pour récompenser une action d'éclat sur le champ de bataille, la Légion d'honneur fut ensuite distribuée régulièrement. En 1804, l'ordre compte déjà six mille membres, lorsque Napoléon Bonaparte décide de solenniser sa naissance en procédant à la distribution des insignes, au cours d'une cérémonie qui a lieu le 15 juillet 1804, dans la chapelle des Invalides, en présence du cardinal de Belloy, archevêque de Paris. La scène a été racontée par le capitaine Coignet qui mit l'accent sur le caractère démocratique de cette distinction : « La cérémonie commence par les grands dignitaires qui furent appelés par leur rang d'ordre.[...] Alors on appela " Jean-Roch Coignet ! " J'étais sur le deuxième gradin ; je passai devant mes camarades, j'arrivai au parterre et au pied du trône. Là je fus arrêté par Beauharnais qui me dit : " Mais on ne passe pas. " Et Murat lui dit : " Mon prince, tous les légionnaires sont égaux, il est appelé, il peut passer ⁴ ". » La cérémonie du 15 juillet n'en marque pas moins une étape décisive dans la transformation monarchique du régime.

Le renforcement des formes monarchiques du pouvoir vient aussi de la réutilisation des rites et cérémonies d'Ancien Régime. Aux Tuileries, la vie de cour s'organise, selon un cérémonial codifié en 1802, sur le modèle qui prévalait avant 1789. Une Maison se met en place. Duroc est nommé gouverneur du palais, tandis que Augustin-Laurent de Rémusat en devient préfet. Sa femme, Claire-Elisabeth, est choisie, en novembre 1802, pour être l'une des quatre dames d'honneur de Joséphine, en même temps que Mmes de Talhouet, de Lauriston et de Luçay ; la noblesse entre en force dans les services de la Cour. De grands dîners, des bals et des fêtes somptueux sont désormais donnés aux Tuileries ; ils sont simplement interrompus en janvier 1803 par l'annonce de la mort du général Leclerc, le beau-frère de Bonaparte dont il avait épousé la sœur Pauline, avant d'aller commander l'expédition de Saint-Domingue contre Toussaint-Louverture. Il ne devait pas en revenir et Bonaparte décréta dix jours de deuil, ce qui était aussi une manière de copier l'Ancien Régime, en affirmant la cohésion de la Cour derrière la famille du Premier consul. Bonaparte aime à se faire entourer d'une garde nombreuse, essentielle à sa sécurité, mais aussi objet d'apparat. Lorsqu'il sort des Tuileries, cette garde constitue le principal symbole de l'autorité. C'est particulièrement net lors des cérémonies accompagnant l'ouverture de la session du Sénat ou du Corps législatif. Il arrive alors en grande pompe et rappelle par sa présence le souvenir des anciens rois en leur Parlement.

Ce sont plus encore les voyages hors de la capitale qui permettent à Bonaparte, non seulement de mesurer sa popularité, mais encore d'affirmer son pouvoir par l'exposition de sa personne. Dans la survivance du culte monarchique, la présence physique du roi auprès de ses sujets est essentielle ; elle commence par le toucher des écrouelles, au lendemain du sacre, et se poursuit à travers les visites du souverain aux bonnes villes de son royaume. Bonaparte ne déroge pas à cette tradition. Il entreprend plusieurs déplacements en province qui sont l'occasion d'affirmer par sa seule présence la force de son pouvoir. Après une visite à Lyon au printemps de 1802, c'est en Normandie qu'il inaugure ce type de déplacement. Le voyage se déroule en octobre 1802. Il a été préparé avec soin, car l'on craint encore un sursaut des chouans. Finalement tout se passe bien et Bonaparte peut visiter les manufactures textiles dont la vitalité montre l'essor économique du pays et tester le fonctionnement des institutions qu'il a mises en place, en rencontrant tour à tour le préfet, l'archevêque et les maires des principales villes. Joséphine l'accompagne, remplissant ainsi le rôle de première dame de France. La participation de l'épouse du Premier consul à ces voyages est un signe supplémentaire de la personnalisation du pouvoir. Joséphine est surprise par l'engouement de la foule. Même si son point de vue manque d'impartialité, il n'en révèle pas moins la recherche du contact avec l'homme fort du pays. Ainsi, elle écrit à Joseph Bonaparte, évoquant l'accueil des Normands : « Il a été reçu ici avec un enthousiasme difficile à exprimer ; on vient de dix à douze lieues pour le voir, et, sans exagération, il y a toujours devant les fenêtres vingt mille âmes qui le demandent sans cesse [5]. » Ces voyages s'accompagnent d'un déploiement de faste propre à étonner les populations visitées, comme le raconte Mme de Rémusat évoquant le voyage en Belgique de 1803 : « Dans l'été de cette année, un voyage en Belgique fut résolu. Le Premier consul exigea qu'il fût fait avec une grande magnificence. Il eut peu de peine à persuader à Mme Bonaparte de porter tout ce qui contribuerait à frapper les peuples auxquels elle allait se montrer [6]. »

Le voyage dans les provinces françaises devient un des modes de gouvernement du Premier consul. Il contribue à la personnification du régime. Le Consulat avait un nom ; il a désormais un visage. Il s'incarne, au sens propre, en un Bonaparte prêt à se montrer à la foule. Cette métamorphose visuelle est encore plus nette à partir de 1803, lorsque le visage du Premier consul est gravé sur l'avers des monnaies mises en circulation. Bonaparte devient alors l'incarnation non seulement du Consulat, mais encore de la France. Il est l'égal des rois d'Ancien Régime, capables d'être reconnus, tel Louis XVI par Drouet à Varennes, à la seule vue de leur effigie sur une monnaie. Il ne manque plus dès lors à Bonaparte qu'une couronne. Les circonstances extérieures, en particulier la reprise du conflit avec l'Angleterre, lui offrent l'occasion de s'en saisir.

La rupture de la paix d'Amiens contribue grandement à la marche vers l'Empire. Depuis mars 1802, les tensions entre la France et l'Angleterre n'avaient pas cessé. Il est vrai que la conclusion de la paix, loin d'arrêter la puissance de Bonaparte, avait permis de renforcer les positions de la France en Europe. Tout d'abord, la France profite de la paix pour s'agrandir ; elle annexe, le 27 août 1802, l'île d'Elbe et décide au mois de septembre suivant de transformer le Piémont en départements français. Cet espace italien conquis par Bonaparte en 1796 et reconquis en 1800 apparaît comme la dot qu'il apporte à la France. La volonté de pouvoir du Premier consul ne s'arrête pas là. Après le déclenchement d'une insurrection dans les cantons suisses, en septembre 1802, il intervient militairement par l'envoi du général Ney et se fait proclamer médiateur des cantons suisses, étendant ainsi son contrôle sur ce territoire stratégique, au cœur de l'Europe, qui peut également devenir un précieux réservoir de soldats ; les Suisses doivent immédiatement fournir quatre contingents de quatre mille hommes. La diplomatie française intervient également pour réorganiser l'espace allemand, ébranlé par les conquêtes françaises. Au terme de plus de huit mois de négociations, la Diète d'Empire adopte le Recès (loi d'Empire) du 25 février 1803 qui prévoit la suppression des principautés ecclésiastiques et de la plupart des villes libres. Ce Recès est le prélude à la disparition du Saint-Empire romain germanique, héritier de l'Empire carolingien. Bonaparte peut dès lors réclamer l'héritage de Charlemagne et envisager la restauration d'un Empire centré sur la France.

Les transformations de l'Allemagne ont aussi pour effet immédiat d'irriter l'Angleterre dont l'influence en Europe faiblit à mesure que celle de la France s'accroît. La monarchie britannique ne peut que constater la volonté hégémonique de son voisin d'outre-Manche qui, loin de respecter les engagements pris à Amiens, maintient sa tutelle sur la Hollande, pays lié historiquement à l'Angleterre et dont la position est stratégique dans la défense et l'approvisionnement de la Grande-Bretagne. Le maintien de troupes françaises en Hollande, ajouté à l'annexion du Piémont et à la politique allemande du Consulat, explique le refus des Anglais de libérer l'île de Malte qu'ils conservent comme gage de leur sécurité en Méditerranée. Ils redoutent une reprise du conflit dans ce secteur dont Bonaparte a fait l'un des axes de sa politique d'expansion. Le rêve oriental du Premier consul dont les campagnes d'Italie et d'Égypte ont représenté les premières réalisations, n'est pas éteint. L'Angleterre peut craindre une tentative de reconquête de l'Égypte, surtout lorsqu'elle a connaissance du projet d'expédition en Inde confiée au général Decaen. Ce dernier devait reprendre pied dans les anciennes possessions françaises aux Indes. Parti le 6 mars 1803 de France, il ne fait qu'une brève incursion à Pondichéry, car, entre-temps, la guerre a recommencé entre la France et l'Angleterre et Decaen doit se replier sur l'île de France d'où il réorganise les îles Mascareignes, avant d'en être chassé par les Anglais.

L'enchaînement des faits conduisant à la guerre est rapide. À l'automne de 1802, le ministre anglais des Affaires étrangères, Hawkesbury, fait connaître à la France les regrets de l'Angleterre face à la politique d'hégémonie française. « L'Angleterre veut l'état du continent tel qu'il était lors de la paix d'Amiens et rien que cet état », écrit-il alors. Puis il engage un rapprochement avec la Russie d'Alexandre Ier, inquiète de la menace française en Orient. Enfin, le roi d'Angleterre, George III, revendique le maintien de ses troupes à Malte, en compensation des agrandissements français sur le continent. La tension monte entre les deux capitales au début de l'année 1803 et aboutit à la rupture des relations diplomatiques en mai, matérialisée par le rappel des ambassadeurs, suivi par des prises de navires français par la marine anglaise. Le 20 mai 1803, Bonaparte annonce aux assemblées la rupture de la paix d'Amiens. Le conflit reprend entre la France et l'Angleterre, sans toutefois aucune déclaration de guerre. De part et d'autre, on savait ce recours aux armes inévitable. Pour Talleyrand, la reprise des hostilités a concouru à accélérer le passage vers l'Empire : « Cet événement, écrit-il dans ses *Mémoires*, hâta la résolution de Bonaparte de transformer le consulat à vie en monarchie héréditaire », et ce d'autant plus que la guerre encourage la réalisation de nouveaux complots contre Bonaparte [7].

Depuis la paix d'Amiens, les réseaux royalistes qui avaient leur centre en Angleterre étaient entrés en léthargie, sans pour autant désarmer. L'annonce de la rupture des relations diplomatiques entre la France et la Grande-Bretagne leur rend l'espoir d'un retour prochain à la royauté. Les Anglais ont du reste intérêt à utiliser ces royalistes français réfugiés en Angleterre et prêts à aller porter le feu sur le continent. C'est dans ce contexte que naît la conjuration dite de l'an XII, animée par Georges Cadoudal. L'ancien général de l'armée chouanne avait réussi à échapper à la police de Fouché en 1800 et s'était réfugié de l'autre côté de la Manche. À l'annonce de la reprise du conflit, il projette un vaste complot visant à enlever le Premier consul, afin de permettre son remplacement par un général fidèle à la cause des Bourbons et capable de préparer le retour de la monarchie. Muni de ce plan de bataille, Cadoudal débarque en France le 21 août 1803 et court se cacher dans Paris où l'a précédé une petite troupe de chouans prêts à mener l'opération. Quelque temps plus tard, en janvier 1804, le général Pichegru débarque à son tour en France. Général de la Révolution, auréolé de ses victoires en Hollande et sur le Rhin, il avait rallié la cause royaliste dès 1795, ce qui lui avait valu d'être mis en accusation et déporté en Guyane en septembre 1797. Il s'en était échappé avant de gagner l'Angleterre. Les royalistes espèrent que ses actions d'éclat lui permettront de gagner la confiance des troupes. Ils comptent aussi beaucoup sur le soutien d'un autre général, à la gloire plus récente, le général Moreau. Rival de Bonaparte avant le 18-Brumaire, vainqueur de la bataille de Hohenlinden contre l'Autriche, en 1800, il avait rendu possible la conclusion de la paix de Lunéville et jouissait par conséquent d'un grand prestige dans l'opinion et surtout dans l'armée. Ses relations avec Bonaparte s'étaient détériorées depuis 1800, ce qui l'avait conduit à se détacher peu à peu du régime, jusqu'à promettre son concours aux royalistes lors de la conjuration de l'an XII. Moreau rencontre du reste Pichegru, le 28 janvier 1804, sans trop s'avancer sur les conditions de sa participation au complot. Bien lui en prend, car, le jour même, un chouan arrêté en octobre, nommé Querel, avoue le but de la conjuration et livre le nom de ses complices.

Ces révélations provoquent des arrestations en chaîne. Il est vrai que, averti du complot, Bonaparte décide de réformer la police et d'en confier la direction à un de ses proches collaborateurs, le conseiller d'État Réal, ancien jacobin, très actif lors du coup d'État. Réal reprend en main un service qui, depuis la disgrâce de Fouché, était passé sous le contrôle du ministre de la Justice, avec une efficacité douteuse. Les résultats ne se font pas attendre. Dès le 9 février, plusieurs proches de Cadoudal sont appréhendés, dont Bouvet de Lozier, un de ses lieutenants. C'est lui qui révèle la participation de Moreau et de Pichegru au complot. Le général Moreau, personnage public, et qui n'avait aucune raison de se cacher, est arrêté le 15 février, ce qui suscite une certaine émotion dans l'opinion. Le 26 février, la police se saisit de Pichegru, bientôt rejoint en prison par Jules et Armand de Polignac et par le marquis de Rivière qui tous trois étaient arrivés avec lui d'Angleterre. En avril, on retrouve Pichegru pendu dans sa cellule. Le 9 mars, Cadoudal, traqué par la police qui quadrille Paris, est maîtrisé après avoir tué un agent. L'ensemble des conjurés est sous les verrous à la fin du mois de mars. Leur procès, au début du mois de juin, s'achève par la condamnation à deux ans de prison de Moreau, contre lequel les preuves étaient assez peu nombreuses. Bonaparte décide alors de l'exiler. Les autres conjurés sont condamnés à mort et exécutés, à l'image de Cadoudal, mais sept d'entre eux, tous nobles, échappent à la guillotine, dont Polignac. Bonaparte, au moment du passage à l'Empire, n'a pas voulu creuser le fossé entre la noblesse et le régime, alors que l'exécution du duc d'Enghien vient d'ébranler la confiance des royalistes ralliés.

Au moment de son arrestation, Cadoudal avait avoué qu'un prince français devait venir en France prendre la tête de la conjuration. De fait, le comte d'Artois l'avait envisagé avant d'y renoncer en janvier. Les soupçons de Bonaparte se tournent vers le duc d'Enghien, petit-fils du prince de Condé, qui vivait alors dans le duché de Bade, à proximité de la frontière française. Divers rapports de police faisant état de correspondances entre le duc et les milieux émigrés, mais aussi l'accusant, à tort, d'avoir reçu le général Dumouriez, accréditent la thèse de sa participation à la conjuration contre Bonaparte. Ce dernier décide donc de le faire arrêter et conduire en France. La décision est prise, lors d'un conseil extraordinaire qui réunit aux Tuileries, le 10 mars, les trois consuls, Talleyrand, le ministre de la Justice, Régnier, et aussi Fouché, alors simple sénateur, mais qui amorce ainsi son retour en grâce. Cinq jours plus tard, une escouade conduite par le général Ordener s'empare du duc d'Enghien dans sa résidence d'Ettenheim ; il est peu après conduit à Vincennes où un tribunal militaire est organisé à la hâte le 20 mars, sous la direction du général Hulin. Condamné à mort rapidement sous la pression du général Savary, il est exécuté dans les fossés du château de Vincennes.

L'opinion ne s'émeut guère de cette exécution qui atteint davantage l'ancienne noblesse, ralliée au régime. Chateaubriand date de ce moment son détachement à l'égard du régime. La comtesse de Boigne évoque aussi l'effet de cette exécution : « Partout, dans toutes les classes et principalement parmi les gens attachés au gouvernement, je l'ai trouvée une plaie encore toute saignante à mon retour en France [8]. » Le jeune Rémusat, dont les parents appartiennent à la Maison du Premier consul, s'en fait l'écho : « La chose était trop grave pour qu'on m'admît à la connaître. Tout naturellement on fit dans la maison ce qu'on aurait fait par système ; on se tut », raconte-t-il dans ses *Mémoires* [9]. Les divers Souvenirs rédigés *a posteriori* sur l'affaire se ressentent cependant de l'écho renouvelé du crime à l'époque de la Restauration. Pour l'heure, Bonaparte ne perd pas le soutien de la noblesse, par ailleurs satisfaite par la grâce accordée aux conjurés nobles du complot de Cadoudal. En revanche, il rassure les milieux républicains par cette exécution qui renvoie à la mort de Louis XVI. Elle lui est un moyen d'affirmer la constance de ses principes révolutionnaires. Il signifie par ce geste son souci de ne pas restaurer l'Ancien Régime. De ce fait, il réconforte les détenteurs de biens nationaux, et plus généralement la bourgeoisie, mais aussi la paysannerie toujours méfiante à l'égard d'un éventuel rétablissement des droits féodaux et de la dîme. La société française est désormais prête à accepter la transformation du Consulat en régime héréditaire. De ce point de vue, la conjuration de l'an XII ouvre la voie à l'Empire.

Deuxième partie

La naissance d'une monarchie
(1804-1809)

1

L'année du sacre

Pour beaucoup d'observateurs, le sacre de Napoléon à Notre-Dame marque l'avènement d'un nouveau régime et l'entrée de la France dans une nouvelle monarchie. En réalité, l'Empire ne naît pas le 2 décembre 1804, avec le sacre, mais bien le 18 mai, lorsque le Sénat adopte un sénatus-consulte modifiant la Constitution de l'an X. Le pays se dote alors d'institutions monarchiques. Mais c'est le sacre qui symbolise l'avènement de l'Empire, au point que le 2 décembre s'identifie désormais à la geste napoléonienne.

1. LA PROCLAMATION DE L'EMPIRE

Le complot fomenté par les royalistes contre Bonaparte à l'automne de 1803 avait suscité une vive réaction dans l'opinion, au moins le gouvernement voulut-il le laisser croire. L'exécution du duc d'Enghien ne suffisait pas à faire taire les craintes du régime en place. Il lui fallait assurer sa sécurité et pour cela obtenir l'hérédité, gage de stabilité. Certes, Bonaparte n'avait pas encore de fils mais, depuis peu, il avait un neveu, Napoléon-Charles Bonaparte, né en 1802 du mariage de Louis Bonaparte et Hortense de Beauharnais. La dynastie des Bonaparte était donc établie. Comme en 1802, lorsqu'il s'était agi de confier à Bonaparte le consulat à vie, le Sénat est invité à formuler le vœu que le pouvoir du Premier consul se prolonge dans ses héritiers. L'occasion est fournie par la présentation au Sénat des preuves de l'implication anglaise dans la conspiration de Cadoudal. Les sénateurs envisagent d'abord d'adresser un simple message à Bonaparte pour le féliciter d'avoir déjoué le complot. Fouché, actif dans la gestion de la crise, trouve là l'occasion de manifester son zèle envers le maître du pouvoir. De son fauteuil de sénateur où le guette l'inactivité, il demande à ses collègues d'envoyer à Bonaparte un message dans lequel serait réclamée l'instauration « des institutions qui détruisissent l'espérance des conspirateurs en assurant l'existence du gouvernement au-delà de la vie de son chef ». On ne pouvait mieux instiller l'idée d'hérédité dans les esprits. En deux ans, Fouché est donc passé de l'opposition au consulat à vie à l'approbation de l'Empire. En 1802, il craignait que le nouveau régime n'ouvrît la porte au retour de la monarchie et ne menaçât les anciens révolutionnaires. En 1804, rassuré par l'exécution du duc d'Enghien qui scelle à ses yeux la rupture définitive entre Bonaparte et les Bourbons, il se dit prêt à soutenir un régime héréditaire qui s'est déjà doté d'institutions monarchiques.

L'attachement aux traditions révolutionnaires retient encore quelques sénateurs de démolir une République qu'ils ont contribué à faire naître. Sous l'influence de Fouché, le Sénat n'en adresse pas moins, le 28 mars 1804, un message à Bonaparte dans lequel le sort du consul est associé à celui du pays : « Quand on médite votre perte, c'est à la France qu'on en veut. » Les sénateurs suggèrent donc de pérenniser le régime : « Vous fondez une ère nouvelle, mais vous devez l'éterniser. L'éclat n'est rien sans la durée. » L'hérédité semble acquise, même si le Sénat n'a pas prononcé le mot. Bonaparte s'en charge en traduisant en termes clairs les propos des sénateurs. Dans la réponse qu'il leur adresse le 25 avril 1804, il les presse de se prononcer avec plus de netteté : « Vous avez jugé l'hérédité de la suprême magistrature nécessaire pour mettre le Peuple français à l'abri des complots de nos ennemis et des agitations qui naîtraient d'ambitions rivales [...] Je vous invite donc à me faire connaître votre pensée tout entière. » Dans ce message au Sénat, Bonaparte prend bien soin de ménager les susceptibilités révolutionnaires ; il insiste sur la notion de souveraineté populaire, même s'il en limite de fait la portée ; il prône « le triomphe de l'égalité et de la liberté publique », il évoque enfin les avantages acquis par quinze années de révolution et fixe au 14 juillet suivant, date symbolique, son terme définitif. Ce message n'est publié que le 6 mai, alors que le gouvernement suscite par ailleurs l'envoi par les corps constitués d'adresses en faveur de l'hérédité. Mais Bonaparte veut plus encore, c'est-à-dire la définition claire du régime à naître.

C'est dans ce but que le Tribunat est à son tour sollicité. La Constitution de l'an VIII lui donnait la possibilité de suggérer les lois à faire. En outre, c'est du Tribunat qu'était venue en 1802 la demande en faveur du consulat à vie Désormais parfaitement assagi, le Tribunat présidé par Fabre de l'Aude se plie aux demandes du maître. Le 30 avril 1804, devant les tribuns assemblés, Curée défend une motion en faveur de la proclamation de l'Empire. Seuls cinq à six tribuns s'y opposent. Parmi eux, Carnot élève une protestation contre la mise à mort de la République. Nourri des souvenirs de la Rome antique, il a approuvé le recours à la dictature, comme moyen de rétablir la liberté, mais il refuse que celle-là se pérennise sous la forme impériale. Les yeux tournés vers la jeune république américaine, il se lance alors dans un plaidoyer en faveur de la liberté qu'il assimile à la République : « Mon cœur me dit que la liberté est possible, que le régime en est facile, et plus stable qu'aucun gouvernement arbitraire ou oligarchique [1]. » Malgré cette opposition, la motion demandant que Bonaparte soit nommé Empereur et que ce titre soit héréditaire dans sa famille est adoptée très largement et transmise au Sénat. Soucieux de ne pas paraître en retrait, les sénateurs se rallient à cette proposition, non sans avoir, par la bouche de François de Neufchâteau, rappelé leurs débats sur l'hérédité : « Je dois vous dire que, depuis le 6 germinal, nous avons fixé sur le même sujet que vous la pensée attentive du premier magistrat. » Et l'orateur propose ensuite à ses collègues de voter une adresse à Bonaparte en faveur de l'Empire. Trois sénateurs votent contre, l'abbé Grégoire, Sieyès et Volney, tandis que d'autres opposants traditionnels s'abstiennent comme Cabanis ou Choiseul-Praslin. Lanjuinais pour sa part, malade, n'était pas présent en séance. Le message est donc transmis au Premier consul : « Les Français, pouvait-on y lire, désirent le repos après la victoire ; et ce repos, ils le devront au gouvernement héréditaire qui seul peut défendre la liberté publique, maintenir l'égalité et baisser ses faisceaux devant l'expression de la souveraineté du peuple qui l'aura proclamé. » Les principes de 1789 étaient ainsi rappelés, avant que la nature du régime soit précisée : « Ce gouvernement héréditaire ne peut être confié qu'à Napoléon Bonaparte et à sa famille. La gloire, la reconnaissance, l'amour, la raison, l'intérêt de l'État, tout proclame Napoléon Empereur héréditaire. »

Le Sénat se rallie donc au principe d'un gouvernement impérial, mais en martelant avec insistance son souhait de voir respecter les libertés fondamentales : « Il faut que la liberté et l'égalité soient sacrées ; que le pacte social ne puisse pas être violé, que la souveraineté du peuple ne soit jamais méconnue et que, dans les temps les plus reculés, la Nation ne soit jamais forcée de ressaisir la puissance et de venger Sa Majesté outragée. » Certes, les sénateurs pensent à l'éventualité d'un héritier indélicat, mais l'avertissement vaut aussi pour le temps présent ; il est une invitation à respecter les libertés et un rappel de la nature du pouvoir impérial ; celui-ci émane du peuple. Et pour mieux remplir son rôle de gardien des lois, le Sénat adjoint à son message un mémoire où sont revendiquées la liberté individuelle, la liberté de la presse et la liberté des élections, mais aussi la responsabilité des ministres et l'inviolabilité des lois constitutionnelles dont le Sénat resterait le garant. Autrement dit, les sénateurs ne demandent rien de moins à Bonaparte que de se placer à la tête d'une monarchie constitutionnelle, bâtie sur le modèle anglais. Ce n'était guère dans l'esprit du Premier consul qui s'empresse de jeter aux oubliettes le projet des sénateurs et d'en interdire la publication, après avoir dénoncé devant le Conseil d'État « des réminiscences de la Constitution anglaise ». Il mesure aussi le danger que peuvent représenter les sénateurs : « Quelque jour, déclare-t-il, le Sénat profitera de la faiblesse de mes successeurs pour s'emparer du gouvernement. » Propos prémonitoire quand on connaît le jeu des sénateurs en 1814, mais, en 1804, le Sénat reste docile.

Le principe de l'hérédité admis, restait à modifier la Constitution, ce qui est fait au début du mois de mai, au sein du Conseil d'État et après que le conseil privé a été consulté. Le projet est ensuite soumis au Sénat qui l'examine du 16 au 18 mai, avant de l'adopter, sous la forme d'un sénatus-consulte qui devient la Constitution de l'an XII. Celle-ci devait régir le pays pendant dix ans. Sur bien des points, elle reprend les dispositions des constitutions antérieures, mais, contrairement à 1802, le gouvernement a choisi d'en faire un compendium de toutes les mesures constitutionnelles, ce qui donne un texte long, composé de cent quarante-trois articles répartis en quatorze titres. Le temps où l'on réclamait une Constitution « courte et obscure » est révolu. Pourtant l'essentiel demeure dans les premières lignes du texte : « Le gouvernement de la République est confié à un Empereur qui prend le titre d'empereur des Français. » Par ces mots, la forme républicaine du pouvoir est provisoirement sauvée, en même temps qu'est une nouvelle fois reconnu le principe de la souveraineté populaire : Napoléon est empereur des Français comme Louis XVI était devenu roi des Français, en 1791, alors que Louis XVIII et Charles X seront de nouveau rois de France.

L'Empire est transmissible à l'intérieur de la famille Bonaparte : « La dignité impériale est héréditaire dans la descendance directe, naturelle et légitime de Napoléon, de mâle en mâle, par ordre de primogéniture, et à l'exclusion perpétuelle des femmes et de leur descendance », précise l'article 3. La reprise de la loi salique marque le souci d'enraciner le nouveau régime dans la tradition monarchique française. L'exclusion des femmes du pouvoir, comme de la régence éventuelle, correspond aussi à un principe déjà formulé dans le Code civil qui fait de la femme un être mineur. En l'absence d'héritiers directs, naturels ou adoptés, l'Empire reviendrait au frère aîné de Napoléon, Joseph, ou à Louis, son frère cadet. En cas de défaillance de l'une de ces deux branches, le Sénat retrouverait le pouvoir de désigner l'empereur. Napoléon a donc exclu de la succession ses frères Lucien et Jérôme, tous deux mariés sans son consentement, et jugés indignes de poursuivre la dynastie napoléonienne. La famille impériale accède de ce fait à un rang particulier ; elle sort du cadre traditionnel de la société pour obtenir un statut privilégié qui s'accompagne aussi de contraintes. Les membres de la famille impériale prennent le nom de princes français et entrent de droit au Sénat et au Conseil d'État dès l'âge de dix-huit ans ; en retour, leur éducation est soumise au contrôle de l'Empereur qui doit être impérativement consulté sur leurs mariages. Napoléon songe à poursuivre la politique d'alliances matrimoniales qu'il a déjà engagée avec les familles régnantes d'Europe. L'enracinement de la dynastie napoléonienne passe aussi par la diffusion de ses rameaux à travers le continent.

Pour renforcer encore le caractère monarchique du régime, la Constitution de l'an XII crée les « grandes dignités de l'Empire » dont les noms fleurent bon l'ancienne France ; ce sont le grand électeur, l'archichancelier de l'Empire, l'archichancelier d'État, l'architrésorier, le connétable et le grand amiral. Les titulaires de ces dignités sont placés immédiatement derrière les princes de l'Empire et jouissent des mêmes droits ; ils sont membres du Sénat, forment le grand conseil de l'Empereur et participent au conseil privé. Chaque dignitaire a un champ d'activité propre : les élections et les rapports avec les assemblées pour le grand électeur, la justice et l'application des lois pour l'archichancelier de l'Empire, la diplomatie pour l'archichancelier d'État, les finances pour l'architrésorier, l'armée et la marine pour le connétable et le grand amiral. Chacun participe au travail conduit entre l'Empereur et les ministres compétents qui, loin de disparaître, sont les véritables détenteurs du pouvoir administratif. Aux grands dignitaires s'ajoutent des grands officiers : dix-huit maréchaux, huit inspecteurs et colonels généraux et des officiers civils de la couronne, chargés de faire fonctionner la Maison de l'Empereur.

Le renforcement des pouvoirs monarchiques se traduit aussi par un nouvel amoindrissement du rôle des assemblées, surtout du Tribunat. Le processus d'affaiblissement amorcé en 1802 se poursuit. Désormais, le président du Tribunat est nommé par l'Empereur, sur une liste de trois noms proposés par les tribuns. Surtout, la discussion des projets de loi ne peut plus s'effectuer en séance générale, mais au sein de l'une des trois assemblées de sections qui composent désormais le Tribunat. Réduit à cinquante membres par la Constitution de l'an X, le Tribunat se voit divisé en trois pour discuter des lois, c'est dire que son pouvoir véritable est réduit. Il n'est pas remercié de son geste en faveur de l'établissement de l'Empire. La division du travail parlementaire s'accroît donc. Quant au Corps législatif, il conserve ses prérogatives. Il est même doté d'un semblant de parole, par la mise en place d'un comité général qui peut réunir à huis clos l'ensemble des législateurs pour discuter d'un problème interne, voire d'un projet de loi si le Conseil d'État le demande. Les conditions pour réunir ces comités sont draconiennes et n'ouvrent guère de perspective au débat parlementaire.

Finalement, c'est le Sénat qui sort, au moins en apparence, renforcé de la Constitution de l'an XII, au détriment, il est vrai, de son autonomie. L'adjonction de membres de droit, princes français et dignitaires de l'Empire, et la possibilité offerte à Napoléon de nommer sans limites de nouveaux sénateurs accroissent le nombre des piliers du régime. De plus, Napoléon désigne désormais lui-même le président du Sénat, ce qui renforce son contrôle sur cette assemblée. Les sénateurs obtiennent, en revanche, un pouvoir accru sur le contrôle des actes législatifs. Il n'est plus nécessaire qu'ils soient saisis par le Tribunat pour juger une loi inconstitutionnelle, un simple sénateur pouvant le faire. Le Sénat obtient aussi la création en son sein d'une commission de la liberté individuelle et d'une commission de la liberté de la presse, ce qui répond au vœu formulé en avril par les sénateurs et représente une concession faite aux défenseurs des principes de 1789. Enfin, le Sénat forme le socle de la Haute Cour, instituée par la Constitution de l'an XII pour juger les actes commis par les dignitaires de l'Empire ; elle ne servit jamais. Il n'en demeure pas moins que le Sénat voit ses prérogatives renforcées et prend de plus en plus des allures de chambre haute. Plus encore qu'en l'an VIII ou en l'an X, c'est Napoléon qui concentre entre ses mains l'essentiel des pouvoirs.

L'avènement de l'Empire est sanctionné par le peuple. Ce dernier est consulté, comme à deux reprises déjà, par le biais d'un référendum organisé à partir du mois de juin 1804. Les électeurs n'ont à se prononcer que sur la naissance d'un régime héréditaire, non sur l'ensemble de la Constitution. Les résultats proclamés en novembre par le Sénat font état de 3 572 329 oui et 2 579 non. En réalité les chiffres ont été gonflés, comme en l'an VIII, mais dans une proportion moindre, pour donner l'impression d'une progression par rapport au plébiscite de 1802 sur le consulat à vie. En fait, plus de la moitié des électeurs se sont abstenus. Le corps électoral n'est donc pas unanime pour approuver la naissance d'un régime héréditaire confié à Napoléon. Quelques rares voix s'élèvent même contre cette évolution monarchique, à l'instar de La Fayette. Ces réticences, visibles surtout au travers des abstentions, expriment sans doute des craintes face à l'abandon des principes révolutionnaires, mais aussi face à la reprise de la guerre et aux inquiétudes qu'elle fait naître en France. De toute manière, comme en l'an VIII, on n'a pas attendu le dépouillement des résultats pour mettre en place le nouveau régime.

Le passage du consulat à vie à l'Empire ne provoque pas de révolution. Dans les faits, la monarchie était déjà instaurée en France ; il se traduit cependant par quelques décisions dont l'adjonction manifeste la volonté de Napoléon d'agir en souverain, décidant et jugeant de tout dans le pays. En matière de justice, il use de son droit régalien pour gracier Moreau, condamné à deux ans de prison pour ses liens avec Cadoudal et Pichegru ; Napoléon l'exile aux États-Unis. L'Empereur décide aussi d'accorder sa grâce à sept condamnés à mort, d'origine noble, dont Armand et Jules de Polignac, qui iront croupir dans les prisons d'État. En revanche, Cadoudal et douze de ses comparses sont exécutés le 28 juin 1804. L'opinion retient cependant le geste de clémence du nouveau souverain. Napoléon fait savoir qu'il peut se montrer magnanime, même lorsque l'on complote contre sa personne. Il le peut d'autant mieux que sa succession est désormais assurée. Sur le plan gouvernemental, les changements sont également sensibles. Le plus notable concerne le rétablissement, le 10 juillet 1804, du ministère de la Police générale confié à l'inévitable Fouché. Ce dernier ne s'était jamais désintéressé de ce domaine, gardant des contacts dans le milieu du renseignement. Ses réseaux qui l'avaient informé du complot fomenté par Cadoudal sont de nouveau prêts à fonctionner. Fouché bénéficie en la circonstance de la faiblesse des services de police, mise au jour à l'occasion de la conjuration Cadoudal-Pichegru, mais aussi du rôle joué dans la proclamation de l'Empire. Le même jour, Napoléon crée un ministère des Cultes, confié à Portalis qui occupait déjà le poste de directeur des Cultes. Le changement est minime, mais la montée en puissance de ce secteur est à rapprocher de l'évolution monarchique du régime : l'Empire compte sur la religion pour s'enraciner. En outre, Portalis n'a jamais voilé son attachement au principe monarchique. Un mois plus tard, le 8 août 1804, le ministre de l'Intérieur Chaptal est remplacé par Champagny. À un brumairien, fidèle de Bonaparte, succède un néo-monarchiste, issu de la noblesse d'Ancien Régime qu'il avait représentée aux États généraux. Cet ancien officier de marine, devenu conseiller d'État, puis ambassadeur de France en Autriche, est un proche de Lebrun ; il symbolise la volonté de rallier les représentants de l'ancienne France au régime. Pour le reste, les ministres du Consulat conservent leur place. C'est donc par d'autres signes que le passage à l'Empire se matérialise.

2. LES SYMBOLES DE LA MONARCHIE IMPÉRIALE

L'Empire a besoin de symboles pour s'enraciner dans les esprits et s'imposer au peuple. Il se doit tout d'abord de rompre avec le régime précédent, tout en recherchant ses origines dans l'histoire. La mise en scène du pouvoir est aussi un des éléments déterminants de la stratégie employée par Napoléon pour consolider son régime.

Même si la République n'est pas officiellement abolie en 1804, elle s'efface progressivement. Le nouveau régime cesse ainsi de célébrer les deux fêtes républicaines du 1er vendémiaire, jour anniversaire de la proclamation de la République en 1792, et surtout du 14 juillet qui est célébré pour la dernière fois en 1804, comme le remarque Mme de Staël : « Le 14 juillet fut encore fêté cette année 1804, parce que, disait-on, l'Empire consacrait tous les bienfaits de la Révolution. » Ensuite, Napoléon, qui s'était proclamé fils de la Révolution, en oublie les racines. Pourtant la République est toujours le régime officiel de la France, comme le rappellent la Constitution de l'an XII ou le maintien, jusqu'au 1er janvier 1806, du calendrier républicain, voire la persistance jusqu'en 1809, sur les monnaies, des références à la République. Ce vocable s'entend désormais dans le sens latin de *Res publica*, et désigne donc plutôt l'État que la forme du régime. La lente disparition du terme de République n'en révèle pas moins les ambiguïtés d'un régime qui se refuse à briser net ses racines révolutionnaires.

Pourtant, l'Empire se dote de ses propres attributs. Il ne remet pas en cause le drapeau tricolore qui, depuis l'Italie, a conduit les armées de Bonaparte à la victoire. Les trois couleurs symbolisent la continuité de la Révolution, prise dans son ensemble, que ce drapeau était déjà l'emblème de la monarchie constitutionnelle — il le redeviendra en 1830, après avoir été abandonné par la Restauration au profit du drapeau blanc. En revanche, la *Marseillaise*, hymne national et révolutionnaire, est délaissée dès 1800. Son chant ne résonne plus dans les cérémonies officielles, pas plus que sur les champs de bataille, sauf de manière sporadique pendant la retraite de Russie. Mais la *Marseillaise* n'a pas la même signification que le drapeau tricolore. Lancée en 1792, au moment où le territoire est menacé par les armées étrangères, elle est certes un chant guerrier, mais son histoire est surtout associée à la journée du 10 août 1792 et donc à la chute de la monarchie. En cela, elle est le symbole de la République et l'incarnation de la Révolution jacobine. Elle ne peut donc prétendre à la dimension consensuelle du drapeau tricolore et à la réunion de tous les Français derrière ses vers. Le destin de son auteur, Rouget de l'Isle, est associé au déclin de la *Marseillaise*. Bonaparte lui passe commande d'un nouveau chant, mais ce dernier, le *Chant des combats*, composé en janvier 1800, n'a aucun succès. Rouget, resté républicain, se prononce ensuite contre le consulat à vie, puis contre l'établissement de l'Empire, et végète sous la surveillance constante de la police. L'Empire n'a donc pas de chant officiel, même si un autre chant composé à l'époque de la Révolution en tient lieu. Les paroles de *Veillons au salut de l'Empire*, qui sert d'hymne au nouveau régime, ont en effet été rédigées par un chirurgien-chef de l'armée du Rhin, Roy, en 1791, c'est-à-dire au temps de la monarchie constitutionnelle. Elles résonnent curieusement aux oreilles des victimes de l'arbitraire napoléonien :

> *Veillons au salut de l'Empire !*
> *Veillons au maintien de nos droits !*
> *Conspirons la perte des rois !*
> *Liberté ! Liberté ! Que tout mortel te rende hommage !*
> *Tremblez, Tremblez tyrans ! Il faut expier vos forfaits !*
> *Plutôt la mort que l'esclavage !*

En se réappropriant ce chant révolutionnaire qui date des premiers temps de la Révolution — ceux de l'esprit de 1789 —

Napoléon confirme son souci de paraître défendre les droits de l'homme : l'égalité, la liberté, la lutte contre la féodalité.

Au chant et au drapeau, le nouveau régime ajoute d'autres symboles, notamment l'aigle et l'abeille. Quelles armoiries choisir en effet pour représenter l'Empire ? Le Conseil d'État se penche sur cette épineuse question, en juin 1804. Parmi les symboles animaliers sont tour à tour examinés le coq, le lion et l'éléphant. Finalement le coq semble emporter l'adhésion. Pour les conseillers d'État, lecteurs assidus de César, il est la marque de l'antique peuple des Gaules. Ce symbole ne sied pas à Napoléon : « Le coq est de basse-cour, c'est un animal trop faible », s'exclame-t-il. Finalement l'aigle est choisi. Il est une réminiscence des traditions romaine et carolingienne et ancre l'Empire au sein des grandes monarchies européennes, puisque la Prusse et l'Autriche utilisent déjà ce symbole. L'aigle au repos est choisi pour orner la hampe des drapeaux. En revanche, sur le sceau impérial, l'aigle aura les ailes éployées. À l'emblème guerrier, Napoléon adjoint un symbole plus pacifique, l'abeille, mise en avant par Cambacérès et défendue au sein du Conseil d'État par Lacuée pour qui elle représente à la fois « l'aiguillon et le miel ». Insecte industrieux, modèle de discipline et d'obéissance au pouvoir souverain, l'abeille incarne l'autre versant de l'Empire naissant, à savoir la reconstruction de l'État et de la société. Elle est aussi une référence à la dynastie mérovingienne à laquelle Napoléon entend ainsi se rattacher symboliquement. Les abeilles seront partout présentes, sur le manteau du sacre où leur figuration les fait ressembler à des fleurs de lys, comme sur les tapisseries ou le mobilier des palais impériaux.

Par ces symboles, le régime est donc identifiable. Ils marquent tout à la fois une volonté de rupture et de continuité avec la Révolution, en même temps qu'un souci d'enracinement dans la tradition monarchique du pays. Ce point est très important dans la formation de l'Empire napoléonien. Il explique le sacre, mais plus généralement la reconstruction d'un passé dans lequel sont recherchés les signes auxquels l'Empire puisse se rattacher. La référence à l'Empire romain, et plus généralement aux empires orientaux, est fréquente : Alexandre et César restent les deux modèles auxquels s'identifie Napoléon, d'autant plus qu'ils sont des fondateurs d'empire. Alexandre le Conquérant se survit au travers de ses lieutenants, qui mettent en place les monarchies hellénistiques. César, même s'il n'en prend pas le titre, est le premier des empereurs romains, celui qui déjà fait la synthèse entre la République et l'Empire. Il est aussi le seul auquel Napoléon se réfère, car ses successeurs sont marqués du sceau de la décadence. Il se refuse donc à être désigné par les noms d'Auguste ou de Germanicus : « Auguste n'a eu que la bataille d'Actium. Germanicus a pu intéresser les Romains par ses malheurs, mais il n'a illustré sa vie que par des souvenirs très médiocres », écrit ainsi Napoléon en 1809 alors que l'Institut se propose de lui donner l'un ou l'autre de ces deux noms, et Napoléon ajoute : « Le seul homme, et il n'était pas empereur, qui s'illustra par son caractère et par tant d'illustres actions, c'est César. » Il refuse également ce nom, galvaudé à travers l'histoire. Cette démarcation ne l'empêche pas de considérer la Rome des empereurs comme un modèle d'inspiration.

Napoléon se veut héritier de cet Empire qui a façonné l'Occident du Ier au IVe siècle et qui s'est prolongé ensuite dans l'Empire carolingien, c'est pourquoi il attache une si grande importance à la figure de Charlemagne dont il s'inspire au moment de son couronnement. Il se rend ainsi à Aix-la-Chapelle en septembre 1804 et se recueille devant ses reliques. L'idée d'un sacre célébré par le pape renvoie aussi au précédent de 800 et la figure de Charlemagne est associée au déroulement de la cérémonie ; elle accueille ainsi les spectateurs venus assister au sacre de Napoléon à Notre-Dame, tandis que plusieurs des ornements du sacre sont copiés sur le modèle carolingien. L'Empire naissant s'appuie sur le thème de la *translatio imperii*, très fortement ancré dans les esprits au Moyen Âge et selon lequel la puissance impériale serait passée des souverains orientaux aux empereurs romains puis aux empereurs carolingiens. Napoléon se proclame l'héritier de cette tradition, d'autant mieux que le Saint-Empire romain germanique qui revendiquait cet héritage a succombé.

Au-delà de la transmission de la puissance impériale depuis l'Antiquité, Napoléon s'attache aussi à favoriser l'enracinement de son pouvoir dans la tradition monarchique française. Il développe de ce fait l'idée d'une quatrième dynastie appelée à gouverner la France. Dans cette perspective, les Napoléon succèdent aux Mérovingiens, aux Carolingiens et aux Capétiens. L'objectif de cette reconstruction du passé monarchique vise à rappeler que la royauté des Bourbons n'était pas immuable, qu'elle n'était ni première ni unique. Les Capétiens eux aussi avaient cherché à se rattacher aux dynasties anciennes, en particulier aux Carolingiens. Toutefois, le souvenir d'Hugues Capet reste discret dans les fastes impériaux ; il n'a pas il est vrai la trempe d'un Charlemagne, à côté duquel on retrouve, sur la façade de Notre-Dame, le 2 décembre 1804, un autre fondateur, Clovis, symbole d'une ébauche d'unité nationale et du lien noué entre l'Église et l'État. Le sacre de Napoléon renvoie, en effet, au souvenir du couronnement de Charlemagne, mais aussi au baptême de Clovis. Les Capétiens ne sont pas pour autant oubliés ; sans eux, la continuité dynastique serait interrompue. C'est plutôt vers le « grand roi », vers Louis XIV, que se tournent les regards napoléoniens. Déjà en 1800, le Premier consul faisait entrer Turenne aux Invalides en grande pompe, honorant par là même le génie militaire de Louis XIV, en même temps qu'était célébré un symbole de la réconciliation nationale, au travers de ce protestant converti au catholicisme. À plusieurs reprises, au cours de son règne, Napoléon fait référence à Louis XIV, la référence s'imposant presque à l'heure du conflit avec le pape.

Comme Louis XIV, Napoléon entend préserver son indépendance face à la papauté, voire lui imposer sa puissance. Lors de la négociation du Concordat, Bonaparte avait pris soin de se faire reconnaître les droits et prérogatives de l'ancienne couronne de France. Il se plaît ainsi à évoquer son titre de « fils aîné de l'Église », comme il le rappelle à Pie VII en janvier 1806, en se posant en défenseur du pape. « Je me suis considéré comme le protecteur du Saint-Siège et à ce titre j'ai occupé Ancône. Je me suis considéré, ainsi que mes prédécesseurs de la deuxième et de la troisième race, comme le fils aîné de l'Église, comme ayant seul l'épée pour la protéger et la mettre à l'abri d'être souillée par les Grecs et les musulmans. » Napoléon songe à Charlemagne, référence omniprésente dans son discours, mais aussi aux rois capétiens partis en croisade à l'image de Philippe Auguste et Saint Louis, auxquels il souhaite implicitement qu'on le compare lorsqu'il fait mettre en scène par les peintres ses hauts faits en Égypte et en Palestine.

La référence à Hugues Capet est, on l'a dit, plus rare et moins glorieuse. Elle sert cependant à légitimer par un autre biais le pouvoir de Napoléon. Dans le « Manuscrit de l'île d'Elbe », reproduit par Las Cases dans le *Mémorial de Sainte-Hélène*, à la date de 1816, on peut lire en effet : « Hugues Capet monta sur le trône par le choix du parlement, composé des seigneurs et des évêques, ce qui formait alors la nation », et un peu plus loin : « Aucun prince ne monta sur le trône avec des droits plus légitimes que Napoléon. Le trône fut déféré à Hugues Capet par quelques évêques et quelques nobles ; le trône impérial fut donné à Napoléon par la volonté de tous les citoyens, constatée trois fois d'une manière solennelle. » L'allusion aux plébiscites permet à Napoléon de rappeler l'origine populaire de son pouvoir et son attachement au principe de la souveraineté nationale dont il entrevoit les prémices dans la désignation d'Hugues Capet. Les références nombreuses aux anciens rois de France, notamment Henri IV et Louis XIV, même lorsqu'il s'agit de les critiquer et de magnifier l'œuvre de l'Empire au regard de leurs difficultés, ont pour ambition d'accréditer la thèse de la perpétuation du pouvoir monarchique depuis les débuts de la nation France que Napoléon fait commencer avec Clovis. Naturellement, l'Empire n'est pas, aux yeux de Napoléon, une simple imitation de ces royautés du passé ; elle les transcende toutes, en offrant un modèle achevé de monarchie. C'est ainsi qu'il faut comprendre ces propos adressés par Napoléon à Fouché, alors que l'Empire atteint son apogée : « Nous sommes en 1809. Je pense qu'il serait utile de faire faire quelques articles, bien faits, qui comparent les malheurs qui ont affligé la France en 1709 avec la situation de l'Empire en 1809. » Le message est clair : Louis XIV était un grand roi, Napoléon est un souverain plus grand encore. L'enracinement dans le passé n'empêche pas l'Empire napoléonien de vouloir affirmer sa propre personnalité et sa propre force. Pour ce faire, le cérémonial joue un rôle décisif.

3. Le sacre

Le sacre du 2 décembre 1804 ne fait pas l'Empire, mais il lui apporte un lustre particulier. Napoléon a encore une fois réussi son opération de propagande. Dans tous les esprits, la date du sacre marque les vrais débuts du régime impérial. Pourtant, l'Empereur n'y attachait qu'une importance secondaire. Il est célébré à l'usage du public présent à Paris le 2 décembre 1804 et par-delà ce public au peuple tout entier. Son but est donc bien d'ancrer dans les esprits l'idée d'un rétablissement de la monarchie en France, tout en marquant les innovations introduites depuis la Révolution. À partir du sacre, le cérémonial prend une très grande importance sous l'Empire. Le rôle assigné au grand maître des cérémonies, charge confiée à M. de Ségur, s'avérant décisif dans l'organisation des fêtes impériales.

Le sacre est d'abord une fête nationale qui doit associer tous les éléments du corps social et les faire communier dans une même adhésion au régime impérial. Pour les réunir, le choix du lieu est important. Paris ne s'imposait pas de prime abord. C'est à Rome qu'était allé se faire sacrer Charlemagne. C'est à Reims que se déroulait traditionnellement le sacre des rois de France. Mais Paris avait acquis depuis la Révolution ses lettres de noblesse ; son statut de capitale de l'Empire était pleinement admis. Délaisser cette ville, c'eût été renier l'œuvre de centralisation administrative et politique développée depuis 1800. Cependant, Napoléon, mécontent de l'attitude du peuple parisien au moment de la conspiration de Cadoudal, irrité par la constance de son esprit révolutionnaire, songe à une autre hypothèse : « Pourquoi ne pas choisir une autre ville que Paris où il y a tant de canailles, s'exclame-t-il devant le Conseil d'État. Quand ce ne serait, poursuit-il, que pour faire voir aux Parisiens que l'on peut gouverner sans eux. » N'a-t-il pas pensé à Lyon, ou plutôt à Aix-la-Chapelle, alors sous domination française, où Napoléon passe une semaine au mois de septembre ? Aucun de ces projets n'aboutit. Ce sera donc Paris, mais en quelle enceinte ? Les partisans de ce que l'on appellerait aujourd'hui la laïcité défendent l'idée d'un grand rassemblement sur le Champ-de-Mars, sur les lieux mêmes où se célébra, le 14 juillet 1790, la fête de la Fédération, manifestation d'unité nationale. Le symbole est parlant ; il aurait pu rattacher l'Empire à la monarchie constitutionnelle, mais Napoléon n'entend pas être un nouveau Louis XVI, soumis à la pression du peuple de Paris. « On a songé, dira-t-il, au Champ-de-Mars par réminiscence de la Fédération mais les temps sont bien changés : le peuple était alors souverain, tout devait se faire devant lui ; gardons-nous de lui donner à penser qu'il en est toujours ainsi ! Le peuple est aujourd'hui représenté par des pouvoirs légaux. Je ne saurais d'ailleurs voir le peuple de Paris, encore moins le peuple français, dans vingt ou trente mille poissardes ou autres gens de cette espèce qui envahiraient le Champ-de-Mars. Je n'y vois que la populace ignare et corrompue d'une grande ville. Le véritable peuple en France, ce sont les présidents de cantons et les présidents de collèges électoraux, c'est l'armée dans les rangs de laquelle sont les soldats de toutes les communes de France. » C'est une vision très partielle de la nation, mais qui montre le souci de faire du sacre une fête nationale, où sont invités les représentants du pays, non une fête populaire. Napoléon ne remet pas en cause le principe de souveraineté nationale auquel il a redit à plusieurs reprises son attachement, mais il considère que, une fois que le peuple s'est exprimé et a désigné ses mandataires, il doit s'en remettre à eux. Aux yeux de Napoléon, le peuple est mieux représenté par les délégués des corps constitués venus de province que par le peuple de Paris. Le Champ-de-Mars est donc éclipsé. Il est vrai que pour une fête célébrée à l'automne, mieux vaut un édifice couvert.

Le choix est fait de Notre-Dame. La cathédrale, mal remise de quatorze ans de Révolution, est alors en piteux état, mais elle offre l'avantage, outre l'espace, d'être un temple national, à la fois métropole de la capitale et lieu où se sont célébrés la fête de la Raison en 1793 ou le culte théophilanthropique sous le Directoire. Ce statut de temple national lui a déjà été conféré en 1802, lorsqu'une grande fête y fut célébrée à l'occasion de la promulgation de la loi sur l'organisation des cultes. Déjà l'initiative avait fait grincer des dents dans les rangs anticléricaux et il fallut toute l'autorité de Bonaparte pour ramener ses proches, en particulier les généraux, à la raison. En 1804 les préventions contre ce passage par un lieu de culte ne sont pas éteintes. Napoléon veut donner plus de faste encore à la cérémonie en y associant le pape. Portalis, qui n'a pas encore été nommé ministre des Cultes, souffle cette idée à l'Empereur, prétextant à tort que les papes sacrent toujours les fondateurs des nouvelles dynasties. Ce fut vrai de Charlemagne, et surtout de Pépin le Bref, sacré par le pape à Saint-Denis, mais ni de Clovis ni de Hugues Capet. La décision est prise en mai 1804. Une négociation s'engage à Rome. Elle est conduite par le cardinal Fesch, oncle de Napoléon, alors ambassadeur auprès du Saint-Siège, et par le cardinal Consalvi, secrétaire d'État du pape. Pie VII accepte de se rendre à Paris. Il espère en effet obtenir en échange la révision des Articles organiques adjoints au Concordat en 1802, de même que le règlement de la question des évêques issus de l'Église constitutionnelle qui ont refusé d'abjurer leur serment. Il n'obtiendra rien de tel. Charlemagne était allé à Rome. Napoléon fait venir Pie VII à Paris, affirmant par cette inversion la victoire du gallicanisme d'État sur la papauté. Il s'inscrit ainsi dans la lignée de Louis XIV. Pie VII quitte Rome le 2 novembre, trop tard pour que la cérémonie du sacre ait lieu, comme initialement prévu, le 18 brumaire. Napoléon souhaitait commémorer sa prise de pouvoir ; il n'en a pas l'occasion. C'est donc fortuitement, à cause du retard du pape — il n'arrive à Paris que le 28 novembre — que le 2 décembre entre dans l'histoire, comme date fétiche de la dynastie napoléonienne.

Du sacre, chacun garde en mémoire la scène proposée par David, peintre officiel du régime, invité à immortaliser l'événement. Le moment choisi par le peintre est celui où Napoléon pose la couronne sur la tête de Joséphine. David a restreint son champ de vision et concentré ses regards sur le chœur où sont disposés les protagonistes du sacre. L'ensemble du tableau met l'accent sur le luxe des habits et manifeste la grandeur de la cérémonie. Le peintre rejoint en cela les témoins de la scène, par exemple Jean-Baptiste Barrès, vélite de la Garde, qui assiste presque par hasard à la cérémonie : « Je pris une assez bonne place sans beaucoup de peine, parce qu'on pensa que j'étais envoyé pour y faire faction. De là, je vis au moins les deux tiers de la cérémonie, tout ce que l'imagination la plus féconde peut imaginer de beau, de grandiose, de merveilleux. Il faut l'avoir vu pour s'en faire une idée [2]. »

Pour parvenir à ce résultat, la cathédrale a été décorée, les murs ont été tendus de tapisseries, tandis que des gradins étaient installés pour permettre aux nombreux invités d'assister au mieux à la cérémonie. L'ordre des places est très précisément défini. Il correspond à la hiérarchie des fonctions dans l'appareil d'État. Les princes, princesses et hauts dignitaires de l'Empire sont en première place. Les principaux acteurs de la geste napoléonienne sont en effet présents, même si manquent à la cérémonie la mère de Napoléon, et deux de ses frères en disgrâce, Lucien et Jérôme, absents pour avoir convolé sans l'accord de leur auguste frère. Joseph, l'aîné, est en revanche présent. Napoléon lui aurait murmuré en passant à sa hauteur : « Joseph, si notre père nous voyait. » De fait, le sacre est aussi une consécration familiale. Les trois sœurs de l'Empereur, Caroline, Élisa et Pauline, ont rechigné à soutenir la traîne de Joséphine, mais Napoléon voulait symboliser par ce geste l'union des deux familles. L'impératrice est la première à s'avancer dans la cathédrale. Il est un peu plus de midi. Trois maréchaux, Sérurier, Murat et Moncey, portent les honneurs qui lui seront décernés. Le cortège de Napoléon est naturellement plus imposant. En tête, trois autres maréchaux, Kellermann, Pérignon et Lefebvre portent les honneurs de Charlemagne. Ils sont suivis de quatre dignitaires tenant en main les honneurs destinés à Napoléon : Bernadotte porte le collier impérial, Eugène de Beauharnais l'anneau, Berthier le globe et Talleyrand la corbeille du manteau. Napoléon s'avance alors en tunique, recouvert d'un immense manteau, constellé d'abeilles, que tiennent ses deux frères, Joseph et Louis, ainsi que ses deux anciens collègues consuls, Cambacérès et Lebrun. Les invités attendent dans la cathédrale depuis le début de la matinée. Le clergé est nombreux. La plupart des évêques ont accepté l'invitation du souverain ; ils se sont joints au chapitre de la cathédrale de Paris qui entend faire valoir ses prérogatives et signera le registre du sacre. Ils garnissent le chœur et entourent le pape et les cardinaux préposés à la cérémonie. Les Églises protestantes sont également représentées. Le sacre est aussi l'occasion de réunir les représentants de l'État. Ministres, conseillers d'État, sénateurs, membres du Corps législatifs et tribuns côtoient les principaux magistrats du pays, mais aussi les préfets, sous-préfets, présidents de collèges électoraux de département, d'arrondissement et même de canton, venus spécialement à Paris pour la cérémonie. Le sacre est l'occasion d'un vaste déplacement des fonctionnaires des provinces vers Paris. S'y sont joints également des délégués des colonies. Avant comme après la cérémonie, bien des réunions se tiennent entre ces représentants de l'État et leur ministre de tutelle. En revanche, la part des militaires est plus faible ; l'armée est essentiellement représentée par les généraux commandant des divisions territoriales. Enfin, les pays étrangers ont délégué leurs ambassadeurs à la cérémonie.

De prime abord, le sacre de Napoléon imite le sacre des anciens rois. En réalité, bien des points du cérémonial changent, ce qui dénature la portée du geste. Le sacre est une cérémonie civile avec un habillage religieux. Certes, la nature du sacre ne peut être niée : le lieu, une cathédrale, le concours d'un vaste clergé, le rôle assigné au pape, sont autant d'éléments qui plaident en faveur d'une pleine association du trône et de l'autel. L'Empereur a reçu du pape la triple onction, sur la tête et les mains, avant le début de la messe. Au cours de celle-ci, les ornements impériaux ont été bénis, puis transmis par le pape à l'Empereur, dans l'ordre suivant : l'anneau, l'épée, le manteau, le globe, la main de justice et le sceptre. Alors, « l'Empereur, portant dans ses mains ces deux derniers ornements, a fait sa prière », tandis que le pape remettait ses ornements à l'impératrice. Puis vient le moment de l'autocouronnement rapporté en ces termes par le procès-verbal de la cérémonie : « Ensuite l'Empereur a remis la main de justice à l'Archichancelier, et le sceptre à l'Architrésorier, est monté à l'autel, a pris la couronne et l'a placée sur sa tête ; il a pris dans ses mains celle de l'Impératrice, est revenu se mettre auprès d'elle, et l'a couronnée. » Ce geste n'est pas spontané ; il était prévu dans le cérémonial et avait été accepté par le pape. Sa signification n'en est pas moins grande : Napoléon refuse de tenir son pouvoir souverain, symbolisé par la couronne, des mains du pape, c'est-à-dire de Dieu. Il rappelle de la sorte son attachement au principe de la souveraineté nationale, et refuse toute idée d'une sujétion du pouvoir temporel vis-à-vis de l'Église. Ce geste rejoint la retenue de l'Empereur qui a gommé du cérémonial traditionnel du sacre toute trace d'assujettissement ; il refuse ainsi la cérémonie de la dévêture, à l'issue de laquelle le souverain se prosternait au pied de l'autel. Seuls quelques agenouillements sont conservés, mais les périodes de prière paraissent très formelles. Pendant l'*Oremus*, au début de la cérémonie, « l'Empereur et l'Impératrice ont fait un instant leur prière sur leur prie-Dieu, et se sont levés ». Surtout, Napoléon refuse de participer à l'Eucharistie, après avoir renoncé à se confesser. Aux yeux des catholiques, il n'est donc pas en état de recevoir un quelconque sacrement. À la fin de la messe, le pape se retire dans la sacristie pour ne pas assister à la prestation de serment de Napoléon, serment dans lequel il est rappelée sa promesse de protéger la liberté religieuse. Mais le pape n'avait pas eu scrupule à accueillir dans la cathédrale les présidents des consistoires protestants présents à ce titre au sacre de l'Empereur. Aux trois moments cruciaux de la cérémonie, Napoléon marque donc sa distance à l'égard du pouvoir spirituel. Il entend signifier par là que le pape reconnaît son pouvoir à l'égal de celui des rois, mais ne le lui confère pas. La montée vers l'autel de ce fils de petite noblesse corse, pour revêtir la couronne impériale, symbolise l'ascension sociale rendue possible par la Révolution. C'est aussi le sens du tableau de David commandé par Napoléon : ce que doit retenir la population, c'est la représentation de l'autocouronnement qui flatte un vieux fonds de fidélité à la royauté et l'attachement au principe d'égalité qu'incarne Napoléon.

Le sacre terminé, les souverains regagnent les Tuileries. Selon le cérémonial d'Ancien Régime, Napoléon aurait dû, le lendemain, recevoir les malades pour le fameux toucher des écrouelles, par lequel les rois exerçaient leur pouvoir de thaumaturge. L'Empereur ne goûte guère ces mœurs d'un autre âge ou peut-être craint-il de voir ce pouvoir mis à mal. Quoi qu'il en soit, il ne procède pas au toucher des écrouelles. Mais il connaît fort bien le poids des images, c'est pourquoi, on le verra, dès le salon de 1804, au bras d'un malade, dans la toile peinte par Gros, *Les Pestiférés de Jaffa*. Ce tableau de commande vise à démonter les accusations anglaises selon lesquelles Napoléon, lors de la campagne d'Égypte, aurait abandonné en Palestine ses soldats atteints par la peste, les empoisonnant avant son départ. Il permet aussi de montrer un Napoléon soucieux de la santé de ces malades. Non seulement il leur rend visite, mais il les touche, le peintre mettant l'accent sur la main blanche et dégantée de Bonaparte — l'autre main tient ostensiblement son gant — posée sur la poitrine d'un malade. Derrière lui, son aide de camp respire dans un mouchoir, ce qui renforce encore l'impression d'invulnérabilité de Bonaparte. La dimension thaumaturgique de l'Empereur est ainsi clairement signifiée ; elle trouve des prolongements dans les visites aux hôpitaux auxquelles se plie Napoléon. Le régime a prêté une attention particulière à la réception de ce tableau, comme l'atteste un rapport de police qui précise :

« On se porte en foule au Salon pour voir l'Hôpital de Jaffa [*sic*], et ce tableau n'a que des admirateurs. Des personnes de toutes les classes, après l'avoir examiné longtemps, paraissent attendries..., plusieurs ont dit avec émotion : " C'est la plus belle action de l'Empereur. " »

La cérémonie du sacre est complétée, trois jours plus tard, par l'organisation d'un adoubement militaire. Le 5 décembre 1804 en effet, Napoléon et Joséphine remettent aux régiments de l'armée les aigles, avant que ceux-ci ne prêtent serment aux nouveaux souverains. La scène, immortalisée elle aussi par David, se déroule devant l'École militaire où a été dressée une tente aux allures orientales. La cérémonie évoque naturellement la manière dont les empereurs romains étaient désignés par leurs troupes pour exercer la magistrature suprême. Napoléon n'a pas souhaité que l'armée prenne l'initiative de la proclamation de l'Empire, mais il lui accorde la faveur d'être la première honorée. La cérémonie de distribution des aigles au Champ-de-Mars est une réitération du sacre. Le tableau de David, d'où Joséphine a disparu, pour cause de divorce, rend compte de ce moment. À l'ordre de la cérémonie du sacre succède une impression de fouillis, écho du chaos des champs de bataille qui ont fait la gloire de l'Empereur. La profusion des aigles, sur la colonnade dressée comme sur les drapeaux, matérialise la force militaire du régime, alors que la cérémonie du sacre était placée sous le signe de l'abeille. Les deux démonstrations se répondent ; l'une est une cérémonie civile et religieuse, en présence des grands corps de l'État, elle symbolise l'union de la nation derrière son souverain ; l'autre est une manifestation militaire qui insiste sur la nature profonde d'un régime fondé par les armes et qui entend se perpétuer par les guerres. Le peuple y participe, mais il reste en retrait ; il assiste au spectacle des cinq ballons lâchés du Champ-de-Mars et reçoit une grande quantité de médailles frappées à l'effigie de l'Empereur, il est invité enfin à danser dans les nombreux bals publics organisés pour célébrer l'événement.

Ces deux cérémonies sont les deux grands moments du passage à l'Empire couronné, mais les fêtes devaient se prolonger pendant plus d'un mois. Elles furent marquées par des illuminations, des bals et des réceptions, dans Paris comme en province. Tels les empereurs antiques, Napoléon cherche à éblouir le peuple par la profusion des fêtes et l'exposition de luxe et de richesse. Amorcée par le sacre, cette période de fêtes s'achève véritablement avec l'organisation du carnaval et la remise au goût du jour de la fête du Bœuf gras, au cours de laquelle Napoléon apparaît au balcon des Tuileries pour saluer le cortège masqué. L'association du peuple au couronnement et aux manifestations qui le suivent marque le souci du régime d'enraciner le pouvoir impérial par le recours aux fêtes de souveraineté, c'est-à-dire des fêtes organisées pour marquer l'adhésion du peuple au régime.

2

Les bases sociales du régime

La dictature imposée par Napoléon aurait-elle pu se maintenir si les diverses couches de la population l'avaient délaissée ? Assurément non. Le succès de l'Empire tient à l'acquiescement ou à la neutralité des principaux groupes de la société auxquels Napoléon a su donner suffisamment de gages pour qu'ils ne souhaitent pas un changement de régime.

1. LE SOUTIEN DU MONDE PAYSAN

« Que m'importe l'opinion des salons et des caillettes. Je ne l'écoute pas. Je n'en connais qu'une, c'est celle des gros paysans ; tout le reste n'est rien. » Dès 1801, Bonaparte exprimait devant le Conseil d'État l'importance qu'il accordait aux « gros paysans », c'est-à-dire aux paysans propriétaires, qualifiés parfois de coqs de village, ceux-là mêmes qui sont à la tête des communautés villageoises et ont largement contribué à soutenir la révolution en 1789, avant d'en profiter en achetant une partie des biens nationaux délaissés par la bourgeoisie. Dans leur village, ils restent d'importants employeurs, notamment au temps des travaux agricoles ; ils donnent du travail aux paysans sans terre, ouvriers agricoles et brassiers qui sans eux devraient quitter leur village et partir pour la ville. Les gros paysans, parfois qualifiés de fermiers ou de laboureurs, forment l'ossature de la communauté villageoise. C'est parmi eux que le préfet choisit d'abord les maires des petites communes rurales, avant de se tourner vers les anciens nobles. C'est donc sur eux que le pouvoir impérial entend fonder son emprise. Au-delà des paysans les plus riches, c'est la propriété paysanne dans son ensemble qui est exaltée par le régime. Elle est à ses yeux un gage de stabilité et une garantie de paix civile. On ne se rebelle pas, pensent les partisans de Napoléon, lorsque l'on a une terre à sauvegarder, qu'il s'agisse de dizaines d'hectares ou d'un petit lopin. C'est du reste l'une des raisons pour lesquelles le régime ne cesse pas la vente des biens nationaux. Certes, ce sont bien souvent de mauvaises terres qui sont alors mises sur le marché, mais elles permettent à des paysans passés à côté des bonnes affaires de l'époque révolutionnaire d'espérer accroître leur patrimoine foncier. L'Empire favorise l'expansion de la petite propriété, car il sait de quel poids pèsent les paysans dans les campagnes et donc dans la société française.

Car la France de l'Empire est encore très largement rurale, sinon paysanne. Sur près de trente millions d'habitants vivant dans l'Hexagone, plus de vingt-quatre millions habitent dans des communes de moins de cinq mille habitants, c'est-à-dire des villages ou des bourgs dont les activités sont essentiellement liées à l'agriculture. Parmi eux, dix-huit millions vivent directement du travail de la terre. Certes, ce monde paysan est divers puisqu'il comprend, à côté des propriétaires-cultivateurs, une majorité de fermiers et métayers, locataires de la terre qu'ils cultivent, de brassiers et d'ouvriers agricoles, qui se louent à la journée ou à l'année dans des exploitations agricoles. Tous ces paysans vivent selon les mêmes rythmes et avec un égal souci de préserver et d'accroître le bien, fût-il minime, acquis en héritage. Ainsi, près de deux Français sur trois sont des paysans. C'est dire l'emprise de la terre sur la société française, à l'aube du XIXᵉ siècle. L'agriculture est alors au cœur de la vie économique du pays, comme l'analyse bien Chaptal dans un ouvrage publié en 1819 sous le titre *De l'Industrie française*, et qui est en fait un bilan des années impériales. Le tableau qu'il dresse de l'agriculture est d'autant plus important qu'il a eu à s'occuper des questions agricoles, en sa qualité de ministre de l'Intérieur. Il considère que la Révolution a eu des effets tout à fait bénéfiques sur le statut des paysans, ce qui a contribué à augmenter leur productivité :

« Le nombre prodigieux des mutations qui ont eu lieu, depuis trente ans, dans les propriétés, et la création d'un plus grand nombre de propriétaires, ont dû naturellement contribuer à l'amélioration de l'agriculture : une longue expérience nous a appris que le nouveau possesseur d'une portion quelconque de terre en soigne la culture avec plus d'ardeur que l'ancien ; il cherche à en augmenter le produit, et n'épargne rien pour y parvenir ; il défriche tout ce qui lui paraît susceptible de culture ; il plante partout où la terre lui paraît favorable ; il ne se repose que lorsqu'il a réalisé toutes les améliorations possibles. Il existait autrefois, en France, des propriétés d'une immense étendue, dont les produits nourrissaient à peine une famille : les événements en ont fait opérer le partage ; tout a été rendu à la culture, et les récoltes ont décuplé. Des exemples de ce genre se présentent sur toutes les parties de la France. Si l'on compare l'agriculture à ce qu'elle était en 1789, on sera étonné des améliorations qu'elle a reçues : des récoltes de toute espèce couvrent le sol ; des animaux nombreux et robustes labourent et engraissent la terre. Une nourriture saine et abondante, des habitations propres et commodes, des vêtements simples, mais décents, tel est le partage de l'habitat des campagnes ; la misère a été bannie, et l'aisance y est née de la libre disposition de tous les produits [1]. »

Ce bilan doit être nuancé. Il illustre toutefois l'impression de mieux-être qui prévaut dans les campagnes, au moins dans le nord de la France et dans les régions traversées par d'importantes voies de communication, les vallées du Rhône, de la Garonne ou de la Loire. Ainsi, dans la Beauce, l'augmentation constante des prix du froment — de plus d'un tiers des débuts du Consulat à la fin de l'Empire — a largement profité aux paysans, en premier lieu aux fermiers. Les analyses statistiques confirment le constat dressé à l'époque par le préfet d'Eure-et-Loir : « Le fermier a beaucoup gagné à la Révolution ; débarrassé des redevances de toute nature qui pesaient sur lui, il a éprouvé dans la vente des produits de sa location une augmentation sensible et cependant le prix des fermages ne s'est pas élevé dans une proportion qui réponde à ces avantages [2]. ». Autrement dit, la rente foncière, qui a pourtant doublé en Beauce entre la fin de l'Ancien Régime et le début de la Restauration, a augmenté moins vite que les revenus des fermiers. Quant aux ouvriers agricoles, ils connaissent encore une situation précaire, même s'ils ont eux aussi bénéficié de salaires en hausse. Ailleurs, notamment dans les zones isolées ou montagneuses, les progrès sont plus lents à se faire sentir et les méthodes de culture restent très proches de celles qui prévalaient sous l'Ancien Régime. Du reste c'est de ces régions montagneuses, le Massif central, les Alpes et les Pyrénées, que partent temporairement chaque année plusieurs dizaines de milliers d'habitants en quête d'un travail saisonnier, synonyme de ressources complémentaires. Dans une grande partie de la France, l'assolement triennal est encore largement pratiqué, qui suppose la mise en jachère d'un tiers des terres cultivées.

L'impression d'un meilleur niveau de vie tient, il est vrai, à des facteurs autant économiques que psychologiques. Les années 1800-1810 sont favorables au développement de l'agriculture. Les besoins de l'armée, ajoutés à la demande des villes, favorisent l'essor des productions agricoles, tandis qu'un climat relativement clément limite les accidents météorologiques. La demande soutenue contribue à l'augmentation des prix de vente des denrées agricoles et donc favorise l'élévation du niveau de vie des paysans. Les campagnes profitent aussi des effets de la conscription et ce, à un double titre. En appelant sous les drapeaux le tiers d'une génération, jusque vers 1810, l'armée prélève un trop-plein de bras que le travail agricole n'aurait pu employer. En outre, le système du rachat qui permet à un jeune homme argenté de payer un remplaçant pour combattre à sa place contribue à irriguer les campagnes en argent frais. Ces sommes sont en général investies dans l'achat de terre et renforcent ainsi le groupe des paysans propriétaires sur lesquels Napoléon entend asseoir son autorité.

De plus, avec l'Empire, l'argent circule de nouveau librement. Il sort des bas de laine pour s'investir dans la terre, mais aussi pour payer l'impôt dont l'État s'emploie désormais à assurer la perception régulière. Il sert également à l'achat de produits manufacturés, en particulier textiles, dont l'acquisition symbolise le mieux-être général. Chaque année, les travailleurs temporaires, par exemple les neuf mille maçons de la Creuse qui vont s'employer sur les chantiers parisiens ou lyonnais, rapportent au pays du numéraire qui contribue à l'enrichissement de cette région pauvre. L'argent ne se cache plus parce que la confiance est revenue. Les frontières ne sont plus menacées et l'ordre règne officiellement dans le pays, ce qui favorise le commerce intérieur. C'est du moins l'impression qu'entend faire prévaloir le régime, en dissimulant toute information sur les faits délictueux. La sécurité intérieure est une des obsessions des autorités qui s'attachent à empêcher toute divulgation de nouvelles susceptibles de porter atteinte au moral des Français. Les crimes et délits sont bannis des informations fournies par la presse. Il n'empêche qu'il s'en commet, comme à toutes les époques.

Tous les foyers de brigandage n'ont, en effet, pas été éteints. Des bandes de chauffeurs continuent de semer le trouble dans certaines régions, en particulier en Picardie et en Normandie. Leur présence dans les campagnes atteste, s'il en était besoin, du renouveau de l'économie agricole ; les brigands traquent les économies de paysans enrichis par les années de prospérité mais encore rétifs à confier leur argent à un réseau bancaire insignifiant, tandis que les notaires qui drainent une partie de l'épargne rurale sont encore dans une phase de renaissance. Le brigandage se nourrit alors des restes de la chouannerie ou des diverses formes qu'elle a pu prendre à la fin de la Révolution. C'est ainsi qu'en 1806, une bande d'anciens chouans tombés aux marges du brigandage enlève l'évêque de Vannes, Maynaud de Pancemont. Les désertions sont également une des sources du brigandage. Dans l'un et l'autre cas, le régime le considère comme une forme d'opposition politique et tente de le châtier avec sévérité, notamment par l'envoi de troupes invitées à vivre chez les habitants des localités soupçonnées d'avoir prêté main-forte aux bandes recherchées. Il s'agit de véritables « dragonnades », destinées à décourager la population de fournir de l'aide aux opposants, en la touchant dans ses intérêts matériels.

Les faits de brigandage restent malgré tout isolés, dans les années 1805-1809, et n'entravent pas la confiance des paysans envers Napoléon. Ils lui savent gré d'abord d'avoir apporté la paix à la France après dix années de conflit. Avec la reprise de la guerre, les victoires remportées et les pays conquis, ils se laissent griser par la propagande napoléonienne qui exalte le sentiment national. Et lorsque l'armée subit ses premiers revers, en Espagne notamment, la censure militaire confisque les lettres de soldats susceptibles d'éveiller les craintes chez les paysans français. Certes, les éclopés revenus au pays peuvent nuancer l'image idyllique présentée par la presse officielle, mais loin des champs de bataille il est souvent plus tentant de magnifier ses propres actions que de peindre la misère des combats. Le temps et la distance aplanissent les rugosités de la guerre.

Les paysans sont aussi reconnaissants à Napoléon d'avoir préservé les acquis de la Révolution, tout en ramenant l'ordre dans le pays. L'Empire joue de la crainte du rétablissement des droits féodaux et de la dîme, plus encore que de la remise en cause de la vente des biens nationaux qui ne concerne que la minorité la plus riche de la communauté paysanne. En revanche, la perspective de voir réintroduits en France les droits versés aux seigneurs ou les redevances perçues par l'Église contribue à souder la paysannerie derrière Napoléon. Pour beaucoup, le retour des Bourbons et des nobles émigrés signifierait le rétablissement pur et simple de l'Ancien Régime. On comprend l'écho d'une telle menace quinze ans après la nuit du 4 août, surtout lorsque l'on sait que, au début des années 1870, Gambetta en usera encore avec bonheur. La préservation des conquêtes révolutionnaires reste bien la raison majeure de l'adhésion du peuple à l'Empereur. C'est aussi pourquoi Napoléon s'emploie à justifier tous les actes qui pourraient paraître y contrevenir. Il rappelle ainsi que les titres qu'il crée en 1808 ne rétablissent pas la noblesse d'Ancien Régime et précise qu'ils ne donnent droit à aucun privilège. La hantise du retour des privilèges est omniprésente au sein de la paysannerie. Le principe d'égalité civile sur lequel repose leur abolition a cependant une contrepartie que ne comprennent pas toujours les paysans.

En certaines régions, la remise en cause du droit d'aînesse, contraire à ce principe d'égalité, brise une tradition très ancienne et remet en cause la structure foncière du pays. Le Code civil stipule, en effet, que le partage des biens devra s'opérer à part égale, au décès des parents. Cette disposition menace les patrimoines lentement constitués et agrandis au gré des alliances matrimoniales. Ses effets à court terme sont cependant difficiles à mesurer. Ce n'est pas sous l'Empire mais plutôt dans les décennies qui vont suivre que la mesure donne son plein effet. Elle a toutefois contribué à accélérer un mouvement de contrôle des naissances qui se dessinait déjà en France dans la deuxième moitié du XVIIIe siècle. Dans le Sud-Ouest par exemple, la naissance d'un fils est de plus en plus souvent la dernière au sein des familles paysannes. Ailleurs, en terre catholique, dans le Pays basque ou dans le Gévaudan, une nouvelle politique matrimoniale se développe qui maintient les cadets dans le célibat, les poussant vers l'émigration, voire le sacerdoce. À ce titre, la forte reprise des vocations religieuses attestée dès la fin de l'Empire, en particulier dans les terres de chrétienté, est sans doute l'un des effets de la disparition du droit d'aînesse, l'aîné gardant la terre tandis que le cadet gagne le séminaire. Malgré son ressentiment à l'égard de cette mesure, la paysannerie s'adapte, avec pour principale motivation la conservation du patrimoine. Il est vrai que la suppression du droit d'aînesse s'est accompagnée, à travers le Code civil, d'une protection de la famille qui est au cœur de la société paysanne. La famille s'identifie à l'exploitation, qu'elle soit mononucléaire, c'est-à-dire réduite aux parents et à leurs enfants, ou qu'elle s'élargisse, cas encore fréquent, aux ascendants et aux collatéraux. La solidarité familiale renforcée par le Code civil ne peut que séduire un monde paysan attaché à la conservation de ses biens et de ses traditions. Elle a pour conséquence de chasser les « parias » de la communauté. Jeunes femmes enceintes ou jeunes gens en rupture de ban partent vers la ville. La paysannerie peut donc avoir l'impression d'avoir reconstitué un certain ordre social préexistant à la Révolution, tout en conservant les acquis de 1789. La permanence des familles de paysans propriétaires au sommet de la communauté, le retour des familles nobles qui reprennent un ascendant réel sur « leurs paysans », par exemple au travers de la fonction de maire, le rétablissement du pouvoir ecclésiastique incarné par le curé, concourent à cette impression de pérennité que le monde paysan ne cherche pas à bouleverser. Les paysans ne représentent donc pas un danger sérieux pour la dictature napoléonienne. Au contraire, jusqu'aux années 1810, le soutien de la paysannerie, autant qu'on puisse en juger, est généralement acquis à l'Empereur, parce qu'il a su préserver les acquis de la Révolution tout en rétablissant, à travers le droit et la religion, les formes traditionnelles de la vie en société.

2. Le silence des ouvriers

Les craintes du régime à l'égard du monde ouvrier pouvaient être plus grandes. Le peuple de Paris avait été l'animateur principal des journées révolutionnaires de la décennie 1790. À la différence des paysans attachés à leurs terres, l'ouvrier n'a rien à perdre à se révolter, sinon la vie. Il n'est pas propriétaire. Comme le dira Napoléon, il ne possède que son temps, d'autres diront sa force de travail. C'est ce qui distingue, au sein du monde artisanal, le patron de l'ouvrier. Au mieux possède-t-il parfois un métier à tisser lorsqu'il travaille à domicile, mais c'est alors sa seule richesse. Pour l'essentiel, l'ouvrier ne laisse donc rien après sa mort. Cette absence de richesse n'est toutefois pas une raison suffisante pour se révolter ou pour se dresser contre un régime, fût-il dictatorial. Globalement, si le monde ouvrier est resté calme, c'est parce que ses conditions de vie ne se sont pas dégradées ; elles se sont même plutôt améliorées, au moins dans les premières années de l'Empire.

Sa passivité tient aussi à sa très grande hétérogénéité. Que représente un ouvrier dans la France impériale ? Qu'y a-t-il de commun entre un paysan qui complète ses revenus par la fabrication de produits à domicile, un artisan parisien et un ouvrier de manufacture ? Ils appartiennent au même monde, sans que, pour autant, un quelconque lien s'établisse entre eux. Cette absence de relations condamne toute mobilisation éventuelle contre le régime. Bien plus, l'ouvrier-paysan reste fortement lié au monde rural, tandis que l'ouvrier-artisan lorgne vers la petite bourgeoisie urbaine. Malheureusement, à la différence des principaux ténors du régime impérial ou même des soldats de la Grande Armée, les ouvriers ont laissé très peu de témoignages sur leur existence et les sentiments qui les animaient au cœur de la période impériale. L'un d'entre eux toutefois a pris la plume pour raconter sa vie. Natif de la région d'Orléans, Jacques-Etienne Bédé a dix-neuf ans en 1793 lorsqu'il est envoyé se battre aux frontières de la France. Il reste cinq ans à l'armée, parcourant notamment l'Allemagne. Puis, lorsque les difficultés militaires s'abattent sur le pays, en 1799, il décide avec plusieurs de ses compagnons d'armes de déserter et rejoint sa famille dans l'Orléanais. Il y reprend son métier de tourneur en chaises avant de se marier en septembre 1801. Il reste alors sous la menace de la gendarmerie, comme déserteur, jusqu'à ce que l'amnistie d'avril 1802 lui permette de sortir complètement de la clandestinité. Après plusieurs années passées à Châteauneuf, il part pour Tours où il trouve un emploi chez un fabricant de chaises, grâce à l'aide des compagnons présents dans la ville. En 1812, la crise qui frappe la France le chasse de Tours ; il gagne Paris. Cet itinéraire d'un ouvrier qualifié qui travaille dans l'industrie du meuble confirme la reprise économique des années 1800-1810. Dans son secteur d'activité, il a bénéficié de l'enrichissement des classes bourgeoises qui ont réorganisé leur intérieur, notamment en ville, après la fin des troubles révolutionnaires. Sous sa plume, on ne retrouve cependant aucune allusion au climat politique. Certes, il écrit sous la Restauration, mais son manuscrit n'est pas destiné à la publication. Il faudrait donc y voir une certaine indifférence à l'égard du régime impérial. Seules les crises économiques le touchent, mais il ne formule aucune remarque sur la situation militaire du pays et n'émet aucune critique contre l'Empire. Incidemment, il avoue avoir appelé son second fils, né en 1806, Charles-Napoléon. On ne saurait tirer de ce très frêle indice une preuve de l'adhésion de tous les ouvriers à l'Empereur, mais il est révélateur d'une certaine attirance pour l'Empire. C'est un fait que le monde ouvrier n'a pas pâti des premières années de l'Empire.

Les années 1800-1810 sont marquées par une réelle croissance industrielle, difficile à chiffrer et variable selon les régions et les secteurs. Toutes formes de travail confondues, l'industrie textile reste en pointe. Elle emploie plus de la moitié des ouvriers, qu'ils travaillent en usine ou à domicile. Certes, les productions les plus traditionnelles subissent un certain déclin, comme l'industrie du lin et du chanvre, voire l'industrie lainière qui n'a pas retrouvé son niveau de production de 1789 ; le tissage de la laine a disparu dans une trentaine de départements appartenant notamment à la Bretagne, à l'Aquitaine ou au centre de la France. Dans la région de Sedan, la reprise de l'industrie drapière est freinée par le manque de main-d'œuvre. En revanche, l'industrie du coton est en plein essor. Elle revitalise les économies de la Normandie, de la région de Mulhouse ou du nord de la France. Les patrons du coton ont notamment bénéficié de la vente des biens du clergé qui leur ont offert de vastes bâtiments, se prêtant assez bien à l'industrie manufacturière. Cet investissement capitalistique s'est effectué à bas prix, du fait des bonnes conditions de vente des biens d'Église. En outre, l'industrie textile profite pleinement de la libération du travail ; elle est l'une des premières à employer systématiquement des enfants. Enfin, l'industrie du coton bénéficie d'un fort accroissement du marché, à un moment où la concurrence étrangère est faible.

Deuxième secteur industriel après le textile, la sidérurgie est également en plein développement, la croissance repartant après 1801 pour atteindre son apogée en 1809, même si elle reste très en retrait par rapport à la production anglaise. Elle avait fortement pâti, sous la Révolution, de la désorganisation de l'exploitation des forêts, véritablement dévastées par les paysans. Le Consulat remet de l'ordre dans l'exploitation forestière, permettant ainsi l'essor de l'industrie sidérurgique. Parallèlement, la production de houille augmente : la France produisait six cent mille tonnes de charbon en 1789 ; elle en extrait neuf cent mille tonnes à la fin de l'Empire ; c'est encore une production faible au regard des résultats de la fin du XIXe siècle, mais elle annonce les belles heures de l'industrie française. Enfin, l'industrie chimique connaît elle aussi un très vif essor, grâce notamment à des savants qui se sont faits eux-mêmes industriels. C'est le cas de Chaptal qui peut ainsi écrire après l'avoir vécu : « Les progrès qu'ont faits les arts chimiques, depuis trente ans, étonneront d'autant plus la postérité que c'est au milieu des tempêtes politiques que les principales découvertes ont pris naissance ; on se demandera un jour comment un peuple, en guerre avec toute l'Europe, séquestré des autres nations, déchiré au-dedans par les dissensions civiles, a pu élever son industrie au degré où elle est parvenue [...] Bloquée de toutes parts, la France s'est vue réduite à ses propres ressources : toute communication au-dehors lui était presque interdite ; ses besoins augmentaient par le désordre de l'intérieur et par la nécessité de repousser l'ennemi qui était à ses portes : elle commençait déjà à sentir la privation d'un grand nombre d'objets qu'elle avait tirés jusque-là des pays étrangers : le gouvernement fit un appel aux savants ; et, en un instant, le sol se couvrit d'ateliers ; des méthodes plus parfaites et plus expéditives remplacèrent partout les anciennes ; le salpêtre, la poudre, les fusils, les canons, les cuirs, etc., furent préparés ou fabriqués par des procédés nouveaux ; et la France a fait voir encore une fois à l'Europe étonnée, ce que peut une grande nation éclairée, lorsqu'on attaque son indépendance [3]. »

Chaptal donne d'autres exemples des effets de l'utilisation des inventions chimiques sur l'ensemble de l'industrie ; elles ont permis notamment l'essor de l'industrie du savon et de celle des papiers peints, désormais largement utilisés dans les intérieurs bourgeois. Elles ont favorisé l'industrie textile grâce aux nouveaux procédés de teinture, notamment mis au point par le chimiste Berthollet. En Alsace, le secteur chimique est avec le textile un des moteurs de la croissance industrielle ; celle-ci est beaucoup plus rapide qu'ailleurs, en partie à cause d'une densité rurale très forte et des revenus très faibles des paysans qui les poussent à aller rechercher vers les usines de nouvelles conditions de travail.

L'industrie française s'est donc renouvelée depuis la fin de l'Ancien Régime, mais les secteurs de pointe tels que la chimie n'emploient encore qu'un nombre limité d'ouvriers. Pourtant le milieu des ouvriers de manufacture est alors un monde en plein développement, même si ses effectifs restent réduits, puisque l'on estime à environ cinq cent mille le nombre des ouvriers d'usine dans la France impériale. C'est surtout dans le secteur textile que s'opère cette concentration. De très grandes filatures de coton sont ainsi établies dans les régions en pointe comme la Normandie, le Nord ou la région de Mulhouse. La concentration touche aussi l'ancienne industrie drapière. À Sedan par exemple, des ateliers d'une dizaine de métiers sont organisés sous la direction d'un contremaître. Dans la sidérurgie, le développement est plus restreint ; on dénombre néanmoins alors dix à douze mille ouvriers travaillant dans des établissements métallurgiques, auxquels il faut ajouter environ cinquante mille ouvriers « externes », c'est-à-dire travaillant pour cette industrie sans être concentrés dans l'usine ; ce sont les ouvriers chargés du transport des matières premières, muletiers ou voituriers, des forestiers et charbonniers chargés d'alimenter l'industrie métallurgique en combustible, enfin des ouvriers extrayant ou préparant le minerai de fer. Leur mode de vie est nécessairement différent de celui des ouvriers d'usine *stricto sensu*. Il se caractérise par une plus grande indépendance, parfaitement discernable chez les forestiers, habitués à vivre au cœur de la forêt, loin de toute contrainte. Quant aux ouvriers des forges ou des établissements métallurgiques, ils endurent des conditions extrêmement pénibles qui expliquent en partie la stagnation de ce groupe. Ainsi, lorsque de jeunes ouvriers sont enrôlés dans l'armée, il n'est pas rare de les voir échapper à un métier qu'ils ne sont pas toujours soucieux de retrouver après leur temps de service.

La difficulté de la vie en usine se retrouve également dans l'industrie textile ou encore dans l'industrie chimique. Les usines ont souvent été installées dans des lieux qui n'étaient pas adaptés au travail en groupe, par exemple dans d'anciens couvents désaffectés au moment de la Révolution et rachetés comme biens nationaux. On y place les machines comme on peut. La lumière fait souvent défaut, l'humidité et le froid règnent en maître, provoquant de nombreuses maladies et une très forte mortalité chez les ouvriers. Le bruit est en général assourdissant, les protections contre les accidents du travail sont inexistantes. Enfin, la discipline imprimée par les contremaîtres est extrêmement dure ; elle impose des journées de quatorze heures, punit d'amendes les retards ou les absences. Ce monde des ouvriers d'usine reste cependant silencieux.

En revanche, l'artisanat urbain a une conscience politique plus développée ; il a fourni l'essentiel de ses troupes au parti jacobin sous la Révolution. Pour cette raison, précisément, le monde de l'artisanat est étroitement surveillé. Les mesures de répression prises contre le mouvement jacobin en 1800 ont ôté à beaucoup d'entre eux l'envie de se frotter au nouveau régime. Celui-ci a du reste compris qu'il aurait la paix tant qu'il serait capable de leur offrir du pain et du travail. Il s'y emploie avec un relatif succès en favorisant la distribution de farine à bas prix à Paris lors des crises frumentaires, ou en se lançant dans une politique de grands travaux destinés en partie à donner du travail aux ouvriers du bâtiment menacés par la crise de 1805-1806. Lorsque le gouvernement oublie cette double attente, le monde ouvrier sait le lui rappeler par des grèves, plus nombreuses qu'on ne le dit souvent, et qui s'accompagnent toujours de revendications touchant au temps de travail ou aux salaires. À Sedan, en 1803, une grève est déclenchée dans une manufacture textile parce que l'entrepreneur voulait abaisser le salaire des ouvriers. Au bout de six jours de conflit, il doit faire machine arrière. Sous l'Empire, la grève n'est jamais directement utilisée à des fins politiques, ce qui ne signifie pas que les ouvriers-artisans ont abandonné leurs traditions. Celles-ci vivent notamment au sein des associations ouvrières, les corporations qui, malgré les lois d'interdiction, ont revu le jour au début du XIXe siècle.

Certes, ces corporations ont perdu une partie de leurs prérogatives antérieures, par exemple en matière de défense du monopole de production, mais elles constituent des lieux essentiels de formation et favorisent la cohésion du groupe qu'elles encadrent. Dans les métiers nécessitant une très grande habileté d'exécution, la Révolution n'avait pu détruire les associations de compagnons qui assuraient la formation, mais aussi l'embauche des nouveaux venus. Qu'ils travaillent le bois, la pierre, le cuir ou les métaux, les ouvriers artisans avaient besoin d'un long temps d'initiation, commencé par plusieurs années d'apprentissage chez un patron, poursuivi par un périple de plusieurs années à travers la France. C'est alors que la solidarité entre membres de la même société s'affirme avec le plus de force. Une fois le tour de France achevé, une minorité de compagnons accèdent au rang de maîtres, souvent après la réalisation d'un chef-d'œuvre. Il leur faut pour cela trouver un atelier, soit par héritage, soit par mariage. En devenant patron, le compagnon cesse d'être un ouvrier *stricto sensu*, même si dans sa technique de travail, voire dans ses modes de pensée, il reste très proche des compagnons avec lesquels il a été formé. Le plus grand nombre ne franchit pas la barrière de l'acquisition d'un atelier et reste attaché à un patron. Tailleurs de pierre, orfèvres ou ébénistes, ils forment l'élite du monde ouvrier. Ils demeurent pourtant des ouvriers, salariés par leurs patrons. Le compagnonnage ne rassemble pas l'ensemble des artisans, mais il est en constante progression sous l'Empire, comme l'attestent les nombreuses rixes qui se déroulent entre membres d'associations rivales. Malgré ces querelles dénoncées par le pouvoir comme un élément perturbateur de l'ordre social, les compagnonnages ont réussi à échapper à l'interdiction. Il est vrai que la police y trouve son intérêt. Ces associations ouvrières encadrent une population mouvante et par définition incontrôlable, comme l'exprime fort bien le préfet de police Dubois en 1807 : « Le compagnonnage est d'une grande utilité pour les ouvriers malheureux... Il y a intérêt à le laisser subsister. S'ils commettent quelques méfaits, il est facile de les retrouver à la cayenne, où les mères leur prodiguent de bons conseils et des soins, et, à l'occasion, procurent des renseignements à la police. »

Les ouvriers à domicile ne connaissent pas ces formes d'organisation. Ils participent pourtant à la production industrielle. Développé à la campagne, le travail à domicile est également répandu dans les villes où les ouvriers en chambre sont nombreux, à l'image des canuts lyonnais. Ces ouvriers de la soie exercent alors à l'intérieur même de la ville de Lyon, notamment dans le quartier de la Croix-Rousse, avant que les révoltes des années 1830 ne provoquent un transfert de la production de soie vers les campagnes avoisinantes. Le travail à domicile concerne essentiellement le secteur du textile, on le rencontre aussi dans des industries comme l'horlogerie ou la petite métallurgie. À première vue, il s'agit d'une activité moins contraignante que le travail en usine, car l'ouvrier est libre de ses horaires. Dans la pratique, la part est difficile à faire entre travail et vie privée, et l'imbrication des activités industrielles et agricoles conduit souvent à une journée de travail extrêmement longue. De plus, au début du XIXe siècle, on note une rationalisation du système du travail à domicile. Ainsi, dans le nord de la France, des entrepreneurs parisiens spécialisés dans l'industrie cotonnière, comme Oberkampf ou Richard-Lenoir, ont profité du déclin de l'industrie du lin pour réutiliser la main-d'œuvre disponible. Des contremaîtres sont chargés de fournir la matière première aux ouvriers à domicile, puis de récupérer les pièces de coton, mais ils ont aussi la charge de surveiller le travail effectué et de veiller au respect des délais de livraison, ce qui tend à rapprocher les rythmes du travail à domicile de ce qui se fait dans les filatures. De même, l'ouvrier ne peut quitter le fabricant qui l'emploie sans avoir obtenu son congé. En ce sens, le travail à domicile, en se rationalisant et en se mécanisant, devient bien une étape vers l'industrialisation ; il est la marque d'un mouvement qu'on appelle la proto-industrialisation.

Néanmoins, dans les campagnes, les ouvriers à domicile restent soudés à la communauté villageoise. Ils vivent au rythme des travaux agricoles, travaillent eux-mêmes la terre et profitent de l'usage des biens communaux qui ont été préservés dans plusieurs régions. Leur sentiment d'appartenir à un groupe propre n'apparaît pas encore nettement. En ville, au sein des manufactures et surtout des ateliers, une certaine solidarité peut être décelée entre patrons et ouvriers. Au sein d'entreprises qui restent majoritairement de petites structures, le patron est loin d'apparaître comme un adversaire, mais plutôt comme un partenaire partageant les mêmes intérêts. Le témoignage de Bédé, évoquant la crise de 1811, est à cet égard éclairant des relations que peuvent entretenir patrons et salariés : « Nous restons trois ans à Tours ; la troisième année il survient une mortalité de commerce [*sic*] occasionnée par une disette affreuse qui effrayait toute la classe ouvrière. Le pain monta bien à un prix exorbitant ; le maître qui nous occupait voyant que ses magasins étaient remplis d'ouvrages et qu'il n'y avait aucune apparence de pouvoir les vendre de longtemps, me fit la proposition de ne faire que la moitié d'ouvrage de ce que je faisais habituellement ainsi que mon épouse. Je savais que sa proposition était juste de sa part et qu'il avait de la considération pour moi, que ses intentions n'étaient pas de me laisser sans travailler [4]. »

Sans devoir être extrapolée, cette réaction peut expliquer l'attitude des ouvriers à l'égard de Napoléon lui-même, dont la puissance tutélaire s'apparente à celle du patron. Il faut se garder de l'idée d'une opposition systématique du monde ouvrier à l'Empire, sous prétexte qu'il s'agit d'un régime autoritaire. Dans les années 1800, les ouvriers n'ont que faire de libertés dont ils n'ont jamais vraiment joui ; ils préfèrent disposer de ressources suffisantes pour nourrir leur famille. Il est cependant une liberté qui leur est chère, c'est la liberté de mouvement. À la différence du paysan attaché à la terre qu'il cultive, même si elle ne lui appartient pas, l'ouvrier aime changer de lieu de travail, sinon d'employeur. Il y est parfois contraint, notamment par le chômage, mais il en fait souvent le choix, à l'image du compagnon allant de ville en ville, du migrant temporaire regagnant ses pénates après quelques mois passés sur un chantier, voire de l'ébéniste du faubourg Saint-Antoine passant d'un atelier à l'autre. La recherche d'un meilleur salaire explique en partie ces mouvements qui peuvent aussi être une forme de protestation contre l'attitude du patron. En cas de conflit, au début du XIXe siècle, l'ouvrier choisit la fuite plutôt que l'affrontement, sûr qu'il est de retrouver du travail ailleurs. On comprend qu'une telle liberté de mouvements, dans une société encadrée, ait pu heurter certains esprits.

La codification qui est alors établie tend à restreindre cette liberté, sans toujours y parvenir. L'Empire a hérité de la législation révolutionnaire, dont les deux principaux textes sont la loi Le Chapelier et la loi d'Allarde qui remettaient en cause l'organisation professionnelle de l'Ancien Régime et introduisaient la liberté dans l'organisation du travail. Celui-ci ne devait connaître aucune entrave, que ce soit par l'instauration d'un monopole de production ou par la grève. Mais ce libéralisme extrême avait des inconvénients. Il n'avait rien prévu pour régler les relations à l'intérieur de l'entreprise ni pour empêcher une trop grande fluidité de la main-d'œuvre. C'est à quoi s'emploie le régime napoléonien. Parmi les mesures prises dès l'époque du Consulat, la plus connue est l'instauration en 1803 du livret ouvrier. Il s'agit d'un document nominatif que l'ouvrier doit remettre à l'employeur au moment de l'embauche et qu'il doit récupérer en cas de départ. C'est évidemment un moyen de contrôle par les pouvoirs publics, puisque le livret doit être visé par un officier de police à chaque changement de commune, mais c'est aussi un moyen de freiner le débauchage des meilleurs ouvriers, en établissant des règles claires dans les relations de travail. Un ouvrier ne peut quitter un employeur sans avoir rempli les engagements pris à son égard ou sans avoir remboursé ses éventuelles dettes. Certes, des abus sont possibles mais, en principe, le livret n'empêche pas la circulation de l'ouvrier d'un atelier à un autre ; il la réglemente. Il garantit ainsi contre l'embauche d'un ouvrier moins qualifié, car le livret est aussi un certificat de la qualification de l'ouvrier, dont celui-ci peut dès lors tirer une certaine fierté. Le livret trace une frontière entre l'ouvrier et l'errant. Sa création est en outre une preuve supplémentaire de la fluidité du monde ouvrier. Maintenu jusqu'à la fin du XIXe siècle, il deviendra le symbole de l'asservissement de l'ouvrier. Sous l'Empire, sa création est encore trop récente et sa diffusion trop réduite pour qu'on puisse le considérer comme une arme véritablement efficace. Une circulaire de 1817 rappelant l'obligation de posséder un livret montre qu'il n'était pas encore pleinement entré dans les mœurs. De toute manière, même si les pouvoirs publics s'en inquiètent, ils n'ont pu limiter les migrations ouvrières. La volonté de réglementer les relations de travail se retrouve dans la création des conseils de prud'hommes. Composés de représentants du patronat et de l'élite du monde ouvrier, contremaîtres ou chefs d'atelier, ils sont généralement présentés comme des institutions aux mains des patrons et donc dirigés contre les ouvriers. Cette image doit être corrigée. Certes, les conseils de prud'hommes sont des tribunaux qui ont à juger des conflits entre patrons et salariés, mais dans la très grande majorité des cas, c'est la concertation qui l'emporte. Loin de fonctionner comme une arme contre le monde ouvrier, les conseils de prud'hommes ont favorisé l'harmonisation des points de vue sur le droit du travail. Ils ont ainsi fait revivre l'esprit qui prévalait au sein des métiers de l'ancienne France, disparus quinze à vingt ans plus tôt.

Au-delà du monde ouvrier, apparaît le groupe des commerçants et artisans, encore liés au monde ouvrier par leur mode de travail, mais déjà proches de la bourgeoisie par la possession d'un petit bien. Le milieu de la boutique et de l'échoppe est ouvert vers les couches supérieures en cette période de mobilité sociale. La porte reste toutefois étroite et le socle sur lequel le régime entend se reposer est extrêmement resserré.

3. LA FRANCE DES NOTABLES

La France impériale a laissé l'image d'une période propice à l'ascension sociale. La Révolution aurait permis à des enfants des classes populaires d'accéder aux sommets de la hiérarchie sociale. Cette image se nourrit de cas nombreux, puisés notamment dans le vivier des officiers supérieurs. Le corps des maréchaux offre ainsi de beaux exemples de réussites spectaculaires. Augereau, fils d'un domestique du faubourg Saint-Marceau à Paris, a gravi tous les échelons de la carrière militaire, comme Lannes, fils d'un métayer de Lectoure, ou Ney dont le père était artisan tonnelier à Sarrelouis. Dix autres maréchaux appartenaient par leurs origines au milieu de la petite bourgeoisie, surtout commerçante, à l'image de Murat, fils d'un aubergiste, ou de Masséna, fils d'épicier. Mais la moitié des vingt-six maréchaux de l'Empire provenait de familles de la bonne bourgeoisie, voire de la noblesse, comme Davout, Berthier ou Marmont. Chez les officiers, une même constatation s'impose. Seul un cinquième des officiers de l'Empire provient des milieux populaires, ce qui dément l'idée d'une très forte ascension sociale, tout en confirmant l'ouverture de ce corps à l'ensemble des classes de la société. La promotion sociale par l'armée est possible, sous l'Empire, mais elle est limitée, et les portes d'accès se referment un peu plus avec le développement des écoles d'officiers qui accueillent de façon privilégiée des fils de la bourgeoisie voire de l'ancienne noblesse.

L'armée n'est pas le seul moyen de s'élever socialement. Le monde du négoce, de la banque et des affaires offre d'autres exemples de carrières particulièrement brillantes. Citons en premier lieu le cas de Jacques Laffitte, apprenti charpentier chez son père à Bayonne, puis clerc de notaire et enfin commis chez un négociant grâce auquel il entre chez le banquier Perrégaux à la veille de la Révolution. Il gravit tous les échelons au sein de cet établissement jusqu'à y être associé en 1806 ; en 1809, à la mort de Perrégaux, il devient l'un des régents de la Banque de France. Il est enfin choisi en 1815 par Napoléon pour gérer sa fortune. Cependant, les honneurs politiques restent à venir. Député de l'opposition sous la Restauration, il est l'un des premiers chefs de gouvernements de la monarchie de Juillet et donc le symbole par excellence de l'ascension des notables dans la France postrévolutionnaire. Son exemple n'est pas unique. Ainsi François Richard, né en 1765 dans une famille de laboureurs normands, quitte la ferme familiale à dix-sept ans pour Rouen où il entre chez un marchand de rouenneries. Puis, arrivé en 1776 à Paris, il se lance dans le colportage de toiles anglaises, sans succès puisqu'il est emprisonné pour dettes. Évadé à l'occasion de la Révolution, il reprend ses activités et profite de la dépréciation des assignats pour s'enrichir. En 1794, il décide de s'associer à un autre négociant en toiles, Jean Lenoir, natif d'Alençon. Au commerce, les deux hommes joignent la spéculation sur les biens nationaux, grâce à laquelle ils bâtissent une fortune considérable et se lancent dans l'industrie textile. À la mort de Lenoir en 1806, Richard adopte le patronyme de son associé et continue sa marche en avant ; ses bénéfices annuels sont alors évalués à 1,5 million de francs. Il ne joue aucun rôle politique majeur, refusant les charges qu'on lui offre, sans doute conscient du faible poids qu'il pourrait représenter dans les assemblées locales, au regard de ses activités manufacturières. Ce modèle d'ascension sociale dans lequel se combinent l'esprit d'entreprise et la spéculation favorisée par les temps révolutionnaires reste rare.

Le socle de la France napoléonienne est constitué par les notables traditionnels dont la fortune est ancienne et assise sur le sol, plutôt que sur les hommes dont l'aisance est récente et fondée sur l'essor industriel ou la spéculation. C'est ce qui ressort en particulier de l'étude des listes établies par le pouvoir pour former les collèges d'arrondissements et de départements, appelés à désigner les membres des assemblées. Les listes établies à travers le territoire, en puisant parmi les six cents habitants les plus imposés de chaque département, permettent de dégager une élite d'environ soixante-dix mille personnes. Le découpage départemental explique la présence d'une assez nette variété de fortunes dans cet ensemble. On peut être un notable avec cinq cents à mille francs de revenus annuels dans un département pauvre et rural. Mais le type dominant de ces notables est le bon bourgeois qui dispose de deux mille à cinq mille francs de revenus annuels ; cette catégorie comprend aussi bien les membres des professions libérales, la plus grande partie des fonctionnaires, des négociants, que la masse des propriétaires rentiers, retirés des affaires, dont la fortune est assise sur la terre. Plus de la moitié de ces notables sont en effet des rentiers du sol ; ce sont eux les principaux bénéficiaires de l'achat des biens nationaux. Enfin, au sommet de la hiérarchie, se retrouvent les fortunes les plus importantes, celles qui produisent un revenu supérieur à cinq mille francs. On entre alors dans le monde des grands notables qui associe de grands propriétaires fonciers, des manufacturiers, mais aussi de hauts fonctionnaires : préfets, receveurs généraux, hauts magistrats et, bien sûr, ministres et sénateurs.

C'est sur cette base sociale, qui représente somme toute moins de 0,5 % de la société impériale, que le régime entend s'appuyer. Ce sont en effet ces soixante-dix mille notables qui détiennent le faible pouvoir électif dévolu au peuple ; ils représentent finalement un groupe un peu plus mince que le corps électoral de la monarchie censitaire, avec lequel on peut les comparer. En effet, Napoléon a voulu, en favorisant l'émergence de cette élite, fonder son régime sur les possesseurs du sol et les détenteurs de la respectabilité. Reste à savoir dans quelle mesure cette nouvelle classe reproduit ou non l'ancienne élite. On ne peut pas parler de bouleversement dans la hiérarchie sociale du premier XIXe siècle. Les élites d'Ancien Régime se sont largement retrouvées dans les élites impériales. Toutefois, une certaine ascension sociale est perceptible, par exemple parmi ceux qui étaient propriétaires exploitants ou commerçants en 1789 et qui ont conquis, au sortir de la Révolution, un statut plus élevé. La décennie révolutionnaire a permis ce type d'ascension, rendue particulièrement manifeste par le cas des fournisseurs aux armées ou de certains entrepreneurs. Le monde des notables s'est donc ouvert, au gré de la Révolution, mais la porte reste étroite vers les sommets de la hiérarchie sociale.

Dès lors, il est presque naturel de retrouver, parmi les plus grosses fortunes de l'époque, les membres de l'ancienne aristocratie. Les mesures de clémence prises par Bonaparte, à partir de 1800, ont permis le retour d'émigrés d'origine noble de plus en plus nombreux. Tous n'avaient pas eu leurs biens confisqués. Un membre de la famille resté en France avait pu conserver le domaine et l'essentiel des terres. Dans d'autres cas, les biens avaient été acquis par un prête-nom, puis rendus à leurs propriétaires. Enfin, après leur retour, certains nobles disposant de liquidités purent racheter leurs anciennes propriétés à des acquéreurs satisfaits d'avoir réussi une belle spéculation foncière, sans avoir eu à entretenir leurs acquisitions. On estime que la noblesse a récupéré, sous l'Empire, le quart des biens perdus sous la Révolution. La noblesse ne possède plus 20 à 25 % des terres comme en 1789, mais son emprise sur le sol reste forte. Les fortunes aristocratiques reconstituées expliquent que les nobles figurent souvent au premier rang sur les listes de notabilités. Ils réinvestissent leurs châteaux à la campagne, meublent à nouveau leurs hôtels particuliers du faubourg Saint-Germain à Paris ou des principales villes de province. Le gouvernement a très tôt pris conscience de l'influence de cette classe sur la population. L'abolition des droits féodaux n'a pas supprimé tous les liens de dépendance des paysans à l'égard de leurs anciens seigneurs. Dès lors, le pouvoir se tourne avec prédilection vers ces hobereaux pour en faire les maires des petites communes rurales où il est parfois bien difficile de trouver un habitant suffisamment lettré pour en tenir le rôle. De même, au niveau national, le régime invite la noblesse à le rallier, en envoyant ses fils dans les lycées récemment établis, avant de les faire entrer soit dans l'armée, soit dans l'administration, au Conseil d'État, par exemple. Napoléon entend donc s'appuyer sur l'ancienne aristocratie, mais il ne souhaite la rétablir ni dans ses droits ni dans ses privilèges. En revanche, il envisage de l'intégrer à la nouvelle noblesse qu'il fonde pour permettre de distinguer une élite au sein du monde des notables.

La création de la noblesse d'Empire en 1808 a été fort critiquée, notamment par les nostalgiques de la Révolution qui y voyaient une atteinte aux principes de 1789 et le rétablissement d'un ordre éteint. En réalité, l'évolution du régime depuis 1804, avec l'instauration d'une Cour de plus en plus développée et la création des dignités impériales, conduisait à cette fondation. Napoléon franchit le pas le 1er mars 1808 en instituant un nouveau corps qui, contrairement à la noblesse d'Ancien Régime, ne confère aucun privilège et ne produit aucun revenu. Considérée parfois comme une erreur dans la stratégie impériale, la noblesse a rencontré un certain engouement, dès l'époque de sa création. C'est pourquoi Napoléon décide d'en multiplier les membres, alors qu'en 1807, il envisageait de limiter à cinq cents le nombre des nouveaux titrés. La demande sociale est forte, comme l'exprime Cambacérès en avril 1808 : « De toutes parts l'on demande des titres à Votre Majesté, ou du moins l'on consulte, si l'on peut se présenter, afin d'en obtenir [5]. » En cette première année, quatre cents demandes d'accession au titre de chevalier sont refusées, tandis que cinq cents sont acceptées. Le conseil du Sceau des titres, créé pour l'occasion, doit examiner avec vigilance les demandes pour éviter l'inflation des titres.

La noblesse d'Empire est donc avant tout une distinction qui s'acquiert, non par la naissance, mais par les services rendus à l'État. Elle récompense le mérite. En ce sens, elle parachève l'édifice social sur lequel l'Empereur a voulu fonder son régime. « Tous les genres de mérite y parvenaient, rapporte Napoléon à Sainte-Hélène ; aux parchemins, je substituais les belles actions, et aux intérêts privés, les intérêts de la patrie. Ce n'était plus dans une obscurité imaginaire, dans la nuit des temps, qu'on eût été placer son orgueil ; mais bien dans les plus belles pages de notre histoire [6]. » Cette noblesse est néanmoins hiérarchisée, puisqu'elle comprend cinq grades principaux : à la base les chevaliers, puis les barons, les comtes, les ducs et enfin les princes. Certaines fonctions confèrent automatiquement la noblesse, même s'il faut en principe faire une demande pour l'obtenir ; ainsi les ministres, sénateurs et conseillers d'État sont faits comtes, les premiers présidents de la Cour de cassation et de la Cour des comptes, les présidents de collèges électoraux ou les maires des grandes villes deviennent barons. Au total, la noblesse d'Empire a été attribuée à environ trois mille six cents personnes : mille cinq cents chevaliers, mille cinq cent cinquante barons et cinq cents comtes. Au-delà des membres de l'administration, honorés de droit et qui représentent 22 % de l'ensemble, les principaux bénéficiaires de cette nouvelle dignité sont les officiers, puisque 59 % des membres de la noblesse d'Empire proviennent de l'armée, le groupe restant étant formé par les grands notables de province, tandis que le monde du négoce et des affaires, lieu par excellence des fortunes récentes, n'est guère représenté. La noblesse d'Empire marque ainsi la volonté de pratiquer l'amalgame entre la bourgeoisie, catégorie la mieux représentée (58 %), les couches populaires (19 %), mais aussi l'ancienne aristocratie, qui représente près d'un quart de cette nouvelle noblesse (23 %), proportion qui s'élève même à 40 % à partir de la catégorie des comtes. L'intention affirmée par Napoléon en 1810 était « de faire participer toute la France aux avantages des titres héréditaires » ; elle est de ce point de vue satisfaite. La noblesse d'Empire est donc présentée comme un moyen d'ascension sociale et de cohésion nationale, même si la transmission de cette noblesse impose la possession d'une certaine fortune. En effet, pour pouvoir léguer son titre à son fils aîné, il faut constituer un majorat, formé d'un capital incessible, lié au titre. Seuls les plus fortunés parmi les membres de la noblesse peuvent envisager cette transmission, rendue presque impossible aux officiers pauvres devenus nobles par la grâce de l'Empereur. Ce dernier souhaitait, par cette mesure conservatoire, s'assurer que la noblesse serait toujours associée à la possession d'un patrimoine foncier, symbole à ses yeux de notabilité et de respectabilité.

Pourtant, l'amalgame voulu par Napoléon n'a été qu'une réussite partielle. La noblesse d'Empire n'a pas joué, au moment de la crise finale du régime, le rôle de rempart de la dynastie que lui avait assigné l'Empereur. Elle reste cependant le symbole d'un édifice social fondé sur le mérite et la propriété qui devait se perpétuer après la chute de l'Empire. De plus, aux heures glorieuses de l'Empire, entre 1808 et 1812, cette noblesse a fortement contribué à asseoir le régime auprès des notables. Elle leur fit miroiter des titres honorifiques que peu ont dédaignés, sans parler des dotations qui ont été offertes à plus de la moitié des nouveaux nobles. Ces dotations reposent pour l'essentiel sur des domaines conquis à l'étranger et sont offertes aussi bien aux maréchaux d'Empire qu'à de modestes chevaliers, pour lesquels elles représentent un moyen de tenir son rang ; ainsi, parmi d'autres, le chevalier Boulnois reçoit une rente de quatre mille francs par an, reposant sur des terres situées en Illyrie. Ces dotations représentent, à la fin de l'Empire, une somme annuelle de près de douze millions de francs. Ces sommes, ajoutées aux traitements perçus de l'État, ont contribué à l'enrichissement de ce groupe et, dans certains cas, à son enracinement dans la haute société, par l'entremise de beaux mariages. Enfin, ces nouveaux titrés ont favorisé l'essor d'une vie mondaine, dans les salons comme à la Cour, facilitant ainsi l'intégration au régime de leurs proches et des membres de leur clientèle. Si la noblesse d'Empire n'a pas contribué à sauver le régime, en revanche, elle a permis la mobilité sociale dans la France du XIXe siècle. Les trois cinquièmes de ses membres parviennent à conserver leur rang et à s'intégrer aux nouvelles élites nobiliaires, notamment par le biais des mariages, contractés soit entre représentants de la noblesse d'Empire, soit avec des enfants de l'ancienne aristocratie.

3

Les institutions monarchiques

L'avènement de l'Empire ne modifie pas considérablement le fonctionnement du régime, même s'il lui donne une plus grande stabilité et confère au chef de l'État une autorité accrue. Plus encore qu'à l'époque du Consulat où subsistait la fiction d'un triumvirat, le maître du pouvoir s'appelle Napoléon.

1. LE GOUVERNEMENT DE LA FRANCE

L'organisation du gouvernement n'est pas modifiée par la proclamation de l'Empire. En 1804, Napoléon conserve pour l'essentiel les hommes du Consulat. Pourtant, au fil des ans, des changements interviennent, qui transforment la configuration de l'exécutif. Plusieurs ministres sont en effet remplacés entre 1804 et 1810, si bien qu'à la fin de 1810, le gouvernement a été largement remanié. Parmi les onze ministres en poste, quatre seulement sont des survivants de l'époque du Consulat : Maret, Gaudin, Decrès et Régnier, mais seuls les deux premiers avaient appartenu au gouvernement formé au lendemain du 18-Brumaire. Le renouvellement a été profond en dix ans, même si les changements se sont opérés sans bouleversement. Certains sont provoqués par la mort du titulaire, attribuée en général à la charge de travail énorme imposée par Napoléon à ses ministres. Refusant d'envisager un tel poste, le comte Beugnot témoigne crûment du sentiment général : « Je n'y serai pas longtemps, je périrai avant la fin du mois. Il y a déjà tué Portalis, Cretet et jusqu'à Treilhard, qui pourtant avait la vie dure [1]. » La mort d'un ministre en charge n'est donc pas exceptionnelle ; elle frappe notamment Portalis, le plus âgé des ministres de l'Empire, remplacé au ministère des Cultes par un conseiller d'État originaire de Bretagne, Bigot de Préameneu qui s'était illustré dans la préparation du Code civil. Pour le reste, le changement provient d'une décision de Napoléon, pleinement maître du jeu en la matière. Il révoque ainsi Barbé-Marbois, ministre du Trésor, après la crise financière de 1805 que nous verrons plus loin, dans laquelle ont été compromis les Négociants réunis. Sa disgrâce est toutefois de courte durée puisqu'il obtient, en septembre 1807, la présidence de la Cour des comptes, créée précisément pour éviter de nouvelles malversations. Barbé-Marbois est remplacé au ministère du Trésor par Nicolas-François Mollien, un ami du ministre des Finances Gaudin, grâce auquel il avait été nommé directeur de la Caisse d'amortissement mise en place en novembre 1799 ; de plus, il était depuis 1805 conseiller d'État. C'est un spécialiste des finances publiques, déjà attaché à la Ferme générale sous l'Ancien Régime, qui au Trésor participe à la fondation de la Cour des comptes. En août 1807, un petit remaniement ministériel se produit : Clarke remplace Berthier au ministère de la Guerre. Ce dernier peut désormais se consacrer pleinement à ses fonctions de chef d'état-major de la Grande Armée. Son successeur, officier des hussards sous l'Ancien Régime, général en 1793, proche de Bonaparte dès la campagne d'Italie, avait rempli plusieurs missions diplomatiques, et était entré au Conseil d'État en 1804. Il devait rester au ministère de la Guerre jusqu'en 1814.

Au même moment, Napoléon remercie Talleyrand et le remplace par Champagny, alors ministre de l'Intérieur, après avoir été ambassadeur à Vienne de 1802 à 1804. Les motifs du départ de Talleyrand sont complexes. Ils tiennent pour partie à une différence de vues sur la construction du système européen, au lendemain de la paix de Tilsit qui a mis fin à la guerre contre la Prusse et la Russie. Napoléon l'attribuera quant à lui aux excès de Talleyrand, toujours plus avide d'argent. Quoi qu'il en soit, ce divorce, camouflé par l'attribution à Talleyrand du titre de vice-grand électeur et atténué par les conseils qui lui sont demandés sur le plan diplomatique, confirme le souci de Napoléon de diriger seul la politique étrangère de la France. Les Relations extérieures sont le domaine où l'autonomie des ministres est la plus faible. Devenu ministre des Relations extérieures, Champagny est remplacé par Cretet au ministère de l'Intérieur. Proche de Bonaparte depuis le 18-Brumaire, conseiller d'État depuis l'origine de cette institution, signataire du Concordat en juillet 1801, Cretet avait été également directeur général des Ponts-et-Chaussées et du Cadastre et connaissait donc bien le territoire, un des domaines d'action privilégiés du ministre de l'Intérieur. En 1806, lors de sa nomination à ce poste, Cretet occupait les fonctions de directeur de la Banque de France dont il était actionnaire depuis sa fondation. Malade, il abandonne l'intérim de son ministère à Fouché au printemps de 1809 et meurt en novembre. Au même moment, Napoléon se sépare de Dejean, ministre de l'Administration de la guerre, qui passe au Sénat. Il le remplace, en janvier 1810, par Lacuée de Cessac, conseiller d'État depuis 1801, gouverneur de l'École polytechnique depuis 1804 et directeur des Revues et de la Conscription depuis 1806, postes qui le préparaient à devenir ministre de l'Administration de la Guerre. Le changement le plus notable de cette année 1810 concerne le remplacement, à la tête du ministère de la Police, de Fouché par Savary, choix qui annonce le renforcement de la tutelle policière sur le pays.

Les modes de fonctionnement du gouvernement ne diffèrent guère de la période antérieure. Maret, devenu ministre tout en conservant son titre de secrétaire d'État, continue d'assurer la liaison entre les ministres et le chef de l'État. En temps normal, c'est-à-dire lorsque Napoléon est à Paris, l'essentiel de son activité est consacré à la gestion des affaires publiques. Le Conseil des ministres se réunit le mercredi, selon un rituel qu'a bien décrit le baron Fain, l'un des secrétaires de Napoléon : « Chaque ministre vidait à son tour de rôle son portefeuille sur la table et faisait en présence de ses collègues les différents rapports de son département. Dans bien des cas, après un exposé sommaire, on ne donnait lecture que du projet de décret qui contenait les conclusions. L'Empereur provoquait toujours l'avis de ceux des autres ministres qui pouvaient avoir des connaissances relatives à l'affaire ; lui-même il disait ce qu'il pensait dans ce premier aperçu, et quand l'affaire était bien entendue, on passait à une autre [2]. » La concertation entre les ministres existe donc, sans qu'on puisse toutefois parler de travail collectif. Le Conseil des ministres a essentiellement pour but d'empêcher les chevauchements d'attributions, mais il ne permet pas une réelle concertation sur les décisions à prendre. La plupart du temps, le Conseil des ministres fournit simplement aux intéressés l'occasion de prendre connaissance des projets envisagés.

C'est en effet hors du Conseil des ministres que se déroule l'essentiel du travail entre Napoléon et ses ministres, soit au cours de séances particulières, soit au sein des conseils d'administration. Ceux-ci traitent de questions précises ; ils réunissent aux côtés de l'Empereur le ministre concerné, les principaux fonctionnaires de son ministère et quelques spécialistes, par exemple des conseillers d'État. Ces réunions donnent lieu à des débats techniques plus que politiques. Au début de l'Empire, ces conseils se déroulent habituellement les lundi, jeudi et samedi et peuvent se succéder pendant toute la journée. « Ceux que Napoléon convoquait le plus habituellement, raconte le baron Fain, étaient les conseils de finance, les conseils de commerce, les conseils de subsistances, les conseils du génie, les conseils d'artillerie, les conseils des ponts-et-chaussées et des travaux publics, les conseils des travaux maritimes, les conseils d'administration de la guerre etc. [3]. » À partir de 1808, l'organisation se précise : le conseil du lundi est consacré à la guerre, celui du jeudi à l'intérieur, et le dimanche se déroule le conseil d'administration consacré aux finances. Cette méthode de travail conduit à un extrême cloisonnement de l'exercice gouvernemental et renforce ainsi la toute-puissance du souverain, qui est le seul à avoir une vue d'ensemble de la politique menée dans le pays.

Une fois les projets proposés par les ministres et discutés en conseil, Napoléon les transmet au Conseil d'État pour connaître son avis éventuel et surtout pour obtenir leur transformation en textes de lois. Le Conseil d'État conserve donc sous l'Empire l'importance acquise sous le Consulat, mais son rôle décroît, ne serait-ce que parce que l'œuvre réformatrice du régime se ralentit. Du fait de ses nombreuses absences, Napoléon y est moins présent ; la présidence en revient alors à Cambacérès. Cependant, en certaines occasions, l'Empereur continue à prendre part aux discussions des conseillers, notamment lors de la préparation du Code de commerce en 1807 ou lors du débat sur la liberté de la presse en 1809. Le Conseil d'État est aussi de plus en plus contraint de s'occuper des contentieux administratifs dont le règlement lui revient. Il reste aussi une pépinière de hauts fonctionnaires. La plupart des nouveaux ministres sont issus de ses rangs, tels Portalis, Champagny, Mollien, Clarke, Bigot de Préameneu ou Lacuée de Cessac, et il recrute un nombre croissant d'auditeurs et de maîtres des requêtes appelés à fournir les futurs cadres de la nation.

La gestion des affaires se complique cependant à la suite des absences, de plus en plus fréquentes, de l'Empereur, à partir de 1805. Même en campagne, Napoléon n'abandonne pas l'idée de diriger le pays. Il se fait suivre pour ce faire de son cabinet, comme le rapporte Fain : « Dans l'intervalle d'une opération militaire à l'autre, quand le quartier impérial s'arrêtait quelque part, le cabinet se rétablissait aussitôt et reprenait sa règle et ses habitudes de travail [4]. » À Schönbrunn, dans la résidence des souverains autrichiens où Napoléon s'établit en 1805 et en 1809, ou à Berlin en 1807, partout l'Empereur reproduit le rythme de travail de Paris. Il est parfois suivi de quelques ministres, ce qui permet d'organiser des conseils en campagne. Il lui arrive même de traiter d'affaires politiques sur le champ de bataille, comme le rapporte dans ses *Souvenirs* le ministre des Relations extérieures, Nompère de Champagny, évoquant les lendemains de la bataille de Wagram, en 1809 : « La bataille était gagnée. Je me hâtai d'aller prendre les ordres de l'Empereur ; on avait établi une tente là même où on s'était le plus battu ; elle était environnée de cadavres. Je travaillai avec lui. Il me renvoya à Vienne [5]. » La correspondance avec Paris est alors constante ; chaque jour, une estafette porteuse du courrier arrive auprès de l'Empereur qui use du même procédé pour renvoyer les décisions prises. Napoléon reçoit aussi régulièrement la visite d'un auditeur au Conseil d'État venu lui exposer le travail des ministres. Malgré ces mesures, la conduite de la guerre ralentit les prises de décision et entrave la bonne marche de l'administration, rendant nécessaire l'organisation de longues séances de travail lors des séjours parisiens de l'Empereur.

Pendant les absences de Napoléon, le pouvoir réside entre les mains de Cambacérès qui administre le pays. Il fait aussi le lien entre les divers ministères et l'Empereur en campagne, envoyant régulièrement estafettes et courriers vers Napoléon, après avoir pris soin de lui en annoncer l'arrivée : « Le Conseil des ministres s'est réuni hier suivant l'usage. Les rapports soumis à V. M. et les projets arrêtés dans son Conseil d'État, seront portés à M. Maret, par l'auditeur Canouville, qui parle facilement l'allemand, et qui a l'habitude des voyages [6]. » C'est chez Cambacérès que se réunissent les ministres le mercredi. Il lui revient aussi, en l'absence de Napoléon, de présider le Conseil d'État. Il est donc le véritable maître d'œuvre de la politique impériale, mais reste toujours placé sous la tutelle de Napoléon auquel il rend compte de tout. Toutefois, l'Empereur se repose largement sur les épaules de Cambacérès, ce qui se révélera périlleux, nous le verrons, un jour d'octobre 1812, lorsque le trône impérial vacillera sous les coups du général Malet.

À partir de l'Empire, le rôle des assemblées législatives, déjà amoindri, décline encore. Le Tribunat a renoncé à toute velléité d'opposition ; il est vrai que sa réduction progressive à cinquante membres a permis à l'Empereur de ne conserver que les éléments les plus fidèles à sa personne. De fait, il n'émet aucun vote négatif à partir de 1804, et son action est quasiment nulle, si l'on excepte quelques suggestions faites dans la préparation de certains projets de loi, en particulier sur le Code de commerce. Pour le reste, le Tribunat se contente de voter des adresses à Napoléon, marquant un peu plus sa sujétion sinon sa servilité envers le maître du pays. Devenu inutile, le Tribunat est purement et simplement supprimé par un sénatus-consulte du 19 août 1807, sans que cette mesure doive être considérée comme une sanction. La plupart des cinquante tribuns sont en effet replacés soit dans le Corps législatif, soit dans l'administration préfectorale, soit dans une autre administration, signe que les membres des assemblées sont considérés comme des fonctionnaires. Ses attributions sont transférées au Corps législatif où sont instituées trois commissions chargées de discuter les projets de loi. Ce droit à la parole donné à cette chambre des muets n'en modifie pas pour autant la nature. Le Corps législatif se montre extrêmement discret.

Toujours présidé, et ce jusqu'en 1809, par Fontanes, il se réunit avec parcimonie, guère plus de deux mois en 1804, 1805 et 1806, à peine un mois en 1807, 1808 et 1809. En 1807, par exemple, la session s'ouvre le 16 août, quelques jours après le retour victorieux de Napoléon qui a signé le traité de Tilsit avec la Russie. L'Empereur ouvre en personne la séance par un discours dans lequel il célèbre la paix retrouvée et promet une baisse des impôts. Il reçoit le même jour le serment des députés nommés depuis la précédente session.

Les séances suivantes sont courtes, consacrées pour l'essentiel à l'examen d'ouvrages récemment publiés et à diverses nominations. Les débats proprement politiques reprennent le 24 août avec l'audition d'un rapport du ministre de l'intérieur Montalivet sur la situation de l'Empire. Cette séance marque également le début de l'examen des projets de loi proposés au vote par le gouvernement. Tous passent sans difficulté, que ce soit la loi modifiant la terminologie de certains articles du Code civil, appelé désormais Code Napoléon, la loi donnant naissance au Code de commerce, ou celle créant la Cour des comptes. Chaque fois, dix à douze députés seulement votent contre. Seule la loi sur l'intérêt de l'argent suscite une réserve un peu plus forte, de vingt-trois députés. Au total, plus encore qu'à l'époque du Consulat, le Corps législatif apparaît comme une chambre d'enregistrement, même si Napoléon a tenu à le conserver et est resté attaché aux formes constitutionnelles, permettant ainsi à une infime minorité d'opposants de continuer à faire entendre sa voix. De fait, entre 1804 et 1809, le Corps législatif ne repousse aucun projet de loi. Cette passivité s'explique en partie par sa composition. Le renouvellement de ses membres a conduit à l'effacement de la génération des révolutionnaires au profit de fonctionnaires, attachés au régime, qui représentent la moitié des nouveaux élus, ainsi que de notables locaux, pour la plupart des propriétaires fonciers sans expérience politique. Le retour de l'ancienne noblesse se manifeste aussi au sein de cette assemblée, signe de l'évolution de la société et des soutiens recherchés par l'Empire.

L'effacement du Corps législatif aurait pu être compensé par l'émergence du Sénat dont les attributions avaient été en principe renforcées par la Constitution de l'an XII. Le Sénat est, en effet, de plus en plus sollicité pour légiférer par le biais de sénatus-consultes, non seulement en matière institutionnelle — par exemple lors de la suppression du Tribunat — mais encore dans le domaine judiciaire ou pour fixer le contingent des troupes à lever. Avec l'accroissement des besoins militaires du pays, cette tâche s'avère de plus en plus importante. Toutefois, l'autonomie laissée au Sénat est très relative ; il se contente d'avaliser en l'espèce les choix du gouvernement. Les débats ont si peu d'intérêt que l'absentéisme se développe. Il est parfois difficile de rassembler les deux tiers des sénateurs nécessaires au vote des sénatus-consultes organiques, par exemple lors du rattachement de Gênes à la France ; sur cent huit sénateurs, soixante-douze seulement étaient présents, il en aurait fallu soixante-treize. Quant à sa capacité de contrôle du respect des libertés, elle est également formelle. Certes, le Sénat a rapidement mis en place les commissions pour la liberté individuelle et pour la liberté de la presse prévues par la Constitution de l'an XII. Composée de huit membres, renouvelée partiellement tous les quatre mois, la commission pour la liberté individuelle manque d'une stabilité suffisante pour développer son action. Elle se met cependant à l'œuvre, sous la présidence de Lenoir-Laroche, mais son efficacité est réduite. Dans les quatre premiers mois de son existence, elle parvient à faire libérer quarante-quatre détenus sur cent seize pétitions reçues, puis la commission sénatoriale de la liberté individuelle tombe dans une certaine léthargie. Alors qu'elle avait examiné cent seize dossiers en quatre mois, elle n'eut à en connaître que quatre cent soixante-neuf dans les dix années suivantes, parvenant à obtenir la libération d'un tiers des individus concernés. Parmi les demandes adressées à la commission sénatoriale figurent notamment celles de Sade et de Théodore Desorgues, poète interné à Charenton en 1805. Quant à la commission pour la liberté de la presse, son activité est des plus réduite. Le Sénat n'a pas pu, sauf à la marge, œuvrer en faveur de la préservation des idéaux de 1789.

Pourtant le Sénat garde un certain lustre dans le dispositif institutionnel. Il le retire de sa composition. Aux sénateurs nommés sous le Consulat sont venus s'adjoindre, en vertu de la Constitution de l'an XII, de hautes personnalités du régime, à savoir les princes français, frères de Napoléon, et les grands dignitaires de l'Empire ; c'est à ce titre que Joseph, Louis et Jérôme Bonaparte entrent au Sénat, de même que Murat, Eugène de Beauharnais, Cambacérès, Lebrun, Talleyrand et Berthier. Napoléon use aussi de son pouvoir pour nommer au Sénat quelques personnalités éminentes, par exemple Chaptal, récemment privé du ministère de l'Intérieur. En février 1805, l'Empereur procède à une fournée de dix-sept sénateurs parmi lesquels figurent les cardinaux Fesch et Cambacérès qui y rejoignent le cardinal de Belloy, les généraux Hédouville, Gouvion et Caulaincourt, par ailleurs grand écuyer et fidèle de l'Empereur, des ambassadeurs comme d'Aguesseau. Enfin, Napoléon inspire les choix du Sénat qui fait entrer en son sein des hommes comme Pierre Tascher, cousin de l'impératrice Joséphine, ou Bacciochi, époux d'Élisa Bonaparte et donc beau-frère de Napoléon. En 1806, deux nouveaux ecclésiastiques entrent au Sénat : Mgr Primat, archevêque de Toulouse, et Mgr Barral, archevêque de Tours. En 1807, il accueille notamment Fabre de l'Aude qui présidait jusqu'à sa suppression le Tribunat. À la suite des nouvelles annexions à l'Empire, les représentants étrangers, notamment italiens, font une entrée remarquée au Sénat.

Ce dernier se considère donc, à juste titre, comme la première des assemblées, primauté qui lui est reconnue, notamment lors du sacre au cours duquel le Sénat figure au premier rang des assemblées. Cette primauté tient à la nature des fonctions sénatoriales, inamovibles, mais aussi au traitement qui leur est assorti, auquel s'ajoutent pour certains les revenus des sénatoreries octroyées à une trentaine de sénateurs. Les titulaires de ces sénatoreries représentent une élite au sein du Sénat. Ils obtiennent la concession d'une résidence de prestige, l'archevêché d'Auch pour la sénatorerie d'Agen, le château de Thouars pour celle de Poitiers, le château des princes de Salm-Salm pour celle de Bruxelles. En juin 1804, quinze nouvelles sénatoreries sont attribuées, parmi lesquelles celles de Colmar à Kellermann, le vainqueur de Valmy, celle de Paris à Lacépède, grand chancelier de la Légion d'honneur, ou celle de Lyon à Le Couteulx-Canteleu, un des fondateurs de la Banque de France. Déjà d'autres grandes figures du Sénat comme Fouché, Roederer ou Ducos avaient obtenu une faveur identique, le premier à Aix, le deuxième à Caen, le troisième à Orléans. Richement dotés, pourvus d'une des demeures les plus somptueuses de leur circonscription, reçus avec des honneurs comparables à ceux des gouverneurs de province dans l'ancienne France, ces sénateurs devaient séjourner trois mois dans leur sénatorerie et parcourir les départements qu'elle recouvrait, trois en général, avec la mission de tenir informé le gouvernement de l'état des esprits. Ils doublent sur ce terrain l'action des préfets, répondant au souci constant de l'Empereur de connaître dans le détail la situation du pays. Riches et reconnus, les sénateurs restent pour l'heure des soutiens indéfectibles du régime.

À la tête de l'État, Napoléon demeure cependant le seul maître à bord. Non seulement il a la haute main sur la plupart des nominations aux postes les plus élevés, mais il ne délègue à personne le soin de décider en dernier ressort sur les questions importantes. Il joue surtout un rôle essentiel dans la direction de la police. Les réseaux parallèles dont il a encouragé la création lui permettent d'appréhender l'état de l'opinion publique, même si sa connaissance est tributaire de la franchise des préfets et de l'honnêteté de ses informateurs. Cette soif d'informations qui le pousse, à peine levé, à lire les journaux, les bulletins de police ou les notes adressées par les ministres, manifeste un souci constant de rester le maître des décisions prises. Ce gouvernement personnel et autoritaire, effectué par un homme souvent occupé à faire la guerre, a pour contrepartie un vieillissement prématuré que tous les observateurs ont remarqué. Après Tilsit, en 1807, note ainsi le comte de Pontécoulant, « sa figure avait pris plus d'embonpoint, ses yeux avaient toujours la même profondeur dans le regard, mais ils avaient perdu de leur vivacité ; des pensées graves semblaient siéger sur son front soucieux ; son corps n'était plus grêle et débile comme au temps du Consulat [7] ». Le contraste est en effet frappant entre le tableau d'Ingres représentant Bonaparte, Premier consul, et celui de David datant de 1812, *L'Empereur dans son cabinet des Tuileries*. Dans ce second tableau, les traits sont épaissis, le cheveu plus rare, en même temps que le port est plus majestueux, le regard apaisé. Sous le Consulat, l'œuvre restait à bâtir, comme l'indiquait le bras tendu vers la table couverte de papiers. En 1812, l'essentiel est accompli ; les rouleaux de papier sur lesquels on devine l'inscription « Code » symbolisant cette œuvre fondée. Pêle-mêle, les attributs impériaux, l'épée et la plume viennent rappeler l'étendue des responsabilités de Napoléon, tandis que derrière lui, une pendule symbolise le temps écoulé depuis son accession au trône et rappelle que l'Empire est appelé à durer. Napoléon entend montrer par l'image qu'il gouverne sur toute chose, y compris le temps ; il personnifie l'exercice solitaire et autoritaire du pouvoir, même si dans la réalité l'Empereur a su s'entourer pour régner.

2. L'ENTOURAGE DE NAPOLÉON

La Constitution a officialisé l'existence d'un cercle de proches qui font écran entre l'Empereur et les institutions héritées du Consulat. Parmi ces proches figurent en premier lieu les membres de la famille impériale que Bonaparte avait pris soin de laisser à l'écart du pouvoir dans les premières années de son règne. Il leur accorde désormais un statut privilégié qui est du reste en contradiction avec le principe d'égalité émis en 1789 et défendu depuis, y compris par Bonaparte lui-même. Les frères de l'Empereur deviennent princes français. Ils entrent de droit au Sénat, à l'exception de Lucien, brouillé avec Napoléon après son remariage avec Alexandrine Jacob de Bleschamp, alors que son frère lui destinait la reine d'Étrurie. Pour avoir contrecarré les projets matrimoniaux de Napoléon, Lucien reste à l'écart des honneurs impériaux. Quant au plus jeune frère de l'Empereur, Jérôme, absent de Paris lors de la rédaction de la Constitution de l'an XII, il avait eu la mauvaise idée d'épouser aux États-Unis, en 1803, la jeune Elisabeth Patterson, fille d'un négociant de Baltimore. En l'apprenant, Bonaparte avait sommé son jeune frère de rentrer seul en France, mais Jérôme n'avait pu s'y résoudre. Il avait donc débarqué en Europe avec sa femme enceinte, s'attirant les foudres de l'Empereur. Finalement, en 1805, il retrouve Napoléon en Italie et accepte de divorcer, Napoléon obtenant ensuite l'annulation de son mariage. Jérôme peut désormais prétendre au titre de prince français et à son siège au Sénat.

Dans l'entourage napoléonien, les sœurs ne jouent pas un moindre rôle. Élisa, Pauline et Caroline ont suivi l'astre de leur frère et comptent en tirer parti. Leur ressentiment à l'égard de Joséphine, qui s'exprime lors du sacre, est connu. La plus âgée, Élisa, née en 1777, élevée dans la maison royale de Saint-Cyr, avait épousé en 1797 un officier corse, Félix Bacciochi. Tenant à Paris un salon réputé où se côtoient Fontanes et Chateaubriand, Élisa Bacciochi devient altesse impériale et obtient en mars 1805 le titre de princesse de Piombino. De trois ans sa cadette, Pauline avait épousé en 1797 le général Leclerc qu'elle accompagne lors de l'expédition de Saint-Domingue, organisée pour mater la révolte fomentée par Toussaint-Louverture. Devenue veuve, elle regagne la France et épouse en août 1803 un prince romain, Camille Borghèse, devenu en 1804 citoyen français, tandis que Pauline obtient en 1806 le titre de duchesse de Guastalla. Quant à Caroline, la plus jeune sœur de Napoléon, née en 1782, elle s'éprend du général Murat qu'elle épouse en 1800, menant grand train à Paris pendant le Consulat, avant de suivre son mari nommé à la tête du grand-duché de Berg et de Clèves en 1806. Napoléon confère également à sa mère, Letizia, un titre élevé dans la hiérarchie impériale. Absente lors du sacre — elle avait rejoint son fils Lucien à Rome — elle n'en obtient pas moins le titre d'altesse impériale et se voit richement dotée par Napoléon qui lui offre le château de Pont-sur-Seine, dans l'Aube. Elle partage son existence entre cette résidence et l'hôtel de Brienne rue Saint-Dominique. Un tableau de Gérard la représente assise, dans un décor antique, au pied du buste de son fils, ceint d'une couronne de laurier, tel un empereur romain. Letizia se drape alors dans le rôle de grande prêtresse, dispensant les aumônes impériales aux œuvres charitables.

Le cercle familial ne s'arrête pas aux Bonaparte. Il englobe aussi les Beauharnais et leurs alliés. Joséphine, née Tascher de La Pagerie, s'emploie à placer ses proches dans l'appareil d'État. Son fils, Eugène, né en 1781, était devenu aide de camp de Bonaparte à l'armée d'Italie, avant de prendre part à l'épopée napoléonienne ; il est en Égypte avec Bonaparte, participe au coup d'État, puis à la seconde campagne d'Italie. Ses liens de sang avec l'Impératrice, ainsi que son dévouement à l'Empereur, lui valent le titre de prince français et la dignité d'archichancelier d'État. Il est surtout désigné en 1805 comme vice-roi d'Italie, ce qui le conduit à administrer ce pays, sous le contrôle de Napoléon. En 1806, il épouse la fille du roi de Bavière, répondant au vœu de Napoléon d'unions matrimoniales des membres de son clan avec les familles régnantes en Europe. Cette politique clanique avait déjà conduit l'Empereur à rapprocher les deux rameaux de sa famille, les Bonaparte et les Beauharnais, en favorisant le mariage, en janvier 1802, de son frère Louis avec la fille de Joséphine, Hortense de Beauharnais, alors âgée de dix-neuf ans. Le succès de cette union est mitigé, le couple vivant pour l'essentiel séparé, mais il donne tout de même naissance à trois enfants, dont le futur Napoléon III, né en 1808, alors que Louis règne sur la Hollande. Pierre de Tascher profite aussi de ses liens avec Joséphine pour construire une belle carrière sous l'Empire. Enfin, la famille de son premier mari n'est pas oubliée ; le beau-frère de Joséphine, François de Beauharnais, devient ambassadeur en Étrurie, puis en Espagne, avant, il est vrai, d'être disgracié. Une de ses deux filles, Émilie-Louise, épouse Lavalette, compagnon de Bonaparte en Égypte, devenu directeur général des Postes. Elle s'illustrera sous la Restauration en faisant évader son mari. Un autre parent de Joséphine, cousin de son premier mari, Claude de Beauharnais, est nommé sénateur en 1804 et reçoit la sénatorerie d'Amiens en 1806.

C'est surtout sa fille, Stéphanie de Beauharnais, qui est comblée de faveurs par Napoléon. Elle stupéfie la Cour où elle fait son entrée en 1804, par son charme et sa grâce enfantine, au point d'être adoptée par Napoléon qui la marie en grande pompe, en avril 1806, au prince héritier de Bade.

Enfin, malgré les bruits de divorce qui courent depuis le Consulat, Joséphine conserve une place de choix auprès de Napoléon. Ce dernier a décidé de l'associer au sacre, au grand dam de ses sœurs et de sa mère. Il a lui-même posé sur sa tête la couronne impériale, scène immortalisée par David dans le tableau du sacre. Il faut y lire le souci de montrer au peuple la place faite à sa femme. L'Empire est un régime héréditaire dont la survie passe par la naissance d'un héritier. Joséphine est étroitement associée à la mise en scène du pouvoir, sinon aux prises de décisions politiques. Sa correspondance montre à quel point elle est peu tenue au courant des affaires de l'Empire : « Je ne puis rien te dire sur les nouvelles politiques, écrit-elle en août 1805 à son fils, Eugène de Beauharnais ; c'est un mystère que l'Empereur ne laisse jamais pénétrer [8]. » Elle n'en est pas moins l'incarnation de cette première partie de l'Empire, la plus brillante et la plus glorieuse. À la tête d'une Maison étoffée, elle dirige les fêtes impériales et organise la vie de cour. Liée par ses origines à l'ancienne noblesse, elle n'a eu de cesse depuis le 18-Brumaire d'obtenir clémence et réparation pour les émigrés rentrés en France. Elle a également très tôt soutenu l'idée d'un passage vers la monarchie. Elle offre ainsi une parfaite synthèse entre l'esprit d'Ancien Régime et les mœurs révolutionnaires qu'elle a parfaitement assimilées lorsqu'elle était la femme d'un général de la Révolution, puis la maîtresse de Barras, l'un des directeurs les plus influents. À la Cour, Joséphine introduit nombre de représentants de l'ancienne noblesse. En cela, elle répond pleinement au projet napoléonien de ralliement de ce groupe à l'Empire. Elle est aussi présente au côté de Napoléon dans ses déplacements, l'accompagnant par exemple à Milan où il se fait couronner roi d'Italie en 1805, et le suit parfois dans ses campagnes militaires, au moins dans les premiers temps ; elle s'installe ainsi à Mayence en 1807. Par la suite, Napoléon se détache progressivement de Joséphine qui voit se profiler, avec crainte, la perspective du divorce. Celui-ci est effectif en décembre 1809.

Les fonctions de grands dignitaires organisées par la Constitution de l'an XII ont permis d'associer membres de la famille impériale et soutiens fidèles de Napoléon dans une commune adhésion au régime. Les titres ainsi donnés rappellent le Saint-Empire romain germanique. Leur attribution permet de mieux cerner les contours du clan Bonaparte. Deux frères de Napoléon, Joseph et Louis, deviennent le premier grand électeur, le second connétable, son beau-fils, Eugène de Beauharnais, est fait archichancelier d'État et son beau-frère, Murat, vice-amiral. Les deux autres dignités sont attribuées aux anciens consuls, Cambacérès et Lebrun ; Cambacérès devient archichancelier d'Empire, Lebrun architrésorier. Ces deux dernières nominations sont un moyen de faire en quelque sorte entrer les deux anciens consuls dans la famille Bonaparte, et ce d'autant plus qu'ils ont marqué peu d'enthousiasme face à l'avènement d'un régime qui les privait d'une fonction viagère. Cambacérès notamment avait manifesté son irritation de voir proclamer l'Empire. Les grands dignitaires craignaient que leurs titres ne recouvrent qu'un pouvoir limité.

Parmi les proches de l'Empereur figurent aussi les militaires. Quatorze d'entre eux sont récompensés pour leur fidélité et leurs actions d'éclat par le titre de maréchal d'Empire. Il s'agit d'une distinction civile et non d'un grade militaire. Les maréchaux d'Empire se voient confier la présidence d'un collège électoral de département, fonction politique, qui renforce leurs liens avec le régime. Les quatorze premiers maréchaux sont dans l'ordre de nomination : Berthier, Murat, Moncey, Jourdan, Masséna, Augereau, Bernadotte, Soult, Brune, Lannes, Mortier, Ney, Davout et Bessières. On compte parmi eux des fidèles de Napoléon, notamment Berthier, ministre de la Guerre, Murat, vice-amiral, Lannes, compagnon de Bonaparte en Italie et en Égypte, Davout qui lui aussi avait suivi Bonaparte en Égypte. Les autres, issus de l'armée du Rhin, la grande rivale de l'armée d'Italie à l'époque du Directoire, ont longtemps conservé quelques préventions à l'égard de Napoléon, à l'image de Bernadotte, compromis en 1802, sans être inquiété, dans le « complot des libelles ». Comme Bernadotte, Augereau et Jourdan appartenaient, au moment du 18-Brumaire, à la frange jacobine de l'opinion. Napoléon a donc voulu, par cette distinction honorifique, s'attacher les principaux chefs militaires du temps. Le complot de Cadoudal, auquel s'étaient associés les généraux Moreau et Pichegru est venu lui rappeler, s'il l'avait oublié, que l'armée restait le foyer d'opposition le plus dangereux. En couvrant ses chefs d'honneur et d'argent, Napoléon espère leur ôter toute idée de rébellion. Le symbole de ces ralliements est sans conteste Ney, ancien de l'armée du Rhin, devenu l'un des plus fidèles soutiens de l'empereur après 1804. Il est vrai que, un an après avoir été distingués, plusieurs des maréchaux d'Empire durent songer à reprendre du service dans la campagne contre l'Autriche. Le maréchalat n'est pas une retraite. Pourtant quatre maréchaux, Kellermann, Lefebvre, Pérignon et Sérurier, anciens officiers généraux de l'époque révolutionnaire, devenus sénateurs, avaient obtenu cette distinction à titre honoraire, portant ainsi à dix-huit le nombre de maréchaux d'Empire en 1804.

Princes français, hauts dignitaires, maréchaux d'Empire représentent le premier cercle des proches de l'Empereur. Ils forment l'ossature d'une monarchie qui entend s'épaissir, en multipliant les institutions et les titres susceptibles de la consolider. Napoléon veut ainsi signifier que s'il gouverne de manière autoritaire, il le fait en s'appuyant sur une cohorte de fidèles. La dictature personnelle, camouflée sous les habits d'un triumvirat, a laissé place à une monarchie oligarchique et familiale dans laquelle dominent les affidés de l'Empereur. Napoléon a puisé dans trois cercles pour constituer cette clientèle : un cercle familial élargi, un cercle militaire étoffé, un cercle politique très restreint dont sont issus les deux anciens consuls. Mais il lui fallait encore pour parfaire l'organisation de son régime ouvrir plus largement les portes du pouvoir ; Napoléon s'y emploie d'abord à travers la Cour impériale, puis par l'établissement de la noblesse d'Empire.

La Cour s'étoffe avec l'Empire, même si son existence remonte au début du Consulat. Elle acquiert alors un statut officiel, avec en particulier l'élaboration d'un protocole et la remise au goût du jour de l'étiquette. Napoléon s'est explicitement inspiré du cérémonial en vigueur sous l'Ancien Régime. C'est dans cet esprit qu'il établit notamment sa Maison et celle de l'Impératrice, en juillet 1804. La Maison de l'Empereur se compose de six départements, confiés chacun à un grand dignitaire. La place d'honneur revient au grand aumônier, en l'espèce le cardinal Fesch, archevêque de Lyon, et surtout oncle de Napoléon, qui a la charge de veiller à l'ensemble des cérémonies religieuses se déroulant aux Tuileries. C'est en principe le grand aumônier qui confesse, baptise et marie les membres de la famille impériale. À ses côtés, gravitent plusieurs aumôniers et chapelains. Le grand chambellan dirige pour sa part le service de la chambre ; il est chargé de l'organisation des festivités et des invitations. Napoléon a confié cette fonction à Talleyrand en 1804 dans l'espoir qu'il favoriserait le ralliement de l'ancienne noblesse à son régime. En 1809 il choisit une autre grande figure de l'ancienne aristocratie, le comte de Montesquiou-Fezensac, qui occupe ces fonctions jusqu'en 1814. La tâche du grand chambellan est extrêmement délicate, du moins si l'on en croit Charles de Rémusat, dont le père fut premier chambellan et remplit en fait une charge délaissée par Talleyrand : « Ces fonctions étaient assez minutieuses. L'Empereur aimait les cérémonies et la représentation. Ces pompes assez futiles de la royauté étaient comme autant de conquêtes sur sa première condition et sur la Révolution même. Les goûts de parvenu sont excusables lorsqu'ils portent sur le plaisir de ressembler à Charlemagne [9]. » Les fonctions du grand maître de cérémonie sont assez proches, puisqu'il participe à l'organisation des cérémonies, mais il veille surtout à la bonne application du protocole. Napoléon avait besoin pour cette charge d'un homme qui fût au fait des mœurs d'Ancien Régime ; il la confia donc à Louis-Philippe de Ségur, fils d'un ancien ministre de la Guerre, lui-même ambassadeur en Russie au temps de Catherine II. Pour les autres dignités de sa Maison, Napoléon a choisi des proches. Duroc occupe les fonctions de grand maréchal du Palais. Il règne ainsi sur les Tuileries, dont il assure l'approvisionnement, mais aussi la sécurité. La charge de grand écuyer est également dévolue à Caulaincourt, dont la fonction principale est d'accompagner l'Empereur en toute occasion et de veiller à ses écuries. Berthier est nommé grand veneur ; il dirige les chasses impériales et reçoit le privilège des invitations. Ainsi, dans l'organisation de sa Maison, Napoléon n'a pas hésité à faire appel à trois officiers généraux, donnant le ton d'une organisation toute militaire ; le port de l'uniforme s'impose à l'intérieur du palais. Napoléon lui-même ne quitte guère l'uniforme de colonel de la garde qu'il affectionne particulièrement et dont la modestie relative tranche avec l'apparat des tenues civiles et militaires des courtisans.

À ces grands domaines de la Maison de l'Empereur s'ajoutent plusieurs services dont les titulaires jouent également un rôle important dans l'entourage de Napoléon. Le service de la médecine est aux mains du docteur Corvisart, chargé de la santé de Bonaparte depuis 1801 et qui dirige l'ensemble des médecins et pharmaciens des Tuileries à partir de 1804. Il devient ainsi un personnage incontournable, médecin, mais aussi confident des membres de la famille impériale. Vivant Denon règne sur les musées, après avoir accompagné Bonaparte en Égypte. Il lui revient d'organiser le Musée Napoléon, à partir d'œuvres soustraites aux pays conquis. David, peintre officiel du régime, est également un familier des Tuileries. Il y croise son collègue Isabey, professeur de dessin de Joséphine, qui reçoit en 1805 le titre de premier peintre de la chambre de l'Impératrice.

L'organisation de la Maison de l'Empereur a aussi permis d'associer un nombre grandissant de personnages au destin de l'Empire. À côté des grands officiers de la couronne, le nombre des chambellans, pages, écuyers et autres officiers ne cesse en effet de s'accroître. Les chambellans qui n'étaient que dix-huit en 1804 sont cent cinq en 1814. Désormais, ils assurent un roulement par trimestre. Napoléon a choisi ce moyen pour faciliter le ralliement de l'ancienne noblesse à sa cause. La liste des noms de chambellans illustre cette politique. Le ralliement s'opère aussi par les invitations à la Cour, à l'occasion des diverses cérémonies, fêtes ou bals qui s'y donnent. Le fait d'être présenté à l'Empereur représente le stade ultime de cette agrégation au régime. Même si de nombreux nobles s'en défendirent après coup, arguant de la faiblesse de leurs sentiments à l'égard de l'Empire, et cherchant à railler la Cour impériale, il n'en demeure pas moins que l'attrait suscité par Napoléon a été puissant.

Cette Cour est nombreuse. À eux seuls, les membres des Maisons impériales représentent près de quatre cent cinquante personnes, auxquels s'ajoutent les principaux dignitaires de l'État, invités de droit, et les personnalités politiques très souvent présentes, à l'instar des conseillers d'État, sénateurs ou membres du Corps législatif. Cet ensemble donne à la Cour une allure très administrative ; les piliers de l'État en forment la composante principale, au moins au début de l'Empire, car, au fil des ans, la proportion des membres invités, n'occupant aucune fonction officielle, s'accroît ; ils sont cinq cent quatre-vingt-cinq en 1812 contre quatre-vingt-seize en 1807. Il faut bien entendu ajouter à ce nombre les diplomates et d'éventuels invités étrangers, pour la plupart ébahis par les fastes impériaux. La Cour éblouit par sa magnificence, même si certains nostalgiques de l'Ancien Régime y trouvent l'atmosphère trop compassée. La Cour comme les palais impériaux qui l'accueillent doivent renvoyer au monde l'image de la puissance de Napoléon et de la France. Sa résurrection marque aussi la fin des mœurs révolutionnaires : le tutoiement est définitivement banni et l'appellation de « Monseigneur » vient remplacer celle de « citoyen ministre ». La Cour est donc l'un des symboles les plus vivants de l'évolution monarchique du régime et de la distance prise avec la Révolution. Elle est enfin un des hauts lieux de la vie politique dans le pays, car s'y côtoient les principaux personnages de l'État, anoblis après 1808, les représentants des familles les plus illustres et les diplomates étrangers. Elle n'est toutefois que l'un des théâtres sur lequel se déroule la mise en scène du pouvoir que Napoléon développe pour enraciner la monarchie dans le pays.

3. LE CULTE IMPÉRIAL

Napoléon a contribué à faire naître un culte à sa personne qui s'inspire du modèle fourni par le culte des empereurs romains et remontant lui-même à la tradition orientale. Ce culte a une dimension religieuse réelle. Le souverain vénéré s'apparente à une divinité. Napoléon a compris tout l'intérêt qu'il pourrait retirer de la fusion entre le christianisme dont il se fait le restaurateur et le culte impérial. Pour y parvenir, il réutilise les formes de la sacralité chrétienne et se coule dans le calendrier grégorien. Aux yeux des foules, le sacre a conféré à l'Empereur la part de divin qui pouvait lui faire défaut. Il peut désormais être assimilé aux rois d'Ancien Régime, dépositaires d'une fraction de l'autorité divine. Cette osmose entre les traditions chrétiennes et le culte impérial s'opère à travers la fête du 15 août. Célébrée depuis 1802, cette fête s'enrichit à partir de 1804 pour devenir véritablement jour de fête nationale en 1806. On exhume alors un saint Napoléon qui aurait été victime de persécutions sous Dioclétien. Cet anniversaire est couplé avec celui de la ratification du Concordat, comme le précise le décret du 19 février 1806, dans son article 1ᵉʳ : « La fête de saint Napoléon et celle du rétablissement de la religion catholique en France seront célébrées, dans toute l'étendue de l'Empire, le 15 août de chaque année, jour de l'Assomption et époque de la conclusion du Concordat. » L'année suivante, en 1807, la célébration du 15 août revêt un éclat particulier du fait de la paix récente, signée à Tilsit avec la Russie et la Prusse. Napoléon, présent à Paris, assiste avec Joséphine et les dignitaires de l'Empire au *Te Deum* donné à Notre-Dame. La ville est pavoisée : « Dans toutes les rues qu'ont suivies les cortèges de LL. MM., lit-on dans le *Moniteur*, les maisons étaient décorées de tentures, de devises, et une affluence considérable de citoyens exprimait par ses acclamations sa joie et son amour [10]. » Le peuple est choyé : jeux et fêtes ont été organisés au long de la journée et le soir Paris est illuminé, tandis qu'un feu d'artifice, mis en scène par l'artificier Ruggieri, est tiré depuis le pont de la Concorde et qu'un concert est donné aux Tuileries. L'Empereur se montre alors au balcon de son palais pour recevoir une nouvelle fois les hommages de la foule. En ce jour férié, la fête bat son plein, à Paris et aussi en province, ce qui contribue à rehausser son prestige.

Cette commémoration permet d'asseoir encore davantage le culte impérial, en fixant un jour de fête nationale. Le choix du 15 août est justifié par la date anniversaire de Napoléon, il offre l'avantage d'associer cette fête à la célébration de l'Assomption de Marie, dont la popularité est forte. Très vite un glissement s'opère ; le saint vénéré le 15 août n'est plus le martyr hypothétique du IIIe siècle, mais bien l'Empereur lui-même, accédant quasiment au statut de saint en sa qualité de restaurateur du culte et de sauveur de l'Église. Au moins jusqu'en 1809, c'est-à-dire jusqu'à la crise entre l'Empereur et le pape, l'Église catholique apporte son concours plein et entier à la glorification du souverain et se transforme en principal propagateur du culte impérial. Les membres du clergé sont ainsi invités à se muer en officiers du culte impérial. Reprenant, en les exacerbant, les traditions d'Ancien Régime, le gouvernement recommande au clergé de faire prier pour l'Empereur, de célébrer les grandes victoires du conquérant par le biais de *Te Deum*, de distiller les intentions du monarque, voire de lire au prône les bulletins de la Grande Armée. Cette collaboration des prêtres au culte en l'honneur de Napoléon trouve son apothéose dans le Catéchisme impérial, publié en 1806. Bien que son objet soit d'abord de fournir aux enfants préparant leur première communion les rudiments de la doctrine catholique, il contient tout un volet consacré au respect des autorités établies, et notamment de l'Empereur qui est nommément cité : « Les chrétiens doivent au prince qui les gouverne, et nous devons en particulier à Napoléon Ier, notre empereur, l'amour, le respect, l'obéissance, la fidélité, le service militaire, les tributs ordonnés pour la conservation, la défense de l'Empire et de son trône ; nous lui devons encore des prières ferventes pour son salut et pour la prospérité spirituelle et temporelle de l'État. » La divinisation du souverain de son vivant est en marche. Elle s'appuie elle aussi sur le modèle antique, comme le prouvent plusieurs exemples.

À côté du 15 août, Napoléon érige, également en 1806, une autre fête nationale. Il décide en effet que « le premier dimanche du mois de décembre dans toute l'étendue de l'Empire serait commémoré l'anniversaire de son couronnement et celui de la bataille d'Austerlitz », c'est-à-dire le 2 décembre qui accède ainsi, de façon très officielle, au statut de journée nationale. Les fêtes de la Révolution sont définitivement gommées, sinon oubliées : le 15 août et le 2 décembre supplantent le 14 juillet et le 22 septembre, en deux époques, l'été et l'automne, propices aux réjouissances populaires, et respectueuses du calendrier liturgique. Ces fêtes de souveraineté, organisées pour célébrer le monarque, dans sa naissance, son sacre et ses victoires militaires, ont pour but d'inscrire le régime dans la mémoire collective. Leur succès, difficile à mesurer, varie selon les régions. L'unanimité n'a jamais été complète, mais les réjouissances festives ont tout de même contribué à populariser le régime.

La force et la durée du culte impérial tiennent aussi à la convergence entre un culte institutionnel, parfaitement encadré et réglé par les diverses autorités, et un culte populaire plus vivace qu'on ne le pense souvent. La distribution massive de médailles à l'effigie de l'Empereur, comme aussi la diffusion large de statues et de bustes le représentant ont contribué à ce développement. Les estampes représentant Napoléon se multiplient. On le montre sur le champ de bataille, mais aussi en homme de paix. La ferveur populaire, au cours de ses voyages, est un autre signe de l'attrait que suscite Napoléon. On veut le voir et le toucher comme un saint vivant. Victor de Broglie, très critique à l'égard de Napoléon, ne peut s'empêcher de noter, relatant le passage de l'Empereur dans une auberge, alors qu'il fait route vers l'Espagne : « Je ne dirai point, comme la servante de notre auberge que, dans tout ce qu'il fit, il avait la couronne sur la tête et le sceptre à la main. Je n'ai, quant à moi, rien vu de pareil ; mais, faisant nombre, comme un autre, parmi les badauds qui se pressaient à son entrée et à sa sortie, il me parut qu'en lui tout sentait l'Empereur, et l'Empereur des plus mauvais jours [11]. » George Sand, évoquant la vie au château de Nohant, rapporte ce souvenir : « Ma mère était comme le peuple, elle admirait et adorait l'Empereur à cette époque. Moi, j'étais comme ma mère et comme le peuple [12]. » Les exemples de cette vénération quasi irrationnelle sont nombreux. Ils expliquent la vigueur d'un culte impérial qui ne touche pas les seules classes populaires.

C'est dans l'armée que la vénération à l'égard de Napoléon est la plus forte. Tous les témoignages concordent sur ce point, même s'il faut nuancer leur portée, dans la mesure où ils émanent de soldats qui ont survécu aux combats et ont écrit plusieurs années après, avec une tendance à idéaliser cette période. Par leur convergence même, ces témoignages révèlent la force de la ferveur napoléonienne chez les soldats de la Grande Armée. Les quelques préventions du début du Consulat ont disparu. Napoléon a, il est vrai, multiplié les gestes en faveur de ses troupes. Même si certains souvenirs ont pu être arrangés après coup, ils n'en témoignent pas moins de la vénération à l'égard du chef de guerre, proche de ses hommes. Ainsi, dans un passage de ses *Cahiers*, Jean-Roch Coignet, officier de la Garde sorti du rang, évoque l'image de Napoléon, alors que le froid régnait à la veille de la bataille d'Eylau, le 7 février 1807 : « L'Empereur nous fit allumer son feu au milieu de nos bataillons, il nous demanda une bûche et une pomme de terre par chaque ordinaire [...] Il s'assit au milieu de ses vieux grognards sur une botte de paille, un bâton à la main. Nous le voyions retourner ses pommes de terre, en faire le partage avec ses hommes de camp [13]. » La vénération naît de cette communion partagée, dans l'adversité, avec ses hommes. Geste naturellement exceptionnel, il frappe les esprits et contribue à la naissance du mythe. Napoléon au bivouac devient un des thèmes de la peinture napoléonienne.

Dans le monde des écoles aussi, on communie en faveur de ce véritable héros national qu'est pour la plupart des jeunes gens Napoléon. Musset se fait l'interprète de cette génération qui a grandi au son des canons et des victoires : « C'était l'air de ce ciel sans tache, où brillait tant de gloire, où resplendissait tant d'acier, que les enfants respiraient alors. Ils savaient bien qu'ils étaient destinés aux hécatombes ; mais ils croyaient Murat invulnérable, et on avait vu passer l'Empereur sur un pont où sifflaient tant de balles, qu'on ne savait s'il pouvait mourir. Et quand même on aurait dû mourir, qu'est-ce que cela ? La mort elle-même était si belle alors, si grande, si magnifique dans sa pourpre fumante ! elle ressemblait si bien à l'espérance, elle fauchait de si verts épis qu'elle en était comme devenue jeune, et qu'on ne croyait plus à la vieillesse [14]. » Vigny fait écho à Musset : « J'appartiens, écrit-il, à cette génération née avec le siècle qui, nourrie de bulletins par l'Empereur, avait toujours devant les yeux une épée nue [15]. »

Les *Bulletins de la Grande Armée* ont en effet grandement servi la gloire de l'Empereur. Ils se sont avérés une arme redoutable de propagande. Poursuivant la relation des opérations militaires qu'il avait amorcée lors de la première campagne, Napoléon fait connaître par ces bulletins l'avancement des troupes et les victoires de la Grande Armée. Le premier est daté du 7 octobre 1805, alors que Napoléon est en Allemagne. Ses premiers mots visent à montrer sa rapidité d'exécution : « L'Empereur est parti de Paris le 2 vendémiaire et est arrivé le 4 à Strasbourg. » Cette impression de vitesse est un leitmotiv que l'on retrouve depuis la campagne d'Italie jusqu'au « vol de l'Aigle » au moment des Cent-Jours. Le deuxième bulletin, daté du 9 octobre, commence du reste par ces mots : « Les événements se pressent avec la plus grande rapidité. » Le public qui lit ces nouvelles doit être persuadé que le pays ne vivra pas longtemps dans un état de guerre. Les bulletins sont en effet un outil de propagande destiné à l'armée où bien souvent les soldats ignorent le détail des batailles auxquelles ils ont participé, mais aussi au peuple français. Ils sont distribués par milliers et affichés à travers tout l'Empire. Ils sont lus en famille et l'on suit, grâce à eux la progression des armées françaises sur la carte de l'Europe, comme le montre le tableau de Boilly, *La Lecture du septième bulletin*, datant de 1808. Il s'agit bien sûr d'un récit enjolivé, mais il finit par s'imposer, d'autant mieux que les peintres qui relatent les batailles s'en inspirent pour leurs tableaux. Au-delà des mots, en effet, l'image se révèle un excellent vecteur de la propagande, dans une société encore partiellement illettrée. L'imagerie d'Épinal diffuse alors les scènes de bataille et popularise les grandes figures militaires du temps. Par le biais des almanachs, mais aussi grâce à la diffusion de lithographies, les scènes de l'épopée napoléonienne s'introduisent dans les foyers les plus reculés. Ces images populaires s'inspirent des grandes fresques picturales que le régime a commandées en nombre depuis 1800.

Napoléon a très vite vu le parti qu'il pourrait tirer du soutien des artistes, des peintres en particulier. Dès 1800, il a rencontré David qui avait été le grand ordonnateur des fêtes révolutionnaires jusqu'en 1794 et qui, après avoir échappé à l'épuration frappant les montagnards, était resté en retrait de la vie politique. Bonaparte lui offre l'occasion de faire son retour sur le devant de la scène. Il devient le peintre officiel de l'épopée napoléonienne, décrivant tour à tour les faits militaires illustres et les grandes pages de l'histoire du règne dont le tableau du sacre déjà évoqué. David a compris la volonté d'héroïsation qui est celle de Napoléon. Dans le tableau qu'il peint de *Bonaparte au mont Saint-Bernard*, par exemple, David ajoute un détail ; en bas de la toile, il fait figurer une stèle à peine visible où l'on peut lire : Hannibal, Charlemagne, Bonaparte. Au-delà de la recherche des origines, cette inscription qui évoque les stèles romaines parvient à magnifier l'action du Premier consul en le faisant accéder, dès l'instant où il se produit, à l'immortalité. Les élèves de David, au premier rang desquels figure Gros, s'adonnent eux aussi à la peinture des grandes heures du régime. Certes, la production picturale ne se cantonne pas à l'exaltation de l'Empire, mais, les commandes officielles aidant, elle y consacre une large part, diffusant à travers l'Europe entière, par le biais de copies des tableaux originaux, l'image d'un règne prospère. Avec l'Empire, la figure peinte de Napoléon se transforme. Le jeune et ardent général, échevelé, laisse la place à un homme plus mûr arborant une coiffure à la Titus qui le fait ressembler aux empereurs romains. Sur le champ de bataille, il garde une position centrale mais on ne le voit plus les armes à la main. Il impose l'image du souverain, par les portraits qui le montrent dans les habits du sacre, par exemple le tableau de Gérard, *Napoléon Ier*, dans lequel l'Empereur apparaît calme et serein, muni de tous les attributs du pouvoir. Cette image du souverain est également magnifiée dans les descriptions d'entrées dans les villes conquises, ainsi dans le tableau de Meynier, exposé en 1810 et figurant Napoléon entrant dans Berlin. Cette représentation souveraine trouve son apothéose dans la mise en scène des entrevues entre monarques, que ce soit la rencontre avec l'empereur d'Autriche en 1805, peinte par Gros, ou l'entrevue sur le Niémen avec le tsar, Alexandre Ier. Dans l'un et l'autre cas, la magnanimité de Napoléon est mise en valeur. Enfin, après 1810, l'Empereur se plaît à être montré en famille, avec sa femme et le roi de Rome, pour mieux insister sur la consolidation de la dynastie.

L'épopée napoléonienne s'inscrit aussi dans la pierre, afin d'être mieux pérennisée. Pourtant Napoléon préfère les tableaux aux bustes sculptés. Il refuse d'accorder de longues poses aux sculpteurs, si bien que les représentations de son visage manquent de ressemblance. Les sculpteurs choisissent dès lors la mise en scène d'une figure idéale, proche des bustes d'empereurs romains, assimilation que l'ajout d'une couronne de laurier tend à favoriser. Napoléon laisse diffuser certaines de ces sculptures, par exemple le buste de Chaudet qui devient le buste officiel du régime, mais il garde une certaine réticence à être statufié de son vivant. Peut-être le souvenir des bustes de rois renversés lors de la Révolution l'incite-t-il à quelque prudence. Et lorsque le sculpteur Canova achève une statue en pied, le représentant nu, il refuse qu'elle soit montrée. En revanche, il ne dédaigne pas de mettre en scène sur la pierre les exploits de ses armées. La glorification des victoires militaires commence dès l'époque du Consulat, avec le projet, finalement abandonné, de transformation des Invalides, dû aux architectes Percier et Fontaine. Puis, en 1806, Napoléon décide d'aménager la Madeleine en temple de la Gloire, consacré à la campagne de 1805. Ce projet reste lui aussi inachevé. Mais d'autres aboutissent : sur la place des Victoires s'élève un monument dédié à Desaix, le héros de Marengo. En 1806 est entrepris l'arc de triomphe du Carrousel, qui célèbre notamment les victoires contre l'Autriche. En même temps, Napoléon décide l'érection d'une colonne consacrée à la Grande Armée, place Vendôme ; elle est inaugurée en 1810. À son sommet, une statue de Napoléon s'est substituée à celle de Charlemagne initialement prévue. Dans le même esprit, l'arc de l'Étoile est entrepris en 1808. Ainsi, Napoléon reprend la politique des empereurs romains comme des rois d'Ancien Régime en occupant l'espace public par des monuments visant à rappeler ses exploits. Cette politique monumentale s'accompagne d'un projet de transformation de Paris, seulement esquissé, tendant à en faire la capitale du monde. Toutes ces constructions participent de la même volonté de glorification de l'Empereur victorieux. Elles inscrivent dans l'espace parisien, c'est-à-dire, dans l'esprit de l'Empereur, au cœur de la France, les grandes dates de la geste napoléonienne et contribuent de ce fait à la divinisation de son auteur.

Ce culte impérial doit aussi pouvoir se développer par-delà la mort. C'est pourquoi dès 1806, Napoléon lance le projet de transformer l'église de l'ancienne abbaye de Saint-Denis, nécropole royale avant la Révolution, en mausolée de la famille impériale. Les Bonaparte iraient ainsi rejoindre les rois de France. À la même date, Napoléon a du reste créé un chapitre de Saint-Denis, composé d'évêques désireux de cesser leurs fonctions mais à qui l'Empereur assigne la mission de prier au pied des tombeaux des souverains. Enfin, en 1811, Napoléon fit opérer des restaurations dans l'église. La nécropole impériale ne sera jamais construite, mais l'idée demeure présente d'associer dans le culte des morts l'Empereur aux anciens rois de France. Quant aux serviteurs du régime, ils obtiennent un droit d'entrée au Panthéon, érigé en temple des grands hommes par les révolutionnaires et que Napoléon rend au culte en 1806. C'est sous la protection divine que reposent dans ce temple des ministres comme Cretet ou des soldats comme le maréchal Lannes, morts au service de l'État. Les grandes figures du régime sont associées au développement d'un culte impérial qui sert de ciment à une monarchie encore jeune et sans véritable racine.

4

Les fondements du régime

L'une des caractéristiques du régime napoléonien est l'attention portée à la construction d'un État solide et durable. Le chantier des réformes entreprises à l'époque du Consulat se poursuit sous l'Empire et laisse percevoir ses premiers résultats vers 1810.

1. L'ESSOR DE L'ADMINISTRATION

Avec l'Empire, l'appareil d'État se renforce. La fonction publique, telle qu'on la connaît aujourd'hui, naît véritablement à l'époque de Napoléon. Sous la Révolution, l'officier d'Ancien Régime se mue en administrateur, avant de devenir sous le Consulat et l'Empire un « fonctionnaire public ». Le terme désigne alors « quiconque exerce une fonction de gouvernement et touche un traitement de l'État [1] ». Les fonctionnaires détiennent le pouvoir, tandis que les employés, chers à Balzac, exécutent leurs ordres. Les uns et les autres forment la fonction publique. Les fonctionnaires reçoivent leur nomination du chef de l'État ; ils doivent en retour lui prêter serment de fidélité, geste en partie formel, mais qui n'en recèle pas moins la volonté d'attacher le fonctionnaire à l'État, incarné dans la personne de Napoléon.

Cet essor de la fonction publique se manifeste d'abord par l'organisation des départements ministériels. Chacun se dote d'une administration plus ou moins étoffée, mais toujours hiérarchisée. Les ministères sont divisés en sections sur lesquelles règnent les directeurs du ministère dont le rôle ne cesse de s'affirmer ; ils sont secondés par des chefs de bureau qui régentent une nuée de plus en plus importante d'employés, composés de rédacteurs, huissiers, expéditionnaires et autres commis. À chaque fonction correspond un traitement, selon une échelle qui va de huit cents francs par an à douze mille francs pour les directeurs de ministère, sans compter les éventuelles gratifications qui viennent s'y rajouter. Chaque département est administré, sur ce plan, de façon autonome. De même, l'entrée dans un ministère ne répond à aucune règle précise ; elle est le plus souvent le résultat de recommandations de personnages haut placés. Les places sont convoitées, d'autant plus que le renforcement de l'administration ouvre des perspectives aux jeunes gens ayant quelque instruction et de nombreuses relations.

Le ministère de l'Intérieur, avec ses deux cent cinquante employés, est le plus imposant. Il gère aussi le budget le plus important, si l'on met la guerre à part, plus de cinquante-huit millions de francs à la fin de l'Empire, soit plus du quart des dépenses civiles, le remboursement de la dette excepté. Installé depuis 1795 rue de Grenelle, dans l'actuelle mairie du VIIᵉ arrondissement, il continue de se développer, malgré l'autonomie acquise par certaines de ses directions qui accèdent au rang de ministères : les cultes en 1804, le commerce en 1811. Il s'organise autour d'un secrétaire général, chargé de répartir l'énorme correspondance qui arrive chaque jour au ministère ; c'est lui aussi qui assure la coordination entre les diverses sections et directions. Deux d'entre elles ont conservé un très grand poids tout en étant relativement autonomes, la direction des Ponts et Chaussées et celle de l'Instruction publique, qui est entre les mains du chimiste Fourcroy de 1802 à 1808 et se décompose elle-même en trois bureaux. Les autres ministères fonctionnent selon le même schéma qui reproduit du reste l'organisation du travail au sein du gouvernement, le secrétaire général de chaque département jouant auprès de son ministre le rôle que remplit le ministre d'État auprès de Napoléon. Le ministère des Relations extérieures prend une importance d'autant plus grande sous l'Empire que la diplomatie est une des activités principales d'un régime sans cesse entre guerre et paix, et donc à la recherche d'alliances ou de traités. Composé de six sections, dont deux territoriales, ce ministère emploie plus de soixante-dix personnes dans ses bureaux et pilote l'action d'une quarantaine de diplomates et d'une cinquantaine de secrétaires d'ambassade ; il forme aussi des jeunes gens, environ quarante-cinq, au métier d'ambassadeur. Son budget annuel est de quatorze millions de francs. En même temps que les représentations diplomatiques se développent à travers le monde, jusqu'à l'Asie, les effectifs de chacune d'entre elles tendent à se réduire.

L'apparition d'un ministère des Cultes est une nouveauté. Ce département en plein essor passe d'une direction embryonnaire en 1800 à un véritable ministère en 1804 ; il gère à la fin de l'Empire près de dix-sept millions de francs, essentiellement destinés au paiement des traitements ecclésiastiques. En 1809, la division de la comptabilité du ministère des Cultes emploie vingt-trois fonctionnaires à cette tâche. Ce ministère comprend deux autres divisions :

la division des cultes non catholiques et la division du culte catholique, chargées en particulier des nominations.

Le ministère de la Police est un des moins onéreux. Son budget dépasse le million de francs au milieu de l'Empire, pour atteindre deux millions en 1813, sans compter il est vrai des fonds secrets impossibles à chiffrer. Organisé à l'image de la plupart des départements ministériels, il comprend un secrétariat général, entre les mains d'un ancien préfet, Saulnier, et il est divisé en cinq sections, dirigées par des fidèles de Fouché, déjà en fonction lors de sa disgrâce de 1802. L'ancien oratorien Maillocheau est à la tête de la première division, placée directement sous la responsabilité du ministre, Pierre-Marie Desmarets dirige la division de la sûreté générale, la plus importante puisqu'elle est chargée de la surveillance de tout ce qui se passe dans le pays. Les trois autres divisions ont un rôle moindre, à l'exception de la division de la comptabilité que l'on retrouve dans chaque département. Plusieurs bureaux s'ajoutent à cette organisation, dont le bureau chargé de la censure. La faiblesse du budget tient en partie au fait que le ministère est essentiellement chargé de la quête d'informations. Pour ce qui concerne la sécurité intérieure, il s'appuie sur la gendarmerie dont les hommes sont payés sur le budget du ministère de la Guerre.

L'Empire voit aussi naître ou s'affirmer quelques-uns des grands corps de l'État appelés à un avenir durable. Dès 1800, le gouvernement met en place l'Inspection du Trésor. Quinze inspecteurs généraux sont chargés de vérifier les caisses des receveurs généraux et celles des payeurs généraux qui, dans la nouvelle organisation financière du pays, ont la tâche, les premiers de recouvrer l'impôt, les seconds d'effectuer les mouvements de fonds décidés par l'État dans les départements. Il restait encore à créer un corps susceptible de contrôler la bonne gestion des deniers publics. C'est chose faite en septembre 1807 avec la naissance de la Cour des comptes, placée sous la houlette de l'ancien ministre du Trésor, Barbé-Marbois, disgracié en 1806, qui touche pour cette fonction trente mille francs. La place faite à la Cour des comptes dans l'ordre protocolaire, immédiatement après la Cour de cassation, montre l'attention que lui porte l'Empereur, de même que le choix de ses premiers membres. Mais son autonomie reste limitée. Chargée de vérifier les dépenses de la nation, elle ne doit rendre compte de ses travaux qu'à Napoléon et à lui seul. De ce fait la marge de manœuvre de la Cour fut étroite. Elle eut cependant à apurer le passé, en soldant des comptes qui remontaient pour certains aux premières années de la Révolution. Pour ce faire, la Cour put compter sur un personnel étoffé et compétent. Divisée en trois chambres dirigées chacune par un président qui reçoit pour cette tâche vingt-mille francs d'émoluments, la Cour rassemble également dix-huit maîtres des comptes au traitement de quinze mille francs, dix-huit conseillers référendaires de première classe et soixante-deux conseillers référendaires de seconde classe, auxquels s'ajoutent le procureur général dont la fonction est essentielle puisqu'il est en relations directes avec le ministre du Trésor, et un greffier en chef. Dès sa formation, la Cour permet notamment d'accueillir dix-sept membres du Tribunat récemment supprimé, ce qui contribue à lui donner une dimension politique et tend à la rapprocher du Conseil d'État, avec lequel elle partage le privilège d'être, dès l'Empire, un des corps les plus prestigieux de la haute fonction publique.

Créé par la Constitution de l'an VIII, le Conseil d'État est à la fois une assemblée politique et une chambre technique, ce qui en fait un des rouages principaux de l'appareil d'État. Au fil des ans, la nature politique de ce corps tend à s'estomper au profit de la compétence administrative. De fait, en l'an VIII, les conseillers d'État avaient été largement recrutés parmi les membres des anciennes assemblées. C'est par nature de moins en moins vrai sous l'Empire. Les nouveaux conseillers d'État viennent de la fonction publique. Surtout, le Conseil d'État tend à se transformer en école d'apprentissage des rouages administratifs, avec la création en juin 1803 des auditeurs. Napoléon a lui-même justifié l'aspect formateur de cette création devant le Conseil d'État, comme le rapporte Locré, secrétaire général de cette assemblée depuis le Consulat, et à ce titre rédacteur des procès-verbaux de ses séances : « Le but de l'institution est de mettre sous la main de l'Empereur des hommes d'élite, qui lui soient sincèrement dévoués, qui auront prêté serment entre ses mains, qu'il verra d'assez près pour pouvoir apprécier leur zèle, qui se formeront, pour ainsi dire, à son école, et qu'il pourra employer partout où le besoin de son service les rendra utiles. C'est de là que sortiront de vrais magistrats, de vrais administrateurs. » Jusqu'en 1805, les auditeurs ne sont qu'une vingtaine ; ils ont pour principale fonction de préparer les dossiers qui seront discutés devant le Conseil. Pour cela, ils sont en principe attachés à un ministère et font le lien entre celui-ci et le Conseil d'État. Dans ce travail de préparation, de même que dans l'assistance muette aux séances du Conseil, ces jeunes gens, souvent âgés de moins de trente ans, se forment au métier public ; plusieurs d'entre eux deviennent préfets par la suite. Ces auditeurs en service ordinaire dont le nombre s'accroît — ils sont quarante en 1809 et soixante en 1811 — sont très vite rejoints par une cohorte beaucoup plus importante d'auditeurs en service extraordinaire, dont la création date de 1806. Ceux-ci sont attachés soit à un ministère, soit à un préfet, et peuvent également être envoyés en mission dans les pays conquis, ou devenir directement sous-préfets. Leur nombre ne cesse d'augmenter puisqu'ils sont près de trois cents en 1811. Quelle que soit leur affectation, la qualité d'auditeur au Conseil d'État est recherchée ; elle suppose de vraies recommandations, une certaine fortune aussi, car le traitement de deux mille francs qui leur est alloué annuellement ne suffit pas à tenir son rang à Paris. En fait, dès 1809, un revenu complémentaire de six mille francs par an est exigé d'eux.

Cette école de formation est donc destinée aux fils des grands notables, en particulier aux fils de l'aristocratie que Napoléon entend ainsi gagner à sa cause.

Il obtient ainsi le ralliement du jeune Victor de Broglie, entré comme auditeur au Conseil d'État en 1809, sur la recommandation de son oncle, Maurice de Broglie, évêque de Gand. Victor de Broglie qui a alors vingt-cinq ans est rattaché à la section de la guerre où, écrit-il dans ses *Souvenirs*, « il y avait à cette époque fort peu de travail [2] ». Il suit d'abord les séances, avant d'être envoyé en mission en Autriche, comme le veut la règle de fonctionnement du Conseil. C'est en 1810 qu'Henri Beyle, le futur Stendhal, est nommé auditeur au Conseil d'État, grâce à la recommandation de son cousin, Daru, qui intervient à plusieurs reprises auprès du ministre d'État, Maret, notamment pour lui demander de rattacher Beyle à la section qu'il dirige au Conseil d'État, laissant entendre au passage que certains auditeurs n'étaient pas surchargés de travail : « Je désire, car il faut toujours désirer quelque chose, qu'il soit employé de manière à travailler. Il a vingt-sept ans, il a acquis de l'expérience dans plusieurs campagnes et dans l'intendance de Brunswick qu'il a exercée. Je le crois très propre à rédiger avec netteté, esprit et précision. Mes propres vœux seraient de le voir attaché à la Liste civile et à ma section [3]. » Daru obtient satisfaction puisque Beyle est attaché à la section de la guerre et nommé inspecteur du mobilier et des bâtiments de la couronne. Comme de nombreux auditeurs, il est ensuite envoyé en mission, en Russie en 1812, puis chargé de l'intendance d'une province de Silésie. Il échoue, cependant, dans sa quête d'une charge de maître des requêtes. En 1806, Napoléon avait en effet décidé de créer cette nouvelle catégorie entre les conseillers d'État et les auditeurs. Leur rôle consiste à préparer les rapports présentés en séance, notamment pour tout ce qui touche aux affaires contentieuses. Le Conseil est ainsi devenu l'un des meilleurs tremplins pour faire carrière sous l'Empire. C'est en son sein que sont recrutés la plupart des nouveaux ministres, mais aussi nombre de préfets ou administrateurs des territoires conquis. En ce sens, le Conseil d'État a pleinement joué son rôle d'école de formation à la haute fonction publique. Il parachève le système de formation des élites mis en place par Napoléon.

2. LA FORMATION DES ÉLITES

Napoléon s'est grandement désintéressé de l'instruction des populations. En revanche, il a toujours considéré comme essentielle la formation d'une élite de notables capables de servir l'État dans tous les secteurs d'activité, d'où la prise en charge par l'État de l'enseignement secondaire et supérieur. Napoléon vise essentiellement les fils de notables lorsqu'il songe à former les cadres de la nation. En l'absence de véritable politique d'instruction primaire, seuls les enfants des classes aisées peuvent parvenir à un niveau de formation suffisant pour espérer entrer dans les structures mises en place par l'Empire, le lycée, les grandes écoles ou les facultés.

Dans ce schéma, l'instruction primaire est déléguée, soit aux parents qui la dispensent par l'intermédiaire de précepteurs, soit surtout aux communes à qui est confié le soin d'entretenir les écoles et de recruter les instituteurs, sans qu'aucune obligation d'organiser l'enseignement leur soit imposée. Le réseau scolaire est donc incomplet, d'autant que l'obligation imposée par le Directoire d'utiliser les presbytères comme écoles a disparu avec le Concordat qui les a rendus aux curés. Aussi le manque de locaux est-il criant ; il faut parfois recourir à une grange ou à une maison désaffectée. Le matériel est lui-même inexistant ; les élèves travaillent le plus souvent sur le livre qu'ils ont pu apporter. La difficulté la plus grande vient du recrutement ; les bons instituteurs, c'est-à-dire capables d'apprendre à lire et à écrire, sont rares, d'autant que leur rétribution est faible. Payés en grande partie par les parents, ils sont tributaires de la fréquentation de leur école. Celle-ci est en effet payante, comme le rappelle Agricol Perdiguier, élève dans l'école de son village à l'époque de l'Empire : « Nous mîmes tous un peu les pieds dans l'école du village [...]. Le tarif des mois était de 1 franc pour les enfants qui apprenaient seulement à lire, de 1 fr. 50 pour ceux qui menaient de front la lecture et l'écriture [4]. » La faiblesse de leur salaire oblige la plupart des instituteurs à remplir des fonctions annexes, en particulier celle de sacristain qui contraint l'instituteur à prêter son concours au curé de la paroisse pour la tenue de l'église, la sonnerie des cloches ou l'apprentissage du catéchisme. Soumis à une surveillance incessante, placés entre le maire et le curé, l'instituteur n'a pas une condition facile, même s'il est souvent l'un des rares lettrés du village.

Pour pallier le manque d'instituteurs, le gouvernement accepta que les communes fassent appel à des congrégations religieuses, en particulier aux Frères des Écoles chrétiennes, fondée au XVIIe siècle par Jean-Baptiste de La Salle et qui s'étaient spécialisés dans l'enseignement populaire. Alors que les congrégations religieuses avaient été interdites à l'époque de la Révolution et que rien n'avait été prévu les concernant dans le Concordat, les Frères des Écoles chrétiennes purent ouvrir des écoles, à partir de 1804, puis furent autorisés en 1810, recevant même des subventions. Par ce geste exceptionnel, l'État reconnaissait son incapacité à organiser un enseignement primaire de masse, et déléguait cette mission à l'Église. Mais cette mesure ne suffit pas à couvrir le territoire d'écoles. En effet, la règle des Frères les obligeant à être au moins deux par école, leur implantation se limita aux villes et aux bourgs, susceptibles d'accueillir au moins deux classes. Cette réalité est encore plus forte en ce qui concerne l'instruction féminine pour laquelle les congrégations religieuses, nombreuses à se créer sous l'Empire, ont un quasi-monopole. Faute d'argent et de volonté politique, l'État n'a pas su organiser la formation d'un corps d'instituteurs laïques capables de prendre en main les écoles du pays.

Aussi l'alphabétisation des Français continue-t-elle à souffrir de fortes disparités. Certes, des progrès ont été accomplis par rapport à la fin du XVIIIᵉ siècle. Ils sont mesurables grâce à l'examen des signatures sur les actes de mariage. Mais de nombreux jeunes adultes ne savent encore ni lire ni écrire dans la France du Premier Empire. C'est particulièrement vrai dans l'Ouest et le Sud, exception faite des Basses-Pyrénées et des Hautes-Alpes ; dans ces régions, deux hommes sur trois et neuf femmes sur dix ne savent pas lire. La proportion des adultes instruits est plus forte dans le Nord et le Nord-Est où les deux tiers des hommes et la moitié des femmes savent lire. C'est du reste dans ces régions que se recrutent de manière privilégiée les futures élites du pays. Ce bilan explique la relative indifférence des milieux populaires pour la vie politique et leur propension à se réfugier derrière un guide, notable local ou chef d'État charismatique, dès lors qu'il s'agit d'exprimer une opinion. Une prise de conscience de ce phénomène d'illettrisme a eu lieu dès l'Empire, chez des hommes comme Chaptal, mais il faudra attendre les années 1830 pour voir se développer une véritable action en faveur de l'instruction primaire.

Le régime impérial a en effet préféré faire porter ses efforts sur l'enseignement secondaire. Il hérite des écoles centrales, organisées à l'époque du Directoire, mais les abandonne, jugeant leur organisation trop libérale, au profit d'un nouveau cadre appelé à un grand avenir, le lycée. Il est au cœur de la loi du 11 floréal an X (1ᵉʳ mai 1802), préparée par Fourcroy, alors membre du Conseil d'État et qui devait devenir quelque temps plus tard directeur général de l'Instruction publique. Père de la loi sur l'enseignement, il était invité à la faire appliquer. Pour ce faire, Fourcroy disposait d'un budget de plus de sept millions de francs. Il fallait en effet créer quarante-cinq lycées, soit un par ressort de cour d'appel, avec leur proviseur, leur censeur, et leurs huit professeurs au moins, chiffre réduit à six en 1804, leur aumônier enfin, introduit en 1803, à la demande de Portalis, pour permettre aux élèves non seulement de recevoir une éducation chrétienne, mais encore de pratiquer leur religion dans ce lieu clos qu'est le lycée. Certes, l'enseignement est payant, mais la loi crée des bourses pour six mille quatre cents élèves, la plupart fils d'officiers ou de fonctionnaires sans fortune. Ce système de bourses ne remet pas en cause le caractère élitiste du lycée ; il est destiné à accueillir les fils des notables, afin de préparer les futurs cadres du pays. Le régime de vie y est strict, voisin de celui de la caserne ; le lycée admet essentiellement des internes, soumis à une discipline sévère et astreints au port de l'uniforme. Le corps enseignant doit lui-même servir de modèle et s'imposer une stricte discipline. Cette vie de caserne est évoquée par Vigny dans *Servitude et Grandeur militaires* : « Nos précepteur ressemblaient à des hérauts d'armes, nos salles d'études à des casernes, nos récréations à des manœuvres et nos examens à des revues [5]. » Cette discipline repose sur l'exemple des collèges d'Ancien Régime, tenus par les Jésuites avant la disparition de la Compagnie ou par les Oratoriens. De fait, les lycées reprennent souvent les bâtiments de ces anciens collèges et une partie des professeurs sont eux-mêmes d'anciens congréganistes chassés de leur ordre par la Révolution. Par ce biais, se perpétuent certaines traditions de l'Ancien Régime. L'enseignement lui-même fait une large place, à côté de l'apprentissage des mathématiques, aux humanités classiques, dans lesquelles le latin règne de nouveau en maître. Le succès de ces lycées reste cependant limité. Leur mise en place ne fut pas immédiate. De plus, ils ne remplissent pas pleinement leur rôle d'accueil des fils des notables, dans la mesure où certains membres de la bourgeoisie ou de l'ancienne aristocratie préfèrent envoyer leurs enfants vers d'autres types d'établissements secondaires.

Le lycée n'est pas le seul mode d'accès au savoir classique. La loi de 1802 a laissé une certaine liberté aux établissements privés qui s'étaient développés sous le Directoire ; elle autorise aussi la création d'écoles secondaires communales, dans un certain nombre de villes non pourvues d'un lycée. Ces écoles secondaires doivent avoir au moins trois professeurs ; elles s'implantent le plus souvent dans des villes qui disposaient déjà d'un collège sous l'Ancien Régime. Le réseau de ces écoles communales, qui prennent le nom de « collèges » à partir de 1809, permet de matérialiser la carte de la France urbaine au début du XIXᵉ siècle. Chaque ville en effet veut son collège. Avant 1811, la délimitation entre écoles communales, institutions et pensions n'est pas toujours aisée à tracer. Il en est de même des écoles secondaires ecclésiastiques, c'est-à-dire les petits séminaires, dont le nombre s'est accru sous l'Empire, au point de paraître concurrencer les établissements d'État. Ces petits séminaires sont tolérés dans la mesure où ils accueillent des jeunes gens, de plus en plus issus de milieux modestes, désireux de se préparer à la prêtrise. En réalité, ils sont très souvent un refuge pour les fils de notables souhaitant échapper à la tutelle des lycées, tout en recevant un enseignement classique de qualité.

La diversité des situations prévalant dans l'organisation des études secondaires conduit le régime impérial à un effort de rationalisation et d'encadrement qui se traduit par la loi du 10 mai 1806 fondant l'Université impériale. Il s'agit avant tout de mettre en place « un corps exclusivement chargé de l'enseignement et de l'éducation publics dans tout l'Empire ». Concrètement, l'ensemble des enseignants est placé sous une autorité commune et appartient à un même corps, l'Université, nous dirions aujourd'hui l'Éducation nationale. Le directeur général de l'Instruction publique avait bien perçu le danger d'une raréfaction des professeurs : « Presque toutes les places dans les lycées et les écoles secondaires, écrivait-il à Napoléon, sont occupées par des vieillards et des hommes qui touchent à la vieillesse, et l'on voit peu de gens qui se destinent à l'enseignement. Une corporation, telle que celle dont Votre Majesté a conçu la pensée et tracé le plan, peut donc seule régénérer l'instruction publique et en assurer la prospérité [6]. » Ce corps enseignant que Fourcroy appelle de ses vœux, en espérant le former sur le modèle des anciennes congrégations, ne voit véritablement le jour qu'en 1808 lorsque paraît le décret instituant l'Université impériale.

Le décret du 17 mars 1808 réorganise la formation et le recrutement des professeurs des lycées. Il fait tout d'abord renaître de ses cendres l'École normale, née au temps de la Convention mais abandonnée depuis. Ouverte en 1810, dans les locaux de l'actuel lycée Louis-le-Grand à Paris, elle reçoit la mission de former les professeurs du secondaire, tant en lettres qu'en sciences. Les élèves qui effectuent une scolarité de deux ou trois ans sont recrutés dans les lycées, par les inspecteurs d'académie. La première promotion comprenait cinquante élèves, dont une très forte majorité de littéraires, parmi lesquels Victor Cousin. Dans la deuxième promotion, on remarque, parmi trente-trois littéraires, Augustin Thierry. Parallèlement, l'agrégation, inventée au XVIIIe siècle, est rétablie pour sanctionner les études des futurs professeurs qui suivent en principe les cours des facultés de lettres et de sciences, également créées en 1808. Les meilleurs normaliens sont invités à la présenter. La volonté d'unifier et de raffermir la formation des professeurs est donc manifeste, mais le décret du 17 mars 1808 tend aussi à donner un cadre unique à l'ensemble des institutions qui composent le système éducatif.

L'Université, telle qu'elle se met en place, est d'abord une administration qui étend son contrôle sur l'ensemble du territoire de l'Empire. À sa tête figure le grand maître de l'Université, charge confiée à Fontanes, qui présidait jusqu'alors le Corps législatif. Le grand maître de l'Université a les fonctions d'un ministre de l'Éducation ; il préside le Conseil de l'Université, composé de trente membres, à qui revient le soin d'élaborer les règlements et les programmes. Il contrôle l'action des inspecteurs généraux et des recteurs d'académie. La création de l'Université s'est aussi accompagnée de la mise en place d'un nouveau cadre administratif. La France est découpée en quarante-cinq académies, une par ressort de cour d'appel. Celles-ci regroupent au moins un lycée, les collèges, les écoles primaires et, dans certains cas, les établissements d'enseignement supérieur situés dans leur circonscription. Cette réorganisation a permis à l'enseignement secondaire de retrouver son niveau antérieur ; il touche en 1810 autant d'enfants qu'en 1789, soit cinquante à soixante mille pour la France hexagonale. Parmi eux, dix mille fréquentent les lycées, vingt-deux mille les deux cent soixante-dix collèges de l'Empire, vingt-sept mille étant encadrés par trois cent soixante-dix-sept établissements privés. Le réseau scolaire offre une continuité entre l'Ancien Régime et l'Empire. On trouverait des traces de cette continuité également au sein des facultés.

L'enseignement supérieur avait été réorganisé progressivement à partir de 1800. Il était alors apparu indispensable d'assurer un enseignement commun, sanctionné par des examens comparables, pour les professions liées à l'exercice du droit ou de la médecine. Afin de remédier à l'anarchie qui s'était développée dans les études de ces matières, sont créées des écoles de médecine et de pharmacie (19 et 22 ventôse an XI), puis des écoles de droit. Elles offrent un enseignement commun à travers la France, et délivrent des diplômes nationaux. Quatre années d'études de médecine et la rédaction d'une thèse en latin permettent d'obtenir le titre de docteur ou de chirurgien, valable sur l'ensemble du territoire ; en revanche, le titre d'officier de santé, décerné par un jury départemental, ne donne le droit d'exercer la médecine que dans le département d'obtention du diplôme. En droit, la licence, au bout de trois ans d'études, donne accès à la profession d'avocat ou à la magistrature. Il faut également trois années d'études pour devenir pharmacien. La réforme de 1808 fait de ces écoles spécialisées des facultés, intégrées à l'Université. À leur côté se développe un enseignement supérieur de lettres, de sciences, mais aussi de théologie. En réalité, la création de ces facultés a surtout pour but de permettre la délivrance des grades universitaires et, en particulier, du premier d'entre eux, le baccalauréat, que l'on vient passer, à la fin de ses études secondaires, au chef-lieu de l'académie. L'essentiel de l'enseignement scientifique et littéraire est dispensé ailleurs, à l'École polytechnique, fondée en 1794 et devenue école militaire en 1804, ou à l'École normale. Dans les facultés de lettres, de sciences et de théologie, le nombre d'étudiants est extrêmement faible. Guizot, nommé professeur d'histoire moderne à la Sorbonne en 1812, raconte ainsi : « J'ouvris mon cours au collège du Plessis en présence des élèves de l'École normale et d'un public peu nombreux, mais avide d'étude, de mouvement intellectuel [7]. » Le baccalauréat n'est alors obtenu que par deux mille élèves par an, or il est obligatoire pour s'inscrire en faculté. En outre, les études supérieures sont payantes, de même que les examens, ce qui contribue au caractère élitiste de cette formation.

La création de l'Université a néanmoins permis l'établissement d'un cadre unique dans lequel a pu ensuite se développer l'enseignement. Mais l'Empire n'en voit que les prémices. Au-delà de ce cadre unique s'impose aussi une philosophie de l'éducation. C'est avec l'Empire que se développe l'idée d'une tutelle de l'État sur la formation des enfants. Elle conduit à un monopole de l'Université sur l'enseignement. Certes, l'existence des établissements privés n'est pas, pour l'heure, remise en cause, mais ils sont désormais placés sous le contrôle de l'État. Ils reçoivent de l'Université, moyennant finances, un brevet valable pour dix ans. L'État concède donc une partie de son pouvoir d'enseignement, il est vrai avec parcimonie ; les élèves des établissements privés versent le vingtième de leur pension à l'État et, pour passer le baccalauréat, ils doivent prouver qu'ils ont séjourné deux ans dans un lycée. Ces contraintes qui limitent de fait la liberté de l'enseignement secondaire n'empêchent pas l'essor des établissements privés, ce qui conduit le régime impérial à durcir sa politique à partir de 1811. Pour Napoléon, le but des lycées est la formation de l'élite qui doit être dévouée à sa personne et prête à servir son régime : « Il n'y aura pas d'État politique fixe, s'il n'y pas de corps enseignant avec des principes fixes », s'exclame-t-il en 1806, avant de poursuivre : « Tant qu'on n'apprendra pas dès l'enfance s'il faut être républicain ou monarchique, catholique ou irréligieux, etc. etc., l'État ne formera point une nation ; il reposera sur des bases incertaines et vagues ; il sera constamment exposé aux désordres et aux changements. » Ce propos est révélateur d'une certaine inquiétude de l'Empereur à l'égard des futures élites de son Empire. Il revient sur ce sujet en 1809 avec Beugnot qui rapporte en ces termes leur entrevue : « Il remarque que les hommes de son Conseil d'État et que les hommes avec lesquels il a commencé son gouvernement sont de mon âge, et qu'ils lui manqueront tous à la même heure. Je réponds qu'il a dans la classe des maîtres des requêtes et des auditeurs une pépinière riche où il trouvera aisément à nous remplacer. " Je n'en sais rien, reprend l'Empereur ; vous étiez tous, à des titres divers, les enfants de la Révolution ; elle vous avait trempés dans ses eaux, et vous en étiez sortis avec une vigueur qui ne se reproduira plus [8]". » Cette inquiétude sur la formation des futurs cadres trouve en partie son origine dans le relatif échec des lycées. Elle explique l'attention constante que lui porte Napoléon et les mesures qu'il prend pour renforcer la tutelle de l'État sur l'enseignement, en particulier en 1811. Pour lui, l'enseignement élitiste dispensé dans les lycées est véritablement l'un des piliers de l'État, car il doit en assurer la continuité.

3. LA RÉFORME DE LA JUSTICE

Un État puissant doit aussi pouvoir s'appuyer sur une société policée, dont les habitants vivent en harmonie, ce qui suppose la rédaction de codes et de lois et la mise en œuvre de moyens pour les faire appliquer. C'est tout l'enjeu de la réforme de la justice entreprise dès l'arrivée au pouvoir de Bonaparte et poursuivie dans les premières années de l'Empire. La première grande œuvre est la rédaction d'un Code civil que les membres de l'Assemblée constituante avaient annoncé dès la rédaction de la Constitution de 1791 :

« Il sera fait un code de lois valable pour tout le royaume. » Plusieurs fois engagée sous la Révolution, notamment à l'initiative de Cambacérès, cette codification était restée incomplète. En dix ans, le nouveau régime procède à un effort de synthèse et de rédaction sans précédent qui conduit à la publication de cinq grands codes avec lesquels la France vivra pour l'essentiel jusque dans la seconde moitié du XXe siècle. Le but de cette codification est d'abord d'unifier le droit et de fournir à tout le pays les mêmes règles de conduite. Il s'agit ensuite de combler un vide, laissé par la disparition du droit en vigueur sous l'Ancien Régime, que la Révolution n'a qu'imparfaitement remplacé. Plusieurs équipes de juristes, en général issus des parlements de la France d'Ancien Régime, se mettent donc à l'œuvre et proposent au Conseil d'État des avant-projets qui servent de bases à l'élaboration des codes, après discussions et amendements. Ce travail donne naissance à cinq grands codes : le Code civil, publié en 1804, le Code de procédure civile adopté en 1806, le Code de commerce achevé en 1807, le Code d'instruction criminelle, publié en 1808, et le Code pénal qui couronne l'ensemble en 1810.

Le Code civil reste incontestablement le symbole de cette politique de codification. Il est élaboré, dès 1800, après que Bonaparte a confié le soin d'en préparer un avant-projet à quatre juristes, Tronchet, ancien bâtonnier des avocats de Paris, président du tribunal de cassation, Bigot de Préameneu, ancien avocat au Parlement de Paris, commissaire du gouvernement près le tribunal de cassation, Maleville, ancien avocat au Parlement de Bordeaux, également membre du tribunal de cassation, et Portalis, ancien avocat au Parlement d'Aix et commissaire au Conseil des prises. Les deux premiers représentent la France du Nord, les deux autres la France du Sud ; il s'agit de procéder à la synthèse du droit coutumier, en vigueur au nord et à l'ouest, et du droit romain qui domine au sud du pays. Le but assigné au Code civil est de garantir les rapports entre individus au sein de la société, en vertu du principe cher à la philosophie des Lumières selon lequel une cité harmonieuse est une cité réglementée. Le Code vise donc à encadrer l'individu, tout au long de son existence, depuis sa naissance qui doit être déclarée jusqu'à sa mort qui donne lieu à une réglementation très stricte en matière de succession, en passant par le mariage considéré comme le cadre normal de la vie en société. Le Code civil fait aussi la synthèse entre le droit d'Ancien Régime et les principes révolutionnaires. Il traduit en articles de lois la suppression du régime féodal et affirme les grands principes de la Déclaration des droits de l'homme : respect de la liberté, de l'égalité civile, mais aussi du droit de propriété qui est une des bases du code. Entre la mise en chantier, en août 1800, et la publication du Code civil en mars 1804, cent deux séances du Conseil d'État ont été nécessaires. Bonaparte prit une part active aux discussions, ainsi que Cambacérès, juriste de formation, qui avait élaboré deux projets de code sous la Révolution. Le texte préparé par le Conseil d'État fut vivement critiqué par le Tribunat et, suivant son avis, le Corps législatif repoussa la première partie du code jugée trop conservatrice, en 1802. Revenues à plus de docilité après l'épuration du Tribunat, les assemblées finissent par entériner le texte proposé par le Conseil d'État. Le Code civil est finalement adopté le 21 mars 1804. Il est alors mis en vigueur en France, puis se répand dans toute l'Europe sous domination française et se transforme en 1807 en Code Napoléon.

Les réformes en matière de justice pénale ne sont pas moins importantes. Ainsi le Code d'instruction criminelle, élaboré entre 1801 et 1808, modifie les procédures d'enquête. Il abandonne le jury d'accusation, mis en place à l'époque de la Révolution. Surtout, il introduit l'instruction, en précisant le rôle du juge d'instruction qui avait fait son apparition sous le Consulat. Contrairement à ce qui se passe en Angleterre, l'instruction est secrète et non contradictoire. Elle est en outre disjointe du jugement qui constitue l'étape ultime de la procédure ; il est confié à des magistrats professionnels qui ne sont plus élus, quand il s'agit de délits, le jury populaire étant conservé pour le seul cas des crimes, jugés aux assises. Cette organisation, déjà amorcée avec les premières réformes juridiques du Consulat, trouve ici sa pleine expression, mais le Code d'instruction criminelle ne pouvait être appliqué avant la publication du Code pénal, préparé conjointement.

Le Code pénal entend rompre avec les pratiques d'Ancien Régime, sans pour autant reprendre le Code pénal de 1791 jugé trop laxiste. Dès 1804, Napoléon exprimait l'idée que la justice doit être rigoureuse : « Il faut établir un ordre judiciaire très ferme si vous ne voulez point de tyrannie », déclare-t-il aux conseillers d'État, considérant que cette fermeté est une garantie contre l'arbitraire ; elle fonde l'égalité de tous devant la justice, ce qui lui fait dire encore : « Il n'y a de liberté civile que là où les tribunaux sont forts [9]. » Autrement dit, il s'en remet à la justice du soin de faire régner l'ordre et la paix civile. Fondé sur le principe selon lequel « la société a besoin d'une justice rigoureuse », le Code pénal développe l'idée qu'une peine doit être suffisamment sévère pour être dissuasive. La peine de mort est maintenue, non seulement pour les assassinats, mais aussi pour les simples meurtres, pour les incendies volontaires et pour la fabrication de fausse monnaie, toujours considérée comme crime de lèse-majesté. Dans la gamme des peines, les travaux forcés à perpétuité viennent juste en dessous, et les peines de prison sont largement proposées pour la punition des délits. Toutefois, à la différence de celui de 1791, le Code pénal de 1810 ne prévoit pas de peine fixe, mais une échelle variable, laissant ainsi aux magistrats une marge d'appréciation. Cependant, la sanction demeure la base du dispositif judiciaire. Le Code pénal est une arme de dissuasion, destinée à assurer le maintien de l'ordre social et la défense de la société.

La publication du Code d'instruction criminelle et du Code pénal conduit enfin à des réformes de la justice pénale introduites en France en 1810-1811. C'est alors que les tribunaux criminels installés au niveau du département se transforment en cours d'assises. La mutation dépasse le changement de nom. Ces tribunaux ne siègent plus en permanence et fonctionnent désormais avec des magistrats temporaires. La suppression du jury d'accusation oblige aussi à transférer sa mission à une nouvelle section des cours d'appel, la chambre des mises en accusation. Enfin, les jurys de jugement sont désormais recrutés par les préfets parmi les notables, ce qui limite le caractère populaire de cette institution. C'est, après la fin de l'élection des juges, un pas de plus vers la suppression du pouvoir judiciaire conféré au peuple par la Révolution. Plus généralement, la réforme de la justice donne satisfaction aux hommes de loi dont la fonction spécifique est reconnue.

Napoléon a ainsi donné naissance à un corps de magistrats nommés et non plus élus comme à l'époque de la Révolution. Agés de plus de trente ans, ces magistrats exerçaient déjà des fonctions judiciaires sous l'Ancien Régime et la Révolution. La plupart sont du reste nommés à nouveau dans leur région d'origine. Leur carrière est en principe assurée par l'inamovibilité, puisqu'elle ne dépend plus de l'élection. Les premiers recrutements opérés ne satisfirent pas pleinement le gouvernement qui revint sur la notion d'inamovibilité en faisant voter en 1807 un sénatus-consulte permettant d'épurer le corps des magistrats. Le régime put ainsi se débarrasser de juges dont les sentiments politiques paraissaient trop tièdes, mais aussi de piètres magistrats. L'épuration s'accompagna en effet d'une réforme faisant obligation de posséder une licence en droit pour devenir juge. De plus, en 1810, l'âge minimum pour entrer dans la magistrature est abaissé à vingt et un ans. Il n'empêche, la profession, mal rémunérée, peine à s'imposer, d'autant plus que l'épuration de 1808 fait peser un doute sur la réalité de leur inamovibilité et ôte aux magistrats une fraction de leur indépendance.

L'Empire organise aussi les professions d'avoué, de notaires, d'huissier et, avec plus de réticences, d'avocat. Le corps des avocats renaît en effet après de longues hésitations, car Napoléon redoute leur puissance. Il voit en eux des adversaires potentiels à son autorité, comme il l'énonce devant le Conseil d'État en 1804 : « On les trouve toujours prêts à empiéter sur le terrain de la politique ; ils attaquent en toute occasion la loi du divorce et celle des biens nationaux ; c'est ainsi qu'on sape toutes les bases du gouvernement [10]. » Napoléon a pris soin de choisir deux exemples qui montrent son souci de préserver les acquis de la Révolution face à des avocats présentés comme nostalgiques de l'Ancien Régime. L'Empereur se méfie non seulement de l'action individuelle des avocats, mais aussi de l'influence qu'ils pourraient avoir en tant que corps, d'où son extrême réticence à permettre le rétablissement de l'ordre des avocats et l'élection du bâtonnier : « Ce serait blesser les règles d'une bonne police que de souffrir que, par exemple, au milieu d'une ville comme Paris, le chef de trois ou quatre cents avocats, qui ont l'habitude de la parole et qui aiment à s'en servir, pût les constituer en assemblée et même en assemblée permanente et qui irait jusqu'à s'occuper des affaires de l'État [11]. » Napoléon craint donc la résurgence des parlements d'Ancien Régime, rendus responsables de la chute de la monarchie. Il mesure le poids que peuvent acquérir ces avocats dans la vie publique. Le barreau n'est rétabli qu'en 1810, la nomination du bâtonnier étant effectuée par le procureur général, sur proposition des avocats les plus anciens ; les réunions du barreau sont extrêmement limitées. Toutefois, la lente réorganisation du corps des avocats montre que Napoléon a compris leur utilité dans le système judiciaire mis en place au même moment et dont ils sont une des pièces maîtresses. Leur nombre est plus restreint qu'à la fin de l'Ancien Régime ; ils ne sont ainsi que trois cents à Paris, soit deux fois moins qu'en 1789. Le principe selon lequel tout accusé a droit à un défenseur est désormais admis, alors que Napoléon disait encore en 1804 : « Il ne faut point d'avocats pour défenseurs, c'est une absurdité. » Ainsi s'affirme, dès l'Empire, un groupe de juristes dont la place sera prépondérante dans la France du XIXᵉ siècle.

4. LA GESTION DES FINANCES

Pour que l'État fonctionne, il lui faut de l'argent. La saine gestion des finances est l'une des obsessions de Napoléon. Ce dernier était passionné par ces questions, même s'il n'avait reçu aucune formation particulière en ce domaine, mais dans sa jeunesse, il a beaucoup lu les ouvrages des économistes et fut sans cesse à l'écoute de ses collaborateurs, n'hésitant pas à s'informer, par exemple des mécanismes du crédit. Toutefois, malgré cet esprit en éveil, il a toujours conservé une attitude assez rigide à l'égard des finances, rechignant par exemple à recourir à l'emprunt : « Une nation n'a de finances que lorsqu'elle peut subvenir à tous ses besoins en paix comme en guerre, lorsqu'elle peut faire la guerre sans avoir recours aux emprunts, qui ne sont qu'un jeu d'anticipation ruineux [12]. »

Très vite, Napoléon s'acquit la réputation d'un redoutable vérificateur de comptes, bâtie en partie sur la méfiance qu'il nourrit à l'égard de ses collaborateurs et sur la crainte d'être floué qui explique par exemple cette demande de clarification adressée à Talleyrand : « Les états que vous m'envoyez pour l'an XII et l'an XIII ne sont que des analyses ; je voudrais des détails, mission par mission, budget par budget. Les relations extérieures s'augmentent tous les jours, et nous avons la guerre ! Il est nécessaire de faire un budget et d'en exécuter tous les chapitres [13]. » Cette idée selon laquelle un exercice doit être équilibré revient comme un leitmotiv sous sa plume : « Un budget, écrit-il, se compose de la recette et de la dépense : l'une mérite autant d'attention que l'autre [14] », et à son ministre du Trésor, il demande qu'il y ait une « symétrie convenable entre les états de recette et les états de dépense ». Lui-même a du reste opté pour un dédoublement des compétences entre le ministre des Finances et le ministre du Trésor. La dualité des fonctions a aussi pour objectif de permettre un contrôle de l'un par l'autre et d'éviter que le grand argentier de l'Empire ne s'empare d'un pouvoir trop puissant. Dans la pratique, cependant, la répartition des rôles n'est pas toujours aussi simple.

L'établissement du budget de la France n'est, il est vrai, pas chose aisée. Les frontières du pays changent presque chaque année. Le pays est depuis 1803 en guerre quasi permanente, ce qui rend difficiles les prévisions de dépenses militaires. En outre, une partie du budget, alimenté par les rentrées extraordinaires, échappe en fait au contrôle des ministères. Si l'on s'en tient au budget ordinaire, il s'accroît de près de 50 % entre le début du Consulat et la fin de l'Empire, passant de six cents millions de francs par an à huit cent soixante millions. Cette extension est due à une augmentation des impôts, mais aussi à un élargissement du territoire sur lequel ils sont perçus. En ce qui concerne les recettes, les impôts directs augmentent avec modération, passant de deux cent soixante à trois cent quarante millions entre 1801 et 1813. Cet accroissement est dû en partie à un meilleur rendement de l'impôt foncier, la plus importante des quatre contributions directes, après la mise en chantier en 1807 d'un cadastre destiné à mieux connaître les parcelles de chacun ; mais ce long travail d'arpentage est loin d'être achevé à la fin de l'Empire, puisqu'un tiers du territoire seulement a été mesuré. La charge des taxes indirectes a, en revanche, plus fortement augmenté au cours de l'Empire. Bonaparte, qui avait promis de les abandonner, a en fait rétabli, dès 1803, les droits réunis qui pèsent sur les échanges de produits. Avec l'instauration du Blocus continental, les droits de douane ont également augmenté pour atteindre la somme de cent millions de francs. Ces recettes ne représentent, à la fin de l'Empire, que les deux tiers des recettes générales. Des rentrées extraordinaires permettent de boucler le budget. Elles proviennent pour l'essentiel des prises faites à l'étranger ou des revenus des domaines impériaux, mais elles échappent à la comptabilité du Trésor public. Quant aux dépenses, elles sont très largement consacrées à l'effort de guerre qui absorbe jusqu'aux deux tiers du budget de l'État. Ainsi, hormis l'augmentation des droits indirects, la charge fiscale ne s'est pas accrue pour les Français. La conduite de la guerre a reposé en partie sur les contributions fournies par les pays vaincus, notamment dans les années 1806-1809 durant lesquelles Napoléon multiplie les conquêtes.

Ces années, au cœur de l'Empire, représentent une sorte d'apogée après l'époque de la mise en chantier des réformes, puis la crise survenue en 1805 et avant le temps des épreuves. L'état des finances paraît alors stabilisé. Napoléon a cependant eu des inquiétudes en 1805 lorsqu'il a appris la banqueroute de l'établissement des Négociants réunis. Il faut revenir quelques mois en arrière pour en comprendre les raisons. Lorsque la guerre reprend entre la France et l'Angleterre, le Trésor se trouve embarrassé car il a un besoin rapide d'argent pour nourrir et équiper les troupes rassemblées notamment à Boulogne. Le Comité des receveurs généraux qui s'était organisé en 1802 et avait pour mission d'avancer des fonds à l'État paraît incapable, en 1804, d'assumer cette charge. Le ministre fait donc appel à des négociants, pour qu'ils lui avancent de l'argent, remboursable au moment du recouvrement de l'impôt, avec évidemment des intérêts. Comme les sommes sont importantes, ces négociants décident de s'associer. Conduits par le financier Ouvrard, ils fondent en avril 1804 la Compagnie des Négociants réunis. Les affaires se compliquent lorsqu'il apparaît en 1805 que les impôts ne suffiront pas au financement de la guerre. Ouvrard propose alors au ministre du Trésor une combinaison qui allait menacer un édifice fragile.

Face aux besoins croissants d'argent, le gouvernement français songe à accélérer la rentrée de soixante-douze millions de francs que lui a promis son allié espagnol pour l'année 1805. Il demande donc à Ouvrard de lui avancer une partie de ces sommes, à charge pour lui d'aller se rembourser en Espagne. Les Négociants réunis font ces avances sous la forme de lettres de change escomptables auprès de la Banque de France. La tâche du recouvrement en Espagne s'annonce délicate car le pays souffre lui aussi d'une pénurie d'argent et, en outre, il est victime de la disette, ce qui conduit Ouvrard à imaginer un savant montage lui permettant de recouvrer son argent, mais surtout de s'enrichir, tout en redressant la situation économique de l'Espagne. Pour ce faire, il obtient le monopole du commerce avec les Amériques et, en échange, s'engage à fournir du blé à l'Espagne. Ses plans d'importation de piastres achetées au Mexique, qui auraient dû alimenter le marché européen en or et donc favoriser sa croissance économique, se heurtent aux obstacles dressés par l'aggravation de la guerre avec l'Angleterre, marquée en octobre 1805 par la défaite franco-espagnole de Trafalgar. L'opération est alors très compromise et le commerce des piastres interrompu. Or, non seulement Ouvrard n'a pas versé les sommes dues par l'Espagne, mais il a déjà obtenu de la France le remboursement de certaines de ces créances, contribuant ainsi à affaiblir la position du Trésor. Ainsi, deux des institutions financières majeures de l'Empire sont ébranlées : la Banque de France, parce qu'elle a escompté des billets dont le paiement se révèle impossible, et le Trésor, parce qu'il a autorisé le remboursement de sommes qui n'avaient jamais été réellement versées, sinon sous forme de papier sans valeur. Les Négociants réunis ont commencé à se rembourser avec intérêt, recevant au total cent quarante-quatre millions de francs, sans avoir presque rien versé au Trésor.

Dans le même temps, les incertitudes liées à l'état de guerre provoquent la baisse du cours de la rente à Paris et la chute des actions de la Banque de France. La confiance est au plus bas. Les Négociants réunis font alors savoir au ministre du Trésor que leur établissement est au bord de la faillite, faute d'avoir pu toucher les sommes attendues d'Espagne. La situation ne s'améliore guère après la victoire d'Austerlitz, ce qui pousse Napoléon à une intervention musclée. Le 15 décembre 1805, il adresse une lettre menaçante à son ministre du Trésor : « Si vous avez eu des comptes satisfaisants à me rendre pendant quatre ans, c'est que vous avez suivi ce que je vous ai dit ; mes finances sont dans une situation critique, parce que, depuis quatre mois, vous vous en êtes écarté [15]. » Sur un ton qui ne laisse guère planer de doute sur l'identité du véritable maître des finances publiques, Napoléon lui enjoint de se cantonner dans les attributions de son ministère : « Vous n'avez point le droit de donner un sou sans une ordonnance du ministre et le ministre ne peut ordonnancer que sur le crédit que je lui ai accordé. » Puis, à peine rentré d'Autriche, il renvoie le ministre du Trésor, qui apprend sa disgrâce par l'intermédiaire du ministre de l'Intérieur. L'incompétence de Barbé-Marbois est apparue criante dans cette affaire où maladresse et malversation se sont mêlées. Au ministre qui se réfugie derrière son honnêteté : « J'ose espérer, sire, que Votre Majesté ne m'accuse pas d'être un voleur », Napoléon répond par ce mot devenu fameux : « Je le préférerais cent fois, la friponnerie a des bornes, la bêtise n'en a point. » Cette épigramme n'empêchera pas l'Empereur de nommer Barbé-Marbois à la tête de la Cour des comptes l'année suivante. Dix jours plus tard, le 6 février 1806, Napoléon règle le sort d'Ouvrard. Il exige des Négociants réunis la restitution de quatre-vingt-sept millions de francs dus au Trésor. Ouvrard sort libre des Tuileries, mais Napoléon s'empare de dix millions de piastres importées du Mexique et qui représentent cinquante-quatre millions de francs.

La crise provoquée par la banqueroute des Négociants réunis a incité L'Empereur à la prudence. Il s'empresse, dans les semaines suivantes, de rassurer l'opinion, en faisant entrer dans les caisses du Trésor une partie du tribut versé par l'Autriche. Surtout, il invite le nouveau ministre du Trésor, Mollien, à constituer des réserves capables d'assurer le crédit public de l'État : « Mon intention, lui écrit-il, est que vous profitiez de cette circonstance pour avoir au

Trésor une réserve de plusieurs millions comme base et fondement du crédit. En y mettant du secret, la plupart des hommes qui cherchent, pour en profiter, à deviner la vraie situation du Trésor, seraient déjoués, et même, avec un peu de prudence, on pourrait l'élever dans l'opinion générale, et laisser croire au public de Paris que l'on a en réserve plus de trente millions [16]. » Pour éviter le recours à des négociants, Napoléon crée aussi la Caisse de service qui reprend, en les rationalisant, les attributions de l'ancien Comité des receveurs. Il revient aux receveurs généraux d'assurer les avances demandées par le Trésor, à charge pour eux de se rembourser sur les impôts avec un taux d'intérêts qui constitue l'essentiel de leur rémunération. L'alerte a été chaude ; elle a mis en péril les finances publiques ; elle a aussi révélé les failles de la Banque de France, créée six ans plus tôt.

La réforme de la Banque de France s'avère donc indispensable pour éviter une nouvelle crise du même type. Par la loi du 22 avril 1806, Napoléon place la Banque de France sous un contrôle plus strict de l'État. Il en nomme désormais le gouverneur et deux sous-gouverneurs, tandis que trois receveurs généraux font leur entrée dans le conseil d'administration où la part des actionnaires est donc réduite. En contrepartie, la Banque obtient le prolongement de son monopole d'émission des billets et son capital est doublé, passant de quarante-cinq à quatre-vingt-dix millions, gage d'une plus grande solidité. Ainsi l'État exerce une certaine pression sur la Banque, en échange du monopole de l'émission monétaire, par exemple, en l'incitant à baisser son taux d'escompte, mais il se refuse à en faire une pompe à finance pour le Trésor, même s'il arrive que la Banque de France contribue, comme en 1808, au comblement du déficit de cent vingt millions, en avançant un tiers des sommes manquantes. La réforme de 1806 a donc consolidé la Banque de France, au point d'en faire un établissement suffisamment fort pour survivre aux déboires de l'Empire. Pour le moment, dans les années 1806-1810, elle a contribué à asseoir la confiance revenue chez les épargnants. Après le soubresaut de 1805 en effet, le calme financier s'installe ; il devait durer jusqu'à la crise de 1810-1811.

5

Le contrôle des âmes

Napoléon avait, depuis son accession au pouvoir, montré l'intérêt qu'il portait à la religion comme garant de l'ordre social. De ce point de vue, le Consulat a marqué le temps de la réorganisation des Églises, catholique mais également protestantes. Ces Églises peuvent en outre offrir une aide précieuse en suppléant l'État dans la direction des habitants. C'est pourquoi l'Empire ne veut laisser aucun individu hors du cadre légal et s'engage dans la reconnaissance de la religion juive. Par cette politique, il entend aussi contribuer à faire vivre les divers cultes en harmonie.

1. Un clergé au service de l'Empire

En 1804, au moment de fonder l'Empire, Napoléon Bonaparte est satisfait du haut clergé qu'il a recruté depuis 1802 : « Les chefs du clergé catholique, c'est-à-dire les évêques et les grands vicaires, sont éclairés et attachés au gouvernement », déclare-t-il devant le Conseil d'État [1]. Les soixante évêques nommés en 1802 ont depuis lors organisé leur diocèse et entretiennent dans l'ensemble de bons rapports avec les préfets. Quelques nouveaux promus les ont rejoints pour combler les vides laissés par la mort des premiers nommés. Au total, une quinzaine de nouveaux évêques ont été nommés jusqu'en 1808, c'est-à-dire jusqu'à la rupture avec Rome. Ils sont désignés après une enquête du ministère des Cultes, mais de plus en plus l'action du cardinal Fesch, oncle de Napoléon, apparaît déterminante dans leur choix. Devenu grand aumônier en 1804, il fait figure de conseiller ecclésiastique de l'Empereur, et s'emploie à promouvoir quelques-uns de ses collaborateurs les plus brillants au sein de la Grande Aumônerie, notamment les abbés Dufour de Pradt, de Broglie ou Morel de Mons. Le premier est un pamphlétaire de renom, auteur en 1802 de l'*Antidote au congrès de Rastadt*. Le deuxième est issu d'une famille qui a servi Louis XVI, le troisième a été vicaire général de Paris. Ainsi, dans le choix des évêques, Napoléon n'a pas négligé le renfort des membres de la noblesse. Plus généralement, celle-ci conserve de fortes positions au sein de l'épiscopat, puisque plus de quatre évêques sur dix sortent de ses rangs. Leurs collaborateurs proviennent aussi des milieux les plus élevés de la société. Les vicaires généraux sont pour un tiers d'origine noble et pour 60 % issus de la bourgeoisie. Les trois quarts d'entre eux appartenaient déjà au haut clergé sous l'Ancien Régime, ce qui signifie que, comme les évêques, ils avaient suivi un cursus universitaire long et étaient pour beaucoup licenciés ou docteurs en théologie. L'Église sous l'Empire est encore entre les mains d'un haut clergé savant et expérimenté.

Le soutien du haut clergé à l'Empire naissant a été quasiment sans faille. Il est illustré par la présence de la quasi-totalité des évêques français au sacre de Napoléon. Seuls manquent l'archevêque de Besançon, Le Coz, et les évêques de Mayence, Nice et Cahors. Trois évêchés sont alors vacants : Poitiers, Meaux et Rennes. De plus, Napoléon a su trouver parmi eux de véritables apologistes de son règne. Les lettres pastorales de ces évêques mettent toutes l'accent sur les bienfaits du restaurateur de la religion, qualifié de « nouveau Cyrus », en référence à l'édit du Perse Cyrus qui, en 538 avant notre ère, avait permis aux Juifs de rentrer en Palestine et de reconstruire le temple de Jérusalem. Cette allusion à Cyrus apparaît à plus de cent reprises et se retrouve aussi dans les discours de pasteurs protestants. À Vannes, Mgr de Pancemont ne cesse de chanter les louanges de Napoléon, s'attirant cette réplique du ministre Portalis : « Des évêques comme vous, monsieur, sont les défenseurs de l'autel et du trône et les véritables soutiens de l'ordre social. » Bernier à Orléans, Duvoisin à Nantes ou Barral à Tours comptent également parmi les plus fidèles soutiens du régime. Jusqu'en 1808-1809, les traces de résistance au pouvoir impérial sont extrêmement rares. Pour leur soutien, les évêques ont été choyés. Placés en tête des notables de leur département par le protocole, intégrés à la noblesse d'Empire en 1808 avec le titre de chevalier, ils sont nombreux à être rapidement promus au grade de baron, ou à être décorés de la Légion d'honneur. Plusieurs archevêques entrent même au Sénat, à l'image des cardinaux de Belloy, Fesch ou Cambacérès.

Globalement, l'attitude du bas clergé est conforme à celle des évêques, même si l'on y trouverait plus de variété. Il a également été touché par le vieillissement, malgré la reprise des vocations. L'interruption presque complète des ordinations pendant la Révolution se fait durement sentir, car les prêtres décédés ne peuvent être remplacés. Près de six mille huit cents meurent jusqu'en 1814, alors que le nombre de nouveaux prêtres ne s'élève qu'à six mille et encore grâce à l'appoint des diocèses de l'Ouest ou du sud du Massif central où la reprise a été rapide. À Quimper, par exemple, on recense cent trente-cinq nouveaux prêtres entre 1803 et 1813, dont une soixantaine jusqu'en 1809. Ailleurs, comme dans le diocèse de Grenoble, neuf prêtres seulement sont ordonnés entre 1801 et 1809 ; on n'en compte qu'un seul dans le diocèse de Valence. La plupart de ces prêtres ont reçu une formation rapide et incomplète, ce qui finit par inquiéter le pouvoir : « Nous avons trois ou quatre mille curés ou vicaires, enfants de l'ignorance et dangereux par leur fanatisme et leurs passions », constate ainsi Napoléon qui ajoute : « Il faut leur préparer des successeurs plus éclairés, en instituant sous le nom de séminaires des écoles spéciales qui seront dans la main de l'autorité ; on placera à leur tête des professeurs instruits, dévoués au gouvernement et amis de la tolérance [2]. » Cette demande conduit le gouvernement à encourager le développement des séminaires diocésains dont il s'était désintéressé jusque-là. Il aide les évêques à trouver des bâtiments, souvent en leur rendant l'ancien séminaire ou un couvent désaffecté. Puis, en septembre 1807, un décret octroie mille trois cent soixante bourses de quatre cents francs aux jeunes gens les moins fortunés pour qu'ils puissent poursuivre leurs études cléricales. Cette manne touche près de la moitié des séminaristes, parmi lesquels nombre de fils de la petite bourgeoisie voire de la noblesse sans fortune. Elle représente un effort considérable pour favoriser la formation des futurs prêtres. Un effort complété, au même moment, par la prise en charge par l'État du salaire de tous les desservants, soit trente mille prêtres, dont une partie était jusqu'alors rémunérée par les communes. Cette mesure assure une plus grande sécurité aux prêtres de paroisse, même si le traitement reste modique, cinq cents francs par an. En outre, en 1808, l'État accorde la dispense du service militaire aux séminaristes, ce qui contribue à renforcer les vocations, notamment dans les milieux populaires. Enfin, la même année, l'organisation de six facultés de théologie, au sein de l'Université, a pour objectif de redorer le blason du clergé français, en lui offrant les moyens de parfaire sa formation jusqu'à la licence, voire au doctorat en théologie. Le bilan de cette politique est mitigé, même si, à Paris notamment, la faculté remporte quelque succès.

Ces mesures en faveur de la formation du clergé s'accompagnent d'une volonté de contrôle. Les professeurs doivent être soumis au gouvernement, disait déjà Napoléon en 1804. Il va plus loin en 1810 en imposant dans les séminaires l'enseignement de la Déclaration des Quatre Articles de 1682, charte du gallicanisme rédigée à la demande de Louis XIV, à l'époque des tensions avec la papauté. Alors que la crise couve entre Napoléon et Pie VII, cette mesure indique bien la volonté de l'Empereur de façonner un clergé gallican, soumis à l'État. Sans doute n'est-il plus aussi sûr de son soutien. Mais le clergé a-t-il jamais complètement adhéré à l'Empire ? Lors de sa proclamation, l'adhésion du clergé à la personne de Napoléon est large, sans être unanime. Dans les régions où il avait manifesté quelques réticences à se prononcer favorablement lors des plébiscites précédents, le clergé se mobilise en plus grand nombre en 1804. Ainsi, dans le Morbihan, cent soixante-dix-neuf prêtres inscrivent leur nom sur les registres ouverts à l'occasion du passage à l'Empire, soit un peu moins de la moitié du clergé local, mais ils n'étaient que vingt-six en l'an VIII et quatre-vingt-six en l'an X. En Ille-et-Vilaine, le nombre de oui lors du plébiscite de l'an XII a décuplé au sein du clergé, passant de trente-neuf à trois cent quatre-vingt-neuf. Dans le Finistère, le clergé finit aussi par se rallier, après quelques réticences émises notamment par les prêtres du Léon. En accomplissant ce geste, le prêtre breton, autorité morale dans son village, montre la route à suivre, ce qui ne signifie pas que l'adhésion au régime soit unanime. Toutefois, la très grande majorité du clergé est au moins obéissante. Ailleurs, comme dans la région de Grenoble, l'enthousiasme est plus marqué. Le clergé suit très largement son évêque, Mgr Simon, dont la demande était il est vrai explicite : « Monsieur le curé, je vous préviens que Monsieur le préfet envoie dans votre commune des registres ouverts pour voter sur l'hérédité de l'Empire dans la famille de Napoléon Bonaparte, nommé empereur par la reconnaissance des Français. J'ai signé moi-même le premier par l'affirmative, sur une feuille particulière que j'ai présentée à tous les prêtres de Grenoble. Je vous invite à suivre mon exemple et à faire toutes les instructions particulières à vos paroissiens pour stimuler leur attention sur cet objet important [3]. »

Comme à Grenoble, partout le clergé est donc invité à signer, mais aussi à faire signer les registres ouverts pour le plébiscite. Ce n'est là que l'une des actions par lesquelles il pèse sur l'esprit des fidèles. Les prêtres font chanter chaque semaine à la messe la prière en faveur du souverain, *Domine salvum fac imperatorem*, et lorsque certains d'entre eux se soustraient à cette obligation, comme dans le diocèse de Bayeux en 1806, ils sont rappelés à l'ordre par leur évêque, après que celui-ci a été tancé par le ministre des Cultes. En 1805, il leur est également enjoint de lire les *Bulletins de la Grande Armée* au prône. Cette dernière demande faite aux prêtres par Portalis est toutefois critiquée par Napoléon dans une lettre à Fouché, trois jours après la bataille d'Austerlitz : « Je vois des difficultés au sujet de la lecture des bulletins dans les églises ; je ne trouve point cette lecture convenable ; elle n'est propre qu'à donner plus d'importance aux prêtres qu'ils ne doivent en avoir, car elle leur donne le droit de commenter, et, quand il y aura de mauvaises nouvelles, ils ne manqueront pas de les commenter. » Napoléon recommande plutôt d'afficher ces bulletins aux portes des bâtiments officiels, ce qui ne l'empêche pas de continuer à demander aux prêtres des prières pour le succès de ses armes. Régulièrement, l'évêque leur transmet la demande du ministre de faire chanter un *Te Deum* pour célébrer les victoires de

Napoléon. Les années 1805-1809 sont en ce domaine fort riches, ce qui renforce l'impression d'adhésion du clergé au régime, d'autant que chaque demande épiscopale est accompagnée d'une lettre dans laquelle est justifiée l'action militaire de l'Empereur. Enfin, le clergé devient l'un des principaux relais du pouvoir pour expliquer la nécessité d'accepter la conscription. Plus l'effort demandé à la jeunesse française est grand, plus les prêtres sont sollicités pour faire l'apologie du service militaire, ce qui n'empêche pas quelques résistances.

La surveillance du clergé ne se relâche pas. Les sermons sont étudiés par des observateurs attentifs et le moindre écart signalé aux autorités. Les lettres épiscopales sont elles-mêmes soumises à une discrète censure. En 1802, par exemple, Bonaparte avait corrigé de sa main la première lettre pastorale adressée par l'archevêque de Paris à ses diocésains. La police veille à la bonne marche des affaires cléricales, car si Napoléon sait combien l'aide du clergé peut lui être précieuse dans le contrôle des esprits, il a conscience aussi que celui-ci peut constituer une force d'opposition redoutable. Les prêtres les mieux surveillés sont les anciens réfractaires des diocèses de l'Ouest, soupçonnés d'avoir conservé des liens avec l'Angleterre. Le gouvernement exige en général qu'ils soient éloignés des paroisses de la côte. Le moindre écart est sanctionné, les mesures de rétorsion allant du déplacement d'un prêtre vers une autre paroisse à l'emprisonnement. Le clergé belge est également l'objet de toutes les attentions du gouvernement ; il subit du reste très tôt les foudres de Napoléon. « Vous ferez connaître à l'évêque de Gand, écrit l'empereur au ministre des Cultes en 1809, que je suis mécontent de la manière dont il dirige son diocèse, de sa faiblesse et du peu d'attachement qu'il montre à ma personne. Depuis qu'il est évêque de Gand, l'esprit de ce clergé déjà mauvais a empiré. J'ordonne que l'abbé Desure son grand vicaire donne sa démission et se rende à Paris, que l'évêque change son conseil et le compose de personnes mieux intentionnées, et fasse en sorte que je n'ai plus désormais à me plaindre du clergé de Gand, parce que si j'y mets la main, je le punirai sérieusement [4]. »

Car c'est de Belgique — et ce, avant même les débuts de la crise avec le pape — que sont venues les premières manifestations de rejet à l'égard de la politique napoléonienne. L'occasion en fut notamment fournie par la publication du Catéchisme impérial, en 1806. Destiné à tous les catholiques de l'Empire, ce catéchisme qui amalgamait les articles de foi et les recommandations civiques d'obéissance au souverain devait se substituer aux nombreux catéchismes diocésains alors en vigueur. Rédigé à la demande de Napoléon par l'abbé d'Astros et Bernier, il est approuvé par le légat du pape, le cardinal Caprara. Dans l'ensemble du territoire, les évêques acceptèrent de le publier, sans protester, mais quelques rares évêques s'y refusèrent, à l'image de Mgr Hirn, évêque de

Tournai, et Mgr Zaepfel, évêque de Liège, rejoignant un bas clergé belge très hostile au nouveau texte. Dans la France hexagonale, seul l'archevêque de Bordeaux, Mgr d'Aviau, émet des réserves, mais d'autres retardent sa promulgation, comme Mgr Caffarelli, évêque de Quimper, qui prétexte l'obligation de traduire le catéchisme en breton. Ces quelques manifestations montrent certaines réticences face à l'encadrement voulu par Napoléon, mais elles sont très minoritaires et ne remettent pas en cause le lien étroit entre le régime impérial et le clergé, au moins jusqu'à 1809.

Il est vrai que l'État a accru son effort budgétaire en faveur des catholiques. En 1807, il a suscité un nouveau découpage des paroisses, qui en réduit le nombre à environ trente mille, mais il s'est en échange engagé à rémunérer l'ensemble des desservants. Cette mesure irrite les catholiques des pays fervents, notamment dans l'Ouest où paroisses et communes étaient loin de coïncider avant la Révolution. En revanche, dans les régions où l'habitat est groupé, cette mesure est plutôt bien perçue, car elle soulage la charge des communes. L'État prend aussi sous sa protection les congrégations religieuses, alors en plein renouveau. Leur cas n'avait pas été prévu par le Concordat de 1801. Pourtant, dès cette date, l'interdiction des vœux perpétuels décrétée en 1791 est bravée. Des congrégations se reconstituent, d'autres naissent et se développent, surtout chez les femmes. Sous l'Empire, près de cinquante congrégations féminines voient le jour, si bien que dès 1808, on recense seize mille religieuses, pour seulement quelques centaines de congréganistes hommes. Cet essor correspond certes à une réelle aspiration religieuse, mais il est aussi une réponse à une demande sociale que l'État ne peut honorer. Les congrégations religieuses assurent un service important dans l'éducation, les soins hospitaliers, voire l'aide charitable. Les plus vivantes sont du reste les congrégations enseignantes ou hospitalières, comme des Filles de la Charité, la plus florissante au début du XIXᵉ siècle. Chez les hommes, c'est aussi la fonction enseignante qui a favorisé le renouveau des Frères des Écoles chrétiennes ou des Sulpiciens, spécialisés dans l'enseignement à l'intérieur des séminaires. Le gouvernement a aussi encouragé le développement des congrégations missionnaires (Lazaristes, Spiritains et Prêtres des Missions étrangères) susceptibles d'accroître l'influence française dans le monde. Non seulement l'État n'a donc pas freiné l'essor congréganiste mais, jusqu'en 1809, il l'a encouragé. Il cède ainsi des bâtiments à certaines congrégations et leur accorde en 1808 une subvention de cent trente mille francs. En échange, il souhaite pouvoir mieux les contrôler et envisage dans ce but de les regrouper, sans y parvenir. Il est vrai que le temps presse, car les congrégations vont bientôt subir les effets de la crise entre Napoléon et le pape.

2. L'INFLUENCE DE LA RELIGION

Le rôle assigné au clergé dans le contrôle des âmes est d'autant plus important que la religion catholique semble avoir repris un réel ascendant sur les esprits, même si de fortes différences subsistent entre les régions. La pratique religieuse se mesure à plusieurs indices. L'assistance à la messe du dimanche en est un, mais, aux yeux des autorités catholiques, elle est insuffisante pour caractériser l'appartenance à l'Église. Le bon catholique doit en outre se plier à l'obligation de la communion, au moins une fois par an, dans le temps de Pâques. Cette prescription obligatoire nécessite une confession préalable. Dès lors le décompte du nombre de fidèles qui communient à Pâques — on les appellera les « pascalisants » — permet de délimiter le peuple des catholiques pratiquants. Au début du XIXᵉ siècle, trois catégories d'individus se dégagent au sein de la population catholique : les pratiquants réguliers ou pascalisants, les pratiquants irréguliers qui peuvent aller à la messe mais ne font pas leurs pâques, et enfin les non-pratiquants. Dès cette époque, évêques et préfets établissent cette distinction. Ainsi Beugnot, lorsqu'il était préfet de Seine-Inférieure, note une bonne fréquentation des églises en milieu rural : « Partout dans les campagnes, les habitants des deux sexes assistent également aux cérémonies publiques. On signale par leur nombre extrêmement petit ceux qui s'en dispensent. » Il ajoute aussitôt : « Mais cette assiduité déjà louable n'est pas une règle dont on puisse se contenter pour mesurer l'influence de la religion ; la plus simple et la plus sûre consiste à calculer le nombre d'hommes et de femmes qui s'approchent des sacrements dans le cours ordinaire de leur vie [5]. » En évoquant une assiduité « louable », le préfet exprime le sentiment d'une administration qui voit dans la pratique du culte une garantie de respect de l'ordre établi. À ses yeux, ceux qui s'y dérobent peuvent être une source de troubles pour la société. Ce préfet exprime un principe très voltairien selon lequel la religion est un bon moyen de contrôler le peuple. Les évêques de France n'ont cependant pas tous eu la curiosité du préfet de Seine-Inférieure, ce qui rend impossible un bilan général de la pratique religieuse dans les premières années du XIXᵉ siècle.

Toutefois, à partir de quelques cas précis, il est possible de se faire une idée des diversités régionales de cette pratique. Dès l'Empire, se dégagent des « terres de chrétienté », où la pratique religieuse est quasiment unanime. Elles sont composées pour l'essentiel des diocèses de l'Ouest breton et vendéen, et des diocèses du sud-est du Massif central (Rodez, Mende, Le Puy, Saint-Flour), auxquels il faudrait ajouter, hors de l'Hexagone, la plus grande partie de la Belgique. À l'inverse, les diocèses voisins de Paris présentent déjà des bilans médiocres, à l'image de celui de Soissons où la pratique pascale touche déjà nettement moins de la moitié de la population.

Tant dans les villes que dans les campagnes, la déprise à l'égard du culte y est manifeste. De même dans le diocèse de Limoges, le clergé déplore dès 1803 le faible nombre de communiants, notamment chez les hommes. Dans ces contrées, la pratique est déjà devenue l'affaire des femmes. Entre les deux types de région, la plupart des diocèses connaissent une pratique oscillant entre la moitié et les deux tiers des habitants, même si pour certains d'entre eux les données manquent. Dans le diocèse de Tours, par exemple, une enquête de 1805, conduite sous l'épiscopat de Mgr de Barral, révèle que 68 % des habitants en âge de communier ont rempli ce devoir.

Dans l'Ouest donc, la reprise du culte est rapide et la fréquentation des sacrements quasi unanime, comme le montre l'exemple du diocèse de Vannes ou celui de Quimper. Les évêques, Mgr de Pancemont à Vannes, Mgr de Crouseilhes à Quimper, disposent d'un clergé nombreux, encadrant une population pour laquelle la pratique est quasiment une institution. Cette influence de la religion sur la société se retrouve en Belgique où Mgr de Broglie, nommé évêque de Gand en 1807, peut constater l'engouement des foules : « Rien ne rappelle plus que la Flandre les joies, la ferveur et la pureté de l'Église primitive », écrit-il dans son autobiographie. « L'admirable piété des enfants, leur silence et leur recueillement pendant ces longues cérémonies, la religion des fidèles qui assistent à cette fonction, il y a là de quoi ressusciter la foi morte, de quoi béatifier la foi vive d'un évêque [6]. » En Normandie, le bilan est plus contrasté. De fortes disparités sont perceptibles entre les campagnes où les habitants ont largement retrouvé le chemin des églises et les villes où la désaffection est assez grande. Ainsi, dans le diocèse de Rouen, le préfet Beugnot, déjà évoqué, remarque que la pratique est bonne dans les arrondissements du Havre et de Dieppe, et surtout d'Yvetot où les deux tiers des hommes et 90 % des femmes communient au moins une fois par an. En revanche, la communion pascale est presque résiduelle chez les hommes au chef-lieu de département : « À Rouen et dans les communes voisines, on est peu avancé : le quart des femmes et un homme sur cinquante tout au plus s'approchent des sacrements, et parmi ces hommes en si petit nombre, on ne remarque point de magistrats, de fonctionnaires publics, d'hommes influents. » Enquêtant dans le diocèse de Bayeux, le sénateur Roederer fait un constat similaire concernant la fréquentation des églises en ville : « Je n'ai pas passé devant une église sans y entrer et je n'y ai vu que des femmes. Il passe pour constant que les hommes y vont peu. »

Les taux de pascalisants ne sauraient rendre compte à eux seuls de la composition du catholicisme contemporain. Certes, aux yeux de l'Église, la qualité de catholique suppose l'acceptation des règles qu'elle prescrit. Il est toute une frange de la population, notamment masculine, qui continue de se rendre à l'église le dimanche tout en refusant la pression cléricale et qui, pour cette raison, renonce à la confession, au moins jusqu'à l'approche de la mort. Les mêmes individus continuent cependant de faire baptiser leurs enfants et de se marier religieusement. Dans certaines communes, ils forment avec les pratiquants réguliers la totalité de la population. Par leur présence dans les cérémonies du culte, ils participent à cette impression de renouveau du catholicisme que notent la plupart des observateurs, ce qui explique le contraste entre une pratique pascale écornée et la forte participation aux offices. Au début du XIXe siècle, on assiste plus volontiers à la messe que l'on ne communie.

Hormis l'assistance à la messe dominicale, la reprise du culte est attestée par le renouveau des pèlerinages, l'attrait pour les processions, voire l'engouement pour les missions intérieures. Le succès des pèlerinages aux sanctuaires de saints locaux révèle l'attachement des populations aux formes traditionnelles de religiosité qui avaient cours avant la Révolution. « Mes paroissiens sont beaucoup [*sic*] attachés aux pèlerinages qui existent encore parmi eux, croyant que la bénédiction sur leur terre en dépend, et que par d'autres, ils sont garantis et du tonnerre et d'autres fonctions parmi les bestiaux », note un curé du diocèse de Metz. Cette religiosité populaire vise à assurer de bonnes récoltes ou la guérison du bétail. Elle se heurte de ce fait à un clergé assez réticent face à des formes de pratique qui confinent à la superstition. Toutefois, dans certaines paroisses, le curé se fait lui-même guérisseur, tandis que les évêques, dans leur volonté d'encadrer ces pratiques, appellent à des prières pour l'obtention de bonnes récoltes. Ces processions aux saints locaux, dont beaucoup ne sont pas reconnus par l'Église, manifestent une tentative d'émancipation à l'égard du clergé.

Ce dernier tente pourtant de reconquérir son influence sur ses paroissiens, notamment au moyen de l'organisation des processions, à l'occasion des Rogations en mai, de la Fête-Dieu en juin, ou de la fête patronale. La communauté se rassemble alors derrière son curé et défile dans les rues de la ville dont les façades ont été pavoisées, ou sur les chemins entourant le village. Les fidèles, qu'ils soient ou non regroupés au sein de confréries, sont particulièrement sensibles à cette forme ostentatoire du culte qu'est la procession hors de l'église. Les autorités laissent faire, au moins tant que ces manifestations se déroulent selon les règles prescrites par le Concordat et les Articles organiques. Dans certains cas, les préfets doivent rappeler à l'ordre les curés qui dirigent des processions en semaine et se refusent par exemple à célébrer le dimanche le plus proche la Fête-Dieu. Pour les préfets, il s'agit d'une volonté de remettre en cause le Concordat. Le rétablissement de ces processions a du reste provoqué quelques incidents, notamment dans les régions où les minorités protestantes sont fortes. À Montauban, une rixe éclate entre catholiques et protestants en 1806. Dans les Deux-Sèvres, des habitants protestants sont punis d'une amende pour avoir refusé de pavoiser leurs maisons. Ces heurts montrent que les catholiques ont réinvesti la rue, menaçant en cela la neutralité revendiquée par le régime.

Cette effervescence se retrouve également dans l'usage des cloches, pour lequel plusieurs rappels à l'ordre sont nécessaires de la part des préfets et des évêques. Ainsi, à Paris, le cardinal de Belloy redit qu'il ne faut pas faire sonner les cloches le jour des anciennes fêtes chômées. À travers la France, les nouveaux règlements pour la sonnerie des cloches visent à limiter l'usage qui en était fait avant la Révolution, au grand dam d'une partie des catholiques attachés à cette pratique ancienne.

La reprise des missions intérieures atteste aussi du renouveau spirituel. Elles se développent à partir de 1804 sur le modèle qui prévalait avant la Révolution et connaissent très vite un certain succès, mais irritent l'opinion voltairienne qui considère avec dédain cette forme d'endoctrinement du peuple. Leur aspect spectaculaire vise à frapper les esprits. Dans le Finistère, une mission rassemble ainsi vingt-six prêtres et près de deux mille fidèles, invités pendant plusieurs jours à entendre des sermons, à se confesser, puis à communier finalement dans une atmosphère de réparation qui fleure la contre-révolution. Du reste, le gouvernement se méfie de ces missionnaires itinérants, souvent membres d'anciennes congrégations, et difficilement contrôlables. Il finit par interdire les missions, en septembre 1809, ou plus exactement le recours à des missionnaires extérieurs au diocèse, ce qui revient à mettre à bas ce mouvement des missions intérieures. Ainsi, plusieurs indices montrent que le renouveau du culte a embarrassé les pouvoirs publics, lorsque ses manifestations ont semblé sortir du cadre législatif fixé par le Concordat. L'État entend maintenir la pratique religieuse dans un cadre strictement défini, le clergé paroissial devant se porter garant de son organisation.

La liberté religieuse conquise à l'époque de la Révolution a favorisé l'expression du détachement à l'égard de l'Église. L'incrédulité s'affiche par le refus de se rendre à l'église le dimanche, à laquelle est préféré le cabaret, et par l'éloignement des sacrements. Ce détachement conduit souvent à un anticléricalisme qui reste toutefois feutré, mais qui soude les hommes qui le professent, en particulier dans les villes, comme à Paris, où la « déchristianisation » s'accroît. L'exemple de Jules Michelet en est très révélateur. Fils d'un imprimeur, il appartient à la petite bourgeoisie voltairienne. Il n'est pas baptisé et ne reçoit aucune éducation religieuse. Dans l'armée aussi, l'anticléricalisme est fort répandu. Ainsi le soldat Chevalier, venu en Italie sous le Consulat, y est frappé par l'influence du clergé qu'il dépeint en des termes peu amènes, évoquant des « fainéants à calotte » et de « laids calotins », avant de s'en prendre au luxe et au libertinage des moines, selon un registre classique de l'anticléricalisme. Derrière cette opinion pointe d'ailleurs un soupçon de républicanisme qui affleure quand il évoque la suppression du calendrier républicain : « Le 1ᵉʳ janvier 1806, nous reçûmes l'ordre à notre grand regret, de quitter notre calendrier républicain, après quatorze ans, nous nous y étions familiarisés, il fallut reprendre le grégorien, la fête des saints et toute la prétentaine. Nous étions, ou nous croyions être en République, mais elle n'existait déjà plus, que pour mémoire [7]. » Ces diverses manifestations d'anticléricalisme ne s'exercent guère qu'en privé. Bien que prêchant la neutralité en matière religieuse, l'État protège l'Église contre les atteintes de l'anticléricalisme, au nom de la défense de l'ordre social. Saper les fondements de la religion revient en effet, aux yeux du gouvernement, à mettre en cause les bases mêmes de l'État.

3. LA SURVIE DE LA PETITE ÉGLISE

Souvent présentée de façon anecdotique, la résistance au Concordat d'une fraction minoritaire de catholiques n'en mérite pas moins d'être soulignée, car elle illustre l'absence d'unanimité dans la France impériale. À l'origine de ce que l'on appelle la « Petite Église » figurent des évêques d'Ancien Régime qui ont refusé de donner leur démission au pape en 1801 et entendent conserver leur pouvoir sur leur diocèse. Plusieurs d'entre eux continuent de correspondre avec une fraction de leur clergé restée sur place et qui leur est demeurée fidèle. La Petite Église trouve en effet des relais, parfois significatifs, dans les diocèses concernés. La localisation de ce phénomène correspond à la personnalité des évêques réfractaires. Ainsi la fronde de Mgr de Thémines, évêque de Blois, explique la persistance d'un noyau de dissidents dans le Loiret. Mais il a pu aussi s'étendre à des régions dont l'évêque s'était rallié au nouveau régime. Parfois le mouvement est très concentré ; par exemple, en Ille-et-Vilaine, il est limité à la région de Fougères où se développe le groupe des « Louisets ». Globalement la Petite Église se maintient dans une grande partie de l'Ouest, depuis la Normandie jusqu'à la Vendée, avec des foyers d'opposition particulièrement importants dans la région de Rouen, de Poitiers ou de La Rochelle. Elle a aussi des points d'ancrage dans les régions de Toulouse, de Lyon, et dans une moindre mesure dans l'Est. Toutefois, cette impression d'élargissement à une bonne partie du territoire doit être nuancée, car ces résistances n'ont guère de liens entre elles. Leur isolement les unes par rapport aux autres est du reste une des raisons de leur échec.

Partout les réactions sont identiques. Quelques prêtres, qu'ils soient ou non en relations avec leur ancien évêque, se mobilisent contre le Concordat et refusent de reconnaître l'évêque désigné par Bonaparte. Privés de paroisse, ils continuent cependant de dire la messe et de regrouper des fidèles devant lesquels ils président les cérémonies religieuses selon les rites anciens. Ces dissidents ne sont qu'une poignée, cinq à six prêtres par diocèse touché, quelquefois plus comme à Rouen où l'on en dénombre trente-sept, ou La Rochelle. De même, le nombre de fidèles touchés reste faible, probablement moins de dix mille personnes parmi lesquelles un nombre non négligeable de notables, ce qui inquiète particulièrement les pouvoirs publics, à l'image du préfet du Loir-et-Cher écrivant au ministre : « Ce qui est fâcheux dans la dissidence d'opinions religieuses qui règne à Vendôme, c'est qu'elle est favorisée par les familles riches et considérables et surtout les femmes. » Ces groupes représentent une résistance à la réorganisation concordataire voulue par Napoléon. C'est du reste pourquoi ces dissidents sont pourchassés. Parmi les premières victimes de la répression figure Mgr de Coucy, ancien évêque de La Rochelle, réfugié en Espagne ; Napoléon le fait arrêter par le gouvernement espagnol et placer en résidence surveillée sans possibilité de communiquer avec son clergé. Cette mesure ne peut s'appliquer aux évêques exilés en Angleterre, comme Mgr Amelot, évêque de Vannes, mais leur courrier vers la France est surveillé. Les prêtres de la Petite Église sont également pourchassés, emprisonnés ou déportés comme l'abbé Clément, animateur de la Petite Église en Normandie, envoyé en Italie avec plusieurs collègues. Les évêques prêtent assez volontiers leur concours à cette action contre des prêtres qui contestent leur autorité. À Bayeux, par exemple, l'abbé Olivier, le principal animateur de la dissidence dans le diocèse, est signalé au ministre de la Police qui suggère à l'évêque de le placer en résidence au séminaire, mais Mgr Brault, plus zélé que Fouché, le fait passer pour fou et interner. Ainsi, les autorités civiles et religieuses ont conjugué leurs efforts pour juguler la Petite Église.

Le gouvernement pourchasse d'autant plus les dissidents qu'ils sont en relations avec des évêques restés à Londres, dans l'entourage du comte d'Artois, et ne cachent pas leurs aspirations monarchistes. La Petite Église, dans son combat contre le Concordat, apparaît aussi comme le bras ecclésiastique de la royauté. La capture de l'évêque de Vannes, Pancemont, en 1806, renforce cette impression et provoque une traque farouche contre les sectateurs de la Petite Église, soupçonnés de fidélité chouanne. Les deux prêtres les plus impliqués dans le mouvement sont arrêtés et envoyés au fort de Ham. De plus en plus, à partir de 1807, la lutte contre le Concordat se double en Bretagne d'un combat politique. Des brochures en provenance d'Angleterre, dues à la plume de l'abbé Blanchard, alimentent la polémique ; on finit du reste par désigner la Petite Église du nom de « blanchardisme ». En 1808, le mouvement paraît éradiqué. En réalité, il survit dans la clandestinité, comme le montre bien sa résurgence lors de la Restauration. Les sectateurs de la Petite Église s'étaient tapis dans l'ombre, sans abandonner leurs convictions ; ils se réjouiront de la chute de Napoléon, avant de connaître quelques désillusions devant le refus de Louis XVIII de les reconnaître.

4. Les protestants sous l'Empire

La réorganisation des Églises protestantes, fixée par les Articles organiques de 1802, est également longue à se dessiner. Elle concerne une population qui dépasse le million de personnes pour l'ensemble de l'Empire, à savoir huit cent quarante mille réformés et deux cent vingt mille luthériens. Ces derniers sont pour l'essentiel présents en Alsace et sur la rive gauche du Rhin, ainsi qu'à Paris ; les premiers sont répartis à travers le territoire hexagonal, notamment dans les Cévennes, les Charentes, le Dauphiné ou la vallée de la Dordogne, zones auxquelles il faut ajouter la région de Genève. En 1805, ses cadres sont en place. À travers le territoire, les consistoires de l'Église réformée ont été découpés, en principe à raison d'un consistoire pour six mille habitants, mais souvent avec des entorses. En Seine-Inférieure où un seul consistoire avait été prévu autour de Bolbec, s'en ajoute un second pour encadrer les protestants de Rouen et de sa région. On a pour l'occasion grossi les chiffres de la communauté. Au total, la France hexagonale compte quatre-vingt une Églises consistoriales, dont vingt-deux concentrées dans les seuls départements du Gard et de la Lozère, et une vingtaine de petits foyers isolés. Ces consistoires ont reçu la jouissance d'environ soixante-dix temples, en général d'anciennes églises devenues biens nationaux, confiés aux protestants qui en louent par ailleurs une trentaine. D'autres sont mis en chantier, mais seuls quinze sont achevés pendant l'Empire qui n'est pas une grande période de construction de temples. Les communautés les plus dispersées ont également obtenu la permission d'ouvrir des oratoires. Dans l'Est, trente consistoires de l'Église luthérienne ont également été organisés, mais ils ont obtenu le droit d'avoir une organisation centrale, à Strasbourg, Mayence et Cologne, dirigée par un directoire ; à Strasbourg, les cinq membres du directoire, parmi lesquels trois ont été désignés par Bonaparte, sont placés sous la présidence d'un magistrat, Philippe-Frédéric Kern. Dans les Églises protestantes, comme dans la société, ce sont en effet les notables qui prennent en charge la direction des affaires de la communauté. Le peuple est ainsi dépossédé de son droit à la parole, mais Bonaparte a imposé cette organisation pour mieux pouvoir contrôler le développement du culte.

À partir de 1805, les hommes sont également en place. Les notables élus à la tête des consistoires ont en charge la désignation des pasteurs, mission délicate en un temps où les volontaires font défaut. Si la situation des luthériens est bonne, avec deux cents pasteurs, celle des réformés est en revanche déficitaire ; alors que l'État avait prévu de rémunérer, dès 1804, deux cent quarante-cinq pasteurs, on n'en dénombre que cent soixante-dix en 1806 et seulement deux cent quatorze en 1814. Il faut pour pallier cette absence faire appel à des pasteurs étrangers, venus pour la plupart de Suisse, à l'image de Jean Monod, originaire du pays de Vaud, qui arrive à Paris en 1808. Le gouvernement a pris conscience de cette carence. Au moment où il organise l'Université, il crée une faculté de théologie à Montauban, dans le but de favoriser le recrutement des pasteurs. La même politique conduit à la création de la faculté de Strasbourg pour les luthériens. Comme pour la formation des prêtres catholiques, l'État octroie des bourses aux aspirants et les dispense de service militaire. Ces efforts sont encore insuffisants à la fin de l'Empire, même si le corps pastoral de 1814 compte cent nouveaux pasteurs, pour les deux tiers d'entre eux formés au séminaire de Lausanne, de médiocre réputation.

Ces pasteurs, rémunérés par l'État, lui doivent aussi obéissance ; ils prêtent serment à Napoléon et doivent se soumettre aux demandes du gouvernement, à l'instar des prêtres catholiques. Ainsi, les pasteurs sont invités à célébrer chaque victoire de Napoléon ou les fêtes principales du régime, notamment le 15 août. Une vingtaine d'entre eux ont également été invités au sacre de Napoléon, manifestation autant civile que religieuse à ses yeux. Du reste, la participation à cette cérémonie n'a pas rencontré de difficultés chez ces pasteurs. Ils sont, comme leurs collègues catholiques, de fidèles interprètes du message napoléonien, chantant les louanges du nouveau Cyrus et appelant leurs coreligionnaires à se prêter à l'obligation de l'impôt comme de la conscription. Certes, les réformés regrettent leur ancienne organisation synodale, mais ils savent gré à Napoléon de leur avoir conservé leurs droits et d'avoir favorisé leur réorganisation, ce qui fait dire à Portalis : « Il s'agissait pour ainsi dire d'une création nouvelle ; toutes les mesures ne pouvaient qu'être agréables aux protestants qui recouvraient des droits perdus [8]. »

La relation entre Napoléon et les protestants est donc bonne, malgré la résistance affichée par Germaine de Staël ou Benjamin Constant. À Sainte-Hélène, Napoléon s'est pourtant défendu d'avoir envisagé une conversion au protestantisme, que certains de ses proches lui auraient conseillée au moment de son accession au pouvoir : « Il est sûr, rapporte-t-il à Las Cases, qu'au désordre auquel je succédais, que sur les ruines où je me trouvais placé, je pouvais choisir entre le catholicisme et le protestantisme ; et il est vrai de dire encore que les dispositions du moment poussaient toutes à celui-ci ; mais outre que je tenais réellement à ma religion natale, j'avais les plus hauts motifs pour me décider [9]. » Parmi ces raisons, Napoléon avance la crainte d'une division du pays.

« L'Empereur doit toujours être de la religion de la majorité », proclamait-il dès 1804 au Conseil d'État. Si la conversion n'est pas envisageable, en revanche l'idée d'un rapprochement des confessions chrétiennes a été plusieurs fois évoquée sous l'Empire. Elle provient tout d'abord d'un des principaux animateurs du courant réformé, Rabaut-Dupui, proposant en 1804 un rapprochement entre réformés et luthériens. La même année, le pasteur Lagarde envisage lui une union avec les catholiques, s'appuyant sur le dépérissement de la papauté : « On parle de l'abdication du pape et de son remplacement par le cardinal Feyz [*sic*] ; qui sait si nous ne sommes pas à l'aurore de quelque grand événement religieux », s'exclame-t-il. L'archevêque de Besançon, Le Coz, lui fait écho. Cependant, tous ces projets, derrière lesquels se profile en fait le modèle de l'Église anglicane, placée sous la tutelle du chef de l'État, échouent, même si Napoléon y songe encore, à la fin de 1806, lorsqu'il impose sa loi à l'Allemagne protestante.

5. LA RECONNAISSANCE DU CULTE JUIF

L'élargissement de l'Empire vers l'Allemagne a provoqué l'accroissement du nombre de Juifs sur son territoire. Ils forment alors une communauté d'environ soixante-dix-sept mille membres, dont quarante-sept mille dans la France hexagonale, où ils sont concentrés pour l'essentiel en Alsace (vingt-six mille) et en Lorraine (dix mille), à Paris (dix mille), et dans certaines villes du sud de la France, comme Lyon, Bordeaux ou Marseille qui comptent toutes trois plus de mille Juifs, tandis qu'Avignon n'en accueille qu'une centaine. Devenus citoyens français à part entière au début de la Révolution, les Juifs de France n'en restent pas moins en marge de la société, tant pour des raisons économiques que culturelles. En outre, la Terreur a désorganisé les communautés juives. Elles peinent à se restructurer sous le Consulat ; on ne dénombre alors que cent cinquante synagogues, mais surtout le manque de rabbins est criant et la qualité de ceux qui sont en place souvent médiocre, les écoles talmudiques ont disparu. Cette véritable anarchie conduit à envisager un nouveau cadre pour le développement du culte israélite. L'idée est lancée par Portalis dès 1800. Mais il faut attendre 1806 pour que le problème soit véritablement posé, signe des réticences nombreuses que suscitait cette reconnaissance, notamment dans les milieux catholiques.

Napoléon s'empare de la question en 1806, après avoir traversé Strasbourg où il a entendu les plaintes de créanciers contre l'usure pratiquée par les prêteurs d'origine juive. Cette question de l'usure est en effet l'un des éléments du débat qui s'ouvre ; elle ranime un vieux fond d'antisémitisme qui ne s'est jamais totalement éteint dans le pays. Pour régler ce problème, l'Empereur décide de réunir à Paris une assemblée de notables juifs. Composée de cent onze personnes, désignées par les préfets et venues de tout l'Empire, y compris des régions italiennes, elle commence ses travaux en juillet 1806. Elle doit répondre à douze questions, sur le mariage, la polygamie, l'organisation du culte, censées prouver le degré d'intégration des Juifs à la nation. Au vu des réponses favorables apportées par cette assemblée, Napoléon décide de faire renaître le Grand Sanhédrin, disparu au début de notre ère, afin de soumettre ses projets d'intégration à une autorité religieuse. La mesure est spectaculaire, pour ne pas dire théâtrale, car ce Sanhédrin n'a aucune fonction religieuse. Les formes anciennes sont cependant respectées ; soixante et onze personnes, dont deux tiers de rabbins, prennent part aux travaux de cette assemblée, présidée par le rabbin alsacien David Sintzheim. Elle examine une série de projets susceptibles de permettre l'intégration des Juifs à la société française, et se sépare après la publication de *Décisions doctrinales,* censées s'appliquer à tous les Juifs. Après un mois de réunion, le Grand Sanhédrin est dissous en mars 1807. L'assemblée des notables qui avait continué ses activités est également renvoyée en avril de la même année. Le gouvernement peut alors faire connaître les décisions prises. Comme lors de la discussion du Concordat, l'acte d'autorité suit la négociation, sans en respecter toutes les composantes.

Le 17 mars 1808 paraissent trois décrets réorganisant le culte et précisant le statut juridique des Juifs. L'organisation de base est calquée sur le modèle protestant. Le territoire national est divisé en dix circonscriptions qui forment un consistoire, avec à leur tête une assemblée composée de notables et de religieux, chargée d'organiser le culte, de recruter les rabbins, de les rémunérer également car, contrairement au clergé catholique et protestant, les rabbins ne sont pas payés par l'État. Chaque consistoire doit regrouper au moins deux mille Juifs. Enfin, au sommet, un consistoire central, dont les membres sont nommés par le ministre des Cultes, sert d'intermédiaire entre la communauté juive et le gouvernement. La religion juive reçoit ainsi un statut comparable à celui des catholiques et des protestants, les Juifs acceptant en contrepartie de devenir des citoyens français à part entière, en se faisant inscrire sur les registres d'état civil et en adoptant la législation contenue dans le Code civil. Ils doivent aussi accepter des mesures drastiques sur le plan économique, puisqu'une partie des dettes qui étaient dues aux Juifs de l'Est est éteinte, en même temps que l'accès à la profession de commerçant est soumis à une autorisation des préfets. Ces mesures portent atteinte au principe d'égalité de tous les citoyens devant la loi, mais elles ont été prises par Napoléon pour faire taire les dissensions, fortes dans l'Est, entre les diverses communautés. Ainsi, par des mesures d'organisation, mais aussi des mesures d'autorité, l'Empire a tendu à favoriser l'assimilation des Juifs de France.

Ce cadre légal sert à contrôler les divers cultes, il est aussi un moyen de permettre le développement de rapports harmonieux entre eux. Chaque communauté est invitée au respect de l'autre. L'exemple le plus net de cette politique est l'interdiction des processions catholiques dans les villes où est bâti un temple protestant, afin de ne pas heurter la sensibilité des protestants par des démonstrations ostentatoires. De même, la mesure prise en 1808 pour éteindre les dettes à l'égard des Juifs a pour principale motivation la fin des soulèvements anti-Juifs dans l'est de la France. L'intégration des protestants et des Juifs à la nation vise à la formation d'une communauté de citoyens par-delà les divisions confessionnelles. L'Empire entend marquer la fin de l'association « Catholique et Français », en offrant la possibilité d'être Français et catholique, ou protestant, ou juif. L'indifférentisme religieux ne trouve pas place dans ce schéma ; il est toutefois toléré mais, à la différence des années 1880, la neutralité des années 1800 reste fondée sur l'idée de Dieu. En revanche, l'État se montre intraitable pour les membres des groupes religieux qui, à l'image de la Petite Église, refusent le cadre légal.

6

L'encadrement de la vie politique

Le plébiscite de 1804 marque la dernière grande consultation générale des Français. Désormais, et jusqu'aux Cent-Jours, Napoléon gouverne sans se soucier de l'avis des électeurs. Il n'en néglige pas pour autant l'opinion publique et s'attache à empêcher toute expression de l'opposition.

1. LE CONTRÔLE DE PARIS

Exprimée à plusieurs reprises, la méfiance de Napoléon à l'égard de Paris reste forte. Il est hanté par le souvenir de la journée du 10 août 1792 à laquelle il a assisté. Elle symbolise à ses yeux le Paris populaire déboulonnant la monarchie et résonne comme une menace pour sa propre autorité. Cette crainte repose sur quelques faits isolés, de médiocre envergure. Napoléon Bonaparte a surtout mal supporté les réactions parisiennes lors de la conspiration de Cadoudal en 1804, en particulier au moment de l'arrestation de Moreau, puis lors de la mort suspecte de Pichegru dans sa prison. Des placards anonymes sont alors affichés dans Paris contre le despotisme du Premier consul et de nombreuses rumeurs hostiles à son pouvoir circulent, ce qui fait dire à l'un des proches de Bonaparte, le conseiller d'État Roederer : « L'animosité, le déchaînement contre le gouvernement ont été aussi violents et aussi généralement marqués que je ne l'ai vu dans les temps précurseurs de la Révolution [1]. » En réalité, cette animosité est limitée pour l'essentiel aux milieux de la petite et moyenne bourgeoisie parisienne. Elle se manifeste à nouveau en juillet lorsque les anciens vainqueurs de la Bastille réclament, en récompense de leur action le 14 juillet 1789, d'être décorés de la Légion d'honneur. Les ouvriers ne paraissent pas partager ces sentiments ; ils se montrent au contraire plus empressés à l'égard du régime, si l'on en croit les rapports de police. « Les ouvriers ne parlent du Premier consul qu'avec vénération, lisait-on déjà dans un rapport de police de 1802 ; on serait très mal reçu à tenir devant eux des propos contre le gouvernement [2]. » Un autre rapport, rendant compte, le 25 mai 1804, des résultats du plébiscite, précise : « Les ouvriers s'occupent beaucoup du droit qu'ils ont de voter pour l'hérédité impériale. Ils se réunissent en bande pour venir signer à la préfecture de police. » Les milieux populaires de Paris ont donc accepté l'Empire. Le sacre n'a pas suscité de manifestations d'hostilité. « Tous les rapports des observateurs s'accordent sur le bon esprit qui a paru dans les deux journées précédentes, sur l'unanimité des acclamations dans les divers lieux où le cortège impérial a passé », notait Fouché le 4 décembre 1804. La foule participe aux fêtes et manifestations nombreuses organisées à l'occasion de la cérémonie. Napoléon, empereur évergète, a compris qu'à l'image de ses prédécesseurs orientaux, il calmerait le peuple par du pain et des jeux. C'est pourquoi il apporte une attention constante au cours du kilogramme de pain, n'hésitant pas à intervenir pour le faire baisser, parfois au prix d'approvisionnements massifs, comme au lendemain de la crise de 1806. De même, il s'emploie à donner du travail aux ouvriers dans les temps de chômage, multipliant pour cela les grands travaux. Quant aux jeux, ils sont l'une des composantes essentielles de la fête impériale. Comme au temps du sacre, les fêtes du 15 août, puis plus tard le mariage de l'Empereur, s'accompagnent de nombreuses réjouissances qui visent à associer la population de Paris au destin de l'Empire. Le succès de cette politique est traduit en ces termes par un rapport de police : « La multitude a du travail et de l'aisance. Elle est contente : elle aime l'Empereur. »

Il est vrai que, pour empêcher toute nouvelle insurrection, l'Empereur n'a pas lésiné sur les moyens. Il a d'abord, depuis le coup d'État, procédé à l'éradication du mouvement jacobin. Il continue à faire surveiller par sa police les quartiers de l'Est parisien. Les cafés sont notamment l'objet d'une attention particulière, car ils demeurent l'un des lieux propices au débat politique. Dans un quartier aussi sensible que le faubourg Saint-Antoine, tout danger semble écarté dès l'an VIII, malgré quelques manifestations très isolées par la suite ; en 1808, quelques anciens sans-culottes sont arrêtés pour s'être réunis et avoir évoqué leurs souvenirs des temps révolutionnaires. Bien qu'ils n'aient pas à proprement parler comploté contre le régime, les suspects sont assignés à résidence. La surveillance reste donc extrême. La police veille au grain sur une ville dont les pouvoirs ont été amoindris.

La réforme de l'administration parisienne a en effet été l'autre moyen de diminuer le rôle politique de la capitale. Elle perd son maire unique, au profit de hauts fonctionnaires placés sous la tutelle du gouvernement, à savoir le préfet de la Seine et le préfet de police. Le préfet de la Seine devient le véritable maître d'œuvre de la politique parisienne. Nommé à ce poste, Nicolas Frochot, Bourguignon d'origine, y trouve la récompense de son ralliement à Bonaparte lors du 18-Brumaire. Le Premier consul apprécie la modération de cet ancien député à la Constituante qui fut proche de Mirabeau. Aidé par une équipe compétente, au sein de laquelle figure notamment Jacques de Norvins, il s'affirme comme un bon administrateur, mais se montre rétif face au développement de la ville. Son principal souci est d'en assurer la sécurité. L'obsession des émeutes révolutionnaires reste grande. C'est pourquoi les pouvoirs sont dédoublés. Frochot doit compter avec le préfet de police, Dubois, dont l'activité s'accroît à partir de 1802. En principe placé sous la dépendance de Fouché, il acquiert en fait une véritable autonomie et conserve, quasiment seul, la direction de la police parisienne, s'appuyant sur quarante-huit commissaires de quartiers et sur une garde municipale fondée en 1803 et remplaçant les détachements de gendarmerie qui assuraient jusque-là la sécurité de la capitale. Ces deux hommes veillent sur le destin de Paris pendant plus de dix ans ; Dubois est remplacé en 1810, après l'incendie de l'hôtel de l'ambassadeur d'Autriche en France, lors d'une réception à laquelle assistait Napoléon ; Frochot est, quant à lui, victime de la conspiration de Malet qui a révélé en 1812 les limites de son autorité. Jusqu'à ces dates, ils règnent en maître sur Paris, relevant du seul Napoléon.

Le rôle des assemblées parisiennes est en effet très faible. Il n'existe pas de conseil municipal. Seul un conseil général de vingt-quatre membres a la charge des affaires concernant le département de la Seine, c'est-à-dire Paris, mais aussi les deux arrondissements de Sceaux et Saint-Denis. Comme dans les autres départements, le conseil général a pour fonction essentielle la répartition des impôts. Son rôle politique est très faible, même si Napoléon a tenu à y associer de grands notables, à l'image du duc de Luynes ou de Lamoignon. Ce sont aussi des notables qui accèdent aux mairies d'arrondissement. Seuls les arrondissements ont conservé leur premier magistrat, lequel est nommé par Napoléon comme dans toutes les villes de l'Empire. Ce statut particulier que Paris garde après 1805, alors que Lyon, Marseille et Bordeaux retrouvent un maire, a permis de mieux contrôler la ville. Ces maires ont une fonction effacée, qui se limite à la gestion de l'état civil, à la surveillance des écoles et à la mise en œuvre de la conscription. La crainte de Napoléon de voir naître à Paris un pouvoir concurrent est de ce fait dissipée.

Pour autant, Paris abrite encore quelques foyers d'opposition, en particulier dans les milieux de l'ancienne aristocratie. Les salons du faubourg Saint-Germain conservent une attitude frondeuse que l'on ne peut qualifier d'hostilité affichée à l'Empire. L'ancienne noblesse, sur laquelle Napoléon exerce son pouvoir de séduction, s'est en effet divisée sur l'attitude à adopter. Une partie de l'aristocratie s'est ralliée, tandis qu'une autre fraction a choisi de rester en retrait, comme le rappelle la comtesse de Boigne qui a refusé de rejoindre Napoléon : « On était divisé en deux grands partis : les gens du gouvernement et ceux qui n'y prenaient aucune part. Mais ceux-ci, et j'étais des plus hostiles, se bornaient à des propos, à des mauvaises plaisanteries quand les portes étaient bien fermées. » Même dans les salons, l'opposition est dangereuse : « Quelques sévérités exercées, de temps en temps, sur les plus intempestifs tenaient tout le monde en respect », rappelle encore la comtesse de Boigne [3]. La surveillance est évidemment discrète, mais réelle ; elle s'exerce notamment par l'entremise de femmes du monde qui, à l'image de Mme de Genlis, sont payées pour remettre des rapports à Napoléon et ainsi l'informer de l'état d'esprit des salons. Il ne faut toutefois pas majorer cette forme d'opposition. Il faut notamment se méfier des récits façonnés après coup par les survivants du régime, habiles à faire oublier leur ralliement par l'évocation d'une opposition de salon. Sous l'Empire, la résistance s'est estompée, les ralliements se sont multipliés, réduisant d'autant les adversaires du régime.

À l'intérieur des hôtels particuliers cependant, malgré la surveillance policière, la liberté de parole n'est pas totalement éteinte. Le salon reste un des derniers lieux d'expression libre, où les langues continuent de se délier, comme le rappelle George Sand, évoquant les conversations entendues chez sa grand-mère : « La louange officielle a fait plus de mal à Napoléon que ne lui en eussent fait vingt journaux hostiles. On était las de ces dithyrambes ampoulés, de ces bulletins emphatiques, de la servilité des fonctionnaires et de la morgue mystérieuse des courtisans. On s'en vengeait en rabaissant l'idole dans l'impunité des causeries intimes, et les salons récalcitrants étaient des officines de délation, de propos d'antichambre, de petites calomnies, de petites anecdotes qui devaient plus tard rendre la vie à la presse, sous la Restauration [4]. » La chape de plomb pesant sur les esprits peut conduire à un défoulement de la parole dès lors qu'une occasion se présente. Encore personne n'est-il à l'abri d'une indiscrétion.

Pour contrer cette opposition de salon, Napoléon a cherché à susciter des lieux de rencontre qui lui soient favorables. Il a incité ses fidèles à tenir un salon où se croiseraient thuriféraires du régime et hôtes hésitants. Il a ainsi cherché à installer à Paris maréchaux et nobles d'Empire, invités à acheter des hôtels particuliers pour manifester leur réussite. Paris est le lieu où doit s'opérer la fusion des élites. Les salons des proches du régime sont donc ouverts, à l'image de celui que tiennent les Rémusat et où l'on croise le grand maître de l'Université, Fontanes, le poète Delille, le savant Cuvier, l'astronome Delambre, le dramaturge Raynouard ou le peintre Gérard, quelquefois aussi Chateaubriand. Les principaux dignitaires du régime ont le leur, à l'image des ministres dont l'action politique se poursuit ainsi en soirée : « Ce qu'on voyait le moins chez les ministres, raconte Mme de Chastenay, c'étaient les gens du gouvernement. Peu d'intimité régnait entre eux, et l'Empereur désirait qu'ils ne fussent pas liés. Fouché, de tous les ministres, était celui qui en réunissait le plus grand nombre, et justement par la raison qu'il se croyait au-dessus d'eux. M. de Talleyrand croyait servir de centre à l'équilibre de l'Europe ; tous les étrangers venaient chez lui, et à peu près exclusivement. M. de Champagny recevait en général des aspirants, des auditeurs, des protégés enfin et ceux que des rapports éphémères rapprochaient passagèrement de lui [5]. » La table de Cambacérès est également réputée ; il reçoit à dîner de vingt à trente convives chaque jour. Ces salons du gouvernement, comme les appelle Mme de Chastenay, sont souvent une étape dans la voie du ralliement à l'Empire ; leur fréquentation annonce parfois une invitation à la Cour. De ce point de vue, mener une vie mondaine sous l'Empire est déjà une manifestation d'adhésion au régime. Les opposants les plus irréductibles se terrent dans leur hôtel particulier. En revanche, une fraction de récalcitrants n'hésite pas à confronter ses opinions à celles des hommes du gouvernement. L'entremêlement des réseaux y invite d'autant mieux que, dans une même famille, certains des membres ont accepté de servir l'Empire, d'autres s'y sont refusés. La comtesse de Boigne est par exemple la nièce de l'évêque de Nancy, Mgr d'Osmond. Elle reçoit dans son salon le cardinal Maury, nommé archevêque de Paris par Napoléon en 1810, et l'un des symboles les plus manifestes du ralliement à l'Empire puisqu'il avait été l'un des orateurs les plus hostiles à la Révolution, avant de prêcher auprès du pape la résistance à Bonaparte. Chez la comtesse de Boigne, il s'emploie à convaincre ses hôtes du bien-fondé de son choix : « Dans les premiers temps, il venait souvent chez moi. Il avait entrepris de rallier mon père au gouvernement, et quelquefois ils causaient ensemble sur les avantages et les inconvénients du régime impérial [6]. » Cette vie de salon n'est pas propre à Paris ; elle se retrouve en province où la vie politique tente également de s'organiser dans le cadre étroit fixé par le régime impérial.

2. L'EMPIRE EN PROVINCE

En province, l'action politique est également très contrôlée par les agents de l'État. Plusieurs des préfets nommés en hâte, en 1800, ont été ensuite remerciés, faute d'avoir pu s'adapter à leurs nouvelles fonctions. Mais en 1804, le corps préfectoral a acquis une certaine stabilité et peut donner sa pleine mesure dans l'administration des départements. Ainsi, dans les Hautes-Pyrénées, le premier préfet, Bernard Lannes, a été remplacé par Jean-Pierre Chazal, un ancien girondin membre de la Convention, puis du Conseil des Cinq-Cents. Favorable à Bonaparte, il est ensuite entré au Tribunat où il s'est distingué par son opposition au Consulat. Expulsé de cette assemblée en 1802, il est libre pour une autre fonction. Bonaparte l'envoie donc dans les Hautes-Pyrénées, sur la recommandation de Cambacérès. C'est l'exemple type d'un opposant que le Premier consul fait taire en lui trouvant un nouvel emploi, dans lequel s'impose le devoir de réserve. Chazal reste à Tarbes jusqu'en 1813. De la même façon, Thibaudeau arrive à Marseille en 1803 et demeure préfet des Bouches-du-Rhône jusqu'en 1814. Le passage de Beugnot en Seine-Inférieure est plus bref, mais décisif dans l'organisation du département ; les succès qu'il a remportés expliquent son entrée au Conseil d'État, puis sa nomination comme ministre des Finances du royaume de Westphalie.

Les préfets sont les principaux animateurs de la vie politique locale. Ils deviennent de véritables potentats locaux, d'autant plus indépendants du pouvoir central qu'ils en sont plus éloignés. Pourtant, les rappels à l'ordre ne manquent pas. Mais ils sont précisément la preuve de la toute-puissance acquise par les préfets. « Les préfets ne sont que trop enclins à un gouvernement tranchant, contraire à mes principes et à l'esprit de l'organisation administrative », écrit ainsi Napoléon à Champagny, ministre de l'Intérieur, avant de poursuivre plus loin : « L'autorité des préfets est trop considérable ; il y a à en craindre l'abus plus que le relâchement ; et, à cette occasion, vous ferez une circulaire aux préfets, pour leur faire connaître que je n'entends pas qu'ils impriment aucun arrêté contre les officiers municipaux et leurs subordonnés [7]. » La tentation d'un contrôle direct est en effet d'autant plus grande que les préfets ont un rôle prédominant dans le choix des officiers municipaux. Ce sont eux qui nomment les maires des petites communes, celles de moins de cinq mille habitants. Le premier magistrat des autres villes est désigné directement par l'Empereur, mais ce dernier prend en général conseil auprès des préfets.

Comme Paris, les trois principales villes de province, Lyon, Marseille et Bordeaux, ne sont d'abord dotées que de mairies d'arrondissements. En 1805, elles obtiennent la création d'une mairie centrale, signe de l'éloignement de tout danger sécessionniste. À Bordeaux, le choix du gouvernement se porte sur Laurent Lafaurie de Monbadon qui, nommé au Sénat en mars 1809, est remplacé à la mairie par Jean-Baptiste Lynch, déjà président du conseil général de Gironde. L'un et l'autre figurent parmi les plus riches notables de leur département. Mais tous les deux sont confrontés à la même difficulté de réunir leur conseil municipal. L'absentéisme domine puisque, en moyenne, seule la moitié des trente membres assiste au conseil. À Bordeaux, les notables de la terre et du négoce rechignent à perdre du temps pour assumer une fonction politique dans laquelle ils n'ont guère de pouvoir. De ce fait, le maire apparaît bien comme le seul détenteur de l'autorité. Il dirige sa ville, certes sous le contrôle du préfet, avec une autonomie réelle qui lui permet de peser sur le choix des conseillers, mais aussi des adjoints. En raison de l'autorité qu'il confère, le pouvoir édilitaire est donc recherché dans les grandes villes. Ainsi, à Marseille, on se dispute la mairie en 1805. Finalement le préfet Thibaudeau propose Anthoine, un des négociants les plus riches de la ville, marié à une fille de M. Clary et donc beau-frère de Joseph Bonaparte et du maréchal Bernadotte, ce qui fait dire à Thibaudeau : « Je crus surtout qu'il serait utile à Marseille d'avoir pour magistrat un citoyen auquel ses illustres alliances donneraient un accès facile et du crédit auprès du gouvernement et de l'Empereur [8]. »

Dans les petites communes, en revanche, le recrutement du maire n'est pas toujours aisé, car les candidats ne se bousculent pas pour occuper une charge qui n'est guère gratifiante et qui n'est pas rémunérée. Le préfet des Hautes-Pyrénées se plaint par exemple de la difficulté à trouver des maires qui sachent lire. « J'ai au moins deux cents maires illettrés, note-t-il en 1805. Pour savoir ce que je leur écris, ils sont obligés d'aller au prochain marché se faire lire ma lettre : comment peuvent-ils exécuter et répondre ? » Les obstacles mis à l'exercice des fonctions édilitaires expliquent le recours de plus en plus fréquent à des notables pour les remplir. Sous l'Empire, la noblesse fournit un nombre croissant de maires de petites communes. Les préfets n'hésitent pas à faire appel à ces hommes lettrés et respectés dans leur village, même si leur attachement au régime n'est pas complet. C'est le cas par exemple de Villèle, rentré en France en 1808 et que le préfet de Haute-Garonne nomme maire de sa commune de Mourville en remplacement d'un paysan. En Franche-Comté, c'est aussi à partir de 1808 que la part des nobles dans les mairies se renforce. Dans le Vaucluse, en 1813, trente-sept communes ont un maire issu de l'ancienne noblesse ; cette présence est particulièrement forte dans les villes de plus de cinq mille habitants. Le régime recherche avant tout des administrateurs, mais il ne dédaigne pas de porter son choix sur des hommes fortunés, car la fonction est onéreuse, surtout dans les communes les plus importantes où la possession d'un uniforme est obligatoire. Le maire est un notable qui doit représenter l'État dans sa commune.

Le cas est différent dans l'Artois où la difficulté pour désigner les édiles locaux est moindre. En 1802, tous les postes de maires sont pourvus, au profit notamment de fermiers bénéficiant déjà d'une forte expérience de l'administration locale, pour avoir exercé des fonctions similaires sous l'Ancien Régime ou pendant la Révolution. Ils sont choisis, non pour leurs opinions politiques, en général peu marquées, mais parce qu'ils ont l'agrément du plus grand nombre. De ce point de vue, une très grande continuité se manifeste de part et d'autre de la Révolution. Quelques familles de gros fermiers détiennent le pouvoir et font en sorte de le conserver, démontrant que, malgré les velléités de l'État de contrôler la vie politique locale, de fortes résistances permettent de préserver une autonomie relative qui s'avère notamment fructueuse dans la défense des intérêts de la communauté, en particulier les biens communaux. Toutefois, ce système trouve ses limites au niveau supérieur. Très peu d'élus municipaux de l'Artois accèdent à des fonctions départementales ou nationales. Celles-ci sont dévolues, par principe, aux notables et d'une manière croissante aux notables traditionnels.

Le recours aux anciens nobles pour occuper des fonctions politiques locales est de plus en plus fréquent. À Tarbes, le conseil général a été profondément renouvelé entre 1800 et 1810. Dans le conseil général de 1810, sur seize membres, trois seulement sont des survivants de l'an VIII. Sept sont d'anciens nobles, mais surtout les hommes qui ont participé à la Révolution ont laissé la place aux serviteurs de l'ancienne monarchie. En Gironde, en 1813, neuf membres du Conseil général sur vingt-trois sont d'anciens nobles. Dans le Jura, ils représentent 20 % de l'assemblée départementale. Choisis parmi les notables du département, les conseillers généraux ont, il est vrai, un rôle assez réduit. Ils ne se réunissent que quelques jours par an pour approuver le budget, ce qui atteste de la faiblesse de leurs débats politiques. Les assemblées départementales ont abandonné toute velléité d'indépendance. On continue cependant de briguer les fonctions de conseiller général ou d'arrondissement, mais essentiellement parce qu'elles sont honorifiques.

Les charges les plus convoitées restent celles de député au Corps législatif et de sénateur. « Les candidatures étaient très recherchées », explique Thibaudeau, préfet des Bouches-du-Rhône, qui poursuit, à propos des élections de 1809 : « Je fus assailli de recommandations et du plus haut parage. Le sénateur Barthélemy m'apporta une lettre de la princesse Pauline qui me recommandait avec le plus vif intérêt M. de Lestang-Parade, pour la candidature au Corps législatif. La princesse m'annonçait que l'Impératrice, qui s'y intéressait aussi beaucoup, allait m'écrire. Elle m'écrivit en effet [9]. » Des influences multiples s'entrecroisent donc pour la désignation des candidats, mais les réseaux locaux restent les plus efficaces, car si l'action du préfet est importante, il doit aussi compter avec les grands notables de son département. À Marseille, le clan Barthélemy, particulièrement actif, bénéficie de la présence de son chef à la tête du collège électoral. « Les deux candidats pour le Sénat furent Jourdan l'inévitable et le maire de Marseille, Anthoine, note encore Thibaudeau. Le népotisme du sénateur Barthélemy ne se borna pas cette fois à Jourdan ; il fit sortir de l'obscurité et nommer candidat au Corps législatif un autre sien neveu, Sauvaire, honnête propriétaire, très rangé, dévot, et tout à fait étranger aux affaires de ce monde [10]. » Sauvaire fut effectivement nommé par le Sénat député au Corps législatif. Dans les Hautes-Pyrénées, c'est la famille Barère qui cherche à placer ses hommes, aussi bien dans les fonctions départementales que dans les postes nationaux. Ainsi, malgré la puissance de l'État et de ses représentants, l'Empire ne peut empêcher la constitution de véritables clans familiaux que favorise la persistance du suffrage censitaire.

Si les débats restent animés pour désigner, dans les collèges électoraux, les candidats au Corps législatif et au Sénat, en revanche, les assemblées de canton, censées exprimer la volonté populaire, n'ont aucune vitalité. Elles ne se réunissent guère et, lorsque des élections ont lieu pour désigner par exemple les candidats pour les fonctions de juge de paix ou pour les conseils municipaux, l'abstention est importante. Il est vrai que les conditions du vote n'inclinent pas à une forte participation. L'électeur doit se rendre au chef-lieu de canton pour exprimer son choix. En l'absence de bureaux de vote véritables, on se déplace chez un particulier, souvent un notaire ou un représentant de l'État dont la maison a été requise pour l'organisation du vote. De plus, la pratique en demeure rudimentaire. Malgré les recommandations des pouvoirs publics qui ont imposé l'usage de l'urne fermée, on recueille encore bien souvent les suffrages dans les ustensiles les plus divers, vases ou paniers, ce qui ne garantit guère la protection du vote. L'achat d'une urne est onéreux, et beaucoup de municipalités rechignent à cette dépense qui leur apparaît somme toute inutile, vu le peu d'intérêt suscité par les élections locales. Néanmoins, à sa manière, le Premier Empire acclimate les Français à la pratique du vote. Il s'inscrit par conséquent dans le processus d'apprentissage du suffrage universel en France.

Le vote n'est sans doute pas la forme la plus manifeste du soutien populaire à Napoléon. Or celui-ci ne fait pas défaut dans les premières années de l'Empire, sauf au sein d'une petite minorité d'opposants dont les manifestations restent alors discrètes. Hors le temps des élections, cette adhésion au régime s'exprime en particulier à l'occasion des fêtes de souveraineté, mais plus encore lors de la visite de l'Empereur qui donne lieu à une véritable mobilisation populaire, attestée par la plupart des témoignages. Le docteur Poumiès de la Siboutie se souvient par exemple de l'élan suscité par l'annonce de sa venue à Périgueux :

« En 1808, je crois, on annonça qu'il allait traverser Périgueux pour se rendre en Espagne, à Bayonne plutôt, où il devait avoir une entrevue avec la maison régnante d'Espagne. Aussitôt que cette nouvelle fut confirmée officiellement, une garde d'honneur s'organisa comme par enchantement ; nobles, bourgeois, riches marchands s'empressèrent de se faire inscrire. L'uniforme fut arrêté : il était d'une forme élégante, vert, avec parements et passepoil blancs. Les chevaux étaient beaux et bien harnachés. Matin et soir, on se réunissait pour les manœuvres. Au bout de quelques jours, il y avait déjà de l'ensemble dans les mouvements et le corps avait pris une tournure passablement militaire. Tout était donc prêt pour recevoir le grand homme ; mais il changea son itinéraire et passa par Angoulême. Notre ville en fut pour ses frais. Je note comme une circonstance très remarquable et une preuve de la fusion des partis, cet empressement à se faire inscrire dans une garde d'honneur. On peut dire qu'alors toutes les opinions étaient réunies, tout le monde voulait l'Empereur [11]. »

Incontestablement le désir de paraître et de se montrer au cours d'une cérémonie rassemblant l'ensemble des notables locaux explique cette mobilisation générale, mais on peut aussi y lire une manifestation d'attachement au souverain, dans laquelle la curiosité se mêle à la fascination pour un personnage quasiment irréel. Napoléon joue de cette attente, quitte à la décevoir comme à Périgueux. Dans les Hautes-Pyrénées, le résultat n'est guère différent ; il traverse le département en trombe, sans presque s'arrêter, négligeant les arcs de triomphe de fleurs disposés tout au long de son parcours. Déçues d'avoir été traités cavalièrement, les populations visitées n'en sont pas moins fières d'avoir été désignées pour accueillir le souverain. On ne peut réduire aux effets de la propagande et d'une organisation dirigée par les préfets ces élans populaires, même si leur spontanéité est loin d'être totale. Les visites du souverain peuvent du reste être fructueuses. Ainsi l'accueil réservé à Napoléon et Joséphine par Montauban en juillet 1808 a facilité l'érection du nouveau département du Tarn-et-Garonne autour de cette cité.

3. LA PERSISTANCE D'UNE VIE ASSOCIATIVE

Contrairement à ce qu'on pourrait penser, l'Empire n'a pas éteint toute forme de vie associative. Certes, les réunions politiques sont interdites et les rassemblements sont étroitement surveillés, le Code pénal déclarant illégales, en 1810, les réunions de plus de vingt personnes, ce qui montre la méfiance du pouvoir à l'égard de toute association, fût-elle apolitique. C'est aussi la preuve que l'on avait continué à se réunir depuis l'époque du Consulat. Ces réunions sont nombreuses et de natures très diverses.

Naturellement, l'Empire ne retrouve pas les formes d'activités politiques qu'avait connues la France au début de la Révolution, avec l'éclosion de plus de six mille sociétés politiques. À la fin du Directoire encore, près de six cent soixante avaient reparu, bientôt menacées par le ministre de la Police, Fouché, qui leur avait fait la chasse, les considérant comme des foyers de jacobinisme. Il avait achevé le travail au début du Consulat. Pourtant, dans nombre de villes, on continue de s'assembler entre hommes, pour discuter, jouer, ou tout simplement boire et manger. Ces cercles qui se développent sur le modèle des clubs anglais n'ont pas officiellement d'activités politiques, mais il est fort probable que certains de leurs membres ont fréquenté les sociétés politiques du temps de la Révolution et ont gardé l'habitude de converser sur les sujets d'actualité, ce qui ne signifie pas que ces cercles soient nécessairement des foyers d'opposition. Certains d'entre eux ont pu cependant se tourner contre le régime. Il en est de même des chambrées qui, dans les villes et bourgs de la France méridionale, notamment en Basse-Provence, rassemblent les milieux ouvriers, dans un local loué à cet effet où le jeu et la boisson sont les deux activités principales. Très proches dans leur mode de fonctionnement des cercles, les chambrées s'en distinguent par leur recrutement social, moins bourgeois. Mais dans l'un et l'autre cas, c'est bien à des réunions d'hommes que l'on a affaire. Entre le cercle bourgeois et la chambrée populaire, la société d'hommes, très répandue dans l'Ouest, notamment dans la Sarthe et le Maine-et-Loire, opère une synthèse. Créée à l'initiative des notables, dès la fin du XVIIIe siècle, elle a rapidement conquis les éléments populaires. Ces sociétés d'hommes, où la consommation de boisson, le jeu, notamment de plein air, et la conversation se mélangent, connaissent un franc succès au début du XIXe siècle. Bien implantées dans les villes, elles se diffusent vers les campagnes de Touraine, du Maine et de l'Anjou, contribuant ainsi à l'essor d'une sociabilité associative qui offre une autre manière de faire de la politique.

Cet attrait pour l'association se retrouve sur le terrain religieux, avec la renaissance, dès les lendemains du Concordat, des confréries de pénitents dans le Midi ou des charités dans le Nord et en Normandie. Réunions d'hommes chargées notamment d'organiser les funérailles des membres de l'association, mais qui, au moins sous l'Ancien Régime, avaient une vie cultuelle développée dans leur propre chapelle et pratiquaient des formes d'entraide entre membres, ces confréries et charités ont été mises à mal par la Révolution. Elles renaissent rapidement, souvent avec les mêmes hommes, reconnaissables, lors des cérémonies religieuses, à la robe et au capuchon qu'ils portent sur la tête. La plupart de ces associations ont perdu leur mobilier pendant la Révolution et rares sont celles qui ont pu récupérer leur chapelle propre, comme la confrérie des Pénitents blancs de Montpellier dont Cambacérès avait été membre avant la Révolution. Elles doivent donc désormais s'intégrer dans le cadre paroissial, d'autant plus que les évêques, lorsqu'ils autorisent leur renaissance, leur prescrivent en général un règlement strict. C'est le cas dans les Bouches-du-Rhône où Mgr Champion de Cicé les tolère, pourvu qu'elles ne prennent pas le nom de « confréries » ; le préfet Thibaudeau est hostile à leur renaissance, mais il ne peut s'empêcher de noter, dans ses *Mémoires*, que Portalis et Cambacérès avaient été pénitents avant la Révolution. De fait, le ministre des Cultes se montre extrêmement conciliant à l'égard de cette forme d'association cultuelle. Il laisse les autorités locales décider, en fonction des traditions de chaque région, du bien-fondé d'une autorisation : « Les préfets sont juges pour le civil, écrit ainsi Portalis, et les évêques pour le spirituel du degré de tolérance qui doit être accordé aux confréries et ils peuvent, suivant l'exigence des cas, en limiter ou en suspendre les exercices. » Tout le Midi est touché par le phénomène, en particulier le pourtour méditerranéen, mais aussi l'arrondissement de Grenoble où les trois quarts des communes en comptent une. Par rapport à l'Ancien Régime, le phénomène est moins urbain, ces associations tendant à gagner les campagnes et les montagnes, peut-être parce que la surveillance des autorités civiles et religieuses y est moins grande. En Normandie, des associations du même type voient le jour. Ce sont les charités, dont l'origine remonte au XIIIe siècle. Particulièrement nombreuses sous l'Ancien Régime, dans les régions de Rouen et d'Évreux, elles renaissent rapidement après la Révolution, si tant est qu'elles aient réellement disparu. Dans l'Eure, le préfet autorise leur restauration, dès 1801.

Concentrant de plus en plus leurs activités sur l'organisation des funérailles de leurs membres, ces associations n'en offrent pas moins l'occasion aux hommes d'une même communauté de se réunir régulièrement, et donc de converser de sujets et d'autres. À cet égard, elles offrent un bon exemple des formes de sociabilité qui se déploient dans la France napoléonienne, malgré les menaces pesant sur les réunions d'hommes. Ces menaces se précisent à partir de 1809, lorsque ces associations sont soumises à une surveillance plus stricte. C'est aussi l'époque que le gouvernement choisit pour s'intéresser d'un peu plus près à un groupe actif et secret, qui avait peu fait parler de lui depuis sa création, alors même qu'il réunissait quelques grands noms du pays. C'est au début du Consulat, en février 1801 exactement, qu'apparaît la Congrégation, une association de piété organisée sur le modèle des associations mariales de l'époque moderne par un ancien jésuite, le Père Delpuits, resté à Paris pendant la Révolution et qui décide de réunir, chez lui, quelques jeunes gens pour des exercices de dévotion. Le succès est rapide, puisque, au cours de ses deux premières années d'existence, la Congrégation a affilié cent neuf membres, pour beaucoup étudiants. Un tiers d'entre eux sont des étudiants en médecine, parmi lesquels, en 1803, le jeune Laënnec. La Congrégation est donc d'abord une association estudiantine, chargée, à l'heure de la réorganisation concordataire, de former dans les habitudes du christianisme les futurs cadres de la société. Son recrutement est diversifié, comme le public étudiant de Paris. L'Ouest catholique domine cependant avec plus d'un quart des premiers membres. La Congrégation continue ensuite sa croissance ; entre 1801 et 1809, date de sa dispersion momentanée, elle a accueilli trois cent quatre-vingt-cinq membres. Le recrutement s'est élargi, notamment en direction de l'ancienne noblesse. Entrent ainsi à la Congrégation les frères d'Haranguiers de Quincerot, Charles de Lévis-Mirepoix, Martial de Loménie de Brienne, le duc de Rohan-Chabot, ou encore Mathieu et Eugène de Montmorency, Charles de Breteuil, Charles de Forbin-Janson et Eugène de Mazenod. Ces deux derniers entrent ensuite dans les ordres et deviennent évêques, ce qui vient rappeler que la Congrégation, très liée au séminaire de Saint-Sulpice — le supérieur de la Compagnie, Emery, encourage les séminaristes à y entrer — a servi de lieu de passage du monde vers la prêtrise et a favorisé la vocation de nombreux jeunes gens. Elle a sans nul doute aussi été un foyer d'opposition, au moins après 1808, lorsque se développe la crise entre le pape et l'Empereur. C'est du reste pour cette raison qu'elle est menacée par le pouvoir en 1809 et doit abandonner une partie de ses activités. Elle sert aussi de réservoir à la nouvelle association des Chevaliers de la foi. Le succès de la Congrégation est indéniable, d'autant plus qu'elle touche des jeunes gens de la noblesse et de la bonne bourgeoisie. Ce succès se traduit aussi par des créations similaires en province, ces congrégations demandant ensuite leur affiliation à celle de Paris ; c'est le cas de la Congrégation de Lyon en 1803, de celles de Bordeaux en 1804, Langres et Grenoble en 1805, Nantes en 1806, Toulouse et Rennes en 1808. Plusieurs grandes villes de la France napoléonienne sont touchées par le phénomène qui pousse des jeunes gens à se rassembler pour prier, hors du cadre strict de la paroisse.

Plus encore que les cercles, les chambrées, les confréries ou les congrégations, ce sont les loges maçonniques qui illustrent, sous l'Empire, la soif de réunions des hommes de ce temps. Après avoir subi le contrecoup de la Terreur, la maçonnerie française s'était peu à peu réorganisée à l'époque du Directoire, sous l'impulsion notamment de Röettiers. Elle avait même retrouvé son unité en 1799, à la suite d'un concordat qui célébrait l'union perpétuelle entre le Grand Orient et la Grande Loge de France et donnait naissance au Grand Orient de France. À partir de cette date, l'expansion maçonnique est continue. Alors que le Grand Orient ne comptait que seize loges en 1796, on en dénombre cent quatorze en 1802, cinq cent vingt en 1806 et neuf cent cinq en 1814. Depuis 1804, la maçonnerie française est cependant de nouveau divisée, malgré les efforts de Napoléon pour assurer son unité, avec l'établissement de la Grande Loge générale écossaise, ce qui accroît encore le nombre des loges. Au total, on en dénombrerait six cent soixante-quatre en 1806 et mille deux cent dix-neuf en 1814. Le Grand Orient reste toutefois l'obédience dominante. Bien implanté à Paris, avec cinquante-quatre loges en 1806, mais surtout en province, avec quatre cent treize loges, il rencontre un succès grandissant dans l'armée où l'affiliation maçonnique des officiers est de plus en plus répandue. L'Empire est une période d'âge d'or pour la franc-maçonnerie. Il est vrai que le régime n'a pas découragé la constitution et le développement des loges.

La bourgeoisie française qui entre en maçonnerie au début du XIXᵉ siècle recherche incontestablement des contacts. Les loges offrent à leurs membres un lieu de sociabilité où se mêlent l'attachement aux rites et le désir de réflexion. Elles s'affirment aussi comme un vecteur de la propagande napoléonienne. L'art de Napoléon a surtout consisté, après l'avoir étroitement surveillée, à se rallier la maçonnerie pour la faire servir à sa cause. Avec lui, le ministre des Cultes a compris que les loges seraient plus dangereuses si elles étaient entravées dans leur existence. « En les traitant comme des réunions suspectes, on ne réussirait qu'à les rendre dangereuses », note Portalis dans un rapport à Napoléon de 1807, avant d'ajouter : « Le vrai moyen de les empêcher de dégénérer en assemblées illicites et funestes, a été de leur accorder une protection tacite, en les laissant présider par les premiers dignitaires de l'État. » De fait, depuis 1805, le grand maître du Grand Orient n'est autre que Joseph Bonaparte, alors roi de Naples, tandis que son frère Louis est grand maître adjoint et que Lebrun et Cambacérès occupent les fonctions de grands administrateurs généraux. Ils sont entourés par une pléiade de maréchaux : onze des dix-huit maréchaux d'Empire désignés en 1804 appartiennent aux instances dirigeantes du Grand Orient, de même que le président du Sénat, François de Neufchâteau, de nombreux sénateurs et tribuns.

En réalité, la véritable cheville ouvrière de la franc-maçonnerie est Cambacérès, maçon de longue date, puisqu'il avait été initié en 1779 à Montpellier. En 1804, il a été associé à la tentative de conciliation menée entre les deux obédiences rivales du Grand Orient et de la Grande Loge d'Écosse, mais surtout, en décembre 1805, il a remplacé Louis Bonaparte dans les fonctions de grand maître adjoint et, en l'absence de Joseph retenu à Naples, il exerce le véritable pouvoir de direction sur la maçonnerie. Enfin, en acceptant des dignités dans la plupart des obédiences maçonniques, Cambacérès s'emploie à les fédérer à travers sa personne, faisant ainsi servir l'ensemble de la maçonnerie à la cause de Napoléon. Quant à l'Empereur, dont l'affiliation maçonnique a été mise en cause bien qu'elle paraisse probable, il n'a pas souhaité s'investir personnellement dans les instances dirigeantes de la maçonnerie, fidèle à son souci de rester au-dessus des partis. La franc-maçonnerie a toutefois bien servi les intérêts napoléoniens. Elle tient lieu de parti bonapartiste. Par les origines sociales de leurs membres, les loges sont en effet conformes au vœu de Napoléon qui souhaitait établir son pouvoir sur le soutien des notables. Elles représentent une France urbaine et attirent à elles, à côté de fonctionnaires et de militaires, des représentants de la bourgeoisie libérale ou commerçante, plus rarement des artisans. Tous ses membres ont appris à vénérer l'Empereur dont un buste orne la plupart des loges. À Charleville, dans les Ardennes, l'inauguration de la statue de Napoléon donne lieu à une succession de discours panégyriques, inimaginables vingt ans plus tôt et en parfaite contradiction avec les règles de l'ordre. Le buste, revêtu des insignes maçonniques, est placé sur une colonne aux cris de « Vive Napoléon, vive le libérateur de la France, vive le protecteur de la maçonnerie ! ». Signe encore plus frappant de ce culte impérial organisé par la maçonnerie, nombre de loges ont adopté un nom qui fait directement référence à l'Empereur : « Napoléon », « Napoléon le Grand », « Saint Napoléon », et même « Napoléomagne ». Si l'Empereur ne décourage pas ces formes d'adhésion à sa personne, il n'en est pas directement responsable. Les maçons ont d'eux-mêmes contribué à sa glorification, certes pour s'assurer la protection du régime, mais surtout parce que l'Empire répond finalement aux attentes de la franc-maçonnerie. Il n'a pas remis en cause les principes de 1789, tout en rétablissant l'ordre et l'autorité dans le pays. C'est pourquoi les maçons soutiennent le régime impérial. Le succès des diverses obédiences maçonniques manifeste donc l'adhésion d'une fraction non négligeable de la société urbaine à l'Empire. La franc-maçonnerie a même servi à son extension puisque l'essor des loges a suivi les armées françaises, contribuant à associer en un même lieu officiers français et notables étrangers. La liberté laissée à la maçonnerie a de ce point de vue été une des grandes réussites du pouvoir napoléonien, même si les maçons ont ensuite eu tendance à gommer ce lien serré entre leur organisation et le régime bonapartiste.

4. LE CONTRÔLE DE LA VIE CULTURELLE

Les associations sont surveillées par le pouvoir impérial qui les regarde comme des foyers potentiels d'opposition. Mais il les laisse toutefois vivre tant que leurs activités apparentes s'éloignent des questions politiques. Le joug pesant sur la vie politique devait de ce fait encourager le développement de la vie culturelle. Celle-ci se caractérise notamment par l'essor des sociétés savantes. Abolies par un décret de la Convention en 1793, les sociétés savantes avaient réapparu au temps du Directoire, mais le Consulat et l'Empire prolongent leur développement puisque l'on en compte près d'une centaine en France en 1810 contre cinquante seulement en 1799. La moitié des départements ont leur société où des érudits et notables locaux viennent s'entretenir de littérature, sciences, art, médecine ou agriculture. Parmi ces sociétés, les académies sont les plus prestigieuses, car elles ont souvent un passé ancien et imposent des règles de sélection très strictes, sur le modèle de l'Institut de France, ce qui favorise leur caractère élitiste. Elles ont du reste la préférence du régime qui, sans entraver le développement des sociétés savantes, cherche à les faire servir à sa politique en faveur de l'essor culturel et scientifique du pays. Certaines, comme l'académie de

Rouen, sont directement nées de la volonté d'un préfet, en l'espèce Beugnot. Les débats politiques y sont en principe proscrits, mais il est difficile d'envisager ces sociétés d'hommes n'échangeant aucune remarque sur la situation militaire du pays ou sur telle ou telle décision de Napoléon. Le retour en force des nobles dans les académies de province, comme à l'académie de Besançon, par exemple, montre que ces institutions offrent une tribune à des hommes dont la parole est par ailleurs brimée. Le pouvoir ne s'y est pas trompé qui, lors de la discussion sur les associations suscitée en 1810 par la préparation du Code pénal, ajoute aux groupements religieux et politiques les sociétés « littéraires ». C'est bien la preuve que l'on y parlait d'autre chose que de création artistique. Désormais, il faut demander l'autorisation pour se réunir entre érudits. Mais le contrôle de ces sociétés n'a pas empêché leur développement.

Au sommet du monde académique, l'Institut se présente comme un des principaux lieux d'élaboration de la pensée. Né sous le Directoire pour favoriser l'essor des Lumières et les progrès scientifiques, l'Institut s'était vite affirmé, sous le Consulat, comme un foyer d'opposition à l'hégémonie bonapartiste. Pour briser l'influence des Idéologues, Bonaparte l'avait réorganisé en 1803. Dès lors, les quatre sections qui le composent s'illustrent par leur harmonie avec le pouvoir en place, l'adhésion au régime constituant un critère plus important pour devenir académicien que les travaux scientifiques. Cette réalité n'empêche pas les véritables savants d'y appartenir. Ainsi, la section des sciences compte dans ses rangs la plupart des grands noms de la recherche scientifique des débuts du XIXe siècle : Monge, Lacépède, Chaptal, Jussieu ou Berthollet. En revanche, la composition de la section de littérature, autrement dit l'Académie française, et de celle d'histoire et de littérature ancienne, est davantage politique. Même si Bernardin de Saint-Pierre, l'auteur de *Paul et Virginie*, appartient à la première, il y côtoie pour l'essentiel des représentants du régime, tels Maret, Daru, Bigot de Préameneu, tous ministres de Napoléon sous l'Empire. À leurs côtés siègent toutefois d'anciens Idéologues et des libéraux en délicatesse avec le régime, notamment Volney, Garat, Lanjuinais ou Sieyès. Après l'avertissement donné en 1803, Napoléon laisse à ses opposants un très mince espace de liberté, sûr de leur soumission, mais il ne peut de ce fait empêcher toute expression du sentiment politique. De ce point de vue, l'Institut a représenté un des derniers lieux d'échanges dans la France impériale.

Les autres formes d'expression culturelle et politique ont en effet été très durement brimées. C'est le cas notamment du théâtre qui, tout au long de la Révolution, avait servi de vecteur à la pensée politique. Les principaux événements étaient alors immédiatement transposés sous une forme dramaturgique qui permettait d'associer le public à la marche de l'histoire. Encore au lendemain du 18-

Brumaire, plusieurs pièces avaient été montées pour raconter l'épisode de Saint-Cloud. Les salles de théâtre elles-mêmes s'étaient multipliées et servaient de lieux de réunions, sinon de débats politiques. Thibaudeau raconte dans ses *Mémoires* l'enthousiasme qui s'empare du public de la Comédie-Française lorsqu'on lui apprend en octobre 1799 le retour de Bonaparte. Le théâtre participe alors à l'effervescence politique, surtout lorsque le sujet s'y prête. L'entracte d'abord, puis la sortie des représentations, fournissent l'occasion d'échanges spontanés sur les événements évoqués. On y vient pour le spectacle, mais aussi pour se rencontrer, ce qui provoque une ambiance très mouvementée que ne manque pas de relever un observateur étranger, le compositeur allemand Reichardt, venu en France à l'époque du Consulat : « Aujourd'hui, le parterre est envahi par une foule grossière, malpropre, dépourvue de goût et de sentiment, faite pour détruire tout art théâtral. On n'applaudit, avec tapage et violence, que des acteurs qui se démènent en hurlant. Ajoutez le bruit incessant des conversations particulières et des interpellations entre le parterre et le public des loges et des galeries, lequel se fait un plaisir d'agacer le parterre. Il est impossible à un spectateur désireux d'écouter de rester au milieu de ce monde bruyant [12]. »

Reichardt a pu noter, à sa manière, l'engouement du public pour le théâtre. Son recrutement s'est démocratisé, en partie parce que le nombre de salles s'est multiplié depuis l'époque de la Révolution, certains ouvrant dans des églises désaffectées. Cet attrait pour le théâtre, à la fois source de divertissement et agora, explique la réaction de Napoléon qui ne peut laisser subsister, sans le contrôler, ce lieu privilégié du débat politique. Le théâtre subit donc les foudres du monarque.

En 1806, Napoléon décide de limiter à douze le nombre de théâtres parisiens, puis ce nombre est ramené à huit en 1807. Toute nouvelle création est soumise à une autorisation du ministère de l'Intérieur. Subsistent alors quatre théâtres classiques : le Théâtre-Français, et son annexe de l'Odéon, l'Opéra, l'Opéra-Comique et l'Opéra-Bouffe. À leurs côtés restent autorisés quatre théâtres secondaires : le théâtre de la Gaîté fondé en 1760, l'Ambigu-Comique, créé en 1769, le théâtre des Variétés remontant à 1777 et le Vaudeville qui avait vu le jour au début de la Révolution. Chacun de ces théâtres est cantonné à un genre précis, les sujets d'actualité leur étant désormais interdits. La censure est donc rétablie. Pour autant, l'intérêt du public ne faiblit pas. En juin 1810, le prince de Clary peut ainsi s'étonner de la presse suscitée par la première au Théâtre-Français d'une comédie d'Andrieux, *Deux vieillards ou le vieux fat* : « À la porte, une foule immense se poussait à plaisir : on vendait des billets, mais en cachette, car la police arrêtait ceux qu'elle voyait en vendre ; on criait, on se disputait [13]. » Le théâtre demeure l'une des principales distractions de la bourgeoisie, mais aussi d'une partie des classes populaires. Après s'être divisé entre les deux tragédiennes du Français, Mlle Duchesnois et Mlle George, le public applaudit l'acteur Talma, mais surtout Mlle Mars. Stendhal tombe sous le charme au début de 1810 ; il la voit à six reprise dans *Le Mariage de Figaro* de Beaumarchais, notant dans son *Journal* : « C'est ce soir 26 [février 1810] que j'ai vu la beauté elle-même. J'ai eu la plus forte sensation de beauté dont je me souvienne : Mlle Mars dans Suzanne de *Figaro* [14]. » Napoléon lui-même est un grand amateur de tragédies classiques qu'il fait jouer notamment à Saint-Cloud et dans lesquelles s'illustre l'acteur Talma. Dans les scènes peignant les fougueuses passions de l'Empire romain, il voit comme un reflet de son époque et de son pouvoir. Mais le goût du public le porte plutôt alors vers le mélodrame, genre dans lequel excelle Pixérécourt, auteur en 1806 du *Solitaire de la roche noire*, ou encore, en 1810, des *Ruines de Babylone*. Leur propos, dénué de toute allusion à la situation du moment, leur permet d'échapper à la censure. Ce n'est pas toujours le cas des pièces à caractère historique. Ainsi, la pièce de Raynouard, pourtant député au Corps législatif, intitulée Les *États de Blois*, est interdite en 1810. Elle mettait en scène l'assassinat du duc de Guise et renvoyait au temps des discordes civiles, des guerres de Religion et de la Ligue, ce que Napoléon ne pouvait tolérer. En 1810 encore, Napoléon s'en prend à l'Opéra : « Désormais, écrit-il à Rémusat, j'entends qu'aucun opéra ne soit donné sans mon ordre », et il rappelle son hostilité aux sujets tirés de l'Écriture sainte, de même qu'à toute représentation allégorique. « Il ne faut donner que des ballets mythologiques et historiques, jamais d'allégorie. » L'Empereur redoute les mises en perspectives et les comparaisons que suscitent de tels sujets. C'est dire combien son attention est grande sur le contenu du répertoire théâtral.

La littérature n'échappe pas à cette censure. Certes, jusqu'en 1810, aucun texte réglementaire ne codifie le contrôle des livres. Napoléon qui a écrit quelques ouvrages dans sa jeunesse se pique d'aimer les lettres et dit vouloir favoriser leur développement : « Monsieur Champagny, écrit-il à son ministre de l'Intérieur, la littérature a besoin d'encouragements. Vous en êtes le ministre ; proposez-moi quelques moyens pour donner une secousse à toutes les différentes branches des belles-lettres, qui ont de tout temps illustré la nation. » Il souhaiterait aussi faire du Collège de France une école de littérature. Il est également soucieux du développement de l'histoire. Des efforts sont faits pour favoriser par exemple la publication de grands textes, confiés à la jeune Imprimerie nationale qui édite notamment les rapports des savants revenus d'Égypte. Ces mesures d'encouragement n'empêchent pas les livres d'être soumis à une censure qui refuse encore de dire son nom : « Je le dis encore une fois, écrit Napoléon à Fouché, je ne veux pas de censure, parce que tout libraire répond de l'ouvrage qu'il débite, parce que je ne veux pas être responsable des sottises qu'on peut imprimer, parce que je ne veux pas enfin qu'un commis tyrannise l'esprit et mutile le génie [15]. »

Dans la pratique, les imprimeurs sont invités à fournir au ministre de la Police à Paris, aux préfets en province, deux exemplaires des ouvrages qu'ils publient. Le ministre de la Police peut donc à tout moment interdire la diffusion d'un livre qu'il aurait jugé contraire aux intérêts de l'État. Il peut aussi demander des corrections. Cette politique de censure *a priori* n'est pas systématique, si bien que la sanction peut intervenir après la parution par une obligation de détruire le livre publié, au grand dam de l'éditeur. Devant cette menace, les imprimeurs en viennent à réclamer une véritable législation sur le livre afin de stabiliser la profession ; ils seront entendus en 1810, au-delà de leurs espérances. Mais pour l'heure, comme y invitait implicitement Napoléon, c'est l'autocensure qui prédomine. Sur un total d'environ mille livres publiés par an entre 1800 et 1810, cent soixante ont fait l'objet d'une saisie, à l'image du livre de Sade, *Justine*, en 1801. Pour les éditeurs, cette saisie après publication représente un fort manque à gagner qui les conduira à souhaiter un véritable statut de la librairie.

Les écrivains soupçonnés d'intriguer contre le régime sont étroitement surveillés. L'exemple le plus connu est celui de Mme de Staël, que Bonaparte avait contrainte à l'exil en 1803. Depuis lors, elle avait voyagé en Autriche, en Italie et en Allemagne, sans jamais renoncer à revenir à Paris. Lorsqu'elle tente de s'en approcher en 1806, s'installant dans la région d'Auxerre, puis à Meulan, elle s'attire de nouveau les foudres du prince : « Ne laissez pas approcher de Paris cette coquine de Mme de Staël, ordonne-t-il à Fouché ; je sais qu'elle n'est pas éloignée [16]. » Or, l'exil intérieur est un enfermement dont Napoléon connaît les effets. Germaine de Staël le vit comme une torture : « Paris est un séjour si agréable et si nécessaire à ceux qui y ont vécu que c'était un nouveau moyen de terreur dans la main de Bonaparte que la puissance d'en éloigner [17]. » Pourtant, elle continue d'écrire et de publier. Elle fait paraître *Corinne* en 1807. Ce roman dont l'intrigue est située dans l'Italie de 1795 déplut à Napoléon pour les idées libérales qu'il contenait. Cependant, pour le moment, le régime laisse Mme de Staël à sa solitude. Ce n'est qu'en 1810, avec la publication du livre *De l'Allemagne*, que les relations entre Napoléon et Germaine de Staël s'enveniment. Il est vrai que loin d'être isolée, Mme de Staël est parvenue à rassembler autour de sa personne une pléiade de savants et d'hommes de lettres qui forment ce que l'on appellera le « groupe de Coppet ». Sans être ouverte, l'opposition au régime est un des points communs à ces intellectuels venus de toute l'Europe. À côté de Benjamin Constant dont la fidélité s'émousse, de Camille Jordan, de Gerando, de Mathieu et Adrien de Montmorency, on voit apparaître à partir de 1804 Auguste Schlegel dont l'aide fut précieuse pour la rédaction de *De l'Allemagne*, puis, en 1805, Prosper de Barante. Chamisso et Friedrich Schlegel s'y côtoient. Mme Récamier est elle-même attirée par l'écho de Coppet. La comtesse de Boigne s'y rend à plusieurs reprises : « Pendant l'été de 1808, écrit-elle dans ses *Mémoires*, Coppet avait été très brillant : le prince Auguste de Prusse y avait fait un long séjour. Il était fort amoureux de Mme Récamier. Plusieurs étrangers et encore plus de Français s'étaient groupés autour de la brillante et spirituelle opposition de Mme de Staël. Cette société, en se séparant, avait été répandre dans toute l'Europe les mots et les pensées dont elle stigmatisait le gouvernement impérial [18]. » Cette grande assemblée fut la dernière, Napoléon durcissant dès 1809 le régime imposé à l'hôte de Coppet.

D'autres écrivains, d'abord favorables au régime, sont également contraints au silence, à l'image de Benjamin Constant qui ne publie quasiment plus rien entre 1803 et 1814, ou encore de Marie-Joseph Chénier que Napoléon met en demeure de se taire : « Si M. Chénier se permet le moindre propos, faites-lui connaître que je donnerai l'ordre qu'il soit envoyé aux Iles Sainte-Marguerite. Le temps de la plaisanterie est passé. Qu'il reste tranquille ; c'est le seul droit qu'il ait [19]. » La menace suffit souvent à annihiler toute tentative de rébellion. Dès lors il n'est pas nécessaire d'emprisonner les écrivains. Seuls, finalement, Sade et le poète Théodore Desorgues ont connu l'enfermement, mais dans leur cas, les raisons ne sont pas uniquement d'ordre politique.

Ces avertissements adressés aux écrivains visent aussi les immortels, membres de l'Académie française, mis en garde contre toute tentation de parler des événements contemporains. « Qu'a de commun l'Académie française avec la politique ? se demande Napoléon. Pas plus que les règles de grammaire n'en ont avec l'art de la guerre [20]. » Le message est clair, même si l'Empereur a peu à craindre d'une assemblée reformée en 1803 et qui ne compte guère d'opposants au régime. L'entrée de Destutt de Tracy en 1808, puis l'élection mouvementée de Chateaubriand en 1811 ne sont pas de nature à modifier la composition de l'Académie française où l'on entre surtout après avoir rendu des services au régime, à l'exemple de Esménard ou Lacretelle qui s'étaient distingués en mettant leur plume au service de la censure impériale.

5. LA CENSURE DE L'INFORMATION

Avec la littérature, c'est finalement la presse qui est la plus touchée par l'effort du régime pour contrôler les esprits. Napoléon s'en méfiait depuis son avènement. Il avait déjà réduit son influence en 1800 en limitant le nombre de journaux autorisés à Paris, mais aussi en favorisant la prise en charge de titres par certains de ses proches. À partir de la formation de l'Empire, il entend aller encore plus loin dans le contrôle des journaux. En 1804, une quinzaine de titres parisiens se partageaient les faveurs du public, mais leurs tirages étaient très limités, plafonnant à vingt-cinq mille exemplaires seulement, soit en moyenne moins de deux mille exemplaires par journal. Parmi ces titres, quatre ou cinq seulement ont une réelle influence. C'est vers eux que se porte particulièrement l'attention de Napoléon : « Mon intention, écrit-il à Fouché, est donc que vous fassiez appeler les rédacteurs du *Journal des débats*, du *Publiciste* et de la *Gazette de France*, qui sont, je crois, les journaux qui ont le plus de vogue, pour leur déclarer que, s'ils continuent à n'être que les truchements des journaux et des bulletins anglais, et à alarmer sans cesse l'opinion, en répétant bêtement les bulletins de Francfort et d'Augsbourg sans discernement et sans jugement, leur durée ne sera pas longue [21]. »

La presse est donc sous une surveillance particulièrement implacable, exercée par Napoléon lui-même, mais surtout par le ministère de la Police où une direction spéciale s'occupe des affaires de presse, même si Fouché tente de minimiser sa propre responsabilité : « J'étais censé être le régulateur de l'esprit public et des journaux qui en étaient les organes, rapporte-t-il dans ses *Mémoires*, et j'avais même des bureaux où l'on s'en occupait [22]. » En fait, jusqu'en 1810, le contrôle de la presse lui revient, ce qui explique les innombrables lettres que lui adresse Napoléon à ce sujet. En 1805, dans la lettre à Fouché citée plus haut, l'Empereur pointait du doigt les trois journaux susceptibles de menacer son autorité ; il évoque tout d'abord le *Journal des débats*, à juste titre car c'est le journal le plus lu sous l'Empire. Fondé en 1789, pour rendre compte des débats de l'Assemblée nationale, il est dirigé depuis par les frères Bertin qui sont parvenus à le sauver de la répression, en se ralliant au régime du 18-Brumaire. Mais le journal n'a pas abandonné l'essentiel de sa doctrine, à savoir un refus marqué des idéaux de la Révolution. Il est resté fondamentalement contre-révolutionnaire, même s'il l'exprime avec mesure. La qualité de ses principaux rédacteurs ne laisse aucun doute sur son orientation ; on y retrouve les signatures du vicomte de Bonald, de Chateaubriand, et surtout de Geoffroy qui y tient un feuilleton littéraire très suivi. Avec plus de dix mille exemplaires en 1804, il est de loin le journal le plus vendu à travers la France, les trois quarts de ses envois s'effectuant en province. C'est pourquoi Napoléon lui porte une particulière attention et multiplie les menaces contre lui : « Un temps viendra où je prendrai des mesures pour confier ce journal, qui est le seul qu'on lit en France, entre des mains plus raisonnables et plus froides [23]. » Depuis 1805, Napoléon a imposé un censeur au *Journal des débats*. « Mon intention, écrit-il alors à Fouché, est que désormais, le *Journal des débats* ne paraisse pas qu'il n'ait été soumis la veille à une censure. Vous nommerez un censeur qui soit un homme sûr, attaché et ayant du tact, auquel les propriétaires du journal donneront douze mille francs d'appointement [24]. » Sous cette définition se cache Joseph Fiévée, qui était par ailleurs l'un des informateurs privilégiés de Napoléon. L'Empereur oblige bientôt le journal à changer de titre, au motif qu'il rappelle trop la Révolution. Il devient donc le *Journal de l'Empire*. Ces mesures n'entravent pas son développement. À l'heure où la presse végète, le *Journal de l'Empire* accroît son audience pour atteindre vingt et un mille exemplaires en 1811. Certes, la censure interdit qu'y soient publiés des articles hostiles au régime, mais les opinions connues de ses rédacteurs, tout comme le ton de leurs écrits, contribuent à rassembler derrière le *Journal de l'Empire* un public éclairé qui cherche à briser le carcan de la presse officielle. Cette relative indépendance d'esprit explique l'irritation constante de Napoléon à l'égard de ce journal, en particulier à propos des nouvelles qu'il donne concernant les mouvements de troupes étrangers : « Il est temps de mettre un frein aux journaux ; ils alarment perpétuellement le commerce et la nation sur les Russes [...] Le *Journal de l'Empire* est le plus alarmiste ; il nous met sans cesse les Russes sous les yeux [25]. » Le même jour, 6 mars 1806, il s'en prend directement au censeur du journal, Fiévée : « Faites connaître à Fiévée, écrit Napoléon au directeur général des Postes, Lavalette, que je suis très mécontent de la manière dont il rédige son journal [26] », euphémisme s'agissant d'un travail de censure que Napoléon se refuse à appeler de son nom, préférant au terme de « censeur » celui de « rédacteur ». L'année suivante, Fiévée est remplacé par Étienne. Mais le changement de censeur n'a pas provoqué le résultat escompté. Étienne est à son tour sur la sellette : « Je reçois votre lettre du 29 avril. Je vois dans le bulletin du 27 avril des bulletins de Rome qui n'ont pas le sens commun et qui ne mériteraient pas en vérité de m'être mis sous les yeux. Celui qui les a écrits n'a ni bon sens ni bon esprit. Vous devriez tâcher de mieux choisir vos agents [27]. » Alors que la crise couve entre l'Empereur et le pape, Napoléon reproche au journal de trop parler du pape, du clergé et plus généralement de religion : « Le sieur Étienne est la cause de l'agitation qui existe aujourd'hui en France sur les affaires de Rome. Faites donc chasser les vieux rédacteurs si animés contre l'administration actuelle. J'avais également défendu aux journaux de parler de prêtres, de sermons, de la religion », rappelle-t-il [28]. Puis c'est la situation en Espagne, à partir de mai 1808, qui fait l'objet d'une censure particulière.

À côté du *Journal de l'Empire*, *Le Publiciste* ou *La Gazette de France* font plus pâle figure, leur tirage ne dépassant pas à l'un et l'autre les quatre mille exemplaires. *Le Publiciste*, propriété de Suard, est resté proche des idéaux de la philosophie des Lumières. Le salon de Jean-Baptiste Suard était, au dire de Victor de Broglie qui y fait son entrée dans le monde, un des sanctuaires de la société du XVIIIᵉ siècle. « *Le Publiciste* était l'organe de cette société, raconte-t-il. C'était en quelque sorte un intermédiaire discret et ingénieux qui tempérait la rudesse de la *Décade*, organe des défenseurs du XVIIIᵉ siècle, et l'ardeur du *Journal des débats*, organe de la réaction. » *Le Publiciste* publie régulièrement des articles de Benjamin Constant, mais aussi Prosper de Barante, ami de Mme de Staël. La tendance de la *Gazette* est en revanche contre-révolutionnaire. Elle a été quelque peu revigorée en 1805 par la fusion forcée qui lui a été imposée avec *La Clef du cabinet* et le *Journal des défenseurs de la patrie*, deux titres dont les tirages avoisinaient les mille deux cents à mille trois cents exemplaires. Cette politique de rapprochement des journaux est voulue par le gouvernement qui peut ainsi mieux contrôler les titres restants. Comme *Le Publiciste*, la *Gazette* est étroitement surveillée par le régime qui leur impose également un censeur rattaché à leur rédaction. Lacretelle jeune remplit ce rôle auprès du *Publiciste*, Esménard auprès de *La Gazette de France*. L'un et l'autre sont des écrivains ralliés à l'Empire, même s'ils viennent du courant monarchiste et partagent donc une certaine identité de vues avec les rédacteurs des journaux dont ils doivent surveiller la ligne éditoriale. Le censeur n'a pas qu'un simple rôle de contrôle ; il prête aussi sa plume au journal auquel il est attaché, ce qui fait mieux comprendre qu'il soit rémunéré par lui. C'est aussi pourquoi le gouvernement a cherché des censeurs proches des journaux auxquels ils étaient adjoints. Au moins dans les premiers temps de la politique de censure, ce principe de communauté de vues entre le censeur et le journal a été respecté. Après 1807, un nouveau tour de vis est donné. Au moment où la guerre reprend sur le continent, Napoléon se plaint des nouvelles publiées par les journaux parisiens sur la politique extérieure. À ses yeux, les censeurs chargés de la surveillance des articles sont les principaux responsables de cette situation. Lacretelle au *Publiciste* et Esménard à *La Gazette de France* sont donc remplacés respectivement par Jouy et Mouvel.

Les revues n'échappent pas à l'attention du maître. Deux d'entre elles ont alors une certaine influence, le *Mercure de France* et la *Décade philosophique*. Prestigieuse revue remontant au XVIIᵉ siècle, le *Mercure de France* avait mal vécu la Révolution, jusqu'au jour où Fontanes décida de la faire renaître au début du Consulat. Amant d'Élisa Bacciochi, il obtient le soutien de Lucien Bonaparte pour racheter le titre et lui redonner son lustre en y associant des rédacteurs de talent à l'image de Louis de Bonald ou François-René de Chateaubriand, associés à de vieilles gloires du *Mercure*. Par ce choix, comme par les articles publiés par la revue, le ton est donné : le *Mercure de France* se situe dans la mouvance néo-monarchique et entend combattre les principes révolutionnaires. Elle se heurte dès lors presque naturellement à la *Décade philosophique*, mais s'avère très proche du *Journal des débats* avec lequel elle partage des intérêts financiers, ainsi qu'un nombre non négligeable de rédacteurs. Toutefois, malgré son rachat par Chateaubriand en 1803, le *Mercure* végète. L'auteur du *Génie du christianisme* part peu après pour l'Italie, tandis que Fontanes s'éloigne de la revue en gravissant les degrés du pouvoir. De plus, la vigilance du ministre de la Police est extrême. Dès lors, il suffit d'un article tendancieux de Chateaubriand, revenu d'Italie, pour provoquer des mesures contre le journal. L'écrivain avait implicitement comparé la France à l'Empire turc, ce qui n'avait pas été du goût des hiérarques du régime. Cet article, publié en juillet 1807, est en fait un prétexte à une remise en ordre prévue de plus longue date et qui conduit à la fusion du *Mercure de France* et de la *Revue philosophique*, nouveau nom donné à la *Décade philosophique*.

Cette dernière avait été l'organe des Idéologues sous le Consulat et avait alors bataillé contre le rétablissement des principes monarchiques et le retour en force du catholicisme, fustigeant notamment les écrits de Chateaubriand. Au début de l'Empire, son audience est cependant réduite, puisqu'elle diffuse moins de mille exemplaires à travers toute la France. Comme le *Journal des débats*, son titre fleure trop les temps révolutionnaires pour être conservé ; la *Décade* devient donc *Revue philosophique*, avant d'être obligée de fusionner en 1807 avec sa grande rivale, le *Mercure de France*. La fusion s'opère au profit de la première, bien que l'on conserve le titre du *Mercure*. Le partage du capital est en effet profitable aux propriétaires de la *Revue philosophique* qui en obtiennent trois douzièmes, alors que ceux du *Mercure* doivent se contenter de quatre douzièmes. Le gouvernement a pris soin de se réserver le reste ; il a désormais une arme supplémentaire pour contrôler la revue. Certes, la fusion fait cesser les dissensions entre les deux organes, mais par là même elle affaiblit le débat politique et littéraire. De ce point de vue, l'objectif visé par Napoléon est atteint.

La répression des journaux n'est qu'un aspect de la politique napoléonienne à l'égard de la presse. Napoléon a également cherché à se doter d'une presse totalement dévouée à sa cause. Il avait en Italie puis en Egypte compris la force des mots écrits, à travers le *Courrier de l'armée d'Italie* puis le *Courrier d'Égypte*. Il sait que le public lettré est avide de nouvelles. Mais les seules qu'il entend lui fournir doivent être favorables à sa cause et grandir son prestige. Napoléon est passé maître dans l'art de la propagande. Dès les lendemains du 18-Brumaire, il prend ainsi en main le *Moniteur*, journal fondé par l'éditeur Panckoucke en 1789, qu'il rachète alors, confiant sa direction à l'un de ses fidèles lieutenants, Maret. Le *Moniteur* devient la voix du régime. Il porte en titre *Gazette nationale ou le Moniteur universel*. Et en dessous on peut lire : « À dater du 7 nivôse an VIII [28 décembre 1799], les actes du gouvernement et des autorités constituées contenus dans le *Moniteur* sont officiels. » Napoléon y fait insérer des textes de plus en plus nombreux ; les *Bulletins de la Grande Armée* y sont reproduits. Mais l'intérêt du journal reste relatif. Après une première partie consacrée aux nouvelles de l'étranger, ce qui concerne l'intérieur contient quelques informations transmises par les ministères, ainsi que, le cas échéant, le compte rendu des séances du Corps législatif. Quelques faits divers émaillent le journal, mais on y chercherait en vain trace de meurtres, vols ou brigandages. Il ne saurait être question de laisser entendre que le pays n'est pas sûr. Les faits divers relatés sont donc pour l'essentiel des accidents. Ainsi, dans le numéro du 1er juillet 1807, on apprend qu'à Besançon, l'archevêque a publié une circulaire au sujet de l'ouragan qui a frappé la région ; qu'à Évreux un enfant a été sauvé *in extremis* de la noyade par un ouvrier fondeur ; qu'à Valence enfin, l'explosion d'une chaudière chez un droguiste a tué deux personnes, tandis que le « zèle des citoyens » sauvait la ville des flammes. La responsabilité de l'État n'étant pas engagée dans ces accidents, ils peuvent être portés à la connaissance du public. Celui-ci est toutefois restreint. Étant donné son caractère officiel, le *Moniteur* est lu essentiellement par les représentants de l'administration. Il est également recommandé à la presse parisienne, mais aussi de province, de reprendre les textes du *Moniteur*, sous peine de mesures de rétorsion. C'est une autre manière de promouvoir une parole officielle. Pourtant Napoléon n'a jamais réussi à augmenter son audience, malgré les nombreux abonnements que lui-même souscrit ; il ne tire qu'à trois mille exemplaires au milieu de l'Empire.

Le *Journal de Paris* est encore moins lu. Il est vrai qu'il ne bénéficie pas du label de journal officiel, même si, depuis les débuts du Consulat, il n'a jamais démenti son soutien à Bonaparte. Appartenant à Roederer, qui en partage la propriété avec Corancez depuis 1792, il passe définitivement dans le camp brumairien lorsque Corancez cède ses parts à Maret, grâce à l'aide financière de Bonaparte. Deux des principaux soutiens du régime, Roederer et Maret, sont désormais à la tête d'un journal qui ne parvient pourtant pas à dépasser les deux mille exemplaires. Les positions qu'il défend, notamment ses critiques à l'égard du catholicisme et sa défense des principes de 1789, n'emportent pas l'adhésion. En outre, bien que fidèle au régime depuis l'origine, le *Journal de Paris* n'en est pas moins soumis aux mêmes mesures contraignantes que les autres journaux. Il a son censeur attitré et subit les foudres du maître dès lors qu'il s'éloigne de la ligne officielle, si bien que l'intérêt de sa lecture devient extrêmement mince.

La presse de province n'échappe pas à la vigilance des pouvoirs publics. Chaque préfet se charge des journaux de son ressort, mais peut aussi recevoir des injonctions de Napoléon. À l'époque du Consulat, de nombreux journaux de tendance jacobine ou monarchiste avaient été supprimés. Cette politique répressive s'accentue sous l'Empire, les préfets tendant en outre à susciter des feuilles dévouées au gouvernement dont la principale fonction est de reproduire les annonces officielles ou les jugements des tribunaux. Dans les Hautes-Pyrénées par exemple, où il n'existait pas de titre, le préfet encourage en 1806 la création du *Journal des Hautes-Pyrénées*, mais il ne le contrôle pas encore totalement et se plaint même en 1810 de la manière dont il est dirigé. Jusqu'à cette date, il contient pour l'essentiel des articles repris de journaux parisiens et de plus en plus de publications judiciaires. À la suite des décrets de 1810, il passera comme l'ensemble des journaux de province sous la direction du préfet. De fait, les titres se sont multipliés sous l'Empire, puisque les quatre cinquièmes des départements disposent d'un ou de plusieurs journaux politiques. Leur tirage ne dépasse en général pas les mille exemplaires, souvent beaucoup moins, ce qui correspond toutefois au nombre des notables membres des assemblées électorales.

La presse périodique est surtout destinée à la bourgeoisie. Les milieux populaires achètent plus rarement le journal. Ils sont, en revanche, touchés par les feuilles occasionnelles, les « canards », dont la parution est épisodique. Ces feuilles reprennent des articles de journaux à l'occasion de grands événements, comme le sacre de Napoléon, et surtout les grandes batailles remportées par l'Empereur. Elles s'attardent aussi sur les événements les plus sensationnels, comme les attentats commis contre Bonaparte. C'est par ce biais que l'écho déformé de la vie nationale parvient dans les campagnes. Ces écrits y sont diffusés par des colporteurs qui sillonnent les routes de France sans être véritablement inquiétés, au moins jusqu'en 1810. Certes, ils sont surveillés par la police, mais leur activité n'est pas interdite. Or, ils favorisent la diffusion des nouvelles à travers le pays, même s'ils sont aussi des vecteurs de la propagande napoléonienne.

Au-delà de la presse et des imprimés, le contrôle sur la circulation des informations est plus délicat à opérer. La censure s'exerce sur le courrier, par le biais du cabinet noir dirigé par Lavalette, directeur général des Postes, mais le contrôle ne peut être total. La difficulté est encore plus grande en ce qui concerne les nouvelles transmises oralement. Elles alimentent ce que les préfets et le ministre de la police appellent l'« esprit public ». Les cafés, théâtres et autres lieux de réunions sont particulièrement propices, en ville, à leur diffusion. La présence de mouchards ou d'informateurs dans ces lieux stratégiques de sociabilité ne suffit pas à enrayer la propagation de certaines informations. Les déplacements de personnes en sont un des vecteurs privilégiés. Certes, le Français sort peu de son village, mais il faut compter avec les migrants temporaires, près de deux cent mille chaque année, qui regagnent leur pays après quelques mois passés en ville ou dans une autre région. Il faut compter aussi avec les soldats, revenus dans leur village après une blessure, voire lors d'un congé. Il faut enfin compter avec les voyageurs, souvent d'origine bourgeoise ou noble, qui se déplacent pour leurs affaires et se rendent aux eaux dans les Pyrénées ou les Vosges, voire en villégiature. Le contrôle sur ces divers déplacements, par le biais de passeports, n'empêche pas la circulation d'éventuelles informations détenues par ces voyageurs. Dans un pays maintenu sous le régime de la censure, le risque est grand que les nouvelles diffusées soient partiellement fausses ou pour le moins exagérées, d'où la promptitude des préfets à les traquer pour les démentir immédiatement, au risque de les diffuser encore plus largement. Le ministre de l'Intérieur précise ainsi aux préfets, en octobre 1809, qu'il les tiendra informés des grandes lignes de la politique du pays, pour leur permettre d'étouffer « les fausses nouvelles ». Les « bruits » sont donc un des principaux fléaux que le gouvernement a à combattre. Plus pernicieux que les informations écrites, ils sont, à ses yeux, un véritable danger pour la stabilité de l'édifice social.

7

La France en guerre

L'Empire naît de la guerre et survit par la guerre. Après la reprise des combats contre l'Angleterre en 1803, la France est sans cesse en conflit avec l'un ou l'autre de ses voisins. Le pays doit donc s'habituer à vivre dans cet état de guerre permanent. L'armée devient de ce fait l'une des composantes essentielles de la société.

1. Un état dans l'état

L'armée est omniprésente dans la société impériale, même si l'Empire n'est pas à proprement parler une dictature militaire. Jusqu'en 1810, la place des soldats dans l'appareil d'État reste faible. Mais ils n'en sont pas moins associés à la vie du régime, tant dans la distribution des brevets de la Légion d'honneur que dans la mise sur pied de la noblesse d'Empire. Les premiers bénéficiaires de la Légion d'honneur sont des militaires. Quant à la noblesse d'Empire, elle accueille 59 % d'officiers. L'État reconnaît alors sa dette envers l'armée.

Ses effectifs vont croissant et l'on estime qu'au total l'armée napoléonienne a vu passer dans ses rangs deux millions six cent mille hommes, parmi lesquels deux millions étaient originaires de l'Empire français, les six cent mille autres provenant des contingents levés par les alliés de la France. Ces troupes ont été pour l'essentiel fournies par la conscription et, dans certains cas, par le volontariat. Napoléon a conservé la loi Jourdan de 1798 qui organisait la conscription de tous les jeunes gens de vingt ans, mais il en a modifié quelques aspects. Le recrutement est ainsi confié aux représentants de l'État, préfets et sous-préfets ; ils sont chargés de présider un conseil de révision qui est alors itinérant. Ce conseil procède à l'examen sanitaire des jeunes gens, puisque seuls les individus en

265

bonne santé sont aptes au service. Il procède également à un tirage au sort, destiné à désigner les hommes à enrôler. L'armée n'a, en effet, pas besoin de l'ensemble d'une classe d'âge. Elle recrute donc en fonction d'un tri : ceux qui ont tiré un mauvais numéro sont enrôlés, les autres sont exemptés du service militaire, au moins pour un temps, car au fil des ans, le gouvernement rappelle des jeunes gens des classes antérieures. Par ailleurs, le pouvoir a officialisé, à partir de 1803, la possibilité d'acheter un remplaçant. Cette mesure permet aux fils des classes aisées d'éviter le service, moyennant le paiement d'une somme variant entre deux mille et dix mille francs, mais seuls 4 % des conscrits ont usé de ce moyen d'échapper à l'armée.

Sous l'Empire, le nombre des recrues est fixé annuellement par le Sénat qui suit naturellement les demandes de Napoléon. Jusqu'en 1805, c'est-à-dire en période de paix au moins relative, le contingent annuel avait atteint environ trente mille hommes. À partir de 1806, il augmente, pour atteindre quatre-vingt mille hommes par an en moyenne jusqu'en 1810, ce qui représente 30 % d'une classe d'âge. Cette différence entre les générations laisse apparaître une des formes de l'inégalité du recrutement. Le contingent à fournir étant fixé par département, on épargne les départements maritimes, notamment ceux de l'ouest de la France qui, il est vrai, fournissent la majeure partie des marins, mais aussi les départements belges et rhénans. Enfin, la Seine obtient également un traitement de faveur. Il existe d'autres façons d'échapper à l'armée, indépendamment de l'inaptitude physique ou d'une trop petite taille. À partir de 1808, le gouvernement exempte du service les hommes mariés ou chargés de famille et ceux qui se destinent au sacerdoce.

L'insoumission est également un des moyens d'éviter de servir à l'armée, mais elle suppose de vivre hors la loi pendant plusieurs années, ce qui explique qu'elle soit surtout développée dans les régions de montagne. Très répandues au début du Consulat, les désertions diminuent sous l'Empire, en particulier à la suite du rétablissement de l'ordre policier. Les déserteurs sont traqués sans merci et le gouvernement n'hésite pas à user de moyens de coercition pour punir les villages qui les protègent. En outre, les fortes peines de prison qui frappent les déserteurs ont une valeur dissuasive, de même que le régime disciplinaire qui leur est imposé après leur réintégration. Dans le récit qu'il fait de sa tentative de désertion en 1804, en compagnie de quatre camarades, le soldat Robinaux met l'accent sur le rôle des villageois dans la traque des déserteurs ; ils sont récompensés en proportion des soldats qu'ils parviennent à capturer. Les gendarmes et les douaniers sont les deux autres bêtes noires du déserteur. Repris, il est réintégré après quelques jours de prison, mais deux de ses camarades qui avaient poursuivi leur route subissent un châtiment plus sévère : « Ils furent pris deux jours plus tard et conduits d'une prison dans l'autre ; ils y séjournèrent pendant six mois ; l'un mourut de misère et des maux qu'ils avaient soufferts, l'autre se trouva attaqué de la poitrine, accablé de misère ; l'on fut obligé de lui délivrer un congé de réforme lorsqu'il eut rejoint le régiment ; peu de jours après il mourut dans cet état [1]. » La répression contre les désertions a donc favorisé le meilleur rendement de la conscription. Elle reste très active tout au long de la période. En 1809, par exemple, au moment où Napoléon a besoin de troupes pour faire face à la cinquième coalition, il lance une vaste opération contre les déserteurs, notamment dans l'Ouest. Le général Morgan rend compte de sa mission en ces termes : « Il est à peu près certain que, pendant le cours d'avril, les opérations ordonnées dans l'Ouest seront terminées et que le pays sera purgé des déserteurs et réfractaires. Si les mêmes mesures étaient employées dans tout l'Empire, elles produiraient une recrue de plus de quatre mille hommes [2]. » Ces traques menées sur un vaste champ s'appuient sur l'envoi de garnisaires dans les villages dont sont originaires les déserteurs. C'est souvent un moyen efficace.

Une fois incorporés, les jeunes soldats sont envoyés dans des casernes, disséminées sur le territoire français. Ils y passent quelques semaines ou quelques mois, suivant les besoins du moment, s'initiant au maniement des armes sous la direction de sous-officiers expérimentés, fiers de leurs nombreuses campagnes. De fait, l'armée napoléonienne est un agrégat de générations successives. Les jeunes recrues rejoignent les plus anciens, d'autant plus que le pouvoir a du mal à renvoyer dans leurs foyers les troupes en place. Les soldats qui ne connaissent pas toujours la durée exacte de leur engagement rempilent pour beaucoup, par force ou par habitude. En 1802, Bonaparte a augmenté la solde des soldats qui ont dix ans de service, c'est-à-dire qui sont sous les drapeaux depuis l'époque de Valmy. Les plus anciens favorisent ainsi la formation des plus jeunes, au combat comme dans la vie quotidienne. Après le temps de la formation, vient en effet le moment du départ en campagne. Fantassins pour la plupart, c'est à pied qu'ils effectuent les longues marches imposées par l'Empereur pour se rendre d'un théâtre d'opérations à l'autre. À travers l'Europe, de la Pologne à l'Espagne, le trajet est long. C'est pourtant celui qu'effectuent une partie des soldats dépêchés dans la péninsule Ibérique à l'automne de 1808, à l'image de ce Jacques Chanteloube, originaire de Haute-Loire, écrivant à sa mère en juin 1809 : « Ma très chère mère, je vous dirai que nous avons eu une très longue route ; depuis le 8 septembre, nous avons marché jusqu'au 21 décembre. » Parti de Silésie, il arrive au siège de Saragosse deux mois et demi plus tard.

La mobilité du soldat est donc une des clefs de la réussite napoléonienne. Elle suppose une relative autonomie dans ses déplacements. Une trop grande discipline n'aurait pas permis de mouvoir des troupes aussi nombreuses avec rapidité. Certes, les régiments avancent ensemble, mais les écarts sont toujours possibles ; ils favorisent la maraude, le vol, le pillage, surtout lorsque l'intendance fait défaut. « Il était trop vrai que la rapidité des marches et des contremarches de la campagne d'Ulm, et le défoncement des chemins par les pluies, en retenant chariots et caissons, avaient rendu les distributions régulières impossibles, se souvient le comte de Ségur. C'est un fait certain, poursuit-il, que si nos soldats n'eussent point arraché aux paysans leurs provisions et leurs bestiaux pour s'en nourrir, que s'il leur eût fallu attendre leurs vivres de nos chariots qui traînaient au loin derrière leurs colonnes, le principal but de l'entreprise eût été manqué [3]. » Malgré les mesures prises par Napoléon pour empêcher de telles pratiques, elles se poursuivirent plus ou moins tout au long de l'Empire.

L'encadrement de ces troupes est pourtant important. Les officiers forment un groupe nombreux, bien qu'hétérogène, auquel Napoléon a toutefois cherché à donner des règles plus précises, notamment en matière de promotion. À l'époque de la Révolution, l'élection était devenue le principal mode de désignation des officiers. Puis, dès 1798, la part des nominations s'était renforcée, les lieutenants et capitaines étant promus pour moitié par l'élection, et pour l'autre moitié au choix, solution seule retenue pour la désignation des officiers supérieurs. Dans la pratique, l'élection des officiers est illusoire, car la pression des colonels, à la tête de leur régiment, s'exerce pour contrôler ces choix. Le principe de l'élection tombe donc en désuétude, tandis que s'impose, avec l'Empire, le primat de l'ancienneté. À partir de 1805, il faut faire la preuve de quatre ans de service pour passer à un grade supérieur, ce qui contribue au relatif vieillissement des officiers qui n'en ont dès lors que davantage d'expérience. Le temps des carrières fulgurantes parcourues par les officiers révolutionnaires est révolu. Le corps des officiers demeure cependant un corps ouvert puisque les trois quarts d'entre eux sont sortis du rang. Quelques-uns étaient déjà officiers sous l'Ancien Régime ; ils ont conservé ou repris leur grade dans les armées napoléoniennes. Enfin, un dixième du corps des officiers est passé par les écoles militaires créées ou réorganisées par Napoléon. L'Empire hérite ainsi de l'École polytechnique, fondée en 1794 et transformée en 1804 en école militaire. Il conserve aussi l'École du génie, établie à Mézières. Napoléon Bonaparte a surtout fondé en janvier 1803 l'École spéciale militaire, installée d'abord à Fontainebleau, et qui déménage à Saint-Cyr en 1808. Plus de quatre mille officiers en sortent pendant l'Empire. Ces écoles ont contribué à former un groupe d'officiers aux techniques modernes du combat, mais ce groupe reste très minoritaire dans la France impériale. La Grande Armée repose avant tout sur l'expérience de son encadrement.

Bien que sortis du rang, ces officiers appartiennent moins au monde des notables, par leur naissance, car les fils du peuple y sont peu nombreux, mais aussi par le statut qui leur est imposé. Ils doivent d'abord savoir lire et écrire. Ils doivent aussi, à partir de 1808, s'ils souhaitent se marier, en demander l'autorisation au ministre et pouvoir attester que leur épouse percevra un revenu annuel d'au moins six cents francs. Le gouvernement ne souhaite pas que les femmes d'officiers soient à la charge de leur mari, d'autant que les soldes qui leur sont attribuées sont correctes sans être exorbitantes : un sous-lieutenant reçoit mille francs par an, l'équivalent de ce que touche un curé, un colonel d'infanterie reçoit quant à lui cinq mille francs, deux fois moins qu'un évêque. Or, les officiers ont des frais, notamment d'équipement, et lorsqu'ils sont mariés, ils se doivent de tenir leur rang. Il est vrai qu'à la solde s'ajoutent pour certains, notamment les officiers supérieurs, le butin tiré des conquêtes et les gratifications accordées par l'État, en particulier aux officiers entrés dans la noblesse d'Empire.

Malgré les contacts qu'elle entretient avec la société civile, par le biais notamment du logement chez l'habitant, l'armée forme un monde à part. Elle a sa propre justice, qui échappe aux règles de la justice civile et se montre particulièrement sévère en cas de désertion devant l'ennemi. L'armée organise aussi sous l'Empire un service de médecine qui tente de soigner les blessés, mais aussi les soldats atteints de maladies telles que le typhus qui fait des ravages dans les armées napoléoniennes. Quatre hommes se distinguent dans la galaxie médicale formée autour de Napoléon : deux sont médecins, Coste et Desgenettes, les deux autres chirurgiens, Larrey et Percy. La lutte est sourde entre eux, car deux conceptions des soins s'opposent. Le docteur Coste fut le premier médecin de la Grande Armée ; il tenta, souvent en vain, de développer des mesures d'hygiène et de vaccination contre la variole dans les hôpitaux militaires. En 1807, il fut remplacé par René-Nicolas Desgenettes qui avait peu avant organisé l'hôpital du Val-de-Grâce. Dominique Larrey est l'un des inventeurs des ambulances volantes, allant soigner les blessés sur les champs de bataille. Pierre-François Percy enfin fut l'organisateur du service de santé aux armées ; ce service emploie plus de mille sept cents personnes, dont un tiers de chirurgiens directement présents sur le théâtre d'opérations. Avec l'augmentation des forces engagées et la dureté des combats, perceptibles notamment lors de la campagne de 1809, la tâche des médecins militaires s'accroît. Malgré ces efforts, les pertes humaines dans les hôpitaux militaires demeurent énormes, car une blessure apparemment sans gravité peut provoquer une infection fatale. La mort est la compagne du soldat ; sa proximité contribue à souder le groupe des militaires. Les longues années passées à l'armée font ainsi naître une véritable caste militaire. Celle-ci vit en partie repliée sur elle-même, sûre de sa force et de sa supériorité, regardant de haut la société des pékins. Elle a son propre code de l'honneur qui conduit soldats et officiers à défendre haut et fort les couleurs de leur régiment. Les rixes entre soldats ne sont donc pas rares, de même que les duels entre officiers qui jalonnent l'histoire de l'armée impériale.

La Grande Armée naît avec l'Empire, lorsque Napoléon décide de faire mouvoir les troupes concentrées au camp de Boulogne et dans les camps de la mer du Nord vers les champs de bataille de l'Europe centrale. Elles s'illustreront à Austerlitz. « L'armée des côtes de l'Océan prend, dès ce jour, la dénomination de Grande Armée », précise un ordre du jour du commandement général en date du 31 août 1805. Cette armée regroupe la moitié des effectifs présents sous les drapeaux, soit près de deux cent mille hommes, parfaitement aguerris puisque, depuis 1803, ils s'entraînent avec ardeur dans la région de Boulogne, en vue d'un hypothétique débarquement en Angleterre. À côté de la Grande Armée, subsistent tout au long de l'Empire des armées secondaires qui combattent sur d'autres fronts comme en Espagne à partir de 1808, ou des armées d'occupation, comme en Italie ou en Hollande. Selon les circonstances, certaines peuvent du reste rejoindre la Grande Armée dont les effectifs et les contours sont mouvants. Elle est ainsi dissoute en 1808, de même qu'au lendemain de la campagne de 1809, mais peut se reconstituer avec rapidité, dès que le danger menace. Armée du souverain en campagne, elle est l'un des symboles de la puissance napoléonienne.

Sa force découle du nombre de ses soldats et aussi de son organisation. Reprenant les principes mis en avant à la fin de l'Ancien Régime, puis à l'époque de la Révolution, Napoléon tente de rationaliser l'organisation militaire, profitant de l'accalmie provoquée par la paix sur le continent. En effet, c'est en septembre 1803 qu'il modifie les structures de son armée. Il rétablit ainsi le régiment aux dépens de la demi-brigade qui avait fait les beaux jours de la Révolution. Le régiment, commandé par un colonel, redevient l'un des éléments de base de l'armée. Il est lui-même divisé en bataillons, placés sous la direction de chefs de bataillons, qui sont à leur tour répartis en compagnies commandées par des capitaines. Le régiment d'infanterie est d'abord divisé en quatre bataillons de mille hommes de troupes, trente-deux officiers et quarante-six sous-officiers. Ce chiffre théorique est rarement atteint. La réforme de 1808 modifie du reste ce schéma. Désormais, le régiment comprend cinq bataillons de huit cent quarante hommes chacun, encadrement compris. Le régiment d'infanterie dispose donc d'un effectif d'un peu moins de quatre mille hommes. Le régiment de cavalerie se compose à partir de 1810 de quatre escadrons de deux cent quarante hommes, soit un millier d'hommes. Ces régiments sont à leur tour rassemblés au sein de divisions. Une division comprend de trois à cinq régiments, formés soit de cavaliers soit de fantassins. En revanche, pour permettre une meilleure coordination des diverses armes, une nouvelle structure est créée en 1805, le corps d'armée, qui comprend tous les éléments nécessaires au combat : l'infanterie, la cavalerie, l'artillerie et le génie. Le corps d'armée regroupe deux à trois divisions d'infanterie, une division de cavalerie et plusieurs compagnies d'artilleurs et de sapeurs. Le commandement de ces corps d'armée est confié à des maréchaux. Ainsi, en 1805, les corps d'armée qui se dirigent vers l'Autriche sont commandés, dans l'ordre, par Bernadotte, Davout, Soult, Lannes, Ney et Augereau. Un seul de ces corps d'armée, le deuxième, revient à un général, Marmont, qui n'a pas été inclus dans la promotion des maréchaux de 1805. À ces sept corps d'armée s'ajoute la réserve de la cavalerie, placée sous le commandement de Murat et la Garde impériale dirigée par Berthier. Cette Garde, issue de la garde consulaire formée en novembre 1799, est un corps d'élite, composé des meilleurs éléments de l'armée et gardé en réserve lors des principaux combats. Ses effectifs s'accroissent sous l'Empire, passant de dix mille hommes en 1805 à cinquante-six mille en 1812. Elle doit servir de modèle aux autres corps de l'armée.

Cette organisation rationalisée et hiérarchisée subit cependant des modifications sur le terrain. Tout d'abord, les effectifs théoriques sont rarement atteints, soit qu'un combat décime le régiment, soit qu'une marche un peu rapide provoque des retards dans l'arrivée des troupes, y compris dans le prestigieux corps de la Garde. Ainsi, lors de la campagne de 1805, croisant le régiment de cavalerie commandé par le général Morland, colonel des chasseurs à cheval de la Garde, Napoléon s'étonne de n'y pas apercevoir l'ensemble des mille deux cents hommes qu'il devrait compter et il demande à Marbot d'établir le nombre des absents, après les avoir lui-même estimés à quatre cents. « L'estimation de l'Empereur était fort exacte, car il n'y avait que huit cents et quelques chasseurs présents : il en manquait donc quatre cents [4]. » Marbot accepte cependant de dissimuler cette nouvelle à Napoléon, le général Morland lui ayant assuré que ces absents regagneraient rapidement leur régiment. Cet exemple, tiré du prestigieux corps de la Garde, laisse supposer l'état de fluidité des effectifs dans l'armée, notamment en campagne.

Cette masse énorme et mouvante pose de réels problèmes d'approvisionnement. Napoléon en a pris très tôt conscience, car des soldats affamés et sans chaussures sont de mauvais combattants. Le ministère de l'Administration de la guerre a été précisément créé, en 1802, pour remédier à ces difficultés. Dès la campagne de 1805, le ministre Dejean est donc invité à prendre des mesures pour faciliter l'acheminement des troupes vers l'Allemagne et assurer ensuite leur ravitaillement. Napoléon lui demande par exemple, le 23 août, de tenir prêtes cinq cent mille rations de biscuits à Strasbourg et deux cent mille à Mayence. Elles n'y seront pas, car l'armée est toujours en avance sur l'approvisionnement. Ce travail est en principe confié à l'Intendance générale de la Grande Armée, alors dirigée par Claude Petiet. Il doit, en concertation avec le chef d'état-major général, le maréchal Berthier, fournir les denrées demandées aux corps d'armée qui se chargent ensuite de les répartir à leurs troupes. Il doit aussi prendre en main l'organisation des hôpitaux militaires. Dans les pays conquis, il s'occupe de la levée des contributions en argent et en nature, grâce auxquelles les soldats peuvent être nourris et habillés. De ce point de vue, la guerre nourrit la guerre. La campagne de 1805 en Autriche a par exemple coûté un peu plus de soixante-deux millions de francs, mais les recettes ont dépassé les soixante-cinq millions de francs, laissant donc un excédent de trois millions. En 1806-1807, le ravitaillement se révèle plus délicat, à cause des distances et du climat. L'armée passe l'hiver en Pologne et doit affronter le gel et des routes impraticables aux chariots. Or, il faut nourrir chaque jour plus de cent mille hommes. Daru, devenu intendant général de la Grande Armée, fait confectionner sur place vêtements et chaussures, en créant cinq ateliers de confection en Allemagne et en Pologne. Malgré ces efforts, le ravitaillement reste un des problèmes cruciaux de la Grande Armée, car elle se déplace toujours plus vite que l'intendance, sans parler des convois pris par l'ennemi. Les soldes sont aussi payées avec retard. Dans ces conditions, rapine et vol restent une pratique commune pour les soldats en campagne. La situation s'améliore à l'issue des combats lorsque la conquête de villes et de territoires permet de s'emparer des réserves en vivres de l'ennemi. L'armée doit alors administrer les régions conquises, avant le règlement de leur sort.

2. L'armée en campagne

Les débuts de l'Empire sont marqués par trois campagnes principales, qui se déroulent entre l'automne de 1805 et l'été de 1809. Napoléon doit faire face à des coalitions d'États d'Europe centrale alliées à l'Angleterre. Cette dernière n'a en effet jamais désarmé durant toutes ces années, poursuivant sa lutte contre Napoléon tant sur mer que sur terre, par l'intermédiaire de petits corps expéditionnaires débarqués sur le continent. Sur mer, les grands combats cessent après la bataille de Trafalgar. Napoléon avait prévu d'utiliser la flotte dans son plan de conquête de l'Angleterre. Elle devait attirer les vaisseaux anglais vers les Antilles et revenir ensuite rapidement en Manche pour protéger le passage des troupes françaises. Mais ce plan échoue. Napoléon remet donc à plus tard son idée d'invasion, mais, à l'heure où il se prépare à gagner l'Allemagne avec son armée, il recommande à sa flotte de ne pas se dérober aux combats contre la marine anglaise. À ce moment, le gros de la flotte française, commandée par le vice-amiral Villeneuve, se trouve bloqué à Cadix en compagnie d'une partie de la marine espagnole. Les deux flottes combinées disposent de trente-trois vaisseaux contre vingt-sept aux Anglais commandés par Nelson. Cette apparente supériorité numérique ne tient pas compte du meilleur entraînement des marins anglais et de leur armement plus performant. Le combat engagé, au large de Cadix, près de Trafalgar, le 21 octobre 1805, tourne à la déroute ; les Franco-Espagnols perdent vingt-deux vaisseaux sur trente-trois, alors que les Anglais n'en perdent aucun ; ils comptent aussi près de quatre mille cinq cents morts, la tempête ayant achevé l'œuvre des canons anglais. La marine française est complètement désorganisée ; elle ne compte plus qu'une trentaine de vaisseaux. Malgré une politique de régénération menée par l'amiral Decrès, ministre de la Marine — soixante-treize vaisseaux sont opérationnels en 1814 et une trentaine sont en construction —, Napoléon n'a plus recours aux grands combats navals jusqu'à la fin de l'Empire. C'est sur terre que se déroulent les grandes actions militaires.

La campagne terrestre de 1805 n'est cependant pas la conséquence de la défaite de Trafalgar, puisque les premiers bruits de guerre s'étaient fait entendre dès le printemps, au moment où Napoléon était sacré roi d'Italie à Milan. De plus, les troupes massées au camp de Boulogne et le long des côtes de la mer du Nord amorcent leur marche vers le Rhin dès la fin du mois d'août. Napoléon a alors renoncé à une intervention immédiate en Angleterre. Il veut profiter de l'automne et de l'hiver pour régler la question continentale. Sept corps d'armée, qualifiés de « sept torrents » par l'Empereur, doivent fondre sur le Rhin. Napoléon lui-même est à Strasbourg, au début du mois d'octobre, d'où il dirige les mouvements de la Grande Armée, forte alors de cent quatre-vingt-cinq mille hommes auxquels se joignent bientôt quarante-cinq mille soldats fournis par les alliés de la France. L'objectif de Napoléon est d'empêcher la concentration des troupes russes et autrichiennes. Il souhaite aussi une victoire rapide pour éviter l'entrée de la Prusse dans la coalition. Le but assigné à ses troupes est la capitale autrichienne, Vienne, mais plutôt que de s'y rendre directement, en traversant la Forêt-Noire, Napoléon préfère opérer un contournement par le nord qui déstabilise les armées autrichiennes, commandées par le général Mack. Celui-ci, en effet, attend les Français à Ulm, au confluent du Danube et de l'Iller, pensant qu'ils arriveront par l'ouest. Le mouvement opéré par Napoléon encercle les troupes autrichiennes, son armée atteignant le Danube, à l'est d'Ulm, à la fin du mois de septembre. Prise en étau, l'armée du général Mack doit capituler dans Ulm, le 20 octobre 1805 ; les Autrichiens y laissent vingt-cinq mille hommes et soixante-cinq canons. La Bavière est aux mains des Français, Napoléon lui-même entrant dans Munich le 26 octobre. Le sort de la guerre n'est cependant pas encore scellé. Les Autrichiens disposent de troupes nombreuses, commandées par les archiducs Charles et Jean, deux des frères de l'empereur François II. L'armée russe du général Koutouzov approche ; elle est sur l'Inn, à l'est de Munich, à la fin octobre. C'est la direction que choisit de prendre Napoléon, ce qui oblige Koutouzov à se replier au nord de Vienne, dans l'attente de renforts. Il opère sa jonction à la fin novembre avec la 2e armée russe de Buxhöwden et une partie de l'armée autrichienne, conduite par le prince de Liechtenstein. De son côté, Napoléon a établi son quartier général à Brünn, en Moravie, le 21 novembre. Tout est en place pour un affrontement décisif entre les deux armées qui s'observent depuis un mois. Face aux quatre-vingt-dix mille hommes de Koutouzov, Napoléon dispose de soixante-quinze mille soldats, mais il lui revient de choisir le terrain de l'affrontement. Ce sera le fameux champ de bataille d'Austerlitz, situé à l'est de Brünn. Maître du plateau de Pratzen, Napoléon l'abandonne aux Austro-Russes qui l'occupent le 1er décembre. Pendant ce temps, une partie des troupes françaises se déploie le long de la vallée, dans une position d'apparente infériorité, tandis que le gros de l'armée tient la route stratégique de Brünn à Olmütz. Le plan de Napoléon consiste à attirer une partie des Russes sur son flanc droit, pour affaiblir et attaquer leur centre, afin de provoquer la coupure en deux de l'armée adverse. Le combat commence à l'aube. Il est acharné tout au long de la matinée, la victoire française se dessine en début d'après-midi. Toutefois, les Russes parviennent à sauver une bonne partie de leurs forces, commandées par le prince Bagration. L'armistice signé le 4 décembre leur permet de regagner la Russie. En revanche, l'Autriche sort meurtrie du conflit et doit accepter les conditions du vainqueur, rassemblées dans le traité de paix de Presbourg du 26 décembre 1805. La troisième coalition prend fin.

La France connaît un répit relatif en 1806, d'autant que la mort du Premier ministre anglais, Pitt, remplacé par Fox, partisan de la paix, conduit à l'ouverture de négociations auxquelles participent les Russes. Elles sont sur le point d'aboutir à l'été, mais se heurtent à plusieurs écueils. La mort de Fox en septembre entraîne la disparition d'un partisan convaincu de la paix. La rupture intervient en octobre 1806 avec la formation de la quatrième coalition. Mécontente de voir se constituer la Confédération du Rhin, la Prusse de Frédéric-Guillaume III rompt le traité d'alliance qu'elle avait contracté avec la France le 15 février 1806 et se rapproche de la Russie. Dès le mois de septembre, Napoléon a perçu le danger en voyant les efforts d'armement de la Prusse ; il a donc décidé de conserver en Allemagne les troupes qu'il pensait rapatrier en France. Il dispose ainsi de près de cent soixante mille hommes en armes, massés dans la région du Main où il a réuni la Grande Armée, fin septembre. Lorsque la Prusse lui adresse son ultimatum le 8 octobre, l'Empereur fait immédiatement marcher les sept corps qui composent la Grande Armée, bousculant deux jours plus tard le prince Louis de Prusse qui est tué au combat. Puis, ayant vent du repli des Prussiens sur l'Elbe, Napoléon tente de les prendre de vitesse et envoie le gros de son armée à Iéna tandis qu'une autre partie de ses troupes, commandée par Davout, se porte sur Auerstaedt. L'affrontement a lieu simultanément, le 14 octobre, dans ces deux villes ; il se solde par la double victoire d'Iéna et Auerstaedt, bientôt suivie, à partir du 15 octobre, d'une poursuite des débris de l'armée prussienne dont les diverses composantes capitulent les unes après les autres en novembre. Le roi de Prusse s'est réfugié à Königsberg avec quelques milliers d'hommes, mais son armée est anéantie. Depuis Berlin où il s'est installé le 27 octobre, Napoléon peut lancer son fameux défi à l'Angleterre, par le décret du 21 novembre qui instaure le Blocus continental. Il signifie par ce geste qu'il est le maître de l'Europe.

La campagne militaire sur le continent n'est cependant pas finie, car les armées russes se sont à leur tour mises en marche. Napoléon dispose encore de cent cinquante mille hommes pour faire face aux deux armées envoyées par les Russes, la première commandée par Bennigsen et forte de soixante mille soldats et la seconde placée sous le commandement de Buxhöwden et composée de cinquante mille hommes, sans compter une armée de réserve de trente mille hommes et l'appoint des débris de l'armée prussienne commandés par le général de Lestocq. Les combats se déroulent en Pologne, mais l'hiver ralentit la progression des troupes, jusqu'à ce que Napoléon décide de passer à l'offensive, au début du mois de février, obligeant l'armée russe à se replier vers Königsberg. C'est au sud de cette ville prussienne, à Eylau, que le combat s'engage le 8 février 1807. La bataille est indécise, l'armée française ne doit qu'aux charges de cavalerie commandées par Murat d'avoir évité la défaite. Le retrait des Russes permet cependant à Napoléon de s'attribuer la victoire, mais les pertes sont partagées, l'armée française perdant plus du tiers de l'effectif engagé, soit vingt-cinq mille hommes, les Russes trente mille soldats. Les combats ont été violents, marquant une nouvelle escalade dans l'utilisation de l'arme humaine. À la vue désolante du champ de bataille jonché de morts, Napoléon laisse même échapper : « Ce pays est couvert de morts et de blessés. Ce n'est pas la plus belle partie de la guerre ; l'on souffre et l'âme est oppressée de voir tant de victimes [5]. » Il est vrai qu'il ajoute aussitôt : « Je me porte bien. J'ai fait ce que je voulais, et j'ai repoussé l'ennemi en faisant échouer ses projets. » Les deux armées, affaiblies, campent sur leurs positions, jusqu'à la reprise des opérations militaires, en juin 1807. Napoléon cherche alors à séparer Russes et Prussiens et à s'emparer de Königsberg. L'armée russe de Bennigsen tente de s'y opposer, mais elle se heurte au gros de l'armée française regroupé aux abords du pont de Friedland sur l'Alle. Bennigsen qui vient de faire traverser ses soldats pour protéger la ville se trouve pris le dos à la rivière et subit les coups de boutoir de l'armée française. Il bat en retraite jusqu'au Niémen. Un armistice est signé le 25 juin 1807. Le lendemain, Napoléon et le tsar Alexandre se rencontrent sur le fleuve qui sépare la Prusse de la Russie. Cette rencontre des deux empereurs, immortalisée par Gros, prélude à la conclusion du traité de Tilsit entre la France et la Russie, le 7 juillet, complété le 9 par un traité signé avec la Prusse. L'Europe est de nouveau en paix pour quelques mois.

L'enchaînement des événements conduisant à la formation de la cinquième coalition est plus complexe. Elle naît en effet de l'ouverture d'un nouveau front dans la péninsule Ibérique. Alliée à la France, l'Espagne de Charles IV avait partagé les ambitieux projets de débarquement en Angleterre. Ses espoirs de venger les déboires de l'Invincible Armada avaient sombré au large de Cadix, à la bataille de Trafalgar. L'alliance avec Napoléon lui a aussi coûté son Empire colonial, coupé de la métropole et passé peu ou prou sous le contrôle des Anglais, désormais maîtres des mers. L'Espagne espérait trouver des compensations dans l'annexion du Portugal. C'est l'origine de la rupture. Par le traité de Fontainebleau du 27 octobre 1807, France et Espagne envisageaient la conquête et le partage du Portugal, mais pour ce faire il fallait prévoir le passage de troupes françaises en Espagne. La France dispose donc de soldats en Espagne lorsque éclate la crise dynastique qui accélère le cours des événements. Le roi Charles IV vieillissant et de plus en plus dominé par son Premier ministre, Godoy, doit faire face à un mouvement populaire qui, en mars 1808, s'en prend au Premier ministre, surnommé depuis 1795 le « prince de la paix », mais de plus en plus contesté dans le pays. Le roi se résout alors à abdiquer en faveur de son fils, Ferdinand. Napoléon se saisit de l'occasion pour tenter de mettre la main sur ce pays. Dès le 27 mars, il propose la couronne d'Espagne à son frère Louis qui la refuse. Puis il convoque à Bayonne les souverains espagnols pour régler leur différend, et obtient d'eux une résignation de leurs droits en sa faveur. Au même moment, le 2 mai, la population madrilène se soulève contre l'armée française. C'est le début d'une guerre qui devait durer six ans. En ce mois de mai 1808, les deux camps fourbissent leurs armes. Joseph, nommé roi d'Espagne par son frère, entre dans un pays en pleine ébullition et parvient à Madrid le 20 juillet, la veille de la défaite de l'armée française commandée par le général Dupont, battue à Baylen par les Espagnols. Cette défaite devient un symbole de la résistance à l'hégémonie française ; elle montre en effet la vulnérabilité des troupes de Napoléon. En août, Junot doit abandonner le Portugal où son armée était entrée huit mois plus tôt. La conquête de la péninsule Ibérique est donc compromise, ce qui conduit Napoléon à venir en personne prendre la tête de la Grande Armée, au début du mois de novembre. Elle se compose alors de six corps d'armée, représentant cent soixante-huit mille hommes. Napoléon obtient le 2 décembre 1808 la capitulation de Madrid, mais la rébellion se poursuit et il n'est pas parvenu à intercepter le corps expéditionnaire anglais. Il quitte donc l'Espagne, en janvier 1809, sans avoir réussi à étendre son hégémonie sur ce pays. Les bruits d'un réarmement autrichien l'ont conduit à hâter son retour en France.

Profitant des difficultés rencontrées par Napoléon en Espagne, l'Autriche a décidé de rompre ses accords avec la France, après s'être assuré du soutien financier et militaire de l'Angleterre. Elle espère aussi profiter de la montée du courant francophobe en Allemagne, illustré par les conférences de Fichte publiées sous le titre de *Discours à la nation allemande*. Elle sait enfin pouvoir compter sur une plus faible résistance française, même si Napoléon a laissé une armée de cent mille hommes en Allemagne, tandis qu'Eugène de Beauharnais dispose de forces équivalentes en Italie. Pour faire face à la menace autrichienne, Napoléon s'empresse de recomposer la Grande Armée en Allemagne ; il dégarnit le front espagnol d'où il rappelle notamment la Garde, mais surtout il mobilise de nouvelles recrues, anticipant sur la levée de 1810, et fait appel à des contingents alliés. Il peut ainsi disposer de deux cent mille hommes, dont la moitié sont étrangers, lorsque l'Autriche se lance à l'offensive, le 10 avril 1809. Les Autrichiens ont des forces équivalentes, dont la plus grande partie est placée sous le commandement de l'archiduc Charles, l'un des principaux artisans de la modernisation de l'armée autrichienne. L'archiduc bouscule tout d'abord l'armée française, alors commandée par Berthier. Napoléon, arrivé de Paris le 17 avril décide de regrouper ses forces sur l'Ilm, au sud-ouest de Ratisbonne. Il réussit cette opération, mais rechigne à provoquer immédiatement l'affrontement décisif, une partie de ses troupes manquant encore d'expérience. Néanmoins, les divers combats engagés contre les Autrichiens sont couronnés de succès, comme la bataille d'Eckmühl le 22 avril, mais l'armée adverse n'est pas défaite, comme elle l'avait été en 1805 à Ulm. Ainsi, lorsque Napoléon lance ses troupes en direction de Vienne, le long du Danube, avec l'espoir que la prise de la capitale autrichienne hâtera la fin du conflit, il reste sous la menace des soldats de l'archiduc Charles. Les Autrichiens abandonnent Vienne, après avoir pris soin de détruire les ponts sur le Danube, et se regroupent sur la rive droite du fleuve, tandis que la Grande Armée tient la rive gauche.

Dès lors, l'affrontement entre les deux armées est inéluctable. Napoléon doit d'abord franchir le Danube. Il choisit comme point de passage l'endroit où le fleuve est coupé en deux par l'île Lobau. Cette présence de terre au milieu de l'eau doit faciliter la construction de ponts. Le 20 mai, une partie des troupes a réussi à prendre pied sur la rive droite, mais les Autrichiens parviennent à détruire les ponts construits par les Français, ralentissant, puis empêchant totalement l'acheminement de nouvelles troupes. Les Autrichiens se retrouvent ainsi en supériorité numérique et contraignent Napoléon à ordonner le repli de ses troupes dans l'île Lobau au terme d'un combat, la bataille d'Essling, qui lui a coûté seize mille hommes, parmi lesquels le maréchal Lannes, mortellement blessé au cours des combats. Napoléon reprend néanmoins le dessus en juillet. Il a reçu entre-temps le soutien de l'armée d'Eugène de Beauharnais, arrivée d'Italie après avoir battu l'archiduc Jean. Le 5 juillet, les troupes françaises parviennent à s'implanter sur la rive droite du Danube. L'affrontement décisif a lieu le lendemain à Wagram. Grâce à l'action de l'armée d'Italie, les Autrichiens sont enfoncés. Cette défaite conduit l'empereur d'Autriche à négocier. Le traité de paix est signé à Schönbrunn le 14 octobre 1809. Il parachève la domination de la France en Europe centrale. Mais une partie des troupes françaises reste mobilisée dans la péninsule Ibérique où les combats se poursuivent. Toutefois, en 1809, Napoléon apparaît au faîte de sa puissance, même si les dernières batailles livrées ont révélé quelques faiblesses dans son dispositif. En termes territoriaux en tout cas, la domination française ne fait aucun doute. C'est qu'à l'action des armes est venue se joindre l'efficacité de la diplomatie napoléonienne.

3. DE LA GUERRE À LA PAIX. LA DIPLOMATIE

L'aspiration du peuple français à la paix reste constante, au long de l'Empire. Cependant, cette paix paraît de plus en plus lointaine à mesure que les années passent. Il est vrai que l'Empereur fixe des conditions draconiennes à sa réalisation. « La paix est un mot vide de sens, écrit-il ainsi à Joseph en décembre 1805 ; c'est une paix glorieuse qu'il nous faut [...]. Je ne trouve rien de plus impolitique et de plus faux que ce qui se fait à Paris à cette occasion[6]. » Pour maintenir ou établir la paix, Napoléon dispose d'un corps de diplomates qui a été profondément renouvelé depuis la Révolution. Sur soixante-douze ambassadeurs en poste sous le Consulat et l'Empire, neuf seulement avaient exercé des fonctions diplomatiques avant 1800. L'Empire a donc créé son propre corps d'ambassadeurs, en recrutant au sein du monde politique, de l'administration, mais surtout de l'armée ; vingt-deux ambassadeurs étaient généraux. Pour Napoléon, la diplomatie est une autre manière de faire la guerre ; il ne craint pas que ses représentants montrent quelque signe d'autoritarisme pour faire approuver leurs choix. La forte présence de généraux dans la diplomatie impériale s'explique aussi par le souci de l'Empereur de disposer de représentants sûrs, avec lesquels le contact est facile. C'est pourquoi on retrouve parmi ces hommes des confidents de Napoléon, à l'image de Lannes,

Clarke ou Caulaincourt, nommé ambassadeur en Russie en 1807, au lendemain de la paix de Tilsit. Ce lien étroit entre le souverain et ses ambassadeurs est également illustré par la nomination de membres de la famille impériale : déjà Joseph et Lucien avaient occupé des fonctions d'ambassadeur sous le Consulat, son oncle, le cardinal Fesch, est également nommé représentant de la France à Rome en 1804. Un cousin de Joséphine, François de Beauharnais, est ambassadeur en Espagne jusqu'en 1808. La diplomatie est bien l'un des domaines réservés de l'Empereur.

Ces diplomates ont une fonction de représentation, pour laquelle la possession d'une certaine fortune s'avère nécessaire. Au fil des ans, le corps diplomatique français renoue ainsi avec les traditions d'Ancien Régime. Son recrutement s'en ressent. De plus en plus d'anciens nobles sont nommés à la tête des ambassades étrangères ; ils représentent 30 % du corps diplomatique en 1803, les deux tiers à la fin de l'Empire. L'orientation monarchique du régime s'est donc traduite par un recours de plus en plus fréquent à de grands noms de l'aristocratie pour représenter la France à l'étranger. Caulaincourt synthétise en sa personne l'appartenance à l'ancienne noblesse, à l'armée et à l'entourage de Napoléon. C'est la raison principale de son envoi à Saint-Pétersbourg en 1807. Napoléon le justifie en citant Savary, alors en poste en Russie : « Il me mande qu'il faut un militaire, un homme qui puisse aller aux parades, un homme qui, par son âge, ses formes, ses goûts, sa franchise, puisse plaire à l'empereur Alexandre, et dont les dehors diplomatiques ne repoussent pas sa confiance. Montesquiou m'a dit la même chose ; il me faut là un homme bien né, dont les formes, la représentation et la prévenance pour les femmes et la société plaisent à la Cour [...] Alexandre vous a conservé de la bienveillance. Vous pourrez l'accompagner partout. Vous serez général ou aide de camp quand il faudra, ambassadeur quand il sera nécessaire. Les affaires du monde sont là... La paix générale est à Pétersbourg. Il faut partir [7]. » Un tel ordre ne se discute pas. Caulaincourt restera en Russie jusqu'en 1811. Napoléon ne souffre pas que ces ambassadeurs outrepassent leurs pouvoirs. Il le fait durement sentir par exemple à l'ambassadeur d'Espagne, François de Beauharnais, exilé dans son château de Sologne après avoir tenté de s'entremettre dans les affaires de la succession d'Espagne ; il avait envisagé de faire épouser une parente de l'Impératrice au prince des Asturies, le futur Ferdinand VII, ce qui aurait contribué à renforcer les liens de la France et de l'Espagne. Mais Napoléon avait alors d'autres projets puisqu'il envisageait de s'emparer de ce pays. François de Beauharnais est disgracié et remplacé à Madrid par Antoine La Forest qui reste à ce poste jusqu'en 1813. Les ambassadeurs ne sont donc que l'instrument de la politique impériale, mais leur action est importante entre deux conflits, comme au moment de la rédaction des traité de paix.

La guerre avec l'Autriche à peine achevée, en décembre 1805, les diplomates s'emploient à élaborer les conditions de la paix. Les négociations débutent à Brünn entre Talleyrand et les plénipotentiaires autrichiens. Le ministre des Relations extérieures avait suggéré à Napoléon de traiter avec l'Autriche sans l'abattre, afin de s'en faire une alliée, condition nécessaire à ses yeux au salut de la paix en Europe. Dès le mois d'octobre, depuis Strasbourg, Talleyrand avait proposé à Napoléon un plan de paix reposant sur l'alliance autrichienne, la seule susceptible d'assurer l'équilibre des forces en Europe. Il réitère cette suggestion au lendemain de la victoire d'Austerlitz. « Aujourd'hui abattue et humiliée, écrit Talleyrand à Napoléon en parlant de l'Autriche, elle a besoin que son vainqueur lui tende une main généreuse et lui rende, en s'alliant à elle, la confiance en elle-même que tant de défaites et tant de désastres lui ôteraient pour toujours [8]. » L'Empereur ne se rallie pas pleinement au projet de Talleyrand, puisque les conditions qui lui sont faites amoindrissent considérablement sa puissance. Aux termes du traité de paix de Presbourg, du 26 décembre 1805, elle perd le contrôle du nord de l'Italie et de la côte dalmate, tandis que son influence reflue en Allemagne au profit de la Bavière qui s'empare notamment du Tyrol. Ces conditions draconiennes portaient en germe la reprise du conflit entre les deux puissances. Pour l'instant, la France prit cependant soin d'assortir cette paix d'un accord avec la Prusse, signé le 15 février 1806, au terme duquel elle obtenait le Hanovre, pris à l'Angleterre, en échange du duché de Clèves. Ces remaniements devaient conduire à la réorganisation de l'Allemagne, avec la création de la Confédération du Rhin en août. Dans le même temps, les négociations se poursuivent avec l'Angleterre et la Russie. Les premiers mois de 1806 connaissent donc une grande activité diplomatique.

La paix est brève puisque la Prusse à qui l'on avait forcé la main comprend vite qu'elle est la grande perdante de cette opération. Toutefois, pendant les combats de la quatrième coalition, les échanges diplomatiques ne cessent pas. La France s'emploie ainsi à empêcher l'entrée en guerre d'autres belligérants, en particulier l'Autriche. Elle prépare également les conditions de la paix future que Napoléon voudrait générale, ce qui le conduit à différer la conclusion d'un traité avec la Prusse. Finalement, la paix est signée le 7 juillet 1807 à Tilsit entre la France et la Russie, Napoléon acceptant de joindre la Prusse au règlement du conflit, aux termes d'un accord signé le 9. C'est un des moments forts de la diplomatie napoléonienne. Il a été précédé par la rencontre des deux empereurs, sur un radeau installé au milieu du Niémen. Cette rencontre, habilement mise en valeur par la propagande du régime, illustrait mieux que tout discours l'extension de la puissance française, parvenue aux marges de la Grande Russie. Les plénipotentiaires russes, les princes Kourakine et Lobanoff, obtinrent des conditions relativement favorables pour leur pays. Napoléon voulait en effet ménager le tsar Alexandre dont l'alliance lui était précieuse pour lutter contre l'Angleterre. La Russie s'engageait à tenter une médiation entre la France et le Royaume-Uni. La France quant à elle laissait les mains libres à la Russie dans les Balkans, de probables échanges sur le devenir de l'Empire ottoman ayant vraisemblablement émaillé ces discussions. L'Empereur compte sur les ambitions orientales de la Russie pour l'entraîner à s'opposer à l'Angleterre dans cette partie du monde. La Prusse, en revanche, est fortement réduite puisqu'elle perd à l'ouest de l'Elbe des territoires qui servent à bâtir le royaume de Westphalie ; elle perd aussi ses possessions polonaises. Enfin, la Russie comme la Prusse s'engagent à faire appliquer le Blocus continental décrété quelques mois plus tôt par Napoléon pour affamer l'Angleterre. Les traités de Tilsit ramènent la paix sur le continent, mais, une fois encore, cette paix est précaire et porte en elle les germes de la discorde. Ainsi, la création d'un grand-duché de Varsovie, confié au roi de Saxe, où stationnent trente mille soldats français apparaît déjà comme une menace pesant sur les territoires polonais de la Russie.

La paix conclue, Talleyrand quitte le ministère des Relations extérieures. Il présentera ensuite ce départ comme la conséquence de son désaccord à l'égard de la politique napoléonienne : « En 1807 Napoléon s'était depuis longtemps déjà écarté, je le reconnais, de la voie dans laquelle j'ai tout fait pour le retenir, mais je n'avais pu, jusqu'à l'occasion qui s'offrit alors, quitter le poste que j'occupais. Il n'était pas si aisé qu'on pourrait le penser, de cesser des fonctions près de lui [9]. » Le choix de Champagny pour le remplacer marque un pas supplémentaire dans la voie de l'asservissement de la diplomatie à Napoléon. À peine nommé, le nouveau ministre eut à s'occuper des affaires espagnoles. Il reconnaît lui-même la faible place qui lui fut laissée : « C'est, de tout mon ministère, l'événement auquel j'ai pris la moindre part, c'est aussi celui sur lequel je suis le moins dans le cas de m'étendre. L'Empereur conduisait lui-même la grande opération dont il avait conçu le projet [10]. » Cette passivité du nouveau ministre des Relations extérieures apparaît à nouveau en 1809, lors de la campagne d'Autriche. Champagny lui-même fait preuve d'une certaine naïveté dans ses confidences : « J'appris à Munich où je résidai deux jours qu'il était à Vienne ; ministre de la paix, j'avais de la peine à suivre son char de triomphe. C'est aussi là que je fus instruit des événements de Rome, le pape arrêté et transféré au loin de la ville où il régnait [11]. » Imagine-t-on ministre des Relations extérieures aussi mal informé de la situation diplomatique en Europe et réduit à prendre les ordres de Napoléon, terme qui revient sans cesse sous sa plume ? Champagny conduit toutefois les négociations de paix avec Metternich qui s'affirme dès cette époque comme l'homme fort de la diplomatie autrichienne. À trente-cinq ans à peine, il avait eu la lourde mission de représenter son pays à Paris, apprenant alors à connaître la France et son chef.

Revenu à Vienne au moment du conflit, il est choisi par l'empereur d'Autriche comme ministre des Affaires étrangères, en remplacement de Stadion ; il est chargé à ce titre d'engager les négociations avec son homologue français. Les Autrichiens cherchant à gagner du temps, Napoléon exige de traiter directement avec le prince de Liechtenstein, écartant de ce fait Metternich qui pourra ensuite se targuer de ne pas porter la responsabilité des accords passés. Un événement extérieur allait hâter la conclusion de la paix. Le 12 octobre 1809, alors qu'il procède à la revue des troupes au château de Schönbrunn, Napoléon est victime d'une tentative d'assassinat fomentée par un Allemand nommé Staps. Ce geste esquissé, car l'homme n'a pas eu le temps de tirer le couteau qu'il portait sur lui, inquiète l'Empereur en ce qu'il révèle une opposition sourde à son pouvoir. Le jeune homme interrogé par Napoléon continue à marteler son intention de tuer le tyran. Il est exécuté le 16 octobre. Deux jours avant, le traité de paix entre la France et l'Autriche a été signé à Schönbrunn. L'Autriche est contrainte de payer une forte contribution financière, s'élevant à quatre-vingt-cinq millions de francs ; elle doit céder des territoires en Pologne et au sud de son Empire, l'Istrie et une partie de la Croatie. Ces mesures sont lourdes pour l'Autriche qui plie dans l'espoir de jours meilleurs. Pour l'heure, l'alliance entre la France et l'Autriche est rétablie ; elle allait conduire au second mariage de Napoléon.

À l'automne de 1809, généraux et diplomates sont parvenus à imposer la loi française à l'Europe. Certes, le conflit perdure avec l'Angleterre et l'Espagne résiste aux armées de Napoléon, mais partout ailleurs la paix règne sur le continent ; elle devait durer jusqu'en 1812, permettant à l'Europe napoléonienne de se consolider. Mais les alliances nouées par la France avec ses principaux voisins restent précaires. La Prusse comme l'Autriche n'attendent qu'une occasion favorable pour défendre à nouveau leurs intérêts. La Prusse surtout, humiliée en 1807, s'est engagée dans une politique de régénération, conduite par Scharnhorst et Stein. En Autriche, Metternich incarne cette volonté de renouveau. La Russie elle-même s'inquiète de la volonté hégémonique de la France et ne tait pas ses craintes de voir ériger un vaste royaume de Pologne. Enfin, l'Angleterre, toujours en guerre contre la France, n'attend qu'un signe de ces puissances pour engager le dialogue avec elle. La paix est donc fragile ; c'est une paix armée, qui repose sur la présence de troupes nombreuses dans les pays conquis. Napoléon tente aussi de la consolider par des institutions nouvelles capables d'arrimer ces contrées à la France.

8

Un Empire aux dimensions de l'Europe

Au fil des guerres, la puissance impériale s'accroît, non seulement par l'extension du territoire français, mais aussi par la conquête d'espaces devenus de véritables protectorats de la France. La gestion de ce vaste ensemble alourdit considérablement les tâches du gouvernement, mais elle offre en même temps une aire d'expansion aux administrateurs français.

1. LE SORT DES ÉTATS SATELLITES

Lorsque Napoléon devient empereur, la France contrôle plusieurs États satellites, dénommés « républiques sœurs » dès l'époque du Directoire et réorganisés depuis. Ces républiques sont situées aux marges de la France et recouvrent les territoires actuels de l'Italie, de la Suisse et de la Hollande. L'avènement de l'Empire provoque leur transformation, car Napoléon ne peut concevoir qu'elles conservent leur forme républicaine.

L'Italie est sans conteste le pays qui tient le plus à cœur à Napoléon, pour des raisons culturelles, mais aussi parce que là est née sa légende en 1796, avant que son pouvoir s'y affermisse lors de la campagne de 1800. Pourtant Bonaparte n'a pas souhaité l'unifier, contrairement à ce qu'il proclamera à Sainte-Hélène. À l'aube de l'Empire, l'Italie reste donc divisée. Elle n'est toutefois pas encore complètement sous la tutelle française. Au nord-ouest, le Piémont a été rattaché à la France en septembre 1802, preuve que Bonaparte ne souhaite pas alors aller vers l'unification ; il est divisé en départements. Peu avant, la République cisalpine est devenue la République italienne. La Toscane a été confiée au gendre du roi d'Espagne, sous le nom de royaume d'Étrurie. Le duché de Parme forme également une entité à part, confiée à un administrateur français, Moreau de Saint-Méry, qui y introduit les lois françaises, préparant ainsi l'intégration à l'Empire qui aura lieu en 1808. De même, la république de Lucques avait été placée sous la direction de Saliceti en 1801.

L'avènement de l'Empire en France provoque quelques changements en Italie. Napoléon envisage, dès le début de l'année 1805, de transformer la République italienne en royaume et de le confier à son frère Joseph. Ce dernier refusant ce présent, Napoléon se décide à prendre lui-même le titre de roi d'Italie. Il se rend à Milan en mai pour y être couronné, en présence du cardinal Consalvi, secrétaire d'État du pape. L'Empereur décide alors de laisser sur place, avec le titre de vice-roi, son beau-fils, Eugène de Beauharnais. Ce dernier gouverne effectivement le royaume d'Italie, non sans recevoir de nombreux conseils de son beau-père. Cette mesure renforce le lien entre la France et l'Italie du Nord. La transformation en monarchie de la république d'Italie est complétée par plusieurs autres remaniements. La république de Lucques passe ainsi entre les mains de l'une des sœurs de Napoléon, Élisa, femme de Félix Bacciochi ; elle prend le titre de princesse de Lucques et de Piombino. Quelques jours plus tard, le 30 juin 1805, la République ligure, formée autour de Gênes, cesse d'exister pour être annexée à l'Empire dont elle forme trois départements. Napoléon, en guerre avec l'Angleterre, cherche déjà à affirmer son contrôle sur les côtes méditerranéennes. La victoire d'Austerlitz renforce encore l'influence française en Italie. Elle oblige en effet les Autrichiens à évacuer la Vénétie, rattachée au royaume d'Italie, aux termes du traité de Presbourg, à l'exception du Trentin donné à la Bavière. Quant au souverain de Naples, engagé dans la troisième coalition, il est contraint de se réfugier en Sicile et d'abandonner aux Français la partie continentale de son royaume. Joseph Bonaparte en prend possession militairement en février 1806, avant que son frère le nomme roi de Naples le 30 mars. L'extension française est enfin complétée, en novembre de la même année, par l'annexion d'une partie des États pontificaux, dans le souci de mieux contrôler les côtes. Cette annexion est aussi une manière de rappeler au pape Pie VII, peu enclin à soutenir la France en 1805, qu'il reste sous la tutelle de Napoléon.

L'Italie demeure divisée en plusieurs entités, mais elle est de plus en plus sous le contrôle de la France. Les derniers vestiges d'autonomie s'effondrent peu à peu. En décembre 1807, c'est le royaume d'Étrurie qui perd son indépendance, avant d'être rattaché à la France en mars 1808. Deux mois plus tard, le duché de Parme connaît le même sort. En avril, les Marches et le port d'Ancône sont détachés des possessions pontificales et annexés au royaume d'Italie. Surtout, depuis le mois de février, le processus devant conduire à la disparition des États du pape a été enclenché. Rome est occupée par les troupes françaises, avant d'être annexée en juin 1809, provoquant l'excommunication de Napoléon par le pape et, en représailles, l'internement de ce dernier. En 1809, l'Italie est divisée en trois parties : le royaume d'Italie couvre la partie septentrionale et orientale de la péninsule, l'ouest et le nord-ouest ont été rattachés à la France, le sud enfin forme le royaume de Naples. Seuls trois minuscules États dont la principauté de Lucques conservent un semblant d'autonomie. La situation de l'Italie ne devait pas se modifier jusqu'en 1814.

La Hollande avait été en 1796 la première à être constituée en république sœur, sous le nom de République batave. Réorganisé à partir de 1801, mais toujours en proie aux divisions politiques, le pays est réformé en 1805, sous l'égide de la France qui a maintenu une armée sur place. À l'heure où la guerre menace sur le continent, Napoléon souhaite être sûr de son flanc nord. Il confie donc à Schimmelpenninck, jusqu'alors ambassadeur de la République batave à Paris, le soin de prendre en main le pays avec le titre de grand pensionnaire, mais ce dernier ne parvient pas à s'imposer. Napoléon décide alors de transformer la Hollande en un royaume offert à son frère Louis. La République batave a cessé d'exister, et avec elle les derniers espoirs d'autonomie des Pays-Bas, même si le traité signé le 24 mai 1806 prévoit en principe le respect de son intégrité territoriale. Le nouveau roi eut toutefois le mérite de faire cesser les dissensions politiques qui régnaient dans le pays, en appelant les adversaires d'hier à collaborer au sein d'un gouvernement d'union nationale, quitte à contrarier les intentions de son frère. Par ses nombreuses lettres, Napoléon cherche à lui imposer ses volontés, sans toujours y parvenir. C'est pourquoi il songe, en mars 1808, à faire de Louis le futur roi d'Espagne. « Le climat de la Hollande ne vous convient pas, lui écrit-il. D'ailleurs la Hollande ne saurait sortir de ses ruines. Dans ce tourbillon du monde, que la paix ait lieu ou non, il n'y a pas de moyen pour qu'elle se soutienne. Dans cette situation de choses, je pense à vous pour le trône d'Espagne [1]. » Déjà, à cette date, Napoléon songe à annexer la Hollande à l'Empire, ce qu'il fera en 1810. Mais le refus de Louis le contraint à modifier ses projets. Le roi de Hollande, attaché à son royaume et à ses habitants, souhaite en effet poursuivre son action de remise en ordre institutionnelle et financière. De fait, les années 1806-1810 sont marquées par un effort législatif sans précédent. Mais la Hollande pâtit des effets du Blocus continental qui ruine son économie, alors qu'elle a déjà perdu ses colonies.

Le cas de la Suisse est particulier, tout en offrant certaines similitudes avec la Hollande. Une république sœur, la République helvétique, y avait également été formée en 1798, avant de succomber lors de la guerre de 1799. Comme les Pays-Bas, la Suisse est en proie à des divisions politiques en grande partie liées à son statut fédéral. Bonaparte met fin à ces luttes. En 1800, il oblige les cantons suisses à lui laisser le libre passage vers l'Italie, avant de leur imposer sa paix. Finalement, en 1803, il impose à la Suisse un acte de médiation, qui lui reconnaît son statut fédéral mais en fait en même temps un satellite de la France, puisque Bonaparte obtient le titre de « médiateur », ce qui lui offre les moyens d'intervenir dans le pays. La Confédération helvétique, composée de dix-neuf cantons, voit le retour en force des groupes qui dominaient avant la Révolution et retrouve un certain calme politique, mais au prix d'un fort contingent prélevé chaque année pour la Grande Armée. De plus, la neutralité suisse n'est qu'illusoire. Elle est brisée dès que Napoléon a besoin, comme en 1809, de s'appuyer sur ce pays charnière situé entre les deux grands ensembles du dispositif napoléonien, l'Italie et l'Allemagne.

La France est présente en Allemagne depuis 1795 ; elle contrôle en effet la rive gauche du Rhin. Lors de la paix de Lunéville en 1801, l'Autriche a reconnu la domination de la France sur cet espace qui a été découpé en quatre départements. Depuis 1802, ils sont administrés exactement selon le modèle français, c'est-à-dire par des préfets qui communiquent directement avec le ministre de l'Intérieur, sans l'intermédiaire d'un commissaire, comme par le passé. Désormais la France tourne ses regards vers l'Allemagne continentale, encore constituée d'une poussière d'États. Au lendemain de la paix d'Amiens, Bonaparte impose à l'Empire allemand une réorganisation territoriale dont le principal effet est de réduire le nombre des États : les villes libres notamment et les principautés minuscules en font les frais au profit d'États dont les frontières s'élargissent. Les principaux bénéficiaires de ces transformations sont des pays proches de la France, à l'image de la Bavière, du pays de Bade ou du Wurtemberg. Composé de plus de trois cent cinquante États à la veille de la Révolution, l'Empire allemand n'en compte plus qu'une soixantaine en 1805, lorsque s'amorce la guerre de la troisième coalition qui va bouleverser cet espace.

La paix de Presbourg provoque une nouvelle organisation de l'Allemagne. Un nouvel État, le duché de Berg et de Clèves, est créé en mars 1806, à la suite de la réunion des anciens duchés de Clèves, cédé par la Prusse, et de Berg, donné par la Bavière. Napoléon le confie à son beau-frère Murat. Les États vassaux de la France, comme la Bavière, sont renforcés grâce à des gains territoriaux. C'est le prélude à l'établissement de la Confédération des États du Rhin, fondée sur les débris du Saint-Empire romain germanique qui remontait lui-même à l'époque carolingienne. L'acte de naissance de la Confédération est signé le 12 juillet 1806, sept mois après la victoire d'Austerlitz dont elle est une des conséquences. La Confédération réunit d'abord une quinzaine d'États, dont les plus importants sont le royaume de Bavière, le royaume de Wurtemberg, le duché de Bade et le duché de Berg et de Clèves, auxquels viennent s'ajouter plusieurs principautés de plus petite taille. La présidence de cette Confédération est confiée à Karl-Theodor von

Dalberg, prince-archevêque de Mayence depuis 1802, et qui prend lors de la formation de la Confédération le titre de prince-primat, mais elle est surtout placée sous la protection de Napoléon qui en est le principal guide. Chaque État conserve son mode d'organisation et ses lois, mais la réforme conduit à un renforcement de la tutelle française sur ce territoire qui correspond à la partie occidentale et méridionale de l'Allemagne. Napoléon forge ainsi face à l'Autriche et à la Prusse un troisième bloc germanique, susceptible de contrecarrer les ambitions des deux premiers.

La Confédération est une alliance militaire, selon laquelle chaque État adhérent fournit des troupes à la Grande Armée de Napoléon qui en échange s'engage à protéger l'intégrité territoriale de la Confédération. C'est en vertu de cette alliance que Napoléon mobilise les troupes de la Confédération en août 1806, lorsque la menace prussienne se précise. La défaite de la Prusse à la fin de l'année provoque un nouvel agrandissement de la Confédération. À partir de décembre 1806, six nouveaux États la rejoignent, dont le royaume de Saxe, puis une série d'alliances renforce encore son poids, sans parler de la formation du royaume de Westphalie, confié en 1807 à Jérôme Bonaparte, et qui fait partie intégrante de la Confédération. En 1808, elle compte trente-huit États et rassemble quatorze millions d'habitants. Après la guerre de 1809, et quelques remaniements territoriaux effectués aux dépens de la Prusse, la Confédération atteint son apogée. Elle est alors censée fournir près de cent vingt mille soldats à Napoléon et forme ainsi l'un des fleurons du système napoléonien. Avec la constitution de la Confédération du Rhin, le Saint-Empire romain germanique a définitivement cessé de vivre.

Aux marges de l'Europe, les conquêtes napoléoniennes connaissent des sorts divers. La campagne de 1807 contre la Prusse et la Russie donne naissance, aux termes du traité de Tilsit, à un grand-duché de Varsovie bâti sur les dépouilles prussiennes et confié au roi de Saxe, Frédéric-Auguste. Certes, la Pologne est loin de retrouver les frontières qui étaient les siennes avant les trois partages de la fin du XVIIIe siècle, mais elle existe de nouveau. Elle reste néanmoins sans accès à la mer, coincée entre la Prusse, l'Autriche et la Russie qui pourtant s'inquiète de sa renaissance, surtout après la campagne de 1809. La défaite de l'Autriche entraîne l'agrandissement de la Pologne à ses dépens, en Galicie. Le grand-duché de Varsovie forme alors un espace de 157 000 km², peuplé d'un peu plus de trois millions d'habitants. Les défaites autrichiennes ont également pour effet de doter la France de territoires au sud-est de l'Europe, sur l'autre rive de la mer Adriatique. Après avoir occupé la Dalmatie en 1806, la France s'empare en 1809 de la Carinthie, d'une grande partie de la Croatie et de quelques autres territoires voisins. Elle décide de les réunir dans un même ensemble, en créant en octobre 1809 les Provinces Illyriennes. Dans l'esprit de

Napoléon, il s'agit avant tout d'une marche militaire, destinée à protéger la France et l'Italie, face à l'Autriche et, le cas échéant, à l'Empire ottoman. L'Empereur cherche aussi à rallier à sa cause les Slaves du Sud pour leur montrer qu'ils peuvent avoir un autre protecteur que la Russie, d'autant plus que les populations des Provinces Illyriennes sont majoritairement catholiques. Il réussit au-delà de ses espérances puisque les Serbes orthodoxes, soulevés contre les Turcs, demandent sa protection à Napoléon, en vain il est vrai. Depuis 1807, les Français tiennent aussi les îles Ioniennes, mais la défense de cet archipel, clef de l'Adriatique, se révèla incommode face aux attaques anglaises qui reprennent Ithaque, en 1809, et bloquent Corfou jusqu'en 1814. Toutefois, la possession de ces territoires aux confins des Balkans atteste de l'étendue de l'influence napoléonienne.

Pourtant, l'hégémonie française a atteint ses limites. Napoléon ne parvient pas à s'implanter complètement dans la péninsule Ibérique, malgré des efforts constants. Profitant de la crise politique, il fait reconnaître son frère Joseph par une assemblée de notables espagnols réunis à Bayonne. Il leur demande aussi d'approuver une Constitution qui octroie à l'Espagne certains des principes de 1789, comme l'égalité civile ou la liberté religieuse. Cette Constitution imposée au peuple espagnol ne rencontre qu'un faible écho. Dans ces conditions, la domination française sur l'Espagne ne pouvait qu'être précaire et incomplète, l'action des armes prenant le pas sur les réformes politiques. La résistance espagnole provoqua une certaine contagion en Europe, notamment dans le Tyrol où l'aubergiste Andreas Hofer tente de soulever ses compatriotes en 1809, en Italie du Sud où naît alors la Charbonnnerie, et en Illyrie. Ces manifestations d'hostilité marquent le mécontentement d'une partie des populations européennes à être maintenues sous le joug de la France.

2. Le système napoléonien

À lire la carte de l'Europe vers 1809, moment qui fixe véritablement l'apogée impérial, on est frappé par l'apparent désordre qui règne dans son organisation. Autour d'une France de cent vingt départements, certains États ont été confiés à un monarque appartenant à la famille de l'Empereur, d'autres sont restés entre les mains de leur souverain. Napoléon a donc oscillé sans cesse entre l'annexion, le contrôle indirect par un proche et la satellisation. Pourtant, derrière cette agglomération de situations diverses, une stratégie est décelable. Elle vise certes à souder les États de l'Europe napoléonienne à la France, mais elle cherche aussi à leur insuffler l'esprit français, à des doses variables selon les pays, car

Napoléon considère que seule la destruction de la féodalité rendra solide la construction de ces États.

Le paradoxe veut que cette lutte contre la féodalité se soit appuyée sur la mise en place de liens de type féodal, par lesquels le suzerain Napoléon déléguait une fraction de son pouvoir à des vassaux choisis parmi les siens. Cette stratégie débute en 1805 avec le choix d'Eugène de Beauharnais comme vice-roi du royaume d'Italie. Le premier servi aurait dû être Joseph, l'aîné de la famille, mais son refus bouscula les plans de Napoléon. Très vite pourtant, en 1806, Joseph est placé sur le trône de Naples, avant de monter sur celui d'Espagne. Dans l'un et l'autre cas, l'aîné de la famille Napoléon remplace un Bourbon et détruit ainsi, au moins momentanément, la puissance d'une famille qui dominait le sud de l'Europe et incarnait l'absolutisme. Il ne fait aucun doute que Napoléon songe à Louis XIV lorsqu'il procède au choix de Joseph pour le trône d'Espagne. De même, lorsque le deuxième frère de l'Empereur, Louis, obtient la Hollande, il est mis en possession d'une des anciennes puissances rivales du Roi-Soleil. Le choix fait d'Élisa Bacciochi pour le royaume d'Étrurie a moins de valeur. En revanche, la désignation de Murat et Caroline pour le grand-duché de Berg, puis celle de Jérôme pour le nouveau royaume de Westphalie revêtent une plus grande importance, car Napoléon entend faire de ces États des modèles dans la reconstruction de l'Allemagne. Il poursuit du reste cette stratégie familiale en remplaçant Joseph par Murat à Naples, en 1808, et en imposant à la tête du grand-duché de Berg son neveu Napoléon-Louis, âgé de quatre ans seulement. Il ne s'agit pas simplement de placer les siens en Europe, selon un procédé clanique bien connu. Napoléon espère aussi faire de sa famille un élément fédérateur qui cristallise l'adhésion des peuples par-delà les diversités nationales et linguistiques. De ce point de vue, l'Empereur n'a jamais caché que ses proches n'étaient que des prête-noms, tout juste bons à appliquer sa politique dans les pays confiés à leur garde.

La politique familiale est complétée par une stratégie matrimoniale qui doit permettre aux Bonaparte d'entrer dans le concert des grandes familles européennes. Napoléon renoue avec la tradition du pacte des familles. Le mariage est ainsi un garant des alliances passées. Déjà, Bonaparte avait mis un soin jaloux à bien marier ses sœurs, donnant l'une, Pauline, au général Leclerc, l'autre, Caroline, au général Murat, regrettant que l'aînée, Élisa, ait épousé le modeste Bacciochi. De même, pour ses frères, s'il a admis l'union entre Joseph et la fille d'un riche commerçant de Marseille, Julie Clary, puis favorisé le mariage de Louis avec Hortense de Beauharnais, il ne supporte pas le remariage de Lucien avec Alexandrine de Blescham, veuve de l'agent de change Jouberthon, et rompt avec lui. Quant à Jérôme qui avait convolé aux États-Unis avec Elizabeth Patterson, la fille d'un négociant de Baltimore, il le contraint à divorcer bien qu'il ait déjà un fils. L'attention portée par Napoléon à la question du mariage de ses proches est donc particulièrement aiguë. Du reste, dès 1804, il a fait inscrire dans la Constitution de l'an XII l'obligation pour les princes français de demander l'autorisation de l'Empereur pour se marier. Il réaffirme cette obligation dans le statut particulier de la famille impériale, promulgué en mars 1806. C'est avec la proclamation de l'Empire, puis l'essor des conquêtes, que Napoléon se lance dans cette politique matrimoniale dont l'aboutissement est son propre mariage avec Marie-Louise d'Autriche en 1810. Auparavant, en janvier 1806, il a marié son beau-fils, Eugène, après l'avoir officiellement adopté, avec la fille du roi de Bavière, Augusta. Quelques semaines plus tard, c'est au tour de Stéphanie de Beauharnais, elle aussi adoptée par Napoléon, d'épouser l'héritier du grand-duc de Bade. En août 1807, se déroule enfin le mariage entre son frère Jérôme et la fille du roi de Wurtemberg, Catherine. Les trois piliers de l'alliance française en Allemagne, États fondateurs de la Confédération du Rhin, sont associés un peu plus étroitement à la France par ces mariages princiers.

À Sainte-Hélène, Napoléon regrettera la place faite à ses frères dans le dispositif impérial et minimisera son action dans ce domaine : « Le choix des dynasties n'est et ne doit être qu'une question secondaire. Sans doute les liens de famille ont quelque valeur ; mais cette valeur est tellement passagère, si souvent démentie par l'histoire, qu'elle ne m'a jamais influencé dans le choix que j'ai fait de mes frères pour rois de Hollande, de Westphalie, de Naples, d'Espagne, car, en les couronnant, je ne les considérais dans ma pensée que comme des vice-rois, des agents de ma politique, que je rappellerais dans les rangs français suivant les exigences des arrangements définitifs de la paix générale ou de la réorganisation du continent européen [2]. » En réalité, lorsque Napoléon place les membres de sa famille sur le trône des pays conquis et procède à des alliances matrimoniales avec des États voisins, il songe avant tout à fonder une dynastie dont la survie est mal assurée de son côté, puisqu'il croit alors ne pas pouvoir avoir d'enfant. Il se reporte donc sur les siens. La quatrième dynastie doit s'épanouir grâce aux neveux de l'Empereur. Son enracinement sera d'autant plus profond qu'elle aura su nouer son destin à celui des grandes familles régnant en Europe. Comme le dira Napoléon après son second mariage : « En épousant une archiduchesse, j'ai voulu unir le présent et le passé ; les préjugés gothiques et les institutions de mon siècle [3]. » Les propos de Napoléon à Sainte-Hélène ne dissimulent cependant pas l'emploi qu'il entendait faire de ses frères, transformés en « agents de sa politique ». La correspondance qu'il échange avec eux ne laisse à ce sujet aucun doute. Dans les récriminations qu'elle contient figure aussi la preuve qu'ils ont plus d'une fois agi à leur guise.

Lassé des incartades de ses frères, Napoléon expérimente, à partir de 1808, une autre solution dans la gestion des pays conquis. Profitant de la vacance du grand-duché de Berg, que Murat a quitté pour devenir roi de Naples, il prend en charge directement sa gestion, puis l'attribue nominalement au jeune fils de son frère Louis, Napoléon-Louis, alors âgé de quatre ans. Son but est d'en mieux contrôler l'administration. Pour ce faire, il envoie sur place le comte Beugnot, qui venait de se former aux réalités allemandes dans le royaume de Westphalie. Beugnot est le type du « haut fonctionnaire », prêt à servir en toute circonstance les intérêts de l'État. Après avoir été député sous la Révolution, il a rejoint le ministère de l'Intérieur sous Lucien Bonaparte, contribuant à ce poste à la mise en place de l'administration préfectorale, avant de prendre lui-même du service à la préfecture de Seine-Inférieure. Entré ensuite au Conseil d'État, il est nommé ministre en Westphalie dès la formation du royaume puis passe dans le grand-duché de Berg. À Düsseldorf, capitale de cet État, il est un simple exécutant des décisions de Napoléon, tremblant devant son maître, malgré une stature de géant. Lorsque Napoléon, au cours de la campagne de 1809, s'arrête dans le duché, il prend même en main directement les affaires politiques, présidant notamment un conseil d'administration, c'est-à-dire une réunion rassemblant les ministres du duché et des collaborateurs de Napoléon : « J'attendais de pied ferme le conseil d'administration, raconte Beugnot, où il me semblait que l'Empereur serait bien disposé. Je me trompais : ce conseil fut orageux, et j'en payai tous les frais. Il était composé de M. le duc de Bassano, du prince de Neufchâtel, de M. Daru, de MM. Roederer et de Nesselrode, ministres du grand-duché. L'Empereur m'attaque sur ma comptabilité qu'il décompose à sa manière et qu'il trouve mal tenue [4]. » Après avoir passé au crible les affaires du duché, Napoléon préside le Conseil d'État « où, précise Beugnot, il accabla sous l'admiration les bons Allemands, qui ne devinaient pas comment leurs intérêts lui étaient devenus familiers [5] ». Malgré les reproches que lui avait adressés Napoléon, Beugnot reste en poste à Düsseldorf jusqu'en 1813, de même que Roederer, signe de l'importance accordé à cet État qui doit faire figure de place avancée de l'esprit français dans l'espace allemand. Napoléon veut qu'il devienne un modèle pour les autres royaumes de la Confédération du Rhin et a chargé Beugnot d'y introduire les réformes indispensables à ses yeux à la modernisation du pays : abolition du servage et de la féodalité, introduction du Code Napoléon. Mais c'est dans une autre partie de l'Allemagne, dans le nouveau royaume de Westphalie, que les projets mis en place pour proposer un État modèle sont les plus avancés.

Napoléon veut introduire en Allemagne les principes et les méthodes de gouvernement qui se sont imposés en France. Jérôme, nommé à la tête de ce royaume en juillet 1807, part pour Cassel, la capitale de la Westphalie, avec le texte d'une constitution à la rédaction de laquelle il n'a pris aucune part, mais qui repose sur le principe de l'égalité de droit : « Mon intention d'ailleurs, déclare Napoléon à son frère, en vous établissant dans votre royaume, est de vous donner une constitution régulière qui efface dans toutes les classes de vos peuples ces vaines et ridicules distinctions [6]. » Rédigée par Cambacérès et Regnaud de Saint-Jean-d'Angély, elle s'inspire largement du modèle français, tout en essayant de tenir compte des traditions allemandes. L'article 10 dispose notamment : « Le royaume de Westphalie sera régi par des constitutions qui consacrent l'égalité de tous les sujets devant la loi et le libre exercice des cultes. » Dans un pays encore marqué par le servage et l'unicité religieuse, cette disposition peut apparaître comme révolutionnaire. La féodalité disparaît officiellement, mais la noblesse n'est pas supprimée. Elle ne donne droit cependant à aucune exemption ni à aucun droit particulier aux emplois civils. L'égalité devant l'impôt est également proclamée. Ces changements sont considérables, de même que l'organisation du pouvoir politique. Certes, le régime monarchique subsiste, mais il est doté de contre-pouvoirs, trois ministres, un Conseil d'État d'une vingtaine de membres chargé de rédiger les lois, une assemblée enfin, les États du royaume, composée de cent membres représentant comme en France les diverses catégories de notables. Mais le poids de chacun est fixé : sur cent députés, soixante-dix doivent être des propriétaires, c'est-à-dire des nobles, quinze des négociants ou fabricants et quinze des savants ou des hommes qui se sont particulièrement illustrés. Cette répartition en trois classes est appelée à un avenir durable dans les assemblées allemandes du XIXe siècle. Elle sanctionne le poids de la noblesse parmi les notables du pays. Comme en France après la suppression du Tribunat, les projets de loi sont discutés au sein de commissions avant le vote en séance plénière. Il n'est pas prévu en revanche de chambre haute, correspondant au Sénat. Le décalque du modèle français ne s'arrête pas là. Le territoire est découpé en départements, districts, cantons et municipalités, administrés à la manière des circonscriptions françaises. Le système judiciaire se coule dans ce moule, depuis le juge de paix jusqu'à la Cour de cassation, fonction remplie par le Conseil d'État. La Westphalie adopte aussi le système des poids et mesures et une monnaie unique. Enfin, le Code Napoléon a force de loi dans le royaume. Et bien sûr la conscription doit permettre le recrutement d'une armée de vingt-cinq mille soldats que l'État s'est engagé à fournir à Napoléon.

Pour mettre en place cette nouvelle législation, l'Empereur a également prêté à son frère Jérôme certains de ses meilleurs collaborateurs, en particulier Beugnot déjà évoqué, Jollivet et Siméon, tous trois issus du Conseil d'État et qui forment le Conseil de régence, mis en place à compter du 1er septembre 1807. Lorsque Jérôme s'installe à Cassel, ces trois hommes deviennent respectivement ministre des Finances, ministre du Trésor et ministre de l'Intérieur et de la Justice, les deux charges étant alors couplées. Beugnot ne reste que quelques mois en Westphalie, avant de prendre en charge l'administration du grand-duché de Berg. Jollivet eut des rapports difficiles avec Jérôme. Siméon, en revanche, est l'un des grands artisans de la construction de l'État westphalien. Juriste de formation, cet avocat d'Aix, député modéré sous la Révolution et qui était alors favorable à une monarchie constitutionnelle, avait participé à la rédaction du Code civil alors qu'il appartenait au Tribunat. Il était ensuite devenu conseiller d'État, avant de partir pour la Westphalie à la demande de Napoléon qui le considère toujours comme l'un des siens, ce qui montre la faible autonomie laissée au départ à son frère. Excellent juriste, Siméon ne connaît pas l'allemand, ce qui complique sa tâche. Pourtant il entreprend une œuvre de réforme de tout premier plan, comparable à ce qu'a connu la France du Consulat. Il organise le pays, prenant soin de nommer à tous les échelons des Allemands, met en place les réformes judiciaires et fait appliquer la suppression des droits féodaux, rendue compliquée par la forte pression de la noblesse qui obtient finalement qu'une partie de ses droits soit rachetée par les paysans. En deux ans, Siméon accomplit donc un travail considérable, grâce à l'appui de quelques autres Français, dont Jacques de Norvins, secrétaire général du gouvernement et en même temps rédacteur en chef du *Moniteur westphalien*, conçu sur le modèle de son homologue français. Il obtient aussi le soutien d'une intelligentsia allemande qui a vu dans la présence française une chance de développement. Des hommes comme Jean de Müller, historien suisse francophile, ministre des Affaires étrangères du royaume, croient dans les bienfaits de la législation importée de France. Pourtant les réformes tardent à porter leurs fruits, les habitants voyant surtout les dépenses d'une cour fastueuse qui, aux dires de tous les observateurs, cherche par trop à imiter la cour des Tuileries. « La cour de Westphalie était malheureusement une contre-épreuve ardente de la cour impériale ; la richesse des costumes était effrayante », note ainsi Norvins [7]. Mais ces débordements ne remettent pas en cause l'essentiel. Les réformes introduites en Westphalie ont une influence durable dans l'Allemagne du XIXe siècle.

Napoléon offre le royaume de Westphalie en modèle aux autres États de la Confédération du Rhin, mais il ne leur impose pas de transformations radicales. Chaque pays reste souverain et libre d'emprunter la voie tracée par la France. Certains, comme la Saxe ou le Mecklembourg, gardent leurs anciennes institutions et pratiquent un pouvoir relativement arbitraire. D'autres, en revanche, adoptent des institutions calquées sur le modèle français. Hormis la Westphalie, cinq États se dotent d'une Constitution : la Bavière en mai 1808, le duché de Bade entre 1807 et 1809, le grand-duché de Francfort et le duché d'Anhalt-Köhlen en 1810, le grand-duché de

Berg enfin en 1812. Toutes ces Constitutions ont pour principal effet une réorganisation de l'État qui passe par de nouvelles structures administratives et un renforcement de l'exécutif. Le pouvoir législatif n'a en général que des compétences restreintes, l'approbation sans débat des lois et le vote du budget sans amendement possible. De plus, les chambres sont rarement rassemblées ; en Bavière elles ne se réunissent jamais. Même si elles donnent peu de pouvoirs à la représentation nationale, qui ne représente elle-même que l'élite du pays, ces constitutions ont cependant pour résultat d'introduire en principe l'égalité de tous devant la loi et devant l'impôt, le libre accès des habitants aux fonctions publiques, la liberté des personnes et le respect de la propriété, l'indépendance de la justice, dans des États naguère encore dominés par le féodalisme. La Constitution incarne donc, dans sa terminologie même, le principe révolutionnaire, ce qui explique qu'elle puisse être ensuite revendiquée par les adversaires de l'absolutisme, y compris par ceux qui avaient combattu Napoléon.

La transformation de la république d'Italie en royaume a également entraîné quelques modifications de la Constitution : le Conseil législatif devient Conseil d'État et la Consulte se transforme en Sénat, composé de membres de droit, après l'extension du royaume par l'annexion des Marches, d'Ancône et de la Vénétie. La tradition constitutionnelle se poursuit donc dans l'Italie du Nord, même si la pratique laisse peu de place aux débats politiques à la chambre, ni *a fortiori* dans le pays, soumis à la censure et aux restrictions concernant les libertés essentielles. Pourtant, il est extrêmement important qu'ait été ainsi confirmée la légitimité du principe constitutionnel. En outre, l'Italie du Nord s'est dotée d'institutions qui la font entrer dans l'époque moderne : une justice rénovée, à partir de 1806 — les juges sont désormais nommés et inamovibles, le Code civil est introduit —, une monnaie unique (la lire établie en 1808 avec une parité avec le franc), un cadastre qui permet une plus juste répartition de l'impôt foncier, la conscription enfin. Au sud de l'Italie, les réformes ne sont pas poussées aussi loin. Ce n'est qu'en 1808, à l'époque où Murat est devenu roi de Naples, qu'est promulguée la Constitution du royaume ; elle s'inspire également du modèle français. Contrairement à celle du royaume d'Italie, elle ne fut jamais appliquée. En revanche, le régime féodal est aboli et la justice est réformée, avec notamment l'introduction du Code civil. Néanmoins, les résistances aux libertés modernes furent trop fortes dans cette région, où les rares patriotes avaient été éliminés au cours de la répression des années 1799-1806. Ainsi le visage politique de l'Italie apparaît contrasté dès la fin de l'Empire. Il oppose une Italie du Nord, très pénétrée par les réformes françaises et où le désir d'un régime constitutionnel, fondé sur les libertés essentielles, demeurera vivace dans la première moitié du XIXe siècle, et une Italie du Sud où, pour des raisons internes — le poids plus fort des structures féodales — mais aussi externes — la conquête tardive par la France — les réformes ont moins imprégné la société. L'expérience française a cependant joué un rôle indéniable dans la prise de conscience des Italiens de former une seule nation.

En Espagne, la conquête du pays s'accompagne également d'une transformation de ses structures. Le 7 juillet 1808, Napoléon fait adopter une Constitution par une assemblée de notables réunis en hâte à Bayonne. Cette Constitution est placée sous l'invocation de Dieu et rappelle en tout premier lieu que le catholicisme est la religion du « roi et de la nation ». Mais l'Inquisition est abolie. Le pouvoir est partagé entre le monarque et une chambre, les Cortès, « ou assemblée de la nation », qui reproduit dans sa représentation les trois ordres de la société d'Ancien Régime : le clergé (vingt-cinq archevêques ou évêques), la noblesse (vingt-cinq grands du royaume) et le peuple (cent vingt-deux membres choisis parmi les propriétaires d'Espagne et des colonies). Ce texte instaure donc en Espagne un régime constitutionnel qui, malgré les concessions apparentes à l'Ancien Régime (reconnaissance de la religion catholique comme religion d'État et maintien du clergé comme premier ordre de la société) entend en fait s'appuyer, comme en France, sur les couches intermédiaires, à savoir la bourgeoisie. C'était oublier qu'en Espagne la bourgeoisie n'existait guère et que, à l'inverse, l'Église y était toute-puissante. Le pays refuse donc une Constitution et un souverain d'importation. Mais l'objectif de Napoléon était bien de séduire les Espagnols par la concession de droits qui leur étaient totalement étrangers.

Le contrôle de la France sur l'Europe n'aurait pu s'opérer sans le concours d'une partie des populations locales. Or, au moins dans la première partie de son règne, Napoléon y trouve des hommes favorables à l'importation des lumières qu'il leur propose. Souvent issus de la bourgeoisie éclairée, certains ont épousé la cause jacobine comme en Italie, avant d'accepter la tutelle napoléonienne, d'autres ont en revanche conservé leurs préférences monarchiques, mais ils souhaitent la disparition de la féodalité. C'est au sein de ce groupe que les Français recrutent les employés nécessaires à la bonne marche de l'administration qu'ils mettent en place ; en Espagne, on désigne ces hommes par le nom d'*Afrancesados*. En Italie, ils formeront l'ossature du courant libéral dans les années 1820. La présence française a également pu s'appuyer sur le réseau maçonnique qui se reconstitue alors à travers toute l'Europe. Tous les membres de la famille impériale qui occupent un trône à partir de 1806 sont francs-maçons, à l'image de Joseph, initié en 1793 à Marseille, de Louis, de Jérôme, reçu dans la maçonnerie à Toulon en 1801 et de Murat. Les loges de leur pays d'adoption ont donc été un lieu de rencontre entre représentants français et élites locales. Le phénomène est particulièrement marqué en Westphalie où la franc-maçonnerie est réorganisée par Siméon qui en devient le grand

maître ; son succès est important, notamment auprès des fonctionnaires locaux, mais aussi des commerçants et membres de professions libérales, c'est-à-dire cette élite urbaine au sein de laquelle
la France trouve ses meilleurs soutiens. Les francs-maçons de
Westphalie sont reconnaissants à leur roi d'avoir rétabli leurs loges
dont les réunions étaient interdites sous le régime précédent. À
Naples, Joseph puis Murat contribuent avec succès au développement des loges qui recrutent dans les mêmes couches de la population. Elles ont servi à faire passer les idéaux français auprès d'une
partie de la population, toutefois minoritaire dans ces pays où
domine l'aristocratie foncière. Ailleurs, en Hollande ou en
Espagne, la greffe maçonnique n'a pas pris et les loges sont restées
fréquentées essentiellement par des Français, en particulier des
officiers, auxquels se joignent en Espagne quelques *Afrancesados*.
Il ne faut donc pas majorer l'importance de la franc-maçonnerie,
même si dans certains cas elle a favorisé la pénétration des
principes imposés par la France, notamment en Allemagne, en
Pologne et en Italie.

3. La centralisation napoléonienne

L'élargissement du Grand Empire rend son contrôle de plus en
plus compliqué. Même si les régions les plus éloignées conservent
une certaine autonomie, Napoléon a tenu à unifier cet espace. Il n'y
parvient qu'imparfaitement, mais favorise tout de même une centralisation qui tend à faire de Paris la capitale, non plus de la seule
France, mais de l'Europe napoléonienne. C'est en partie par la
force, notamment sur le plan économique, que s'impose cette unité.
La centralisation passe d'abord par le contrôle des actes gouvernementaux des États vassaux. Napoléon garde un œil sur
l'ensemble des lois qui y sont adoptées et incite leurs souverains
à s'inspirer du modèle français. Le Code civil reste le symbole
de cette volonté d'unification à travers l'espace européen. Bigot de
Préameneu parle à son propos d'une « arche sainte pour laquelle
nous donnerons aux peuples voisins l'exemple d'un respect religieux [8] ». De fait, dès 1805, Napoléon en a imposé la diffusion aux
espaces sous domination française. Ce fut d'abord le royaume
d'Italie, puis une grande partie de l'Allemagne, la Hollande, les
Provinces Illyriennes, le royaume de Naples et la Pologne elle-
même qui l'adoptèrent, avec parfois certaines atténuations du texte
original, par exemple en Pologne. Certes, son introduction n'a pas
été uniforme, mais le Code civil façonne de nouvelles relations
sociales dans l'Europe napoléonienne ; il parachève la destruction
de la féodalité et, sauf en certains cas, laïcise le mariage qui devient
un contrat civil, avant que d'être religieux. Il s'ensuit une relative

transformation dans les manières de vivre en société, de tester, de se marier, de concevoir la place des enfants dans la famille. La modernisation du droit engendrée par le Code civil a contribué à une uniformisation des rapports sociaux à travers l'Europe, d'autant mieux que la trace laissée s'est perpétuée dans bien des pays au-delà de l'épisode napoléonien.

La langue française est également un facteur d'unité, même si elle n'est pas imposée systématiquement aux pays conquis. Mais pour y faire carrière, mieux vaut la maîtriser. L'héritage du Siècle des Lumières où le français dominait dans l'Europe lettrée a de ce point de vue servi les intérêts de Napoléon, en Italie, en Pologne ou en Allemagne. La pression du français est telle qu'on en vient à s'interroger sur la persistance des autres langues. Mme Reinhard, elle-même allemande et femme du diplomate bientôt en poste en Westphalie, rapporte ce trait à sa mère : « Avant-hier, on causait dans mon salon et on se demandait si l'Allemagne et la langue allemande étaient destinées à disparaître entièrement. » Sur ces entrefaites intervient un convive qui prend la défense des Allemands : « Ils ne se décourageront pas et resteront fortement unis, même s'il leur arrivait de n'avoir plus de patrie [9] ! » L'homme qui parlait ainsi dans le salon de Mme Reinhard n'était autre que Goethe. Il exprimait sans nul doute un sentiment partagé par la majeure partie de la population où l'on ignore le plus souvent le français, ce qui oblige à de nombreuses traductions pour faire connaître les actes du gouvernement. Quelque temps après, Reinhard lui-même, nommé chargé d'affaires de la France en Westphalie, fait dans un rapport l'observation suivante : « Dans trois ministères au moins toutes les affaires se traitent en français, les discussions du Conseil d'État ont lieu en français, la rédaction des décrets est française, les traductions allemandes sont sans uniformité et souvent inexactes. » Un décalage se creuse donc entre l'administration et le peuple, ce qui ne favorise sans doute pas l'adoption des principes venus de France. Il va de soi, dans ce contexte, que l'apprentissage de la langue de l'occupant devient une nécessité pour qui veut faire carrière dans l'État. En revanche, le refus de s'y plier peut être une manifestation d'hostilité à l'égard de la France.

L'unification de l'espace européen se traduit aussi par une centralisation grandissante qui s'exprime par l'édification d'un vaste réseau routier au départ de Paris, nécessaire à des communications rapides entre les diverses parties de l'Empire. Déjà en 1799, Bonaparte avait pris conscience de la nécessité d'un tel effort. Six ans plus tard, il reste encore du travail à accomplir, comme il l'écrit à Cretet, directeur des Ponts et Chaussées : « Il est impossible d'être plus mécontent que je ne l'ai été des chemins de Lyon jusqu'à Roanne. J'ai cru me trouver à l'époque de la désorganisation de la France. Le chemin n'est pas meilleur le reste de la route. On ne peut attribuer cela au défaut d'argent. Mes ordres sont positifs. Les chemins de Paris à Turin doivent toujours être tenus dans le meilleur état possible [10]. » En 1805, au moment où Napoléon est couronné roi d'Italie, la route vers cette péninsule lui apparaît comme l'une des plus importantes : « De tous les chemins ou routes, ceux qui tendent à réunir l'Italie à la France sont les plus politiques », s'exclame-t-il alors. Pour cette raison, les passages à travers les Alpes sont particulièrement soignés : en octobre 1805 commencent les travaux du col du Simplon, tandis que le passage du Cenis est également aménagé pour finalement s'imposer, car il privilégie la place de Lyon que Napoléon entendait favoriser, après avoir même un temps songé à en faire la capitale de l'Empire. Mais l'une et l'autre voies vers l'Italie obtiennent un égal traitement de faveur. L'objectif du régime est de favoriser les échanges, notamment commerciaux, entre la France et sa voisine.

Pour mettre en œuvre cette politique de grands travaux, l'administration des Ponts et Chaussées a été réorganisée en août 1804. Elle est placée sous la tutelle du ministre de l'Intérieur, mais l'importance que lui accorde Napoléon et le budget qu'elle gère en font l'équivalent d'un véritable ministère. Son directeur général est un des hauts personnages de l'État : Cretet qui occupe ces fonctions jusqu'en 1806 devient un peu plus tard ministre de l'Intérieur, comme Montalivet qui l'avait remplacé à la tête des Ponts et Chaussées. Cette administration regroupe un corps de près de quatre cent cinquante ingénieurs, dont environ cent trente ingénieurs en chef, auquel il faut ajouter trois cent cinquante conducteurs des Ponts et Chaussées. Dans chaque département, un ingénieur en chef sert de conseiller du préfet en matière de construction et d'entretien des routes. L'action de ces hommes a été considérable. Les Ponts et Chaussées ont dépensé en moyenne chaque année soixante-dix millions de francs à l'entretien des routes, mais aussi à l'édification de ponts, à l'aménagement de canaux, voire à la reconstruction de villes, comme La Roche-sur-Yon. Cet effort a du reste permis d'embaucher un nombre important d'ouvriers sans emploi, ou de mobiliser mendiants et prisonniers de guerre à cette fin. L'utilité sociale des grands travaux d'infrastructure commandés par l'État n'a pas échappé à Napoléon.

Finalement s'épanouit en étoile à partir de Paris un réseau routier dont les principales voies s'étendent au-delà des frontières naturelles de la France vers l'Allemagne, l'Italie, l'Espagne et la Hollande. Ce système est codifié en 1811 par un décret qui prévoit un nouveau classement des routes en fonction de leur importance stratégique. La première catégorie regroupe les routes impériales, entièrement prises en charge par le Trésor ; elles correspondent aux grands axes qui relient à Paris les grandes villes et les capitales des principaux États vassaux de la France : Amsterdam, Hambourg, Madrid, Milan et Rome. Elles sont au nombre de vingt-sept. La deuxième catégorie regroupe environ deux cents voies à caractère régional dont le financement est assuré par l'État et les départements, ces derniers se chargeant seuls de la troisième catégorie qui regroupe les routes départementales. Certes, l'attention portée au réseau routier laisse subsister des points noirs ; les voies d'intérêt local restent dans un état pitoyable. En revanche, les grands axes ont été considérablement modernisés.

À l'état amélioré de la chaussée, il faut ajouter la sécurité retrouvée. En 1799, la réputation des routes est détestable. Un peu partout, des bandes de brigands attaquent les diligences pour piller les voyageurs ou arrêtent la malle-poste pour s'emparer des fonds qu'elle transporte, ce qui conduit du reste Beugnot, alors préfet de Seine-Inférieure, à recommander d'éviter ce genre de transport qui attise la convoitise des voleurs. Tous les témoignages sur l'insécurité concordent, et il suffit de lire ce passage des souvenirs d'un soldat de l'Empire pour se convaincre de la difficulté de circulation au début du Consulat : « Lorsque nous passâmes à Aix, en l'an VIII, ce pays était infecté de déserteurs, de mécontents et tout le pays était infesté de brigands. » Le jeune Chevalier est lui-même arrêté par l'une de ces bandes qui le retient pendant quatre jours avant qu'il s'évade. En deux ans, la situation s'améliore considérablement, grâce notamment à la réorganisation de la gendarmerie qui retrouve sa fonction de police de la route, avec des moyens accrus. Le désordre et la pression qui s'exerce sur ce corps sont tels qu'elle commet parfois quelques bévues, comme le raconte encore une fois le soldat Chevalier, placé en détention alors qu'il rejoignait une nouvelle affectation : « Dans ce temps, on avait arrêté plusieurs diligences sur les routes et les gendarmes, à leur tour, arrêtaient toutes les personnes qui n'avaient pas de papiers. Nous avions avec nous des maîtres d'école de village, des bedeaux et même un curé qui avaient été arrêtés sur la route. On les tenait en prison jusqu'à ce qu'ils aient été réclamés [11]. » La même aventure arrive à un jeune officier, le futur général Marbot, arrêté par une patrouille de gendarmes alors qu'il se rendait à Orthez. Vu son jeune âge, les gendarmes refusent de croire à la validité de ses papiers d'officier et il manque de peu d'être également conduit au poste [12]. La présence de la gendarmerie sur les routes devient donc forte dès les années du Consulat. Un voyageur anglais qui avait profité de la paix d'Amiens pour visiter la France le constate : « Le voyageur n'a rien à craindre des voleurs de grands chemins, grâce à la grande quantité de gendarmes, très bien montés, qui chevauchent continuellement sur les routes [13]. » Désormais, l'image de la brigade de gendarmes à cheval, composée de quatre hommes commandés par un sous-officier, s'impose dans le paysage français, même si un tiers des gendarmes circulent à pied. La réorganisation de ce corps a donc porté ses fruits. Placée depuis 1802 sous la direction du général Moncey, elle conserve une assez large autonomie par rapport à ses ministères de tutelle. Ses effectifs s'accroissent, passant de seize mille hommes au début de l'Empire à près de vingt mille à l'époque de sa plus grande extension. Elle a notablement contribué à la baisse de la criminalité sur les routes, mais aussi à la traque des déserteurs, assurant par là même une relative sécurité, au moins sur les grands axes du territoire.

La première fonction stratégique assignée à la route est le déplacement des troupes. Napoléon a constamment joué de cet apport massif de soldats sur le terrain d'action de ses armées. De ce point de vue, les villes étapes sur les grands axes doivent pouvoir accueillir un nombre important de soldats. Mais la route doit aussi permettre l'acheminement rapide des nouvelles et des ordres. Pour ce faire, le service de la poste a été réorganisé. Il s'appuie sur l'important réseau des relais de poste qui assurent l'entretien des chevaux nécessaires à la poursuite du trajet. À partir de 1805, c'est un véritable service public puisque le monopole des maîtres de poste est rétabli, au profit d'une société qui prend en 1809 le nom de Société des Messageries impériales. Elle s'occupe en priorité de l'acheminement de ce que lui confie l'administration, mais elle s'ouvre aussi aux particuliers qui peuvent profiter du service de la malle, c'est-à-dire la voiture chargée du courrier, ou qui peuvent aussi louer des chevaux pour leur propre véhicule. Au total, les maîtres de poste sont plus de mille quatre cents, répartis sur le territoire de l'Empire ; ils entretiennent plus de seize mille chevaux. Des accords sont passés avec les États vassaux pour que les transports ne soient pas interrompus. Mais le service de la poste reste lent, c'est pourquoi le directeur général des postes, Lavalette, a organisé son propre service d'estafettes, chargées d'assurer la liaison entre les différents lieux du pouvoir. Ce service beaucoup plus rapide que la poste permet de recevoir en huit jours les lettres écrites de Milan, et en quinze jours celles provenant de Naples, ce qui fait dire à Lavalette, évoquant Napoléon : « Ce service lui fut très utile ; il fut, je puis le dire sans vanité, un des éléments de ses succès [14]. »

La route forme un monde en soi, parcourue par un nombre considérable de soldats, de migrants, de voyageurs de toute sorte, parmi lesquels les commerçants qui sont de plus en plus nombreux à se déplacer à mesure que la sécurité des routes s'améliore. Pourtant mendiants et brigands continuent aussi à chercher à profiter de l'abondance de richesses qui circulent sur ces axes de communication. La route cristallise en effet une partie de l'activité économique du pays ; elle favorise la circulation des hommes, des marchandises, mais aussi des informations. La cohabitation des voyageurs dans les diligences, les contacts au relais ou à l'auberge facilitent ces échanges de nouvelles sur la situation de l'Empire. L'attrait de la route est d'autant plus grand que les communications maritimes sont rendues difficiles par le blocus imposé aux côtes européennes par la flotte anglaise. En revanche, à l'intérieur du territoire, la voie d'eau conserve les faveurs d'une partie des voyageurs et naturellement des marchandises. L'emprunt du coche d'eau pour descendre les fleuves n'est pas rare, même s'il consiste parfois à troquer les dangers de la route contre ceux liés à la navigation sur un fleuve tumultueux, le Rhône, par exemple. Toutefois, le réseau fluvial s'améliore sous l'Empire, grâce à l'aménagement de plusieurs canaux qui favorisent surtout les échanges commerciaux et contribuent à faire de la France napoléonienne un espace économique unifié.

4. Blocus continental et unité économique

Au lendemain de la défaite prussienne d'Auerstaedt, Napoléon a consolidé sa puissance en Europe. C'est le moment qu'il choisit pour publier, le 1er novembre 1806, le fameux décret de Berlin par lequel est instauré le Blocus continental. « Les îles Britanniques sont déclarées en état de blocus », précise l'article 1er. Le lieu de l'annonce, la capitale prussienne, vise naturellement à frapper les esprits et à montrer Napoléon maître de l'Europe. De fait, au même moment, il fait occuper plusieurs ports de la Baltique, étendant ainsi son contrôle sur les côtes européennes. Le décret de Berlin est avant tout un acte politique, une déclaration de guerre économique à l'Angleterre et une volonté d'associer l'ensemble de l'Europe à ce conflit. En réalité, depuis la reprise de la guerre en 1803, les marchandises anglaises étaient prohibées dans l'Empire et dans les ports sous contrôle français. La décision de 1806 étend cette prohibition et prépare une lutte plus grande qui doit abattre l'économie anglaise. Mais l'usage des mots ne doit pas tromper. Quand Napoléon évoque un « blocus des îles Britanniques », il laisse entendre que les navires de l'Empire empêcheront la sortie des bateaux anglais. En réalité, la France est incapable d'opérer un tel blocus. Au contraire, depuis 1803, c'est sa flotte marchande qui est retenue dans les ports de l'Empire, l'Angleterre ayant formalisé cet état de fait par une décision du 16 mai 1806. Le terme de « système continental » est donc mieux approprié que celui de blocus, car il évoque un repli sur soi du continent européen face à l'Angleterre. Napoléon croit vraiment pouvoir asphyxier sa rivale, se fondant sur l'idée que la Grande-Bretagne tire sa richesse de son commerce. Il oublie, les capacités de l'Angleterre à réorienter son commerce vers d'autres espaces, ce qu'elle a commencé à faire depuis 1803. Il minimise aussi les résistances en Europe face à l'application de ce décret.

Pourtant, Napoléon y met les moyens. Le blocus devient même une véritable obsession après 1806 ; il guide sa politique d'annexion comme les orientations de sa diplomatie. C'est dans cette perspective que sont signés les traités de paix de 1807 qui obligent la Prusse et la Russie à entrer dans le système continental, de même que les États scandinaves. C'est aussi au nom de la défense des côtes européennes qu'est entreprise la conquête du Portugal et, par contrecoup, celle de l'Espagne. C'est également l'un des prétextes avancés pour occuper Rome et les États pontificaux en 1808. Ce sera en 1810 la raison de l'annexion du royaume de Hollande et des côtes de l'Allemagne du Nord.

L'offensive conduite par Napoléon porte rapidement ses fruits. En 1808, le commerce britannique est fortement ébranlé. De plus, l'Empereur a durci les mesures concernant les navires des pays neutres, par le décret de Milan du 17 décembre 1807, considérant que tout bateau ayant acquitté un droit à l'Angleterre est réputé anglais et peut donc être saisi. Mais l'Angleterre sut trouver des failles. Tout d'abord, l'insurrection en Espagne et au Portugal, en 1808, lui ouvrit le marché ibérique. Ensuite, l'essor remarquable de la contrebande lui permit d'écouler une partie de ses productions par la Hollande, plaque tournante de la contrebande avec l'Europe. En effet, Napoléon n'avait pas prévu de compensations pour les pays satellites dont l'économie était très dépendante des échanges avec l'Angleterre et qui se trouvaient asphyxiés. C'est pourquoi, à partir de 1810, l'Empereur allait assouplir certaines dispositions du blocus, rendant celui-ci partiellement inefficace. L'échec final du blocus vient de ce qu'il n'a jamais pu être appliqué avec rigueur pendant une longue durée. Asphyxiée, notamment en 1808-1809, l'Angleterre trouve à nouveau des débouchés et échappe ainsi à l'emprise économique de Napoléon. À aucun moment, elle n'a été de toute manière sur le point de céder à la pression en signant une paix aux conditions françaises.

L'édification d'un vaste barrage douanier aux marges de l'Europe continentale ne signifie pas que l'unité économique soit réalisée à l'intérieur de cet espace. Des entraves nombreuses s'y opposent. Les barrières douanières ont été conservées entre des pays pourtant contrôlés par la France. Toutefois, chaque annexion à la France, par exemple les départements italiens entre 1808 et 1809, contribue à accroître le domaine surveillé par la douane française. Il s'agit d'une administration importante qui doit à la fois lutter contre les tentatives pour tourner le Blocus continental et contre la contrebande entre les divers pays européens. De ce fait, la douane française emploie un personnel nombreux, dont la popularité n'est pas toujours très grande, surtout dans les régions étrangères où son arrivée s'est traduite par l'augmentation des droits perçus sur les produits habituellement consommés. La douane a pour ces motifs pu favoriser la montée des mécontentements dans l'Europe napoléonienne. Dans les années 1805-1810, la politique douanière s'affirme surtout très profitable aux produits français auxquels s'ouvre un champ d'expansion de plus en plus large. Le Blocus continental n'a donc qu'imparfaitement contribué à l'unité économique de l'Europe. Il demeure cependant l'un des grands axes de la politique napoléonienne après 1810, à l'heure où, malgré le renforcement de la monarchie, le régime impérial subit ses premiers revers.

Troisième partie

L'échec du sursaut dynastique
(1810-1815)

1

L'enracinement de la monarchie

Le mariage de Napoléon avec Marie-Louise, la fille de l'empereur d'Autriche, ouvre une nouvelle période dans l'histoire de l'Empire. Il a pour objectif d'enraciner la monarchie bonapartiste en lui offrant un héritier.

1. LE DUEL FOUCHÉ-NAPOLÉON

Après la campagne de 1809 et la signature du traité de Vienne, Napoléon est de retour en France à la fin du mois d'octobre. Il passe quelques jours à Fontainebleau, puis rentre à Paris le 15 novembre 1809. Son absence a duré près de six mois. Pendant ces longues semaines, le pays est resté calme dans l'ensemble. La police a signalé la persistance de quelques troubles sporadiques dans l'Ouest, où Saint-Hubert, l'un des chefs des chouans, reste insaisissable, mais ses hommes n'ont guère les moyens d'inquiéter le pouvoir. La situation est plus délicate dans les départements belges et rhénans où la population émet quelques critiques à l'égard du gouvernement et se plaint de sa politique religieuse. Un député au Corps législatif écrit ainsi à Fouché, en juin 1809 : « L'esprit public est très mauvais dans le département de Rhin-et-Moselle. Depuis deux mois, on y répand les bruits des plus absurdes. Les anciens nobles du pays, même ceux que les bienfaits de l'Empereur y ont attirés, sont les auteurs des fausses nouvelles, par lesquelles on cherche à inquiéter les habitants [1]. » Ces nouvelles se nourrissent des déboires de la Grande Armée, mise en échec à Essling, à la fin mai. La victoire de Wagram le 6 juillet vient cependant rappeler aux indécis l'éclat de la puissance française.

Pourtant, toute menace n'est pas écartée. Tandis que Napoléon poursuit le combat à la tête de la Grande Armée sur les terres de l'empire d'Autriche, la France est directement menacée par un débarquement anglais dans l'île de Walcheren, au large d'Anvers en Belgique. Ce front est alors dégarni. Or la Belgique peut se révéler un maillon faible du dispositif français dans la mesure où la crise religieuse commence à y être fortement ressentie par la population. L'arrestation du pape à Rome en juin 1809 a rencontré un écho défavorable dans cette région de tradition ultramontaine. L'attaque de Walcheren provoque au sein de l'État une crise qui en révèle la fragilité. À cette date, Fouché assure l'intérim du ministère de l'Intérieur, après la démission de Cretet, malade, qui meurt le 28 novembre. Fouché a connaissance des projets anglais dès le 8 juillet et prévient les ministres de la Guerre et de la Marine, Clarke et Decrès, qui refusent de l'entendre. Le 29 juillet, les Anglais débarquent quarante-cinq mille hommes dans l'île de Walcheren. La nouvelle est connue à Paris le soir même. Fouché prend alors les affaires en main. Il convoque un Conseil des ministres pour lui signifier sa décision de faire appel à la Garde nationale de quinze départements du nord de la France et propose en outre de placer le maréchal Bernadotte à la tête de ces troupes. Les ministres présents sont circonspects et n'approuvent pas son initiative. Fouché agit donc seul, contre l'avis de Cambacérès et de Clarke. Il adresse le 2 août une circulaire aux préfets du Nord pour les enjoindre de mobiliser la Garde nationale de leur département et le 12, il fait nommer Bernadotte à leur tête. Profitant de l'audace anglaise, Fouché tente de prendre le pas sur les dépositaires traditionnels de l'autorité, en particulier Cambacérès. Son initiative montre aussi le pouvoir dont est désormais revêtu le ministre de l'Intérieur qui dispose, avec les préfets, d'une arme redoutable.

Fouché n'aurait pas poursuivi son entreprise sans l'accord de Napoléon, immédiatement tenu au courant de l'opération par Cambacérès et Clarke. Or, ces derniers s'entendent dire par l'Empereur qu'ils ont eu tort de négliger la menace anglaise. « M. Fouché s'est mis en mesure de faire ce que vous ne faisiez pas vous-même », réplique ainsi Napoléon à son ministre de la Guerre, ajoutant : « Ne laissez pas les Anglais vous prendre dans votre lit. » La crainte d'une invasion anglaise est donc la plus forte chez l'Empereur, d'autant mieux qu'il est encore retenu en Autriche. Quant à Cambacérès, il est également tancé par Napoléon : « Je suis fâché que, dans le Conseil, vous n'ayez pas pris sur vous d'appeler les gardes nationales ; c'est se méfier à tort d'elles. » En quelques mots, tout est dit. Pour Napoléon, Cambacérès est le seul habilité à le représenter lors de ses absences ; il regrette donc implicitement le rôle joué par Fouché. Mais il reconnaît le bien-fondé de son intervention et l'appel à la Garde nationale dont se méfiaient les autres ministres, à cause de ses origines révolutionnaires. Elle peut en effet se transformer en milice nationale et jouer un rôle politique dans le pays. Du reste, Fouché ne l'avait pas mobilisée sans arrière-pensée.

L'affaire de Walcheren peut de ce fait apparaître comme la dernière tentative des nostalgiques de la Révolution pour entraver l'orientation monarchique du pays. L'invasion anglaise sert de prétexte, mais le péril en est grossi. En effet, Fouché ne s'est pas contenté de faire appel aux départements du Nord ; il a également convoqué, au début du mois de septembre, les gardes nationaux de douze départements du sud de la France, sous le prétexte d'un éventuel débarquement en Méditerranée, puis il a mobilisé les gardes nationales de Normandie et surtout de Paris. Il procède ainsi à une véritable levée nationale, sans comparaison aucune avec les levées de l'an II par le nombre, mais proche de ce mouvement dans l'esprit. Il s'agit d'associer de nouveau les citoyens à la défense du territoire et partant à la sauvegarde des principes de 1789. Fouché espère aussi disposer d'une force militaire qui peut s'avérer utile en cas de besoin. C'est du reste pourquoi il en a confié le commandement à Bernadotte. L'ancien ministre de la Guerre du Directoire, un moment compromis dans la conspiration dite des « pots de beurre » en 1802, avait reçu tous les honneurs de l'Empire : maréchal en 1804, il avait été fait prince de Ponte-Corvo en 1806, et avait participé aux principales campagnes militaires depuis l'avènement de l'Empire, sans toutefois briller dans son commandement. Mais Napoléon ne se méfiait-il pas de cet ancien rival ? Quoi qu'il en soit, rendu responsable de la défection de son armée de Saxons à la bataille de Wagram, il avait été relevé de son commandement par Napoléon et se trouvait donc disponible à Paris lorsque éclata la nouvelle de l'invasion anglaise. En le plaçant à la tête des troupes envoyées en Belgique, Fouché ne fait pas un choix innocent. Bernadotte conserve, en effet, sa réputation de jacobin. Et beaucoup interprètent cette nomination comme un choix politique. Arrivé à Anvers à la mi-août, Bernadotte s'y conduit en véritable proconsul, plaçant sous ses ordres tous les militaires, mais aussi l'ensemble des fonctionnaires de la région, intervenant dans toutes les affaires civiles, tout en protégeant le port d'Anvers. Napoléon finit par prendre ombrage des manœuvres de Bernadotte qu'il faisait étroitement surveiller. À la fin septembre, il le remplace par Bessières.

À cette date, Napoléon a repris les affaires en main. Il a aussi pris conscience du danger que pouvait représenter l'initiative lancée par Fouché. Son entourage n'avait cessé de le lui montrer. Les levées de septembre lui ouvrirent les yeux. La mobilisation de la Garde nationale à Paris souleva une vague de protestation chez les fonctionnaires attachés au régime, tandis qu'elle rappelait aux anciens jacobins les belles heures de la Révolution. Un observateur attentif, informateur régulier de Napoléon, Joseph Fiévée, ne s'y trompe pas quand il écrit : « La levée de la Garde nationale était une mesure toute révolutionnaire dont l'unique résultat était de faire rétrograder le peu d'esprit monarchique qui restait en France [2]. » Et

Clarke que ses origines nobles ne conduisaient guère à apprécier les grandes heures de la Révolution écrivait à M. de Ségur : « Il arme le peuple et les domestiques mêmes. C'est une levée de 93 qu'il veut avoir sous sa main. Il se prépare à jouer un grand rôle dans des cas prévus. » Clarke évoque à ce propos une maladie, une blessure sérieuse, voire un « revers plus complet que celui d'Essling »[3]. Sans le dire, le ministre de la Guerre prête à Fouché l'intention de s'emparer du pouvoir en cas de vacance. Or l'Empire tient à la vie de Napoléon, vie fragile comme le montre la tentative d'assassinat perpétrée par l'Allemand Staps en octobre 1809 à Vienne. Fouché a-t-il pour autant comploté avec l'Autriche pour provoquer la chute de Napoléon ? C'est peu vraisemblable, même s'il est certain qu'à l'été de 1809 il se donne les moyens de jouer un rôle essentiel en cas d'échec de l'Empereur.

L'action de Fouché peut aussi apparaître comme une ultime tentative pour rappeler à Napoléon ses racines révolutionnaires. Mais la réaction de l'Empereur montre sa relative sérénité. Il a suivi le plan de Fouché et accepté la nomination de Bernadotte pour faire face au danger anglais. Une fois celui-ci écarté, il met un terme à une expérience critiquée par son entourage. Après l'éviction de Bernadotte, la Garde nationale est démobilisée et l'armée reprend la direction des opérations. Fouché ne s'en sort cependant pas indemne. En octobre 1809, Napoléon lui préfère Montalivet pour occuper les fonctions de ministre de l'Intérieur. Fouché conserve pour quelques mois encore la Police, mais il est rappelé à l'ordre lors d'une scène violente que lui fait Napoléon dès son arrivée à Fontainebleau. Il n'en reçoit pas moins le titre de duc d'Otrante. Les rapports entre le souverain et son ministre de la Police restent ambigus. Napoléon est admiratif devant le talent déployé par Fouché. Il a encore besoin de lui, au moment où s'accroît la tension avec l'Église.

Sa disgrâce est donc différée. Elle n'intervient que le 3 juin 1810. après que Napoléon a découvert les tractations menées par Fouché avec l'Angleterre. Après avoir empêché l'invasion du continent par les Anglais, Fouché avait en effet estimé que le temps était venu de s'entendre avec eux pour une solution négociée en Europe. En décembre 1809, lorsque Napoléon avait menacé son frère Louis d'annexer la Hollande, Fouché avait fait valoir à ce dernier l'intérêt que pourraient trouver les Anglais au maintien d'une Hollande autonome. Il propose donc de traiter avec l'Angleterre. Napoléon avait accepté le principe d'une telle négociation, pourvu qu'elle ne mît pas en cause son pouvoir en Europe. Mais les négociations que Fouché engage dépassent le cadre diplomatique traditionnel. Il envoie en effet en Angleterre un négociant bordelais nommé Labouchère, par ailleurs gendre de Baring, l'un plus gros banquiers de la place de Londres. Labouchère avait été recommandé à Fouché par le financier Ouvrard que l'on retrouve très présent derrière ces négociations dont il espère tirer profit. Fouché dispose d'une autre pièce maîtresse en la personne de Fagan, un ancien émigré dont le père vit alors à Londres. Il est envoyé secrètement en Angleterre avec la mission de prendre des contacts. Ces divers envoyés font état de l'intransigeance des Anglais qui refusent toute négociation avant l'évacuation préalable de l'Espagne où leurs troupes continuent d'appuyer l'effort de la guérilla. Fouché prend alors sur lui de proposer aux Anglais des compensations. Il modifie le plan de paix mis au point par Napoléon et que Labouchère devait rapporter à Londres, proposant aux Anglais de les aider à reconquérir les États-Unis. Ces tractations secrètes menées par l'entremise d'Ouvrard finissent cependant par être éventées. Napoléon en a connaissance en avril. Mais les a-t-il jamais ignorées ? Quoi qu'il en soit, il patiente avant de réagir, se donnant le temps de faire arrêter Ouvrard. Une fois celui-ci sous les verrous, il procède au remplacement de Fouché. Cette affaire de négociations avec l'Angleterre dans lesquelles finalement Fouché fait preuve d'un sens réel de l'intérêt général sert aussi de prétexte à Napoléon qui peut dès lors se débarrasser d'un ministre devenu encombrant et dont l'opposition à ses choix s'avérait chaque jour plus patente. Son hostilité au mariage de Napoléon avec Marie-Louise est l'une des manifestations de ses hésitations face à l'évolution monarchique du régime.

2. LE MARIAGE AUTRICHIEN

Depuis l'avènement de l'Empire, Napoléon espérait qu'un fils pourrait lui succéder. Il avait d'abord fait le deuil de cette paternité, se croyant responsable de l'infertilité de son couple. La nouvelle d'une grossesse de sa maîtresse, Marie Walewska, le persuade de son erreur. Il ne peut pourtant épouser cette jeune comtesse polonaise, mariée et mère d'un enfant, qu'il a rencontrée lors de la campagne de 1807, qu'il a ensuite revue à Paris en 1808, puis de nouveau à l'occasion des combats en Autriche. Cette union avec une représentante de la nation polonaise risquerait en effet d'irriter la Russie, déjà fort mécontente de la création du grand-duché de Varsovie. En outre, Napoléon souhaite qu'un second mariage favorise son entrée au sein des grandes familles européennes. La recherche d'un héritier n'est donc pas le seul enjeu de ce projet d'union. Du reste, on parle depuis longtemps d'un divorce avec Joséphine. Dès les débuts du règne, le bruit en courait, bruit que les infidélités répétées de la femme de Bonaparte n'avaient guère contribué à dissiper. En couronnant Joséphine, Napoléon l'avait associée plus durablement à son destin. Désormais, c'est de Napoléon que provenaient les échos de l'infidélité. Avant Marie Walewska, plusieurs femmes de haut rang succombèrent aux charmes du souverain. Napoléon aime les femmes. Mais il lui faut un « ventre ».

Un second mariage nécessite un divorce que le Code civil rend possible, mais que l'Église réprouve. Napoléon, bien qu'en conflit avec le pape qui a lancé une bulle d'excommunication contre lui, en juin 1809, souhaite conserver à l'Empire les allures d'une monarchie chrétienne. Le divorce doit s'accompagner d'une procédure d'annulation. Il faudra convaincre Joséphine d'accepter le divorce et l'Église de reconnaître la nullité du mariage religieux prononcé à la veille du sacre, le 3 décembre 1804. La décision de rompre avec Joséphine est prise au retour d'Autriche, en octobre 1809. Napoléon en fait l'annonce à l'Impératrice le 30 novembre. Auparavant il a obtenu le soutien de son beau-fils, Eugène de Beauharnais, le fils de Joséphine, décidément d'une fidélité sans faille envers son mentor. La scène du 30 novembre est restée célèbre : Joséphine pleure beaucoup, puis s'évanouit ou feint de le faire. Elle sait sa cause entendue. Pourtant, elle dispose de nombreux soutiens. Dans l'entourage de Napoléon, Cambacérès est hostile à ce divorce. Lavalette, le directeur général des Postes, dont la femme est une Beauharnais, dirige le clan des courtisans favorables à Joséphine. Il ne peut rien contre la détermination de Napoléon qui, en la circonstance, a pu compter sur l'aide efficace de Fouché, à ce moment toujours ministre de la Police. Une vieille rivalité l'oppose à Joséphine qu'il souhaiterait voir remplacée par une princesse russe. Lavalette est donc impuissant à retarder cette décision : « Mais la catastrophe ne tarda pas à éclater, écrit-il dans ses *Mémoires*. Tout était sans doute conclu avec l'Autriche, lorsque l'Empereur fit venir le prince Eugène d'Italie pour consoler sa mère au moment fatal du divorce ; et peu de jours après il tint un conseil particulier où furent admis, outre les grands officiers et les ministres, les membres de la famille [4]. » Ce conseil se tient le 14 décembre 1809. Le divorce est une affaire d'État qui concerne l'ensemble des dignitaires du régime. Le Sénat, par un sénatus-consulte du 15 décembre, sanctionne cette nouvelle situation. L'Impératrice était une des pièces maîtresses de l'édifice impérial. C'est aussi pour cette raison que Joséphine obtient d'importantes compensations ; elle garde son titre d'impératrice et obtient une forte indemnité. Peu après, Cambacérès engage le processus devant conduire à l'annulation du mariage religieux. Une requête est adressée en ce sens au tribunal ecclésiastique du diocèse de Paris, l'officialité, qui reçoit l'argument selon lequel le mariage a été célébré secrètement et en l'absence du curé de la paroisse. Cet argument spécieux suffit à faire annuler le mariage par l'officialité métropolitaine dont tous les membres sont acquis à Napoléon.

En janvier 1810, la voie est libre. Napoléon peut de nouveau convoler. Il lui reste à trouver une princesse appartenant à l'une des familles régnantes en Europe. Sur ce point, les ministres se divisent en deux partis qui se font entendre dans un conseil privé, tenu le 29 janvier 1810. Fouché défend le parti russe et s'oppose à la solution autrichienne qui rappelle trop le souvenir de Marie-Antoinette. Il rapporte, dans un bulletin du 21 février 1810, combien la population parisienne garde de préventions contre toute « Autrichienne ». Murat et Cambacérès défendent la même position. L'opposition au mariage autrichien provient donc des derniers survivants de la Révolution qui craignent, non sans raison, que ce mariage scelle définitivement le retour de l'Ancien Régime. Face à eux, Talleyrand et Champagny, les deux ministres successifs des Relations extérieures, défendent la solution autrichienne, au nom des intérêts diplomatiques de la France. Champagny raconte ainsi : « Je n'avais pas été consulté sur le divorce ; je le fus sur le mariage, c'est-à-dire sur le choix à faire entre l'archiduchesse d'Autriche et une princesse russe, car toutes les deux étaient à la disposition de l'Empereur. Je fus pour l'archiduchesse ; ce mariage me semblait le plus propre à maintenir la paix de la France [5]. » Mais la dimension symbolique est tout aussi importante. Napoléon n'est pas insensible à l'alliance avec la maison d'Autriche, ce que Fontanes, qui depuis 1800 défend l'orientation monarchique du régime, traduit en des termes aux accents traditionalistes : « L'alliance de Votre Majesté avec une fille de la Maison d'Autriche sera un acte expiatoire de la part de la France. » Il s'agit en l'occurrence de réparer l'exécution de Louis XVI et de Marie-Antoinette.

Le parti monarchique l'emporte sur le parti révolutionnaire. Napoléon décide d'épouser Marie-Louise, la fille de l'empereur d'Autriche. Marie-Louise est alors une jeune femme de dix-huit ans ; elle est née en 1791, à l'heure où le trône de Louis XVI chancelait. Elle avait un an lorsque la France déclara la guerre à l'Autriche. Toute sa vie s'est donc déroulée à détester les Français en général et Napoléon en particulier qui, à deux reprises, en 1805 et en 1809 est venu s'installer dans le château de Schönbrunn après avoir défait les armées de son pays. Princesse catholique, élevée dans l'idée d'appartenir à la plus haute famille d'Europe, Marie-Louise a cependant reçu une éducation relativement sobre et bourgeoise. La perspective d'épouser l'« usurpateur » ou « l'Antéchrist », ainsi qu'elle désignait elle-même Napoléon, ne l'enchante guère, mais elle se plie aux volontés de son père, l'empereur François II, qui, battu l'année précédente, n'a guère les moyens de s'opposer aux demandes de Napoléon. Le mariage a donc lieu, en deux temps. Une première cérémonie se déroule par procuration à Vienne, le 15 mars 1810. Berthier y représente Napoléon. Il est ensuite chargé de conduire la nouvelle Impératrice en France. Le cortège traverse la Bavière, l'Allemagne occidentale, puis l'est de la France et parvient finalement aux environs de Soissons. C'est là, au relais de Courcelles, que Napoléon fait la connaissance de sa nouvelle épouse, après être venu à sa rencontre. Le soir, à Soissons, sa conquête est faite. Napoléon n'a pas attendu la cérémonie officielle. Mais Marie-Louise ne s'en effraie pas. « Je trouve qu'il gagne beaucoup quand on le connaît de près, écrit-elle à son père ; il a quelque chose de très prenant et de très empressé à quoi il est impossible de résister. » Ce sentiment paraît partagé. Ce mariage arrangé devait s'avérer assez réussi.

Il reste d'abord et avant tout un acte politique, exploité comme tel par Napoléon. Une série de festivités est donc organisée autour de cette union. Le mariage civil est célébré le 1er avril à Saint-Cloud, le mariage religieux se déroule le lendemain, dans une chapelle provisoire aménagée dans le Salon carré du Louvre, en présence de nombreux prélats et d'une nuée de dignitaires de l'Empire, mais en l'absence de la moitié des cardinaux présents à Paris. Il est célébré par le prince de Dalberg, président de la Confédération du Rhin. La reine de Hollande, Hortense de Beauharnais, fille de l'Impératrice déchue, est présente et décrit ainsi la cérémonie :

« Les manteaux impériaux furent apportés de Notre-Dame où ils étaient conservés depuis le couronnement. Celui dont ma mère avait été revêtue fut mis à l'Impératrice et nous le portâmes, la reine d'Espagne, la reine de Westphalie, la grande duchesse de Toscane, la princesse Pauline et moi. La reine de Naples, la vice-reine et la princesse de Bade marchaient en avant, tenant les cierges et les différents honneurs. Nos premiers officiers soutenaient nos manteaux. Nous traversâmes ainsi la galerie et arrivâmes à la pièce où se trouvait la chapelle. La Cour et le corps diplomatique étaient dans les tribunes construites tout autour. La cérémonie fut assez courte [6]. »

La famille Bonaparte tient donc une place essentielle au cours de cette cérémonie qui renvoie sans conteste au sacre de l'Empereur. Le mariage en est une répétition en miniature. Le soir même, un grand banquet est organisé aux Tuileries en présence des principaux dignitaires du pays. Le lendemain, Napoléon et Marie-Louise, sur leur trône, reçoivent les grands corps de l'État. Par son mariage, Marie-Louise est devenue l'épouse de Napoléon, mais aussi l'impératrice des Français. Elle est donc, à sa place, invitée à partager les charges du pouvoir. Ce mariage est aussi l'occasion offerte au peuple de festoyer. À Paris, comme dans les villes et villages de France, la population est invitée à fêter dignement l'événement : bals, feux d'artifices et représentations théâtrales rythment les jours qui suivent le mariage. À Paris, l'Arc de triomphe, en chantier depuis 1806, a été provisoirement achevé avec du plâtre, du bois et des toiles. Il prolonge vers l'ouest, depuis le Louvre, la perspective offerte par l'arc du Carrousel et symbolise la grandeur du conquérant.

Le lien avec la monarchie autrichienne a aussi contribué à hâter le ralliement d'un nombre important d'anciens nobles restés à l'écart du régime, malgré les avances faites par Napoléon depuis 1802. Tous les témoignages confirment cette tendance, même ceux des royalistes restés fidèles à Louis XVIII et qui voient avec amertume les effets du mariage autrichien, à l'image du baron de Frénilly : « L'ensemble de la société changea de face. Beaucoup de gens fatigués de leur vertu se réconcilièrent avec la cour des Tuileries. Bonaparte, marié à une petite-nièce de Marie-Antoinette, appelait Louis XVI son oncle de si bonne grâce qu'il fallait une fidélité terriblement encroûtée pour résister à cette légitime à la mode de Bretagne [7]. » Le désenchantement de ces royalistes est d'autant plus grand que Marie-Louise semble se plaire à la Cour, ce qui fait dire encore au baron de Frénilly : « Cette pécore se mit à danser, à rire et surtout à aimer son Gengis Khan ; on ne vit plus en elle que sa complice. » Il est vrai que Napoléon n'avait rien laissé au hasard dans cette politique de séduction des derniers royalistes. Il avait notamment composé la Maison de l'Impératrice, en y faisant entrer les plus grands noms de l'aristocratie européenne, à l'image des princesses Aldobrandini et Chigi, qui y côtoyaient ainsi des femmes de maréchaux, telles la duchesse de Montebello, veuve du maréchal Lannes, qui devint la véritable confidente de Marie-Louise, la duchesse d'Elchingen autrement dit la femme du maréchal Ney, ou encore les duchesses de Bellune et de Castiglione, épouses des maréchaux Victor et Augereau. La Maison de l'Impératrice prit du reste des proportions impressionnantes, grossissant encore en 1812, après la nomination de douze nouvelles dames d'honneur.

La vie de cour n'en est que plus fastueuse. Entre avril 1810 et le printemps de 1812, Napoléon est présent au cœur de l'Empire. Il peut jouer pleinement son rôle de souverain et associer sa femme à ce jeu de représentation si fondamental à la consolidation de la monarchie. De fait, fêtes et réceptions se succèdent au début de ce second mariage. La Cour goûte aux joies des représentations théâtrales, des bals ou des parties de cartes qui rassemblent près de cinq cents personnes le dimanche soir, massées pour voir jouer Napoléon. L'Empereur se remet même à la danse et tente d'apprendre la valse. Les chasses continuent aussi à réunir une assistance triée sur le volet et attentive à cette marque de faveur. Les grandes chasses se déroulent à Compiègne, Fontainebleau ou Rambouillet. La Cour napoléonienne n'hésite pas à se déplacer ; elle est, comme celle des rois de France, une Cour ambulatoire. Saint-Cloud est si proche de Paris que les séjours du couple impérial y sont fréquents. En 1810, il passe aussi quelques jours à Rambouillet, au Trianon, à Fontainebleau et surtout à Compiègne dont le château est associé à la rencontre avec Marie-Louise ; Napoléon parlera à son propos de la « maison de Marie-Louise ». Pour autant les Tuileries restent par excellence le cœur du pouvoir et le centre de l'Empire. Le palais n'a cessé d'être restauré depuis les premières années du siècle ; il est à présent devenu une vitrine parfaite de la grandeur impériale. Napoléon se sent parfois gêné par la taille des lieux et préfère se réfugier à l'Élysée. Quel que soit le lieu de résidence de la Cour, le pouvoir politique y est exercé de la même façon. Napoléon reçoit partout ses ministres comme aux Tuileries. En revanche, le Conseil d'État se contente de se déplacer à Saint-Cloud, mais ne va pas au-delà. Le secrétaire d'État, Maret, s'était installé une résidence aux abords de tous les palais impériaux pour pourvoir à l'accroissement des correspondances que ces séjours hors de Paris provoquèrent immanquablement. Quant aux représentants étrangers, ils sont particulièrement choyés, notamment ceux venus assister au mariage impérial. La France veut impressionner l'Europe par les fastes et la magnificence de sa Cour.

Napoléon se doit aussi à son peuple. Il profite donc du relatif repos des armes pour visiter quelques régions de son Empire. À partir de 1810, il se tourne vers le Nord et la Normandie. La Belgique et la Hollande obtiennent les faveurs particulières de l'Empereur. À peine remarié, il prend la route de la Belgique, accompagné de Marie-Louise. C'est le premier voyage officiel du couple impérial. La destination n'a pas été choisie au hasard. Napoléon veut montrer sa femme aux populations des anciens Pays-Bas autrichiens, à l'heure où la crise religieuse tend à les détacher du régime. Sa visée politique est claire ; il utilise le voyage comme un moyen de propagande et se sert de sa femme pour manifester l'enracinement de la monarchie dans le pays et matérialiser les frontières de son Empire. Le cortège est somptueux ; il compte près de trois cent cinquante-cinq voitures et deux cent cinquante chevaux. Il est encadré par une escorte de six cents cavaliers de la Garde. Napoléon est notamment accompagné de son frère Jérôme, roi de Westphalie. Partout l'Empereur rencontre les autorités locales et le clergé, s'enquiert des problèmes du pays, promet de mettre en œuvre ici un pont, là une route, distribue des décorations. Son passage est l'occasion de fêtes et de réjouissances, comme le rapporte Mgr de Broglie, évêque de Gand, évoquant la réception du couple impérial à Anvers : « La ville fut en fêtes. On promena le géant, le vaisseau, des machines immenses qui décorent moins bien la première entrée des souverains à Anvers, depuis des siècles, que l'énorme concours et la bruyante joie de tout un peuple. Cette marche fut terminée par le char du Patriarche Joseph entouré de figures à l'Egyptienne [8]. » À Anvers, Napoléon va retrouver Louis, roi de Hollande, venu à sa rencontre, et encore ignorant du sort que lui réserve son frère. En juillet 1810, la Hollande est en effet rattachée à l'Empire. Pour l'heure, Napoléon achève son périple en Belgique ; il s'attarde à Flessingue, un moment occupée par les Anglais lors de l'expédition de Walcheren. Tout au long de ce voyage, il soigne tout particulièrement la marine dont il espère une prompte résurrection. Son objectif est en effet de disposer bientôt d'une centaine de navires susceptibles de reprendre sur mer les combats abandonnés depuis Trafalgar. Alors que l'Angleterre est isolée dans son combat contre la France, l'Empereur tient à lui montrer sa force en parcourant les côtes de la mer du Nord ; c'est aussi avec cet objectif qu'il visite à nouveau le camp de Boulogne, qui a certes perdu de son importance stratégique mais conserve des troupes. Il passe aussi par Le Havre où il examine les défenses du port. Vexé de l'offensive anglaise contre Walcheren à l'été de 1809 et par l'émoi qu'elle a suscité en France, Napoléon veut s'assurer par lui-même que le dispositif de défense des côtes est au point. Ainsi, ce voyage de 1810, achevé à la fin du mois de mai par un périple à travers la Normandie, a des visées politiques et militaires, tout en apparaissant comme un moyen privilégié de propagande en faveur de la monarchie impériale, incarnée dans Napoléon et Marie-Louise.

Le retour à Paris du couple impérial, le 1er juin 1810, relance dans la capitale les fêtes et les cérémonies, sans mettre un terme à l'activité politique du souverain qui disgracie Fouché le 3. Le 10 juin, Napoléon et Marie-Louise sont reçus en grande pompe à l'Hôtel de Ville. Paris honore la fille de l'empereur d'Autriche, après avoir demandé la mort de Marie-Antoinette. Pour l'occasion, le bonnet phrygien qui ornait la façade a été effacé. Les dernières traces de la Révolution disparaissent de ce temple de l'esprit révolutionnaire qu'avait été l'Hôtel de Ville. Quelques jours plus tard, le 1er juillet, le couple impérial assiste à une grande réception dans la résidence de l'ambassadeur d'Autriche, Schwarzenberg. Un incendie se déclenche qui fait plusieurs victimes. Il rappelle aussi à Napoléon la fragilité de l'existence. L'incapacité constatée du préfet de police, Dubois, qui n'a pas su prendre les mesures nécessaires pour éviter un tel désastre lui coûte son poste. Il est remplacé par Pasquier. Avec Dubois, en poste depuis 1800, c'est une autre pièce importante du dispositif mis en place après Brumaire qui disparaît. Napoléon se sépare les uns après les autres des hommes qui l'ont aidé à fonder son règne. Son ambition est bien d'établir une nouvelle monarchie.

Pour ce faire, un héritier lui est nécessaire. Le mariage autrichien doit porter ses fruits. La naissance d'un fils devient donc une affaire d'État. Les époux ne se sont guère quittés pendant les premiers mois de leur union. Six mois après son mariage, Napoléon peut faire publier la nouvelle de la grossesse de l'Impératrice. L'enfant naît le 20 mars 1811, un peu moins d'un an après la première rencontre de ses parents. Cent coups de canon retentissent dans Paris, annonce de la naissance d'un garçon, déjà affublé d'un titre prestigieux, roi de Rome, à l'instar de l'héritier de l'empereur d'Allemagne. La nouvelle est immédiatement relayée dans tout l'Empire. Les cloches des églises s'ébranlent les unes après les autres pour répercuter l'information au plus profond du pays. La succession est enfin assurée. Le baptême du roi de Rome permet de célébrer la fondation d'une nouvelle dynastie. Les évêques, par les mandements qu'ils publient à cette occasion, s'y emploient avec art. Les *Te Deum* chantés à travers tout le pays mettent également l'accent sur cet enracinement de la monarchie. À Paris, la cérémonie elle-même se veut grandiose. Elle est une réplique du sacre. Organisé à Notre-Dame, dans une cathédrale redécorée pour l'occasion, le baptême associe de nouveau tous les principaux dignitaires du pays. Les rois d'Espagne et de Westphalie, Joseph et Jérôme, ont fait le déplacement. Ils retrouvent à Paris leur sœur Pauline. À Notre-Dame, on aperçoit aussi une nuée de diplomates étrangers, au premier rang desquels figure le duc de Wurtzbourg, chargé de représenter l'empereur d'Autriche, grand-père, mais aussi parrain de l'enfant. À côté des ministres, des sénateurs, des conseillers d'État et des députés au Corps législatif, une centaine d'évêques et vingt cardinaux sont présents. Mais cette harmonie apparente entre l'Église et l'État masque des tensions qui apparaîtront quelques jours plus tard, à l'ouverture du concile réuni par Napoléon. Comme en 1804, le peuple reste en dehors de la cathédrale, spectateur des fastes déployés sous ses yeux. Dès la veille du baptême, le 8 juin, il a pu voir passer le cortège impérial arrivant de Saint-Cloud ; il a pu également se précipiter vers les théâtres de la capitale, exceptionnellement gratuits en cette période de réjouissance nationale. Fêtes et spectacles sur les places publiques ont achevé d'associer le peuple à la cérémonie. Son attitude est désormais passive. En 1804, le peuple pouvait encore avoir l'impression d'avoir participé à la fondation de l'Empire, à travers le plébiscite. En 1811, il n'est plus qu'un spectateur lointain, défilant, le 9 juin, à l'Hôtel de Ville pour voir Napoléon et Marie-Louise, portant la couronne impériale, présider le banquet du baptême. De ce fossé creusé entre la nation et son souverain rend compte une certaine froideur dans les réactions populaires à l'égard du baptême. Malgré les dons et les réjouissances octroyés par l'Empereur, la foule ne marque pas un enthousiasme excessif à la vue du nouveau-né, héritier du trône. Il est vrai que la crise économique qui couve depuis 1810 a des conséquences autrement plus graves sur la population. Cependant, la France est alors en paix avec la plus grande partie de l'Europe. Elle a en outre considérablement agrandi son territoire depuis le mariage avec Marie-Louise, ce qui favorise un sentiment de fierté nationale.

3. LE RÉAMÉNAGEMENT DE L'EUROPE NAPOLÉONIENNE

La stratégie d'annexion amorcée dès 1808 par Napoléon, avec la mainmise sur la Toscane puis les États du pape, se poursuit et s'amplifie en 1810. À cette date, la crise qui couvait depuis plusieurs mois entre Napoléon et le roi de Hollande éclate. L'Empereur reproche à son frère ses trop nombreuses initiatives personnelles — Louis a cherché à se rallier l'opinion hollandaise en modérant les directives de Napoléon. Il le rend surtout responsable de l'échec du Blocus continental en Hollande, devenue la principale plaque tournante de la contrebande en provenance d'Angleterre. Sous la pression de son frère, Louis accepte finalement d'abdiquer le 3 juillet 1810, en faveur de son fils ; il espère encore conserver l'autonomie de la Hollande, mais Napoléon en décide autrement. Le 9 juillet, ce pays est réuni à l'Empire français. Un mois plus tard, Napoléon fait occuper les régions côtières entre la Hollande et Hambourg. Une partie de ces territoires appartenaient au royaume de Westphalie. C'est le prélude à une annexion des régions situées en Allemagne du Nord, qui comprennent une partie de la Westphalie, le duché d'Oldenbourg et les villes hanséatiques de Hambourg, Brême et Lübeck. L'Empire s'allonge ainsi vers le septentrion, en suivant les côtes de la mer du Nord jusqu'à Hambourg, qui devient le chef-lieu du département des Bouches-de-l'Elbe. Au même moment, le 10 décembre 1810, la république du Valais subit un sort identique.

Napoléon ne se contente pas de rattacher ces régions à l'Empire ; il les y intègre purement et simplement en les transformant en départements français, ce qui revient à leur imposer le mode d'administration et les lois en vigueur en France. À la suite de ces annexions, l'Empire compte donc cent trente départements, soit seize de plus qu'en 1808, ce qui représente une superficie de 750 000 kilomètres carrés et une population de quarante-quatre millions d'habitants. Deux départements ont été formés à partir des États pontificaux, en février 1810, neuf sont créés à la suite de l'annexion de la Hollande, cinq sont taillés dans les territoires conquis en Allemagne du Nord jusqu'à Hambourg, l'ancienne république du Valais forme enfin un département. Il faut noter qu'un département disparaît, puisque la Corse n'en forme plus qu'un. Toutefois, ces nouveaux départements conservent un statut particulier dans la mesure où ils sont placés sous la tutelle d'un lieutenant général qui représente l'autorité française et donc Napoléon sur l'ensemble de ces territoires. L'Empereur a souhaité instaurer un niveau de représentation supplémentaire entre le préfet et l'État, afin de mieux contrôler ces régions de langue étrangère, en plaçant à leur tête un personnage de haut rang, souvent un des hauts dignitaires de l'Empire. Ce système avait déjà été expérimenté en Italie. Le prince Borghèse, marié à Pauline Bonaparte, avait ainsi reçu la lieutenance générale des départements piémontais, Élisa, la sœur de Bonaparte, avait troqué sa principauté de Lucques et Piombino contre la tutelle sur les départements toscans. Les Provinces Illyriennes enfin, annexées à l'Empire en 1809, sans être divisées en départements, connaissent la même organisation, puisqu'elles sont placées sous l'autorité du maréchal Marmont, remplacé en 1811 par le général Bertrand. Suivant ce même schéma, la Hollande voit arriver l'architrésorier

Lebrun, nommé lieutenant général de ce territoire dès le 9 juillet 1810. Pour les départements romains, Napoléon avait d'abord songé à Fouché, nommé gouverneur de Rome en juin 1810, mais devant la mauvaise volonté mise par l'ancien ministre de la Police à passer le relais à son successeur, Napoléon décide de l'envoyer en exil dans sa sénatorerie d'Aix et finalement il renonce à nommer à Rome un lieutenant général.

Cette nouvelle stratégie d'annexion révèle la fragilité des structures politiques que Napoléon a données à l'Europe. L'annexion de la Hollande, les changements de frontières du royaume de Westphalie ou du grand-duché de Berg montrent le caractère précaire des États constitués autour de la France et confiés à des proches de l'Empereur. Ce dernier ne peut dès lors espérer ni l'enracinement des monarques qu'il a installés dans ces États ni en retour le développement d'un sentiment francophile. En fait, depuis que Napoléon a transféré Joseph de Naples à Madrid, ses proches savent que leur situation est tributaire de la politique française. Leur autonomie était déjà très faible. À partir de 1810, elle est quasiment nulle. Les princes de la famille impériale ne sont que des jouets entre les mains de Napoléon. De plus, à partir du moment où l'Empereur se remarie pour fonder une dynastie, il n'a plus autant besoin de ses frères pour assurer la survie de son œuvre ; il peut donc les traiter avec désinvolture. En revanche, Napoléon a pris conscience de la nécessité de consolider les liens entre l'Empire et ses élites dirigeantes. C'est dans ce but qu'il fonde, en août 1811, l'ordre impérial de la Réunion, destiné à « récompenser les services rendus dans l'exercice des fonctions judiciaires et administratives et dans la carrière des armes ». Les officiers ne sont pas exclus de cette distinction, destinée d'abord aux civils. En outre, le champ d'action de l'ordre de la Réunion est explicitement européen. Il doit donc être un des éléments de fédération unissant tous les États de l'Empire à travers leurs administrateurs. Sur le plan pratique, il remplace les ordres anciens existant dans les pays réunis à la France, mais son objectif reste bien de renforcer les liens entre les sujets les plus éminents de l'Empire et le souverain. En trois ans, cette distinction fut accordée à mille huit cent quatre personnes ; elle s'accompagnait d'une rente, pour le paiement de laquelle une dotation de cinq cent mille francs, prélevée sur le domaine impérial, avait été prévue. À sa manière, la création de cet ordre manifeste le souci d'associer un peu plus les États réunis comme les États vassaux à la France, au moment où s'aggravent les rapports entre la France et l'Angleterre.

La politique d'extension menée par Napoléon est en effet due à la volonté impériale de parachever le système continental en tentant d'éradiquer la contrebande, aussi bien dans les ports de la mer du Nord et de la Baltique que dans les Alpes. Celle-ci n'avait cessé de se développer depuis l'instauration du blocus en 1806 et rendait inefficaces les mesures prises pour endiguer l'afflux des marchandises anglaises sur le continent. La fin du conflit contre l'Autriche en 1809 conduit Napoléon à resserrer sa pression sur l'Angleterre, d'autant plus que cette puissance continue d'aider les Espagnols. Napoléon est alors informé des effets du blocus sur l'économie anglaise, fortement malmenée par la fermeture de ses débouchés naturels. Plusieurs faillites se produisent ainsi en août 1810 à Manchester, qui menacent à leur tour la stabilité du réseau bancaire anglais. En 1810, le commerce anglais parvient encore à se maintenir. En revanche, le renforcement du contrôle des côtes allait avoir des conséquences fâcheuses sur l'état du commerce anglais qui s'effondre dès 1811. Pourtant, à cette date, Napoléon a assoupli sa politique de blocus, notamment en direction des navires des puissances neutres. Le décret pris à Saint-Cloud le 3 juillet 1810 oblige en effet tout navire désireux d'entrer dans un port français à se munir d'une licence qui l'y autorise. Cette mesure vise à mieux contrôler le commerce, mais aussi à rapporter de l'argent car ces licences doivent être achetées. Elle concerne au premier chef les navires de l'Empire, puisque les autres, y compris les navires neutres, sont en principe interdits d'accès aux ports français. Mais très vite, cette mesure est étendue aux bateaux américains qui obtiennent eux aussi des permis pour importer des produits en France, à charge pour eux de repartir avec l'équivalent de leur stock en marchandises françaises.

L'objectif de Napoléon est de desserrer l'étau dans lequel se débat l'économie française, tout en provoquant une rupture commerciale entre l'Angleterre et les États-Unis. Le commerce maritime est désormais dirigé, ce que confirme un décret du 25 juillet 1810. Le 5 août enfin, un nouveau décret pris à Trianon prévoit de taxer très fortement les denrées coloniales. Napoléon espère ainsi décourager le trafic de contrebande, tout en renflouant, grâce aux taxes, les caisses du Trésor. Il pense aussi, à tort, que les Anglais, désormais maîtres des colonies européennes, ne pourront pas profiter de la reprise des échanges officiels de ces denrées, à cause de leurs prix élevés. Cet ensemble de dispositions montre le souci de Napoléon d'aménager, dans un sens dirigiste, le Blocus continental. Ces mesures furent mal comprises par les États alliés de la France, interdits de tout commerce avec les neutres, alors même que l'Empire s'engageait dans de nouvelles relations avec eux. Les décrets de l'été 1810 devaient aussi avoir des conséquences notables sur l'attitude de la Russie qui dès cette époque se refuse à appliquer strictement le blocus ; elle rouvre ses ports aux neutres le 31 décembre 1810. En ce qui concerne le commerce français, l'effet des mesures prises fut limité, car le nombre des licences réclamées resta faible, un millier environ, ce qui signifie que le commerce clandestin demeura actif. Néanmoins, la guerre économique demeure une des armes privilégiées utilisées par Napoléon dans sa lutte contre l'Angleterre.

L'affrontement est aussi militaire. L'impuissance française sur les mers reste totale, ce qui a permis à l'Angleterre de s'emparer, entre 1809 et 1811, de toutes les colonies françaises et hollandaises, à savoir les Antilles, la Guyane, l'île Bonaparte et l'île de France, mais aussi le comptoir du Sénégal et Java. La France a été incapable de défendre plus longtemps ces territoires d'outre-mer. Elle a de même perdu les îles Ioniennes qu'elle détenait depuis 1807 et qui lui échappent entre 1809 et 1810, la France ne conservant que Corfou. C'est donc pour l'essentiel sur le continent européen que se poursuit la lutte entre Français et Anglais. La péninsule Ibérique et dans une moindre mesure le sud de l'Italie sont les terrains d'action privilégiés de cet affrontement. L'Angleterre compte sur ces deux têtes de pont pour résister à Napoléon. Elle soutient le roi des Deux-Siciles, Ferdinand IV, chassé de Naples en 1806 et réfugié en Sicile. L'île est protégée par les Anglais qui parviennent notamment à repousser un débarquement organisé par Murat, roi de Naples, en septembre 1810. L'occupation de la Sicile permet aux Anglais de compléter leur présence en Méditerranée, puisqu'ils occupent déjà Malte et possèdent Gibraltar.

C'est en Espagne que l'action militaire des Anglais est la plus notable. En s'appuyant sur le Portugal, mais aussi sur sa flotte, l'Angleterre peut soutenir l'armée de Wellington, forte au plus de trente-cinq mille hommes, qui ne cesse, avec l'aide des Espagnols, de mener combat contre les soldats français, au point d'obliger Napoléon à maintenir une armée de plus de trois cent cinquante mille hommes en Espagne. L'Espagne devient le lieu privilégié des combats en 1810. Napoléon y a dépêché le maréchal Soult qui, au début de cette année, mène une grande offensive en direction de l'Andalousie. L'armée française parvient à s'en rendre maître, sans cependant contrôler complètement cette région. Une autre armée, conduite par le maréchal Masséna, s'est dirigée vers le Portugal avec l'espoir d'en exclure les Anglais. Mais Masséna se heurte à la ligne de défense anglaise et voit sa marche ralentie. Il finit par évacuer le Portugal, quelques mois plus tard, sans avoir jamais réussi à s'y implanter. La péninsule Ibérique reste un champ de bataille. Le pouvoir y est désormais assumé par les militaires. Joseph ne contrôle plus que Madrid et sa région, depuis qu'en février 1810, Napoléon a décidé de partager le nord du royaume en quatre gouvernements militaires : Macdonald est placé à la tête de la Catalogne, Suchet reçoit le commandement de l'Aragon, Dufour la Navarre et Thouvenot la Biscaye. Quant aux marches du Portugal et de l'Andalousie, elles échappent de fait à l'autorité de Joseph et se retrouvent placées sous la tutelle respective de Masséna et Soult. Cette réorganisation de l'Espagne, derrière laquelle se profile un projet d'annexion, confirme la nouvelle orientation de la politique européenne de Napoléon.

L'Espagne demeure une épine dans l'Europe napoléonienne. Par ailleurs, de plus en plus, l'alliance orientale avec la Russie, bâtie en 1807 au lendemain de la paix de Tilsit, paraît fragile. Le renoncement au parti russe qui s'offrait en 1810 n'a pas contribué à rassurer le tsar Alexandre. À cet affront, s'ajoutent deux motifs de tension entre les deux Empires. Le premier est lié au Blocus continental que la Russie se refuse à appliquer avec rigueur pour ne pas asphyxier sa propre économie. L'absence de relations avec les pays neutres lui est particulièrement difficile à envisager. La Pologne est l'autre pomme de discorde. Le tsar a vu avec regret l'adjonction au grand-duché de Varsovie d'une partie de la Galicie, conquise sur l'Autriche en 1809. Il craint par-dessus tout la formation d'un vaste État polonais aux marges de son Empire. Pour le moment, la Russie reste empêtrée dans ses difficultés avec l'Empire ottoman. La guerre larvée que se livrent ces deux États depuis plusieurs années mobilise une partie des troupes russes. La Russie doit aussi compter avec les changements politiques dans les pays scandinaves. La Suède vient en effet de se choisir un nouveau prince en la personne du maréchal Bernadotte, élu prince héréditaire le 21 août 1810. Même s'il promet à Alexandre de ne jamais attaquer la Russie, il représente cependant, en 1810, un danger par l'alliance éventuelle qu'il pourrait conclure avec la France. Les tensions sont donc vives entre la France et la Russie, mais le contexte est tel que la guerre ne semble pas devoir éclater immédiatement. Ce n'est que partie remise.

À bien des égards, l'année 1810 marque donc un tournant dans l'évolution du régime impérial. Certes, il serait fallacieux d'y rechercher les causes de la chute finale. Mais il est un fait que Napoléon modifie alors sa manière de gouverner. Le mariage autrichien n'en est que le symbole. Il marque la rupture avec l'héritage révolutionnaire, mais peut aussi apparaître comme un signe d'affaiblissement de la part d'un homme qui sait qu'il n'est pas invulnérable et qui cherche, à travers un héritier, à perpétuer son œuvre. C'est un aveu de faiblesse que ne compense pas sa boulimie de conquêtes. La politique d'annexions, justifiée par la poursuite du Blocus continental, est aussi un signe paradoxal d'affaiblissement. Elle montre que Napoléon n'a pas su administrer ses conquêtes, en leur conservant une relative autonomie. De ce fait, il provoque un mécontentement grandissant chez des populations que lasse la pression constante du pouvoir français, d'autant plus que la politique dirigiste imposée par Napoléon tranche avec le pragmatisme développé jusqu'alors. Au début de 1811, le Grand Empire paraît tout-puissant mais c'est un colosse aux pieds d'argile. La constante opposition de l'Angleterre, la résistance espagnole, les rancœurs de l'Autriche et de la Prusse menacent ce fragile édifice.

2

Le développement d'un État autoritaire

La disgrâce de Fouché, à l'heure du mariage autrichien, et son remplacement par Savary sont devenus les symboles du tournant autoritaire amorcé par le régime impérial à partir de 1810. Certes, la législation policière était déjà sévère, mais l'extension de l'Empire a provoqué un désir de contrôle encore plus fort, tandis que résonne le silence des assemblées. Les tensions nées de cette absence de dialogue devaient aussi rappeler l'existence d'un peuple souffrant, que la répression policière ne peut complètement faire taire.

1. LE RENFORCEMENT DU CONTRÔLE POLICIER

Au retour de son voyage de noces dans les départements belges, Napoléon apostrophe Fouché au Conseil des ministres et lui demande des explications sur son rôle dans la négociation entamée avec l'Angleterre et sur l'implication du financier Ouvrard qu'il projette déjà de faire arrêter. Puis, le lendemain, le dimanche 3 juin 1810, à l'issue de la messe entendue comme à l'accoutumée dans la chapelle des Tuileries, l'Empereur convoque l'ensemble de ses ministres et leur annonce la destitution de Fouché, le seul à ne pas être présent. Il leur apprend en même temps la nomination au ministère de la Police de Savary. La surprise se peint sur les visages à l'annonce de cette nouvelle, tant la personnalité de Savary semble fade à côté de celle de Fouché. C'est un militaire dont la discipline ne saurait être prise en défaut. Mais Savary est surtout un fidèle de Napoléon. Cet Ardennais, fils d'officier, engagé volontaire à seize ans au début de la Révolution, a été de toutes les opérations commandées par Napoléon depuis la campagne d'Égypte. Il appartenait alors à l'entourage de Desaix, mais à la mort de ce dernier, lors de la bataille de Marengo, Bonaparte se l'attache définitivement. Il est peu après promu, avec le grade de colonel, commandant de la légion de gendarmerie d'élite ; c'est à ce titre qu'il se voit confier la tâche délicate d'enquêter sur l'enlèvement du sénateur Clément de Ris, en septembre 1800. D'autres missions de confiance lui sont ensuite confiées dans l'Ouest. Elles lui valent d'être promu général en 1803. C'est alors qu'intervient l'affaire du duc d'Enghien. Le nom de Savary restera à jamais associé à l'exécution de ce prince enlevé en territoire étranger et fusillé après un jugement sommaire. Tout au long du procès, organisé dans la nuit du 20 au 21 mars, Savary a obéi, avec un zèle remarquable, aux ordres de Bonaparte qui lui avait recommandé de « veiller sur tout ». Il refusera d'accorder tout délai au duc d'Enghien, finalement fusillé dans la nuit. Savary en retire l'opprobre des milieux royalistes, mais aussi le grade de général de division. Nommé duc de Rovigo en février 1808, il multiplie les missions de confiance. Espion, diplomate en Russie en 1807, il reprend volontiers du service dans l'armée dès lors que la France est en guerre. C'est ainsi qu'il combat en Espagne de 1808 à 1810. Alors que les nouveaux ministres appelés par Napoléon étaient en général issus du Conseil d'État, Savary sent encore la poudre lorsqu'il fait son entrée au ministère de la Police. Ce choix n'est pas incohérent, puisque Savary détenait toujours le commandement de la gendarmerie d'élite et donc n'avait cessé depuis 1800 d'avoir part aux diverses affaires de police du pays. C'est à lui que Napoléon avait confié le soin d'arrêter Ouvrard. Ce fidèle de Napoléon, au fait de toutes ses intrigues, a aussi su anticiper le tournant monarchiste de 1810. À la différence de son prédécesseur, il n'a jamais goûté la compagnie des jacobins et voit d'un assez bon œil l'Empire s'éloigner de la Révolution. Par ses origines, et surtout par son mariage avec une représentante de l'ancienne noblesse, il aspire au retour d'un ordre ancien et se coule avec plaisir dans les habits de cour.

On a souvent dépeint le caractère borné de Savary que Fouché aurait abusé, obtenant quelques jours de délai avant de lui passer les clefs du ministère et profitant de ce laps de temps pour brûler ses papiers et désorganiser ses services de renseignements. Savary fit certes preuve, en la circonstance, d'une certaine naïveté, mais il sut rapidement reprendre en main les affaires. Il trouve notamment en Dubois, préfet de police de Paris, un auxiliaire précieux. En poste depuis 1800, Dubois connaissait très bien les divers dossiers en cours, notamment parce que Napoléon n'avait cessé de jouer de la rivalité des polices, ce qui lui avait permis de conserver une certaine autonomie. Pourtant, une fois ce travail accompli, Dubois est écarté. Prenant prétexte de son absence à Paris lors de l'incendie de la résidence de l'ambassadeur d'Autriche, Napoléon le congédie. En fait, le remplacement de Dubois par Pasquier parachève la refonte des services de police amorcée par le départ de Fouché. Il est aussi un moyen de reprendre en main l'administration de Paris dont l'Empereur avait regretté la complexité. « On ne comprend rien à l'administration de Paris, s'était exclamé Napoléon en février 1810, lors d'un conseil d'administration réuni sur ce thème. On y voit deux préfets tellement rivaux qu'ils se disputent le pas. Il n'y a qu'une ville et il ne doit y avoir qu'une administration », avait-il conclu. Sans aller jusqu'à cette simplification, la nomination de Pasquier devait permettre de briser la rivalité que déplorait l'Empereur.

Issu d'une illustre famille de robe, Étienne-Denis Pasquier incarne la France d'Ancien Régime. Alors que lui-même émigrait, son père était guillotiné en 1793, et ce n'est qu'en 1806 qu'il apporta son soutien à l'Empire. Ce rallié de fraîche date, entré au Conseil d'État mais resté proche des néo-monarchistes, fut placé à la tête de la préfecture de police pour la « nettoyer », selon sa propre expression, c'est-à-dire pour la débarrasser des derniers vestiges de l'époque révolutionnaire. Son action n'y fut pas décisive, même si l'on en retient souvent l'entrée dans ses services d'un ancien bagnard, Vidocq. En fait, contrairement à son prédécesseur, Pasquier ne s'occupa pas des affaires politiques, s'en tenant aux autres activités de ce département, c'est-à-dire la surveillance et la protection des citoyens, ainsi que l'approvisionnement de la ville. Les attributions de Savary s'en trouvent renforcées, sans pour autant que la rivalité des polices disparaisse. En effet, Pasquier et Savary ne s'appréciaient guère. « Je n'avais nul penchant pour lui, et il n'en avait pas davantage pour moi [1] », rapporte Pasquier, avant d'accuser Desmarets, séide de Savary au ministère de la Police, de le surveiller : « Le plus dangereux de mes ennemis, dans ce cercle si malveillant, était toujours le sieur Desmarets. Il semblait avoir entrepris plus particulièrement de m'observer, de m'épier et de me prendre en faute. Ses rapports étaient de nature à augmenter les préventions que le duc de Rovigo avait contre moi [2]. »

Savary dispose en effet d'une administration bien rodée, que les ultimes manœuvres de Fouché n'ont pu véritablement désorganiser. Il a conservé l'organisation de son ministère en cinq départements et quatre divisions territoriales. La plupart des employés qui avaient servi sous Fouché restent en place. La continuité des services est une des clefs de leur efficacité. Elle avait été recommandée par Napoléon lui-même : « Voyez tout le monde... Ne maltraitez personne, ne renvoyez personne ; si par la suite, vous avez à vous plaindre de quelqu'un, il ne faudra pas le déplacer avant six mois [3]. » On perçoit cette continuité à la lecture des bulletins de police dont on a longtemps pensé qu'ils s'étaient appauvris à l'époque de Savary. Leur publication récente atteste au contraire du souci constant des services du ministère de tenir informé l'Empereur de tous les faits et gestes susceptibles de l'intéresser. Cela n'a rien qui doive surprendre ; ils sont rédigés par les mêmes fonctionnaires qu'à l'époque de Fouché, à savoir Desmarets, chef de la première division du ministère, et Jean-André François. Le nouveau ministre doit cependant tenir compte de l'extension territoriale de l'Empire. La création de nouveaux départements étend ses prérogatives. Pour assurer le contrôle de ces territoires, le ministre multiplie les directions générales de la police chargées de superviser l'action des commissaires placés sous leurs ordres. Institués dès 1806, pour l'Italie du Nord, ces directeurs généraux se multiplièrent ensuite. En 1811, ils sont présents à Rome (Norvins), à Amsterdam (Villiers du Terrage), à Hambourg (Brun d'Aubignosc), à Florence (Dubois) et à Turin (Douhet d'Auzers). Savary correspondait directement avec eux. Chaque jeudi également, il réunissait les conseillers d'État chargés de contrôler les quatre divisions territoriales prévues dans l'organisation de la police. Grâce à eux, il pouvait avoir une vue plus fine de la situation du pays. Mais l'action du ministre, réputé intransigeant dans ses décisions, reposait toujours sur l'accord de Napoléon. Le durcissement de l'action policière, constaté à partir de 1810, tient au zèle de Savary, mais ne peut s'expliquer que par la pression exercée par Napoléon en ce domaine.

Le gouvernement n'a pas attendu la nomination de Savary pour accentuer le caractère répressif de la législation. Néanmoins, c'est à Savary qu'il revient de la faire appliquer. En mars 1810, un décret a ainsi rétabli les prisons d'État. Fouché ne l'avait pas soutenu, bien que lui-même ne se soit pas privé de procéder à des arrestations arbitraires. Désormais elles acquièrent un statut légal. Ce décret de 1810 rend en effet possible l'internement d'un suspect sans jugement. Seul devient nécessaire l'avis du conseil privé au sein duquel l'autorité de Napoléon ne souffre aucune contradiction. Ce décret est bien l'un des symboles du retour à des mœurs d'Ancien Régime ; il abroge en effet le principe de la liberté individuelle. Toutefois, son importance ne doit pas être majorée, dans la mesure où son application reste limitée. Il concerne quelques centaines de prisonniers dont beaucoup du reste étaient responsables de délits de droit commun. Ces prisonniers sont quatre cent cinquante-cinq en 1812 ; leur nombre atteint deux mille cinq cents en 1814. La progression est constante et confirme le tour de vis policier du régime. Certes, le nombre de détenus dans les prisons d'État peut paraître faible, mais la détention arbitraire demeure une arme dissuasive. Il faudrait aussi y ajouter les prisonniers « politiques » détenus dans les maisons centrales. En 1811, le conseil privé examine les cas de huit cent quatre-vingt-dix-neuf prisonniers ; cent quatre-vingt-seize seulement séjournaient dans des prisons d'État, les autres étant disséminés dans les autres prisons de l'Empire. L'examen de ces cas conduit à prononcer la libération de cent quarante-cinq détenus. Les prisons d'État ne sont donc pas le seul moyen de s'assurer de la personne d'éventuels opposants. Le régime continue aussi de pratiquer l'exil intérieur, voire le placement en résidence surveillée qui permet de contrôler les faits et gestes de personnalités suspectes d'opposition et de les appréhender le cas échéant.

À peine arrivé au ministère de la Police, Savary s'est particulièrement attaché à traquer les anciens jacobins. Il se lance dès le mois d'août 1810 dans une vaste chasse à l'homme qui le conduit même à lancer des mandats d'amener contre des individus décédés. Peu après, il s'en prend à la magistrature dont il recommande l'épuration, espérant une fois encore l'élimination des derniers vestiges de l'époque révolutionnaire. Cette traque des jacobins tourne donc à l'obsession, même si elle s'inscrit dans le tournant monarchique du régime voulu par Napoléon. Savary n'épargne pas non plus le clergé et les catholiques qui s'avisent de défendre la cause du pape. Dans ce domaine aussi, arrestations et internements se multiplient ; ils sont l'une des manifestations de la crise entre l'Église et l'État.

Le renforcement de l'autoritarisme se traduit également par le développement de l'emprise sur les esprits. La censure sur les écrits est désormais institutionnalisée, ce que les éditeurs avaient demandé pour éviter que les livres soient condamnés après leur parution. Néanmoins, leur souhait est exaucé au-delà de leurs espérances, puisque la politique de répression de l'écrit se montre particulièrement efficace à partir de 1810. Toutefois, le décret du 5 février qui crée la direction de l'Imprimerie et de la Librairie prévoit son rattachement au ministère de l'Intérieur. Ce secteur échappe donc à la tutelle du ministère de la Police, mais il n'en perd pas pour autant de son efficacité. La nouvelle réglementation limite le nombre d'imprimeurs à soixante à Paris et pose les conditions de leur existence. Ils doivent pour exercer obtenir un brevet, également exigé des libraires. Mais surtout les imprimeurs ne peuvent publier aucun ouvrage qui n'ait préalablement reçu un visa de la censure. Pour cette tâche, neuf censeurs se mettent au travail en 1811 ; ils sont bientôt une vingtaine qui travaillent sous l'autorité du directeur général de la Librairie et de l'Imprimerie. Ce poste est tout d'abord confié à Portalis, le fils du défunt ministre des Cultes, mais ce dernier est écarté en janvier 1811 pour avoir laisser diffuser par son cousin, l'abbé d'Astros, la bulle par laquelle le pape excommuniait Napoléon. Portalis est alors remplacé par le baron de Pommereul qui se distingue par son zèle dans l'application des mesures de censure. Ainsi en 1811, sur six cent quatre-vingt-dix-sept manuscrits visés, les censeurs en corrigent cent soixante-huit et en refusent quatre-vingt-un. Cette trop grande sévérité irrite Napoléon qui, en 1812, les rappelle à l'ordre : « Je n'approuve pas la direction que prend la censure ; mon intention est qu'on laisse une liberté entière à la presse, qu'on n'y mette aucune gêne, qu'on se contente d'arrêter les ouvrages obscènes ou tendant à semer des troubles dans l'intérieur. » L'étau se desserre à la fin de l'Empire. Mais le contrôle sur la production littéraire reste fort.

Germaine de Staël en fait l'amère expérience. Surveillée depuis le Consulat, elle avait pu continuer à écrire et à publier ses ouvrages.

Or, en septembre 1810, à l'annonce de la parution de son livre intitulé *De l'Allemagne*, Napoléon donne l'ordre non seulement de détruire l'ouvrage, mais encore d'en brûler le manuscrit, afin d'empêcher toute diffusion ultérieure. L'Empereur est passé outre la décision de la commission de censure qui avait donné son accord à la publication de ce livre. Savary est chargé de l'exécution de cette décision qui est donc un véritable fait du prince. Le souvenir qu'en a gardé Germaine de Staël est empreint d'une profonde révolte : « M. de Montmorency, que j'interrogeai, m'apprit que le général Savary, autrement dit le duc de Rovigo, avait envoyé ses soldats pour mettre en pièces les dix mille exemplaires qu'on avait tirés de mon livre et que j'avais reçu l'ordre de quitter la France sous trois jours [4]. » Elle parvient toutefois à sauver son manuscrit, donnant au préfet du Loir-et-Cher venu le lui demander, « une mauvaise copie » qui lui restait. Dans cette affaire, l'intervention de Savary a été décisive. Il revendique du reste sa responsabilité dans une lettre à Mme de Staël : « Votre dernier ouvrage n'est point français ; c'est moi qui en ai arrêté l'impression. Je regrette la perte qu'il va faire éprouver au libraire ; mais il ne m'est pas possible de le laisser paraître [5]. » L'influence de la police sur le contrôle des esprits reste donc forte, même si derrière Savary se profile l'ombre de Napoléon, toujours aussi vindicatif dans son combat contre l'exilée de Coppet.

La presse n'est pas épargnée. Déjà fortement réduite depuis le début de l'Empire, elle subit une nouvelle purge après 1810. Alors qu'il ne restait plus que dix quotidiens publiés à Paris en 1810, le gouvernement procède à de nouvelles fusions. Ainsi en 1810, *La Gazette de France* absorbe *Le Publiciste*. En 1811, *Le Journal de Paris* englobe de même plusieurs petits journaux. Le fait que leurs rédacteurs ne partagent pas les mêmes opinions importe peu, aux yeux du gouvernement, puisque la presse est désormais censée rendre compte de la seule parole officielle, les divergences d'opinion n'étant pas admises. Parallèlement, le gouvernement procède à la recomposition du capital de ces titres, en faisant en sorte qu'ils passent entre des mains amies. C'est ainsi que les frères Bertin, propriétaires du *Journal des débats*, se trouvent dépossédés de leur titre au profit de proches de Napoléon. À la suite de ces remaniements, il ne reste plus que quatre journaux parisiens : le *Moniteur*, *Le Journal des débats*, *Le Journal de Paris* et *La Gazette de France*. Leur audience est dérisoire, puisque leur tirage global ne dépasse pas les trente-cinq mille exemplaires. Même si le public lettré reste limité, il apparaît clairement que la censure pratiquée a été une entrave au développement de la presse. Ce contrôle a également des répercussions en province, puisque le gouvernement limite le nombre de journaux à un par département. Ce titre unique devient de fait l'organe officiel de la préfecture.

L'action de la police s'exerce aussi sur le contrôle du colportage, réglementé à partir de 1810. Une directive du 28 décembre spécifiait en effet « que les imagiers, dominotiers, ne pourraient imprimer sans examen, au bas de leurs images, des explications ou des chansons propres à être colportées et qui seraient dans le cas d'être examinées, si elles sortaient des presses d'un imprimeur ». La censure s'applique donc aux simples individus, soumis à une véritable autocensure. Napoléon a pris conscience de l'influence des images, almanachs ou petits livres vendus par ces colporteurs à travers la France. Enfin, les correspondances particulières continuent d'être soumises à l'examen du cabinet noir, dirigé par le directeur des Postes, Lavalette. Ainsi, aucun domaine de la pensée ou de l'expression n'échappe à la vigilance policière. Une chape de plomb s'est abattue sur le monde des idées.

2. L'ÉTOUFFEMENT DE LA VIE PARLEMENTAIRE

Depuis le début de l'Empire, le rôle des assemblées s'était étiolé au fil des ans. L'année 1810 marque un tournant incontestable dans la vie politique de l'Empire, dans la mesure où Napoléon gouverne désormais en restreignant considérablement le recours aux assemblées. La session de 1810 s'était ouverte le 1er février. La première tâche des députés avait consisté à se choisir un nouveau président, Fontanes qui occupait ces fonctions depuis six ans étant devenu grand maître de l'Université. Conformément aux règles de l'assemblée, les députés devaient établir une liste de quatre noms au sein de laquelle Napoléon en retiendrait un. Leur choix se porte sur Stanislas de Girardin, Raymond de Montesquiou, Tyron de Montalembert et le général Le Marois. Tous les quatre ont servi l'Ancien Régime. Napoléon porte son choix sur Montesquiou, confirmant ainsi son souhait d'orienter son régime dans un sens monarchique. Le nouveau président appartient en effet à une très ancienne famille de l'aristocratie française. Resté en France pendant toute la Révolution, il avait tôt rallié la cause de Bonaparte et avait assisté au sacre. Déjà Napoléon l'avait distingué en le nommant grand chambellan en remplacement de Talleyrand. C'est donc un fidèle de l'Empereur, un des hauts dignitaires de l'Empire qui accède à la charge de président du Corps législatif. Cette orientation du Corps législatif est confirmée par la désignation des nouveaux membres. À partir de 1810, la part des anciens nobles s'accroît, sans jamais être prépondérante ; elle représentait 7 % des députés nommés entre 1804 et 1810, ce pourcentage passe à 15 % entre 1811 et 1814. La physionomie de l'assemblée se modifie donc progressivement. Les députés qui ont occupé une fonction politique sous la Révolution ne sont plus majoritaires, le nombre de ceux qui ont appartenu à la Convention est résiduel. De plus, l'ouverture du Corps législatif aux départements réunis contribue à diluer les anciens révolutionnaires dans un ensemble plus hétérogène. Cette lente disparition des artisans de la Révolution n'en rassure pas pour autant Napoléon qui prive désormais de parole les législateurs.

En 1810, une courte session avait encore permis au Corps législatif de s'exprimer sur la dernière grande loi juridique du règne donnant naissance au Code pénal. Des voix s'étaient même élevées contre ce texte, près de quatre-vingts. On ne peut pas parler de fronde, mais une relative inquiétude sourd dans les milieux du pouvoir, au point de contraindre le gouvernement à interdire la publication des résultats dans le *Moniteur*. Cette inquiétude transparaît aussi dans la correspondance échangée entre Napoléon et Cambacérès. Avant de quitter Paris pour Saint-Cloud, le 4 avril 1810, Napoléon a fait savoir à l'archichancelier qu'il souhaitait la prochaine clôture de la session parlementaire. Cambacérès s'emploie à hâter l'examen des projets en suspens : « J'ai écrit, de suite, au Sr Locré de prévenir les présidents des sections de Législation, des Finances et de l'Intérieur qu'il était nécessaire que dans la séance de samedi les projets de loi sur l'ordre judiciaire, sur les contributions et sur les mines, fussent définitivement arrêtés [6]. » Après quelques échanges avec le Conseil d'État sur les points litigieux, touchant en particulier à l'exploitation des mines, le Corps législatif approuve les projets de loi soumis à son vote. La nouvelle loi sur l'organisation de la justice suscite cependant quelques réserves, puisque cinquante-cinq députés votent contre, Cambacérès expliquant ce vote par une mauvaise compréhension du texte, après avoir annoncé la fin de la session : « Les députés du Corps législatif retournent chez eux avec empressement, écrit-il à Napoléon ; ils commençaient à trouver que la session était longue. Si j'en crois ce que m'ont dit plusieurs d'entre eux, ils partent satisfaits de ce qu'ils ont vu et de ce qu'ils ont fait [7]. » La flagornerie déborde de cette lettre, lorsque l'on sait que Napoléon avait réclamé cette clôture de la session, refusant de laisser le débat se développer. Dès qu'il a senti poindre une once de rébellion, l'Empereur a décidé d'interrompre la session parlementaire, contraignant les députés à un accord rapide. Du reste, Napoléon néglige ensuite les députés, au point que les années 1811-1812 font piètre figure dans les annales de la vie parlementaire française.

Pourtant, Napoléon ne renonce pas aux assemblées. Ainsi, lors du rattachement des dix départements hollandais et allemands à la France, au cours de l'année 1810, il est prévu que chacun d'entre eux enverra des députés au Corps législatif. Plus de trente nouveaux législateurs sont alors attendus sur les bancs de cette assemblée. Le Corps législatif est devenu un apparat monarchique. Seule la séance d'ouverture paraît revêtir quelque importance. Elle prend d'autant plus d'éclat que la session parlementaire est courte et peu féconde. En 1810, le Corps législatif s'était séparé en avril. La session suivante n'ouvre que le 16 juin 1811, soit quatorze mois plus tard. Le cérémonial de la séance d'ouverture est parfaitement réglé. À 6 heures du matin, la Garde impériale prend place dans les postes du palais dévolu au Corps législatif. Le maréchal Duroc qui la commande est présent en personne, pour assurer la sécurité de l'Empereur mais surtout rappeler sa toute-puissance. La Garde est le symbole de la majesté impériale. À 11 heures, une délégation du Sénat, conduite par son président, Garnier, se rend au Corps législatif. Parmi les douze membres de cette délégation, on remarque Sieyès. Dans le même temps, le Conseil d'État se rend au Corps législatif, sous la protection d'une escorte de huit hommes. Sénateurs et conseillers d'État sont accueillis par deux députés qui les conduisent aux places qu'ils devront occuper pendant la cérémonie. L'Empereur pour sa part a attendu midi pour sortir des Tuileries, au son d'une salve d'artillerie. Il est entouré d'un cortège impressionnant où se côtoient les ministres, les grands dignitaires de l'Empire et les membres de la Maison de l'Empereur. Le roi de Westphalie, Jérôme, est également présent. Ce cortège grandiose, escorté de cavaliers, traverse le pont de la Concorde, avant d'arriver devant le Corps législatif où une nouvelle salve de canon est tirée. Nul dans Paris ne doit ignorer l'honneur rendu par Napoléon à la représentation nationale. Vingt-cinq députés, conduits par leur président, accueillent l'Empereur au bas des marches, puis l'accompagnent dans la salle des débats, escortés de toute sa suite. Les députés l'attendent, debout, le chapeau bas. La cérémonie proprement dite peut commencer. Elle débute par l'appel des noms des nouveaux députés. Talleyrand, en sa qualité de vice-grand électeur, les présente à l'Empereur qui entend tour à tour leur serment de fidélité à l'Empire. Puis Napoléon prend la parole pour se féliciter de la paix avec l'Autriche et de la naissance du roi de Rome. Il fait ensuite un bref exposé des principales lignes de sa politique, s'attardant un instant sur les questions religieuses et l'accroissement récent de l'Empire, pour finir en stigmatisant l'Angleterre, comparée à Carthage. La destruction de l'ennemi d'outre-Manche reste plus que jamais son objectif privilégié. La séance d'ouverture prend fin. Napoléon regagne les Tuileries selon un cérémonial identique à celui de son arrivée. Pendant, comme après ces discours, les députés se sont tu, silence qui exprime le statut d'asservissement du Corps législatif. Napoléon conserve cette assemblée, par une certaine fidélité envers les institutions de l'an VIII, mais il lui dénie tout droit à la parole.

Le Corps législatif tient vingt-trois séances entre le 16 juin et le 25 juillet 1811. Les députés entendent l'oraison funèbre des législateurs décédés depuis la session précédente ; ils prennent connaissance des rapports lus sur quelques ouvrages proposés à leur attention. Le Corps législatif tend à ressembler à une académie, sans véritable fonction politique, sauf peut-être quand il lui faut désigner les membres de son bureau ou de ses commissions. Mais, même alors, le débat est rapide. Quant aux projets de loi proprement dits, ils sont très peu nombreux à être proposés à l'attention des députés. Le 8 juillet, le comte Regnaud de Saint-Jean-d'Angély, conseiller d'État, vient présenter le projet de budget pour 1811, alors que l'année est commencée depuis six mois. Huit jours plus tard, le rapporteur de la commission des finances, un nouveau venu dans l'assemblée puisqu'il s'agit du député hollandais de Mollerus, conclut en faveur de son adoption. Le vote a lieu immédiatement après. « Aucun orateur ne prenant la parole, la discussion est fermée », conclut le procès-verbal de la séance [8]. Seuls cinq députés osent voter contre, trois cent vingt-neuf approuvant ce budget qui forme l'essentiel des discussions parlementaires de cette session. Les sept autres projets présentés sont en effet d'intérêt minime et ne rencontrent aucune opposition marquée ; il est vrai qu'une partie des députés boude les débats. Le 19 juillet par exemple, plus d'une centaine de députés sont absents lors du vote de deux projets d'intérêt local. Ils sont, en revanche, revenus en séance quelques jours plus tard et assistent au discours de clôture prononcé par le comte de Ségur. Ce dernier, conscient du peu de travail demandé aux législateurs, justifie l'absence de grandes lois par la nécessité de consolider l'œuvre accomplie depuis plusieurs années : « Nous vous avons présenté cette année peu de projets de loi. Après la confection du Code Napoléon, des Codes de procédure, de commerce et le Code criminel, lorsque tout est organisé dans l'Empire, il est naturel que le travail de l'administration augmente et que celui de la législation diminue [9]. » À ce discours, le président du Corps législatif répond : « C'est l'heureuse destinée du Corps législatif de ne se réunir que pour s'associer aux plus nobles travaux du gouvernement, ou pour mieux juger de leur sagesse, en voyant leurs précieux résultats [10]. » Mais ces réunions du Corps législatif sont de plus en plus rares. L'année 1812 s'écoule sans qu'il soit assemblé ; il faut attendre le mois de février 1813 pour que le Corps législatif soit à nouveau réuni, après donc une période de dix-neuf mois de vacance.

À la différence du Corps législatif, le Sénat est une assemblée permanente. Il a souvent été présenté comme investi des pouvoirs que le Corps législatif aurait perdus. Cette impression, partiellement vraie pour les années 1804-1810, doit être nuancée pour la période suivante. En effet, le Sénat est à peine plus sollicité que le Corps législatif. Les séances s'espacent de plus en plus. Des mois entiers s'écoulent sans que le Sénat soit réuni ; les séances sont brèves. Il conserve cependant un rôle primordial en matière de défense et de diplomatie. Les sénateurs doivent en effet donner leur accord à la levée des troupes réclamées par Napoléon. Ils prennent donc la responsabilité de l'augmentation du contingent levé qui passe à cent vingt mille hommes en 1811, chiffre reconduit pour 1812 en décembre 1811. Dans l'un et l'autre cas, aucune protestation ne s'élève contre l'accroissement de cette pression militaire. Les sénateurs approuvent également le renforcement du personnel de la marine et acceptent, en décembre 1810, une levée exceptionnelle de quarante mille marins, pris dans les classes de 1811 à 1816 ; ils sont recrutés dans les cantons littoraux des trente départements de la façade maritime. En 1812, au moment de la campagne contre la Russie, le Sénat accepte, sans broncher, d'anticiper la levée du contingent de 1813. Le Sénat a aussi la charge de ratifier les annexions de territoire à l'Empire français. De ce fait, il connaît une certaine activité en 1810, lorsque sont discutés les différents sénatus-consultes procédant à la création de nouveaux départements français. En 1812, il est tenu informé de l'intense activité diplomatique déployée par Napoléon, à la veille de la campagne de Russie. Après avoir pris connaissance de ces traités, le Sénat se met en sommeil pendant les derniers mois de 1812.

Le Sénat approuve donc massivement les projets de Napoléon. La maigre opposition qui s'était exprimée dans les premières années de l'Empire se tait, attendant des jours meilleurs. Pourtant, à la différence du Corps législatif profondément renouvelé depuis le début du régime, le Sénat a conservé un fort contingent de sénateurs nommés en 1800. Ils sont encore une cinquantaine en 1811, sur les 133 membres que compte alors cette assemblée. Ce noyau d'origine, lui-même composé de nombreux ralliés, est à présent enseveli dans un ensemble apparemment acquis à la cause napoléonienne. On compte parmi eux vingt-deux étrangers nommés à la suite des accroissements de l'Empire, dont Schimmelpenninck, l'ancien homme fort de la Hollande que Napoléon avait écarté en 1805. Depuis l'avènement de l'Empire, les diverses fournées de sénateurs ont renforcé le camp des partisans affichés du régime. En outre, le bureau de cette assemblée reste entre les mains de sénateurs chevronnés, qui n'en sont pas moins des fidèles de Napoléon. Depuis 1809, le président du Sénat est Germain Garnier, procureur au Châtelet sous l'Ancien Régime, qui avait émigré en 1792. Rallié à Bonaparte après le 18-Brumaire, il avait hérité de l'importante préfecture de Versailles d'où le Premier consul l'avait retiré pour le nommer au Sénat en 1804. En 1811, il cède son fauteuil à Lacépède, un des savants les plus réputés de son temps, couvert d'honneurs par Napoléon qui en avait fait auparavant le grand chancelier de la Légion d'honneur. Il avait déjà occupé les fonctions de président du Sénat. Certes, le rôle du président reste faible, d'autant que le Sénat peut tout aussi bien être présidé par l'Empereur lui-même ou l'un des grands dignitaires du régime, mais la charge est l'une des plus hautes distinctions politiques du pays et reste donc convoitée. Le président est entouré de deux secrétaires, deux préteurs, un chancelier et un trésorier. Tous ces postes sont occupés par d'éminents personnages du régime ; Laplace, qui fut un éphémère ministre de l'Intérieur au début du Consulat, détient le poste de chancelier. Chaptal, qui avait également occupé le portefeuille de l'Intérieur jusqu'en 1804, détient depuis lors le poste de trésorier. Les deux secrétaires sont le général Gouvion, sénateur depuis 1805, et qui représente à ce poste l'important contingent militaire au Sénat, et Jean-Victor Colchen, lié de longue date à Bonaparte qui en avait fait un préfet de la Moselle avant de l'appeler au Sénat en 1805. Les deux préteurs sont le maréchal Lefebvre, un des plus fidèles compagnons de Napoléon, présent à Saint-Cloud au 19 brumaire, créé duc de Dantzig en 1809, et Clément de Ris, resté célèbre pour son enlèvement rocambolesque de 1800, mais dont la présence à cette place montre qu'il n'était pas le personnage obscur que l'on dépeint généralement.

Bien que les séances du Sénat s'espacent, il reste à cette assemblée une prérogative notable, à savoir la désignation des membres du Corps législatif. Pour l'occasion, le Sénat est présidé par Talleyrand, vice-grand électeur, chargé à ce titre de veiller au bon déroulement des opérations électorales. En mai 1811, deux séances sont nécessaires pour désigner les nouveaux élus ; il est vrai que l'appoint de trente-neuf députés issus des départements annexés a contraint les sénateurs à un examen attentif des listes de notables qui leur avaient été fournies. L'impossibilité d'établir à temps les collèges électoraux a de fait renforcé le poids des sénateurs dans ces choix. Encore faut-il remarquer que ces derniers ont souvent été guidés par le pouvoir. Malgré sa relative mise en sommeil, le Sénat conserve donc des prérogatives importantes : le choix des députés, le vote des levées de conscrits, la sanction des modifications de frontière. Il reste officiellement le garant de la Constitution de l'an XII.

La véritable cheville ouvrière de l'appareil administratif demeure le Conseil d'État. Napoléon retrouve le chemin de cette assemblée, après l'avoir quelque peu négligée pendant les années 1805-1809 du fait des nombreuses campagnes militaires menées à travers l'Europe. À partir de l'automne de 1809, on le voit assister de nouveau à de très nombreuses séances du Conseil d'État et s'y montrer actif. Il s'intéresse tout particulièrement à la réforme de la justice adoptée en 1810, au projet de réforme de l'Université, aux questions religieuses ou aux débats relatifs à la politique extérieure de la France. L'attachement de Napoléon au Conseil d'État est tel qu'il le fait venir à Saint-Cloud lorsqu'il y réside. De plus, quand il est absent, il est tenu très régulièrement au courant de l'avancement des discussions. Le Conseil est alors présidé par Cambacérès qui ne manque pas de noter l'importance de la tâche à accomplir : « Il y a dans ce moment, au Conseil d'État, un nombre considérable d'affaires qui s'expédient difficilement », note-t-il en juillet 1811. Certes, la docilité des conseillers à l'égard du prince est plus grande qu'au début du règne, mais les dossiers en chantier ont aussi perdu leur caractère idéologique. Il s'agit de plus en plus d'adapter aux nouvelles dimensions de l'Empire les institutions françaises. De ce point de vue, les conseillers d'État s'affirment comme de remarquables techniciens du droit. Sur eux repose une grande partie de la réglementation du pays, car de plus en plus leurs avis sont transformés en simples décrets qui échappent par conséquent au contrôle législatif. Les procès-verbaux transcrits par Locré, secrétaire général du Conseil d'État, comme la correspondance que Cambacérès adresse à Napoléon lorsqu'il est absent de Paris, illustrent l'extrême activité du Conseil. Celle-ci tranche avec le vide des discussions entendues dans les assemblées. Les séances se tiennent presque quotidiennement et sont parfois fort longues. Ainsi, le 28 octobre 1811, le Conseil d'État s'est occupé de l'organisation administrative de la Hollande, d'un projet sur les compagnies du génie et d'une question concernant les Belges qui ont porté les armes. Mais le sujet le plus ardu touchait le problème des congrégations religieuses, Cambacérès proposant le maintien dans l'Empire de quelques couvents. « Malgré toute la sagesse des vues qui ont déterminé cette mesure, Votre Majesté ne sera point surprise, écrit l'archichancelier à Napoléon, qu'elle ait éprouvé des contradictions ; d'amers souvenirs, des craintes mal fondées, un peu d'idéologie, ont fourni des arguments plus ou moins spécieux. Après un long débat, il a été convenu d'ajourner afin d'entendre le ministre des Cultes qui sera invité de se rendre à la séance de mardi prochain [11]. » Non seulement les conseillers d'État ont conservé leur liberté de parole, mais leurs arguments sont souvent entendus. En ce sens, le Conseil d'État demeure bien le principal lieu de débat politique dans la France impériale.

La qualité des nouveaux promus confirme en outre l'importance de ce corps. En 1810, Napoléon appelle au Conseil d'État Pierre-Victor Malouet, une des principales figures du parti monarchien à l'Assemblée constituante, qui s'était rallié au régime après 1803 et était devenu préfet maritime à Anvers. Il trouve dans cette nomination au Conseil d'État la récompense des efforts déployés pour contrer l'attaque des Anglais sur Walcheren en septembre 1809. La nomination du philosophe Gérando, en 1811, est également symptomatique du souci d'attirer dans ce Conseil les savants les plus illustres du pays. Proche des idéologues au début du Consulat, ami de Mme de Staël, Gérando a fait néanmoins une belle carrière dans l'administration sous l'Empire. Secrétaire général du ministère de l'Intérieur en 1804, il était entré comme maître des requêtes au Conseil d'État en 1808. Sa nomination comme conseiller d'État en 1811 est donc une promotion, à l'intérieur d'un corps qu'il connaît bien. Elle est due à la rare efficacité dont il a fait preuve dans les missions qui lui ont été confiées, par exemple l'administration des États pontificaux récemment soustraits au pape. Comme Malouet, Gérando avait été un adversaire vigoureux du jacobinisme ; il avait notamment participé à l'insurrection lyonnaise de 1793, ce qui lui avait valu d'être condamné à mort. Pour cette raison, son ressentiment à l'égard des hommes de la Terreur reste grand. Quant à

Malouet, il avait quitté la France au lendemain des massacres de septembre 1792, poursuivant en Angleterre sa défense du roi et des libertés. Il resta au fond monarchiste, ce qui lui valut la disgrâce en 1812, puis un portefeuille de ministre sous la Restauration.

Et que dire de celui dont on ne peut prononcer le nom sans l'accompagner de son titre de la noblesse d'Empire, le baron Louis, grande figure de la finance des premières années du XIXe siècle ? Destiné à entrer dans les ordres avant la Révolution, il avait partagé la fortune de Talleyrand à la fin de l'Ancien Régime et au début de la Révolution. Mais, après avoir approuvé la Constitution civile du clergé, en décembre 1790, il quitte les ordres. La Terreur l'avait chassé de France. Il n'y revint qu'au lendemain du 18-Brumaire et obtint, grâce à la protection de son ancien mentor, d'entrer au ministère de l'Administration de la guerre. Puis Mollien, devenu ministre du Trésor en 1806, l'appelle auprès de lui. Tous les deux avaient fréquenté les mêmes cercles à la fin de l'Ancien Régime et s'étaient initiés de concert aux mécanismes de la finance. Depuis, Joseph-Dominique Louis avait en outre eu l'occasion d'étudier, à Londres, le système anglais. Ce sont ses compétences en matière financière qui l'imposent au Conseil d'État, mais en même temps ce choix confirme les faveurs accordées aux anciens partisans de la monarchie constitutionnelle. Comme Malouet, le baron Louis sera l'un des ministres de Louis XVIII. Le Conseil d'État de l'Empire forme ainsi les futurs cadres de la monarchie restaurée. Les grands législateurs sont au Conseil d'État, non au Corps législatif.

De ce fait, les chefs de division figurent parmi les personnages les plus éminents du régime. Ils ne brillent pas sur les champs de bataille, mais leur action a été décisive dans la construction de l'État moderne. Boulay de La Meurthe en particulier demeure dans une relative pénombre. Pourtant, à la tête de la section de Législation, il a orchestré toute l'œuvre de réforme judiciaire et de codification de l'Empire. Quant à Regnaud de Saint-Jean-d'Angély, président de la section de l'Intérieur, il est l'interlocuteur privilégié des assemblées pour tout ce qui touche à l'organisation du territoire et aux questions budgétaires. Jacques Defermon tient pour sa part la section des Finances depuis le début du régime. Considéré comme un des meilleurs spécialistes des questions économiques, cet ancien député à l'Assemblée constituante, puis à la Convention, avait rallié Bonaparte dès le 18-Brumaire. Napoléon songea à le nommer ministre des Finances, mais il préféra le conserver à la section des Finances du Conseil d'État, signe de l'importance stratégique de ce poste. En outre, il lui confia en janvier 1810 la direction du Domaine extraordinaire, c'est-à-dire la gestion de tous les biens et revenus tirés des conquêtes, et qui échappaient de ce fait au budget ordinaire. Les fonds considérables gérés par le Domaine extraordinaire permirent notamment à Napoléon de financer quelques-uns des grands travaux de l'Empire, mais aussi de payer la poursuite de la guerre. C'est dire l'importance du rôle joué par Defermon. Or, comme ses collègues Boulay de La Meurthe et Regnaud de Saint-Jean-d'Angély, il a fait partie du groupe des brumairiens, démentant ainsi l'idée d'une totale rupture du régime avec ses origines. Au Conseil d'État, la continuité est de mise. C'est une des clefs du succès de l'œuvre de réforme intérieure. Mais il ne peut à lui seul contenter la soif de dialogue des Français.

3. MALAISE SOCIAL ET RÉPRESSION POLICIÈRE

Après plusieurs années de prospérité économique, les premiers signes d'essoufflement se font sentir en France au printemps de 1810. Cambacérès en informe immédiatement l'Empereur, même s'il n'a pas encore pris la mesure du phénomène : « Les rapports de la police et de la bourse auront vraisemblablement instruit V. M. de la faillite assez forte que vient de faire une maison de banque connue sous la raison Gaudelet et Dubernard. Il paraît que ce désastre, prévu depuis longtemps par ceux qui connaissent la place, a été essentiellement déterminé par d'autres faillites, qui ont eu lieu en Bretagne, particulièrement à Lannion et à Guingamp [12]. » C'est bien le début d'une série de faillites qui annonce une grave crise économique. Quatre jours plus tard, Cambacérès se montre du reste pessimiste : « En dernier lieu, j'ai eu l'honneur de dire un mot à V. M. de plusieurs faillites ou banqueroutes. Ce désordre continue [13]. » Malgré l'avertissement de Cambacérès, la crise n'est pas prise très au sérieux, alors qu'elle est incontestablement liée à l'instauration du Blocus continental. Il s'agit d'abord d'une crise marchande ; les circuits traditionnels de commercialisation ont été détruits, affaiblissant les établissements de négoce et les banques. Les décrets pris par Napoléon à l'été de 1810 ne font qu'aggraver cette crise en provoquant une série de faillites en chaîne, notamment en Allemagne. En septembre, un important négociant de Lübeck, Rodde, spécialisé dans l'importation de produits coloniaux, ne peut plus honorer ses créances. Il est une victime directe des décrets de l'été. Quelque temps plus tard, l'un des principaux banquiers d'Amsterdam, De Smeth, est à son tour atteint. Sa chute est liée au ralentissement économique en Angleterre. En quelques jours, toute l'économie de l'Europe du Nord est ébranlée. Elle a été particulièrement touchée par les nouvelles mesures prises pour faire disparaître la contrebande. L'application de droits onéreux sur les marchandises importées en contrebande et saisies par la police ruine en effet nombre de négociants, fragilisant l'ensemble du réseau de banques dont ils étaient les débiteurs. De plus, les bruits circulant sur une éventuelle réforme monétaire alarment les épargnants qui conservent leur bonne monnaie, provoquant par là même une disette d'argent préjudiciable à la bonne marche de l'économie. Puis toute l'activité industrielle est touchée, car les entrepreneurs ne trouvent plus de fonds pour acheter leurs matières premières et voient s'évanouir leurs principaux débouchés. La crise devient alors industrielle. Tous les grands centres industriels sont concernés : Paris, mais aussi Lyon, Bordeaux, Caen, Marseille.

Cette crise provoque dès l'automne de 1810 des débauchages dans de nombreuses entreprises. À Paris, le préfet de police constate cette déprise dès le mois de décembre : « Les fabriques actuellement en souffrance sont l'orfèvrerie et bijouterie, la ciselure et dorure, l'ébénisterie et le meuble, l'horlogerie, la sellerie, la tabletterie. Malgré l'approche du jour de l'an, cent ouvriers orfèvres et trois cents bijoutiers sont sans ouvrage. Même état de souffrance dans la ciselure, la dorure, l'horlogerie ; l'ébénisterie et le meuble souffrent davantage. Point de demandes pour l'étranger, pas d'achats pour l'intérieur, difficultés dans les paiements, quelques faillites récentes dont la plus forte est de Dehen [14]. » Les métiers d'art et l'artisanat sont donc les premiers secteurs touchés. Le chômage progresse rapidement. Sur cinquante mille ouvriers recensés à Paris en décembre 1810, douze mille étaient alors sans travail ; leur nombre passe à vingt mille en mai 1811. À Lyon, la soierie est particulièrement atteinte ; plus de la moitié des quatorze mille métiers sont à l'arrêt.

L'ampleur de cette crise fut beaucoup plus grande que ne le prévoyaient les observateurs. Elle touche en effet l'ensemble de l'Europe, y compris l'Angleterre, dont les activités restent très liées, malgré le blocus, à celles du continent. Elle eut donc pour conséquence le ralentissement de l'activité économique. À cela s'ajoute dès 1810 une récolte en baisse par rapport aux années précédentes. La situation s'aggrave encore en 1811. Cette année-là, les campagnes de l'Empire sont victimes d'un véritable cataclysme météorologique. Violents orages dans le Nord et l'Ouest, sécheresse dans le Midi provoquent la chute de la production agricole dans nombre de régions. De ce fait, les prix montent. Au plan national, le prix de l'hectolitre de blé passe de vingt francs en 1810 à trente-trois francs en 1812, mais dans certains départements comme la Seine-Inférieure, les Bouches-du-Rhône ou la Gironde, ce prix dépasse les quarante francs, ce qui entraîne le retour des disettes dans ces régions et la multiplication des errants et vagabonds. Le préfet de Seine-Inférieure signale ainsi, en juillet 1812, des bandes de centaines d'errants qui assiègent les propriétaires. Ailleurs, lorsque les récoltes sont bonnes, il est difficile de trouver des débouchés à cause du ralentissement de l'activité économique. Les paysans travaillant pour l'industrie sont parmi les premières victimes de la baisse de la production. L'appauvrissement du monde rural s'ensuit ; il contribue à son tour à aggraver la crise industrielle en privant l'industrie de débouchés, les paysans, sans argent, renonçant à acheter des produits manufacturés. Par ailleurs, le développement de la pauvreté favorise l'extension des épidémies qui frappent notamment les régions régulièrement traversées par les armées. De ce point de vue, l'Est et la région parisienne ont été particulièrement touchés.

La crise économique a donc d'importantes répercussions sociales dont se préoccupe très vite le régime. Deux armes principales sont utilisées contre cette crise sociale : une aide de l'État en faveur de grands travaux, mais aussi le cas échéant la répression des troubles. L'État tente d'abord de remédier à la crise en accordant des prêts à des entreprises en difficulté ; c'est ainsi que le manufacturier parisien Richard-Lenoir reçoit une avance de deux millions de francs, qui ne lui suffit pas pour survivre. Une autre entreprise spécialisée dans le textile, la maison Gros et Davillier, obtient elle aussi un prêt important, qui lui permet de faire face à ses difficultés. L'État procède à des commandes pour soutenir certains secteurs particulièrement touchés, comme la soierie ; une commande de deux millions est ainsi passée auprès des fabricants lyonnais. Une politique de grands travaux est également lancée, afin de fournir du travail aux ouvriers sans emploi ; ces travaux de voirie sont particulièrement importants dans la capitale où l'on met en chantier cinq abattoirs à la périphérie de la ville. A Rouen ou Lyon on engage la construction de ponts.

Ces mesures ne suffisent pas à endiguer le flot de la révolte. Les années 1810-1812 voient en effet renaître une forme de manifestation populaire typique de l'Ancien Régime, mais qui avait quelque peu disparu du paysage français depuis l'époque de la Révolution, à savoir l'émeute frumentaire. Le pays renoue aussi avec la recrudescence de la revendication ouvrière. Dans l'un et l'autre cas, le gouvernement choisit la voie de la répression. Les premiers troubles avaient eu lieu à l'automne de 1810. Des ouvriers parisiens s'étaient mis en grève pour demander des augmentations de salaire ; leur mouvement fut rapidement réprimé par la police, tant le gouvernement redoutait une explosion sociale dans la capitale. Tout au long de la crise, il parvint cependant à approvisionner la ville en blé, éteignant par le fait même les motifs de rébellion les plus criants. En revanche, dans d'autres villes jugées moins remuantes, des troubles sérieux se développèrent, par exemple à Rennes et à Charleville, où des émeutes éclatent. À Caen, la crise du textile conduit les deux tiers des ouvriers au chômage, tandis que le prix du kilogramme de pain atteint son maximum, en février 1812. Cette annonce provoque une émeute dans la halle aux grains le 2 mars. Un moulin et un magasin de grains sont attaqués, la maison d'un marchands de grains est pillée, ainsi que des péniches à quai dans le port. Les émeutiers réclament du pain, mais ils s'en prennent également aux autorités, insultant notamment le préfet. Le mouvement se prolonge pendant plusieurs jours. Des rumeurs circulent. On murmure que Napoléon serait mort, on évoque d'existence de troubles similaires dans d'autres villes, comme le rapporte le préfet du Calvados, le 14 avril : « On répand ici la nouvelle de séditions très graves à Amiens et à Lyon ; dans cette dernière ville, le peuple aurait désarmé la troupe et tiré le canon sur elle. » Ces bruits maintiennent la population dans un état de tension extrême. Cette crise survenue à Caen, au printemps de 1812, et qui par certains côtés s'apparente à une révolte frumentaire classique, inquiète les pouvoirs publics. Au sommet de l'État, on redoute en effet que l'émeute sociale ne débouche sur des revendications politiques. Certes, la critique de l'État est l'une des constantes de ce type de révolte de la faim ; elle n'en est pas moins dangereuse pour le gouvernement qui décide de pratiquer une répression sévère. Celle-ci doit servir d'exemple, afin d'empêcher la contagion du mouvement. La Garde impériale est dépêchée sur place et procède à de nombreuses arrestations, tant dans les milieux jacobins que dans les rangs royalistes. Une cour martiale est réunie pour juger les émeutiers ; huit d'entre eux sont condamnés à mort, dont cinq femmes. Neuf autres sont condamnés aux travaux forcés. Les femmes ont été particulièrement actives dans cette révolte, marquant leur désapprobation face à un régime qui affame le peuple et lui prend ses fils. Les conscrits sont également au cœur de l'action. Les racines politiques du conflit sont évidentes, ce que le pouvoir a bien compris. Les émeutes de Caen témoignent de l'impopularité d'un régime désormais incapable de nourrir le peuple, malgré la remise en honneur, au début de 1812, des soupes populaires distribuées aux plus pauvres.

Ainsi, l'annonce des premiers désastres militaires, à la fin de 1812, tombe sur une population dont la confiance a été entamée. La crise économique, la pression grandissante que font peser sur le pays les levées d'hommes, le poids des impôts, contribuent à fragiliser une opinion qui s'était habituée, dans la première décennie du siècle, à conjuguer victoires militaires et prospérité économique. Or, ni le renforcement de l'autorité ni la répression policière ne suffisent à rétablir une confiance également ébranlée par les conséquences de la crise religieuse.

La crise du sacerdoce et de l'Empire

Bonaparte avait fondé l'édification de son régime sur la paix religieuse. Les fissures qui apparaissent dans cette construction, dès les années 1808-1810, ne cessent de s'approfondir. En affaiblissant le pouvoir du pape, Napoléon ébranle les bases de sa propre autorité. De ce point de vue, la crise religieuse qui secoue l'Empire à partir de 1809 joue un rôle crucial dans l'évolution du régime napoléonien.

1. LE CONFLIT ENTRE NAPOLÉON ET PIE VII

Les sources du contentieux entre Napoléon et Pie VII sont lointaines. L'accord entre les deux hommes n'a jamais été parfait. Si le pape a accepté le texte final du Concordat, il n'a, en revanche, pas admis les Articles organiques qui limitaient les pouvoirs de l'Église de France. En fait, lorsqu'il vient à Paris, en décembre 1804, pour sacrer Napoléon, il espère bien obtenir en retour la suppression de ces Articles organiques. Il n'y parvient pas. D'autres motifs d'irritation s'ajoutent à ces premières causes de tension. Bonaparte avait en 1803 imposé à ce qui formait alors la république d'Italie un Concordat calqué sur le modèle français. Le pape n'avait pu s'y opposer, mais son ressentiment à l'égard de ce nouveau coup de force restait grand. Il refusa du reste d'être présent à Milan pour le couronnement de Napoléon comme roi d'Italie, en mai 1805. En outre, lorsque Napoléon cherche à faire aboutir un projet de concordat pour les catholiques d'Allemagne, Pie VII s'y oppose. Il a désormais compris que Napoléon avait pour seule ambition d'utiliser l'Église à son profit. À la suite de cet affrontement, l'Église catholique des territoires allemands passés sous l'influence de la France se trouve complètement désorganisée. Pie VII est davantage touché encore, cette fois-ci dans sa chair, lorsque, en octobre 1805, l'armée française occupe le port d'Ancône, possession du pape. Cette occupation, en violation de la neutralité affichée par la papauté au cours de la troisième coalition, pouvait apparaître comme une menace pour l'intégrité des États pontificaux, incapables d'assurer seuls leur défense face à la puissante armée française. Soupçonné par Napoléon d'avoir été trop bienveillant à l'égard de l'Autriche et du royaume de Naples, le pape subit les premières foudres impériales. Son indépendance est maintenant soumise au bon vouloir du maître de l'Europe. Et si Pie VII en avait douté, Napoléon le lui rappelle avec force : « Votre Sainteté est souveraine de Rome, mais j'en suis l'empereur [1]. » Pour bien manifester son pouvoir, Napoléon envoie des troupes dans les États pontificaux, le long de la côte adriatique. Puis, en avril 1806, il décide de rappeler son oncle, le cardinal Fesch, qui était l'ambassadeur de la France auprès du Saint-Siège et avec lequel le pape pouvait s'entretenir à loisir. Ce rappel est symptomatique du divorce entre les deux pouvoirs, à l'heure où Napoléon place les siens sur les trônes d'Europe. Mais l'Empereur va plus loin encore, en exigeant le renvoi de Consalvi qui occupait les fonctions de secrétaire d'État. Il obtient satisfaction en juin 1806. Ainsi disparaissent de la scène les principaux artisans de la reconstruction concordataire entreprise depuis 1802. Une nouvelle ère s'ouvre dans les relations entre la France et la papauté.

Or, en 1806, le contexte en Europe a considérablement changé. En 1800, lorsque Pie VII acceptait de négocier avec Bonaparte, il pouvait espérer ramener dans le giron de l'Église un grand pays de tradition catholique, renforcé en outre de ses marges belges, rhénanes et piémontaises. En 1806, la France apparaît au contraire comme une menace pour l'intégrité du catholicisme ; elle a soumis à sa loi religieuse l'Italie du Nord, elle vient de conquérir le royaume de Naples ; elle a fait plier la très catholique Autriche et s'est imposée sur les terres catholiques de l'Allemagne méridionale, en particulier la Bavière. L'Espagne enfin est l'alliée de la France. L'Europe catholique est alors peu ou prou sous domination française. Le conflit qui se prépare entre Napoléon et Pie VII est aussi une lutte d'influence qui vise au contrôle spirituel sur l'Europe. Il fait revivre le vieil antagonisme entre les empereurs germaniques et les papes du Moyen Age. Comme à cette époque, Pie VII entend faire face. Épaulé par un nouveau secrétaire d'État, le cardinal Casoni, il envisage dès septembre 1806 une condamnation des principes mis en application en France. Le mois suivant, il refuse d'appliquer le Concordat en l'Italie, en renonçant à donner aux nouveaux évêques l'investiture canonique. La lutte se prépare donc, mais en France, on n'en perçoit alors aucun écho. L'Église gallicane, soudée derrière Napoléon, approuve dans l'ensemble le Catéchisme impérial et fait célébrer la Saint-Napoléon, remerciant par là même le pouvoir pour les faveurs accordées à l'Église. À

Rome, on ne prise guère les manifestations d'allégeance de l'épisco-pat au nouveau Cyrus.

La guerre de la quatrième coalition renforce encore l'emprise de Napoléon sur l'Europe catholique, avec notamment l'érection du grand-duché de Varsovie. De plus, à la fin de 1807, la France paraît en mesure d'étendre son influence sur le Portugal. La résistance pontificale est donc de plus en plus difficile à tenir, ce qui conduit le pape à accepter de négocier un accord concernant les différends religieux en cours. Les négociations sont conduites par le cardinal de curie français Lattier de Bayane. La France souhaitait une promesse ferme du pape de s'engager contre l'Angleterre, une extension du concordat italien et la conclusion d'un concordat pour l'Allemagne, en plus de quelques faveurs pour les intérêts français à la cour de Rome. En échange, elle respecterait le territoire pontifical. Ces dispositions, quasiment imposées à Pie VII, sont repoussées par le pape, le 2 décembre 1807. La crise est alors ouverte et la rupture imminente.

Au début du mois de janvier 1808, Napoléon donne l'ordre à ses troupes de marcher sur Rome ; elles entrent dans la Ville éternelle le 2 février, sous le commandement du général Miollis. Si Pie VII conserve son autorité sur ses États, il n'en est pas moins placé sous le contrôle de la France qui prend alors prétexte de la nécessité d'étendre le Blocus continental, en s'assurant des côtes ita-liennes. En fait, Napoléon veut aussi régler la question religieuse et faire pression sur le pape. Pour cela, il use de la force, en contraignant plusieurs cardinaux à quitter Rome, dans le but d'iso-ler le pape. Mais ce dernier conservait une dernière arme, déjà par-tiellement utilisée dans le cas de l'Italie et dont il allait user sans compter à partir de mai 1808. Désormais, il refuse en effet de don-ner son investiture canonique aux évêques nommés ou promus en France. Sans cette reconnaissance du pape, les évêques désignés par Napoléon sont incapables d'exercer leurs pouvoirs spirituels sur leur diocèse ; ils ne peuvent ni confirmer les fidèles, ni ordonner de prêtres. Cette initiative a donc pour conséquence la vacance de nombreux sièges épiscopaux, ce qui va favoriser l'extension de la crise religieuse.

Au moment où Pie VII refuse de reconnaître le nouvel arche-vêque de Malines, Mgr Dufour de Pradt, l'Espagne s'embrase La transformation de ce royaume en apanage de la France pourrait apparaître comme l'ultime décomposition de l'Europe catholique. En fait, la résistance armée dans laquelle s'engage une partie des Espagnols, sous la conduite du clergé, confirme le pape dans son projet de résistance. Les appels à la croisade contre l'« Antéchrist » reçoivent un accueil favorable à Rome où l'on suit avec intérêt la progression de l'armée espagnole. L'insurrection dans le Tyrol à la fin de l'année, puis l'entrée en guerre de l'Autriche donne à la résis-tance à Napoléon une allure de reconquête catholique à laquelle le pape n'est pas insensible. C'est dans ce contexte particulièrement troublé que Napoléon prend la décision de rattacher Rome à l'Empire. L'arrêt est signé le 17 mai 1809. Les États du pape ont alors cessé d'exister. Le pape n'est plus un souverain temporel. L'annonce en est faite publiquement le 10 juin. La réaction de Pie VII est immédiate ; il fait placarder sur les murs de Rome une bulle, *Quam memoranda*, excommuniant les responsables de cette atteinte à l'immunité ecclésiastique. Napoléon n'y est pas nommé, mais son ombre est omniprésente dans le document. L'ordre est alors donné d'empêcher la diffusion de ce texte. Il précède une réaction très vive de Napoléon, informé de cette nouvelle, alors qu'il combat en Autriche : « Je reçois à l'instant, écrit-il à Murat, la nouvelle que le pape nous a excommuniés. C'est une excommunication qu'il a portée contre lui-même. Plus de ménagements ; c'est un fou furieux qu'il faut enfermer. » Et Napoléon donne l'ordre à Murat de faire arrêter le cardinal Pacca et plusieurs collaborateurs du pape. Le cas de ce dernier n'était pas formellement réglé, mais le propos de l'Empereur était clair. Quoi qu'il en soit, les autorités françaises présentes à Rome l'interprètent dans le sens d'une arrestation. Le 6 juillet 1809, le général Radet fait briser les portes du palais du Quirinal et s'empare de la personne du pape. A-t-il outrepassé les ordres de Napoléon ? Ce dernier en tout cas s'étonne de la situation faite à Pie VII : « Je suis fâché qu'on ait arrêté le pape ; c'est une grande folie. Il fallait arrêter le cardinal Pacca et laisser le pape tranquille à Rome. Enfin, il n'y a point de remède ; ce qui est fait est fait [2]. » L'errance de Pie VII commence. Parti de Rome le 6 juillet, il prend la route de la Toscane, puis, après quatre jours passés à Gênes, il est dirigé vers Grenoble où il arrive le 21 juillet. On ignore alors les conditions qui lui sont faites par le pouvoir, mais l'annonce de son arrivée provoque une certaine émotion au sein de la population catholique. « La route était couverte de monde accouru des pays voisins, rapporte le cardinal Pacca qui accompagnait le pape. La foule allait croissant à mesure que nous approchions de Grenoble. C'était un spectacle touchant de voir ce bon peuple se mettre à genoux d'aussi loin qu'il apercevait la voiture, et attendre le passage du pape pour recevoir sa bénédiction [3]. » Pour éviter une trop grande publicité concernant la captivité du pape, le gouvernement préfère le renvoyer en Italie. Arrivé à Savone, près de Gênes, le 16 août 1809, il y reste jusqu'en janvier 1812, avant de gagner Fontainebleau où se déroule l'ultime étape de sa captivité.

En 1809, Pie VII est déjà un vieil homme, âgé de soixante-sept ans, dont David avait révélé, à l'époque du sacre, l'état de relative fatigue. Les témoins de sa captivité le montrent également voûté, épuisé. Napoléon lui-même le désigne volontiers par le terme de « vieillard ». De fait, le pape n'avait pas épargné sa peine depuis son accession au trône pontifical. Il avait alors restauré le pouvoir temporel des papes en se réinstallant à Rome. Neuf ans plus tard, le pouvoir de la papauté paraît de nouveau menacé. Son départ de Rome n'est pas un simple accident conjoncturel. Il s'inscrit dans un projet plus vaste visant à transférer de Rome à Paris la capitale de la catholicité. Napoléon y songeait depuis plusieurs années. L'idée prend corps lorsque l'Empereur fait venir à Paris les cardinaux romains, puis transférer les archives et les bureaux de l'administration pontificale. Dans le même temps, des travaux sont entrepris à l'archevêché de Paris pour y accueillir le pape. L'ambition de Napoléon est de placer ainsi la papauté sous la surveillance directe de sa police, mais il y voit aussi le moyen de consolider la position de Paris comme capitale de l'Empire. Le pape à Paris, sous le contrôle de Napoléon, ce serait la victoire du gallicanisme d'État. Pie VII ne peut l'accepter. Dès lors, Napoléon cherche à se passer du pape.

Le divorce avec Joséphine lui en offre la première occasion. Sans recourir aux services du tribunal de la rote, il fait établir par l'officialité diocésaine de Paris la nullité de son mariage. L'entourage de Pie VII ne l'entend pas ainsi et lorsque les cardinaux présents à Paris sont conviés au mariage de Napoléon et de Marie-Louise, treize refusent de s'y rendre. Pour cet acte de rébellion, ils sont arrêtés et envoyés en résidence surveillée à travers la France. La fronde des « cardinaux noirs », ainsi dénommés parce que Napoléon les a privés de leurs attributs cardinalices, révèle l'ampleur de la désaffection des autorités de l'Église à l'égard de l'Empire. Tandis que ses principaux conseillers sont emprisonnés ou assignés à résidence, Pie VII continue sa résistance depuis Savone. Il reste en contact avec une partie de son clergé et ne se prive pas de donner des directives concernant les affaires de l'Église. Il ne renonce pas à faire valoir ses droits. Dès lors, le projet d'installer le Saint-Siège à Paris perd toute raison d'être. Face à cette fronde, Napoléon use de la carotte et du bâton.

2. La reprise en main des affaires ecclésiastiques

Sur le plan intérieur, la principale conséquence de la crise nouée entre l'Empereur et le pape réside dans la vacance prolongée des sièges épiscopaux privés de leurs titulaires. Pie VII refusant d'accorder l'investiture canonique aux nouveaux évêques désignés par Napoléon, ceux-ci ne peuvent accomplir leur charge. À la fin de 1813, dix-sept sièges sur soixante seront ainsi dépourvus de titulaires reconnus par Rome. L'exemple le plus symbolique de cette politique de la chaise vide demeure Paris. Napoléon y avait placé en 1802 le doyen de l'épiscopat d'Ancien Régime, Mgr de Belloy, promu cardinal l'année suivante. Ce dernier avait fini par mourir, en 1808, à la veille de ses cent ans. Pour le remplacer, l'Empereur avait d'abord songé à son oncle, le cardinal Fesch, effectivement nommé en 1809. Refusant d'abandonner son évêché de Lyon, et craignant de ne pas obtenir l'investiture canonique, le cardinal Fesch renonce à Paris en septembre 1810. Napoléon décide alors d'y nommer le cardinal Maury. Cette nomination s'inscrit parfaitement dans le tournant monarchique consécutif au mariage autrichien. Le ralliement du cardinal Maury à l'Empire avait été, en 1805, une des plus belles réussites de Napoléon. Alors qu'il n'était encore qu'un prédicateur de renom, déjà membre de l'Académie française, l'abbé Maury avait fait résonner les travées de l'Assemblée constituante de ses discours en faveur de la monarchie et de la papauté. Plus tard, réfugié à Rome, il était devenu l'un des principaux conseillers de Pie VI qui l'avait créé cardinal en 1794 ; il avait joué ensuite un rôle essentiel dans l'élection de Pie VII et était devenu le représentant de Louis XVIII auprès du nouveau pape. C'est dire l'importance que revêt son ralliement à l'Empire en 1805. Arrivé à Paris en 1806, il devait s'y affirmer un thuriféraire invétéré du régime, devenant aumônier du prince Jérôme et retrouvant son fauteuil à l'Académie. L'archevêché de Paris vient donc en récompense de ses loyaux services. Le pape en décide autrement. Il refuse de reconnaître cette nomination et déclare nuls tous les actes pris par le cardinal Maury à la tête de l'archevêché de Paris.

La diffusion de ces décisions confirme que le pape n'était pas dans un isolement absolu à Savone. Tout un réseau de communications avait réussi à se mettre en place entre le lieu de résidence du pape, pourtant bien surveillé par la police, et les principales villes d'Europe. À Paris, les deux brefs pontificaux déniant tout droit d'exercer ses pouvoirs au cardinal Maury avaient été transmis à l'abbé d'Astros, l'un des trois chanoines de Paris chargés d'administrer le diocèse en l'absence de l'évêque. L'abbé d'Astros n'est pas un inconnu. Neveu de Portalis, il avait contribué à la formation de l'épiscopat concordataire avant d'être associé à la rédaction du Catéchisme impérial. Son entrée en dissidence révèle la fracture provoquée dans le clergé français par la crise religieuse. Par fidélité au pape, une partie de ce clergé, encore minoritaire, a décidé de s'opposer aux choix de Napoléon. Il trouve en l'espèce le soutien de groupes monarchistes, à l'image de l'association des Chevaliers de la foi qui se charge de la transmission des correspondances entre le pape, les cardinaux internés et les ecclésiastiques passés dans l'opposition au régime. La dissidence de l'abbé d'Astros est rapidement découverte, après que la police a saisi copie du bref pontifical du 18 décembre 1810 condamnant le cardinal Maury. Profitant de la cérémonie des vœux au cours de laquelle le haut clergé parisien venait s'agenouiller auprès de Napoléon, ce dernier apostrophe vivement le vicaire général : « Vous êtes l'homme de mon Empire qui m'est le plus suspect ! Il faut être français avant tout ; il faut soutenir les libertés de l'Église gallicane ; [...] j'ai l'épée au côté, prenez garde à vous. » La sanction est immédiate. Alors que le cardinal Maury et l'abbé d'Astros se sont rendus au ministère de la Police, le 4 janvier, pour y avoir une explication avec Savary, ce dernier fait arrêter le vicaire général de Paris et le conduit à Vincennes ; il y restera jusqu'à la fin de l'Empire.

D'Astros entraîne dans sa chute son cousin, Joseph Portalis, le fils de l'ancien ministre des Cultes, à qui Napoléon avait confié la direction de la Librairie en 1810. Accusé d'avoir eu connaissance des liens entre l'abbé d'Astros et le pape, il est démis de ses fonctions. Parallèlement, la police démantèle le réseau qui avait permis l'acheminement des correspondances pontificales. Plusieurs prêtres sont arrêtés, à l'image du prélat romain De Gregorio, ou de l'abbé Perreau, aumônier des Chevaliers de la foi, une des chevilles ouvrières de ce réseau. La police frappe tout particulièrement à Lyon par où passaient toutes les dépêches en provenance de Savone. Au début de 1811, les liens entre le clergé français et le pape se distendent d'autant plus que la surveillance dont ce dernier est l'objet se renforce. La liberté de manœuvre de Pie VII se restreint. Si Napoléon impose aux évêques qu'il a nommés d'aller prendre possession de leur diocèse, il a bien conscience du trouble que suscite la présence de « demi-évêques » à la tête de ces évêchés.

C'est pourquoi, très attentif à la réaction de l'opinion catholique, Napoléon cherche sans attendre une solution qui permette de contourner l'opposition pontificale. Il décide tout d'abord de réunir, en novembre 1809, une commission ecclésiastique composée de six évêques, présidée par le cardinal Fesch. Appelée à réfléchir sur les conditions d'application du Concordat de 1801, cette commission suggère la réunion d'un concile national pour régler le problème de l'institution canonique des évêques. Cette solution est conforme à la lettre du gallicanisme derrière lequel Napoléon se réfugie de plus en plus pour contrer le pape. Déjà fortement enraciné dans le clergé français, le gallicanisme devient la doctrine officielle de l'Empire, lorsqu'il est décidé, en février 1810, que la Déclaration des Quatre Articles de 1682 deviendra loi de l'Empire français. La mesure est destinée à la France, mais surtout aux régions « ultramontaines », où son enseignement n'avait jamais eu cours, l'Italie notamment.

C'est encore au nom du gallicanisme que Napoléon décide la réunion d'un concile national. Pour le préparer, il réunit une seconde commission ecclésiastique, en mars 1811. Elle comprend, comme en 1809, les prélats les plus fidèles au régime : les trois cardinaux Fesch, Maury et Caselli, et quatre évêques : Bourlier d'Évreux, Duvoisin de Nantes, Mannay de Trèves et Barral de Tours. Enfin, l'abbé Émery, supérieur du séminaire de Saint-Sulpice à Paris et l'une des plus hautes autorités morales au sein du clergé français, est également présent. Ces prélats comptent certes parmi les plus fidèles au régime, mais ce sont aussi d'éminents théologiens, à l'image de Duvoisin ou Mannay dont la réputation est alors sans conteste. Cette commission approuve le principe d'une modification du Concordat, permettant de se passer de l'investiture canonique du pape. Elle envisage aussi d'envoyer une délégation à Pie VII pour lui faire part de ses observations. En cas de refus papal, un concile national permettrait de résoudre le différend. Émery est le seul à protester contre cette atteinte aux droits du pape. Lorsque la commission remet ses conclusions à Napoléon, le 26 mars 1811, il défend énergiquement ses positions. Mais, âgé, il meurt peu après, sans que ses opinions aient pu être entendues. Pour l'heure, Barral, Duvoisin et Mannay se rendent à Savone pour demander au pape d'accepter les propositions de la commission, à savoir que l'institution canonique pourrait être donnée par le métropolitain de la province, si le pape ne s'était pas prononcé dans un délai de six mois. En échange, Pie VII serait autorisé à rentrer à Rome. Les discussions se prolongent avec les délégués de Napoléon, car le pape est sensible à l'état d'isolement dans lequel se trouvent les diocèses sans évêque. Il a également pris connaissance des suppliques de nombreux prélats. Il se dit prêt à accepter une partie des demandes formulées par la commission ecclésiastique, mais finalement se rétracte. La délégation aura cependant beau jeu de faire savoir que le pape n'est pas hostile par principe à la dévolution de son droit d'investiture canonique aux archevêques. C'est dans cette perspective que s'ouvre le concile convoqué par Napoléon, le 17 juin 1811.

L'ouverture du concile suit de près le baptême du roi de Rome auquel tous les évêques de l'Empire avaient été conviés. La démonstration de puissance de la dynastie impériale devait leur en imposer. Une centaine d'évêques sont présents à l'ouverture du concile : soixante viennent des diocèses de la France concordataire, quarante-quatre de l'Italie. Il s'ouvre ensuite aux quelques évêques allemands encore en place, après la dislocation de l'Église d'Allemagne. Mais ce concile, s'il dépasse le cadre strictement national, n'est pas un concile général, puisque sont absents les évêques autrichiens, espagnols ou portugais, par exemple. Sa représentation est suffisamment forte pour que Napoléon espère voir ses décisions s'imposer au pape. Il pense pouvoir compter sur un épiscopat dont le soutien a été jusqu'alors indéfectible.

Or, dès les premières séances du concile, présidé par le cardinal Fesch, des évêques émettent le vœu que le pape soit préalablement libéré, puis des voix s'élèvent pour rappeler que les décisions du concile n'ont aucune valeur si elles sont prises en dehors du souverain pontife. C'est dans ce sens que s'oriente, après trois semaines de débat, le rapport final, soumis à l'assemblée générale le 10 juillet 1811. Préparé par Mgr de Boulogne et Mgr Hirn, respectivement évêques de Troyes et de Tournai, ce rapport précise que les décrets du concile n'auront aucune valeur « sans le consentement obtenu du pape ». Face à ce qui lui apparaît comme une fronde, Napoléon dissout le concile le soir même. Deux jours plus tard, le 12 juillet, il fait arrêter les trois évêques les plus actifs dans l'opposition à ses projets : Boulogne, Hirn, mais aussi Maurice de Broglie, évêque de Gand, qui, au cours du concile, avait fait l'éloge des papes et demandé la libération de Pie VII. Ces trois évêques rejoignent au donjon de Vincennes l'abbé d'Astros et les prêtres incarcérés depuis le début de l'année pour avoir correspondu avec le pape. Parmi ces évêques, deux viennent de Belgique. Ce n'est pas fortuit. La Belgique, restée très attachée au pape, est la région de l'Empire où le sort fait à Pie VII a été le plus durement ressenti. Napoléon avait pu s'en rendre compte lors de ses deux récents voyages en Belgique. En outre, c'est dans cette région que les résistances à la conscription sont les plus fortes. En frappant l'Église catholique dans ses chefs, l'Empereur espérait ramener à la raison les populations belges ; il n'allait en fait qu'aggraver le schisme. Mais tous les évêques rebelles ne sont pas frappés. Napoléon n'ose pas s'en prendre à l'archevêque de Bordeaux, Mgr d'Aviau du Bois de Sanzay, pourtant très actif dans la résistance aux décisions impériales. Mais Mgr d'Aviau est âgé et particulièrement respecté dans son diocèse. Sans doute Napoléon n'a-t-il pas voulu prendre le risque d'exciter une opinion bordelaise déjà passablement courroucée par les effets du Blocus continental. L'archevêque n'est donc pas interné, mais soumis à une surveillance plus stricte. Et puis, à travers Broglie et Boulogne, Napoléon entend aussi frapper deux évêques dont il apprécie peu l'ingratitude. Tous deux avaient fait partie de sa Maison, en qualité d'aumôniers de l'empereur. Plus que d'autres, ils devaient à Napoléon leur élévation à l'épiscopat. L'Empereur pensait donc tenir en eux de fidèles soutiens. Il dut déchanter.

Ainsi, le concile de 1811, dans sa première session, révèle des failles au sein d'un épiscopat napoléonien pourtant façonné avec application. Même chez des évêques apparemment fidèles, des mouvements d'humeur sont perceptibles, par exemple chez le cardinal Cambacérès, archevêque de Rouen et frère d'un des plus hauts personnages de l'État. Quant au cardinal Fesch, dans sa manière de diriger les travaux conciliaires, il n'a pas fait montre d'une véritable autorité, laissant les débats se poursuivre, au risque de provoquer le courroux de son impérial neveu. Et que dire des évêques de l'Empire, une quarantaine, qui ne se sont pas déplacés à Paris ? Pourtant, l'occasion était belle de faire entendre sa voix. C'est d'ailleurs l'un des paradoxes de cette réunion épiscopale. À l'heure où le débat public, notamment au sein des assemblées parlementaires, est complètement éteint, Napoléon choisit de donner la parole aux chefs de l'Église de France. Certes, il entend contrôler cette parole et la faire servir à sa cause. Cette attention à respecter les formes traditionnelles du droit canonique mérite d'être soulignée. Défenseur du gallicanisme dont il a perçu tous les avantages, Napoléon s'est fait le champion de la fameuse Déclaration des Quatre Articles de 1682. Il n'en maîtrise sans doute pas toutes les finesses, mais il en a au moins retenu l'idée d'une supériorité du concile sur le pape. Cette notion lui plaît. C'est pourquoi il donne la parole aux évêques. Il espère faire d'une pierre deux coups ; imposer le vœu des évêques au pape, et en même temps satisfaire la fibre gallicane de l'épiscopat. Il sous-estime, en la matière, la part d'attachement d'une partie du clergé au chef de l'Église.

Napoléon peut compter sur de fidèles soutiens. Parmi eux se distingue l'abbé de Pradt, une des personnalités les plus originales et les plus controversées de l'épiscopat napoléonien. Cet Auvergnat, vicaire général du cardinal de La Rochefoucauld à la veille de la Révolution, avait participé aux États généraux, avant de refuser le serment constitutionnel et d'émigrer en Angleterre. Signalé dès 1800 par son *Antidote au congrès de Rastadt*, publié à Hambourg, il rentre en France et fréquente les salons parisiens, profitant de ses liens de parenté avec le général Duroc. Ecclésiastique en vue, souvent consulté par Bonaparte, il devient l'un des premiers aumôniers de Napoléon lors de la constitution de la Grande Aumônerie en 1804. Puis il est nommé évêque de Poitiers, tout en restant un conseiller écouté de Napoléon. Il l'accompagne à Bayonne, au printemps de 1808, lors de la rencontre avec les souverains espagnols qui devait aboutir à l'annexion de l'Espagne. Pour prix de ses services, l'abbé de Pradt se voit confier peu après l'archevêché de Malines, sis en ces terres belges déjà remuantes que Napoléon cherche à mieux contrôler. Le nouvel archevêque est aussi un des premiers prélats à ne pas recevoir l'investiture canonique du pape ; il s'en passera pour administrer son diocèse, mais ce refus pontifical ne fait qu'exacerber son gallicanisme. Il est sans doute l'un des évêques qui ont le plus poussé Napoléon à adopter une attitude intransigeante à l'égard du pape dans la question des nominations épiscopales. Dès 1810, il fait en effet paraître anonymement un ouvrage intitulé *Des évêques nommés et de leur envoi dans les églises vacantes pour prendre possession*, dans lequel il affirme que les évêques peuvent se passer de l'approbation pontificale pour administrer leur diocèse. Ces positions expliquent la part de plus en plus grande qu'il prend dans le règlement de la question. Membre du comité ecclésiastique réuni à Paris au début de l'année 1811 pour préparer le concile, il participe à la délégation envoyée auprès du pape à la fin du mois d'août. Napoléon est tellement satisfait des services de l'abbé de Pradt qu'il le nomme en 1812 ambassadeur à Varsovie. Dans ce poste stratégique, à l'heure où l'Empereur prépare l'expédition de Russie, l'évêque se montre quelque peu dépassé. L'archevêque de Malines a donc été l'une des pièces maîtresses dont put disposer Napoléon au sein de l'assemblée des évêques.

Il lui fallait en effet parvenir à une solution que la dissolution prématurée du concile n'avait pas permis de faire émerger. C'est pourquoi, dans les jours qui suivent, le ministre des Cultes s'emploie à recueillir l'adhésion individuelle des évêques présents à Paris sur le projet d'investiture canonique. Au début du mois d'août, il a reçu le soutien de quatre-vingt-cinq évêques sur cent quatre. Le 5 août, le concile reprend ses travaux, sous la présidence du cardinal Fesch. Il se déclare compétent pour légiférer en matière d'investiture canonique et précise les règles qui devront prévaloir dans l'avenir : si le pape ne donne pas son investiture dans un délai de six mois, celle-ci pourra être conférée par l'archevêque de la province ecclésiastique à laquelle appartient l'évêque nommé, ou à défaut par l'évêque le plus ancien. Mais le concile déclare aussi que cette décision devra être approuvée par le pape. C'est pour cette raison qu'une délégation de huit évêques part pour Savone, le 22 août 1811. Outre l'abbé de Pradt, elle comprend Mgr de Barral, archevêque de Tours, qui joue aussi un rôle essentiel dans une négociation qui fut à deux doigts d'aboutir. Après plusieurs semaines de discussions, le résultat obtenu ne satisfait pas Napoléon qui met finalement un terme aux négociations, en février 1812. En mai, Pie VII est transféré de Savone à Fontainebleau. Le conflit entre le pape et l'Empereur n'est donc pas réglé. L'Église catholique s'enfonce peu à peu dans la crise.

On peut évidemment s'interroger sur l'importance réelle de ces discussions portant sur une question de droit canonique et penser que les parties en présence ne se disputaient finalement que sur des points de détail. On peut aussi faire valoir que cette question a peu préoccupé les contemporains, dans la mesure où la presse a gardé un silence quasi absolu sur ces débats. Pourtant, la portée de l'événement dépasse de beaucoup le cadre d'une discussion théologique. Napoléon a surtout rencontré, sous son différend avec le pape, son premier véritable obstacle. Il a cru pouvoir l'effacer, en s'appuyant, comme Louis XIV avant lui, sur la fibre gallicane de son épiscopat. Mais ce dernier n'a pas montré un front uni face à Pie VII. Or, cette faille annonce un trouble plus grand encore au sein du clergé, au moins en certaines régions. La paix religieuse patiemment élaborée depuis les débuts du Consulat a donc pris fin. L'idéal napoléonien de réconciliation nationale subit ses premiers accrocs, tandis qu'une nouvelle coupure apparaît dans l'Église. Le catholicisme qui devait être un des piliers de l'État apparaît friable. C'est pourquoi la répression à l'égard des dissidents a été aussi forte.

3. LE DURCISSEMENT DE LA POLITIQUE À L'ÉGARD DES CATHOLIQUES

Sans attendre le résultat des négociations avec le pape, Napoléon a entrepris, à partir de 1809, de resserrer son emprise sur l'Église catholique. Diverses mesures tendent alors à restreindre les libertés dont avaient pu jouir jusque-là les catholiques. Parmi elles figure notamment l'interdiction faite aux évêques d'organiser dans leur diocèse des missions avec le concours de prédicateurs extérieurs. La mesure vise les groupes de missionnaires itinérants, de prêtres « errants », dont le succès allait croissant depuis le début de l'Empire. En fait, il leur est reproché de ne pas appartenir aux cadres concordataires et donc d'échapper au contrôle habituel pesant sur le clergé « fonctionnaire ». En ces temps de crise, on craint la fougue oratoire de ces prédicateurs, soupçonnés de vouloir prêcher l'insoumission aux foules et accusés en outre d'être « ultramontains ». Hormis les missionnaires, d'autres prédicateurs célèbres font également les frais de cette politique. L'abbé Frayssinous, le futur ministre des Affaires ecclésiastiques de la Restauration, réputé pour les sermons qu'il prononçait dans l'église Saint-Sulpice à Paris est privé de chaire. Un autre prêtre parisien, l'abbé Guillon, se voit également interdire de prêcher des retraites hors de son diocèse d'origine [4]. Désormais la parole ecclésiastique fait peur. L'église est en effet le dernier lieu où la liberté d'expression prévaut. Les discours prononcés du haut de la chaire ne sont pas soumis à la censure préalable, même si leurs auteurs encourent des sanctions.

Dans le même mouvement, Napoléon, par le décret signé à Schönbrunn le 26 septembre 1809, révoque les mesures qu'il avait prises en faveur de trois congrégations chargées des missions extérieures : la congrégation des Prêtres des Missions étrangères, la congrégation des Lazaristes et la congrégation des Pères du Saint-Esprit. Toutes les trois avaient obtenu l'autorisation de former des prêtres pour les missions étrangères et recevaient, pour ce faire, des subventions de la part de l'État. Ces mesures de faveur cessent en septembre 1809. « Je veux la religion chez moi, mais je n'ai envie de convertir personne. Je viens d'effacer du budget des cultes les fonds que j'avais accordés pour les missions étrangères », écrit Napoléon à Fouché [5]. Les raisons de l'Empereur sont autres. Il prend surtout acte de l'impuissance de ces congrégations à envoyer des prêtres outre-mer, en raison de la fermeture des ports. Cette décision sanctionne la fin des espoirs de Napoléon d'étendre l'influence française hors d'Europe. Mais il est une raison plus politique. Ces congrégations apparaissent comme un danger pour l'État, dans la mesure où elles ont conservé une parfaite indépendance à l'égard du pouvoir civil ; on leur prête également des sentiments de fidélité au pape.

Le clergé concordataire n'échappe pas à la reprise en main orchestrée par le pouvoir. Déjà, on l'a vu, plusieurs prêtres dont l'abbé d'Astros avaient été arrêtés en janvier 1811 pour être entrés en relations avec le pape. Quelques mois plus tard, en juin 1811, Napoléon passant dans l'Orne exige en personne la démission de l'évêque du lieu, Mgr Chevigné de Boischollet, accusé d'avoir eu une attitude « répréhensible » à l'égard du gouvernement. Il pâtit en fait de ses liens avec la chouannerie. Cette démission forcée, pour motifs politiques, est suffisamment exceptionnelle pour être relevée. Elle montre bien les failles désormais perceptibles au sein du haut clergé. Plusieurs des collaborateurs de l'évêque de Sées sont arrêtés et conduits en détention à Paris. En juillet, c'est au tour des trois évêques de Tournai, Troyes et Gand d'aller rejoindre les geôles de Vincennes. Le gouvernement obtient ensuite leur démission et les envoie en résidence dans de petites villes de province : Broglie à Beaune, Hirn à Gien et Boulogne à Falaise. Mais ces mesures n'éteignent pas la fronde naissante dans leur diocèse d'origine.

Enfin, en octobre 1811, Napoléon décide de supprimer la compagnie de Saint-Sulpice qui s'était reconstituée depuis 1800 sous la houlette de l'abbé Émery et qui depuis lors avait repris sa mission traditionnelle de formation des prêtres. Outre le grand séminaire de Paris, elle dirigeait une douzaine de séminaires en province. Son supérieur, Émery, avait joué un rôle considérable dans la réorganisation concordataire, prônant l'apaisement au début du Concordat. C'est lui notamment qui avait favorisé le retour dans l'Église du cardinal Fesch. Il était ensuite resté un conseiller écouté en matière ecclésiastique, participant notamment aux deux comités ecclésiastiques réunis par Napoléon en novembre 1809 et mars 1811. S'il n'avait pu alors faire prévaloir son point de vue, Émery avait su montrer la constance de ses opinions, s'attirant pour ses critiques cette remarque de Napoléon : « Il a parlé comme un homme qui sait et possède son sujet. C'est ainsi que j'aime qu'on me parle ». Émery est donc respecté, y compris par l'Empereur, mais sa mort à la fin du mois d'avril 1811 allait sonner le glas de la compagnie qu'il dirigeait. Napoléon n'a désormais plus aucun scrupule. Il accuse les Sulpiciens de partager les idées de leur ancien supérieur et donc d'être trop favorables au pape. Ils ne sont plus jugés dignes d'assurer la formation du clergé français. Tous les séminaires qu'ils détenaient, y compris le séminaire parisien, doivent être confiés à des prêtres séculiers. La lutte contre les congrégations épargnées jusque-là se poursuit. Cette mesure contribue aussi à désorganiser l'Église catholique. Dans la pratique, cependant, les évêques tentent de trouver une parade en confiant leur séminaire à de jeunes prêtres qui viennent d'achever leurs études à Saint-Sulpice et sont encore imprégnés de l'esprit qui y régnait.

Apparemment, la suppression de la compagnie de Saint-Sulpice va à l'encontre de la politique menée depuis plusieurs années en faveur de la formation des prêtres. En fait, elle s'inscrit dans un ensemble de mesures visant à reprendre en main le contrôle de l'éducation cléricale, tant au plan des doctrines, avec l'obligation d'enseigner le gallicanisme, qu'au niveau du nombre d'étudiants. C'est dans cet esprit qu'est pris le décret sur les petits séminaires du 15 novembre 1811. Depuis le début du Consulat, les petits séminaires s'étaient multipliés. Ces « écoles secondaires ecclésiastiques », comme on les appelle alors, étaient destinées à conduire les jeunes gens vers le grand séminaire. Dans la pratique, en fait, elles accueillaient un nombre croissant de fils de bonnes familles de la bourgeoisie ou de l'ancienne noblesse, recherchant dans un enseignement dispensé par des prêtres un contrepoint à la formation des lycées. Napoléon voit ainsi lui échapper une partie des futures élites du pays, au moment où le succès des lycées est moindre qu'il ne l'escomptait. Pour empêcher cette concurrence, il décide qu'il n'y aura plus désormais qu'un petit séminaire par département ; il devra se trouver dans une ville disposant déjà d'un collège ou d'un lycée ; enfin, les élèves des petits séminaires devront suivre parallèlement les cours des établissements publics. Le petit séminaire est donc cantonné à sa seule fonction de formation des futurs prêtres. Pour bien marquer cette spécificité, les petits séminaristes devront porter la soutane dès l'âge de quatorze ans. Ces mesures contraignantes tranchent avec la relative liberté qui prévalait jusqu'alors. Elles ont surtout pour conséquence de désorganiser le réseau des établissements secondaires dans la mesure où la plupart d'entre eux étaient situés dans de petites villes ou des bourgs ruraux et permettaient ainsi de recruter des fils de paysans aisés. La France, dans ses limites actuelles, comptait alors quatre-vingt-dix-neuf petits séminaires : trente-deux peuvent être conservés en l'état, vingt-trois doivent être transférés dans des villes dotées d'un collège ou d'un lycée et quarante-quatre doivent être supprimés. La mesure sur les petits séminaires n'aura pas un effet durable, car elle est rapportée dès 1814, elle contribue néanmoins à accroître la désorganisation déjà perceptible dans l'Église de France.

Elle suscite du reste des protestations au sein de l'épiscopat, y compris parmi des évêques bien en cour. Ainsi le cardinal Cambacérès, archevêque de Rouen, réagit en décidant la fermeture pure et simple de son petit séminaire, afin d'échapper au contrôle de l'État sur les études cléricales. Le cardinal Fesch lui-même déplore l'attaque faite à la formation du clergé : « Malheur à l'État qui se tromperait au point de détruire un de ses plus grands appuis », s'exclame-t-il. Le cardinal Fesch amorce alors un détachement, déjà perceptible au moment du concile, à l'égard de la politique menée par son neveu. Fesch a compris que l'attitude de Napoléon en matière religieuse risquait de lui aliéner à tout jamais l'opinion catholique. Il dirige, il est vrai, un diocèse où l'émotion grandit face à la situation faite au pape et à l'Église. Dès août 1810, le secrétaire général de la police de Lyon adressait au ministre le rapport suivant : « Les opinions du clergé sont presque tout entier, à Lyon, ultramontaines ; et il doit être continuellement l'objet d'une surveillance attentive, mais discrète et non marquée. Tout le monde y est dévot ou veut le paraître [6]. » Le cardinal Fesch a connaissance de cet état d'esprit lyonnais. Il nourrit les mises en garde adressées à l'Empereur. Mais Napoléon refuse d'entendre les avertissements formulés par son oncle ; il le prie instamment, en mars 1812, d'abandonner la Grande

Aumônerie et de regagner Lyon. Cette disgrâce du plus haut représentant de l'Église de France en dit long sur l'effritement du soutien épiscopal au pouvoir napoléonien.

La fronde des évêques n'est pas générale, mais elle touche une quinzaine de diocèses situés dans des régions de forte tradition chrétienne comme l'Ouest breton ou le Sud-Est alpin, ainsi que des régions où commence à poindre une résistance au pouvoir napoléonien. Certes, l'opposition de ces évêques reste feutrée ; elle passe notamment par des refus de communiquer les actes du gouvernement ou de répondre à ses demandes. Ces évêques ne sont donc plus, à partir de 1811, des soutiens indéfectibles du régime. Le mythe des « préfets violets » a vécu. La fronde gagne aussi le clergé, provoquant une série d'arrestations, dont sont victimes les prêtres belges et italiens. Cette résistance, presque uniquement religieuse, ne menace pas directement le pouvoir politique de Napoléon. Néanmoins, elle instille dans la population l'idée que l'Empire ne fait plus l'unanimité. De ce point de vue, la fronde religieuse prépare la dissidence des catholiques à l'égard du régime.

4. LE CONCORDAT AVORTÉ DE FONTAINEBLEAU

Après la vague de mesures prises à l'encontre des catholiques et le transfert de Pie VII à Fontainebleau en juin 1812, la politique antireligieuse de Napoléon marque le pas. L'expédition de Russie l'occupe tout entier, renvoyant à plus tard le règlement des questions ecclésiastiques. Mais, à peine rentré de Moscou, l'Empereur s'emploie à régler définitivement cette affaire. Il écrit à Pie VII le 29 décembre 1812 pour lui faire part de ses intentions, puis lui envoie l'un de ses plus proches conseillers en matière ecclésiastique, Mgr Duvoisin, évêque de Nantes et théologien réputé. Accompagné de plusieurs prélats, Duvoisin négocie un accord avec le pape. Puis Napoléon décide d'intervenir directement, sûr de son autorité et de sa force de persuasion. Il se rend à Fontainebleau, le 19 janvier 1813, profitant d'une partie de chasse, et tente de convaincre le pape du bien-fondé de ses projets. Pendant cinq jours, Napoléon sollicite le pape pour qu'il accepte de signer un nouveau concordat. On a parlé de harcèlement à propos de cet épisode. Pie VII, isolé, sans communication avec l'extérieur, a sans doute été fortement pressé, voire menacé, par son visiteur. Mais il est aussi fasciné par Napoléon qui use de son pouvoir de séduction pour le convaincre. Le texte soumis au pape, comprenant dix articles, reconnaît la primauté pontificale, mais règle surtout la question de l'investiture des évêques. Selon les projets déjà formulés lors du concile, le nouveau concordat prévoit que les évêques nommés pourront recevoir l'investiture canonique de la part du métropolitain de leur province, si au bout de six mois le pape n'a pas accédé à leur demande. Pie VII accepte de signer ce texte le 25 janvier 1813, mais il émet le vœu que le concordat ne soit pas immédiatement publié. Néanmoins, la nouvelle de cette conclusion est rapidement connue à travers l'Europe. L'Impératrice s'empresse d'en informer son père, tant il importe à Napoléon d'amadouer la catholique Autriche en lui annonçant la prochaine libération du pape. De fait, l'étau se desserre ; Pie VII peut désormais recevoir à Fontainebleau ses plus proches collaborateurs dont plusieurs ont été libérés à l'annonce de la signature du concordat, à l'image des cardinaux Di Pietro et Pacca. Vingt-cinq cardinaux, dont les treize cardinaux « noirs », viennent à nouveau se joindre au pape et reformer à ses côtés le Sacré Collège. L'enthousiasme n'est pas moins grand dans les diocèses de l'Empire où l'on se félicite en général de la conclusion d'un accord qui doit mettre un terme à la désorganisation de l'Église.

Mais l'enthousiasme est de courte durée. Informé par les cardinaux de la situation militaire et diplomatique de l'Empire, le pape choisit d'abord de temporiser, avant de rétracter sa signature, le 24 mars 1813, prenant prétexte de la publication hâtive du concordat par Napoléon. Immédiatement l'Empereur réagit en déclarant le concordat de Fontainebleau obligatoire et en nommant douze évêques dans les diocèses vacants. Ces nominations attisent les tensions. Aucun de ces nouveaux évêques n'ose demander au métropolitain l'investiture canonique. Pour la première fois, sur le plan intérieur, Napoléon se heurte au refus de voir appliquer les mesures qu'il a décidées. Dans sa lutte contre le pape, l'épiscopat refuse de le suivre jusqu'au schisme. Les récalcitrants sont traqués sans merci. Le 5 avril 1813, le cardinal Di Pietro est à nouveau arrêté ; il est interné à Auxonne. Mgr de Boulogne regagne le fort de Vincennes. Quant à Mgr de Broglie, il avait été transféré de Beaune à l'île Sainte-Marguerite, au printemps de 1812, pour avoir entretenu une correspondance secrète avec les chanoines de Gand. Le clergé belge est, en effet, particulièrement surveillé ; il est aussi le plus rebelle. En 1813, les chanoines de Tournai sont arrêtés, les séminaristes de Gand sont envoyés à l'armée.

Mais, à l'automne de 1813, Napoléon n'est déjà plus maître du jeu. Le 12 août 1813, à l'issue du congrès de Prague, l'Autriche a déclaré la guerre à la France, ce qui ne pouvait qu'encourager Pie VII dans sa résistance. Le pape a du reste profité de ce congrès pour faire passer aux alliés un message ; il a obtenu en retour la certitude que son pouvoir temporel serait respecté. En octobre, la Bavière passe dans le camp des alliés. À la fin de l'année, l'Espagne a définitivement échappé à la tutelle française. La position du pape n'a donc jamais été aussi forte. Il peut se prévaloir d'une résistance de plusieurs années, à peine écornée par quelques sautes d'humeur vite oubliées. Et pourtant, Napoléon ne renonce pas à fléchir sa volonté. Il croit encore à un retournement de situation et sait de quel poids serait le soutien du pape en la circonstance. En décembre 1813, alors que les alliés menacent le territoire français, Napoléon envoie au pape l'archevêque nommé de Bourges, Fallot de Beaumont, et lui fait dire qu'il pourrait rentrer à Rome s'il acceptait de négocier. Le 14 janvier 1814 enfin, Fallot de Beaumont lui offre de lui restituer son pouvoir temporel. Le pape répond par le dédain. Il sait les alliés à proximité de Paris. Mais il lui reste encore une épreuve à franchir. Le 21 janvier, en effet, l'Empereur décide de le renvoyer en Italie, non pas directement, par la vallée du Rhône, mais à petites étapes, en contournant le Massif central par l'ouest. Napoléon ne se résigne pas à sa défaite et suppute un éventuel retournement de situation qui lui permettrait de se saisir à nouveau du pape. De fait, parti de Fontainebleau le 24 janvier, il n'arrive à Savone qu'au début du mois de mars. Ce n'est que le 10 mars que Napoléon donne l'ordre de lui permettre de regagner Rome. Pie VII s'y réinstalle à la fin du mois, quelques jours seulement avant l'abdication de l'Empereur. Une raison d'ordre politique explique aussi ce retour. Napoléon entend se servir du pape pour contrer les projets d'unification de l'Italie développés par Murat, qui a alors rompu avec la France

La crise entre le pape et l'Empereur a donc rythmé les dernières années du régime. L'attention qu'y porte Napoléon jusqu'aux dernières heures révèle l'importance qu'il accordait au règlement d'une question à ses yeux fondamentale. Cette crise a en effet eu des conséquences importantes sur la situation de l'Église. Elle a désorganisé l'enseignement catholique, laissé sans chef un quart des diocèses et jeté en prison de nombreux prêtres. Le clergé est sans doute la catégorie sociale qui a eu à subir la plus forte pression policière de cette fin de règne. Il fut aussi l'un des groupes les plus rebelles à la loi napoléonienne, même si sa dissidence ne doit pas être exagérée. En maints endroits, le culte est rendu sans état d'âme par un clergé resté fidèle au régime. Mais la reconstruction religieuse patiemment élaborée depuis 1802 est mise à mal. L'Église catholique aborde la fin de l'Empire dans un état de désorganisation qui pèsera dans les années suivantes. On comprend mieux dès lors que les catholiques se soient tournés vers la monarchie, espérant que ce régime traditionnellement protecteur de l'Église ramènerait la paix sur les autels.

4

Un pouvoir ébranlé

À l'aube de 1812, l'Empire paraît à son zénith. Jamais son extension n'a été aussi grande. Napoléon domine l'Europe et tourne ses regards vers la mythique Russie. Pourtant des faiblesses sont décelables dans ce bel édifice. La crise religieuse mine les relations avec l'Église. L'Angleterre n'a pas désarmé. L'Espagne et le Portugal enfin résistent. La campagne de Russie n'est-elle pas dès lors une course en avant pour conjurer ces échecs ?

1. LE CHOC DES DEUX EMPEREURS

L'affrontement entre Napoléon et le tsar Alexandre commence en 1811, même si ses racines sont plus anciennes. Ce revirement est marqué par le renvoi de Nompère de Champagny qui doit abandonner la direction de la diplomatie française : « C'est en avril 1811 que je fus congédié du ministère des Relations extérieures, raconte-t-il dans ses Mémoires [...] Je n'étais pas d'accord avec l'Empereur sur les affaires de Russie, ce qui était la grande affaire du moment [1]. » Napoléon reproche à Champagny d'avoir méconnu les projets russes. On évoque à cette date des bruits de réarmement. La rumeur d'une attaque russe contre la Pologne se propage. Elle se précise le 15 avril, lorsque Napoléon prend connaissance du rapport que lui a adressé Davout pour l'informer des mouvements de troupes à l'ouest de la Russie. Or, le grand-duché de Varsovie n'est alors défendu que par cinquante mille hommes. L'Empereur s'empresse d'en renforcer les défenses. Il envoie des troupes à Davout. L'inquiétude de Napoléon n'est donc pas feinte. Il va surtout utiliser ces bruits de guerre pour justifier, aux yeux de ses proches, sinon de l'opinion, la préparation d'une offensive contre la Russie. En fait, Alexandre abandonne vite ses projets d'attaque contre la Pologne et la Prusse-Orientale pour leur préférer une attitude défensive.

Napoléon veut en découdre avec la Russie. Il est déçu des faibles résultats de l'alliance russe, sur le plan économique. À cause des difficultés des liaisons maritimes entre les deux pays, les échanges commerciaux sont très faibles et menacent de s'amenuiser encore lorsque la Russie décide, en janvier 1811, d'instaurer un nouveau tarif douanier visant les produits de luxe importés de France, c'est-à-dire l'essentiel des marchandises venant de ce pays. Cette mesure irrite Napoléon. Mais l'Empereur reproche surtout à la Russie de ne pas jouer le jeu du Blocus continental et d'accueillir des navires de marchandises anglais. Grand comédien, il met en scène une colère dont il a le secret pour menacer la Russie, en la personne de son ambassadeur à Paris, Kourakine. « Je ne suis pas assez bête, tonne-t-il devant un parterre de diplomates, pour croire que ce soit l'Oldenburg qui vous occupe ; je vois clairement qu'il s'agit de la Pologne ; moi, je commence à croire que c'est vous qui voulez vous en emparer. Je vous déclare que je ne veux pas la guerre et que je ne vous la ferai pas cette année, à moins que vous ne m'attaquiez. » Cet usage de l'apostrophe publique signe la détérioration des relations entre les deux États. Napoléon a alors en vue la rupture.

Mais il lui faut gagner du temps pour rassembler les hommes nécessaires à ses entreprises. Il use dans ce but de l'entregent de son ambassadeur à Saint-Pétersbourg, Lauriston, pour faire traîner les négociations avec le tsar. Dès le mois de décembre 1811, il fait préparer la levée du contingent de 1812, fixé à cent vingt mille hommes. À partir de janvier, il commence à acheminer vers l'Allemagne des troupes venues des quatre coins de l'Europe. L'armée d'Italie, conduite par Eugène de Beauharnais, se porte vers les Alpes. Il prélève des troupes sur l'armée d'Espagne et donne l'ordre à la Jeune Garde de prendre la direction de l'est. Elle est bientôt rejointe par des troupes stationnées dans les environs de Paris. À l'occasion de ces préparatifs apparaît en pleine lumière le maréchal Davout, véritable gardien de la frontière. Le prince d'Eckmühl est alors une des plus imposantes figures de l'armée française. Cet ancien officier de l'armée de Louis XVI, né dans une famille de la noblesse bourguignonne, mais acquis très tôt aux idées de la Révolution, a participé aux principaux combats des vingt dernières années. Il était en Égypte avec Bonaparte, en Autriche en 1805. Il s'est surtout illustré en 1806 contre les Prussiens, à la bataille d'Auerstaedt, dont il adoptera le nom en devenant duc. Il joua également un rôle décisif lors de la bataille de Wagram, avant de prendre en 1810 le commandement en chef de l'armée d'Allemagne. Avant la concentration des troupes en vue de la campagne de Russie, il est à la tête d'une armée de cent cinquante mille hommes, destinée à contrer tout projet d'offensive des Russes. C'est lui ensuite qui organise la concentration des forces françaises nécessaires à l'invasion.

Pendant que les préparatifs militaires se développent, les deux Empires se livrent à un intense ballet diplomatique, pour obtenir des soutiens en Europe. La Prusse demeure alors l'un des enjeux essentiels de cet affrontement diplomatique. Elle avait, dans un premier temps, hésité à lier son sort à celui de la Russie, puis espéré pouvoir entraîner l'Autriche dans la dissidence, mais ses efforts furent vains. La Prusse de Frédéric-Guillaume III ne se sent pas encore prête à affronter la colère de Napoléon et de ses armées. Pourtant, depuis Tilsit, ce pays s'est considérablement transformé. La réduction territoriale que lui a fait subir Napoléon, en même temps que l'électrochoc provoqué par la défaite rapide de ses troupes, l'ont poussé à une série de réformes qui répondent à un véritable effort de régénération. Les artisans de ces réformes sont notamment Stein, Hardenberg et Scharnhorst. Le premier reste associé à la réforme de l'État et de l'administration dont le but fut de mieux faire participer la nation, représentée par les notables, à la vie du pays. Il fut également à l'origine de la disparition du servage et de la possibilité offerte aux paysans des domaines royaux de devenir propriétaires. Cette volonté d'ouverture sociale se retrouve dans le recrutement militaire ; les roturiers peuvent désormais devenir officiers. Néanmoins, tous les privilèges ne sont pas remis en cause et la société prussienne demeure une société d'ordres. Obligé de quitter le pouvoir en novembre 1808, sous la pression française, Stein cède sa place à deux ministres conservateurs, von Altenstein et Dohna, qui poursuivent son œuvre, avant que Hardenberg ne revienne aux affaires en juin 1810. Il fut alors à l'origine de réformes économiques et financières qui permirent l'amélioration du budget de l'État. La Prusse avait en effet besoin d'argent pour financer ses réformes, réorganiser son armée et payer l'indemnité due chaque année à la France. Sur le plan militaire, les réformes de Stein sont complétées par Scharnhorst qui étudie les possibilités d'un soulèvement de la population pour appuyer les efforts de l'armée, ce qui le conduit à créer une armée de réserve, composée de soldats formés à la hâte mais susceptibles, en cas de guerre, d'épauler l'armée régulière. L'idée d'associer plus étroitement la population à la défense du territoire est au cœur de cette réforme. Elle explique aussi l'effort consenti par Guillaume de Humboldt en faveur de l'enseignement. Le fleuron de sa réforme fut la création de l'université de Berlin, dont la direction fut confiée à Fichte, l'un des principaux théoriciens du réveil national allemand. Ainsi, une conscience nationale se forge en Prusse, pendant ces années de repli. Ces efforts porteront leurs fruits lors de la campagne de 1813.

Mais, pour l'heure, privée d'autres ressources, la Prusse accepte les conditions que lui proposait Napoléon depuis plusieurs semaines. Le 24 février 1812, son ambassadeur à Paris signe un accord que l'Empereur souhaiterait garder secret ; le roi de Prusse le ratifie le 3 mars. La Prusse s'engage à laisser passer la Grande Armée sur son sol et à fournir vingt mille hommes à Napoléon, soit à peu près la moitié des effectifs de l'armée prussienne, fixés à quarante-deux mille soldats au moment de Tilsit. Sans attendre la ratification royale, le 2 mars, une division française, commandée par le général Gudin, passe la frontière prussienne. La France en profite aussi pour consolider son alliance avec l'Autriche. Cette dernière accepte de fournir un contingent de trente mille hommes et espère profiter de la guerre contre la Russie pour pousser son implantation dans les Balkans où Napoléon lui promet les provinces roumaines. Elle récupérerait également l'Illyrie, en échange de la Galicie promise à la Prusse. Ce partage des dépouilles rappelle fort les mœurs d'Ancien Régime.

Napoléon perd en revanche le soutien suédois, si tant est qu'il ait espéré le gagner. En effet, malgré la présence de Bernadotte à la tête du pays, les sentiments de l'aristocratie suédoise étaient hostiles à la France. Le traité signé en 1810, aux termes duquel la Suède avait recouvré la Poméranie, n'avait été qu'une alliance de circonstance et la désignation du maréchal Bernadotte comme prince héritier ne dut rien à l'influence napoléonienne. Sans rompre avec la France, il s'empressa du reste de rassurer la Russie sur ses intentions. Par ailleurs, la Suède appliquait toujours avec peu de rigueur le Blocus continental, ce qui provoqua l'ire de Napoléon, relayé à Stockholm par l'ambassadeur français, Alquier. L'occupation par la France de la Poméranie suédoise, en 1811, achève de rompre les ponts entre les deux États. La Suède va rejoindre le camp russe. Le tsar peut aussi compter sur la neutralité des Turcs. Le long conflit qui l'opposait à l'Empire ottoman s'est en effet achevé, au début de 1812, après que Koutouzov a remporté une victoire suffisamment décisive pour convaincre les Turcs de négocier. Étant donné l'urgence, le tsar se montre moins exigeant que prévu, à la grande satisfaction de la Porte. La Russie voit ainsi se refermer un front qui aurait pu l'embarrasser. Elle peut enfin compter sur le soutien de l'Angleterre, même si les deux pays continuent d'entretenir une rivalité en Orient.

À la veille de l'entrée en Russie de la Grande Armée, le tsar Alexandre Ier règne depuis onze ans. Il est encore jeune ; il n'a que trente-cinq ans, huit de moins que Napoléon. Il a aussi acquis une certaine expérience des campagnes militaires. Les échecs successifs de 1805 et 1807 ont mûri son caractère. L'empereur fougueux qui avait accompagné ses troupes en Autriche en 1805 a laissé la place à un chef d'État plus mesuré qui a refusé de porter le conflit en Prusse et en Pologne, et a choisi une solution défensive, quitte à sacrifier une partie de son territoire. Alexandre entend opposer à la vélocité des armées françaises la lenteur de l'hiver russe. Il sait pouvoir compter sur le soutien d'un peuple dévoué au tsar comme à un père. La paysannerie russe, attachée à la terre par les liens du servage, garde foi en son chef, véritable dieu vivant aux yeux de ses sujets. Le charisme d'Alexandre est d'autant plus fort qu'il a su jouer de son image de tsar ouvert à la modernité. Souverain éclairé, il s'est entouré d'une équipe de collaborateurs désireux d'engager des réformes dans le fonctionnement de l'État. Un nom reste associé à cet effort, celui de Michel Speransky, qui incarne la phase libérale du règne d'Alexandre. Ses réformes de l'administration et des finances, ses recherches en faveur d'une codification des lois russes ont durablement marqué le pays. Mais Speransky fut remercié au début de 1812 et exilé en Sibérie, vraisemblablement victime des adversaires de tout changement. Pourtant ses projets ne remettaient pas en cause les structures fondamentales de la société russe ni le caractère autocratique de son gouvernement.

Au printemps de 1812, la Russie peut compter sur une armée aguerrie au combat, sur le pied de guerre depuis plusieurs années. Mais elle ne connaît pas la conscription générale. Les levées de troupes sont tributaires de la bonne volonté des communautés rurales (le *mir*) chargées de désigner les recrues pour l'armée, ce qui tend à ralentir la mobilisation des troupes. De fait, en juin 1812, Alexandre, pourtant averti de l'imminence du conflit, ne peut aligner face à Napoléon que deux armées, l'une commandée par Barclay de Tolly, forte de cent vingt mille hommes, l'autre placée sous les ordres de Bagration et qui comprend quarante mille soldats. Mais les Russes peuvent aussi compter sur le prochain renfort des troupes rapatriées du front balkanique. Enfin, ils disposent, dans l'intérieur du pays, de trois cent mille à quatre cent mille hommes, prêts à ralentir l'avance des troupes françaises. Alexandre qui a étudié les précédentes campagnes napoléoniennes s'est bien gardé d'offrir à sa gourmandise l'ensemble de ses forces. La dispersion de ses troupes est un des éléments du dispositif défensif qu'il met en place, à l'aube de cette campagne.

Le cours des événements s'accélère en avril. Le 8 de ce mois, le tsar adresse à Napoléon un ultimatum, le sommant d'évacuer son armée de Prusse, mais aussi de la Poméranie suédoise. Il exige comme préalable à toute négociation le retrait des troupes françaises en deçà de l'Elbe. Le lendemain, les Russes signent avec les Suédois le traité d'Abo qui scelle leur alliance. Deux semaines plus tard, Alexandre quitte Saint-Pétersbourg pour prendre le commandement de son armée à Vilna. Le tsar n'a donc pas attendu la réponse de Napoléon à son ultimatum pour se mettre en état de défense. Ce n'est que le 27 avril que Napoléon prend connaissance des exigences russes ; la réponse qu'il fait parvenir à Alexandre quelques jours plus tard élude la question centrale. Sa décision d'entrer en guerre contre la Russie est irrévocable. Son armée est prête. Il reste à donner l'ordre de marche. Napoléon, comme à son habitude, prend personnellement la direction des opérations. Parti de Saint-Cloud le 9 mai, il arrive à Dresde le 16. C'est l'occasion d'une imposante réunion des princes allemands, associés dans la lutte contre la Russie. L'empereur d'Autriche François, le roi de Prusse Frédéric-Guillaume, le roi de Bavière attestent par leur présence aux côtés de Napoléon la force de la coalition réunie contre la Russie. Ce parterre de rois illustre aussi le tour définitivement monarchique pris par le régime napoléonien.

La campagne peut s'engager. Les troupes réunies depuis le début de l'année se mettent en marche. Elles commencent à franchir le Niémen, qui marque la frontière entre la Prusse-Orientale et la Russie, le 22 juin 1812. Par rapport aux précédents conflits, Napoléon a quelque peu modifié l'organisation de ses troupes. Aux corps d'armée autonomes des campagnes de 1805-1807, il a préféré la concentration de ses hommes en une armée principale, qu'il commande, épaulée par deux armées secondaires disposées sur ses flancs. L'armée principale comprend près de deux cent cinquante mille hommes, en majorité français. L'une des deux armées auxiliaires a été confiée à son beau-fils Eugène de Beauharnais ; elle est composée de quatre-vingt mille hommes, venant l'Italie et du sud de l'Allemagne. La troisième armée, placée sous les ordres de Jérôme Bonaparte, roi de Westphalie, rassemble soixante-dix mille hommes, recrutés en Allemagne et en Pologne. La Grande Armée est désormais plurinationale. Elle est devenue l'armée des « vingt nations », au détriment de sa cohésion d'antan. Les soldats français ne sont plus majoritaires. Ils ne peuvent donc plus imprimer, comme par le passé, un tour idéologique à leur lutte. L'armée qui entre en Russie n'est plus vraiment l'armée de la « Grande Nation », portant hors de France les principes de la Révolution.

Après avoir passé le Niémen, les soldats de la Grande Armée poursuivent leur avancée vers l'est. Le 28 juin, ils s'emparent de Vilna, mais à aucun moment Napoléon ne parvient à se saisir de l'ennemi qui se dérobe à chaque avancée. Un retard d'exécution de Jérôme permet ainsi à Bagration de s'échapper. Cette mésentente provoque le premier différend entre les généraux de Napoléon et le départ inopiné de Jérôme qui regagne la Westphalie. Fin juillet, la campagne apparaît donc mal engagée. Certes, Napoléon est victorieux sur le terrain, lorsqu'il parvient à affronter son adversaire, certes, il progresse vers l'intérieur de la Russie — il entre à Vitebsk le 28 juillet, avant de s'emparer de Smolensk le 18 août — mais il se heurte déjà à l'étendue russe et aux difficultés de communication avec ses arrières. C'est précisément parce que son armée est affaiblie que les Russes se décident à passer à l'offensive à la fin août. Le maréchal Koutouzov a alors remplacé Barclay de Tolly à la tête de l'armée russe ; il a la mission d'empêcher Napoléon d'entrer dans Moscou. Les troupes françaises poursuivent leur progression, mais elles sont déjà fortement diminuées. La bataille la plus importante depuis le début de la campagne de

Russie se prépare. Elle a lieu aux abords de la ville de Borodino, le 7 septembre 1812. Bataille frontale, elle est extrêmement meurtrière. Les Russes abandonnent sur le terrain cinquante mille hommes, les Français vingt-cinq mille. À l'issue de cette bataille dite aussi de la Moskowa, la Grande Armée est réduite à un peu plus de cent mille hommes. Ce combat n'a pas anéanti l'armée russe qui est parvenue à se replier en bon ordre, mais il a ouvert à Napoléon les portes de Moscou. L'Empereur y fait son entrée le 14 septembre. Le succès n'est qu'apparent. La ville a été abandonnée par une partie de ses habitants. Le lendemain, elle est livrée aux flammes. Spectacle de désolation, mais aussi menace de jours difficiles, bien que le problème du ravitaillement soit moins criant à Moscou que dans le reste de la Russie. L'armée impériale aurait pu y passer l'hiver, mais elle pâtit de ses mauvaises liaisons avec l'arrière. C'est l'une des clefs de l'insuccès de Napoléon. En outre, l'Empereur ne se résout pas à annoncer la suppression du servage qui aurait pu lui attirer les faveurs de la population. Encore aurait-il fallu que cet affranchissement s'accompagnât d'une redistribution des terres, mesure révolutionnaire qu'il ne pouvait envisager. Napoléon craint d'être prisonnier dans Moscou. Il est l'homme des victoires rapides. Moscou ne l'intéresse que comme monnaie d'échange. Il l'a conquise comme il avait conquis Vienne en 1809, espérant que l'adversaire consentirait à négocier pour recouvrer sa capitale. Alexandre s'y refuse.

Dès lors, Napoléon se décide à la retraite, faisant reprendre à ses troupes le chemin de l'aller, alors qu'il a été dévasté par les pillages et la pratique de la terre brûlée. Le calvaire des survivants de la Grande Armée commence. Dans le froid, la neige et la boue, des dizaines de milliers d'hommes tentent désespérément de regagner le Niémen, sans cesse harcelés par les troupes russes ou des cohortes d'habitants affamés par leur premier passage. Le thermomètre tombe à moins 25 degrés lorsque Napoléon quitte Smolensk où ses troupes étaient parvenues péniblement. À Krasnoé, à la mi-novembre, les Français parviennent encore à contenir les assauts russes, comme quelques jours plus tard, lors du passage de la Bérésina. Mais à chaque nouvelle offensive russe, les forces françaises sont réduites. Le froid et la faim continuent leur œuvre. Napoléon prend alors la décision de quitter son armée et de rentrer à Paris où il espère lever des troupes fraîches. Mais ce départ prive l'armée de chef, Murat, chargé du commandement se révélant incapable de diriger ses hommes. Parvenus à Vilna le 8 décembre, les débris de la Grande Armée en sont chassés, dans la panique, par une nouvelle offensive de Koutouzov. Six jours plus tard, les survivants repassent le Niémen, sous la protection du maréchal Ney. Ils parviennent à Königsberg le 20 décembre. L'abandon du territoire russe ne met pourtant pas un terme à la guerre. Le tsar entend au contraire pousser son avantage, d'autant que, le 31 décembre, il a obtenu que les Prussiens quittent la Grande Armée. Napoléon n'est pas au bout de ses peines. Il voit peu à peu s'effriter l'édifice patiemment élaboré depuis des années. Mais, il découvre aussi, en rentrant en France, combien son pouvoir est fragile et son trône chancelant.

2. L'AFFAIRE MALET

C'est le 6 novembre 1812, alors qu'il se trouve à Smolensk, que Napoléon prend connaissance de la tentative de coup d'État fomentée à Paris par le général Malet. Sa décision de rentrer au plus vite à Paris n'en est que renforcée. À cette date, les principaux conjurés ont déjà été fusillés et la situation politique stabilisée. La France ignore encore l'étendue du désastre.

En quittant Saint-Cloud en mai 1812, Napoléon avait, comme à l'accoutumée, remis le pouvoir entre les mains de Cambacérès. L'ar-chichancelier d'Empire était chargé de le tenir informé des princi-paux événements politiques du pays et devait le consulter sur les grandes décisions à prendre. Paris reste donc le cœur de la vie poli-tique, même si Napoléon entend montrer qu'il est le seul maître du pouvoir. C'est dans cet esprit qu'il signe, le 15 octobre 1812, à Moscou, le décret relatif à la réorganisation de la Comédie-Française. Ce texte ne revêtait aucune urgence, mais il permet d'impressionner les foules, en évoquant l'activité fébrile de Napoléon. Il laisse entendre que l'Empereur contrôle la situation militaire, puisqu'il prend le temps de s'occuper des affaires culturelles. Enfin, plus qu'un communiqué de victoire, ce décret signé de Moscou matérialise la conquête de la ville des tsars, capi-tale religieuse du monde orthodoxe, qui accède ainsi au rang de capitale de l'Empire. Elle rejoint Rome dans l'esprit des contempo-rains et Napoléon peut laisser se développer l'impression qu'il est maître de l'Orient comme de l'Occident. Seule manque encore à son tableau de chasse Constantinople, pour que la gloire des empereurs romains soit égalée. Le souci de la propagande ne quitte jamais Napoléon car, lorsque le décret est connu à Paris, il a déjà quitté Moscou depuis plusieurs jours. Entre-temps aussi, le 23 octo-bre, s'est déroulé le coup d'État organisé par Malet.

Figure énigmatique de la geste impériale, personnage d'assez faible envergure, le général Malet a focalisé l'attention sur sa per-sonne et ses entreprises, non pas tant qu'il ait représenté un très grand danger pour l'Empire, mais parce qu'il fut un révélateur de l'état de l'opinion. Si les conjurés étaient peu nombreux, sans doute leur geste a-t-il été vu avec une relative sympathie par l'opi-nion, ce qui a contribué à majorer l'importance de l'entreprise. L'aventure apparaît d'autant plus rocambolesque que le général Malet était bien connu de la police et qu'il n'en était pas à son coup d'essai. Cet officier, issu d'une famille de la petite noblesse provinciale, entré chez les mousquetaires du roi, avait ensuite été un ardent défenseur des idées de 1789. Il avait pris fait et cause pour la Révolution et mis son expérience au service de la jeune armée nationale. Bien que finalement peu employé, il n'en accède pas moins au grade de général. Ses sympathies républicaines affichées conduisent le ministre de la Guerre à le mettre en non-activité en mai 1805, mais il reprend peu après du service à l'occasion de la campagne occasionnée par la troisième coalition ; il est alors envoyé en Italie où il obtient un commandement à Pavie. Il y reste dix-huit mois, avant d'être relevé de son poste en mai 1807. Accusé de concussion, il est rappelé à Paris pour y être jugé. À Paris, il rassemble autour de lui un petit groupe d'opposants à l'Empire, avec lesquels il prépare un coup d'État visant au remplacement de Napoléon. Il entend profiter de son départ pour Bayonne, en mai 1808, et fait imprimer à cet effet des proclamations au peuple, en même temps qu'est élaboré un faux sénatus-consulte décrétant Napoléon hors la loi et annonçant la formation d'un gouvernement dictatorial de neuf membres. Le complot est découvert avant le lancement de l'opération et les principaux protagonistes sont arrêtés. Parmi eux figure le général Malet qui parvient toutefois à tromper la police sur ses véritables responsabilités, en mettant en cause un autre réseau de conspirateurs dont il avait appris l'existence. Il n'en reste pas moins en prison. Il est toujours en détention quatre ans plus tard, mais il a profité du changement de ministre de la Police pour obtenir d'être transféré dans une maison de santé tenue par le docteur Dubuisson et située à l'est de Paris, près de la barrière du Trône. Depuis cet asile, où ses conditions de détention se sont nettement améliorées, il peut reprendre ses projets de conspiration.

Dans le but de minimiser l'action entreprise par le général Malet, la propagande napoléonienne tendra à en faire un isolé, dont l'état mental aurait été défaillant et qui n'aurait réussi à convaincre qu'une poignée de comparses. En fait, Malet apparaît au confluent d'un réseau beaucoup plus vaste. Il cristallise sur sa personne une triple opposition, royaliste, républicaine et militaire. Tout en formant l'un des principaux piliers du régime napoléonien, l'armée a toujours conservé dans ses rangs des nostalgiques de la Révolution et de la République, prêts à comploter contre l'Empire. Le général Malet a conservé des liens avec ces officiers rebelles dont certains se réunissaient au sein de la Société des philadelphes. Cette organisation clandestine est surtout connue par le récit plus ou moins romancé de Charles Nodier, mais son existence est réelle. Fondée en 1797 à Besançon, elle comptait notamment dans ses rangs le colonel Oudet qui mourut à Wagram. Charles Nodier en fait le véritable chef de l'organisation. Il lui attribue un rôle important dans la conjuration de 1804 à laquelle prit part le général

Moreau, puis dans l'équipée du général Malet. L'influence de la Société des philadelphes est difficile à établir, de même que le nombre de ses recrues. Mais ce type de société clandestine est courant à l'époque dans les armées européennes, notamment dans l'armée russe où les philadelphes sont à l'origine de l'insurrection de décembre 1825. Dès lors, sans parler d'un lien étroit entre le général Malet et une partie de l'armée ou d'une conspiration étendue, on peut penser que le général Malet se faisait l'interprète d'une opinion qu'il savait forte chez certains officiers. Les complicités dans l'armée sont une des clefs du complot.

En prison, puis dans la maison Dubuisson, le général Malet est également entré en contact avec les opposants royalistes à l'Empire. Parmi eux figurent notamment les frères Jules et Armand de Polignac et le marquis de Puyvert, maintenus en détention depuis la conspiration de Cadoudal en 1804 ; ils se trouvent précisément dans la maison Dubuisson depuis 1810. Ils y avaient été rejoints par Bénigne de Bertier, frère de Ferdinand de Bertier, avec lequel il avait fondé en 1810 l'association des Chevaliers de la foi, une des principales associations royalistes, naturellement clandestine, travaillant à la restauration des Bourbons. Dans la maison Dubuisson, séjourne également à la même époque l'abbé Lafon, un diacre originaire de Bordeaux, membre de la congrégation constituée dans cette ville et qui avait été emprisonné en septembre 1809 pour avoir diffusé en France la bulle d'excommunication visant Napoléon. Le nom de l'abbé Lafon est seul resté associé à l'affaire Malet. Pourtant, les *Mémoires* de Ferdinand de Bertier, l'un des chefs du parti royaliste en France, récemment publiés, ne laissent planer aucun doute sur l'alliance qui fut alors conclue entre royalistes et républicains pour abattre Napoléon :

« Le général Malet préparait en silence le coup qu'il méditait. Il rédigeait avec l'abbé Lafon les proclamations et les ordres du jour qu'il devait faire paraître et préférant tout au despotisme impérial, il s'était décidé à faire alliance avec le parti royaliste. L'abbé Lafon devait en être le premier intermédiaire et d'ailleurs ses conversations journalières avec Puyvert, de Polignac et mon frère avaient beaucoup modifié ses idées et sans qu'il leur eût fait savoir de manière précise quels étaient ses plans, que ces messieurs ne lui avaient pas demandé de leur communiquer, il avait promis de faire entrer dans le gouvernement provisoire, s'il réussissait, au moins deux royalistes qui devaient être d'après nos indications MM. de Noailles et de Montmorency [2]. »

Il n'est pas impossible que Ferdinand de Bertier ait réécrit ses souvenirs à partir des éléments connus de cette conspiration, mais les détails qu'il fournit sont troublants et laissent malgré tout penser qu'il y eut une entente au moins tacite entre les diverses composantes de l'opposition à Napoléon. Pourtant Malet, fort de l'échec de 1808, a évité de dévoiler ses plans. À part l'abbé Lafon, rares sont les comparses au courant de ses objectifs. Grâce à la relative liberté de visite dont bénéficient les détenus de la maison de santé, Malet est constamment resté en contact avec sa femme, une des chevilles ouvrières du complot. Par l'abbé Lafon, il est entré en contact avec un prêtre espagnol, l'abbé Cajamano, chargé de trouver dans Paris un logement discret qui doit servir de lieu de rassemblement pour les conjurés. Il a aussi réussi à intéresser à sa cause, un jeune licencié en droit originaire de Rennes, Boutreux. Malet a convaincu enfin un caporal de la Garde, Rateau, de lui prêter main-forte, mais ce dernier ignore les détails de la conspiration. Le nombre de conjurés paraît dérisoire, lorsque l'on songe à l'ébranlement qu'elle provoque. Au total, cinq hommes prennent part à la mise en route de la conspiration. Tout se passe, au départ, selon le plan prévu par le général Malet.

Dans la soirée du 22 octobre, il échappe, en compagnie de l'abbé Lafon, à la surveillance des gardiens de la maison de santé et court se réfugier dans le petit appartement déniché par l'abbé Cajamano dans le Marais. Il y est rejoint par Rateau et par Boutreux. Celui-ci apporte au général Malet son uniforme, qu'il est allé quérir chez sa femme. Pendant qu'il le passe, Rateau enfile un uniforme d'officier d'ordonnance. Puis, aux environs de 4 heures du matin, à un moment où l'effet de surprise doit jouer pleinement, Malet, Rateau et Boutreux se rendent à la caserne de Popincourt où ils demandent à voir le commandant, le colonel Soulier fraîchement revenu d'Espagne. Malet se fait connaître sous un nom d'emprunt, Lamothe. Il assène à l'officier la nouvelle de la mort de Napoléon et lui demande de mettre à sa disposition plusieurs compagnies afin de faire appliquer les décisions prises par le Sénat réuni la veille. Pour preuve de ses dires, il déroule les fausses pièces officielles, patiemment préparées pendant les heures de détention. Le colonel Soulier, décontenancé par la nouvelle et affaibli par la maladie, obtempère sans grande difficulté aux ordres du général Malet et lui fournit les compagnies demandées. Malet explique aux troupes les raisons de ces changements de régime et leur promet une forte récompense. Puis il prend la direction de la prison de la Force qu'il connaît bien pour y avoir un temps séjourné. Là, il fait libérer deux généraux de ses amis, le général Lahorie et le général Guidal, réveillés à six heures et ignorant tout du plan de leur ancien camarade. Mais Malet n'a pas jeté au hasard son dévolu sur ces deux hommes. Leur opposition à Napoléon en fait des alliés sûrs.

Guidal et Lahorie sont chargés de s'assurer le contrôle du ministère et de la préfecture de police. Pendant ce temps, Malet a réussi à mystifier le colonel Rabbe, commandant du premier régiment de la Garde impériale, qui accepte d'obéir à ses ordres et de bloquer toutes les issues de Paris. La troupe prend position aux portes de la ville ainsi qu'en plusieurs autres endroits stratégiques. À la même heure, les comparses du général Malet font irruption au ministère de la Police et se saisissent de Savary, immédiatement conduit à la prison de la Force. Il y retrouve l'un de ses collaborateurs, Desmarets, chef de la première division au ministère de la Police, et le préfet de police, Pasquier, appréhendé quelques minutes plus tard. Seul le préfet de la Seine, Frochot, n'est pas emprisonné, les conjurés espérant le gagner à leur cause. Aux premières heures de la matinée, les conjurés contrôlent donc le ministère de la Police, la préfecture de la Seine et la préfecture de police, l'Hôtel de Ville enfin. Il reste encore à s'emparer de la personne du commandant en chef de la place de Paris, le général Hulin. Lorsque Malet se présente chez lui, accompagné d'une petite troupe, il trouve un homme méfiant qui demande à voir des ordres écrits. Malet réagit par un coup de feu tiré en pleine tête. Mais l'état major du général Hulin ne se laisse pas abuser par les propos du général Malet. L'un des officiers, le commandant Laborde, reconnaît Malet et comprend la mystification. Il ordonne à ses hommes de se saisir de sa personne. À 9 heures du matin, le général Malet est entre les mains des soldats. La conspiration a échoué. Elle ne pouvait se poursuivre dans la mesure où elle reposait uniquement sur l'annonce de la mort de Napoléon. La vérité rétablie, les soldats trompés n'ont plus aucune raison de lier leur destin à celui d'un prisonnier d'État. Ils l'abandonnent donc à son sort. En quelques heures, tous les conjurés sont interpellés, sauf les abbés Lafon et Cajamano qui échappent opportunément aux recherches. Quatre jours plus tard, le 27 octobre, une commission militaire juge vingt et un prévenus, à savoir les trois premiers conjurés, Malet, Boutreux et Rateau, les deux généraux Guidal et Lahorie et une quinzaine d'officiers ayant obéi aux ordres de Malet. Ils sont accusés de lui avoir obéi sans discernement et sans vérification. Douze d'entre eux sont fusillés le 27 octobre, parmi lesquels le colonel Soulier et plusieurs des officiers qui avaient participé, en toute ignorance, au complot. Seuls échappent à la mort le colonel Rabbe et le caporal Rateau qui obtiennent leur grâce à la faveur de protections familiales. L'affaire s'achève donc avant même que Napoléon n'en connaisse la teneur. Pourtant, elle n'a pas fini de faire parler d'elle.

La fureur de l'Empereur éclate lorsqu'il apprend la nouvelle. Il est vrai que ses échecs militaires en Russie ne contribuent pas à adoucir son caractère. Ce n'est pas tant la tentative de coup d'État qui l'émeut que la réaction de ses principaux collaborateurs. Trois des plus hauts personnages de l'État se sont fait surprendre dans leur sommeil et emprisonner. Un quatrième, Cambacérès, pourtant chargé en principe d'assurer la direction des affaires politiques, a brillé par son absence. Une nuée d'officiers s'est laissé circonvenir par les propos du général Malet. À aucun moment, l'un ou l'autre de ces hommes n'a opposé le nom du roi de Rome aux éventuels décrets pris par le Sénat. Aucun non plus n'a mis en doute la nouvelle de la mort de Napoléon, comme si les rumeurs qui couraient alors dans Paris sur les déboires militaires de l'Empereur avaient convaincu l'opinion d'une fin prochaine. Même au plus haut sommet de l'État, on a donc envisagé la possibilité d'un changement de régime. Il faut dire à la décharge des intéressés que depuis une vingtaine d'années, ils avaient pris l'habitude des revirements politiques soudains. Bonaparte lui-même ne s'était-il pas prévalu d'un ordre du Conseil des Anciens pour prendre le contrôle militaire de la capitale au soir du 18 brumaire ? Ainsi, les efforts de Napoléon pour construire une monarchie héréditaire auraient été vains. C'est du moins le sentiment qu'il retire de cette affaire.

La conspiration de Malet révèle aussi la persistance d'une opposition irréductible à l'Empire. Certes, dans l'action, Malet est resté isolé, mais il savait pouvoir bénéficier du soutien d'une partie de l'opinion. Son entreprise est apparue rocambolesque parce qu'elle a échoué, mais, aux yeux des contemporains, elle n'était pas nécessairement vouée à l'échec. Du reste, tous les textes préparés en prison en vue du coup d'État révèlent le caractère extrêmement sensé du général Malet et sa parfaite connaissance de l'état de l'opinion publique en France. Le faux sénatus-consulte qu'il avait rédigé permet en effet de se faire une idée des principales aspirations des opposants à l'Empire, en même temps qu'il dessine les contours de cette opposition. Il annonce le changement de régime, met les hauts dignitaires de l'Empire hors la loi et, pour ne pas mécontenter l'armée il prévoit le maintien de la Légion d'honneur. Ce sénatus-consulte promet également la paix avec l'étranger, une amnistie générale et la liberté de la presse. L'abbé Lafon n'a pas oublié non plus d'introduire un article consacré à la réconciliation avec le pape qui regagnerait Rome. Le sénatus-consulte annonce enfin la formation d'un gouvernement provisoire et la rédaction d'une nouvelle Constitution destinée à être soumise au peuple français. Naturellement, les quinze membres désignés pour faire partie du gouvernement provisoire n'avaient pas été consultés au préalable, mais leurs noms ne figurent pas par hasard dans ce document. En fait, ils représentent les diverses tendances de l'opposition à Napoléon. En tête vient le général Moreau qui serait chargé de présider ce gouvernement provisoire. Depuis la conjuration de Cadoudal, en 1804, il vit en exil aux États-Unis, mais ses sentiments à l'égard de Napoléon restent empreints d'une franche hostilité. Lazare Carnot, désigné comme vice-président, est également connu pour son attachement à la République, bien qu'il ait accepté une pension de Napoléon. Le maréchal Augereau apparaît également dans cette liste où figurent quatre sénateurs connus pour leur appartenance au groupe des Idéologues : Destutt de Tracy, Lambrechts, Garat et Volney. On y découvre deux membres du Corps législatif, Bigonnet et surtout Florent-Guyot dont Malet savait depuis 1808 qu'il complotait contre Napoléon, de même que l'ancien tribun Jacquemont. Enfin, le général Malet et l'abbé Lafon avaient fait entrer dans ce gouvernement fictif deux royalistes notoires, Alexis de Noailles et Mathieu de Montmorency, tous les deux membres de l'association des Chevaliers de la foi. Ainsi, ce sont des opposants réels ou supposés à l'Empire qui se trouvent rassemblés dans ce gouvernement. Il faut ajouter que le sénatus-consulte était signé de Sieyès, Lanjuinais et Grégoire, trois autres sénateurs proches de l'opposition. Enfin, un fidèle de Moreau, le général Lecourbe, qui avait servi sous ses ordres en 1801 et lui avait apporté son soutien en 1804, était désigné pour prendre le commandement en chef de l'armée centrale. Il était alors exilé à Bourges. Ces hommes ne furent pas directement inquiétés par le gouvernement, car ils ne prirent aucune part à l'action menée par le général Malet, mais la présence de leurs noms sur ce texte venait rappeler à l'Empereur leur notoriété d'opposants. La réaction de Napoléon montre à quel point il prend au sérieux l'éventuel réveil de l'opposition. À Caulaincourt, il confie ainsi : « Remarquez combien la Révolution et l'habitude des changements continuels de gouvernement ont détruit toutes les idées d'ordre et de stabilité. J'ai encore beaucoup à faire pour réédifier l'ordre social [3]. » Il s'y emploie dès son retour à Paris.

3. LA REPRISE EN MAIN

C'est un homme fatigué, hagard, qui arrive à Paris, le 18 décembre 1812. Napoléon est accompagné de Caulaincourt qui n'a pas oublié leur entrée dans la cour des Tuileries. À peine reconnaissables, dissimulés sous des vêtements de voyage, ils provoquent la surprise en se présentant au palais. De fait, Napoléon a voulu presser l'allure pour surprendre son monde et pouvoir agir vite. L'Empereur a trois objectifs, lorsqu'il regagne la capitale : rétablir sa situation militaire, reconquérir l'opinion publique et raffermir les institutions en assurant la solidité de son trône. Sur le plan militaire, la situation française n'est guère brillante à la fin de 1812, mais il faut se garder de toute conclusion hâtive. Les armées françaises sont encore en Pologne. Napoléon a aussi conservé des troupes en Allemagne, en Italie et en France ; il lui reste enfin les soldats engagés en Espagne. Mais ces forces sont dispersées à travers l'Europe.

L'Empereur reprend aussi les rênes du pouvoir. Il reçoit un à un tous les ministres, écoute la version de chacun, s'entretient notamment un long moment avec Savary, le plus menacé, mais qui parvient à sauver son portefeuille. Napoléon a pris conscience que l'évincer serait de peu de profit et qu'au contraire l'affaire Malet ne pouvait qu'aiguiser sa vigilance. Savary reste donc ministre de la Police. Il a finalement réussi à convaincre Napoléon que Malet avait agi quasiment seul et que donc la conjuration n'avait pas de ramifications étendues. Cette thèse avait l'avantage d'expliquer que la police n'ait pas eu vent du complot. Le ministre de la Guerre, Clarke, défendait quant à lui l'idée d'une ample conspiration. Sans doute exagère-t-il sa portée, mais il n'a probablement pas tort de penser que, derrière Malet, d'autres forces étaient prêtes à se soulever. Pour l'instant, Napoléon se refuse à rechercher trop avant les responsabilités. Si les anciens jacobins sont à nouveau traqués par Savary, les monarchistes sortent quasiment indemnes de l'affaire. L'Empereur ne souhaite pas ouvrir un nouveau front dans l'opinion, en offrant des martyrs à la cause royaliste. On peut en effet s'étonner de l'impunité dont ont bénéficié les deux ecclésiastiques de l'affaire, de même que les frères Polignac ou Bénigne de Bertier, pensionnaires de la maison de santé Dubuisson, laissés en dehors de l'enquête alors que d'autres personnes de moindre envergure étaient arrêtées pour avoir croisé Malet. Comme à son habitude, Napoléon a délibérément minimisé la menace qui avait pesé sur sa personne et accrédité l'idée qu'elle relevait d'un acte de folie.

En revanche, Frochot, préfet de la Seine, est sacrifié. Il n'a pas mis beaucoup d'énergie à résister aux exigences des conjurés venus l'interpeller dans son hôtel. De plus, il figurait sur la liste du gouvernement provisoire élaborée par Malet. Le préfet de la Seine est donc condamné pour les sympathies que lui avaient témoignées les conspirateurs. Il est destitué, au cours d'une séance du Conseil d'État dont il était membre, le 23 décembre 1812. Cambacérès n'avait pas non plus brillé par sa vigilance lors de cette fameuse journée. Après avoir pris connaissance des troubles, il s'était précipité à Saint-Cloud auprès de l'Impératrice, mais son sens de la décision ne s'était guère exercé. Napoléon lui en garde une certaine rancune. Après l'affaire Malet, Cambacérès ne retrouve plus les pouvoirs étendus qui étaient les siens en l'absence de l'Empereur. Son rôle politique tend alors à s'effacer, au profit d'un conseil de régence dont il reste cependant l'une des pièces maîtresses. La régence est pourtant en contradiction avec les principes énoncés dans la Constitution de l'an XII, mais c'est la seule solution que Napoléon a trouvée pour affermir sa dynastie. Il veut éviter qu'à l'avenir, on oublie sa femme et son fils. Le débat est engagé en janvier 1813. Il se clôt par le sénatus-consulte du 30 mars qui organise la régence, en la confiant à l'impératrice Marie-Louise, assistée d'un conseil où figurent l'archichancelier d'Empire, Cambacérès, l'architrésorier, Lebrun, l'archichancelier d'État, Eugène, le connétable, Berthier, et le grand chambellan, Talleyrand. Aux termes de ce texte, il revient à l'Impératrice de présider le Sénat, le Conseil d'État et le Conseil des ministres. Elle obtient ainsi un droit de regard sur les actes politiques effectués pendant l'absence de Napoléon, même si le pouvoir effectif est entre les mains de Cambacérès. Aussi symbolique soit-elle, cette dévolution du pouvoir à Marie-Louise, en cas d'absence de l'Empereur, marque un pas supplémentaire dans l'édification de la monarchie. Elle acclimate l'opinion à l'idée qu'un autre monarque peut succéder à Napoléon. Pourtant, la régence n'a pas laissé de bons souvenirs dans l'esprit de Français.

Dans les semaines qui suivent son retour en France, Napoléon semble par ailleurs vouloir redonner vie aux institutions de l'Empire et faire sortir le monde politique de sa torpeur. À la grande surprise des députés, il convoque le Corps législatif pour le 13 janvier 1813, alors qu'ils n'avaient pas été réunis l'année précédente. L'Empereur espère ainsi dissiper le malaise qui paraît gagner les rangs parlementaires. Il reconnaît, dans le discours qu'il prononce lors de l'ouverture de la session, le dimanche 14 février, l'échec subi en Russie, mais il se contente d'en attribuer la responsabilité aux conditions climatiques : « La rigueur excessive et prématurée de l'hiver a fait peser sur mon armée une affreuse calamité. En peu de nuits, j'ai tout vu changer. J'ai fait de grandes pertes. Elles auraient brisé mon âme, si, dans ces grandes circonstances, j'avais dû être accessible à d'autres sentiments qu'à l'intérêt, à la gloire et à l'avenir de mes peuples. » Pour le reste, Napoléon se déchaîne contre l'Angleterre et rassure ses auditeurs sur la solidité de l'Empire, signe qu'un ébranlement est perceptible : « C'est avec une vive satisfaction que nous avons vu nos peuples du royaume d'Italie, ceux de l'ancienne Hollande et des départements réunis, rivaliser avec les anciens Français, et sentir qu'il n'y a pour eux d'espérance, d'avenir et de bien que dans la consolidation et le triomphe du Grand Empire [4]. » Et afin d'étayer sa démonstration, Napoléon affirme que l'Angleterre a évacué l'Espagne, alors que la guerre continue à y faire rage. De même, il annonce aux députés la récente signature du concordat de Fontainebleau avec le pape. Il se déclare enfin en faveur de la paix, mais annonce en même temps qu'il proposera aux législateurs le vote d'un budget en nette augmentation : « J'ai besoin de grandes ressources pour faire face à toutes les dépenses qu'exigent les circonstances. » Il n'est évidemment pas question de prononcer le mot « guerre », mais chacun a compris vers quoi Napoléon tournait ses regards.

Au-delà des législateurs, ce discours vise l'opinion éclairée de la nation. L'Empereur veut montrer qu'il reste le maître de la situation et que son échec en Russie n'est pas dû à la mauvaise fortune des armes, mais aux seules rigueurs de l'hiver. Or, dans un pays encore majoritairement rural, chacun connaît la force des variations climatiques. En regard de ce constat d'impuissance, le gouvernement, par la bouche du ministre de l'Intérieur, met en avant les projets réalisés depuis deux ans. Ignorant les effets de la crise qui sévit depuis 1810, Montalivet se lance dans un plaidoyer qui brosse un portrait idyllique de la situation française : « Vous verrez avec satisfaction, déclare-t-il aux législateurs, que malgré les grandes armées que l'état de guerre maritime et continentale oblige à tenir sur pied, la population a continué de s'accroître ; que notre industrie a fait de nouveaux progrès ; que jamais les terres n'ont été mieux cultivées, les manufactures plus florissantes ; qu'à aucune époque de notre histoire la richesse n'a été plus répandue dans les diverses classes de la société [5]. » Dans son exposé, Montalivet met notamment l'accent sur les progrès du commerce et les efforts entrepris par le gouvernement en faveur des travaux publics. Puis les députés passent au vote du budget. Le comte Molé, chargé de le présenter, légitime la nette augmentation qui leur est proposée, puisque ce budget est fixé pour 1813 à un milliard cent cinquante millions de francs, soit cent vingt millions de plus qu'en 1812. Pour faire face aux nouvelles dépenses, Molé suggère de vendre une partie des biens appartenant aux communes, à l'exception des bois, pâturages et tourbières. L'argent récolté serait versé à la Caisse d'amortissement, les communes recevant en échange une rente proportionnelle à la valeur locative des biens vendus. Molé justifie ce projet par la nécessité d'accroître le nombre de propriétaires. Le gouvernement reste donc attaché à l'idée que les propriétaires doivent constituer le socle du régime, Molé notant « qu'il y a toujours dans la société une sorte de lutte entre ceux qui possèdent déjà et ceux qui ne possèdent pas encore, et qu'on ne saurait trop fortifier les premiers pour que la société ne soit jamais compromise, et même pour assurer les droits et la liberté de tous [6] ». Quelques bruits de fronde circulent, mais le budget est voté à une écrasante majorité. Seuls vingt-six législateurs sur trois cent vingt-neuf votants ont refusé d'apporter leur soutien au gouvernement. Napoléon a réussi à préserver l'essentiel, à savoir la cohésion des députés face à la crise militaire qui secoue le pays. La session du Corps législatif s'achève le 25 mars.

Pendant ce temps, l'Empereur a mis à contribution les sénateurs. Il n'oublie pas que les noms de plusieurs d'entre eux figuraient sur les projets du général Malet. Pour autant, aucun des complices involontaires de Malet n'est inquiété. Napoléon préfère l'apaisement, d'autant plus qu'il a besoin du Sénat pour la mise en œuvre de ses projets militaires. La destruction de son armée en Russie le contraint en effet à de nouvelles levées. C'est ce qu'exprime Cambacérès dans la séance du 10 janvier 1813 : « La Nation se dispose d'elle-même à des mesures qu'elle juge nécessaires pour le maintien de sa gloire et pour la conservation de sa prépondérance dans l'Europe. De tous les points de ce vaste Empire, des adresses se succèdent, des offres se multiplient, la volonté publique est prête à devancer les appels de l'autorité souveraine [7]. » Cambacérès retrouve les accents patriotiques de l'époque révolutionnaire pour justifier ces nouvelles levées d'hommes. Le Sénat accepte en effet une mobilisation de trois cent cinquante mille hommes, le 11 janvier, alors même que le contingent de 1813 est déjà sous les drapeaux. Ces soldats sont donc recrutés au sein des classes antérieures, celles de 1809 à 1812 (cent mille hommes), au sein de la Garde nationale (cent mille hommes) et par anticipation, dans la classe de 1814 (cent cinquante mille hommes). À cette levée décidée en janvier 1813, s'en ajoute une seconde en avril. Le Sénat accepte alors de voter un sénatus-consulte prévoyant le recrutement de cent quatre-vingt mille hommes, dont la moitié pris sur la conscription de 1814. Cette pression supplémentaire s'explique par les besoins grandissants en soldats de la part d'une armée qui combat sur plusieurs fronts. Elle est aussi le signe de la faible efficacité des levées antérieures. Les résistances au service armé, ainsi que les désertions, expliquent cette soif d'hommes dont le Sénat se fait l'interprète.

Face aux demandes réitérées de Napoléon, les sénateurs, à quelques exceptions près, n'ont donc guère émis de protestations. En 1813, le Sénat reste un élément solide du dispositif napoléonien. L'Empereur s'en assure en procédant à la dernière grande promotion du régime. Le 5 avril 1813, treize nouveaux sénateurs sont nommés. Parmi eux figurent deux anciens ministres : Champagny et Barbé-Marbois, deux ecclésiastiques : l'évêque d'Évreux Bourlier et le cardinal Lattier de Bayane, trois généraux : Gassendi, conseiller d'État depuis 1806, Legrand et Chasseloup-Laubat qui venaient de s'illustrer pendant la campagne de Russie, un diplomate, Saint-Marsan, un avocat général, Haubersaert, et quatre membres de la Maison de l'Empereur qui comptent parmi ses plus proches collaborateurs : Duroc et Caulaincourt, deux des fidèles de Napoléon, Montesquiou-Fezensac et Ségur. Le choix de 1813 s'est concentré sur la France, comme si Napoléon pressentait les défections à venir. Il décide alors de remplir le Sénat qui atteint le maximum de membres possible. Il ne peut imaginer que parmi ces recrues plusieurs voteront sa déchéance un an plus tard. Au printemps de 1813, les institutions de l'Empire restent solides. Les cinq mois passés à Paris ont permis à Napoléon de rappeler sa puissance aux assemblées, tout en marquant son attachement à leur conservation. Leur docilité lui convient. Il lui reste à reconquérir l'opinion.

L'Empereur a en effet tiré une autre leçon de l'affaire Malet. Il a pris conscience des fissures apparues dans l'édifice social patiemment bâti depuis douze ans. C'est dans ce contexte qu'il entreprend l'œuvre de séduction du pape Pie VII, déjà évoquée. Il ne s'écoule qu'un mois entre son retour à Paris et sa visite au pape à Fontainebleau. Napoléon a besoin de reconquérir l'opinion catholique qui s'est partiellement détachée du régime. Sur ce terrain, sa politique de séduction est un échec. La fronde catholique se poursuit. Mais les catholiques ne sont pas les seuls à ressentir de plus en plus durement la pression du régime. Bien que tout ait été fait pour contrôler les mouvements de l'opinion, celle-ci commence à s'émouvoir de la poursuite de la guerre. Au début de 1813, le bruit du canon ne résonne pas encore aux oreilles des Français, même si, aux abords des Pyrénées, la résistance espagnole trouve un certain écho.

Elle représente un danger constant, dans la mesure où des bandes de guérilleros n'hésitent pas à franchir la frontière et à venir porter le danger sur le territoire français. Pour l'essentiel, le mécontentement provient des levées d'hommes. Cet impôt du sang avait paru relativement supportable jusqu'en 1810-1811, lorsqu'il concernait un tiers seulement d'une classe d'âge. Il devient intolérable dès lors que tous les jeunes gens en bonne santé sont enrôlés. Le rappel des hommes des classes antérieures est également durement ressenti. Il paraît revenir sur un contrat tacite entre l'État et les citoyens. La conscription est d'autant plus mal vécue qu'elle s'accompagne de perspectives peu attrayantes. Les bruits alarmants courant sur les désastres de Russie ne sont pas des plus encourageants. La plupart des jeunes soldats partis pour la Russie ne sont pas rentrés, mais surtout n'ont donné aucune nouvelle de leur situation. Les échos en provenance d'Espagne laissent aussi entendre que les soldats français vivent des heures difficiles. L'absence d'informations ne fait qu'amplifier la rumeur.

Ces premiers revers militaires frappent un pays qui ne s'est pas remis de la crise économique survenue en 1810-1811. La situation dans les campagnes n'est guère florissante. La misère, le chômage et la faim sévissent en ville, à Paris notamment où Napoléon retrouve une population mécontente. Face à cette crise, l'Empereur use de moyens classiques, déjà expérimentés, notamment des commandes aux ateliers de confection ou d'ameublement, ou des travaux d'intérêt public. Mais les besoins financiers suscités par la guerre limitent cet effort. Napoléon le double donc d'un renforcement du contrôle policier sur la population parisienne, en mettant sur pied un véritable service d'ordre dans la capitale. « Après avoir pris les mesures nécessaires pour assurer du travail aux ouvriers, l'Empereur voulut organiser un service dont la conspiration Malet lui avait fait sentir l'indispensable nécessité [8] », note Pasquier. Au passage, le préfet de police révèle que les troubles s'étaient multipliés dans la capitale : « C'est ainsi que dans les fêtes publiques, sur les halles et marchés, comme à la sortie des spectacles, on avait eu plus d'une fois à déplorer des accidents et des actes de violence qui compromettaient l'autorité et la rendaient impopulaire. » La tension monte donc dans l'opinion parisienne. Le gouvernement se méfie des concentrations de la foule où, à tout moment, peut éclater une émeute. Pourtant les faubourgs restent calmes en 1813.

En province, les préfets reçoivent également des instructions de fermeté. Le corps préfectoral n'a pas échappé à la reprise en main napoléonienne. En mars 1813 s'opère le plus vaste mouvement préfectoral du régime. Trente départements sur cent trente changent de titulaire. Certains préfets sont purement et simplement écartés, comme Louis-Marie Auvray qui était préfet de la Sarthe depuis l'an VIII. D'autres sont promus à d'autres fonctions, à l'image de

Claude Dupin qui entre à la Cour des comptes, mais dont l'histoire a surtout retenu qu'il avait épousé la veuve de Danton. D'autres encore trouvent une nouvelle affectation, comme Jean-Pierre Chazal qui changent de monts, en troquant les Hautes-Pyrénées pour les Hautes-Alpes, ou surtout Chabrol de Volvic, passé dès le mois de décembre 1812 de la préfecture de Montenotte au siège prestigieux de Paris, où il remplace Frochot destitué au lendemain de l'affaire Malet. Chabrol trouve ainsi la récompense de plusieurs années passées dans ce département italien où il eut notamment la lourde tâche de surveiller le pape. Il bénéficie aussi de ses liens de parenté avec l'architrésorier Lebrun dont il a épousé la fille. Ce mouvement permet enfin l'entrée en scène de nouvelles recrues, à l'image de Joseph Fiévée nommé préfet de la Nièvre. Celui qui fut pendant de longues années l'informateur privilégié de Napoléon sur l'esprit public régnant dans le pays reçoit à cette occasion une reconnaissance appréciable. Ses origines monarchistes ne sont plus désormais un obstacle à son entrée dans l'appareil d'État.

À la veille de la reprise des hostilités, Napoléon a donc pris soin d'assurer ses arrières. Fort du soutien des assemblées, rassuré par la mise en place d'un conseil de régence, confiant dans l'action des préfets, dont le rôle est crucial dans la levée des troupes, l'Empereur peut regagner son armée. Il ne doute pas alors de retourner la situation en sa faveur.

5

L'écroulement de l'Empire

Entre le printemps 1813 et l'abdication de Napoléon en avril 1814, la guerre ne connaît guère de répit. Le cliquetis des armes domine désormais sans partage le paysage politique. Pourtant, la chute de l'Empereur n'était pas inéluctable. La campagne de Russie l'avait affaibli, mais n'avait pas anéanti l'armée française. En revanche, la coalition de tous ses adversaires à l'été de 1813 lui porte un coup fatal.

1. LA CAMPAGNE D'ALLEMAGNE

Napoléon a employé les premiers mois de 1813 à reconstruire une armée mise à mal par la retraite de Russie. Les recrues levées dans les départements français sont formées à la hâte. L'armée retrouve à cette occasion une coloration nationale qu'elle avait quelque peu perdue précédemment. Toutefois, le temps presse. Les Russes n'ont pas déposé les armes après avoir contraint les Français à repasser le Niémen. Au début de 1813, ils poussent leur avantage en profitant de la désorganisation persistante de l'armée française, que le départ de Murat pour son royaume de Naples, en janvier, ne fait qu'aggraver. Le commandement des débris de la Grande Armée passe alors à Eugène de Beauharnais. Mais ce dernier ne dispose pas de forces suffisantes pour contrer l'avance des Russes qui entrent en Pologne. Ils s'emparent de Varsovie au début du mois de février, puis s'avancent vers Berlin, obligeant les troupes françaises à se replier d'abord sur l'Oder, puis sur l'Elbe au début du mois de mars. Néanmoins, les troupes russes sont elles aussi épuisées ; il ne reste plus que quatre-vingt mille hommes en première ligne, ce qui fait craindre au tsar Alexandre une prochaine réaction française. Les hôpitaux sont également remplis de blessés et de malades. Le froid rigoureux de l'hiver 1812-1813 n'a pas épargné les soldats russes, même si leur équipement les rendait plus aptes à affronter ce climat. Enfin, c'est au tour de l'armée russe d'être éloignée de ses bases. En Pologne, elle n'est pas en terrain conquis. La population polonaise voit arriver les Russes avec circonspection. Un fléau chasse l'autre, les réquisitions des Russes venant après celles des Français. La Russie n'apparaît pas encore comme une puissance libératrice, au moins aux yeux d'une partie des Polonais historiquement hostiles. Le tsar a donc impérativement besoin d'obtenir du renfort pour briser son isolement et s'assurer des relais au cœur de l'Europe. La conclusion d'une alliance avec la Prusse de Frédéric-Guillaume peut lui ouvrir de nouvelles perspectives.

Elle ne fut pas immédiate, car le roi de Prusse craignait encore la puissance française, mais plusieurs facteurs le convainquirent d'accepter les avances russes. Ce fut d'abord la défection du général Yorck, venu prendre position à Königsberg avec ses troupes, après avoir quitté la Grande Armée. La ville natale de Kant, aux confins de la Prusse-Orientale, échappait ainsi définitivement à l'emprise française. Elle allait devenir le point de départ de la reconquête allemande. À peine libérée du joug français, elle accueille Stein, l'un des plus irréductibles opposants à Napoléon, jusque-là réfugié en Russie. Stein, naguère associé à l'effort de redressement de la Prusse, avant d'être contraint de quitter son pays sous la pression de Napoléon, devient le symbole de la résistance aux Français. Depuis Königsberg, où il a réuni les États de la province de Prusse-Orientale, il appelle à un sursaut national contre la France, encourage à une véritable mobilisation générale et prêche l'unité de l'Allemagne. Il est relayé dans le pays par une cohorte de jeunes gens, de professeurs et de membres de la bourgeoisie, désireux de se libérer de l'emprise française. À Berlin, Fichte annonce à ses étudiants qu'il suspend son cours « jusqu'à la fin de la campagne », ajoutant : « Nous le reprendrons dans notre patrie libre, ou nous serons morts pour reconquérir la liberté. » Les principes qui avaient servi aux Français pour justifier la guerre aux rois depuis 1792 se retournent contre eux. Cette pression finit en effet par convaincre Frédéric-Guillaume de signer une alliance avec le tsar. L'accord de Kalish est ratifié à Breslau par le roi de Prusse le 27 février. Le 17 mars 1813, la Prusse déclare la guerre à la France ; elle instaure dans le même temps une armée nationale, réclamée haut et fort par Stein et qui permet une mobilisation quasi générale des hommes de dix-sept à quarante ans. Certes, ces troupes ne sont opérationnelles qu'à partir de l'été, mais dès le mois de mars, les forces prussiennes encore disponibles unissent leurs efforts à ceux des armées russes pour bouter Napoléon hors d'Allemagne. Déjà les troupes d'Eugène de Beauharnais ont évacué Berlin où Frédéric-Guillaume rentre à nouveau le 22 mars. Hambourg et Dresde sont également perdus pour les Français. Leur situation militaire en Allemagne apparaît extrêmement délicate lorsque l'Empereur se prépare à prendre en main la conduite de la guerre.

Au printemps de 1813, avant que Napoléon engage la bataille en Allemagne, l'Empire français s'est déjà fortement rétracté. Le grand-duché de Varsovie est passé entre les mains des Russes. En Espagne, l'armée française est également sur la défensive. L'alliance autrichienne ne tient plus qu'à un fil. Les efforts diplomatiques de Metternich tendent à écarter l'Autriche de l'influence française ; elle n'offre en tout cas plus une force d'appoint. De plus, la Suède, déjà alliée de la Russie, a conclu un accord avec l'Angleterre, resserrant un peu plus l'étau pesant sur la France. Les ambitions de Bernadotte paraissent alors sans limites. Poussé par Germaine de Staël et par Benjamin Constant, il se verrait bien succéder à Napoléon sur le trône de France. Nul n'envisage encore, hors des cercles monarchistes, une restauration des Bourbons en France. Il faudrait pour cela que Napoléon soit écarté. Or, comme il le rappelle à plusieurs reprises, notamment à Murat, le « lion n'est pas mort ».

Parti de Saint-Cloud le 15 avril, en direction de Mayence, Napoléon prend le commandement de l'armée le 25 à Erfurt. Il dispose d'environ quatre-vingt mille hommes, répartis en quatre corps d'armée, auxquels s'ajoute la Garde, confiée aux soins de Duroc. L'essentiel des troupes est fourni par les conscrits de 1813, qu'Erckmann et Chatrian évoqueront cinquante ans plus tard. Mais Napoléon a aussi convoqué des soldats enlevés au front espagnol ou conduits depuis l'Italie par le général Bertrand. L'inexpérience de ces troupes n'est donc pas si grande, même si nombre de soldats découvrent effectivement le maniement des armes en face de l'adversaire. Le corps des officiers a subi les contrecoups de la campagne de Russie, mais sans qu'on puisse mettre en cause la compétence de l'encadrement. Les maréchaux Ney, Marmont et Oudinot qui commandent respectivement les 3e, 6e et 12e corps d'armée sont des officiers généraux expérimentés. Quant au général Bertrand, à la tête du 4e corps d'armée, il a déjà fait preuve de ses capacités militaires dans les nombreuses campagnes auxquelles il a participé. L'armée de 1813 n'est donc pas une armée à l'agonie. Elle a belle allure lorsqu'elle se met en route au mois de mai, sous le regard du baron Fain, secrétaire de Napoléon, dont la description vise aussi à faire oublier le désastre de Russie : « Les pertes de la dernière campagne sont réparées ; chacun a renouvelé ses équipages ; harnachement, uniforme et livrée, tout est neuf ; les chevaux sont frais et fringants [1]. » Toutefois, trop de cavaliers manquent encore de montures, si bien que la cavalerie n'aura pas en 1813 l'efficacité des précédentes campagnes. L'armée de Napoléon fait sa jonction avec les troupes placées sous le commandement d'Eugène de Beauharnais depuis janvier ; elles forment trois corps d'armée, les 2e, 5e et 11e, dirigés par le maréchal Victor, le général Lauriston et le maréchal

Macdonald. Ces trois corps d'armée regroupent quarante mille hommes. Napoléon dispose donc, en mai 1813, de cent vingt mille hommes en campagne, auxquels il faut ajouter les nombreuses garnisons disséminées en Allemagne et qui servent de points d'appui à sa progression. Face à lui, les Russes et les Prussiens ne peuvent opposer que cent mille hommes.

Fort de cette supériorité numérique, Napoléon bouscule ses adversaires. Le 2 mai, il gagne la bataille de Lützen, aux environs de Leipzig, et s'empare de cette ville, mais cette bataille lui vaut de très lourdes pertes, environ dix-huit mille hommes, et elle s'achève sans que la décision soit véritablement faite, puisque les Russes et les Prussiens parviennent à s'échapper. L'armée française poursuit cependant sa marche en avant ; elle s'empare de Dresde le 8 mai, puis repasse l'Elbe le 10. Dix jours plus tard, les Français sont encore vainqueurs à Bautzen et Würschen, mais, encore une fois, la victoire n'est pas décisive et les alliés peuvent se retirer. Au nord, le maréchal Davout reprend Hambourg puis Lübeck. Au sud-est, le général Lauriston s'avance jusqu'à Breslau. La France a effacé en grande partie les revers du début de l'année. Seul le grand-duché de Varsovie lui échappe encore pour rétablir l'emprise qui était la sienne en Europe avant la campagne de Russie. Pourtant les armées françaises sont exsangues. La dureté des combats et leur répétition ont provoqué de profondes saignées dans des troupes encore mal aguerries. Plus d'un tiers des forces engagées au début du mois est hors de combat, encombrant les hôpitaux hâtivement organisés ou venant allonger la longue liste des morts de la Grande Armée. Napoléon espère donc qu'un répit lui permettra de refaire ses forces, d'autant plus que la probable entrée en guerre de l'Autriche l'inquiète. Il accepte donc un armistice, signé le 4 juin à Pleiswitz et qui doit s'étendre jusqu'au 20 juillet. Cette trêve doit favoriser la tenue d'un congrès destiné à trouver une solution de paix.

L'armistice de Pleiswitz a surtout pour effet de préparer la suite de la campagne. Les Prussiens en profitent pour négocier avec l'Angleterre un traité qui marque un engagement commun en faveur de la paix. Signé le 14 juin à Reichenbach, ce pacte inclut aussi la Russie. L'Angleterre apporte une aide financière à ses nouveaux alliés, en leur promettant deux millions de livres sterling. Forte de ses succès en Espagne, elle aperçoit pour la première fois une issue favorable au conflit qui ravage l'Europe depuis plus de vingt ans. La tenue d'un congrès à Prague, organisé sous l'égide des Autrichiens officiellement neutres, n'est donc qu'un écran de fumée, destiné à masquer les préparatifs militaires des belligérants. Du côté français, on ne se résigne à aucune concession, sinon l'abandon de la Pologne déjà perdue et des Provinces Illyriennes. Quant aux alliés, ils réclament la fin de la présence française en Allemagne et en Hollande, ce que Napoléon ne peut admettre. Le congrès de Prague s'ouvre le 29 juillet, il s'achève le 11 août sur un constat d'échec. L'Autriche a alors décidé de passer dans le camp adverse. Le retournement autrichien se préparait depuis plusieurs semaines. Metternich ne cessait en effet de pousser l'empereur François à l'alliance avec la Russie, malgré les nombreuses réticences persistant à l'égard de ce rival traditionnel de l'Autriche. À la fin juin déjà, un accord avait été signé avec le tsar. Il prévoyait l'adhésion de l'Autriche à la coalition contre la France en cas d'échec des pourparlers de Prague. La clôture du congrès annoncée par Metternich signifiait donc l'entrée en guerre de l'Autriche qui en informa la France le 12 août.

En deux mois, l'état des forces en présence s'était modifié. Du côté français, la levée de cent quatre-vingt mille hommes en avril avait porté ses fruits. Napoléon pouvait compter sur une armée de quatre cent mille hommes, dont une partie cependant était utilisée à la surveillance des garnisons. Ainsi, trente mille soldats sont cantonnés dans la région de Hambourg sous le commandement du maréchal Davout. Mais l'essentiel de ses forces est concentré dans le royaume de Saxe, théâtre des affrontements du printemps. Onze corps d'armée sont alors en action. Face aux Français, les coalisés ont aligné trois grandes armées qui concrétisent l'internationalisation du conflit. Au nord, une armée de cent mille hommes est commandée par Bernadotte, entré dans la coalition en avril. Aux vingt-trois mille Suédois qu'il a amenés avec lui, se joignent des forces russes et prussiennes. Au centre, dans la région de la Silésie, le général prussien Blücher, nommé commandant en chef des forces prussiennes, dirige une armée de cent mille hommes. Au sud enfin, l'armée dite de Bohême, placée sous le commandement du général autrichien Schwarzenberg, apparaît comme le danger le plus périlleux pour Napoléon avec ses deux cent mille soldats.

Les premières confrontations sont hésitantes. Les maréchaux de Napoléon subissent plusieurs revers au cours du mois d'août, mais l'Empereur préserve l'essentiel en remportant la bataille de Dresde le 27 août. Les alliés y laissent vingt-sept mille hommes, tandis que les Français n'en perdent que huit mille. Schwarzenberg évite malgré tout la débâcle et peut reformer ses forces. Les combats se poursuivent au mois de septembre, sans qu'aucune des deux parties emporte la décision. Mais les forces françaises s'affaiblissent, tandis que les alliés peuvent compter sur de plus prompts renforts. L'organisation de l'armée nationale en Prusse donne à présent des résultats tout à fait satisfaisants et l'argent anglais permet de s'approvisionner en armes et en munitions. À la fin du mois de septembre, Napoléon est donc sur une position défensive. Il a regroupé la plus grande partie de ses forces autour de Dresde où lui-même s'est installé. Quatre corps d'armée et la Garde forment un ensemble de cent trente mille hommes. Plus au nord, sur la rive gauche de l'Elbe, soixante mille soldats surveillent le fleuve et protègent Leipzig où séjournent également douze mille hommes. Enfin, l'armée de Davout, à Hambourg, avec ses trente mille soldats, est intacte, mais d'une utilisation difficile. Napoléon ne dispose donc plus que d'environ deux cent mille hommes au cœur de l'action, lorsque l'offensive alliée sur l'Elbe est lancée au début du mois d'octobre. Pour tenter d'empêcher la concentration des coalisés, il porte l'essentiel de ses forces dans la région de Leipzig, mais ne peut les rassembler complètement. Il se trouve donc en infériorité numérique au moment où commence ce combat décisif, le 16 octobre. Schwarzenberg dispose en effet de deux cent mille hommes. Le lendemain, il reçoit le renfort de Bernadotte et de Bennigsen, ce qui porte à trois cent mille l'effectif des alliés. Le 18 octobre, au troisième jour du combat, les troupes saxonnes envoyées contre Bernadotte se retournent contre les Français et s'unissent aux alliés. Cette défection achève la déroute française. Napoléon donne l'ordre du repli. Le 19, la retraite vers l'ouest commence, dans un grand désordre, accentué par la destruction du dernier pont sur l'Elster. En tentant de franchir la rivière à la nage, le maréchal Poniatowski s'y noie. La bataille de Leipzig s'achève par la déroute des Français qui perdent à cette occasion soixante mille hommes. Certes, les alliés ont eux aussi subi de lourdes pertes, mais ils ont emporté la victoire et surtout ils sont parvenus à sceller l'union des Allemands contre Napoléon. Psychologiquement la défection des Saxons est un élément majeur du conflit. Elle manifeste la cohésion allemande contre la France et répond aux appels à l'unité lancés par la Prusse, que les Bavarois avaient déjà entendus. La bataille de Leipzig devient pour les Allemands un moment fondateur de leur histoire nationale, d'où son surnom de « bataille des Nations ».

Désormais, les Français combattent quasiment seuls en Allemagne, sur un territoire hostile. Napoléon a pourtant réussi à sauver une partie de son armée, soit environ cent mille hommes, avec laquelle il repasse le Rhin à Mayence le 2 novembre. Mais celle-ci est bientôt victime du typhus, qui ravage ses rangs. Napoléon peut aussi compter sur l'armée formée autour de Hambourg par Davout et qui s'est renforcée des divers débris venus de l'Allemagne orientale ; elle compte environ cent mille hommes. Ces forces apparaissent bien faibles face à la puissance alliée, d'autant que les défections se multiplient. À la fin du mois d'octobre, les Français ont dû évacuer le royaume de Westphalie. Quelques jours plus tard, le roi de Wurtemberg s'entend avec les alliés et quitte le giron français. Sur le plan militaire, les garnisons françaises de Dresde et de Dantzig capitulent, mais il reste encore cent soixante-dix mille hommes répartis dans diverses garnisons que Napoléon se refuse à rappeler, espérant qu'ils serviront de tête de pont à une reconquête de l'Allemagne à laquelle il ne renonce pas. Pourtant, à la fin du mois de décembre, les alliés entrent en Alsace. La campagne d'Allemagne a pris fin. L'Empire se réduit comme peau de chagrin.

2. LA DISLOCATION DE L'EUROPE NAPOLÉONIENNE

Pendant que Napoléon succombait en Allemagne, l'Espagne lui échappait définitivement. Depuis 1808, la péninsule Ibérique était devenue le principal terrain d'action des Anglais sur le continent européen. Maîtres du Portugal, ils étaient parvenus au début de 1812 à prendre véritablement pied en Espagne. Le général Wellington a conquis alors plusieurs régions et peut désormais apporter une aide efficace aux armées espagnoles. Dans le même temps, la résistance s'est organisée politiquement, à partir de 1810. Une assemblée, les Cortès, se réunit à Cadix, au sud de l'Espagne, sous la protection de la flotte anglaise. Le clergé qui compte un tiers des députés y tient une place notable, mais les Cortès sont surtout dominés par la bourgeoisie libérale, le peuple en étant absent. Pour la première fois dans l'histoire de l'Espagne, se crée un forum de libre discussion politique où s'opposent « absolutistes » pour qui le seul souverain est le roi, de droit divin, et libéraux qui placent la nation au-dessus du roi. Mais les uns et les autres s'accordent pour donner aux Cortès le droit de légiférer. Les premiers pensent que l'assemblée doit s'en tenir au seul vote des crédits de guerre. Les seconds défendent l'idée qu'il faut aller plus avant. Or, ces derniers sont majoritaires et finissent par orienter l'œuvre de l'assemblée, en faisant voter la Constitution dite de Cadix le 19 mars 1812. Placée sous l'invocation de Dieu, elle rappelle aussi que « la souveraineté réside essentiellement dans la nation », les Cortès retrouvant des accents que n'auraient pas reniés les révolutionnaires français de 1789. L'Espagne demeure une monarchie, mais une « monarchie limitée » dans laquelle le roi, toujours qualifié de « majesté catholique », détient entre ses mains le pouvoir exécutif, la séparation des pouvoirs étant par ailleurs établie. Il s'agit donc au total d'un texte proprement révolutionnaire, héritier direct de la philosophie des Lumières. Il rappelle qu'entre le despotisme bourbonien et la tyrannie napoléonienne, une fraction des Espagnols entend trouver une troisième voie. Plus profondément, cette Constitution de 1812 montre l'influence qu'a eue en Europe la Révolution française, mais aussi le modèle anglais. Cette œuvre politique est ensuite prolongée par l'abolition de l'Inquisition. Napoléon doit désormais compter avec une opposition structurée qui s'est emparée de l'arme du libéralisme et du nationalisme pour mieux combattre la France. Que peut l'Empereur face à des Espagnols qui brandissent en même temps le drapeau de la liberté et celui de l'indépendance nationale ?

Ainsi, avant même le déclenchement de la campagne de Russie, Napoléon savait que l'Espagne formait comme une épine profondément entrée dans son dos. C'est pourquoi il avait adressé aux Anglais, en avril 1812, une offre de paix, inacceptable pour Londres puisqu'elle se contentait d'avaliser l'état des forces en présence, en accordant certes la liberté du Portugal, mais en laissant l'Espagne à Joseph. Or, pendant que l'Empereur court les plaines de Russie, les Anglais accentuent leur percée en Espagne. Le 17 juin 1812, au moment où Napoléon s'apprête à franchir le Niémen, Wellington s'empare de Salamanque, puis pousse son avance jusqu'à Madrid que Joseph doit abandonner en juillet, avant de retrouver sa capitale en novembre. Certes, les troupes françaises se ressaisissent ensuite, obligeant les Anglais à refluer vers l'ouest. Mais en 1812, l'Andalousie est définitivement perdue. De plus, le pouvoir de Joseph est un peu plus ébranlé par sa fuite précipitée de Madrid. Les prélèvements effectués par Napoléon sur l'armée d'Espagne ont contribué à désorganiser le système défensif français, au moment même où la guérilla espagnole se renforce. Le sursaut français de la fin 1812 est un feu de paille. À l'annonce des défaites en Russie, Wellington en profite pour repasser à l'offensive. En janvier 1813, il lance ses troupes en direction de Valladolid ; il reprend Salamanque à la fin du mois de mai, s'empare de Burgos le 13 juin, avant de battre Joseph à Vitoria, le 21, provoquant une véritable débandade dans les rangs français. À cette date, seule la Catalogne, divisée depuis 1812 en quatre départements français, résiste encore, mais le maréchal Suchet a dû abandonner Valence, conquise de haute lutte en 1811. De son côté, le maréchal Soult qui a pris le commandement de l'armée, avec le titre de lieutenant général du royaume, échoue dans sa contre-offensive en octobre 1813. Wellington franchit alors la Bidassoa, fleuve séparant l'Espagne de la France. Sans tarder, Napoléon choisit de négocier. Un émissaire est envoyé auprès du prince Ferdinand, toujours en exil en France, dans la propriété de Talleyrand, à Valençay. Un accord est finalement conclu, le 11 décembre 1813. La France reconnaît Ferdinand VII comme souverain légitime d'une Espagne qui retrouve ses frontières de 1808. Il reste au monarque à s'imposer aux Cortès qui s'établissent à Madrid et réclament du roi une prestation de serment à la Constitution de 1812. Ferdinand VII s'y refuse et déclare nulle, le 4 mai 1814, cette Constitution libérale, proclamant de ce fait la restauration de la monarchie absolue en Espagne.

En Allemagne, à la suite de la Bavière, la plupart des États alliés à la France s'entendent avec les coalisés, à l'automne de 1813, dans l'espoir de conserver leur intégrité territoriale. La Bavière avait été un des premiers États de la Confédération du Rhin à quitter l'alliance française. Il est vrai que ses rapports avec la France s'étaient dégradés depuis 1810. Les promesses de l'Autriche, son ennemi traditionnel, achèvent de convaincre le roi de Bavière, Maximilien-Joseph, et surtout son Premier ministre Mongelas, d'abandonner Napoléon. Un traité est signé avec l'Autriche le 8 octobre, soit quelques jours avant la bataille de Leipzig. La Bavière doit renoncer à certaines de ses conquêtes, dont le Tyrol, mais obtient des compensations sur le Rhin. L'autre pièce maîtresse du dispositif français en Allemagne, le royaume de Wurtemberg, abandonne également Napoléon, aux termes du traité de Fulda, signé le 2 novembre 1813, par lequel le roi Frédéric obtient de conserver ses États dans leur intégrité. Les États aux mains de Napoléonides ne tiennent pas davantage. Le grand-duché de Berg et le royaume de Westphalie sont également perdus par la France. En Westphalie, la pression fiscale et militaire avait déjà provoqué, au début de 1813, des troubles populaires, contraignant le roi Jérôme à abandonner sa capitale Cassel, avant d'y être réinstallé par les armées françaises. Mais il lui est dès lors impossible de reconstituer une armée capable de défendre le territoire ; les désertions se multiplient, obligeant le roi à recourir à des soldats recrutés en France. Ces désertions et ces mouvements de révolte étaient de mauvais augure pour les intérêts français en Allemagne ; ils montraient les limites de l'influence napoléonienne dans cette région et l'inefficacité des réformes entreprises, notamment pour faire cesser le servage. Avant même la défaite de Leipzig, Jérôme abandonne définitivement la Westphalie. Cassel, un moment défendue par le colonel Allix, doit capituler devant l'insurrection populaire et l'arrivée des Russes. Cette défection généralisée entraîne la disparition de la Confédération du Rhin qui est dissoute le 4 novembre 1813. En quelques jours, l'organisation mise en place par la France s'écroule. Cet effondrement n'est pas seulement dû à l'action des armées alliées ou à la décision des souverains régnants. Les soulèvements populaires contre la présence française ont également contribué à cette émancipation de l'Allemagne à l'égard de Napoléon, illustrant l'échec de l'importation du modèle français.

La fin de la Confédération du Rhin pousse vers l'ouest les Français cherchant à échapper à l'avancée des alliés. Ils se réfugient dans un premier temps dans les quatre départements rhénans, encore sous domination française, mais la poussée alliée oblige à un nouveau repli vers la France hexagonale. Au cours du mois de décembre 1813, puis au début du mois de janvier 1814, les fonctionnaires français en poste à Bonn, Cologne ou Mayence se dirigent vers la France. Les autorités alliées maintiennent les cadres existants pour empêcher le désordre, remplaçant les préfets par des intendants. Dans les départements rhénans, la transition d'un régime à l'autre s'effectue sans véritable débordement. Quelques actes isolés d'agression à l'égard de Français sont établis, mais dans l'ensemble il ne se produisit pas de soulèvement populaire contre les fonctionnaires de Napoléon qui purent se retirer en bon ordre.

La tension est beaucoup plus vive dans les départements belges qui, depuis plusieurs années, subissaient avec de plus en plus de mal la pression française. Le refus de l'impôt et de la conscription, quasi général en 1813, se double de troubles nombreux à l'annonce des défaites françaises en Allemagne. Au cours des mois de novembre 1813 à janvier 1814, les préfets et l'armée parviennent à maintenir un calme relatif, en s'appuyant notamment sur l'organisation de gardes bourgeoises, formées de notables belges, peu soucieux de défendre les intérêts français, mais, en revanche, attentifs à protéger leurs propriétés. Les troubles ne cessent pas après le départ des Français, qui évacuent Bruxelles et Gand le 1er février 1814, mais tiennent encore Ostende et Anvers et menacent donc toujours le reste de la Belgique. Toutefois, un conseil central de gouvernement se met immédiatement en place. Dirigé par des notables belges, il reste en fait sous le contrôle des Prussiens. Enfin, le 25 mars 1814, le baron von Horst, mis en avant par les Prussiens, devient gouverneur de la Belgique. En confiant le gouvernement local à des notables du cru, les forces alliées veulent intégrer la Belgique à l'effort de guerre contre Napoléon et obtenir d'elle une aide substantielle en nature et en hommes. Partout en Europe, la dislocation de l'Empire s'est traduit par la perte de territoires naguère contrôlés par la France et leur potentiel militaire a également été retourné contre Napoléon. Sans attendre la conclusion du congrès de Vienne, la Belgique est placée sous la tutelle du roi de Hollande qui prend le titre, le 1er août 1814, de prince souverain. Ce prince de la famille d'Orange venait de recouvrer le trône de ses ancêtres.

L'annonce de la défaite française à Leipzig eut aussi des répercussions en Hollande. Une insurrection s'y développe à la mi-novembre 1813, provoquant le départ de Lebrun, lieutenant général depuis l'annexion de ce pays et sa transformation en départements français. Cette insurrection, dirigée par les éléments libéraux, pour l'essentiel issus de la bourgeoisie, ne cherche pas à restaurer l'ancien régime, mais à conserver certains acquis de la période française. Ses protagonistes n'en demandent pas moins le départ des Français dont la pression était de plus en plus mal ressentie depuis 1810. Les levées successives de l'année 1813 avaient contribué à accentuer le divorce en provoquant dès le mois d'avril des émeutes à Leyde ou La Haye, rapidement réprimées par l'armée française, mais qui démontraient la force du sentiment francophobe. La Hollande échappe donc à Napoléon, le général Molitor ramenant l'essentiel de ses troupes vers la France, tout en laissant des garnisons dans les places fortes du pays. Il abandonne le terrain au prince d'Orange, proclamé prince souverain au début du mois de décembre 1813.

La Suisse connaît un sort similaire. Comme en Hollande, la greffe française n'y avait guère pris. De plus, la Suisse demeurait un secteur stratégique sur le plan militaire. Des négociations furent donc engagées avec les coalisés, au terme desquelles ils obtenaient un droit de passage. Cet accord signait la fin de la Confédération helvétique, dans la forme adoptée en 1803. La Suisse retrouvait l'organisation politique qui était la sienne avant la période française et voyait renaître une Confédération dominée par le patriciat local. Cet accord avait aussi des conséquences directes pour les départements français constitués sur l'ancienne Helvétie. Le Léman est ainsi occupé par les Autrichiens et se trouve de ce fait détaché de l'Empire français. Un conseil provisoire s'établit à Genève à la fin de décembre 1813 ; formé de notables traditionnels, qui n'ont pas été impliqués dans les événements révolutionnaires, il défend l'idée d'un retour de Genève dans le giron helvétique. Le département du Simplon est également perdu par la France, son dernier préfet, Rambuteau, le futur préfet de la Seine, évacue Sion à la fin du mois de décembre 1813. Dans les départements français de Suisse, la transition s'opère sans heurt, car les préfets se retirent avec ordre et confient sur place l'autorité à des institutions établies ; en outre, les notables assurent la sécurité intérieure. Ce schéma qui se reproduit dans plusieurs régions abandonnées par la France montre l'efficacité des institutions mises en place sous l'Empire. Les alliés en sont conscients ; ils se gardent bien de détruire ce cadre avant d'avoir pu lui substituer de nouvelles institutions.

Les défections s'étendent à l'Europe du Sud. L'entrée en guerre de l'Autriche en août 1813 fait en effet peser une menace particulièrement forte sur les régions situées au sud de son Empire. Immédiatement les troupes autrichiennes attaquent les Provinces Illyriennes où elles ne rencontrent guère de résistance, tant la population apparaît prompte à se débarrasser des Français. Le soulèvement de la paysannerie croate et slovène accélère la décomposition du pouvoir français dans ces régions, finalement perdues en octobre 1813. De l'autre côté de l'Adriatique, la situation de l'Italie est également préoccupante pour Napoléon. Les Autrichiens menacent au nord le royaume d'Italie gouverné par Eugène de Beauharnais. De plus, au sud de la péninsule, Murat a fait sécession. La défection s'est effectuée en deux temps. Meurtri par la destruction de la presque totalité de ses troupes lors de la campagne de Russie et inquiet pour le sort de son royaume, Murat a abandonné à Eugène de Beauharnais, en janvier 1813, le commandant en chef de la Grande Armée, pour rejoindre Naples. Conscient des menaces qui pèsent alors sur l'Empire, il tente, au printemps de 1813, de s'entendre avec l'Autriche contre la France. Finalement, il résiste encore et reprend même du service, aux côtés de Napoléon, pendant la campagne d'Allemagne. Toutefois, pressé à nouveau par les Autrichiens, il accepte de signer un accord avec eux, qui lui permet de conserver son royaume et d'espérer s'étendre vers l'Italie du Nord, en échange d'un contingent fourni aux coalisés. L'ambition de

Murat est aussi de parachever l'unité italienne. Fort du soutien des « patriotes » italiens, rassemblés au sein de la Charbonnerie, une association secrète née dans ses États pour lutter en faveur de l'unité italienne, il se fait désormais le chantre de cette unité, et retrouve des accents jacobins pour célébrer le droit des peuples à disposer d'eux-mêmes. Le 19 janvier 1814, les armées de Murat occupent Rome, puis le Latium. Elles sont bientôt maîtresses de l'Italie jusqu'au Pô. Ainsi les troupes napolitaines occupent la Toscane en février, obligeant les Français à évacuer ce territoire où Murat place un gouverneur napolitain dont la mission est de rompre nettement avec la période française. Murat songe alors à Bernadotte, qui a assuré son pouvoir souverain en rompant avec Napoléon. Sa défection affaiblit naturellement les intérêts français en Italie. Du reste, pour couper la route de Murat, Napoléon n'hésite pas à renvoyer le pape dans ses États. En rentrant dans Rome, Pie VII empêche l'unification de l'Italie sous l'égide de Murat. Au début de 1814, l'influence française en Italie s'est donc réduite comme peau de chagrin. La France tient encore le Piémont, gouverné par le prince Borghèse, second mari de Pauline Bonaparte par conséquent beau-frère de Napoléon, mais l'inquiétude grandit dans cette région, mal défendue et soumise à la double menace de Murat et des Autrichiens qui s'emparent de Parme en février. Gênes, en revanche, résiste jusqu'à l'abdication. Au nord de l'Italie, Eugène fait montre d'une loyauté remarquable envers Napoléon. Il tient la Lombardie et résiste aux armées autrichiennes, fixant ainsi un contingent indisponible pour les opérations en France. Son dévouement ne va pas cependant jusqu'à accepter de détacher des troupes pour les envoyer en France soutenir les efforts de l'armée de Napoléon. De ce point de vue, il empêche la jonction des Autrichiens et des Napolitains. Mais le coup de grâce ne vient pas d'Italie.

3. LE SURSAUT DES ASSEMBLÉES

En quittant Paris pour l'Allemagne, en avril 1813, Napoléon avait confié la régence à Marie-Louise, conformément au sénatus-consulte du 30 mars. L'Impératrice prend son rôle au sérieux et se comporte en véritable chef de l'État. Pendant l'été, elle effectue une tournée en Normandie, destinée à rassurer les populations et à manifester la solidité des institutions. Les fastes déployés à cette occasion doivent faire oublier le danger qui menace aux portes de la France. Au moment où s'achève la trêve, la France croit encore au succès de ses armes. Mais la reprise du conflit, en août, vient rappeler au pays les exigences de la guerre. Au lendemain de combats de plus en plus meurtriers, l'armée réclame du sang neuf. En reste-t-il encore dans une France exsangue, pressée à de nombreuses reprises depuis 1812 ? Napoléon veut toujours pouvoir compter sur l'énorme potentiel humain que recèle la France. En octobre, il fait passer l'ordre de lever deux cent quatre-vingt mille hommes. Les formes constitutionnelles n'en sont pas moins préservées. Marie-Louise se rend en personne devant le Sénat, en respectant scrupuleusement le cérémonial établi, comme le lui avait prescrit Napoléon : « Vous irez dans la voiture de parade, avec toute la pompe convenable et comme il est d'usage quand je vais au Corps législatif [2]. » Il n'est pas temps de laisser penser que l'Empire est moribond. L'impératrice doit au contraire faire taire les bruits qui pourraient circuler sur le mauvais état des troupes. Les sénateurs écoutent dans un silence religieux le bref message de Napoléon lu par l'Impératrice, puis accordent sans sourciller la levée demandée : cent vingt mille hommes de la classe 1814 et surtout cent quatre-vingt mille conscrits de 1815 sont appelés sous les drapeaux. Seuls échappent désormais au service les hommes mariés. Le Sénat n'en a cependant pas fini. Le 12 novembre, il est à nouveau réuni pour décréter une levée de trois cent mille hommes, pris dans les classes antérieures. Cette inflation des levées révèle aussi la difficulté de la mobilisation. Nombre de ces conscrits échappent en fait à l'armée et se cachent pour ne pas combattre, malgré les appels à défendre la patrie menacée. Ce refus de combattre s'accompagne d'un mécontentement grandissant au sein de la population. Les élus eux-mêmes s'inquiètent de cette grogne dont les préfets sont les premiers à rendre compte. C'est ce qui explique la décision de Napoléon d'ajourner les élections au Corps législatif.

Les collèges électoraux auraient dû, à cette date, procéder au renouvellement de 1813, mais aussi à celui de 1812, ce qui signifiait que les deux cinquièmes de l'assemblée auraient dû être remplacés. Napoléon ne veut pas prendre le risque d'être désavoué par les notables sur lesquels il a fondé toute sa puissance. Il procède donc à un coup d'État parlementaire, en s'appuyant sur la docilité du Sénat qui se range aux avis de l'Empereur dans un sénatus-consulte de novembre 1813. L'opinion publique n'y prête guère attention. Il révèle néanmoins le malaise grandissant dans le pays. Les Français ne se préoccupent pas non plus de l'autre volet de ce sénatus-consulte, qui ôte au Corps législatif le droit de présenter à l'Empereur les candidats à sa présidence. L'un des derniers droits accordés à cette assemblée disparaît, comme si Napoléon redoutait encore le sursaut des parlementaires. Il est vrai qu'en novembre 1813, le souvenir de la Convention n'est pas effacé. Vingt ans seulement se sont écoulés depuis l'époque où Robespierre régnait en maître sur le pays. Le Corps législatif avait-il cependant les moyens d'imposer sa loi à la France ? Napoléon feint de le croire lorsque les députés font mine de s'opposer à sa politique en décembre 1813.

Auparavant, l'Empereur a procédé à l'un des remaniements

ministériels les plus importants depuis le début de l'Empire, puisqu'il concerne quatre ministères. L'objectif affiché de ces changements est de montrer à l'Autriche le désir de paix de la France, en remplaçant au ministère des Relations extérieures Maret par Caulaincourt. Maret, l'un des plus fidèles conseillers de Napoléon depuis le 18-Brumaire, ne s'éloigne pas des travées du pouvoir puisqu'il retrouve la secrétairerie d'État, c'est-à-dire le ministère le plus stratégique. Daru, qui occupait cette charge depuis 1812, est quant à lui nommé ministre de l'Administration de la guerre, à la place de Lacuée qui réintègre le Conseil d'État. Enfin, Régnier quitte le ministère de la Justice qu'il détenait depuis 1802 pour aller occuper la charge de président du Corps législatif. Napoléon impose ainsi aux législateurs un homme qui n'est pas issu de leurs rangs, mais qui sort du gouvernement. Le message est clair. L'Empereur entend encadrer avec fermeté les discussions du Corps législatif, à l'heure où le pays est menacé.

Il décide de le réunir en décembre. L'ouverture, initialement prévue pour le 5, est reportée au 19. On peut s'étonner de cette convocation en pleine guerre. Les séances du Corps législatif avaient été très espacées entre 1810 et 1812. Et l'on avait déjà réuni les députés en mars 1813. Pourquoi l'Empereur a-t-il éprouvé le besoin d'ouvrir une nouvelle session, alors qu'il sait qu'une certaine grogne s'est manifestée dans les rangs mêmes des législateurs ? On n'a peut-être pas suffisamment sondé les intentions de Napoléon à ce moment précis, en se focalisant sur l'échec final subi par l'Empereur. Quelle que soit son aversion pour le débat parlementaire, Napoléon reste fasciné par le modèle de la Convention et l'expérience de l'an II. Il cherche, en 1813, à ressouder le pays derrière ses représentants. Et pour lui, il ne fait aucun doute que le Corps législatif se mobilisera derrière lui, galvanisant ainsi les énergies des Français. Le discours qu'il lui adresse est à cet égard sans fard. Il attribue les défaites de l'armée aux désertions des troupes allemandes et appelle les députés à un sursaut national, sans omettre au passage de jouer sur ses sentiments : « D'éclatantes victoires ont illustré les armes françaises dans cette campagne, des défections sans exemple ont rendu ces victoires inutiles : tout a tourné contre nous. La France même serait en danger sans l'énergie et l'union des Français. Dans ces grandes circonstances, ma première pensée a été de vous appeler près de moi. Mon cœur a besoin de la présence et de l'affection de mes sujets. [...] Vous êtes les organes naturels de ce trône ; c'est à vous de donner l'exemple d'une énergie qui recommande notre génération aux générations futures [3]. » La référence à la « patrie en danger » est évidente, de même que le redoublement de l'appel à l'énergie renvoie au sursaut armé de 1793-1794. Comme à l'époque du Comité de salut public, Napoléon espère que le danger extérieur écartera toute plainte. Il réutilise la thématique du sauveur qu'il avait développée au moment du 18-Brumaire. Il veut redonner vie à la dictature de salut public. Mais les temps ont changé.

Le 22 décembre, une commission est élue pour examiner les pièces relatives aux efforts de paix accomplis par la France. D'emblée, les législateurs se font remarquer en portant dans cette commission des membres assez peu marqués par leur allégeance au pouvoir. Privés du loisir de proposer leur président au choix de l'Empereur, les députés usent de leur dernier droit de vote en désignant en tout premier lieu Raynouard, député du Var depuis 1805, mais aussi dramaturge auquel Napoléon avait interdit de faire jouer sa pièce *Les États de Blois*, puis Joseph Lainé, un avocat de Bordeaux, député de la Gironde depuis 1808. Au sein de cette commission apparaît également le philosophe Maine de Biran, député de Dordogne depuis 1812 et surtout connu pour ses liens avec les Idéologues à la fin du Directoire. Jean Gallois avait quant à lui été membre du Tribunat avant d'entrer au Corps législatif. Flaubergues enfin était avocat à Toulouse et député depuis janvier 1813. Ces cinq Méridionaux avaient plus ou moins, sous la Révolution, épousé la cause des Girondins. Ils se montrent peu sensibles, en 1813, aux arguments avancés par Napoléon en faveur d'un nécessaire sursaut national. Puisque l'Empereur leur donne la parole, ils entendent en profiter. Le rapport finalement rédigé par Lainé se montre sévère à l'égard des propositions de paix formulées par l'Empereur aux coalisés, les jugeant irréalistes et porteuses de guerre. Il insiste surtout sur la nécessité pour le souverain d'accorder au pays le « libre exercice de ses droits politiques ». Le rapport lu en séance, le 29 décembre, fait sensation. Pour la première fois depuis l'époque du Consulat, la politique extérieure de Napoléon est condamnée. Les discours prononcés à la suite par les autres membres de la commission ne font qu'accentuer le malaise et provoquent des réactions de sympathie chez les députés. Surpris, le président de l'assemblée décide de reporter au lendemain le débat sur l'adresse. Mais ce délai ne modifie pas les sentiments des députés qui, le 30 décembre 1813, votent à une très large majorité, de deux cent vingt-trois voix contre trente et une, l'adoption du rapport Lainé. Ils décident également de le faire imprimer et distribuer. Il s'agit d'un véritable vote de défiance à l'égard du souverain, pour la première fois directement visé par un vote du Corps législatif. L'importance de la majorité recueillie par ce rapport révèle en outre la défection profonde de l'opinion à l'égard du régime. À la différence de la plupart des sénateurs, cantonnés à Paris, les députés ont pris conscience, dans leur département, au cours de l'été et de l'automne, du désarroi des Français. Le vote du 30 décembre en est la conclusion logique.

La réaction de Napoléon est conforme à l'image qu'il a toujours donnée de lui. Elle correspond aussi à un vieux fonds d'anti-parlementarisme dont il n'a jamais pu se départir. Le 31 décembre, il interdit la publication du rapport Lainé et décide de dissoudre le Corps législatif, ou plus exactement de le proroger *sine die*. Une fois encore, la minutie mise à trouver un argument juridique peut surprendre. L'idée est avancée que le vote du Corps législatif est illégal puisque prononcé partiellement par des députés dont le mandat était achevé. On se souvient pourtant que Napoléon avait renoncé à organiser de nouvelles élections. Et du reste, la « dissolution » ne conduit pas à un renouvellement du Corps législatif. Le gant est jeté. La fiction parlementaire a cessé d'exister.

Pourtant la convocation de 1813 amorce un tournant dans la vie politique du régime. Les références de plus en plus marquées à la Convention, à l'esprit de la Révolution, les appels en faveur d'un élan national et de la défense du territoire en sont la preuve. Ainsi, à la fin de l'année, Napoléon décide d'envoyer des sénateurs ou des conseillers d'État en province, dans les divisions militaires, en qualité de commissaires extraordinaires, chargés des pleins pouvoirs en matière de levée des troupes, d'organisation de l'approvisionnement, responsables également de la haute police et du jugement des traîtres. Ces commissaires extraordinaires rappellent les députés de la Convention envoyés aux armées à partir de 1793. De même, lorsque Napoléon reçoit une délégation de députés le 1er janvier 1814, il s'en prend au rapport Lainé, en opposant sa propre légitimité à celle des législateurs : « Vous êtes représentants du peuple ? Ne le suis-je pas ? J'ai été appelé quatre fois par lui, et j'ai eu les votes de cinq millions de citoyens », précise-t-il en ajoutant les suffrages des divers plébiscites. Puis il ajoute : « Qu'est-ce que le trône ? Quatre morceaux de bois dorés recouverts d'un velours. Le trône est dans la nation, et on ne peut me séparer d'elle sans lui nuire. » Ce retour vers le principe fondamental de 1789, la souveraineté nationale, marque un recul par rapport à l'instauration d'un régime monarchique, avec lequel Napoléon prend quelque distance. Ces propos révèlent finalement une certaine nostalgie de l'époque du Consulat et annoncent la politique suivie pendant les Cent-Jours.

Napoléon se pose à nouveau en dictateur de salut public. En ajournant le Corps législatif, il renforce un peu plus le caractère autoritaire de son pouvoir. Ainsi, l'augmentation du budget nécessaire pour financer la guerre est décidée par décret, contre toutes les règles parlementaires instaurées en 1789. Par ailleurs, l'étau de la police sur la société ne se desserre pas, la presse est plus que jamais muselée, l'opinion ignore donc l'état exact de la situation française, ce qui dessert finalement le pouvoir car une trop grande confiance en son chef nuit aux efforts de mobilisation. Le comte Beugnot, chassé d'Allemagne par l'avance des troupes alliées, marque son étonnement, en arrivant à Paris, devant l'incrédulité des habitants : « Je restai à Paris, étonné moi-même de la confiance que je trouvais dans tous les esprits. Les plus difficiles désespéraient de nos conquêtes au-delà du Rhin, mais personne ne voulait croire que les alliés osassent le passer [4]. » Ce jugement devait très vite être démenti, mais sans que la confiance s'éloigne, comme le montre ce dialogue entre Napoléon et le préfet de police, Pasquier :

« Le 3 janvier, j'étais resté après l'audience du lever, ayant à parler à l'Empereur d'une affaire importante pour la ville de Paris. "Eh bien, monsieur le préfet, me dit-il, en commençant la conversation, que dit-on dans cette ville ? Sait-on que les armées ennemies ont décidément passé le Rhin ? — Oui, sire, on l'a su hier dans l'après-midi. — Quelle force leur suppose-t-on ? — On parle de deux cent mille hommes. — On est loin du compte ; ils sont de trois à quatre cent mille, et ils ont passé depuis Cologne jusqu'à Bâle sur sept ou huit points différents. Les Suisses ont laissé vider leur territoire. À quelle résolution s'attend-on de ma part ? — On ne doute pas que Votre Majesté ne parte incessamment pour se mettre à la tête de ses troupes, et ne marche à la rencontre de l'ennemi. — Mes troupes ! mes troupes ! Est-ce qu'on croit que j'ai encore une armée ? La presque totalité de ce que j'avais ramené d'Allemagne n'a-t-elle pas péri de cette affreuse maladie qui est venue mettre le comble à mes désastres ? Une armée ! Je serai bien heureux, si, dans trois semaines d'ici, je parviens à réunir trente ou quarante mille hommes [5] ". »

Napoléon continue d'attribuer ses déboires à des circonstances extérieures, le typhus prenant la suite de l'hiver russe, mais son inquiétude est réelle, exprimant ainsi un décalage avec l'état de l'opinion. Celle-ci n'allait cependant pas tarder à prendre connaissance de la situation des armes françaises. Avant de partir en campagne, il reste encore à Napoléon à organiser la défense à l'intérieur du territoire. L'envoi des troupes aux frontières vide les garnisons de leurs soldats, ce qui peut se révéler dangereux en cas de troubles. C'est dans ce but qu'est réactivée la Garde nationale. Des cohortes urbaines sont créées à la fin de 1813 pour suppléer les troupes régulières. La mesure est étendue à Paris en janvier 1814, non sans hésitation car Napoléon se méfie de la capitale. Depuis que Fouché avait mobilisé la Garde nationale parisienne en 1809, Napoléon la considère comme un danger potentiel. Il se résout cependant à en autoriser la création, à la demande du préfet de police, soucieux de disposer d'une force capable de maintenir l'ordre. Cette garde urbaine, exclusivement formée de membres de la bourgeoisie, a surtout pour but d'empêcher une révolte populaire dans Paris. Napoléon craint en effet le retour des troubles révolutionnaires. C'est une constante de son action au cours de ces mois décisifs de 1814-1815. Cette volonté de s'appuyer exclusivement sur les notables a cependant ses limites. Napoléon devait le mesurer au printemps de 1814.

6

La chute finale

Au début de 1814, la situation de la France est précaire. Pour la première fois depuis quinze ans, les frontières sont directement menacées. Le pays est encerclé. Or, Napoléon a fondé son pouvoir sur les victoires militaires. L'Empire peut-il survivre à la défaite ?

1. LA CAMPAGNE DE FRANCE

Le 25 janvier 1814 Napoléon repart en campagne. Deux jours auparavant, il a de nouveau confié la régence à l'Impératrice, avant de nommer son frère Joseph lieutenant général de l'Empire. Il quitte sa femme et son fils pour ne plus les revoir. Face à lui, les armées étrangères se sont rapprochées. Certes, l'armée du Nord, commandée par Bernadotte, reste en retrait, en Belgique. L'ancien maréchal d'Empire ne tient guère à combattre ses anciens camarades sur le sol de France. Il n'enverra en France qu'un quart de ses troupes, soit un peu plus de quarante mille hommes. Néanmoins, les armées de Blücher et de Schwarzenberg convergent à grands pas vers Paris. La première compte quatre-vingt-six mille soldats, la seconde près de deux cent mille. Avec cinquante mille hommes seulement — mais, se vante Napoléon, « cinquante mille hommes et moi, cela fait cent cinquante mille » —, la situation des armées françaises peut paraître précaire. Son objectif principal est donc d'empêcher la concentration des armées coalisées. Il lui faut pour ce faire les vaincre l'une après l'autre. Dès le 27 janvier, il l'emporte à Saint-Dizier sur l'avant-garde de l'armée de Blücher, puis le 29, il gagne la bataille de Brienne face au gros de l'armée du général prussien. Cependant, il se trouve submergé par la concentration des forces alliées et doit céder le terrain à la Rothière le 1er février, sans pour autant que l'armée française soit défaite.

C'est dans ce contexte que s'ouvre le congrès de Châtillon.

Napoléon y a délégué Caulaincourt et paraît disposé à traiter avec les représentants des quatre puissances alliées : l'Autrichien Stadion, le Russe Razoumovski, le Prussien Hardenberg et l'Anglais Castlereagh. Les conditions posées par les alliés sont strictes ; la France doit rentrer dans les limites qui étaient les siennes au début de 1792. Napoléon ne peut se résoudre à renoncer aux frontières naturelles, et à abandonner la rive gauche du Rhin. « Des revers inouïs ont pu m'arracher la promesse de renoncer à mes conquêtes, mais que j'abandonne celles de la République ! Que je viole le dépôt qui me fut remis avec tant de confiance ! Qu'aurai-je à répondre aux républicains ? » Encore une fois apparaît un Napoléon désireux de faire revivre les souvenirs de l'an II et de la Grande Nation. Il refuse de répondre aux propositions alliées. Le congrès de Châtillon est donc suspendu le 9 février. À ce moment-là, Napoléon décide d'attaquer successivement les deux armées alliées qui ont pris la route de Paris, celle de Blücher en suivant la Marne, celle de Schwarzenberg en longeant la Seine. L'armée de Blücher, la plus faible, est la première visée, d'autant qu'elle progresse en quatre corps séparés. Le 10 février, Napoléon détruit le corps d'Olsoufiev à Champaubert, puis le 11 février il remporte la victoire de Montmirail sur le corps de Sacken, et le 12, il bouscule le corps de Yorck à Montmirail. Enfin, le 14 février, il l'emporte sur Blücher à Vauchamps. Il n'a pas détruit l'armée de Silésie, mais l'a considérablement affaiblie.

Il lui reste un morceau de taille, avec l'armée de Bohême, commandée par Schwarzenberg. Il la rattrape dans la région de Fontainebleau, alors qu'elle fait route vers Paris et l'emporte à Montereau le 18, l'obligeant à se replier en Champagne. Napoléon qui la poursuit peut ainsi reprendre Troyes le 25 février. L'armée de Schwarzenberg, alors réduite à cent trente mille hommes, prend position à Chaumont, mais Napoléon décide d'interrompre sa poursuite et de laisser la moitié de ses forces face à elle, sous le commandement du maréchal Macdonald. Pendant ce temps, il court vers le nord, afin d'empêcher la concentration des restes de l'armée de Blücher et des corps d'armées dépêchés par Bernadotte. À nouveau en infériorité numérique, puisqu'il a face à lui cent mille hommes, il parvient cependant à l'emporter. Après avoir passé l'Aisne pour contourner l'armée de Silésie, il bouscule Blücher à Craonne le 7 mars, avant de disperser son armée à Laon, les 10 et 11 mars. Dans l'immédiat, Napoléon a réussi à éloigner les armées ennemies de la capitale. S'il ne parvient pas à les détruire, il leur cause en revanche des pertes importantes et provoque de fortes inquiétudes dans leurs rangs. Le combat est cependant loin d'être gagné. Et les forces de Napoléon s'amenuisent.

Tel est bien le problème principal auquel est confronté l'Empereur. Les levées successives ne parviennent qu'à peine à assurer la relève des soldats tombés sur le champ de bataille. Les effectifs dont il dispose oscillent, au cours des mois de février et mars, entre cinquante mille et soixante-dix mille hommes. Il a cependant conservé à ses côtés quelques-uns de ses meilleurs généraux, Macdonald, Ney, Oudinot et Victor. Le maréchal Mortier commande la Vieille Garde, ce corps d'élite qui s'est illustré dans les principales campagnes de l'Empire. Duc de Trévise depuis 1808, le maréchal Mortier n'a pas épargné sa peine depuis le temps où, jeune officier, il parcourait les champs de bataille de la Révolution. Présent à Austerlitz en 1805, puis à Friedland en 1806, il est ensuite de tous les combats difficiles ; il passe en effet trois ans en Espagne, avant de participer à la campagne de Russie. Promu gouverneur de Moscou, il parvient à ramener vers la France les débris de la Garde impériale. Puis il est très actif lors de la campagne d'Allemagne. Depuis Jemmapes, en 1792, où il a combattu sous Dumouriez, Macdonald a également fait du chemin, mais sa carrière a connu une éclipse de taille puisque, soupçonné d'être lié à Pichegru, sous lequel il a servi pendant la Révolution, Macdonald est écarté de tout commandement en 1804. Il ne reprend du service qu'en 1809, à l'occasion de la campagne contre l'Autriche. Lui aussi passe par l'Espagne, avant de participer à l'expédition de Russie puis à la campagne d'Allemagne. L'aide apportée par le maréchal Oudinot à Napoléon est également décisive, comme lui avait été précieux, lors de la retraite de Russie, le concours de ce fougueux militaire, entré dans l'armée d'Ancien Régime, comme simple soldat, à dix-sept ans, avant de conquérir dès 1794 ses galons de général. Duc de Reggio depuis 1809, il est un des rares généraux de 1814 à n'avoir pas participé à la guerre en Espagne. L'allant des maréchaux Ney et Victor paraît moindre. On les dit fatigués des nombreuses campagnes menées depuis les débuts de l'Empire, et marqués par la retraite de Russie qui valut à Ney le titre de prince de la Moskowa, en récompense d'une défense jugée héroïque. Leur science du combat reste toutefois intacte et leur soutien à Napoléon indéfectible.

Les difficultés de Napoléon sont ailleurs. Elles viennent en particulier de l'obligation de disperser ses troupes face à un ennemi qui se multiplie. Les frontières naturelles se fissurent, mais les armées françaises résistent partout aux troupes étrangères. Au sud-ouest, les Anglais et les Espagnols ont pénétré en France par le Pays basque, mais le maréchal Soult se défend pied à pied et Toulouse ne tombe que le 10 avril, soit quatre jours après l'abdication de Napoléon. En Catalogne, Suchet tient la frontière pyrénéenne et empêche les armées adverses de s'introduire en France, tandis que le général Habert, enfermé dans Barcelone avec dix mille hommes, ne livre la ville qu'en mai. En Italie, Eugène parvient toujours à contenir l'avance des Autrichiens. La défense de Lyon s'avère plus délicate. Napoléon en a chargé le maréchal Augereau, censé s'opposer à la progression d'une partie de l'armée de Bohême, arrivé de Suisse. Ce général, que Bonaparte avait connu lors de la première campagne d'Italie, peine à organiser la défense de la ville, malgré les appels pressants de l'Empereur : « Je vous ordonne de partir douze heures après la réception de cette lettre, lui écrivait-il au début de la campagne. Si vous êtes toujours l'Augereau de Castiglione, gardez le commandement, si vos soixante ans pèsent sur vous, quittez-le et remettez-le au plus ancien de vos officiers généraux. La patrie est menacée et en danger ; elle ne peut être sauvée que par l'audace et la volonté et non par de vaines temporisations. Soyez le premier aux balles. Il n'est plus temps d'agir comme dans les derniers temps. Il faut reprendre ses bottes et sa résolution de 93 [1]. » Après coup, Napoléon mettra en cause l'attitude du maréchal Augereau à Lyon. Au début de 1814, il compte sur son expérience et son patriotisme, et n'hésite pas à rallumer la flamme du jacobinisme dans ses yeux. Augereau n'accomplit pas pleinement la mission qui lui avait été confiée, mais que pouvait-il faire face à la marée alliée, avec des forces réduites ?

Les armées traditionnelles peuvent-elles espérer trouver du soutien au sein de la population ? Dans l'est du pays, labouré par les armées étrangères, l'esprit national renaît. Des bandes de partisans se forment qui harcèlent les troupes prussiennes, autrichiennes et surtout russes. Si quelques habitants les ont vus arriver avec sympathie, la plupart ont très mal ressenti les exactions commises sur le terrain. Certes, les armées françaises ont agi de même partout où elles passaient, mais les Français avaient perdu l'habitude de ces coutumes et ont quelque mal à accepter cette « loi de la guerre ». Les Cosaques en particulier font régner une véritable terreur sur leur passage. Au début du mois de mars, ils pillent ainsi Montmirail, puis Sézanne dans la Marne. Leur arrivée fait trembler les habitants, comme le montre ce témoignage du baron de Frénilly, royaliste peu suspect de sympathie pour Napoléon : « Un essaim de ces vautours arriva. Au premier bruit de leur apparition, tout le canton se réfugia dans mes bois. Mes ordres, mes leçons, rien n'y fit ; concierge, régisseur, jardinier, valets, fermèrent tout, barricadèrent tout et s'enfuirent à toutes jambes, laissant château, ferme, basse-cour, moutons, et vaches, et chevaux, et grains, et fourrages à la grâce de Dieu et de leurs verrous. À minuit, dix Cosaques sautent les murs du parc, arrivent au château, le trouvent désert, enfoncent une croisée et les voilà dans mon petit salon au milieu des glaces, des sculptures, des peintures. Cinquante autres surviennent ; puis deux cents, puis deux mille et ils sont en pleine conquête. Alors commença le sac de Troie [2]. » L'auteur reconnaît qu'ils ne tuèrent personne, égratignant au passage la propagande napoléonienne sur ce thème, mais il ne dissimule pas le pillage systématique dont ses propriétés furent l'objet. Partout dans l'est et le nord de la France, surtout dans les campagnes, le passage des troupes étrangères fut durement ressenti. Dans le sud-ouest, la pression militaire des Anglais est moins forte, car le général Wellington maintient une discipline de fer pour empêcher ses troupes de piller le territoire. Mais la guerre n'en est pas moins pesante ; elle draine son cortège de fuyards, de bandes errantes, tandis que les troupes du maréchal Soult en se repliant vers Toulouse vivent largement sur le terrain. Ainsi, avec la France du Nord et du Nord-Est, le Sud-Ouest aquitain et la région lyonnaise, c'est plus d'un tiers du territoire qui doit subir les effets de la guerre en ces premiers mois de 1814.

La guerre touche indirectement toutes les régions françaises. Elle s'accompagne d'abord d'une pression fiscale renforcée. Alors que les impôts avaient peu été augmentés depuis 1800, ils subissent un accroissement de 27 % en 1813, puis de 50 % en 1814. En deux ans, la pression fiscale a presque doublé. Il est vrai que la France a perdu le domaine extérieur dont elle tirait d'abondantes ressources. Elle ne peut plus compter que sur ses simples forces. Or, cette pression fiscale touche un territoire réduit, puisque les départements belges, hollandais et rhénans échappent à l'administration française. De plus, elle est immédiate, puisque les augmentations portent essentiellement sur les contributions indirectes et les droits de douane, ce qui provoque une hausse des prix des produits de consommation, y compris des produits de première nécessité. Le coût de la vie est donc en forte augmentation, alors que la baisse de l'activité économique réduit d'autant le revenu des Français.

La pression militaire reste également forte. En janvier 1814, les préfets ont organisé la levée de la classe 1815, mais ils s'occupent aussi de ramener vers les drapeaux les conscrits qui ont tenté d'échapper au service. Parallèlement, la Garde nationale a été restructurée à partir du 17 décembre 1813 ; elle doit permettre d'assurer la sécurité intérieure du pays, mais n'est que peu utilisée. Napoléon préfère s'en remettre aux seuls professionnels. De même, il se méfie des corps francs qui se sont organisés, notamment dans les régions occupées. Certains regroupent, dans l'Est, plusieurs centaines de combattants qui se cachent dans les bois et harcèlent les troupes étrangères. Le sous-préfet de Sainte-Menehould, Drouet, qui s'était rendu célèbre en provoquant l'arrestation de Louis XVI à Varennes, avant de devenir député à la Convention, réunit ainsi près de huit cents hommes, recrutés parmi des douaniers et des gardes champêtres. Mais son cas est assez exceptionnel. Son engagement en faveur de la Révolution radicale — il a même un temps épousé les idées de Gracchus Babeuf — l'incite à se battre contre le retour de la monarchie. Non loin de la région de la Marne, en Argonne, c'est le général Radet, qui avait naguère procédé à l'arrestation du pape dans Rome, qui organise un groupe de corps francs. Mais la levée est loin d'être générale. La progression des troupes étrangères est gênée, elle n'est pas entravée. Napoléon se méfie de la mobilisation du peuple pour défendre son pouvoir. Il craint que la « jacquerie » fasse resurgir des idéaux révolutionnaires, à ses yeux plus dangereux que les armées ennemies.

Il est vrai qu'au début du mois de mars, 1814, fort de ses récents succès, l'Empereur espère toujours retourner la situation en sa faveur. Il continue de refuser les conditions de paix imposées par les alliés et s'arc-boute sur les frontières naturelles, c'est-à-dire sur le Rhin. C'est pourquoi il maintient des garnisons dans plusieurs places fortes d'Allemagne, dont Mayence, se privant ainsi de soldats souvent aguerris au combat. Cette intransigeance sur les frontières naturelles le contraint à conduire la guerre jusqu'au bout, jusqu'à la destruction de l'un des deux adversaires. Dans les premiers jours de mars, ses talents militaires font encore merveille. Napoléon l'emporte sur Blücher à Craonne, le 7. Le lendemain, les alliés signent le pacte de Chaumont qu'ils datent du 1er mars. Ils y prennent l'engagement de ne pas conclure de paix séparée et de ne cesser le combat que lorsque la puissance de Napoléon sera complètement détruite. L'Angleterre s'engage par ailleurs à financer l'alliance. Ce pacte stimule la coalition dont les troupes sont victorieuses, le 10 mars, à Laon. La victoire remportée par l'Empereur à Reims, le 13 mars, n'y change rien. L'armée française est désormais en sursis, trop faible pour envisager la victoire sur le terrain. Les alliés en ont conscience, puisque le 19 mars, ils interrompent les négociations qui avaient repris quelques jours plus tôt à Châtillon. Les deux points de vue sont toujours très éloignés.

Napoléon tente alors sa dernière chance. Il songe à gagner l'est de la France pour rallier les garnisons qui s'y étaient maintenues. Il pourrait ainsi regrouper ses forces, tout en coupant les alliés de leurs arrières. Ce plan échoue, d'abord parce que son armée subit quelques revers, ensuite parce que les alliés décident de changer de stratégie en s'attaquant directement à Paris. Des informations interceptées en provenance de la capitale leur laissent entrevoir le développement d'un état d'esprit hostile à Napoléon. Les alliés songent donc à gagner au plus vite Paris pour disposer de la capitale comme éventuelle monnaie d'échange avec l'Empereur. Le terrain est bien préparé par Talleyrand qui, dans le même temps, est en contact avec les Autrichiens.

2. LE TARDIF RÉVEIL MONARCHIQUE

L'entrée des forces alliées sur le sol français a suscité des convoitises. Les plans se multiplient pour savoir par quel régime remplacer l'Empire. Depuis leur exil, Germaine de Staël et Benjamin Constant avaient déjà songé à mettre sur le trône de France le maréchal Bernadotte. Ce dernier avait fait ses preuves en Suède depuis 1810. Il gardait en outre une certaine popularité dans l'armée. Son passé de jacobin garantissait enfin son attachement aux principes de 1789. Il restait à le convaincre de jouer un rôle décisif en France. Germaine de Staël s'y emploie à partir de 1812. Elle a alors quitté la tutelle napoléonienne et gagné Stockholm, se souvenant que son mari avait été l'ambassadeur de la Suède en France dans les années 1780. Elle est en Suède au moment où Napoléon s'enlise dans les plaines russes et pousse alors Bernadotte dans l'alliance contre la France. Ses deux fils s'engagent dans l'armée suédoise. Elle invite au même moment le général Moreau à quitter son exil américain pour venir s'engager dans les armées coalisées contre Napoléon. Le vainqueur de Hohenlinden et rival de Bonaparte devait trouver la mort près de Dresde en août 1813. Ainsi, de septembre 1812 à mai 1813, Germaine de Staël anime en Suède un parti favorable à Bernadotte, avant de rejoindre Londres. Elle a aussi réussi à gagner à sa cause son ancien amant, Benjamin Constant, qui s'est séparé d'elle avec fracas en 1810, sans toutefois rompre tous les ponts. Constant est également séduit par l'hypothèse Bernadotte. La rencontre entre les deux hommes intervient en octobre 1813, à Hanovre, après que le prince de Suède a engagé ses armées sur le continent. Malgré les efforts de Constant, Bernadotte garde ses distances. Il reçoit en janvier 1814, les premières feuilles du livre de Constant, *De l'esprit de conquête et de l'usurpation*, véritable charge contre Napoléon dans laquelle le penseur libéral fustige l'arbitraire et le despotisme et loue le modèle de monarchie libérale offert par l'Angleterre. Il laisse aussi une porte ouverte à Bernadotte, à travers l'éloge de Guillaume III, s'emparant du trône anglais après la révolution de 1688 : « Une révolution de ce genre n'a rien de commun avec l'usurpation. Le Prince, élu librement par la nation, est fort à la fois de sa dignité ancienne et de son titre nouveau. Il plaît à l'imagination par les souvenirs qui la captivent, et satisfait la raison par le suffrage national dont il s'appuie [3]. » Ces propos visent directement Bernadotte. Ils sont supprimés de l'édition publiée en France en avril 1814. L'hypothèque Bernadotte est alors levée.

D'autres libéraux songent à appeler en France le duc d'Orléans, alors en exil en Sicile. Il est à Palerme, le 23 avril 1814, lorsqu'il apprend la déchéance de Napoléon. Il présente lui aussi des atouts. Descendant de la famille des Bourbons, il offre l'avantage de s'être battu pour la jeune République ; il était à Valmy en septembre 1792, à Jemmapes en novembre. Fils aîné de Philippe Egalité, qui a voté la mort de Louis XVI, il ne risque pas de remettre en cause les principaux acquis de la Révolution. Mais souhaite-t-il alors le trône ? Il devrait pour ce faire accepter d'en déposséder le frère de Louis XVI. Ce dernier apparaît, en 1814, aux yeux des monarchistes, comme le candidat naturel à la succession de Napoléon. De plus, le duc d'Orléans est éloigné du théâtre des opérations. Il débarque à Gênes le 6 mai, et n'arrive à Paris que le 16. À cette date, le sort du trône est joué. Louis XVIII a été rappelé à la tête du pays. Pourtant, le rétablissement des Bourbons sur le trône de France n'était pas acquis en mars 1814.

Lorsque Louis XVIII rentre en France, il met un terme à de

longues années d'émigration. Après avoir séjourné à Mittau, sous la protection du tsar, il était arrivé en Angleterre en 1807, rejoignant ainsi son frère, le comte d'Artois. En 1809, le comte de Provence s'est installé à Hartwell House, dans le Buckinghamshire, où il a organisé une petite cour. Pendant toute la période de la Révolution et de l'Empire, en effet, la Maison du Roi a conservé ses cadres, laissant se développer l'impression d'une monarchie toujours vivante. Le prétendant prend même un soin jaloux à choisir ses collaborateurs. Ainsi, à la mort du cardinal de Montmorency-Laval, en 1808, Louis XVIII désigne pour le remplacer comme grand aumônier Mgr de Talleyrand-Périgord qui était, avant la Révolution, archevêque de Reims, la ville du sacre. Il conservera cette charge au début de la Restauration, devenant en outre archevêque de Paris. Au-delà du respect d'un rituel de cour très codifié, cette Maison est un vivier de conseillers du prince. Louis XVIII s'entoure de fidèles serviteurs de la cause monarchiste, plutôt que de courtisans. Ainsi, en 1809, il nomme à la charge de grand maître de sa garde-robe le comte de Blacas, l'un de ses principaux conseillers. Le comte d'Avaray est également une des figures marquantes de l'entourage de Louis XVIII. C'est dans ce milieu que se prépare, au début de 1814, la prochaine restauration. Elle est également fort discutée à Londres où résident le comte d'Artois et son fils, le duc de Berry. Leur résidence est l'un des principaux lieux d'élaboration des plans de rétablissement de la monarchie. Des contacts fréquents se nouent avec les évêques d'Ancien Régime qui ont refusé de donner leur démission au pape en 1801. Ce parti de l'émigration partage pour l'essentiel les idées des penseurs traditionalistes qui voient dans la Révolution un châtiment divin, rendant nécessaire la régénération du pays par la restauration d'une monarchie véritablement chrétienne, c'est-à-dire dont les lois s'inspirent des principes chrétiens. Louis XVIII a lu dans l'exil les *Considérations sur la France*, publiées en 1797 par Joseph de Maistre, devenu ensuite le représentant du prétendant à la cour du tsar. Les royalistes en émigration maintiennent également le contact avec les monarchistes de l'intérieur. Ils comptent sur une insurrection qui permettrait de restaurer le roi et fondent beaucoup d'espoirs sur la persistance du sentiment monarchique dans l'Ouest ainsi que sur la réorganisation d'un « parti royaliste ».

En France, les réseaux royalistes n'ont en fait jamais cessé d'exister sous l'Empire, même si la répression du complot Cadoudal-Pichegru, en 1804, puis la traque menée contre les chouans ont contribué à éradiquer le mouvement. Pour s'être aventuré sur le sol français, un cousin de Chateaubriand, prénommé Armand, est passé par les armes en 1809. En 1810, pourtant, la fondation de l'association des Chevaliers de la foi atteste de la vitalité retrouvée du sentiment royaliste. Cette association, on l'a vu, a été créée par Ferdinand et Bénigne de Bertier dont le père, intendant de Paris sous l'Ancien

Régime, avait été tué aux premières heures de la Révolution, en juillet 1789. S'inspirant du modèle de la franc-maçonnerie dans laquelle les deux frères sont entrés pour mieux en étudier les rouages, l'association présente une organisation très hiérarchisée et cloisonnée. Dirigée par un « Conseil suprême », placé sous la direction d'un grand maître de l'ordre, l'association des Chevaliers de la foi repose sur des « bannières », cellules de base de l'organisation, qui accueillent trois types de membres : les associés dont les fonctions sont essentiellement charitables, les écuyers qui forment le groupe intermédiaire, enfin les chevaliers, adoubés pour aller combattre au nom de la foi. Cette association s'inspire naturellement des ordres de chevalerie fondés à l'époque des croisades. Son idéal est la restauration d'une monarchie chrétienne en France. Elle recrute tout d'abord parmi les affiliés de la Congrégation, association de piété réorganisée en 1801, mais dissoute en 1809. Les premiers affiliés sont alors en prison, à l'image de Bénigne de Bertier, d'Alexis de Noailles, ou encore d'Armand et Jules de Polignac, le futur ministre de la Restauration. Elle recrute également Mathieu de Montmorency, ami de Mme de Staël, qui est rapidement promu grand maître de l'ordre des Chevaliers de la foi.

L'association se développe aussi en province, en s'appuyant sur les réseaux royalistes constitués à l'époque de la Révolution et restés en sommeil depuis. Ferdinand de Bertier multiplie les voyages pour les réactiver, dans l'Ouest, mais aussi dans la région de Bordeaux et de Toulouse. L'association essaime également dans la vallée du Rhône, en Provence et en Auvergne, ce qui fait dire à Ferdinand de Bertier : « L'ordre s'étendit constamment et prit un grand accroissement sous la domination de Bonaparte. Bientôt tous les anciens chefs royalistes, toutes les notabilités et tous les hommes les plus dévoués du parti en devinrent membres. Son influence commença à se faire sentir d'un bout de la France à l'autre [4]. » Ferdinand de Bertier fait état aussi du soutien de plusieurs des cardinaux noirs, dont le cardinal Pacca. L'association des Chevaliers de la foi a effectivement profité de la crise religieuse de la fin de l'Empire. Ses membres ont contribué à diffuser la bulle d'excommunication fulminée par le pape contre les responsables de sa déchéance. L'action de propagande est donc essentielle. L'association anime une résistance spirituelle au régime, avant de pouvoir envisager une insurrection armée.

À la fin de 1813, Louis XVIII est informé de l'existence de l'association des Chevaliers de la foi. Il leur donne carte blanche pour agir le moment venu, comme le relate Ferdinand de Bertier : « M. de Cintré rapporta ces derniers ordres du roi ; nous les reçûmes le 9 octobre. Le soir même le chapitre était réuni chez M. de Montmorency et sous sa présidence. Des ordres étaient expédiés à toutes les bannières de France pour se préparer à l'action. Il était décidé qu'une partie des membres du chapitre iraient dans les provinces qui seraient désignées à chacun d'eux pour prendre le commandement et la direction de ces provinces [5]. » Il faut donc attendre les dernières heures de l'Empire pour que l'association des Chevaliers de la foi, en liaison avec d'autres groupes royalistes, tente un coup de force. Leur plan consistait à réveiller les foyers de royalisme en Vendée, en Bretagne, en Aquitaine et dans le Midi, afin de conduire à un soulèvement populaire qui aurait réclamé le retour des Bourbons, avant même la victoire définitive des puissances coalisées contre la France. L'idée des monarchistes était de ne pas devoir le rétablissement de la royauté à la seule intervention étrangère, d'autant plus qu'ils n'étaient pas assurés que les alliés adopteront cette solution. « Je voyais avec douleur que tout allait se décider par les armées étrangères et je prévoyais que si les royalistes n'arboraient pas le drapeau blanc et ne combattaient pas pour relever le trône légitime, tôt ou tard, on reprocherait aux Bourbons de ne devoir leur retour qu'aux baïonnettes étrangères et non à l'amour des Français [6]. » Ces propos, rédigés après coup par Ferdinand de Bertier, sont certes influencés par les circonstances du retour en France de Louis XVIII en 1814, mais ils n'en révèlent pas moins le désir d'action des royalistes après quatorze ans de pouvoir napoléonien.

Le plan des Chevaliers de la foi est relativement simple. Il consiste à profiter des défaites françaises en Espagne et donc de la proximité de l'armée anglaise pour déclencher une insurrection dans le Rouergue, en s'appuyant sur les très nombreux réfractaires réfugiés dans les montagnes de l'Aveyron. Ensuite un gouvernement provisoire se mettrait en place à Rodez d'où il pourrait rapidement étendre son influence au sud-est du Massif central, avant que l'armée royaliste ainsi organisée marche sur l'ouest. Mais ce projet d'insurrection se solde par un échec, puisqu'il est ajourné, avant même d'avoir été lancé. Seuls deux cents hommes sont rassemblés par Ferdinand de Bertier qui, ayant eu vent de la défection de la bannière de Toulouse, préfère s'abstenir d'engager ses forces. La résistance des autorités constituées et la forte présence de la gendarmerie d'élite ont dissuadé les royalistes de s'aventurer dans une manœuvre hasardeuse. Il leur reste dès lors à placer leurs espoirs dans le soutien anglais.

L'entrée en France des forces de Wellington laisse entrevoir la chute prochaine de Napoléon. Les royalistes bien implantés dans le Sud-Ouest espèrent en tirer parti. Il leur faut faire admettre aux Anglais la nécessité de rétablir la monarchie en France, ce qui n'est pas encore acquis. C'est dans ce but que plusieurs émissaires français, parmi lesquels Ferdinand de Bertier, se rendent auprès du général anglais. Déjà, Wellington a autorisé le duc d'Angoulême à le rejoindre à Saint-Jean-de-Luz en février 1814 et, même s'il lui a enjoint de garder le plus strict anonymat, il le laisse suivre son armée. Neveu de Louis XVI et fils aîné du comte d'Artois dont il a partagé l'exil et les plans de restauration, le duc d'Angoulême n'a pas la réputation de son frère, le duc de Berry, ardent défenseur de la cause monarchiste, mais sa seule présence suffit à rassembler les partisans de la monarchie, comme le montre l'affaire de Bordeaux. Wellington avait accepté que le duc d'Angoulême se joigne au détachement envoyé, sous les ordres du général Beresford, pour prendre le contrôle de Bordeaux et de l'estuaire de la Gironde. Sans se déclarer pour la restauration, Wellington laisse la porte largement ouverte à la monarchie dans les ordres qu'il transmet à son lieutenant : « Si l'on vous demande votre consentement pour proclamer Louis XVIII, pour arborer le drapeau blanc, etc., répondez [...] que là où sont nos troupes, tant que la tranquillité publique ne sera pas troublée, nous n'interviendrons nullement pour empêcher ce parti de faire ce qu'il jugera utile et convenable pour ses intérêts. » Wellington se contente en la circonstance d'exprimer le point de vue du ministre des Affaires étrangères anglais, mais son souci de ne pas nuire aux intérêts des Bourbons est évident ; il le confirme par la suite. À Bordeaux même, abandonné par les forces de Napoléon, les royalistes se préparent à l'arrivée des Anglais. Les divers groupes royalistes formés dans la ville se sont réunis et ont réussi à convaincre le maire, le baron Lynch, de se prononcer en faveur de la monarchie. De fait, lorsque le détachement anglais se présente aux portes de Bordeaux, le 12 mars 1814, le maire, pourtant nommé par le gouvernement de Napoléon, se rallie à la cause des Bourbons et arbore la cocarde blanche. Il invite ensuite, après quelques hésitations, à remplacer les insignes du pouvoir napoléonien par les emblèmes de la royauté. La foule présente acclame ce ralliement. Dans une ville où le parti royaliste a toujours été bien implanté, cet élan populaire est aussi la marque d'une volonté de changement, après plusieurs années de crise consécutive au Blocus continental. Le symbole n'en reste pas moins fort. Une grande ville française a apporté son soutien à la monarchie et ainsi prouvé aux alliés que le retour des Bourbons pouvait être envisagé.

Ce mouvement est d'autant plus important que les autres tentatives menées par les partisans de la royauté, au cours du mois de février, s'étaient soldées par un échec. En même temps que le duc d'Angoulême arrivait à Saint-Jean-de-Luz, son frère, le duc de Berry, débarquait à Jersey, avec l'espoir de soulever la Normandie. Les souvenirs de Frotté n'y étaient plus guère présents, et le prince dut vite déchanter. Au même moment, le comte d'Artois se présentait dans l'est de la France, espérant que la lassitude de populations harassées par le passage des troupes et les réquisitions multiples les porterait à l'accueillir en sauveur. Lui aussi dut déchanter, car les quelques manifestations royalistes organisées à l'arrivée des troupes étrangères par une poignée de fidèles, tant à Dijon qu'à Troyes, ne purent convaincre les alliés de la force du sentiment royaliste en France. L'est de la France est alors rétif à l'idéal monarchique. De plus, les victoires de Napoléon en février devaient montrer la précarité de la cause des Bourbons. L'Empereur du reste, pour couper court à toute velléité de rébellion, punit de mort toute personne ayant porté la cocarde blanche. Le chevalier de Gouaut qui avait provoqué une manifestation royaliste à Troyes, à l'arrivée des Prussiens, est passé par les armes au moment où Napoléon reprend la ville, à la fin du mois de février.

Dans ce contexte peu favorable, la déclaration de Bordeaux du 12 mars prend toute sa valeur, d'autant que bientôt la plus grande partie du Sud-Ouest se rallie aux Bourbons. Son effet est surtout efficace sur les alliés, car elle accrédite le bien-fondé d'un rétablissement des Bourbons sur le trône de France. Le comte d'Artois est désormais choyé par les alliés. Il est vrai que la détérioration de la situation militaire de Napoléon, ajoutée à son refus de toute négociation, a contribué à voir s'éloigner la perspective d'un maintien de l'Empire. Il reste aux royalistes à montrer leur force. À Paris, les Chevaliers de la foi disposaient d'une organisation bien établie. Ses membres, parmi lesquels Sosthène de La Rochefoucauld ou Adrien de Montmorency, frère de Mathieu parti rejoindre le comte d'Artois dans l'Est, préparaient la proclamation de la monarchie lorsque le Sénat vota la déchéance de Napoléon. Ce n'est donc pas l'opposition royaliste qui a provoqué la chute de l'Empire, mais elle l'a accompagnée et surtout la persistance de réseaux royalistes a permis de convaincre les alliés de la nécessité de restaurer la royauté en faveur des Bourbons.

3. L'ABDICATION

Tandis que Napoléon continue de combattre en Champagne, de sourdes intrigues se nouent à Paris où le danger menace. Dans la capitale, le pouvoir repose entre les mains de l'impératrice Marie-Louise, à qui Napoléon a confié la régence avant de partir en campagne. Elle est secondée par Joseph Bonaparte, lieutenant général de l'Empire. Mais le véritable animateur du jeu politique, en ces temps de crise, n'est autre que le prince de Bénévent, autrement dit Talleyrand. Bien qu'écarté du ministère des Relations extérieures en 1807, Talleyrand est resté proche du pouvoir. Vice-grand électeur, il participe régulièrement au Conseil privé et continue d'être consulté sur les grands sujets politiques. Pourtant, ses sentiments à l'égard de l'Empire n'ont cessé de se dégrader. Il y a déjà longtemps qu'il a pris langue avec les puissances étrangères, notamment l'Autriche et la Russie qu'il renseigne moyennant quelques fortes espèces sonnantes et trébuchantes. À partir de 1810, il ne croit plus guère dans les chances de survie de l'Empire, ce que la catastrophe de Russie devait confirmer ; on lui attribue alors ce mot fameux, à propos de la campagne de Russie : « C'est le commencement de la fin. » Pourtant Napoléon continue d'être fasciné par le personnage, tout en se méfiant de lui. Les scènes qu'il lui fait sont restées mémorables. Les deux hommes entretiennent depuis l'époque de la campagne d'Italie une relation faite d'admiration réciproque, de jalousie et de méfiance. La dernière de ces scènes a eu lieu le 16 janvier 1814, au sortir de la messe dite dans la chapelle des Tuileries. Dix jours plus tard, Napoléon quittait Paris. Il ne devait jamais plus revoir Talleyrand, mais il continue de se méfier de lui comme l'attestent les messages qu'il adresse à Savary. Talleyrand est alors l'objet d'une attention particulière des services de la police. Malgré cette surveillance, le salon du prince de Bénévent devient un des principaux lieux d'intrigue politique du moment.

On y croise beaucoup d'ecclésiastiques, en charge ou défroqués. L'ancien évêque d'Autun se plaît dans la compagnie d'hommes férus de théologie. Parmi eux figure notamment l'abbé de Pradt que l'avancée des troupes alliées a contraint d'abandonner son archevêché de Malines où le clergé local ne l'avait jamais accepté. Prélat à la fibre plus politique que religieuse, l'abbé de Pradt s'entend à merveille avec Talleyrand sur le devenir du pays. L'abbé de Montesquiou est également un des familiers de son salon. Il avait siégé à l'Assemblée constituante comme Talleyrand, mais avait conservé alors sa foi monarchiste. Revenu d'émigration après Thermidor, il avait appartenu sous le Directoire aux réseaux royalistes, avant de tenter de convaincre Bonaparte de favoriser la restauration en France. L'abbé Louis était également présent à Versailles en 1789. À l'époque simple diacre, il appartenait déjà à l'entourage de Talleyrand, avant de devenir l'un des meilleurs spécialistes des finances de son temps. Le duc de Dalberg n'était pas entré dans les ordres, bien que sa famille l'y destinât, mais il doit sa carrière à l'influence de son oncle, Carl-Theodor von Dalberg, prince-archevêque de Mayence depuis 1802. Le duc de Dalberg, après avoir accompli plusieurs missions diplomatiques pour Napoléon, était entré au Conseil d'État en 1810. Telles sont les principales figures de l'entourage de Talleyrand, en ce début de 1814 où se prépare le changement de régime.

« Ainsi que je l'ai dit, il ne se tramait à Paris aucune conspiration contre l'empereur »[7], précise Talleyrand dans ses *Mémoires*, avant de raconter comment il avait suscité l'envoi auprès des états-majors alliés du baron de Vitrolles. Talleyrand ne le connaît pas alors, mais suit les conseils de Mollien, ministre du Trésor, et d'Hauterive, qui avait conservé le poste de directeur au ministère des Relations extérieures où Talleyrand l'avait nommé quelques années plus tôt. Le baron de Vitrolles, monarchiste, revenu en France après le 18-Brumaire, fait partie de ces nobles qui ont accepté de servir le régime, dans des fonctions d'administration locale — il est maire de Vitrolles et conseiller général des Basses-Alpes — sans véritablement se rallier à l'Empire. Vitrolles est chargé de faire savoir aux alliés qu'une relève est prête à Paris. Talleyrand ne se contente pas de ce seul contact. Il prépare le renversement de Napoléon en sondant diverses personnalités du régime. Il adresse ainsi un messager au comte Beugnot, que Napoléon a chargé quelque temps plus tôt de reprendre en main l'administration du département du Nord. Beugnot voit arriver, au cours du mois de février, un des principaux conseillers de Talleyrand, Laborie, qui lui fait un « tableau pitoyable et vrai de l'état où se trouvait l'Empereur », avant d'évoquer avec lui la formation d'un éventuel conseil de régence : « Laborie me demande mon avis sur la composition de ce conseil, et quel parti je me propose de prendre, si on vient à l'établir [8]. » Talleyrand prépare la relève, en cherchant notamment à s'appuyer sur des membres du Conseil d'État. Beugnot en est membre, comme Dalberg ou le baron Louis. C'est bien en ce conseil que se trouve alors l'élite politique du pays.

Tandis que Talleyrand constitue un réseau aux ramifications nombreuses, les partisans de Napoléon apparaissent débordés. Savary, fidèle entre les fidèles, a perdu foi en sa police. Il laisse s'évader les frères Polignac et se refuse à toute intervention contre Talleyrand, malgré les demandes réitérées de Napoléon. Ses services semblent ignorer ce qui se trame rue Saint-Florentin, ou plutôt ferment les yeux. Savary lui-même a été approché par Talleyrand qui a fléchi ses volontés. Le duc de Rovigo est dans une situation ambiguë. Il sait qu'un retour pur et simple des royalistes au pouvoir lui apporterait des désagréments, à cause du rôle joué dans l'affaire du duc d'Enghien. En même temps, il se refuse à abandonner ses préventions antijacobines, comme y invite Napoléon en appelant à chausser les bottes de 1793. Les mêmes hésitations se retrouvent chez l'archichancelier. Cambacérès a conservé d'importantes prérogatives dans l'appareil d'État, mais il ne sait comment en user. Les lettres qu'il continue d'adresser avec régularité à l'Empereur révèlent l'inquiétude grandissante qu'il nourrit à l'annonce de l'avancée des troupes étrangères, dans l'Est mais aussi le Sud-Ouest. Il continue toutefois à rendre compte de l'activité des divers corps politiques : « Les travaux du Conseil d'État continuent comme dans le temps le plus paisible », note-t-il le 8 mars 1814 [9]. Le lendemain, il relate la tenue d'un Conseil des ministres, puis des conseils d'administration des divers ministères. Mais l'état de l'opinion publique se détériore. Sur ce point, Cambacérès se montre plus alarmiste que Savary : « Le mal est grand, et s'accroît chaque jour. Nous sommes au milieu de la misère, entourés de gens usés ou irrités. Ailleurs, c'est encore pire ; les rapports officiels et la correspondance particulière sont d'accord et établissent qu'on ne peut plus se défendre, que l'abattement est général, que les signes de mécontentement se manifestent sur divers points et que nous touchons au moment des plus sinistres événements, si la main de V. M. ne vient promptement à notre secours [10]. » Et Cambacérès fait état de la recrudescence des suicides pour attester ses dires, révélant une anxiété peu propice à l'action et qui explique en partie l'inertie dont put bénéficier Talleyrand. La France a peur en mars 1814. Les dirigeants ont perdu confiance en leur chef. Cambacérès s'en fait l'écho quand, évoquant la mauvaise santé de l'Impératrice, il note : « Cet état de malaise peut tenir autant aux causes morales qu'à la mauvaise saison [11]. » La perte de confiance du pays est pour beaucoup dans l'échec final. Pourtant, Cambacérès refuse de sombrer dans le défaitisme. Il se récrie qu'« il n'a jamais été question de faire des adresses à [Napoléon] pour lui demander la paix ». Tous les regards sont néanmoins tournés vers cette issue. Nulle autre ne paraît alors envisageable.

La menace sur Paris est telle qu'un conseil de régence est spéciale-ment réuni le 28 mars pour décider du sort de la régente et de son fils, le roi de Rome. Tous les dignitaires de l'Empire sont présents, autour de Marie-Louise et de Joseph Bonaparte : l'archichancelier Cambacérès, l'architrésorier Lebrun, le vice-électeur Talleyrand, les ministres et les présidents des assemblées, Lacépède président du Sénat, Boulay de la Meurthe président du Conseil d'État et Régnier président du Corps législatif. En revanche, Fouché n'est pas pré-sent ; il n'aurait aucun titre à l'être, mais il n'est de toute manière pas à Paris à cette date. Lors du conseil, une large majorité paraît se dégager en faveur du maintien à Paris, mais le ministre de la Guerre, Clarke, défend l'idée d'un repli sur la Loire où serait orga-nisée la défense du pays. Il est rejoint par Joseph qui exhibe une lettre de Napoléon, datée du 16 mars, dans laquelle l'Empereur semble suggérer cette issue. Talleyrand est naturellement favorable à une telle solution qui sert ses intérêts, mais il se garde de dévoiler ses plans, de crainte d'être découvert. L'enjeu est important. Paris, capitale politique de l'Empire, ne peut être abandonnée sans risquer de voir la ville tomber aux mains des puissances alliées. Or, la perte de Paris signifierait la fin d'un régime qui a fondé sa puissance sur la centralisation parisienne et qui s'identifie à sa capitale.

Le lendemain de ce conseil, la régente et son fils quittent Paris pour Rambouillet. Ils sont suivis notamment de Cambacérès. Joseph lui-même abandonne la défense de Paris aux maréchaux Marmont et Mortier. L'ensemble des dirigeants politiques quittent la capitale pour s'installer à Blois où la Cour s'étoffe ; il devient dif-ficile de s'y loger. Seul Talleyrand parvient à rester à Paris. Les défenses de la ville sont faibles. Quarante mille hommes seulement, placés sous le commandement de Marmont et Mortier, protègent Paris. À des soldats aguerris se sont joints des éléments de la garde nationale, nécessairement moins bien formés. Face à eux, les alliés alignent plus de cent mille hommes. Le combat est inégal, d'autant que les autorités refusent d'armer le peuple qui, notamment dans l'Est parisien, serait prêt à lutter contre les armées étrangères, pourvu qu'on lui fournisse des fusils. Mais la crainte du danger révolutionnaire est la plus forte. Au matin du 30 mars, les armées étrangères sont aux portes de la capitale. Les Prussiens attaquent par le nord-ouest, les Autrichiens à l'est. Les Français résistent, tandis que Napoléon fait route vers Paris pour tenter de retourner la situation en sa faveur. Sans attendre, le maréchal Marmont négocie avec les alliés et finalement signe la capitulation de l'armée de Paris, le 31 mars à 2 heures du matin. Les troupes étrangères font leur entrée dans la capitale à la fin de la matinée.

Talleyrand, qui a joué un rôle important dans la décision de Marmont de capituler, sort au grand jour. Le matin du 31 mars, il reçoit en son hôtel le comte de Nesselrode, dépêché par le tsar. Avec lui, il prépare une Proclamation au peuple de Paris, rédigée avec l'aide de ses conseillers, l'abbé de Pradt, le baron Louis et le duc de Dalberg. Il n'est pas encore question du retour des Bourbons. Ce texte est discuté lors de la conférence que tiennent chez Talleyrand, au soir du 31 mars, le tsar Alexandre, le roi de Prusse, Frédéric-Guillaume, le prince de Schwarzenberg, le prince de Liechtenstein, le comte de Nesselrode et le général Pozzo di Borgo. Talleyrand est pour sa part accompagné du duc de Dalberg, bientôt rejoint par Pradt et le baron Louis. Au cours de cette réunion, la Proclamation préparée le matin est approuvée, après que le tsar a ajouté une phrase concernant la grandeur de la France. Cette déclaration mérite d'être citée intégralement, car elle conditionne la suite des événements :

    « *Les armées des puissances alliées ont occupé la capitale de la France. Les souverains alliés accueillent le vœu de la nation française ; ils déclarent :*

    « *Que si les conditions de la paix devaient renfermer de plus fortes garanties lorsqu'il s'agissait d'enchaîner l'ambition de Bonaparte, elles doivent être plus favorisées, lorsque, par un retour vers un gouvernement sage, la France elle-même offrira l'assurance du repos. Les souverains proclament en conséquence :*

    « *Qu'ils ne traiteront plus avec Napoléon Bonaparte, ni avec aucun membre de sa famille ;*

    « *Qu'ils respecteront l'intégrité de l'ancienne France, telle qu'elle a existé sous ses rois légitimes ; ils peuvent même faire plus, parce qu'ils professeront toujours le principe que, pour le bonheur de l'Europe, il faut que la France soit grande et forte.*

    « *Ils reconnaîtront et garantiront la constitution que la nation française se donnera. Ils invitent par conséquent le Sénat à désigner sur-le-champ un gouvernement provisoire qui puisse pourvoir aux besoins de l'administration et à préparer la constitution qui conviendra au peuple français.*

    « *Les intentions que je viens d'exprimer me sont communes avec toutes les Puissances alliées.* »

Ainsi, le principe de la destitution de Napoléon est adopté. Il devait permettre d'adoucir le sort de la France. La restauration des souverains légitimes fait également son chemin, même si le nom des Bourbons n'apparaît pas encore dans ce texte. Toutefois, le principe de la souveraineté nationale est conservé, puisque la future Constitution devra convenir au peuple français. Talleyrand a réussi à convaincre le tsar Alexandre du bien-fondé du choix des Bourbons, en mettant en avant le principe de légitimité dont Mme de Staël lui attribuait la paternité. Au soir du 31 mars, alors que les troupes coalisées défilent dans Paris, le peuple apprend par la Proclamation affichée sur les murs le prochain changement de régime. La rue reste calme. Aucun incident ne se produit. Quelques manifestations en faveur du roi se déroulent, mais la transition s'opère sans heurt. À l'Opéra, on donne *Le Triomphe de Trajan*, un des succès du théâtre lyrique du temps. Les souverains présents à Paris y assistent. La vie suit son cours.

Le second acte de la destitution de l'Empereur se prépare dans la nuit. Les sénateurs présents dans la capitale sont convoqués pour le lendemain. Talleyrand a en effet promis au tsar d'obtenir du Sénat un acte formel qui avalise le changement de régime. Talleyrand, en sa qualité de vice-grand électeur, préside la séance du Sénat qui débute à 15 heures, au lieu de réunion habituel, à savoir le palais du Luxembourg. Soixante-quatre sénateurs sont présents sur cent quarante et un que compte alors cette assemblée. Mais quatre-vingt-dix d'entre eux se trouvaient alors à Paris, plusieurs vivant cachés. Déjà, dans les jours précédents, une vingtaine de sénateurs s'étaient réunis, autour de Lambrechts et Lanjuinais, pour envisager l'issue de la crise politique qui secouait alors le pays. Libéraux pour la plupart d'entre eux, ils s'étaient souvent comptés dans l'opposition à l'Empire. Talleyrand ne leur laisse pas le temps de prendre les devants. Le 1er avril, il fait voter sans attendre la désignation d'un gouvernement provisoire, composé de cinq membres, après avoir accepté que soit rédigée une constitution respectueuse du droit des assemblées. Talleyrand prend naturellement la tête du gouvernement provisoire. Quatre autres membres le composent : le duc de Dalberg, le comte de Jaucourt, l'abbé de Montesquiou et le comte de Beurnonville. Les deux premiers appartenaient, on l'a vu, à l'entourage de Talleyrand. L'abbé de Montesquiou, royaliste convaincu, s'était également rapproché de lui au début de 1814. Enfin, le comte de Beurnonville apparaissait comme une caution donnée au Sénat. Ce fils de roturier, entré dans l'armée sous l'Ancien Régime, avait fait toutes les campagnes de la Révolution, avant de se rallier à Bonaparte au moment du 18-Brumaire. Ambassadeur en Espagne, puis en Russie, il était entré au Sénat en 1805 et avait accumulé tous les honneurs sur sa tête. Ainsi, le Sénat s'appuyait sur ses pouvoirs constituants pour défaire l'Empire. Comme au 18-Brumaire, le soin mis à respecter au mieux les formes de la légalité peut surprendre. Le parallèle ne s'arrête pas là. C'est en effet un coup d'État parlementaire qui met fin au règne de Napoléon, comme en 1799 un autre coup d'État parlementaire l'avait conduit au pouvoir. Et, pour mieux effacer les quatorze ans du Consulat et de l'Empire, le Sénat établit une pentarchie qui ne peut qu'évoquer le Directoire de cinq membres abattu par Bonaparte en novembre 1799.

La désignation du gouvernement provisoire le 1er avril 1814 annonce la fin de l'Empire. Mais Talleyrand voulait empêcher tout retour de Napoléon sur le devant de la scène. Les sénateurs furent donc à nouveau réunis le 2 avril, sous la présidence de Barthélemy, un ancien membre du Directoire. Ils approuvèrent le principe de la déchéance, proposé par Lambrechts. Seuls quelques sénateurs refusèrent de s'associer à ce vote et quittèrent la salle des séances. Le lendemain, l'acte de déchéance est rédigé, puis adopté par soixante-neuf sénateurs présents en séance. Dans les motifs avancés pour expliquer leur geste, les sénateurs mettent en avant les manquements de Napoléon envers les libertés, sa propension à augmenter les impôts sans contrôle, ou encore ses ambitions guerrières. Il lui était ainsi reproché de ne pas avoir su faire vivre une véritable monarchie constitutionnelle. Parmi les soixante-neuf sénateurs responsables de la déchéance de Napoléon, on retrouve ses deux compères du 18-Brumaire, écartés du pouvoir au début du Consulat, à savoir Roger Ducos et Sieyès, on remarque également quelques figures du libéralisme, comme Lanjuinais, Lambrechts ou Grégoire, et d'anciens Idéologues, tels Destutt de Tracy ou Garat.

Le vote du Sénat est ensuite confirmé par les députés au Corps législatif présents à Paris. Soixante-dix-huit d'entre eux se réunissent le 3 avril, ils sont quatre-vingt-huit le 4, pour approuver les décisions du Sénat. Ce geste peut surprendre. Il est en effet illégal dans la mesure où le Corps législatif n'avait pas été convoqué dans les formes prescrites. De plus, à aucun moment sous l'Empire le Corps législatif n'avait eu à avaliser les votes du Sénat. La décision de réunir les législateurs présents à Paris a surtout une valeur symbolique. Elle manifeste l'orientation de la France vers un régime de type constitutionnel, fondé sur le bicamérisme. Elle confirme aussi l'attachement du gouvernement provisoire au principe de la souveraineté nationale, les députés étant censés représenter le peuple français. Elle est enfin un hommage rendu à cette assemblée qui avait été ajournée, en janvier 1814, après avoir émis le premier vote de protestation de son histoire. Après une longue éclipse, la France renoue donc avec la tradition parlementaire inaugurée en 1789 et dont nombre des participants des journées d'avril 1814 avaient gardé le souvenir.

Que pouvait entreprendre Napoléon face à une telle fronde ? Replié à Fontainebleau, il est impuissant à faire entendre sa voix. Caulaincourt, qui tente de convaincre Talleyrand de défendre les intérêts de l'Empereur, est éconduit le 1er avril. Napoléon est également séparé du gros du gouvernement replié à Blois. Il perd enfin le soutien de ses maréchaux. Le 4 avril, en effet, les maréchaux Ney, Lefebvre, Berthier, Oudinot, Moncey et Macdonald font savoir à l'Empereur leur intention de ne plus combattre à ses côtés et lui demandent d'abdiquer. Napoléon s'y résout, non sans amertume. Le jour même, il signe une abdication conditionnelle, avec l'espoir que son fils pourra lui succéder. Les alliés refusent cette solution. Napoléon est donc contraint de signer, le 6 avril 1814, une abdication sans condition. La voie est libre pour le retour des Bourbons.

Au moment où Napoléon abdique, le Sénat réuni au palais du Luxembourg approuve le texte d'une nouvelle constitution qui était débattu depuis plusieurs jours. Dès le 2 avril, en effet, Talleyrand avait confié à l'ancien consul Lebrun le soin de préparer un nouveau texte constitutionnel. Ce dernier avait alors plaidé pour un retour pur et simple à la Constitution de 1791, mais Talleyrand avait mis l'accent sur la nécessité d'un régime composé de deux assemblées ; c'est à ce moment qu'il demande aux députés du Corps législatif de s'associer au processus de destitution de l'Empereur. L'idée d'une monarchie constitutionnelle est donc admise. C'est sur cette base qu'est rédigé le projet de constitution adopté par les sénateurs à l'unanimité, le 6 avril, à 20 heures. Dans le même temps, le Sénat appelle sur le trône, au nom du peuple français, « Louis-Stanislas-Xavier de France, frère du dernier roi, et, après lui les autres membres de la maison de Bourbon dans l'ordre ancien ». La restauration est en marche.

Mais la constitution votée par le Sénat limitait les pouvoirs du nouveau monarque. Les deux assemblées maintenues, Sénat et Corps législatif, partageaient en fait avec le souverain l'initiative des lois. Les sénateurs s'étaient ménagés une issue honorable. Ils conservaient leur siège, et s'octroyaient en outre l'hérédité de leur fonction. Le Corps législatif était également conservé jusqu'au prochain renouvellement, prévu en 1816. C'est peu dire que cette constitution sénatoriale établissait le changement dans la continuité. Le nouveau souverain était appelé à se couler dans les institutions de l'Empire et à respecter les libertés et les principes de 1789, à endosser en définitive les habits du monarque constitutionnel que Napoléon s'était toujours refusé à porter. La nouvelle constitution, déjà qualifiée de « charte » fut approuvée par soixante-six sénateurs. Elle aurait dû être ratifiée par le peuple, en vertu du principe réaffirmé de la souveraineté nationale. Le roi devait en décider autrement, en refusant de souscrire à ce texte.

7

Le chant du cygne

L'abdication de Napoléon ouvre la voie à la restauration des Bourbons. La transition s'opère avec célérité. Les conditions faites à l'Empereur ont été réglées par une convention négociée avec les alliés. Il reçoit en pleine souveraineté l'île d'Elbe. L'aventure s'achève, du moins le croit-on alors. Onze mois après avoir été déchu par le Sénat, Napoléon devait faire son retour sur le devant de la scène politique.

1. Napoléon à l'île d'Elbe

Au lendemain de son abdication, Napoléon est resté à Fontainebleau, dans ce château qui avait été le témoin de l'exil forcé du pape. L'Empereur déchu peut observer la versatilité des sentiments. Les uns après les autres, les fidèles d'hier l'abandonnent. Pourtant, les armes ne se sont pas encore tues. La nouvelle de l'abdication n'étant pas connue, le maréchal Soult livre bataille devant Toulouse qu'il doit abandonner aux Anglais de Wellington le 10 avril. À Valence, le maréchal Augereau ordonne une suspension d'armes le 12, avant de faire connaître à ses soldats, le 16, le sort de Napoléon. Il les encourage à arborer la cocarde blanche, « cette couleur vraiment française qui fait disparaître l'emblème d'une Révolution qui est finie ». Ce même jour, Eugène de Beauharnais signe avec les Autrichiens l'armistice de Bellegarde. En Catalogne, le maréchal Suchet cesse le combat le 17 avril, tout comme Carnot qui dépose les armes à Anvers. Au nord, le général Maison abandonne également le combat. Enfin, à Hambourg, le maréchal Davout, enfermé dans la ville avec quarante mille soldats depuis l'automne de 1813, ne consent à se rendre que le 29 avril 1814, soit plus de trois semaines après la chute de Napoléon. Mais il obtient de pouvoir rapatrier en bon ordre troupes et matériel, comme Eugène avant lui. Napoléon peut ainsi mesurer la force de résistance de ses armées qui, bien que diminuées numériquement, se montrent encore prêtes à combattre. Il peut aussi s'interroger sur une stratégie qui l'a conduit à laisser hors des frontières, dans des forteresses isolées, un nombre important de soldats qui firent défaut au moment de l'assaut final des alliés contre Paris.

Napoléon a depuis pris connaissance de la convention qui lui garantit la souveraineté sur l'île d'Elbe, ainsi qu'une indemnité de deux millions de francs par an. Ce traité négocié par Caulaincourt et Macdonald prévoit en outre d'accorder à Marie-Louise le duché de Parme. Napoléon se résigne à signer ce texte, le 13 avril, non sans avoir tenté, dans la nuit précédente, de mettre fin à ses jours. Il demeure encore une semaine à Fontainebleau où il espère que Marie-Louise pourra le rejoindre : « Je désire que tu viennes demain à Fontainebleau, enfin [*sic*] que nous puissions partir ensemble et chercher cette terre d'asile et de repos, où je serai heureux si tu peux te résoudre à l'être et oublier les grandeurs du monde [1]. » En réalité tout a été entrepris par le gouvernement provisoire pour empêcher le rapprochement de Napoléon et de Marie-Louise. L'Empereur part donc seul vers l'île d'Elbe. Auparavant, il a fait ses adieux à la Garde, dans la cour du château de Fontainebleau. Cette scène, l'un des morceaux de bravoure de la légende napoléonienne, a été tant de fois évoquée qu'on ne sait plus démêler le vrai du reconstruit dans les témoignages qui en ont été donnés. On ne se lasse pourtant pas de relire le témoignage du capitaine Coignet, même s'il a été rédigé trente ans plus tard : « Lorsque tous les préparatifs furent terminés, et ses équipages prêts, il donna l'ordre pour la dernière fois de prendre les armes. Tous ces vieux guerriers arrivés dans cette grande cour naguère si brillante, il descendit du perron, accompagné de son état-major, et se présenta devant ses vieux grognards : " Que l'on l'apporte mon aigle ! " Et, la prenant dans ses bras, il lui donna le baiser d'adieu. Que ce fut touchant. On n'entendait qu'un gémissement dans tous les rangs ; je puis dire que je versai des larmes de voir mon cher empereur partir pour l'île d'Elbe [2]. »

Accompagné d'une garde de six cents hommes, Napoléon s'éloigne du théâtre de ses actions. Il descend vers la Méditerranée, par la vallée du Rhône. Le voyage est mouvementé. Après Orange, les manifestations d'hostilité s'amplifient et des menaces de mort sont proférées à son encontre. L'Empereur déchu ressent durement ces attaques, même s'il tente d'en minimiser la portée : « J'ai été très content de l'esprit de la France jusqu'à Avignon, écrit-il à Marie-Louise en continuant à associer la France et les Français ; mais depuis Avignon, je les ai trouvés fort exaltés contre [3]. » La France le défend, mais les Français l'abandonnent, suggère-t-il. La présence de la foule, ses cris et ses menaces sont l'une des manifestations populaires sanctionnant la déchéance votée par le Sénat. Qu'elles aient été organisées, ou qu'elles soient spontanées, elles concrétisent la chute du régime, comme les acclamations et les vivats avaient pu accompagner l'entrée dans l'Empire, au soir du sacre. Ces manifestations populaires décrites par Napoléon confirment l'identification du régime impérial à la personne de l'Empereur. Pas plus en province qu'à Paris, on n'envisage que le successeur de Napoléon puisse être son fils. Les menaces de mort contre l'Empereur sont une manière d'exorciser un régime à présent honni.

Après avoir bravé ces invectives, Napoléon embarque sur un navire anglais, à Saint-Raphaël, et arrive le 4 mai à Portoferraio, la capitale de l'île d'Elbe. Il lui faut trouver une demeure, car les « logements y sont médiocres », note-t-il à son arrivée, avant de s'installer dans un logis plus confortable, le palais des Mulini. Il peut désormais gouverner en souverain cette petite île de la Méditerranée, située au nord-est de la Corse. Peuplée d'environ douze mille habitants, elle avait été réunie à la France en 1802. À ses côtés, Napoléon peut compter sur le général Bertrand, qu'il avait nommé en novembre 1813 grand maréchal du palais. Compagnon de Bonaparte en Italie, puis en Égypte, gouverneur des Provinces Illyriennes de 1811 à 1813, le général Bertrand avait pris une part active à la campagne d'Allemagne, avant de suivre fidèlement Napoléon lors de la campagne de France, jusqu'à l'accompagner à l'île d'Elbe où sa femme, née Fanny Dillon, le rejoint en août 1814. Sur l'île d'Elbe, Bertrand occupe les fonctions d'un ministre de l'Intérieur. Napoléon s'est également fait accompagner du général Drouot, dont il avait pu admirer les talents militaires lors des campagnes d'Allemagne et de France. Nommé gouverneur militaire de l'île, le général Drouot remplit en fait le rôle de ministre de la Guerre. Cet entourage militaire est complété par le général Cambronne qui commande la place de Ferraio. Napoléon s'attache également les services d'André Pons de l'Hérault qu'il trouve dans l'île à son arrivée. Pons de l'Hérault était en effet depuis 1809 directeur des mines de fer de l'île d'Elbe. Il y subissait une sorte d'exil dû à ses idées républicaines : « J'étais républicain avant la République, je fus l'un des patriotes qui collaborèrent le plus à sa naissance, je lui jurai amour et fidélité, je ne l'ai jamais trompée [4]. » Pour autant, il accepte de servir Napoléon qu'il considère comme un homme extraordinaire. Avec ces collaborateurs, Napoléon s'emploie à organiser l'île, à encourager l'agriculture, à développer l'industrie. Il rencontre cependant quelques difficultés dans la levée des impôts. Enfin, une petite vie de cour reprend au palais des Mulini où sont venues s'installer la mère de Napoléon, Letizia, et sa sœur Pauline. Mais l'arrivée de Marie-Louise et du roi de Rome est attendue en vain. Seule Marie Walewska fait un bref séjour sur l'île.

En France, dans le même temps, le provisoire a pris fin, avec l'arrivée de Louis XVIII. L'avènement du comte de Provence, frère de Louis XVI, marque aussi la fin d'un état de grâce qui n'a duré que deux mois, entre la chute de Napoléon et la proclamation de la Charte constitutionnelle, le 4 juin 1814. Celle-ci ne répond pas pleinement aux attentes des libéraux et déçoit plus généralement les héritiers de 1789, dans la mesure où elle remet en cause le principe de la souveraineté nationale. Le long rappel de la tradition monarchiste, la référence à l'origine divine du pouvoir, le refus de faire sanctionner cette Constitution par le peuple apparaissent comme autant de reculs vis-à-vis de la Révolution, même si, dans la pratique, la Charte de 1814 établit les bases d'une monarchie bicamériste, fondée sur les deux assemblées que sont la Chambre des pairs et la Chambre des députés des départements. En outre, ces deux assemblées puisent largement dans le personnel napoléonien, puisque l'on retrouve, parmi les pairs, un grand nombre de sénateurs, alors que la Chambre des députés est composée des membres du Corps législatif. Ces mesures de reconduction ne sont guère populaires, alors qu'elles irritent les royalistes ultra. En outre, malgré les concessions faites à l'esprit révolutionnaire par la Charte, le retour du roi suscite de nombreux mécontentements nés de la menace de voir rétabli l'Ancien Régime. Cette crainte repose sur la renaissance de la Cour, mais aussi sur le retour d'exil de nombreux nobles qui réclament des places, notamment dans l'armée, au moment où le gouvernement décide de limoger une grande partie des troupes et près de douze mille officiers, mis à la retraite ou en demi-solde. Le fantôme de l'Ancien Régime se profile aussi derrière le statut très favorable accordé à la religion catholique, déclarée religion d'État par la Charte et qui obtient les faveurs du régime. Le clergé redevient une des principales forces du pays, au grand dam de la bourgeoisie restée anticléricale. Pourtant l'épuration a été minime. La plupart des fonctionnaires de l'Empire sont maintenus en poste. Certains ministres eux-mêmes ont servi Napoléon, tels Talleyrand aux Affaires étrangères ou le général Dupont à l'Armée. En outre, la monarchie restaurée parvient à obtenir un règlement de la paix assez favorable à ses intérêts. Le traité de Paris du 30 mai 1814 lui laisse ses frontières de 1792 et ne lui impose aucune indemnité de guerre. Ce traité apparaît pourtant comme une reculade aux yeux d'une population habituée au Grand Empire.

Il faut cependant se garder d'interpréter cette période à la seule lueur des reconstructions opérées par les partisans de Napoléon. L'état de la France s'est considérablement amélioré au sortir des guerres napoléoniennes, les acquis de la Révolution n'ont pas été fondamentalement remis en cause, les libertés sont même un bien plus largement partagé qu'à l'époque précédente. Alors, d'où vient ce sentiment d'une détérioration de l'esprit public ? L'histoire est riche d'exemples de retournements de l'opinion, pour lesquels il ne faut pas seulement chercher des explications rationnelles. Ainsi, la crainte d'un retour à l'Ancien Régime se nourrit de signes plus symboliques que réels. En 1814-1815, la population a surtout peur du rétablissement de la féodalité et des dîmes. Or, les royalistes ultra ne contribuent pas à dissiper cette crainte en multipliant les réclamations en faveur de la restitution des biens nationaux. La représentation que la population se fait de la monarchie est également à prendre en compte. La figure du roi n'est pas remise en cause. Pourtant, l'impotent Louis XVIII n'est pas propre à fasciner les foules. Le pays s'est habitué depuis 1804, sinon depuis 1799, au gouvernement d'un seul homme, à l'identification de l'État à un monarque. Les formes du pouvoir inquiètent davantage. Habitués à un pouvoir autoritaire et centralisé, les Français sont désorientés par la réapparition d'un clergé tout-puissant et d'une noblesse autonome, qui apparaissent, bien que liés au régime, comme porteurs d'une autorité propre. Aussi paradoxal que cela puisse paraître, au plan local, la pression de l'autorité sur les habitants se fait davantage sentir, d'autant qu'à la traditionnelle autorité politique s'ajoute une pression économique et spirituelle.

La France tremble donc de voir renaître l'Ancien Régime. Est-elle prête pour autant à confier à nouveau son destin à Napoléon ? Sans doute quelques nostalgiques de l'Empire conspirent-ils dans le but de rétablir Napoléon. Mais, dans l'ensemble, la population n'est pas disposée à se soulever pour ramener l'Empereur déchu sur le trône. Elle maugrée, certes, vitupère les prêtres en certains endroits, se plaint du poids des impôts et surtout du rétablissement des droits réunis, dont la monarchie avait promis la suppression. Mais il serait exagéré de parler d'un appel lancé en faveur du retour de Napoléon. Tout au plus peut-on percevoir à travers ces manifestations populaires, attestées notamment à Paris et dans l'Est de la France, le signe d'un regret d'une époque révolue. Napoléon veut y voir, lui, un signe plus fort. Que sait-il finalement de l'état d'esprit des Français ? Il ne connaît la situation française qu'à travers le prisme déformé d'une presse acquise à sa cause ou d'informateurs prompts à abonder dans son sens. La liberté relative dont jouit la presse en France permet à des journaux comme *Le Nain jaune* d'exprimer leur fidélité à l'égard de l'Empereur. Napoléon reçoit aussi des visiteurs, curieux de contempler l'ancien maître de l'Europe. Parmi eux se glissent des fidèles, porteurs de messages en provenance du continent. Les émules d'Edmond Dantès transmettent ainsi à Napoléon des nouvelles supposées l'informer de l'état exact de l'opinion et le tenir au courant des conspirations militaires engagées. Malgré les mesures de démobilisation, l'armée est restée majoritairement bonapartiste, comme le montre par exemple l'acquittement du général Exelmans, traduit devant un tribunal militaire en janvier 1815 pour avoir refusé d'obéir aux injonctions du ministre de la Guerre qui l'avait assigné à résidence hors de Paris. C'est au sein de l'armée que se développent les mouvements les plus actifs en faveur d'un retour de Napoléon. Ainsi en février 1815, plusieurs officiers se concertent pour préparer un enlèvement du roi et faire marcher sur Paris les troupes de l'armée du Nord. Sont impliqués dans ce complot Davout, seul maréchal à ne pas avoir prêté serment à Louis XVIII, ainsi notamment que les généraux Merlin, Drouet d'Erlon et Lallemand. Ces militaires ont pris des contacts avec d'anciens collaborateurs de Napoléon, dont Thibaudeau, longtemps préfet de Marseille, Maret, ancien secrétaire d'État et conseiller écouté de Napoléon, ou encore Lavalette, directeur des Postes jusqu'en 1814, qui fait part, dans ses *Mémoires*, de sa circonspection : « L'un des chefs était le général Lallemand, que j'avais connu en Italie et en Égypte quand il était officier des guides, et ensuite aide de camp du général Junot. Il désirait que je prisse une part active dans la conjuration, et surtout que je me chargeasse d'en donner connaissance à l'Empereur. Je devais, me disait-il, avoir conservé des moyens sûrs de correspondre avec lui. Il me développa son plan qui n'allait rien moins qu'à s'emparer des Bourbons, proclamer l'Empereur et le rétablir sur le trône. Le maréchal Davout, les ducs d'Otrante et de Bassano, et plusieurs autres dont j'ai oublié les noms étaient les chefs supérieurs de l'entreprise. À mesure qu'il avançait dans sa confidence, l'inquiétude et l'effroi m'ôtaient jusqu'à la faculté de répliquer [5]. »

Maret, duc de Bassano, confirme à Lavalette les projets de conspiration et la participation de Fouché à l'entreprise. Ce dernier, momentanément retiré de la vie politique, est entré en contact avec les conspirateurs. À la différence de ses comparses, il envisage l'organisation d'une régence confiée à Marie-Louise, plutôt que le retour au pouvoir de Napoléon. Maret est donc bien l'une des pièces maîtresses du « parti bonapartiste ». C'est du reste lui qui envoie sur l'île d'Elbe un ancien sous-préfet de Napoléon, Fleury de Chaboulon, venu lui faire part de son allégeance à son ancien souverain. Fleury de Chaboulon accoste à Portoferraio le 12 février 1815, après s'être embarqué clandestinement dans un port italien. Parvenu jusqu'à Napoléon, il lui dépeint l'état de la France et lui narre les maladresses du roi. Toutefois la conversation est rapidement prise en main par Napoléon qui, ayant poussé Fleury de Chaboulon dans ses derniers retranchements, finit par obtenir la réponse qu'il espérait : « Oui, sire, lui déclare le messager, je suis convaincu que le peuple et l'armée vous recevraient en libérateur et embrasseraient votre cause avec enthousiasme [6]. » Ce témoignage, venant après plusieurs correspondances reçues de France, aurait décidé Napoléon à entreprendre un retour sur le continent. Pons de l'Hérault conteste l'importance de ces nouvelles, en rappelant que Fleury, parti de Paris depuis plusieurs semaines, ne pouvait faire état que de « vieilleries ». Peu importe. Napoléon a besoin d'un signe pour se lancer dans l'aventure. Il sait pouvoir disposer en France, notamment dans l'armée et l'administration, de relais à son entreprise.

L'initiative prise à la fin février n'en demeure pas moins un acte audacieux qui par certains côtés rappelle le retour d'Égypte en août 1799. Napoléon ne peut pas ne pas se remémorer cet épisode de son histoire. En 1815, comme en 1799, la marine anglaise rôde autour de lui. En Égypte, il a bénéficié du retrait de Sidney Smith, parti ravitailler. À l'île d'Elbe, il profite du départ du colonel Campbell qui depuis son arrivée, observait ses faits et gestes. Dans l'un et l'autre cas, l'inaction de la flotte anglaise paraît suspecte et semble découler d'un plan concerté. Le départ est fixé au 26 février. Napoléon a fait équiper plusieurs bateaux, dont le brick l'*Inconstant*, la plus belle pièce de sa flotte, à bord duquel il s'embarque. La flottille se sépare pour ne pas éveiller l'attention ; elle vogue sans encombre vers le golfe Juan, où elle opère sa concentration, avant le débarquement. Napoléon dispose de douze cents hommes, à savoir sa Garde, emmenée de France, un bataillon corse, organisé sur place, et une petite cohorte d'habitants de l'île embarqués dans l'aventure. Ils sont accompagnés de quelques chevaux pour tirer l'artillerie. Que peut espérer Napoléon, avec une aussi faible troupe ? Sans nul doute s'emparer d'une petite place forte pour rallier ensuite l'armée à sa cause.

Quelles que soient les justifications apportées *a posteriori*, en particulier les menaces pesant sur la personne de Napoléon, le débarquement de Golfe-Juan est un acte illégal par lequel Napoléon revient sur la signature apposée au bas de la convention réglant son sort en avril 1814. Il s'agit à proprement parler d'un putsch militaire, d'un *pronunciamiento*, par lequel un chef militaire espère soulever l'armée contre le pouvoir établi. De ce point de vue, si l'on peut dénier au 18-Brumaire la qualité de coup d'État militaire — il est avant tout un coup d'État parlementaire — en revanche, la tentative du 1er mars 1815 est bien un putsch. Curieusement, la nature de ce coup de main militaire a été quelque peu été occultée, comme si, inconsciemment, l'histoire avait reconnu à Napoléon une sorte de légitimité qui aurait rendu presque inéluctable, voire nécessaire, l'acte accompli. En fait, l'adhésion populaire à Napoléon dans les jours qui suivent efface ce premier acte. Pourtant, lorsque Napoléon débarque au golfe Juan, le 1er mars 1815, rien n'est gagné. Les premières troupes qu'il envoie en reconnaissance à Antibes sont purement et simplement arrêtées. Mais l'Empereur passe outre. Sans un regard vers ses compagnons, il fonce vers les Alpes, laissant de côté les grandes villes. Il évite la vallée du Rhône, certes parce qu'il est peu soucieux de retrouver une région qui l'a conspué en 1814, mais aussi parce que la route des Alpes lui offre un refuge plus commode. À l'inverse, ce choix rend plus compliquée l'action d'éventuelles troupes envoyées à sa rencontre. Les premiers contacts avec la population sont plutôt froids. À Cannes, à Grasse, puis à Castellane, les municipalités accèdent à ses demandes de ravitaillement, faute de pouvoir se défendre, mais la population ne marque aucun enthousiasme particulier. À partir du 4 mars toutefois, les premières manifestations d'adhésion se font entendre. À Sisteron, puis dans les villages environnants, la foule se presse pour voir l'Empereur. L'armée royale évite encore soigneusement l'affrontement. La première rencontre se produit le 7 mars à La Mure. Napoléon se heurte au 5e régiment de ligne qu'il parvient à rallier à sa cause : « Soldats du 5e, je suis votre Empereur, reconnaissez-moi. » En quelques mots, il a rappelé le lien l'unissant à l'armée, affirmant par là même son caractère légitime. L'appel à le reconnaître comporte un double sens, à la fois reconnaissance politique du souverain auquel on prête serment et reconnaissance physique de l'homme qui incarne l'État et le pouvoir. Ce ralliement ouvre à Napoléon les portes de Grenoble. Le 8 mars, il est à Lyon. La capitale des Gaules a été abandonnée quelques heures plus tôt par le comte d'Artois et le duc d'Orléans censé assurer sa défense. La ville est prise, presque sans coup férir.

Partout les mêmes scènes se reproduisent, scènes de liesse et de ferveur, dont le caractère irrationnel peut surprendre. Ces foules qui se pressent au-devant de Napoléon, ces soldats qui acceptent de le rejoindre semblent agir spontanément, sans avoir réfléchi à la portée de leurs actes. En cet instant, Napoléon exerce une sorte de fascination sur les populations qui retrouvent le héros d'Austerlitz, d'Eylau, de Wagram. Il électrise les foules. Malgré les épreuves, Napoléon reste ce demi-dieu dont de nombreux foyers ont gardé l'effigie ou la statue. On se presse pour le voir, pour le toucher. L'Empereur est l'objet d'un véritable culte, dont les formes restent sommaires. Outre la procession accomplie au-devant du souverain, le cri est la manifestation la plus concrète de cet élan populaire. Partout sur son passage, on entend fuser, au dire des témoignages recueillis, des « Vive l'Empereur ! ». Et pour joindre le geste à la parole, les soldats ralliés arrachent la cocarde blanche de leur uniforme pour la remplacer par la cocarde tricolore. La population des départements traversés se retrouve ainsi sur ce programme minimum qui résume cependant l'essentiel des revendications populaires : le rétablissement de l'Empire, meilleur garant à leurs yeux de la préservation des acquis de 1789. Napoléon n'a pas oublié non plus les effets de la propagande. À l'île d'Elbe, il a rédigé plusieurs proclamations, destinées en particulier à l'armée et au peuple français. Dans son adresse au peuple, il justifie son retour, après avoir mis son échec de 1814 sur le compte de la trahison des maréchaux Augereau et Marmont :

« Élevé au trône par votre choix, tout ce qui a été fait sans vous est illégitime [...] Français, dans mon exil, j'ai entendu vos plaintes et vos vœux : vous réclamiez ce gouvernement de votre choix qui est le seul légitime; vous accusiez mon long sommeil, vous me reprochiez de sacrifier à mon repos les grands intérêts de la patrie. J'ai traversé les mers au milieu des périls de toute espèce ; j'arrive parmi vous reprendre mes droits qui sont les vôtres [7]. »

Cette apologie de la souveraineté populaire, fondement de la doctrine bonapartiste, est un écho à l'esprit de 1789. À l'armée, Napoléon entendait rendre sa dignité. Il lui montre à nouveau les chemins de la gloire : « Soldats, venez vous ranger sous les drapeaux de votre chef. Son existence ne se compose que de la vôtre ; ses droits ne sont que ceux du peuple et les vôtres... La victoire marchera au pas de charge. L'aigle, avec les couleurs nationales, volera de clocher en clocher jusqu'aux tours de Notre-Dame [8]. » L'adhésion aux idéaux de la Révolution s'accompagne d'un attachement marqué à la France traditionnelle, incarnée par les églises de ses villages et de ses bourgs. Symboliquement Napoléon ne se fixe pas pour but le centre du pouvoir politique, à savoir les Tuileries, mais son cœur spirituel, la cathédrale de Paris, lieu de consécration de la dynastie impériale et gage de pérennité. Ces proclamations sont abondamment distribuées, à mesure de la remontée vers Paris. Elles sont même réimprimées en route.

Parvenu à Lyon, seconde capitale de la France, Napoléon peut se permettre d'endosser à nouveau les habits d'empereur. Il prend en effet ses premières mesures. Leur aspect symbolique ne peut échapper à personne. Ainsi, le drapeau blanc est remplacé par le drapeau tricolore, emblème de la Révolution mais aussi étendard brandi sur les champs de bataille de l'Empire. Napoléon abolit la noblesse et les ordres royaux et contraint les émigrés rentrés depuis 1814 à repartir en exil. Il révoque également toutes les décisions prises depuis le mois d'avril 1814. Enfin, sur le plan politique, il dissout la Chambre des députés et la Chambre des pairs. Cette dernière est condamnée parce qu'elle est « composée en partie de personnes qui ont porté les armes contre la France et qui ont intérêt au rétablissement des droits féodaux, à la destruction de l'égalité entre les différentes classes, à l'annulation des ventes de domaines nationaux, enfin à priver le peuple des droits qu'il a acquis par vingt-cinq ans de combats contre les ennemis de la gloire nationale [9] ». Ces propos ne peuvent que rassurer une opinion inquiète de la remise en cause des acquis révolutionnaires. En même temps, la décision prise le 13 mars revient à saper les bases de la Charte constitutionnelle. Napoléon annonce du reste la réunion des collèges électoraux, à Paris, dans le courant du mois de mai, pour modifier la Constitution.

Au même moment, dans la capitale, le roi continue de gouverner. Il a convoqué les assemblées pour marquer son attachement aux formes constitutionnelles de la monarchie et obtenir leur soutien. Le comte d'Artois accepte enfin de proclamer son adhésion à la Charte. Parallèlement, le gouvernement s'engage dans une politique de répression à l'encontre des éléments bonapartistes. Dans le Nord, le complot mis sur pied quelques semaines plus tôt est déclenché.

Fouché a informé, dès le 5 mars, le général Lallemand du retour de Napoléon. Deux jours plus tard, plusieurs régiments se mettent en mouvement, mais l'affaire tourne court, le général Lallemand et son frère, Dominique, sont arrêtés, de même que Drouet d'Erlon. L'annonce de cette conjuration entraîne le remplacement du maréchal Soult par le général Clarke à la tête du ministère de la Guerre, tandis que le gouvernement prépare l'arrestation des chefs bonapartistes. Ces mesures se révèlent vaines. Le danger se rapproche. Napoléon a repris sa route par la vallée de la Saône ; le 14 au soir, il couche à Chalon, le 15 à Autun, puis il parvient à Auxerre, où il est rejoint par le maréchal Ney. Envoyé au-devant de Napoléon pour lui barrer la route, le maréchal Ney a finalement décidé, la veille, de rallier l'Empereur, malgré la désapprobation des généraux de son état-major, Lecourbe et Marmont. Oubliant la promesse faite à Louis XVIII de ramener Napoléon dans une cage de fer, il fait marcher ses troupes de Besançon vers la Bourgogne pour les placer sous les ordres de l'Empereur. La rencontre entre les deux hommes a lieu le 18 mars ; elle scelle la réconciliation de deux guerriers, appelés à sombrer ensemble. La progression des armées ne se ralentit pas. Par terre et par eau, les troupes ralliées à Napoléon se hâtent vers Paris. Parvenu à Fontainebleau dans la matinée du 20 mars, Napoléon apprend que le roi a quitté Paris dans la nuit. Il presse alors le mouvement pour faire son entrée dans la capitale à 9 heures du soir. À cette heure, le pouvoir est déjà aux mains des partisans de Napoléon qui se sont emparés des principaux lieux stratégiques, hissant partout le drapeau tricolore. Lavalette, par exemple, a repris la direction des Postes. Il s'empresse d'annoncer à l'Empereur le départ du roi et bloque l'envoi vers la province des journaux et des correspondances. La ville est restée calme. Seuls les bonapartistes sont venus manifester aux abords des Tuileries. Des officiers se pressent dans la cour, les anciens membres de la Maison de l'Empereur ont réinvesti le palais. Lorsque Napoléon arrive, une partie de l'ancien personnel de la Cour est déjà présente pour lui faire ses offres de service.

Napoléon est entré dans Paris sans tirer un coup de feu. Les départements qu'il a traversés au cours de sa remontée vers la capitale sont ainsi passés sous son autorité. Mais il ne contrôle qu'un cinquième de la France. L'annonce de son retour à Paris entraîne la majeure partie du pays à le soutenir. Vers le 25 mars, les deux tiers des régions se sont rangées sous sa bannière, mais quelques-unes tentent encore de résister. Dès l'annonce du débarquement de Napoléon, outre le comte d'Artois et le duc d'Orléans, d'autres princes de la famille royale s'étaient mis à la tête de ce mouvement de résistance. Le duc d'Angoulême avait pris le commandement d'une armée dans le Sud. À Bordeaux, sa femme, la duchesse d'Angoulême, tente d'organiser la résistance royaliste, mais la défection de la plupart des troupes la contraint à renoncer à son action le 3 avril ; elle s'embarque alors sur un navire anglais, laissant Bordeaux aux mains des impériaux. En Vendée, le duc de Bourbon essaie de raviver le souvenir de 1793, mais sa tentative est également vouée à l'échec. Seul le duc d'Angoulême parvient à inquiéter un instant Napoléon, en faisant progresser ses troupes dans la vallée du Rhône où le sentiment royaliste s'exprime à nouveau. Mais l'envoi contre cette armée royale du général Grouchy dans un premier temps, puis du maréchal Suchet, contraint le duc d'Angoulême à capituler. En outre, une forte mobilisation populaire s'était dressée contre lui. Fait prisonnier, il est finalement exilé vers l'Espagne le 16 avril. À cette date, le pays est à peu près pacifié. Le roi et la Cour se sont réfugiés à Gand en Belgique, la plupart des émigrés rentrés en 1814 ont repris le chemin de l'exil. La guerre civile a été évitée, en grande partie à cause de l'armée qui a montré sa cohésion en ralliant très majoritairement Napoléon, d'abord par fidélité à son ancien chef, ensuite pour éviter un conflit fratricide entre soldats formés sur les mêmes champs de bataille. Toute résistance n'est pas éteinte, Napoléon peut néanmoins reprendre la direction du pays avec une certaine sérénité.

2. LES CENT-JOURS

La révolution du 20 mars ouvre une nouvelle ère dans l'épopée napoléonienne. En trois semaines, l'aventurier débarquant clandestinement au golfe Juan s'est mué en souverain légitime. Cette légitimité repose sur le soutien populaire rencontré au long de sa route. Le peuple l'a plébiscité avec ses pieds. Le départ précipité du roi est aussi un aveu de faiblesse qui renforce le caractère légitime de Napoléon. Parvenu à Paris, l'Empereur s'empresse de reconstituer un gouvernement, en faisant largement appel à ses anciens ministres. Le fidèle Maret reprend ses fonctions de secrétaire d'État, Gaudin retrouve le ministère des Finances qu'il avait occupé sans discontinuer de 1799 à 1814, Mollien réintègre également le ministère du Trésor, tandis que Decrès s'apprête à poursuivre l'œuvre de reconstruction de la marine. En revanche, Savary décline l'offre du ministère de la Police où Napoléon se décide à rappeler l'indispensable Fouché. Ce dernier avait joué un jeu ambigu pendant la Première Restauration, affichant son royalisme alors qu'il appuyait l'initiative de généraux qui, dans le nord de la France, préparaient un complot contre le roi, avant d'être menacé d'emprisonnement par le gouvernement de Louis XVIII. Fouché joue de ce statut d'opposant à la royauté pour s'imposer à Napoléon. Sa connaissance des rouages de la police est un atout considérable en ces temps troublés, même si sa fidélité n'est pas à toute épreuve. Tout comme Savary, Molé refuse de reprendre le ministère de la

Justice. Napoléon choisit donc d'y placer un revenant, en la personne de Cambacérès, l'ancien archichancelier, dont les compétences juridiques sont incontestables et qui d'ailleurs avait occupé cette fonction au lendemain du 18-Brumaire. À la Guerre, Napoléon nomme le maréchal Davout, qui s'était illustré par sa belle résistance dans la forteresse de Hambourg ; il avait été le dernier chef de guerre français à rendre les armes en avril 1814. Napoléon convainc également Caulaincourt de prendre à nouveau en charge le ministère des Relations extérieures. Tous ces ministres sont des fidèles de l'Empereur ; ils ont tous, sauf Davout, appartenu aux différents gouvernements de la période précédente. De ce point de vue, la nomination de Lazare Carnot au ministère de l'Intérieur représente une véritable surprise. L'ancien jacobin ne passait pas pour un partisan du régime impérial, mais sa réprobation de la monarchie, exprimée au début de l'année dans un pamphlet virulent, est telle qu'il accepte de servir Napoléon. La présence de Carnot, Fouché et Cambacérès donne à ce gouvernement une allure révolutionnaire. Tous les trois ont été députés à la Convention, les deux premiers votant la mort de Louis XVI, puis ils ont participé à la réaction thermidorienne, avant d'être, pour deux d'entre eux, les principaux piliers du Consulat. Napoléon peut également compter sur une administration peu épurée à l'occasion de la première restauration et qui accepte sans difficulté de se rallier à sa personne. Il n'en profite pas moins pour épurer fortement le corps préfectoral, ne conservant qu'un tiers des préfets en place à son arrivée.

Pour l'heure, l'une de ses principales préoccupations, après son retour au pouvoir, est d'éviter la reprise de la guerre extérieure, du moins dans l'immédiat. Parvenu à Lyon, il informe les puissances étrangères de ses intentions pacifiques. Il récidive à Paris, par l'intermédiaire de son ministre des Affaires extérieures. Caulaincourt tente de persuader les diplomates russes et autrichiens des bonnes dispositions de l'Empereur qui, dans le même temps, adresse aux divers souverains d'Europe des lettres dans ce sens. « Mes efforts, écrit Napoléon à l'empereur d'Autriche, tendent uniquement à consolider ce trône et à le léguer un jour, affermi sur d'inébranlables fondements, à l'enfant que Votre Majesté a entouré de ses bontés paternelles. » Napoléon espère alors que Marie-Louise et son fils pourront le rejoindre à Paris dans les plus brefs délais. Il abandonne donc l'idée de reconstituer son pouvoir en Europe, reconnaissant de fait les erreurs commises dans cette lutte pour l'expansion : « J'ai renoncé aux idées du Grand Empire, dont depuis quinze ans, je n'avais encore posé que les bases, indique-t-il aux conseillers d'État. Désormais le bonheur et la consolidation de l'Empire français seront l'objet de toutes mes pensées [10]. » Mais les puissances alliées restent insensibles à ces messages de paix, dans lesquels réapparaît l'homme des Lumières soucieux du bonheur de son peuple. Aiguillonnées par Talleyrand, venu à Vienne en sa qualité de ministre des Affaires étrangères de Louis XVIII, Russes, Autrichiens, Prussiens et Anglais promettent de mettre un terme au pouvoir de Napoléon. Dans un accord signé le 25 mars 1815, ils réactivent le pacte de Chaumont du 1er mars 1814, ce qui entraîne *de facto* la reprise de la guerre contre la France. La septième coalition est constituée. Elle peut compter sur les forces, notamment anglaises et prussiennes, stationnées dans le royaume des Pays-Bas, et espérer un prompt renfort des armées russe et autrichienne, encore sur le pied de guerre. Face à cette menace, Napoléon n'a pas attendu. Dès le 23 mars, il a commandé au maréchal Davout la fabrication par les arsenaux militaires de près de quatre cent mille fusils. Dans le même temps, il remobilise, en rappelant sous les drapeaux les demi-soldes et les conscrits de 1815. Mais Napoléon est isolé en Europe. Certes, Murat, toujours roi de Naples, lui apporte son soutien à la fin mars, mais que vaut ce ralliement de la part d'un homme qui avait trahi son beau-frère en 1814 ? Du reste, il n'attend pas le début des hostilités pour s'attaquer à l'Autriche, le 29 mars. Craignant sans nul doute de voir Napoléon s'immiscer en Italie, Murat espère parvenir à unifier la péninsule sous son autorité ; c'est tout le sens de l'appel lancé aux Italiens, depuis Rimini, le 30 mars. L'appel est peu entendu. Murat est défait par les Autrichiens à Tolentino le 3 mai et, après quelques jours de résistance, doit quitter l'Italie. Le désastre des armées de Murat prive Napoléon d'un soutien qui aurait pu lui être précieux lors de l'assaut final. Pour le moment, les préparatifs de guerre, de part et d'autre, offrent à la France un court répit, mis à profit pour inaugurer de nouvelles pratiques politiques.

Depuis son retour en France, Napoléon n'a cessé de rappeler son attachement à la Révolution dans son ensemble, et plus particulièrement au principe de la souveraineté populaire. « Toute souveraineté réside dans le peuple », explique-t-il ainsi au Conseil d'État le 26 mars. Cette idée était déjà contenue dans le décret publié à Lyon le 13 mars, par lequel il convoquait une assemblée des collèges électoraux pour modifier la Constitution, « selon l'intérêt et la volonté de la nation ». L'élan révolutionnaire est indéniable. Il est porté, en ces derniers jours de mars, par l'enthousiasme populaire rencontré au bord des routes, comme dans les villes traversées, y compris Paris. Pourtant, Napoléon refuse de se laisser porter plus avant par cette vague populaire dont il craint le débordement ; il ne veut pas être le « roi de la jacquerie ». C'est sur les notables qu'il entend s'appuyer, en fondant un régime plus libéral que démocratique. Napoléon a en effet senti le besoin de réformes politiques dans le pays. Le rétablissement pur et simple de l'Empire, dans ses formes anciennes, paraît impossible. Pour incarner cette nouvelle orientation, l'Empereur a besoin d'un homme neuf, peu suspect de compromission avec le régime. Benjamin Constant répond d'autant mieux à ces conditions qu'il avait rédigé un article très virulent contre Napoléon en apprenant son retour de l'île d'Elbe. Dans cet article publié le 18 mars, il comparait Napoléon à Gengis Khan. Benjamin Constant accepte pourtant de le rencontrer. Lui qui craignait l'instauration d'une terreur militaire au lendemain du 20 mars est agréablement surpris par les gages donnés à la liberté et s'inquiète en revanche de la menace étrangère : « La dictature n'était pas le seul péril. Un second danger était à redouter, qui devait suffire pour déterminer tous les Français : c'était l'asservissement de la France par les étrangers [11]. » Et Constant ajoute : « Quant à moi, je l'avoue, quelle qu'eût été mon opinion sur Napoléon, la seule attaque de l'étranger m'aurait fait un devoir de le soutenir [12]. » Il craint enfin la contre-révolution, à ses yeux désastreuse pour les libertés. Il ne faut pas cependant négliger, dans ce ralliement, la part de l'ambition personnelle. Constant n'a pas obtenu de la Restauration la place qu'il était en droit d'espérer en remerciements de son opposition à l'Empire. La première rencontre entre Napoléon et Benjamin Constant se déroule aux Tuileries, le 14 avril 1815, soit près d'un mois après l'entrée de l'Empereur à Paris. Napoléon lui expose son souhait de voir établi un régime constitutionnel, en lui demandant de réfléchir à des propositions en ce sens. Dans les jours suivants, l'ancien tribun lui soumet ses idées et insiste pour que la nouvelle Constitution marque une rupture avec l'Empire. Napoléon s'y refuse par souci de rattacher le régime issu de la révolution du 20 mars à celui mort le 6 avril 1814. Il impose donc au nouveau texte le nom d'*Acte additionnel aux constitutions de l'Empire*, qui laisse supposer une continuité législative alors que les bases du régime sont fondamentalement changées.

L'Acte additionnel s'inspire largement de la Charte constitutionnelle en ce qui concerne l'organisation des pouvoirs, mais il diffère dans l'exposé des motifs. Au souvenir de l'Ancien Régime, il oppose en effet l'« esprit du siècle » et le « progrès de la civilisation ». Alors que la Charte était octroyée, la nouvelle Constitution doit être soumise à l'approbation du peuple, selon le vœu fortement répété par Napoléon d'asseoir son régime sur le principe de la souveraineté nationale. Mais l'Empire n'est pas aboli. Bien plus, le texte paraît légitimer les conquêtes passées en les justifiant par le désir d'« organiser un grand système fédératif européen ». Cette idée de projet européen que Napoléon reprend à Sainte-Hélène n'avait jamais été formulée auparavant. Le terme de « liberté » scande cette nouvelle constitution dont le but affirmé est de « combiner le plus haut point de liberté politique et de sûreté individuelle avec la force et la centralisation nécessaires pour faire respecter par l'étranger l'indépendance du peuple français et la dignité de notre couronne ». La reprise de la guerre est contenue dans ce propos. Mais l'essentiel est ailleurs, dans la mise en place d'un régime constitutionnel, sinon pleinement parlementaire. L'Acte additionnel reprend l'organisation bicamériste prévue par la Charte, en conservant même le nom de Chambre des pairs, pour éviter de voir renaître un Sénat responsable de la chute du régime. La chambre basse est appelée « Chambre des représentants ». Le mode de désignation de ces députés reprend les dispositions de la Constitution de l'an X, ce qui revient à dire qu'ils sont élus par les collèges électoraux, composés des seuls notables. La Constitution de 1815 renoue donc avec les principes révolutionnaires, tout en fondant un régime bourgeois. Présentée au Conseil d'État le 21 avril, elle est promulguée le 22, avant d'être soumise au vote populaire.

Le plébiscite organisé au cours du mois de mai n'est pas un franc succès pour Napoléon. Il est vrai que depuis onze ans, les Français ont perdu l'habitude de ce mode de consultation. Par ailleurs, en ces temps de troubles et de changements politiques, l'abstention est encore le meilleur moyen d'échapper à d'éventuelles représailles. De fait, un cinquième seulement du corps électoral, estimé à 7,5 millions de Français, se déplace pour signer l'un des registres ouverts soit à la mairie, soit au tribunal, soit dans tel autre lieu public susceptible de l'accueillir. Le oui l'emporte très largement — on dénombre en effet 1 552 942 oui et 5 740 non — mais l'enseignement majeur de ce scrutin demeure la très forte abstention. Aux motifs traditionnels de refus de vote, rencontrés au début du régime, en particulier l'analphabétisme, s'ajoute sans doute en 1815 la faible pression de l'administration. Les autorités locales n'ont semble-t-il guère poussé les électeurs à voter. Dans certaines communes, par exemple dans l'Ouest, on n'a même pas ouvert de registres à cet effet. L'abstention recouvre donc aussi bien une opposition à l'égard du régime qu'une profonde indifférence. La population ne se reconnaît pas dans une Constitution qui n'est guère démocratique et qui, au contraire, à travers l'hérédité de la pairie notamment, semble revenir sur le principe de l'égalité civile. À l'inverse, les libéraux restent méfiants à l'égard d'un texte dont ils ne savent comment Napoléon l'interprétera. L'enthousiasme des premiers jours de mars a vécu. La carte des suffrages laisse apparaître deux France. Une France du Nord-Est et de l'Est, acquise au bonapartisme, et une France du Nord-Ouest, de l'Ouest et du Sud, au contraire rétive à l'emprise de Napoléon. C'est dans cette dernière région que les manifestations d'hostilité à l'Empire sont les plus nombreuses. Napoléon n'obtient donc pas le soutien qu'il espérait, sauf dans l'armée qui reste majoritairement acquise à son chef. Les pressions y ont été aussi plus fortes.

Dans le même temps, les collèges électoraux se réunissent pour désigner leurs représentants à la chambre basse. L'organisation de ces élections est une victoire des libéraux sur Napoléon qui avait espéré les différer jusqu'au règlement de la question extérieure. Les élections se déroulent dans une atmosphère de relative liberté. La pression des préfets demeure faible. À l'inverse, la suppression de la censure favorise une amorce de campagne électorale. Ces conditions profitent aux libéraux qui remportent largement ces élections. Sur six cent vingt-neuf sièges à pourvoir, ils en obtiennent en effet près de cinq cents, tandis que les partisans de Napoléon ne sont que quatre-vingts. On compte également une quarantaine de jacobins. Mais ces députés ne représentent qu'une fraction de l'opinion. Ils ont été élus par cent mille électeurs seulement. Or, au même moment, d'autres modes d'expression permettent de mesurer la diversité des réactions face au rétablissement de l'Empire.

Le retour de Napoléon a été favorisé par une crise morale et politique que sa seule présence ne peut parvenir à régler. Cette crise révèle la persistance de courants d'opinion bien tranchés, mais en même temps le profond désarroi d'une grande partie de la population. À gauche, le courant favorable à la défense des acquis de la Révolution a vu dans Napoléon le restaurateur des principes de 1789. Il s'est exprimé, dès le mois de mars, dans une série de démonstrations populaires qui ont impressionné l'Empereur. Ce mouvement se prolonge par la renaissance de clubs qui rappellent les grandes heures de la Révolution, mais leur nombre et leur activité restent réduits ; l'étouffement de la vie politique sous l'Empire a détruit en profondeur les réseaux jacobins. La génération de l'époque révolutionnaire a vieilli ou a disparu sans être remplacée. L'élan populaire de mars trouve cependant d'autres moyens pour s'exprimer, en particulier les groupes de fédérés. Ce mouvement des fédérés s'organise au cours des mois d'avril et mai. Il s'inspire à la fois de l'élan de 1790 et de la levée en masse de 1793. Il se répand à travers toute la France, mais il est particulièrement actif dans l'Ouest où les villes bleues craignent la victoire des royalistes, et dans l'Est où la menace étrangère est la plus forte. Les fédérés de 1815 réclament des armes pour lutter contre les ennemis de la Révolution, tant à l'intérieur du pays, notamment dans l'Ouest où l'insurrection a repris, qu'à l'extérieur. Le souvenir de 1793 est très présent dans leurs rangs et si l'on entonne volontiers la *Marseillaise* ou le *Chant du départ*, on conspue également les prêtres et les anciens nobles. L'anticléricalisme redevient un des ciments de ce courant jacobin. À Paris, le mouvement fédératif est populaire. Il réunit plusieurs milliers d'hommes, issus notamment des quartiers est de la capitale. Les héritiers des émeutiers du faubourg Saint-Antoine reprennent la tradition de leurs pères. Le « parti jacobin », assoupi pendant l'Empire, se réveille. Il reconnaît en Napoléon l'« homme de la nation », le « défenseur de la patrie ». Mais l'Empereur qui passe en revue quinze mille fédérés parisiens le 14 mai 1815 refuse de leur donner des armes, préférant s'appuyer sur les seules troupes régulières. En outre, les notables s'inquiètent de plus en plus de cette résurgence du jacobinisme. À Paris, la Garde nationale, formée d'éléments bourgeois, reste sur la réserve. En province également, ces mouvements inquiètent. Le préfet du Vaucluse signale ainsi : « Les partisans de l'Empereur tiennent des propos qui nous

épouvantent. » À quoi le sous-préfet de Lunéville répond en écho :
« C'est de la frénésie. On menace les prêtres et les nobles. En 1793,
les esprits n'étaient pas aussi montés qu'aujourd'hui. »

Le surgissement de ce courant jacobin s'explique aussi par la persistance d'un parti monarchiste, resté fidèle à Louis XVIII. Il
s'exprime notamment par des gestes ou des cris contre l'ordre établi, ou par des actes de désobéissance. Ces manifestations se déroulent notamment dans le Nord-Ouest, l'Ouest et le Sud, régions où la
participation au plébiscite est la plus faible. Ici on arrache les
affiches officielles pour les remplacer par les proclamations de
Louis XVIII, là on arbore le drapeau blanc ou l'on s'en prend aux
soldats de Napoléon. À Marseille, Bordeaux, Toulouse, le parti
royaliste est de plus en plus difficile à contenir. Dans l'ensemble de
l'Ouest et du Sud, les résistances à la conscription et au versement
de l'impôt sont nombreuses. Un peu partout les maires font preuve
d'inertie, quand ils ne favorisent pas ces mouvements de révolte.
Nommés par le pouvoir impérial en 1812, souvent choisis au sein de
l'ancienne noblesse, ces maires ont été pour la plupart conservé par
la monarchie après s'être ralliés sans difficulté à Louis XVIII. Leur
foi royaliste est souvent restée intacte, même s'ils acceptent de
continuer l'administration de leur commune après le 20 mars.
Informé de cette situation, Napoléon décide, le 30 avril 1815,
de réformer le mode de désignation des maires et adjoints des
communes de moins de cinq mille habitants, de loin les plus nombreuses. Les magistrats y sont désormais élus par un large collège
électoral. En fait, cette mesure apparemment démocratique profite
aux maires en place qui, forts de leur expérience et de leur popularité, parviennent à se faire réélire. Deux tiers des maires sont ainsi
conservés en mai, mais ils tiennent désormais leur légitimité de leurs
concitoyens et affirment leur autonomie à l'égard du pouvoir central. La France vit alors un bref instant de liberté communale, avant
la révocation de ce mode d'élection au début de la seconde Restauration. Le clergé enfin n'apporte pas un soutien franc et massif
à l'Empereur. Dans l'ensemble, il ne s'est pas opposé à Napoléon, à
l'image de la grande majorité des évêques, mais il demeure sur la
réserve et ne fait pas de zèle pour encourager la conscription,
notamment. Toutefois, ces exemples de résistance silencieuse
conduisent rarement à l'insurrection.

Seule finalement la Vendée se soulève. Depuis le début avril,
l'Ouest était resté en ébullition, mais Napoléon avait cependant
décidé de rappeler le gros des troupes qui s'y trouvait. Ce départ,
ajouté à l'imminence de la guerre étrangère, pousse les royalistes de
l'Ouest à tenter un nouveau soulèvement. Le 15 mai 1815, avec
l'aide des Anglais, une rébellion éclate dans ce sanctuaire du royalisme. Suzannet, d'Autichamp et Sapinaud prennent les armes. Ils
sont rejoints par Louis de la Rochejaquelein qui débarque, ce même
jour, avec des fusils et des munitions. La Vendée et une partie de la

Bretagne sont touchées par cette insurrection qui oblige Napoléon à envoyer sur place une armée dont le commandement est confié au général Lamarque. La guerre de 1815 ne ressemble pas aux précédents conflits ; elle provoque néanmoins la mort de Louis de la Rochejaquelein, remplacé par son frère Auguste comme général en chef. Elle constitue surtout une menace sur les arrières de Napoléon. La victoire revient aux troupes du général Lamarque, mais elle intervient après Waterloo et lorsque le traité de Cholet est signé, le 26 juin 1815, Napoléon a déjà abdiqué pour la seconde fois.

Pendant que la révolte se propageait dans l'Ouest, Napoléon a poursuivi la mise en place des institutions. Le 1er juin, il réunit l'« Assemblée du Champ de Mai », promise le 13 mars 1815, depuis Lyon. La réunion attendue des milliers d'électeurs membres des collèges électoraux, qui aurait symbolisé le rassemblement de la nation autour de son chef, est remplacée par une cérémonie parfaitement maîtrisée, au cours de laquelle sont proclamés les résultats du plébiscite. Elle réunit tous les grands notables de l'Empire : les ministres, les députés récemment élus, les membres des grands corps de l'État, un nombre important d'officiers, ainsi que quelques évêques restés fidèles à Napoléon au point d'accepter ce geste d'allégeance, à l'image de Mgr de Barral, archevêque de Tours, qui sera contraint de démissionner lors de la Seconde Restauration. La cérémonie associe donc l'armée, le clergé, les hauts fonctionnaires et les représentants du peuple, en une union qui reste toutefois imparfaite. Ce rassemblement en grande pompe marque les vrais débuts de la nouvelle Constitution. Le lendemain, en effet, Napoléon désigne les cent dix-sept membres de la Chambre des pairs. Quarante, dont les princes de la famille impériale, avaient appartenu au Sénat de l'Empire. Parmi eux, dix, dont Sieyès et Lebrun, avaient voté la déchéance de Napoléon en avril 1814. Enfin, vingt-huit sortaient de la Chambre des pairs installée par Louis XVIII. Ils sont ainsi des éléments de continuité d'un régime à l'autre. Le 3 juin, les députés élus en mai se réunissent pour élire leur président. Refusant de reconnaître Lucien Bonaparte que voulait leur imposer Napoléon, ils choisissent d'élire Lanjuinais comme président. Ce libéral, originaire de Bretagne, avait longtemps fait figure d'opposant à l'Empire au sein du Corps législatif. Son élection à la tête de la Chambre des représentants est donc un avertissement adressé à l'Empereur afin qu'il entende la voix des députés. La session parlementaire s'ouvre le 7 juin. Elle est l'une des plus brèves de l'histoire parlementaire française. À la mi-juin, les troupes françaises sont déjà sur le pied de guerre pour leur ultime campagne.

Napoléon dispose alors d'une armée de cinq cent mille hommes, formée notamment grâce à la levée des conscrits de 1815 ou des classes antérieures qui avaient échappé au service. Une partie notable de ces troupes est cependant conservée à l'arrière, notamment dans l'Ouest et autour de Paris, pour assurer la sécurité du territoire. Une autre partie est stationnée dans la région de Lyon, sous le commandement du maréchal Suchet, enfin vingt-cinq mille hommes, commandés par le général Rapp défendent la frontière du Rhin en Alsace. Les autres frontières sont également gardées, si bien que l'armée dont peut disposer Napoléon est relativement réduite. Cette armée du Nord, que l'Empereur, parti de Paris le 12 juin, commande en personne, comprend environ cent vingt-cinq mille soldats et trois cent soixante-dix pièces d'artillerie. Napoléon a choisi une stratégie offensive. Il désire se porter au-devant des armées anglaise et prussienne, alors stationnées dans le royaume des Pays-Bas, pour empêcher leur concentration et les vaincre l'une après l'autre. Elles sont en effet très supérieures en nombre, puisque l'armée anglo-hollandaise, placée sous les ordres de Wellington, rassemble cent vingt-quatre mille hommes et l'armée prussienne de Blücher près de quatre-vingt-quinze mille. La disproportion est flagrante, mais Napoléon espère qu'une victoire rapide dissuadera Russes et Autrichiens de poursuivre le combat. Le 15 juin, l'armée française franchit la Sambre, du côté de Charleroi, et bouscule l'armée de Blücher, mais une suite de mésententes et de maladresses empêchent les Français de tirer pleinement profit de cette situation. Le lendemain, 16 juin, ils sont encore vainqueurs à Ligny sur Blücher, mais la poursuite de ce dernier tarde à intervenir. Ce n'est que le 17 que Napoléon donne l'ordre au maréchal Grouchy de poursuivre l'armée prussienne, tandis qu'il se porte, avec le gros des troupes, soit soixante-quinze mille hommes, contre Wellington. La bataille peut commencer. Elle se déroule dans la plaine de Waterloo, le 18 juin 1815. Les pluies torrentielles de la nuit ont détrempé le terrain. Napoléon attend donc la fin de la matinée pour lancer la charge. Il espère le renfort des troupes de Grouchy, rappelé en catastrophe, mais qui reçoit l'ordre trop tardivement. En revanche, l'armée voit débouler sur sa droite, le corps prussien de Bülow, commandé par le maréchal Blücher en personne. La supériorité numérique des Anglo-Prussiens est alors telle que l'issue ne fait aucun doute. Les charges désespérées de la cavalerie commandée par le maréchal Ney, tout comme la résistance de la Garde, placée sous les ordres de Cambronne, n'y font rien. L'armée française doit battre en retraite, en laissant trente mille hommes sur le champ de bataille. La défaite est consommée. Elle annonce l'agonie de l'Empire.

Pourtant, Napoléon n'a pas encore renoncé au pouvoir. Il rapatrie le reste de son armée vers Paris où se concentrent les troupes placées sous le commandement du maréchal Soult. Plusieurs éléments contraires se liguent contre lui. Fouché, qui a eu connaissance de la défaite dès le 19 juin, s'emploie à convaincre ministres et députés que Napoléon doit abandonner le pouvoir. Il songe alors à favoriser le retour des Bourbons, solution que la majorité libérale de la Chambre des députés n'est pas prête à accepter. Il use donc d'artifice en mettant en avant les chances de préserver la dynastie par une abdication en faveur du roi de Rome. Les partisans d'un sursaut national, à l'image de Carnot, sont débordés. Lorsque Napoléon revient à Paris, le 21 juin, la Chambre des députés est acquise à l'idée de sa destitution. Elle se déclare alors en permanence, signifiant par là qu'elle est la seule détentrice du pouvoir, et vote une motion de défiance envers Napoléon. Malgré le soutien d'une partie de la population parisienne, venue manifester aux abords de l'Élysée, Napoléon refuse le combat contre l'assemblée ; il ne veut pas être le « roi de la jacquerie ». Le 22 juin, il signe donc l'acte d'abdication en faveur de son fils. Au même moment, la Chambre des députés désigne une « Commission de gouvernement », composée de cinq membres et présidée par Fouché. Le ministre de la Police joue en la circonstance le rôle qu'avait rempli Talleyrand un an plus tôt. Comme alors, la chute de Napoléon est précipitée par les assemblées. Napoléon reste encore quelque temps aux abords de la capitale, comme s'il espérait qu'en un dernier sursaut les Français le rappelleraient. Il s'installe à Malmaison où, le 29 juin, il apprend l'arrivée de Blücher devant Paris. Sa proposition de reprendre les armes est cependant repoussée par le gouvernement. Car la France est toujours en guerre contre les alliés. L'assemblée libérale refuse de reconnaître Louis XVIII, comme l'avait fait le Sénat en avril 1814. Elle poursuit la lutte, avant de capituler le 3 juillet. Louis XVIII rentre dans sa capitale le 8. Mais le gouvernement qui se forme, avec à sa tête Talleyrand et Fouché, conserve une allure très napoléonienne.

L'Empereur déchu a pour sa part quitté les environs de Paris le 29 juin, à l'arrivée des troupes prussiennes. Il se dirige vers l'Atlantique où ses partisans l'engagent à poursuivre la lutte. Il s'y refuse, espérant pouvoir s'embarquer vers les États-Unis. C'est dans ce but que, confiant dans les traditions d'hospitalité des Anglais, il monte sur le *Bellerophon*, navire anglais croisant au large de l'île d'Aix. Quelques fidèles l'entourent encore, tels Savary, Bertrand, Las Cases, Montholon ou Gourgaud, ainsi que son valet Marchand. Ces derniers, sauf Savary, sont autorisés à l'accompagner dans son exil sur l'île de Sainte-Hélène. Parti en août, le *Northumberland* arrive en vue de Sainte-Hélène deux mois plus tard ; le 16 octobre 1815, Napoléon débarque sur cette île située au cœur de l'Atlantique, entre le Brésil et l'Afrique du Sud. Son exil commence ; il devait durer cinq ans et demi jusqu'à ce que la mort vienne le frapper, le 5 mai 1821.

3. L'ENTRÉE DANS LA LÉGENDE

Ni l'exil à Sainte-Hélène ni la mort de Napoléon ne provoquent l'oubli de celui qui fut pendant quinze ans le maître de la France, sinon de l'Europe. La trace laissée sur le continent est en effet indélébile. Napoléon a marqué à jamais de son empreinte l'histoire du continent. Il a tout d'abord contribué à en modifier les frontières et les institutions. Malgré les tentatives de restauration politique décidées par le congrès de Vienne, l'Europe de 1815 n'est pas celle de 1789. Le rétablissement des principales monarchies n'a pas éteint le sentiment national, né à l'époque de la Révolution et surtout de l'Empire. L'unification de l'Allemagne ou de l'Italie sont une conséquence indirecte des guerres napoléoniennes. Celles-ci ont aussi contribué à modifier les institutions des divers pays conquis. L'abolition des lois mises en place par les Français n'empêche pas le Code civil, par exemple, d'inspirer plusieurs codes établis en Europe, de même que le souvenir des constitutions élaborées sous l'Empire pousse les libéraux à l'action dans les premières années du XIXᵉ siècle. Pour l'heure, l'Europe compte ses morts. Russes, Prussiens, Autrichiens et Allemands, Espagnols surtout, et dans une moindre mesure Italiens et Anglais ont subi des désastres incommensurables. Les pertes humaines des guerres napoléoniennes, ajoutées aux morts des guerres de la Révolution, provoquent en Europe un profond traumatisme, même si la reprise démographique est rapide.

En France, le nombre des victimes s'établit entre six cent mille et huit cent mille hommes. La Restauration hérite de ce lourd bilan. Les pensions accordées aux veuves ou aux blessés de guerre grèvent pour de longues années le budget de la France. Ces bras font également défaut à l'heure de la reconstruction. La France doit aussi faire face, au lendemain des Cent-Jours, à des conditions de paix beaucoup plus draconiennes que celles édictées en mai 1814. Le second traité de Paris, signé le 20 novembre 1815, lui ôte en effet le comté de Nice et la Savoie qu'elle avait conservés en 1814, de même que plusieurs places fortes situées au nord du pays. La France doit en outre payer une importante indemnité de guerre garantie par l'occupation d'une partie de son territoire. Tous ces éléments auraient pu contribuer à jeter l'opprobre sur un homme rendu responsable de ce désastre. De fait, les pamphlets antinapoléoniens se multiplient pour dénoncer les méfaits de l'« Ogre ». Ils ne parviennent pourtant pas à étouffer le sentiment bonapartiste chez une partie de la population.

Le durcissement de la politique menée contre les partisans de l'Empire, après les Cent-Jours, l'explique sans conteste. L'instauration de la « terreur blanche » frappe les esprits. Dans plusieurs régions, celles du Sud notamment, elle touche à la fois des groupes de population supposés favorables à l'esprit révolutionnaire, en particulier les protestants, et des hommes qui incarnent l'Empire, à l'image du maréchal Brune, assassiné à Avignon le 2 août. L'épuration de l'administration et de l'armée, la proscription des anciens régicides, les condamnations à mort de fidèles de Napoléon tel le maréchal Ney exécuté le 7 décembre 1815, ou Lavalette qui parvient à s'évader de sa prison, grâce à l'aide de sa femme, témoignent de la volonté royale d'éradiquer toute trace de bonapartisme dans le pays. Or, malgré la censure et les sanctions promises aux partisans de Napoléon, ceux-ci continuent de se manifester. Près de huit cents manifestations bonapartistes donnent lieu à l'ouverture d'une information judiciaire en 1815-1816. Ce bonapartisme populaire se nourrit de la lecture toujours recommencée des *Bulletins de la Grande Armée* ou des almanachs conservés pieusement, comme ont pu l'être les images de Napoléon ou les scènes de bataille immortalisant l'épopée impériale. Il s'appuie surtout sur les récits des soldats revenus au pays, même s'il ne faut pas généraliser la portée de ces témoignages, ou sur l'évocation de cette époque, naturellement idéalisée, où les campagnes étaient prospères. Les difficultés économiques consécutives à la crise de 1817 contribuent de ce point de vue à renforcer l'impression d'un âge d'or révolu. On oublie vite à l'inverse les effets de la conscription et la saignée humaine qu'elle a provoquée. Au début de la Restauration, la légende napoléonienne repose sur un fonds essentiellement oral. Elle est au sens premier du terme, une épopée, c'est-à-dire le récit sans cesse repris d'une aventure fondatrice, dont les héros accèdent au rang d'immortels. De fait, l'idée d'un retour probable de Napoléon de Sainte-Hélène continue de se répandre. De même, après son décès, des témoins affirment l'avoir rencontré, tant sa disparition paraît impensable.

La légende prend un nouveau tournant après la mort de l'Empereur. Les années 1820 sont marquées par la multiplication de récits sur son règne, les uns authentiques, comme les souvenirs de Thibaudeau ou Savary, d'autres sujets à caution, comme les fameux *Mémoires de Joseph Fouché* publiés en 1824, et rédigés en grande partie par Alexandre de Beauchamp. De même, Balzac a prêté sa plume à la duchesse d'Abrantès pour écrire des souvenirs souvent caustiques. On commence également à connaître les conditions de détention de Napoléon sur le rocher de Sainte-Hélène ; les brimades dont il a été l'objet de la part du gouverneur de l'île, Hudson Lowe, raniment une vague d'anglophobie et contribuent à faire naître l'image du martyr. Les uns après les autres, ses compagnons s'en sont allés, Las Cases le premier, chassé de Sainte-Hélène en novembre 1816, après une tentative de correspondance avec l'extérieur, Gourgaud ensuite, parti en février 1818. Rentrés en Europe, ils commencent à raconter leur expérience, avant de pouvoir en faire le récit écrit. Le comte de Las Cases se lance le premier dans l'aventure. Après avoir récupéré le manuscrit que lui avait confisqué le gouverneur de l'île en 1816, il publie, en 1823, un ouvrage dont le succès est considérable, le *Mémorial de Sainte-Hélène*. Le compagnon de Napoléon a recueilli ses propos entre 1815 et 1816, et les relate tels quels, sans chercher à les remettre en ordre. C'est ce mélange de récits dictés par Napoléon à l'auteur et d'anecdotes sur sa détention qui captive un public prompt à s'enflammer pour une époque qui s'éloigne. Il se laisse séduire par la réécriture de l'histoire proposée par Napoléon, à travers la plume de Las Cases. Le *Mémorial* privilégie en effet la continuité avec la période révolutionnaire, en présentant l'Empereur comme le fils de la Révolution, en mettant en avant son désir d'unifier l'Europe. L'ouvrage, un des plus gros succès de librairie du XIXᵉ siècle, devient la bible des bonapartistes.

À partir de la publication du *Mémorial*, la légende est reprise par toute une génération de poètes et d'artistes romantiques dont plusieurs, à l'image de Victor Hugo, étaient des partisans affirmés de la monarchie. Balzac surtout, dans *La Comédie humaine*, s'impose comme un des principaux chantres de l'épopée napoléonienne, malgré ses attaches monarchistes. Il est séduit et fasciné par le souffle de Napoléon et anime ses personnages, au point d'en faire à leur tour des vecteurs de la légende. Ainsi, le récit de Goguelat, ancien soldat de la Grande Armée, dans *Le Médecin de campagne*, est édité à part. Béranger dans ses chansons contribue également à perpétuer le souvenir de Napoléon. Stendhal qui a côtoyé l'Empereur met en scène la figure du grand homme. Le théâtre, genre le plus important de la littérature du premier XIXᵉ siècle, n'est pas en reste. Alexandre Dumas signe par exemple un *Napoléon* qui fait sensation au début de la monarchie de Juillet, au point de paraître subversif. L'acteur Frédéric Lemaître, au début d'une époustouflante carrière, y campe un Napoléon révolutionnaire. La peinture enfin s'inspire très largement de la geste napoléonienne. Horace Vernet ou Raffet popularise les batailles de l'Empire tout au long du XIXᵉ siècle. L'œuvre de Napoléon est relue comme une épopée, digne de celle d'Alexandre ou de Charlemagne. Ces artistes romantiques contribuent à forger la légende napoléonienne, sans que pour autant le bonapartisme populaire disparaisse.

La conjonction de ces deux formes d'adhésion à l'Empire explique la tentative de récupération du mythe napoléonien par les pouvoirs publics. En 1840, la monarchie de Juillet décide le retour des cendres de Napoléon en France ; le gouvernement envoie à Sainte-Hélène un navire, la *Belle Poule*, chargé de récupérer les restes de l'Empereur. L'expédition est conduite par l'un des fils du roi, le prince de Joinville, et compte dans ses rangs quelques-uns des compagnons de la captivité, notamment Emmanuel de Las Cases, le fils du mémorialiste qui avait suivi son père à Sainte-Hélène en 1815, Gourgaud, Bertrand et Marchand, le serviteur de Napoléon. Le retour vers Paris offre l'occasion de grandes manifestations populaires. La foule se masse le long de la Seine, sur le parcours de la dépouille. Près d'un million de Parisiens viennent ensuite lui rendre hommage lors de la grande cérémonie préludant à sa déposition aux Invalides. Toutefois, la persistance du sentiment bonapartiste dans la population n'est pas encore suffisante pour imposer un changement de régime. Lors de la révolution de 1830, les cris en faveur de Napoléon II n'ont pas entraîné le rétablissement de l'Empire, non plus que les deux tentatives de Louis-Napoléon Bonaparte, neveu de l'Empereur, à Strasbourg en 1835 et à Boulogne en 1840. En revanche, lors de la Seconde République, le nom de Bonaparte permet à Louis-Napoléon d'être élu député, puis d'emporter largement l'élection présidentielle du 10 décembre 1848. Ce succès est en grande partie le fruit de la légende napoléonienne. De même, lorsque Louis Napoléon Bonaparte rétablit un régime autoritaire au lendemain du coup d'État du 2 décembre 1851, c'est directement à l'Empire qu'il se réfère, en proposant une constitution proche de celle de l'an VIII et en rappelant son souci de rétablir en France l'ordre et l'autorité. Ainsi le bonapartisme revient au pouvoir en s'appuyant sur le culte napoléonien. L'Empire est proclamé le 2 décembre 1852, en souvenir du sacre de Napoléon et de la victoire d'Austerlitz. Mais les deux courants bonapartistes ne se superposent pas pleinement. Le premier reste attaché au Napoléon, héritier de la Révolution et symbole de la grandeur de la France. Il est aussi anticlérical, si bien qu'il ne se reconnaît pas toujours dans le bonapartisme du Second Empire, allié au catholicisme, au moins dans sa première phase. De ce fait, il peut en partie s'en désolidariser après la défaite de 1870. Napoléon III n'entraîne pas son oncle dans sa chute. Le Premier Empire ne subit pas le discrédit dont pâtit le Second. La légende reste vivante, même si la disparition des derniers soldats de la Grande Armée lui ôte une partie de ses propagateurs. Le décalage est tel que, au XXe siècle, lorsque l'on veut dénoncer un danger dictatorial, on préfère la référence au 2-Décembre plutôt qu'au 18-Brumaire. En effet, malgré ses échecs et le nombre des victimes provoquées par les guerres napoléoniennes, le Premier Empire reste entouré d'une image favorable et Napoléon demeure aux yeux des Français l'archétype du grand homme.

Conclusion

Peut-on tirer un bilan serein des quinze années du Consulat et de l'Empire ? La question n'est pas dénuée de fondement tant l'époque suscite encore de passions, chez les inconditionnels de l'Empire qui s'indignent dès que l'on touche à un cheveu de leur idole, comme chez les adversaires irréductibles d'un régime immédiatement rangé au rayon des dictatures militaires. Pourtant, comme toute période de l'histoire, le Consulat et l'Empire méritent d'être analysés pour eux-mêmes, sans préjugés, et sans omettre de les replacer dans leur contexte.

Sur le plan intérieur, le bilan de l'œuvre napoléonienne est considérable et peut se mesurer à sa longévité. Les réformes administratives, judiciaires, scolaires, financières et religieuses ont dressé les cadres d'un nouvel État. La France moderne naît véritablement au tournant des XVIIIe et XIXe siècles. Certes, le Consulat et l'Empire n'inventent pas de toutes pièces ces nouvelles institutions. Le préfet se coule dans le cadre départemental établi à l'époque de la Révolution, les lycées héritent des écoles centrales fondées sous la Convention, le Code civil n'est que le fruit de nombreux projets élaborés dans la décennie précédente, le fameux « franc germinal » lui-même existait avant 1803 et le cadastre est la conséquence de l'égalité fiscale définie dès 1789. Pour autant, l'œuvre du Consulat, plus encore que de l'Empire, reste considérable, en premier lieu parce que, même si elles étaient à l'état de projet, ces réformes n'ont pu aboutir que dans les premières années du XIXe siècle. L'action personnelle de Napoléon Bonaparte est indéniable, mais il n'a pu parvenir à ces réformes qu'en s'appuyant sur des collaborateurs nombreux et parce qu'il réussit à maîtriser d'éventuelles oppositions, au sein d'assemblées contrôlées. Le régime autoritaire a favorisé l'élaboration d'une législation extrêmement riche. C'est là que se situe le paradoxe de ce régime. Ses successeurs, qu'ils soient royalistes ou républicains, le dénoncent comme un régime dictatorial, mais ils ne

439

remettent pas en cause fondamentalement l'œuvre accomplie, reconnaissant en quelque sorte le bien-fondé des mesures prises sous Napoléon. Il est vrai que ce dernier avait su d'emblée rassembler les hommes et fédérer les idées. Il est assurément l'homme de la synthèse, parvenant à rallier à lui, dès le 18-Brumaire, une grande partie des révolutionnaires auxquels viennent se joindre, au fil des ans, les fidèles de l'Ancien Régime. Certes, une opposition demeure, mais Napoléon a su utiliser les talents, militaires et politiques, qui s'offraient à lui. C'est d'ailleurs pour reconstituer ce vivier qu'il met tant d'ardeur à créer des lieux de formation pour les futures élites. La très grande stabilité de ce personnel politique, que ce soit au gouvernement ou au Conseil d'État, explique pour partie l'œuvre entreprise. Napoléon est loin d'être isolé. Qui plus est, il a su tisser des liens durables avec les hommes de son entourage, gage de continuité dans l'action politique. Il a su aussi récupérer tout un personnel formé sous la Révolution et qui trouve à s'employer dans les nouvelles fonctions définies sous le Consulat. Se constitue ainsi un groupe de hauts fonctionnaires, d'administrateurs, de parlementaires qui forment une classe politique dont le destin est durable. L'Empire lègue ses hommes au XIXᵉ siècle, la monarchie restaurée puisant à plein tonneau dans ce personnel napoléonien. Par ce biais, l'Empire impose un style, une méthode de travail, une conception même de l'État qui sont l'un des traits majeurs de la fonction publique et du monde politique au XIXᵉ siècle.

Pourtant, l'œuvre accomplie l'a été au prix des libertés conquises en 1789. Si la liberté de conscience n'est pas fondamentalement remise en question, en revanche, la liberté individuelle et la liberté d'expression sont bafouées. La police a vu ses pouvoirs renforcés, les activités politiques sont interdites, les groupes et les associations sont surveillés, la presse est censurée. Quant aux droits des assemblées, ils sont fortement limités par un mode d'élection qui permet de contrôler leur composition et par une pratique qui réduit presque à néant tout débat parlementaire. Cette privation des libertés est partiellement consentie, par les notables en premier lieu qui, en se ralliant au régime, assoient sa légitimité, par le peuple ensuite qui se satisfait apparemment de la stabilité politique retrouvée et de la paix civile. Le monde rural surtout qui forme encore l'essentiel de la population sait gré au régime de rester assez lointain. Tant que la guerre reste éloignée, que la pression fiscale et militaire demeure modérée, les campagnes n'ont aucun motif de se soulever. Les droits obtenus en 1789 ont été respectés, les biens acquis ont été garantis, le commerce intérieur n'est plus entravé, la liberté de mouvement elle-même, si elle est contrôlée, reste grande. Malgré le renforcement des structures de l'État, les communautés rurales, reposant sur une exploitation paysanne stabilisée, conservent une très large autonomie ; elles ont même obtenu un droit de vote qu'il leur importe davantage d'exercer quand leurs intérêts propres sont en jeu que pour désigner de lointains représentants. Du reste, le succès des quatre référendums organisés par le pouvoir est modeste. Ces médiocres résultats sont dus davantage à l'indifférence des Français qu'à une réelle opposition à Napoléon. En même temps, en poursuivant, sous d'autres formes, la tradition électorale établie pendant la Révolution, le régime napoléonien acclimate le principe du vote auprès des Français qui acceptent le jeu électoral. De même, malgré les contrôles policiers, la pratique associative perdure, tant chez les ouvriers qu'au sein de la bourgeoisie. Il en est des activités politiques comme des échanges économiques. Pas plus qu'il n'a réussi à empêcher toute entrée de produits anglais sur le sol de l'Empire, Napoléon n'est parvenu à empêcher toute activité politique. De même, dans les assemblées, le contrôle effectué sur les hommes n'a pas fait disparaître toute culture du débat d'idées. Ces parlementaires, formés à l'époque de la Révolution, ont conservé en 1814-1815 la mémoire des joutes révolutionnaires ; ils la transmettent ensuite aux assemblées de la Restauration. Dès lors, le Consulat et l'Empire s'inscrivent aussi dans la lente élaboration d'un régime parlementaire en France. Napoléon est certes hostile aux assemblées, pourtant il les conserve, parce qu'elles demeurent la meilleure manifestation de l'adhésion des notables à son régime. Malgré ses dénégations sur leur caractère représentatif, il n'a pu se passer de ce soutien parlementaire sur lequel repose le pouvoir depuis 1789. En cela aussi, il hérite de la Révolution.

Cette quête de légitimité est constante tout au long de ce régime. Elle explique les changements successifs de constitution ; trois textes sont élaborés en quatre ans seulement pour permettre le passage du Consulat au consulat à vie, puis à l'Empire. Ces constitutions, sanctionnées par le corps électoral, manifestent le souci permanent de Napoléon Bonaparte d'obtenir la reconnaissance populaire, en même temps qu'un pouvoir accru. En 1810, c'est le second mariage de l'Empereur qui joue ce rôle. La mise en scène de cette union, puis du baptême du roi de Rome, venant après le sacre de 1804, confirment la détermination de Napoléon d'enraciner en France le régime qu'il a fondé. Les craintes perceptibles lors de l'affaire Malet en 1812 montrent cependant la faiblesse de cet échafaudage. La monarchie créée par Napoléon est en effet ambiguë. Elle offre les apparences de la tradition en réemployant un cérémonial hérité de l'Ancien Régime, en multipliant les références aux antiques dynasties, en recréant une vie de cour et même une noblesse. Elle prend aussi les allures d'une monarchie chrétienne en s'appuyant fortement sur l'Église catholique, que ce soit lors du sacre ou du baptême du roi de Rome. Dans le même temps, cette monarchie ne remet pas en cause les principes révolutionnaires. La noblesse d'Empire, théoriquement ouverte à tous et ne dispensant pas de privilège, ne revient pas sur le principe de l'égalité civile. De même, le soutien demandé à l'Église catholique ne récuse pas le principe de neutralité de l'État émis dès l'élaboration du Concordat lorsque étaient reconnues d'autres religions que le catholicisme. Napoléon échoue cependant à fonder ce qui aurait pu être une monarchie moderne, car, sauf, à l'époque des Cent-Jours, il renonce à laisser s'exprimer les assemblées. L'enracinement dans la monarchie s'est en effet accompagné d'une lente extinction du débat parlementaire. Le renforcement de la monarchie est aussi contemporain de la reprise de la guerre. La nécessité d'un effort militaire toujours plus soutenu et l'obligation de contrôler un espace de plus en plus étendu ont poussé au renforcement de l'autoritarisme, au point que l'on peut parler de monarchie militaire. C'est comme empereur que Napoléon livre ses grandes batailles. De ce point de vue, les deux périodes du Consulat et de l'Empire doivent être distinguées. La première est une période de paix relative, marquée par une série de réformes sans précédent et par la survie d'un soupçon de vie politique. La seconde, en revanche, est caractérisée par la guerre, par la raréfaction, surtout après 1810, des grands chantiers de réformes, et par le durcissement de la tutelle policière sur le pays.

Pourtant, c'est avec l'épopée militaire que Napoléon construit sa légende. C'est aussi le souvenir des guerres françaises qui a longtemps suscité l'hostilité des étrangers à l'égard de l'Empereur. La guerre devient omniprésente à partir de 1805, les levées d'hommes s'accroissent, les combats font rage aux quatre coins de l'Europe, mais épargnent jusqu'en 1814 l'espace français. Le conflit reste donc lointain. Qui plus est, les bulletins de victoire flattent le sentiment national. En outre, la guerre nourrit la guerre. Les yeux se ferment donc sur les excès commis à l'étranger, sur les morts qui parsèment les champs de bataille ou plutôt encombrent les rares hôpitaux de campagne. Tant que l'armée est victorieuse, l'effort de guerre est consenti et le régime consolidé. C'est pourquoi Napoléon a tant besoin de victoires, fût-ce au prix de lourdes pertes. C'est pourquoi aussi la retraite de Russie marque un tournant dans l'histoire de l'Empire. Elle provoque certes la destruction d'une partie du potentiel militaire français, elle écorne surtout l'image d'une armée jusqu'alors invincible. Construits sur les victoires des armées, le Consulat et l'Empire ont été imprégnés d'esprit militaire, sans pour autant que le pouvoir revienne aux soldats, pourtant de plus en plus présents aux abords de l'appareil d'État. L'armée a donc été un des piliers du régime. Elle a aussi été un des vecteurs d'ascension sociale dans la France impériale, ce qui peut expliquer l'acceptation de la guerre jusqu'à un certain point. En effet, lorsque la ponction humaine est trop forte et que la guerre menace le territoire français, le mécontentement s'amplifie. Mais le régime impérial ne succombe pas à une protestation populaire. Construit sur la guerre, il est défait par les armes. Dès lors, la légende peut commencer, se concentrant sur l'épopée militaire, Waterloo devenant le symbole de la défaite à venger. Il reste que ces années de guerre ont profondément modifié le visage de l'Europe. Le principe de la restauration édicté en 1814-1815 n'est que partiellement appliqué. Le nouveau dessin des frontières laisse voir l'influence de la politique napoléonienne dans la réorganisation de l'Europe, en particulier dans l'espace allemand. De plus, les idées libérales mobilisées contre Napoléon restent prégnantes dans bien des pays où le sentiment national mis au jour dans la lutte contre la France n'attend qu'une occasion pour s'exprimer à nouveau. La formation au XIXe siècle de l'Europe des nations est aussi une conséquence des guerres napoléoniennes. Ainsi, la période du Consulat et de l'Empire représente bien un moment décisif dans la construction de l'Europe moderne.

NOTES

PREMIÈRE PARTIE : LA RÉPUBLIQUE CONSULAIRE

CHAPITRE 1

1. Le Coz à Grégoire, 17 juillet 1799, *in* P. ROUSSEL, *Correspondance de Le Coz, évêque constitutionnel d'Ille-et-Vilaine*, Paris, Picard, 1900, p. 333.
2. Joseph FOUCHÉ, *Mémoires*, édités par Michel Vovelle, Paris, Imprimerie nationale, 1992, p. 97.
3. *Ibid.*, p. 95.

CHAPITRE 2

1. Mathieu MOLÉ, *Souvenirs de jeunesse (1793-1803)*, Paris, Mercure de France, « Le Temps retrouvé », 1991, p. 122.
2. Germaine de STAËL, *Dix années d'exil*, édité par Simone Balayé et Mariela Vianello Bonifacio, Paris, Fayard, 1996, p. 71.
3. *Souvenirs du baron de Frénilly, pair de France*, édités par Albert Chuquet, Paris, Plon, 1909, p. 255-6.
4. *Mémoires et souvenirs du comte de Lavalette*, édition présentée par Stéphane Giocanti, Paris, Mercure de France, 1994, p. 220.
5. *Ibid.*, p. 225.
6. Général MARBOT, *Mémoires 1799-1815*, introduction et notes par Robert Lacour-Gayet, Paris, Hachette, 1966, p. 40.
7. *Mémoires et souvenirs du comte de Lavalette, op. cit.*, p. 225.
8. Général MARBOT, *Mémoires 1799-1815, op. cit.*, p. 40.
9. Bonaparte au Directoire exécutif, 10 octobre 1799, *in Correspondance de Napoléon Ier publiée par ordre de l'empereur Napoléon III*, Paris, Imprimerie impériale, 32 tomes, 1858-1869, t. 5, n° 4382, p. 742.
10. Joseph FOUCHÉ, *Mémoires, op. cit.*, p. 108.
11. Napoléon à Joseph, Le Caire, 25 juillet 1798, *in Mémoires et corres-*

pondance politique et militaire du roi Joseph, édités par A. Du Casse, Paris, Perrotin, 1855, p. 189.

12. Lucien BONAPARTE, *Révolution de brumaire ou Relation des principaux événements des journées des 18 et 19 brumaire*, Paris, Charpentier, 1845, p. 15.

13. *Ibid.*, p. 29.

14. Joseph FOUCHÉ, *Mémoires, op. cit.*, p. 111.

15. TALLEYRAND, *Mémoires 1754-1815*, édités par P.-L. et J.-P. Couchoud, Paris, Plon, 1982, p. 281.

16. Lucien BONAPARTE, *Révolution de brumaire, op. cit.*, p. 60.

17. *Ibid.*, p. 107-108.

18. Victor de BROGLIE, *Souvenirs 1785-1870*, Paris, Calmann-Lévy, 1886, t. 1, p. 33.

19. « Rapport sur la situation de la République depuis le 18 brumaire an VIII, remis le 24 frimaire an VIII (15 décembre 1799) », *in* F.-A. AULARD (éd.), *L'État de la France en l'an VIII et en l'an IX*, Paris, Société de l'histoire de la Révolution française, 1897.

CHAPITRE 3

1. Germaine de STAËL, *Dix années d'exil, op. cit.,* p. 76.

2. Bonaparte aux Français, 15 décembre 1799, *Correspondance*, t. 6, n° 4422, p. 32.

3. CAMBACÉRÈS, *Mémoires inédits. Éclaircissements publiés par Cambacérès sur les principaux événements de sa vie politique*, présentation et notes de Laurence Chatel de Brancion, Paris, Perrin, 2000, 2 tomes, t. 1, p. 456.

4. *Mes souvenirs sur Napoléon par le comte Chaptal*, Paris, Plon, 1893, p. 55.

5. Benjamin CONSTANT, *Textes politiques*, présentation et notes par Olivier Pozzo di Borgo, Paris, Pauvert, 1965, p. 25-26.

6. *Mes souvenirs sur Napoléon par le comte Chaptal, op. cit.*, p. 57.

7. *Mémoires de A.-C. Thibaudeau 1799-1815*, Paris, Plon, 1913, 2ᵉ éd., p. 20.

8. *Mémoires du comte Miot de Mélito, ancien ministre, ambassadeur, conseiller d'État et membre de l'Institut (1788-1815)*, Paris, Michel Lévy, 3 tomes, 1858, t. 1, p. 273.

9. *Ibid.*, p. 277.

10. TALLEYRAND, *Mémoires, op. cit.*, p. 285.

11. *Mémoires et souvenirs du baron Hyde de Neuville*, Paris, Plon, 3 tomes, 1888, t. 1, p. 331.

12. *Mémoires du comte Miot de Mélito, op. cit.*, p. 283.

CHAPITRE 4

1. Victor de BROGLIE, *Souvenirs 1785-1870, op. cit.*, t. 1, p. 32.

2. *Mémoires et souvenirs du baron Hyde de Neuville, op. cit.*, p. 255.

3. Bonaparte aux Français, 25 décembre 1799, *Correspondance*, t. 6, n° 4447, p. 48.

4. *Ibid.*

5. Proclamation du Premier consul aux jeunes Français, 21 avril 1800, *Correspondance*, t. 6, n° 4722, p. 284.

6. TALLEYRAND, *Mémoires, op. cit.*, p. 286.

7. *Ibid.*, p. 288.

8. Bonaparte aux Français, 25 décembre 1799, *Correspondance*, t. 6, n° 4447, p. 48.

9. *In Mémoires, souvenirs, opinions et écrits du duc de Gaète*, Paris, 1826, rééd. A. Colin, 1926, p. 136.

10. Circulaire du ministre de l'Intérieur aux préfets, 11 mars 1800.

11. Cité par Jean GODEL, *La Reconstruction concordataire dans le diocèse de Grenoble après la Révolution (1802-1809)*, Grenoble, 1968, p. 72.

12. *Mémoires de A.-C. Thibaudeau, op. cit.*, p. 15.

13. « Note sur les communes », dictée à Lucien par Napoléon, 25 décembre 1799, *Correspondance*, t. 6, n° 4474, p. 65.

14. Le Coz à Danielou, 29 frimaire an VIII (20 décembre 1799), *in* P. ROUSSEL, *Correspondance de Le Coz, évêque constitutionnel d'Ille-et-Vilaine, op. cit.*, p. 338.

15. Allocution aux curés de la ville de Milan, 5 juin 1800, *Correspondance*, t. 6, n° 4484, p. 426.

16. *Ibid.*

17. *Mémoires du cardinal Consalvi*, édités par J. Crétineau-Joly et J.-E. Drochon, Paris, Bonne Presse, s.d., p. 181.

CHAPITRE 5

1. TALLEYRAND, *Mémoires, op. cit.*, p. 289.

2. Allocution au Tribunat, en réponse au discours de son président, 16 octobre 1800, *Correspondance*, t. 6, n° 5129, p. 599.

3. *Mémoires de R. Levasseur (de la Sarthe), ex-conventionnel*, édition préfacée par Michel Vovelle, présentée et annotée par Christine Peyrard, Paris, Editions Sociales, 1989, p. 710.

4. DESTUTT DE TRACY, *Éléments d'idéologie*, 1re partie, Paris, rééd. 1827, préface, p. XXX.

5. Germaine de STAËL, *Dix années d'exil, op. cit.*, p. 87.

6. *Ibid.*, p. 94.

7. *Mémoires et souvenirs du baron Hyde de Neuville, op. cit*, p. 268-269.

8. *Ibid.*, p. 273.

9. *Ibid.*, p. 285-286.

10. *Mémoires du général d'Andigné*, édités par E. Biré, Paris, Plon, 2 tomes, 1900-1901, t. 2, p. 24.

11. Bonaparte à Savary, 27 septembre 1800, *Correspondance*, t. 6, n° 5114, p. 591.

12. Le Coz à Grégoire, 26 novembre 1800, *in Correspondance de Le Coz..., op. cit.*, p. 373.

CHAPITRE 6

1. *Mémoires de la reine Hortense*, publiés par le prince Napoléon, Paris, Plon, 1927, 3 tomes, t. 1, p. 95.

2. *Mémoires et souvenirs du comte de Lavalette, op. cit.*, p. 241.

3. *Parallèle entre César, Cromwell, Monk et Bonaparte.*

4. Jean-Antoine Chaptal, *Mes souvenirs sur Napoléon*, édités par son petit-fils, Paris, Plon, 1893, p. 58.

5. Benjamin CONSTANT, *Textes politiques, op. cit.*, p. 32.

6. Cambacérès à Bonaparte, 28 janvier 1802, in *Lettres inédites à Napoléon*, présentation et notes par Jean Tulard, Paris, Klincksieck, 1973, 2 tomes, t. 1.

7. Henri Redhead YORKE, *Paris et la France sous le Consulat. Les hommes, les institutions, les mœurs*, Paris, Perrin, 1921, p. 307.

8. Allocution du Premier consul à une députation du Corps législatif venant le féliciter sur la paix d'Amiens, 5 avril 1802, *Correspondance*, t. 7, n° 6026, p. 546.

CHAPITRE 7

1. Joseph FOUCHÉ, *Mémoires, op. cit.*, p. 190.

2. Napoléon devant le Conseil d'État, 31 juillet 1810.

3. *Mémoires de A.-C. Thibaudeau, op. cit.*, p. 90.

4. *Cahiers de Jean-Roch Coignet*, p. 92.

5. Impératrice JOSÉPHINE, *Correspondance 1782-1814*, éditée par Bernard Chevallier, Maurice Catinat et Christophe Pincemaille, Paris, Payot, 1996, lettre à Joseph Bonaparte, 2 novembre 1802, p. 130.

6. Comtesse de RÉMUSAT, *Mémoires 1802-1808*, édités par Paul de Rémusat, Paris, Plon, 1879-1880, 3 tomes, t. 1, p. 233.

7. TALLEYRAND, *Mémoires, op. cit.*, p. 291.

8. *Mémoires de la comtesse de Boigne née d'Osmond. Récits d'une tante*, nouvelle édition présentée par Jean-Claude Berchet, Paris, Mercure de France, 1986, 2 tomes, t. 1, p. 151.

9. Charles de RÉMUSAT, *Mémoires de ma vie*, t. 1, *Enfance et jeunesse. La Restauration libérale (1797-1820)*, présentés et annotés par Charles H. Pouthas, Paris, Plon, 1958, p. 44.

DEUXIÈME PARTIE : LA NAISSANCE D'UNE MONARCHIE

CHAPITRE 1

1. Cité par Adolphe THIERS, *Histoire du Consulat et de l'Empire*, Paris, 1845, t. 5, p. 92.

2. Jean-Baptiste BARRÈS, *Souvenirs d'un officier de la Grande Armée*, publiés par Maurice Barrès, son petit-fils, Paris, Plon, 1923, p. 12.

CHAPITRE 2

1. CHAPTAL, *De l'industrie française*, présenté par Louis Bergeron, Paris, Imprimerie nationale, 1993, p. 169.

2. Cité par Jean-Claude FARCY, *Les Paysans beaucerons au XIXe siècle*, Chartres, Société archéologique d'Eure-et-Loir, 1989, p. 165.

3. CHAPTAL, *De l'industrie française*, *op. cit.*, p. 268.

4. Rémi GOSSEZ, *Un ouvrier en 1820. Manuscrit inédit de Jacques Étienne Bédé*, Paris, PUF, Centre de correspondance du XIXe siècle, 1984, p. 152.

5. CAMBACÉRÈS, *Lettres inédites à Napoléon*, *op. cit.*, t. 1, p. 579, 11 avril 1808.

6. LAS CASES, *Mémorial de Sainte-Hélène*, Paris, Flammarion, 1983, 2 tomes.

CHAPITRE 3

1. *Mémoires du comte Beugnot (1783-1815)*, notes et introduction par Robert Lacour-Gayet, Paris, Hachette, 1959, p. 211.

2. *Mémoires du baron Fain*, Paris, 1908, p. 120.

3. *Ibid.*, p. 124.

4. *Ibid.*, p. 160.

5. *Souvenirs de M. de Champagny, duc de Cadore*, Paris, Paul Renouard, 1846, rééd. Genève, Slatkine, 1975, p. 112.

6. CAMBACÉRÈS, *Lettres inédites à Napoléon*, *op. cit.*, 6 novembre 1806, t. 1, p. 381.

7. François de PONTÉCOULANT, *Souvenirs militaires. Napoléon à Waterloo*, Paris, Dumaine, 1866, t. 3, p. 105.

8. Impératrice JOSÉPHINE, *Correspondance 1782-1814*, *op. cit.*, p. 156.

9. Charles de RÉMUSAT, *Mémoires de ma vie*, t. 1, *op. cit.*, p. 52.

10. *Le Moniteur universel*, 17 août 1807.

11. Victor de BROGLIE, *Souvenirs 1785-1870*, *op. cit.*, t. 1, p. 57.

12. George SAND, *Histoire de ma vie*, in *Œuvres autobiographiques*, Paris, Gallimard, « La Pléiade », 1970, t. 1, p. 694.

13. Capitaine COIGNET, *Mémoires d'un officier de l'Empire*, p. 126.

14. Alfred de MUSSET, *La Confession d'un enfant du siècle*, Paris, Gallimard, « La Pléiade », p. 66.

15. Alfred de VIGNY, *Servitude et grandeur militaires*, Livre de poche, p. 21.

CHAPITRE 4

1. *Dictionnaire de l'Académie française*, 1802.

2. Victor de BROGLIE, *Souvenirs*, *op. cit.*, p. 64.

3. STENDHAL, *Journal*, 3 août 1810, in *Œuvres intimes*, Paris, Gallimard, « La Pléiade », 1955, p. 614.

4. Agricol PERDIGUIER, *Mémoires d'un compagnon*, introduction d'Alain Faure, Paris, Maspero, 1977, p. 40-41.

5. VIGNY, *Servitude et grandeur militaires*, *op. cit.*

6. Rapport de Fourcroy à Napoléon, 27 février 1806.

7. François GUIZOT, *Mémoires pour servir à l'histoire de mon temps*, Paris, Michel Lévy, 8 tomes, 1858-1867, t. 1, p. 15.

8. *Mémoires du comte Beugnot (1783-1815)*, *op. cit.*, p. 208.

9. Napoléon au Conseil d'État, séance du 12 juin 1804.

10. Napoléon au Conseil d'État, 1804.

11. Napoléon au Conseil d'État, séance du 31 juillet 1810.

12. Note pour l'exposé de la situation de l'Empire, octobre 1808.

13. Napoléon à Talleyrand, 12 mars 1806, in *Correspondance, op. cit.*, t. 12, n° 9964, p. 200.

14. Observations et décisions relatives au budget de la Ville de Paris, 13 février 1806, *Correspondance*, t. 12, n° 9804, p. 45-46.

15. Napoléon à Barbé-Marbois, 15 décembre 1805, *Correspondance*, t. 11, n° 9576, p. 585.

16. Napoléon à Mollien, 15 février 1806, *in* Maximilien VOX (éd.), *Correspondance de Napoléon. Six cents lettres de travail*, Paris, Gallimard, 1943, p. 84.

CHAPITRE 5

1. Napoléon au Conseil d'État, février 1804.

2. *Ibid.*

3. Lettre de l'évêque de Grenoble à son clergé, 26 mai 1804.

4. Napoléon au ministre des Cultes, 2 août 1809.

5. Rapport de Beugnot au ministre de l'Intérieur, 18 décembre 1805.

6. *Journal* de Maurice de Broglie, *in* Serge de ROBIANO, *Échec à l'empereur, échec au roi. Maurice de Broglie, évêque de Gand (1766-1821)*, Ottignies (Belgique), Quorum, 1996, p. 143.

7. Lieutenant CHEVALIER, *Souvenirs des guerres napoléoniennes*, publiés par Jean Mistler et Hélène Michaud, Paris, Hachette, 1970, p. 62.

8. Rapport de Portalis, 28 août 1805.

9. LAS CASES, *Mémorial de Sainte-Hélène, op. cit.*

CHAPITRE 6

1. *Journal du comte P.L. Roederer, ministre et conseiller d'État. Notes intimes et politiques d'un familier des Tuileries*, édités par Maurice Vitrac, Paris, Daragon, 1909, 14 juin 1804.

2. AULARD, *Paris sous le Consulat*, t. 2, p. 798, Rapport du 6 germinal an X.

3. *Mémoires de la comtesse de Boigne née d'Osmond, op. cit.*, t. 1, p. 162.

4. George SAND, *Histoire de ma vie, op. cit.*, t. 1, p. 693.

5. *Mémoires de la comtesse de Chastenay (1771-1815)*, introduction et notes par Guy Chaussinand-Nogaret, Paris, Perrin, 1987, t. 2, p. 92.

6. *Mémoires de la comtesse de Boigne née d'Osmond, op. cit.*, t. 1, p. 171.

7. Napoléon à Champagny, 26 avril 1806, *Correspondance*, t. 12, n° 10143, p. 380-381.

8. *Mémoires de A.-C. Thibaudeau 1799-1815, op. cit.*, p. 181.

9. *Ibid.*, p. 251.

10. *Ibid.*, p. 253.

11. Louis-François POUMIES DE LA SIBOUTIE, *Souvenirs d'un médecin de Paris*, Paris, Plon, 1910, p. 66.

12. Johann-Friedrich REICHARDT, *Un hiver à Paris sous le Consulat 1802-1803*, Paris, Plon, 1896, p. 94.

13. Charles de CLARY-ET-ALDRINGEN, *Souvenirs. Trois mois à Paris lors du mariage de l'Empereur Napoléon Ier et de la duchesse Marie-Louise*, Paris, Plon, 1914, p. 304.

14. STENDHAL, *Journal*, 26 février 1810, in *Œuvres intimes, op. cit.*, p. 550.

15. Napoléon à Fouché, 15 janvier 1806, *Correspondance*, t. 11, n° 9670, p. 655-656.

16. Napoléon à Fouché, 31 décembre 1806, *in* Léonce de Brotonne (éd.), *Lettres inédites de Napoléon Ier*, Paris, Champion, 1898, p. 69-70.

17. Germaine de STAËL, *Dix années d'exil, op. cit.*, p. 188.

18. *Mémoires de la comtesse de Boigne, op. cit.*, p. 180.

19. Napoléon à Fouché, 31 décembre 1806, *in* Léonce de Brotonne (éd.), *op. cit.*, p. 70.

20. Napoléon à Fouché, 20 mai 1807, *Correspondance*, t. 15, n° 12612, p. 312.

21. Napoléon à Fouché, *ibid.*

22. Joseph FOUCHÉ, *Mémoires, op. cit.*, p. 233.

23. Napoléon à Fouché, 4 avril 1807, *Correspondance*, t. 15, n° 12285, p. 24.

24. Napoléon à Fouché, 20 mai 1805, *Correspondance*, t. 10, n° 8767, p. 532.

25. Napoléon à Fouché, 6 mars 1806, *Correspondance*, t. 12, n° 9932, p. 191.

26. Napoléon à Lavalette, 6 mars 1806, *Correspondance*, t. 12, n° 9931, p. 190.

27. Napoléon à Fouché, 3 mai 1808, *Correspondance*, t. 17, n° 13803, p. 65.

28. Napoléon à Fouché, 25 avril 1808, *in* Maximilien Vox, *op. cit.*, p. 255.

CHAPITRE 7

1. Pierre ROBINAUX, *Journal de route*, Paris, Plon, 1908, p. 12.

2. Ernest D'HAUTERIVE, *La Police secrète sous le Premier Empire*, 5 tomes, 1908-1964, t. 4, rapport du 5 avril 1809, p. 5.

3. Comte DE SÉGUR, *Histoire et Mémoires*, Paris, Firmin-Didot, 1873, 7 volumes, t. 2, p. 425.

4. Général MARBOT, *Mémoires 1799-1815, op. cit.*, p. 127.

5. Napoléon à Joséphine, 14 février 1807, *Correspondance*, t. 14, n° 11813, p. 379.

6. Napoléon à Joseph, 13 décembre 1805, *Correspondance*, t. 11, n° 9561, p. 574.

7. *Mémoires du général de Caulaincourt, duc de Vicence, grand écuyer de l'Empereur*, introduction et notes de Jean Hanotaux, Paris, Plon, 1933, t. 1, p. 241.

8. Talleyrand à Napoléon, 5 décembre 1805, in *Mémoires 1754-1815, op. cit.*, p. 352.

9. TALLEYRAND, *Mémoires 1754-1815, op. cit.*, p. 338.

10. *Souvenirs de M. de Champagny, op. cit.*, p. 99.
11. *Ibid.*, p. 108.

CHAPITRE 8

1. Napoléon à Louis, 27 mars 1808, *in* Maximilien Vox (éd.), *op. cit.*, p. 366.
2. Charles-François de MONTHOLON, *Récits de la captivité de l'Empereur*, 21 novembre 1820, *in* Jean TULARD (éd.), *Napoléon à Sainte-Hélène*, Paris, Laffont, « Bouquins », 1980, p. 603.
3. Napoléon à Metternich, juin 1813.
4. *Mémoires du comte Beugnot, op. cit.*, p. 201.
5. *Ibid.*, p. 205.
6. Napoléon à Jérôme, 7 juillet 1807, *Correspondance*, t. 15, n° 12873, p. 494.
7. *Mémorial de Jacques de Norvins*, publié par L. de Lanzac de Laborie, Paris, Plon, 3 tomes, 1897, t. 3, p. 236.
8. Archives parlementaires, discours de Bigot de Préameneu devant le Corps législatif, 24 août 1807.
9. *Une femme de diplomate. Lettres de Madame Reinhard à sa mère 1798-1815*, traduites et publiées par la baronne de Wimpffen, Paris, Picard, 1900, p. 325.
10. Napoléon à Cretet, 12 juillet 1805, *Correspondance*, t. 11, n° 8974, p. 11-12.
11. Lieutenant CHEVALIER, *Souvenirs des guerres napoléoniennes*, *op. cit.*, p. 38.
12. Général MARBOT, *Mémoires, op. cit.*, p. 100.
13. Henri Redhead YORKE, *Paris et la France sous le Consulat. Les hommes, les institutions, les mœurs, op. cit.*, p. 19.
14. *Mémoires et souvenirs du comte de Lavalette, op. cit.*, p. 255.

TROISIÈME PARTIE : L'ÉCHEC DU SURSAUT DYNASTIQUE

CHAPITRE 1

1. Ernest D'HAUTERIVE, *La Police secrète sous le Premier Empire*, *op. cit.*, t. 5, rapport du 19 juin 1809, p. 88.
2. Fiévée à Napoléon, septembre 1809, *in Correspondance et relations de J. Fiévée avec Bonaparte pendant onze années (1802 à 1813)*, Paris, Desrez et Beauvais, 3 tomes, 1863, t. 2, p. 390.
3. Philippe-Paul de SÉGUR, *Histoire et Mémoires, op. cit.*, t. 3, p. 406.
4. *Mémoires et souvenirs du comte de Lavalette, op. cit.*, p. 261.
5. *Souvenirs de M. de Champagny, duc de Cadore*, Paris, Paul Renouard, 1846, rééd. Genève, Slatkine, 1975, p. 123.
6. *Mémoires de la reine Hortense, op. cit.*, t. 2, p. 70.
7. *Souvenirs du baron de Frénilly, pair de France, op. cit.*, p. 324.
8. Serge de ROBIANO, *Échec à l'empereur, échec au roi, op. cit.*, p. 154.

CHAPITRE 2

1. *Histoire de mon temps. Mémoires du chancelier Pasquier*, édités par le duc d'Audiffret-Pasquier, Paris, Plon, 6 tomes, 1893-1894, t. 1, p. 413.
2. *Ibid.*, p. 425.
3. *Mémoires du duc de Rovigo*, édité par Désiré Lacroix, Paris, Garnier, 5 tomes, 1900, t. 4, p. 314.
4. Germaine de STAËL, *Dix années d'exil*, *op. cit.*, p. 198.
5. *Ibid.*, p. 200.
6. Cambacérès à Napoléon, 6 avril 1810, *in* CAMBACÉRÈS, *Lettres inédites à Napoléon*, *op. cit.*, t. 2, p. 763.
7. Cambacérès à Napoléon, 23 avril 1810, *ibid.*, p. 776.
8. Archives parlementaires, t. 11, séance du 15 juillet 1811.
9. Archives parlementaires, t. 11, séance du 25 juillet 1811.
10. *Ibid.*
11. Cambacérès à Napoléon, 28 octobre 1811, *in* CAMBACÉRÈS, *Lettres inédites à Napoléon*, *op. cit.*, p. 837.
12. Cambacérès à Napoléon, 12 mai 1810, *ibid.*, p. 785.
13. Cambacérès à Napoléon, 16 mai 1810, *ibid.*, p. 787.
14. Bulletin de police, 27 décembre 1810, *in* Nicole GOTTERI, *La Police secrète du Premier Empire. Bulletins quotidiens adressés par Savary à l'Empereur*, Paris, Honoré Champion, 4 tomes parus, 1997-2000, t. 1, p. 678.

CHAPITRE 3

1. Napoléon à Pie VII, 13 février 1806, *Correspondance*, t. 12, n° 9805, p. 47-48.
2. Napoléon à Fouché, 18 juillet 1809, *Correspondance*, t. 19, n° 15555, p. 312.
3. *Mémoires du cardinal Pacca sur la captivité du pape Pie VII*, édités par M. Queyras, Paris, Bray, 2 tomes, 1860, t. 1, p. 172.
4. Bulletin de police du 17 août 1810, *in* Nicole GOTTERI, *La Police secrète du Premier Empire*, *op. cit.*, p. 272.
5. Napoléon à Fouché, 24 septembre 1809, *Correspondance*, t. 19, n° 15853, p. 593.
6. Bulletin de police du 19 août 1810, *in* Nicole GOTTERI, *La Police secrète du Premier Empire*, *op. cit.*, p. 220.

CHAPITRE 4

1. *Souvenirs de M. de Champagny*, *op. cit.*, p. 131.
2. Ferdinand de BERTIER, *Souvenirs d'un conspirateur. Révolution, Empire, Restauration*, édités par Guillaume de Bertier de Sauvigny, Paris, Tallandier, 1990, p. 121-122.
3. *Mémoire du général de Caulaincourt, duc de Vicence, grand écuyer de l'Empereur*, *op. cit.*

4. Archives parlementaires, t. 11, p. 222, session du Corps législatif, 14 février 1813.

5. Archives parlementaires, t. 11, p. 231, session du Corps législatif, 25 février 1813.

6. Archives parlementaires, t. 11, p. 372, session du Corps législatif, 11 mars 1813.

7. Archives parlementaires, t. 11, p. 205, Sénat, séance du 10 janvier 1813.

8. *Histoire de mon temps. Mémoires du chancelier Pasquier*, op. cit., t. 2, p. 63.

CHAPITRE 5

1. Baron FAIN, *Manuscrit de 1813*, Paris, Delaunay, 1824, 2 tomes, t. 1, p. 333.

2. Napoléon à Marie-Louise, de Dresde, 27 septembre 1813, *in* Léon Lecestre (éd.), *Lettres inédites de Napoléon I*ᵉʳ, op. cit., t. 2, p. 289-290.

3. Archives parlementaires, t. 11, procès-verbal de l'ouverture de la 2ᵉ session pour l'année 1813, p. 656-657.

4. *Mémoires du comte Beugnot (1783-1815)*, op. cit., p. 229.

5. *Histoire de mon temps. Mémoires du chancelier Pasquier*, op. cit., t. 2, p. 130.

CHAPITRE 6

1. Napoléon au duc de Castiglione, 21 février 1814, *Correspondance*, t. 27, n° 21343, p. 262.

2. *Souvenirs du baron de Frénilly, pair de France*, op. cit., p. 344-345.

3. Benjamin CONSTANT, *De l'esprit de conquête et de l'usurpation*, *in* Œuvres, Paris, Gallimard, « La Pléiade », 1979, p. 1588.

4. Ferdinand de BERTIER, *op. cit.*, p. 151.

5. *Ibid.*, p. 153.

6. *Ibid.*, p. 157.

7. TALLEYRAND, *Mémoires 1754-1815*, op. cit., p. 606.

8. *Mémoires du comte Beugnot*, op. cit., p. 233.

9. Cambacérès à Napoléon, 8 mars 1814, *in* CAMBACÉRÈS, *Lettres inédites*, op. cit., t. 2, n° 1371, p. 1128.

10. Cambacérès à Napoléon, 11 mars 1814, *ibid.*, n° 1375, p. 1131.

11. Cambacérès à Napoléon, 16 mars 1814, *ibid.*, n° 1384, p. 1137.

CHAPITRE 7

1. Napoléon à Marie-Louise, 15 avril 1814, *in* Lettres inédites de Napoléon Iᵉʳ à Marie-Louise, écrites de 1810 à 1814, avec introduction et notes par Louis Madelin, Paris, éditions des Bibliothèques nationales de France, 1935, p. 245.

2. *Cahiers du capitaine Coignet*, édités par Jean Mistler, Paris, Hachette, 1968, p. 278.

3. Napoléon à Marie-Louise, 27 avril 1814, *in Lettres inédites de Napoléon Ier à Marie-Louise, op. cit.*, p. 251.

4. *Napoléon, souverain de l'île d'Elbe. Mémoires de Pons de l'Hérault*, publiés par G. L. Pélissier, Paris, Plon, 1934.

5. *Mémoires et souvenirs du comte de Lavalette, op. cit.*, p. 318.

6. FLEURY DE CHABOULON, *Les Cent-Jours. Mémoires pour servir à l'histoire de la vie privée, du retour et du règne de Napoléon en 1815*, Londres, C. Roworth, 1820, rééd. Genève, Slatkine, 1975, p. 121.

7. Déclaration au peuple français, 1er mars 1815, *in Correspondance*, t. 28, n° 21681, p. 1-2.

8. Déclaration à l'armée, 1er mars 1815, *Correspondance*, t. 28, n° 21686, p. 3.

9. Décret du 13 mars 1815, *Correspondance*, t. 28, n° 21716, p. 8.

10. Réponse au Conseil d'État, 26 mars 1815, *Correspondance*, t. 28, p. 36.

11. Benjamin CONSTANT, *Mémoires sur les Cent-Jours*, Paris-Genève, Slatkine, rééd., 1996, p. 218.

12. *Ibid.*, p. 220.

CHRONOLOGIE

1769

15 août   naissance de Napoléon Bonaparte à Ajaccio.

1799

9 octobre   débarquement du général Bonaparte à Saint-Raphaël.
16 octobre   arrivée à Paris.
1er novembre   Bonaparte rencontre Sieyès.
9 novembre (18 brumaire)   le Conseil des Anciens décide le transfert des assemblées à Saint-Cloud et nomme Bonaparte commandant des troupes de Paris.
10 novembre   Bonaparte face aux assemblées impose la chute du Directoire et la nomination de trois consuls provisoires : Bonaparte, Sieyès et Ducos.
11 novembre   mise en place du Consulat provisoire. Formation du gouvernement.
12 décembre   adoption de la Constitution préparée par Daunou et désignation des trois consuls : Bonaparte, Cambacérès et Lebrun.
15 décembre   proclamation de la Constitution de l'an VIII
27 décembre   installation du Sénat, présidé par Sieyès.

1800

1er janvier   installation du Tribunat et du Corps législatif.

13 février	création de la Banque de France.
17 février	loi sur l'organisation administrative de la France et la création des préfets.
19 février	transfert des consuls du Luxembourg aux Tuileries.
14 mars	élection du pape Pie VII.
18 mars	loi sur l'organisation des tribunaux.
20 mai	Bonaparte franchit le col du Grand-Saint-Bernard.
2 juin	Bonaparte entre à Milan et rétablit le lendemain la République cisalpine.
9 juin	victoire de Lannes à Montebello.
14 juin	victoire de Marengo contre les Autrichiens. Mort de Desaix rentré d'Égypte quelques jours plus tôt. Assassinat de Kléber, au Caire.
24 septembre	enlèvement du sénateur Clément de Ris.
1er octobre	traité franco-espagnol de Saint-Ildefonse.
3 octobre	traité de Mortefontaine signé avec les États-Unis.
10 octobre	découverte de la « conspiration des poignards ».
5 novembre	arrivée à Paris de Mgr Spina et début des négociations en vue du Concordat.
6 novembre	Chaptal remplace Lucien Bonaparte au ministère de l'Intérieur.
3 décembre	victoire de Moreau à Hohenlinden face aux Autrichiens.
24 décembre	attentat de la rue Saint-Nicaise contre Bonaparte.
26 décembre	victoire de Brune sur les Autrichiens.

1801

5 janvier	sénatus-consulte ordonnant la déportation de cent trente jacobins, accusés d'avoir participé à l'attentat de la rue Saint-Nicaise.
18 janvier	arrestation de Carbon, l'un des auteurs de l'attentat de la rue Saint-Nicaise
30 janvier	exécution des membres de la « conspiration des poignards ».
7 février	création des tribunaux spéciaux.
9 février	traité de paix de Lunéville signé entre la France et l'Autriche.
14 mars	Addington remplace Pitt à la tête du gouvernement anglais.
18 mars	paix de Florence entre la France et Naples.
24 mars	assassinat du tsar Paul Ier, ce qui met un terme au projet d'alliance franco-russe.
12 avril	Chateaubriand publie *Atala*.

20 mai	début de la « guerre des oranges » entre l'Espagne et le Portugal.
29 juin	ouverture du concile national de l'Église constitutionnelle.
16 juillet	signature du Concordat.
23 juillet	le Conseil d'État commence la discussion du Code civil.
31 juillet	organisation de la gendarmerie nationale.
15 août	bulle *Ecclesia Dei* par laquelle le pape approuve le Concordat.
2 septembre	l'armée française commence l'évacuation de l'Égypte.
1ᵉʳ octobre	préliminaires de paix entre la France et l'Angleterre.
8 octobre	traité de paix franco-russe.
20 novembre	Duroc nommé gouverneur du palais des Tuileries.
14 décembre	départ de Leclerc pour Saint-Domingue.
15 décembre	le Corps législatif repousse la première partie du Code civil.

1802

2 janvier	Bonaparte met les assemblées en vacances.
4 janvier	mariage de Louis Bonaparte et Hortense de Beauharnais.
21 janvier	adoption à Lyon de la nouvelle Constitution de la République cisalpine, bientôt italienne, dont Bonaparte est élu président et Melzi d'Eril vice-président.
18 mars	épuration du Tribunat et du Corps législatif.
25 mars	signature de la paix d'Amiens avec l'Angleterre
1ᵉʳ avril	nouveau règlement intérieur du Tribunat, désormais divisé en trois sections.
3 avril	présentation du Concordat, assorti des Articles organiques, au Corps législatif.
8 avril	adoption par le Corps législatif du Concordat qui devient la loi du 18 germinal an X.
9-10 avril	nomination des premiers évêques concordataires.
14 avril	publication du *Génie du christianisme* de Chateaubriand.
18 avril	promulgation solennelle du Concordat à Notre-Dame.
26 avril	amnistie des émigrés.
1ᵉʳ mai	vote de la loi créant les lycées.
19 mai	vote de la loi portant création de l'ordre de la Légion d'honneur.

20 mai	rétablissement de l'esclavage et de la traite des Noirs.
28 mai	mise au jour du complot des libelles ou « complot des pots de beurre ».
25 juin	traité de paix entre la France et la Turquie.
2 août	Bonaparte consul à vie.
4 août	adoption du sénatus-consulte du 16 thermidor an X (Constitution de l'an X) modifiant la Constitution de l'an VIII.
15 août	célébration de l'anniversaire de Bonaparte.
11 septembre	réunion du Piémont à la France.
19 novembre	création de la Direction générale des musées.
24 décembre	création des chambres de commerce.

1803

4 janvier	création des sénatoreries.
23 janvier	réorganisation de l'Institut.
19 février	acte de médiation de la Confédération helvétique.
24 mars	recès de la Diète de Ratisbonne supprimant cent douze États allemands.
3 mai	vente de la Louisiane aux États-Unis.
20 mai	reprise de la guerre avec l'Angleterre.
14 juin	début d'organisation d'une « grande armée d'Angleterre », dans la région de Boulogne.
16 septembre	signature d'un concordat entre le Saint-Siège et la République italienne.
19 octobre	exil de Mme de Staël en Allemagne.
1ᵉʳ décembre	création du livret ouvrier.
20 décembre	le Corps législatif perd le droit de choisir son président.

1804

28 janvier	la police a connaissance du complot fomenté par Cadoudal.
15 février	arrestation du général Moreau, compromis dans le complot de Cadoudal.
27 février	arrestation du général Pichegru, compromis dans le complot de Cadoudal.
9 mars	arrestation de Cadoudal.
15 mars	enlèvement du duc d'Enghien à Ettenheim.
21 mars	exécution du duc d'Enghien.
21 mars	promulgation du Code civil.
18 mai	sénatus-consulte du 28 floréal an XII proclamant Bonaparte empereur des Français et modifiant la Constitution de l'an X.
19 mai	nomination de dix-huit maréchaux d'Empire.

28 juin	exécution de Cadoudal.
10 juillet	remaniement ministériel : Fouché retrouve le ministère de la Police. Portalis est nommé ministre des Cultes.
15 juillet	première distribution des croix de la Légion d'honneur aux Invalides.
29 juillet	organisation de la Garde impériale.
2 août	proclamation des résultats du plébiscite sur l'Empire : officiellement, il y a 3 572 329 oui et 2 579 non.
11 août	François II prend le titre d'empereur d'Autriche.
17 novembre	arrivée du pape à Fontainebleau.
2 décembre	sacre de Napoléon à Notre-Dame.
5 décembre	distribution des aigles à l'armée sur le Champ-de-Mars.
20 décembre	David est nommé premier peintre de l'Empereur.

1805

17 mars	Napoléon proclamé roi d'Italie.
11 avril	convention de Saint-Pétersbourg, traité d'alliance entre la Russie et l'Angleterre.
26 mai	Napoléon est sacré roi d'Italie à Milan.
4 juin	annexion à la France de Gênes et de la Ligurie.
7 juin	Eugène de Beauharnais est nommé vice-roi d'Italie.
9 août	l'Autriche adhère à l'alliance anglo-russe.
26 août	Napoléon lance son armée vers l'Autriche.
10 septembre	l'armée autrichienne envahit la Bavière, alliée de la France.
14 octobre	victoire d'Elchingen remportée par Napoléon contre l'armée autrichienne de Mack.
19 octobre	capitulation de Mack dans Ulm.
21 octobre	défaite navale de Trafalgar : la flotte franco-espagnole est anéantie par la flotte anglaise commandée par l'amiral Nelson.
19 novembre	le royaume de Naples entre en guerre contre la France.
2 décembre	victoire de l'armée française à Austerlitz sur les Austro-Russes.
26 décembre	traité de Presbourg, entre la France et l'Autriche.

1806

1ᵉʳ janvier	le calendrier grégorien est rétabli.

27 janvier	Barbé-Marbois est remplacé au ministère du Trésor par Mollien après la crise boursière provoquée par le scandale des Négociants réunis.
15 février	Joseph devient roi de Naples.
15 mars	Murat nommé grand-duc de Berg et de Clèves.
18 mars	institution des conseils de prud'hommes.
4 avril	publication du Catéchisme impérial.
22 avril	réforme de la Banque de France ; Cretet en devient gouverneur.
10 mai	fondation de l'Université de France.
5 juin	Louis Bonaparte est proclamé roi de Hollande.
12 juillet	création de la Confédération du Rhin, formée de seize États allemands.
9 août	mobilisation de l'armée prussienne.
25 septembre	Napoléon part rejoindre la Grande Armée en Allemagne.
14 octobre	Napoléon bat les Prussiens à Iéna, Davout à Auerstaedt.
27 octobre	entrée de Napoléon à Berlin.
8 novembre	capitulation de Magdebourg devant Ney.
21 novembre	décret de Berlin instaurant le Blocus continental.
28 novembre	entrée de Murat à Varsovie.
10 décembre	réunion à Paris du Grand Sanhédrin pour régler les questions liées à la communauté juive.
22 décembre	début des opérations militaires contre l'armée russe.
26 décembre	victoire de Ney à Soldau sur le corps prussien de Lestocq. Victoires de Napoléon et Davout à Golymin et de Lannes à Pultusk sur les armées russes.

1807

23 janvier	début du siège de Dantzig.
8 février	bataille d'Eylau, victoire indécise sur les Russes.
24 mai	capitulation de Dantzig, obtenue par le maréchal Lefebvre.
14 juin	victoire de Friedland sur les Russes.
16 juin	capitulation de Königsberg.
21 juin	signature d'un armistice à Tilsit entre Français et Russes.
25 juin	première entrevue entre Napoléon et Alexandre au milieu du Niémen.
7 juillet	signature du traité de Tilsit entre la France

	et la Russie qui accepte l'alliance avec Napoléon.
9 juillet	signature du second traité de Tilsit entre la France et la Prusse qui abandonne tous ses territoires à l'est de l'Elbe.
22 juillet	création du grand-duché de Varsovie.
27 juillet	retour de Napoléon à Saint-Cloud.
9 août	remaniement ministériel. Nompère de Champagny remplace Talleyrand au ministère des Relations extérieures, Clarke remplace Berthier à la Guerre, Cretet est nommé ministre de l'Intérieur.
16 août	Jérôme Bonaparte proclamé roi du nouveau royaume de Westphalie.
19 août	suppression du Tribunat.
11 septembre	publication du Code de commerce.
16 septembre	fondation de la Cour des comptes.
13 octobre	décret de Fontainebleau renforçant le blocus des côtes.
17 octobre	Junot franchit les Pyrénées pour aller occuper le Portugal.
27 octobre	signature à Fontainebleau d'une convention entre la France et l'Espagne, sur le partage du Portugal.
27 octobre	complot de l'Escurial en Espagne.
30 octobre	alliance franco-danoise.
19 novembre	entrée de Junot au Portugal.
22 novembre	arrivée de Napoléon à Milan.
23 novembre	décret de Milan aggravant le Blocus continental.

1808

4 janvier	nomination de Bigot de Préameneu au ministère des Cultes.
2 février	occupation de Rome par les troupes du général Miollis.
20 février	Murat nommé commandant en chef de l'armée d'Espagne.
1er mars	création de la noblesse d'Empire.
7 mars	Fontanes nommé grand maître de l'Université.
17 mars	décret organisant l'Université impériale.
17 mars	décret organisant le culte juif.
19 mars	abdication du roi d'Espagne, Charles IV, en faveur de son fils, Ferdinand VII, à la suite de l'émeute d'Aranjuez.
24 mars	épuration de la magistrature.
30 avril	arrivée à Bayonne de Charles IV d'Espagne qui y rejoint Napoléon et Ferdinand VII.

2 mai	soulèvement des Madrilènes contre les Français : Dos de Mayo.
3 mai	Murat réprime durement l'émeute populaire : Tres de Mayo.
5 mai	à Bayonne, Charles IV et Ferdinand VII abandonnent leurs droits sur la couronne d'Espagne.
23 mai	début du soulèvement général en Espagne.
24 mai	réunion de Parme, Plaisance et la Toscane à l'Empire.
4 juin	Joseph devient roi d'Espagne.
16 juin	arrestation du général Malet, compromis dans une conspiration républicaine.
7 juillet	proclamation de la Constitution de Bayonne, destinée à l'Espagne.
15 juillet	Murat nommé roi de Naples.
20 juillet	entrée de Joseph à Madrid.
22 juillet	capitulation du général Dupont à Baylen, devant les Espagnols.
30 juillet	Joseph abandonne Madrid.
30 août	capitulation de Junot devant les troupes anglaises commandées par le général Wellington à Cintra.
27 septembre	rencontre entre Napoléon et Alexandre à Erfurt.
1ᵉʳ octobre	Napoléon part prendre le commandement de l'armée d'Espagne.
10 novembre	victoire de Burgos sur les Espagnols.
30 novembre	victoire de Somo-Sierra.
4 décembre	capitulation de Madrid, que les Espagnols avaient réoccupé en août.
27 décembre	la Junte suprême de Séville appelle à la « croisade » contre les Français.

1809

23 janvier	retour de Napoléon à Paris.
21 février	capitulation de Saragosse devant Lannes après un siège de plusieurs mois.
8 avril	entrée des troupes autrichiennes en Bavière.
9 avril	début du soulèvement du Tyrol.
10 avril	entrée des troupes de l'archiduc Jean en Italie.
17 avril	Napoléon prend le commandement de l'armée d'Allemagne.
20 avril	victoire d'Abensberg sur les Autrichiens.
21 avril	victoire de Landshut.
22 avril	victoire d'Eckmühl.
13 mai	capitulation de Vienne après deux jours de bombardement.

17 mai	décret de Schönbrunn réunissant les États pontificaux à l'Empire.
21-22 mai	bataille d'Essling.
31 mai	mort du maréchal Lannes, blessé à la bataille d'Essling.
10 juin	bulle *Quem Memoranda*, excommuniant de fait Napoléon.
5-6 juillet	bataille de Wagram.
11 juillet	victoire de Znaïm.
12 juillet	armistice franco-autrichien de Znaïm.
27 juillet	débarquement anglais dans l'île de Walcheren, au large de la Belgique.
2 août	Fouché mobilise la Garde nationale des départements du nord de la France.
1er octobre	Montalivet nommé ministre de l'Intérieur.
12 octobre	tentative d'assassinat perpétrée par l'Allemand Ferdinand Staps contre Napoléon à Vienne.
14 octobre	traité de Vienne entre la France et l'Autriche.
18 novembre	victoire de Soult et Mortier à Ocana.
30 novembre	Napoléon annonce à Joséphine son intention de divorcer.
15 décembre	Sénatus-consulte prononçant le divorce.

1810

1er janvier	Davout nommé commandant en chef de l'armée d'Allemagne.
12 janvier	annulation du mariage religieux de Napoléon et Joséphine par l'officialité de Paris.
18 janvier	début de la conquête de l'Andalousie.
1er février	Soult prend Séville, obligeant la Junte à se réfugier à Cadix.
8 février	création de quatre gouvernements militaires en Espagne.
3 mars	rétablissement des prisons d'État.
2 avril	mariage religieux de Napoléon et Marie-Louise aux Tuileries.
6 avril	poursuite des pourparlers engagés secrètement par Fouché avec l'Angleterre.
3 juin	Napoléon disgracie Fouché, remplacé par Savary au ministère de la Police.
3 juillet	abdication de Louis.
9 juillet	réunion de la Hollande à l'Empire français.
5 août	décret de Trianon sur les denrées coloniales.
21 août	Bernadotte élu prince héréditaire de Suède.
28 août	capitulation d'Almeida devant Masséna.
17 septembre	échec du débarquement tenté par Murat en Sicile.
24 septembre	ouverture des Cortès de Cadix.

14 octobre	Pasquier nommé préfet de police à la place de Dubois. Le cardinal Maury nommé archevêque de Paris.
5 novembre	bref de Pie VII interdisant à Maury de prendre part au gouvernement du diocèse de Paris.
10 décembre	annexion à l'Empire des territoires côtiers de l'Allemagne du Nord.
13 décembre	sénatus-consulte divisant l'Empire en cent trente départements.
18 décembre	nouveau bref du pape contre Maury.

1811

1ᵉʳ janvier	entrée en vigueur du Code pénal et du Code d'instruction criminelle.
4 janvier	arrestation de l'abbé d'Astros qui conduisait à Paris la résistance au cardinal Maury.
20 mars	naissance du roi de Rome.
23 mars	repli de Junot sur la frontière espagnole.
25 mars	le général Bertrand nommé gouverneur de l'Illyrie à la place du maréchal Marmont.
17 avril	remaniement ministériel. Maret remplace Champagny aux Relations extérieures. Daru devient secrétaire d'État.
26 avril	envoi de trois évêques à Savone pour régler les différends avec le pape.
10 mai	Marmont nommé au commandement de l'armée de Portugal à la place de Masséna.
9 juin	baptême du roi de Rome à Notre-Dame de Paris.
17 juin	début du concile national réunissant cent quatre évêques.
29 juin	prise de Tarragone par Suchet.
10 juillet	dissolution du concile national.
12 juillet	arrestation de trois évêques, animateurs de l'opposition à Napoléon, lors du concile : Boulogne de Troyes, Hirn de Tournai et Broglie de Gand.
5 août	le concile national, à nouveau réuni, accepte les propositions de Napoléon sur l'institution des évêques.
28 août	création d'un conseil de subsistances pour faire face à la crise économique.
18 octobre	création à Amsterdam de l'ordre de la Réunion, à l'occasion d'un voyage de Napoléon dans le nord de l'Empire.
25 octobre	victoire de Suchet à Sagonte.
26 octobre	dissolution de la compagnie de Saint-Sulpice.

15 novembre	décret sur les « écoles secondaires ecclésiastiques » qui limite leur nombre à une par département.

1812

1er janvier	entrée en vigueur du Code civil dans les Provinces Illyriennes.
7 janvier	début de l'offensive de Wellington en Espagne.
9 janvier	prise de Valence par Suchet.
26 janvier	décision de réunir la Catalogne à l'Empire.
24 février	alliance secrète entre la Prusse et la France.
11 mars	émeutes à Caen.
14 mars	alliance entre la France et l'Autriche.
15 mars	la Grande Armée est sur l'Elbe.
18 mars	adoption par les Cortès de Cadix d'une Constitution libérale.
6 avril	prise de Badajoz par Wellington.
8 avril	ultimatum du tsar Alexandre Ier à Napoléon.
9 avril	alliance entre la Russie et la Suède.
23 avril	Marmont évacue le Portugal.
29 avril	Napoléon quitte Dresde, où il a rencontré les princes allemands, pour prendre le commandement de la Grande Armée.
18 juin	déclaration de guerre des États-Unis à l'Angleterre.
19 juin	arrivée du pape Pie VII à Fontainebleau.
24 juin	Napoléon franchit le Niémen. La campagne de Russie commence.
28 juin	entrée de Napoléon à Vilna.
8 juillet	prise de Minsk par Davout.
14 juillet	Jérôme quitte l'armée.
18 juillet	Marmont reprend l'offensive en Espagne contre Wellington.
22 juillet	victoire de Wellington aux Arapiles contre Marmont.
23 juillet	victoire de Davout sur Bagration à Mohilev.
28 juillet	entrée de Napoléon à Vitebsk.
10 août	Joseph abandonne Madrid.
18 août	entrée de Napoléon à Smolensk.
27 août	Soult évacue l'Andalousie.
29 août	Koutouzov prend le commandement en chef de l'armée russe à la place de Barclay de Tolly.
7 septembre	bataille de la Moskowa, remportée par la Grande Armée, mais avec de lourdes pertes.
14 septembre	entrée de Napoléon à Moscou.
15 septembre	début de l'incendie de Moscou.
19 octobre	départ de Moscou.

23 octobre	tentative de coup d'État du général Malet à Paris.
28 octobre	Malet et ses complices sont fusillés.
30 octobre	Soult reprend l'offensive en Espagne.
2 novembre	Joseph regagne Madrid.
6 novembre	Napoléon prend connaissance de la conspiration de Malet.
12 novembre	regroupement des restes de la Grande Armée à Smolensk.
13 novembre	début de la bataille de Krasnoé.
27 novembre	début de la bataille de la Bérésina.
5 décembre	Napoléon quitte l'armée dont il confie le commandement à Murat.
6 décembre	débâcle de l'armée française.
13 décembre	les débris de la Grande Armée repassent le Niémen.
18 décembre	arrivée de Napoléon à Paris.
23 décembre	destitution du préfet de la Seine, Frochot.
26 décembre	convention de Tauroggen par laquelle le général prussien Yorck s'engage à ne plus combattre les Russes.

1813

1er janvier	évacuation de Königsberg par les Français.
11 janvier	mobilisation de 350 000 hommes.
13 janvier	départ de Murat de la Grande Armée dont le commandement est laissé à Eugène de Beauharnais.
25 janvier	signature du concordat de Fontainebleau.
9 février	entrée de l'armée russe à Varsovie.
22 février	signature du traité de Kalisch entre la Russie et la Prusse.
3 mars	alliance entre l'Angleterre et la Suède.
4 mars	Eugène évacue Berlin et replie son armée sur l'Elbe.
17 mars	déclaration de guerre de la Prusse à la France.
19 mars	traité de Breslau entre la Prusse et la Russie, complétant celui de Kalisch.
23 mars	Joseph quitte Madrid pour Valladolid.
24 mars	Pie VII rétracte sa signature du concordat de Fontainebleau.
30 mars	organisation d'un conseil de régence.
3 avril	nouvelle mobilisation de 180 000 hommes.
25 avril	Napoléon prend le commandement de l'armée, à Erfurt.
2 mai	victoire de l'armée française à Lützen. Prise de Leipzig.
8 mai	entrée de Napoléon à Dresde.

15 mai	reprise de l'offensive de Wellington, devenu chef de toutes les armées nationales en Espagne, sur Salamanque.
20 mai	victoire française de Bautzen.
21 mai	victoire de Würschen.
2 juin	en Espagne, retraite des Français sur Burgos.
4 juin	signature de l'armistice de Pleiswitz entre Napoléon et les Russo-Prussiens.
14 juin	traité de Reichenbach entre la Prusse et l'Angleterre. La Russie y adhère le 15.
21 juin	victoire de Wellington à Vitoria. Déroute de l'armée française qui regagne les Pyrénées.
1ᵉʳ juillet	Napoléon envoie le maréchal Soult en Espagne après avoir privé Joseph de tout commandement.
29 juillet	début du congrès de Prague.
11 août	clôture du congrès de Prague, après l'échec des négociations de paix.
12 août	déclaration de guerre de l'Autriche à la France.
14 août	reprise des hostilités.
27 août	victoire de Dresde après deux jours de combat.
30 août	capitulation de Vandamme à Kulm.
6 septembre	défaite de Ney à Dennewitz.
9 septembre	traité de Toeplitz renforçant l'alliance entre la Russie, la Prusse et l'Autriche.
17 septembre	armistice entre la Bavière et les alliés.
3 octobre	adhésion de l'Angleterre au traité de Toeplitz.
8 octobre	signature du traité de Ried entre la Bavière et les alliés.
16 octobre	début de la bataille de Leipzig.
19 octobre	défaite de Leipzig. Napoléon bat en retraite.
26 octobre	Jérôme évacue la Westphalie.
2 novembre	Napoléon franchit le Rhin.
3 novembre	traité de Fulda entre le roi de Wurtemberg et les alliés.
9 novembre	retour de Napoléon à Saint-Cloud.
11 novembre	capitulation de Gouvion-Saint-Cyr à Dresde.
12 novembre	repli de Soult sur Bayonne.
20 novembre	remaniement ministériel. Maret est remplacé par Caulaincourt aux Affaires extérieures, Régnier par Molé à la Justice.
4 décembre	déclaration de Francfort des alliés contre la France.
11 décembre	traité de Valençay sur l'Espagne.
21 décembre	entrée des Autrichiens en Suisse.
23 décembre	entrée des Prussiens en Alsace.

29 décembre	adoption du rapport Lainé par le Corps législatif.
31 décembre	Napoléon proroge le Corps législatif.

1814

2 janvier	envoi de commissaires extraordinaires dans les départements.
4 janvier	création des corps francs.
8 janvier	mobilisation de la Garde nationale de Paris.
11 janvier	traité d'alliance entre Murat et l'Autriche.
14 janvier	Ney évacue Nancy.
19 janvier	prise de Dijon par les alliés.
23 janvier	Napoléon confie la régence à Marie-Louise.
24 janvier	Joseph, nommé lieutenant général de l'Empire.
26 janvier	Napoléon prend le commandement de l'armée.
27 janvier	victoire de Saint-Dizier sur Blücher.
29 janvier	victoire de Brienne, à nouveau devant Blücher.
1ᵉʳ février	défaite de Napoléon à La Rothière.
3 février	début du congrès de Châtillon.
8 février	Napoléon refuse les conditions de paix des alliés.
10 février	victoire de Champaubert.
11 février	victoire de Montmirail.
12 février	victoire de Château-Thierry.
14 février	victoire de Vauchamps.
18 février	victoire de Montereau.
19 février	nouveau rejet des propositions de paix des alliés.
27 février	défaite de Soult à Orthez devant Wellington.
3 mars	capitulation de Soissons.
7 mars	victoire de Craonne sur Blücher.
8 mars	traité de Chaumont entre les alliés, renforçant leur effort de guerre et leur alliance contre Napoléon.
10 mars	défaite de Napoléon à Laon.
12 mars	capitulation de Bordeaux où le maire, Lynch, se rallie à Louis XVIII.
13 mars	victoire de Reims sur les Russes.
19 mars	fin des pourparlers de Châtillon.
21 mars	début de la bataille d'Arcis-sur-Aube. Augereau évacue Lyon.
29 mars	départ de Marie-Louise et du roi de Rome pour Blois.
30 mars	début des combats devant Paris.
31 mars	signature d'un armistice par Marmont à 2 heures du matin. Entrée des alliés dans

	Paris à 11 heures. Réunion des souverains chez Talleyrand.
1er avril	le Sénat désigne un gouvernement provisoire dirigé par Talleyrand.
2 avril	le Sénat vote la déchéance de Napoléon.
3 avril	le Corps législatif vote la déchéance à son tour.
4 avril	les maréchaux présents à Fontainebleau demandent à Napoléon d'abdiquer.
6 avril	abdication de Napoléon, sans conditions. Le Sénat appelle Louis XVIII.
10 avril	défaite de Soult devant les Anglais à Toulouse.
11 avril	signature d'une convention garantissant à Napoléon la souveraineté sur l'île d'Elbe.
20 avril	adieux à l'armée à Fontainebleau.
3 mai	entrée de Louis XVIII à Paris.
4 mai	arrivée de Napoléon à l'île d'Elbe.
29 mai	mort de Joséphine.
30 mai	traité de Paris signé avec les alliés.
3 juin	début de l'évacuation de la France par les alliés.
4 juin	publication de la Charte constitutionnelle.
1er novembre	ouverture du congrès de Vienne.

1815

13 février	arrivée de Fleury de Chaboulon à l'île d'Elbe.
26 février	Napoléon embarque sur le brick *l'Inconstant* avec un millier d'hommes.
1er mars	débarquement au golfe Juan.
2 mars	début du vol de l'Aigle, par la route des Alpes.
5 mars	entrée de Napoléon à Gap.
7 mars	Napoléon à Grenoble.
11 mars	décrets de Lyon.
17 mars	entrée à Auxerre.
18 mars	Ney rejoint Napoléon à Auxerre.
20 mars	entrée de Napoléon à Paris, abandonné par Louis XVIII. Formation de son gouvernement.
29 mars	entrée en guerre de Murat contre l'Autriche.
30 mars	manifeste de Rimini dans lequel Murat lance un appel à l'unité de l'Italie.
22 avril	promulgation de l'Acte additionnel aux constitutions de l'Empire.
1er mai	début du mouvement fédératif.
3 mai	défaite de Murat à Tolentino.
15 mai	début du soulèvement royaliste en Vendée

25 mai	le général Lamarque envoyé en Vendée.
1ᵉʳ juin	assemblée du Champ de Mai. Proclamation des résultats du plébiscite organisé pour approuver la nouvelle Constitution.
3 juin	réunion de la nouvelle Chambre des représentants.
9 juin	acte final du congrès de Vienne.
12 juin	départ de Napoléon pour l'armée du Nord.
15 juin	début de la campagne de Belgique.
16 juin	victoire de Napoléon à Ligny contre Blücher.
18 juin	défaite de Waterloo.
21 juin	retour de Napoléon à Paris.
22 juin	seconde abdication de Napoléon, cette fois-ci en faveur de son fils.
25 juin	Napoléon s'installe à Malmaison.
29 juin	arrivée des Prussiens devant Paris. Napoléon part pour Rochefort.
8 juillet	Louis XVIII rentre à Paris.
15 juillet	Napoléon embarque sur le *Bellerophon*.
7 août	Napoléon est transféré sur le *Northumberland*.
26 septembre	acte de la Sainte-Alliance.
16 octobre	arrivée de Napoléon à Sainte-Hélène.
20 novembre	second traité de Paris réglant le sort de la France.

1821

5 mai	mort de Napoléon Iᵉʳ à Sainte-Hélène.

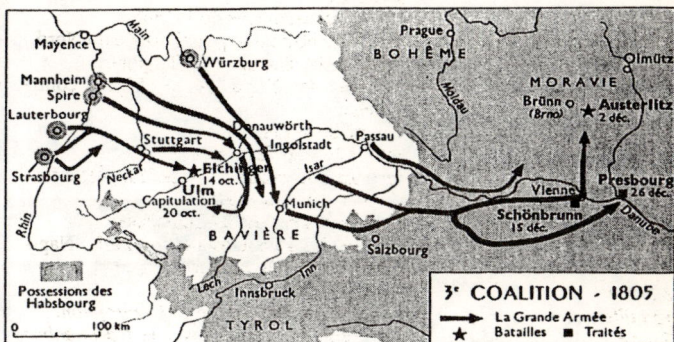

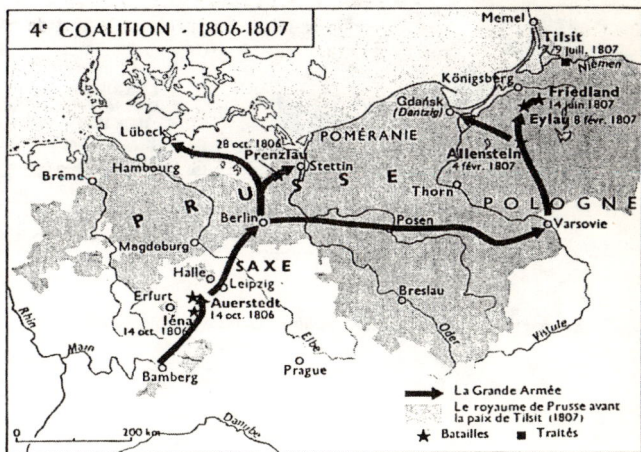

Source : Georges DUBY (dir.), *Atlas historique*, Larousse, 1978.

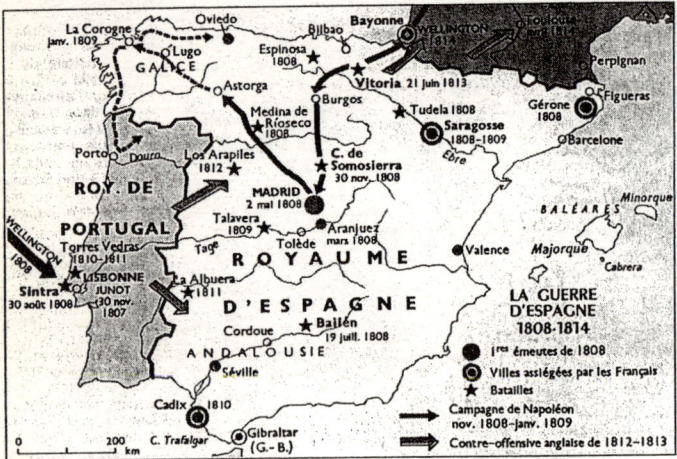

La Corogne janv. 1809 — Oviedo — Bilbao — Bayonne — WELLINGTON 1814 — Toulouse avril 1814 — Perpignan

Espinosa 1808

GALICE — Astorga — Vitoria 21 juin 1813

Lugo

Burgos — Tudela 1808 — Gérone 1808 — Figueras

Medina de Rioseco 1808 — Saragosse 1808-1809 — Barcelone

Porto — Douro — Los Arapiles 1812 — C. de Somosierra 30 nov. 1808

MADRID 2 mai 1808 — BALÉARES — Minorque

ROY. DE PORTUGAL — Talavera 1809 — Aranjuez mars 1808 — Tolède — ROYAUME — Valence — Majorque — Cabrera

WELLINGTON 1808 — Torres Vedras 1810-1811 — LISBONNE — JUNOT 30 nov. 1807 — La Albuera 1811 — D'ESPAGNE

Sintra 30 août 1808 — Cordoue — Baïlén 19 juill. 1808

ANDALOUSIE — Séville

Cadix 1810 — C. Trafalgar — Gibraltar (G.-B.)

LA GUERRE D'ESPAGNE 1808-1814

● 1res émeutes de 1808
◉ Villes assiégées par les Français
★ Batailles
➡ Campagne de Napoléon nov. 1808-janv. 1809
⇒ Contre-offensive anglaise de 1812-1813

0 — 200 km

Source : Georges DUBY (dir.), *Atlas historique*, Larousse, 1978.

474

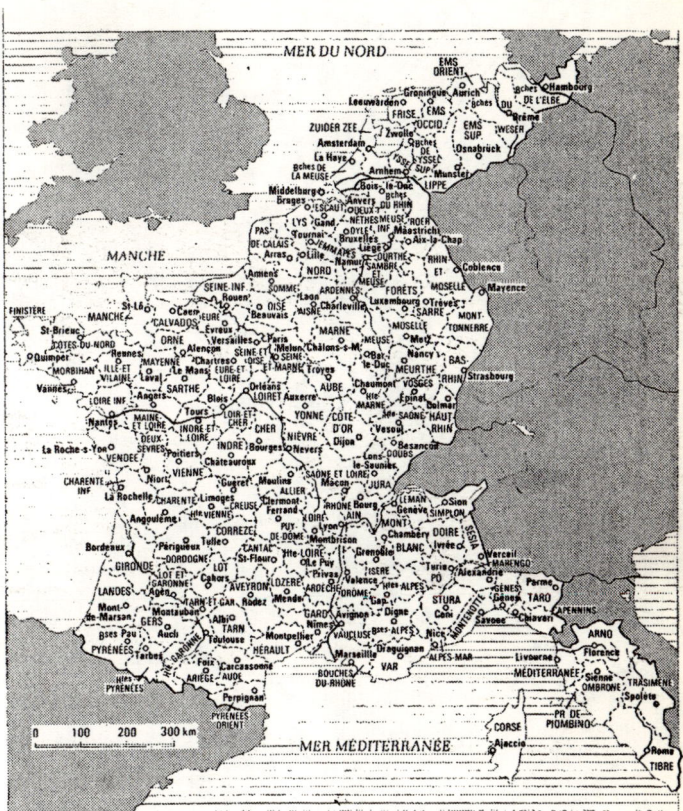

La France des 130 départements en 1811.

Source : Jean TULARD, *Le Grand Empire*, Albin Michel, 1982.

L'Empire français en 1812.

Source : Jean TULARD, *Le Grand Empire*, Albin Michel, 1982.

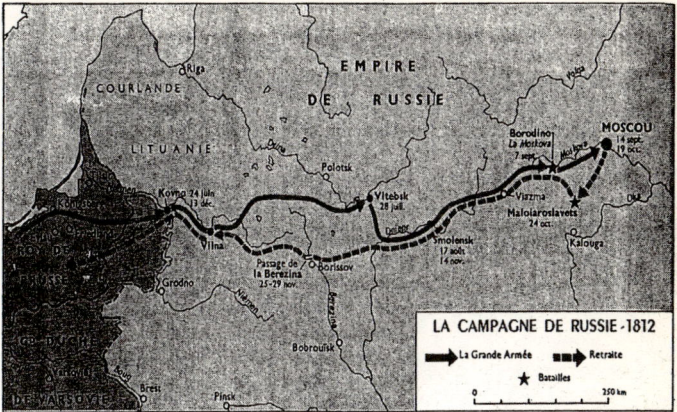

LA CAMPAGNE DE RUSSIE - 1812

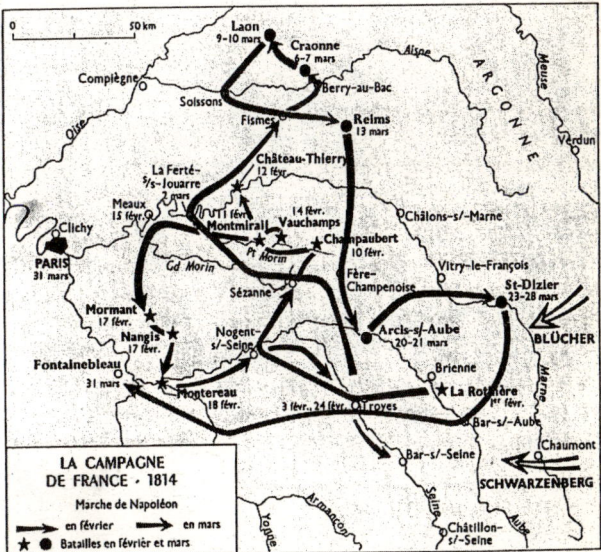

LA CAMPAGNE DE FRANCE · 1814

Source : Georges DUBY (dir.), *Atlas historique*, Larousse, 1978.

BIBLIOGRAPHIE

À quelques exceptions, cette sélection bibliographique se limite à des ouvrages parus depuis une trentaine d'années.

SOURCES IMPRIMÉES, MÉMOIRES, SOUVENIRS, CORRESPONDANCES

Moniteur universel, an VIII-1815.
Archives parlementaires de 1787 à 1860. Recueil complet des débats législatifs et politiques des Chambres françaises, 2ᵉ série (1800-1860), T. 1 à 14, Paris, Lib. Administrative Dupont, 1861-1869.

Correspondance de Napoléon Iᵉʳ publiée par ordre de l'empereur Napoléon III, Paris, Imprimerie Impériale, 32 tomes, 1858-1869.

ANDIGNÉ (d') général, *Mémoires du général d'Andigné,* édités par E. Biré, Paris, Plon, 2 tomes, 1900-1901.
AULARD Alphonse (éd.), *L'État de la France en l'an VIII et en l'an IX,* Paris, Société de l'histoire de la Révolution française, 1897.
AULARD Alphonse (éd.), *Paris sous le Consulat, Recueil de documents pour l'histoire de l'esprit public à Paris,* 4 tomes, Paris, Leopold Cerf-Noblet, Quantin, 1903.
AULARD Alphonse (éd.), *Paris sous le Premier Empire,* 2 tomes.
BARRAS Paul-François, *Mémoires de Barras, membre du Directoire,* édités par Georges Duruy, Paris, Hachette, 4 tomes, 1895-1896.
BARRÈS Jean-Baptiste, *Souvenirs d'un officier de la Grande Armée,* publiés par Maurice Barrès, son petit-fils, Paris, Plon, 1923.
BEAUHARNAIS (de) Eugène, *Mémoires et correspondance politique et militaire du prince Eugène de Beauharnais,* édités par A. Du Casse, Paris, Lévy, 10 tomes, 1858-1860.
BEAUHARNAIS (de) Hortense, *Mémoires de la reine Hortense,* publiés par le prince Napoléon, Paris, Plon, 3 tomes, 1927.
BERTIER (de) Ferdinand, *Souvenirs d'un conspirateur. Révolution, Empire,*

Restauration, édités par Guillaume de Bertier de Sauvigny, Paris, Tallandier, 1990.

BERTRAND général, *Lettres à Fanny 1808-1815*, éditées par Suzanne de la Vaissière-Orfila, Paris, Albin Michel, 1979.

BERTRAND Henri-Gatien, *Cahiers de Sainte-Hélène*, édités par Paul Fleuriot de Langle, Paris, Sulliver-Albin Michel, 3 tomes, 1949-1959.

BEUGNOT Jacques-Claude, *Mémoires du comte Beugnot (1783-1815)*, notes et introduction par Robert Lacour-Gayet, Paris, Hachette, 1959.

BOIGNE (de) comtesse, *Mémoires de la comtesse de Boigne née d'Osmond. Récits d'une tante*, nouvelle édition présentée par Jean-Claude Berchet, Paris, Mercure de France, 1986, 2 tomes.

BONAPARTE Jérôme, *Mémoires et correspondance du roi Jérôme et de la reine Catherine*, Paris, Dentu, 7 tomes, 1861-1868.

BONAPARTE Joseph, *Mémoires et correspondance politique et militaire du roi Joseph*, édités par A. Du Casse, Paris, Perrotin, 10 tomes, 1853-1855.

BONAPARTE Lucien, *Révolution de brumaire ou Relation des principaux événements des journées des 18 et 19 brumaire*, Paris, Charpentier, 1845.

BOUILLÉ, *Souvenirs et fragments pour servir aux mémoires de ma vie et de mon temps, par le marquis de Bouillé (Louis-Joseph-Amour) 1769-1812*, publiés pour la Société d'histoire contemporaine par P.-L. de Kermaingant, Paris, Picard, 1908, 3 tomes.

BOURDON Jean (éd.), *Napoléon au Conseil d'État. Notes et procès-verbaux inédits de Jean-Guillaume Locré, secrétaire général du Conseil d'État*, Paris, 1963.

BOURRIENNE, *Mémoires de M. de Bourrienne, ministre d'État, sur Napoléon, le Directoire, le Consulat, l'Empire et la Restauration*, Paris, Ladvocat, 1829, 10 vol.

BROGLIE (de) Victor, *Souvenirs 1785-1870*, Paris, Calmann-Lévy, 1886, t. 1.

BROTONNE (de) Léonce, *Lettres inédites de Napoléon Ier*, Paris, Champion, 1898, et *Dernières lettres inédites*, Paris, Champion, 1903, 2 tomes.

CAMBACÉRÈS, *Lettres inédites à Napoléon*, Présentation et notes par Jean Tulard, Paris, Klincksieck, 1973, 2 tomes.

CAMBACÉRÈS, *Mémoires inédits. Éclaircissements publiés par Cambaceres sur les principaux événements de sa vie politique*, présentation et notes de Laurence Chatel de Brancion, Paris, Perrin, 2000, 2 tomes.

CAULAINCOURT (de) Armand-Louis-Augustin, *Mémoires du général de Caulaincourt, duc de Vicence, grand écuyer de l'Empereur*, édités par Jean Hanoteau, Paris, Plon, 3 tomes, 1933.

CHAMPAGNY, *Souvenirs de M. de Champagny, duc de Cadore*, Paris, Paul Renouard, 1846, rééd. Genève, Slatkine, 1975.

CHAPTAL, *De l'industrie française*, présenté par Louis Bergeron, Paris, Imprimerie nationale, 1993.

CHAPTAL comte, *Mes souvenirs sur Napoléon*, édités par son petit-fils, Paris, Plon, 1893.

CHASTENAY (de) comtesse, *Mémoires de la comtesse de Chastenay (1771-1815)*, introduction et notes par Guy Chaussinand-Nogaret, Paris, Perrin, 1987.

CHATEAUBRIAND (de) René, *Mémoires d'outre-tombe*, Paris, Gallimard, « La Pléiade », 1970, 2 tomes.

CHEVALIER Lieutenant, *Souvenirs des guerres napoléoniennes*, publiés par Jean Mistler et Hélène Michaud, Paris, Hachette, 1970.

CHUQUET Arthur, *Inédits napoléoniens*, Paris, t. 1, Fontemoing, 1913, et t. 2, De Boccard, 1913-1919.

CHUQUET Arthur, *Ordres et apostilles de Napoléon (1799-1815)*, Paris, Honoré Champion, 1911, 4 tomes.

CLARY-ET-ALDRINGEN (de) Charles, *Souvenirs. Trois mois à Paris lors du mariage de l'Empereur Napoléon Iᵉʳ et de la duchesse Marie-Louise*, Paris, Plon, 1914.

COIGNET Jean-Roch, *Les Cahiers du capitaine Coignet*, édités par Jean Mistler, Paris, Hachette, 1968.

CONSALVI Hercule, *Mémoires du cardinal Consalvi*, édités par J. Crétineau-Joly et Jean-Emmanuel Drochon, Paris, Bonne Presse, 1895.

CONSTANT Benjamin, *Œuvres*, Paris, Gallimard, « La Pléiade », 1957 ; *Mémoires sur les Cent-Jours*, Paris-Genève, Slatkine, 1996.

DANSETTE Adrien, *Napoléon. Vues politiques*, Paris, Flammarion, rééd. 1969.

DESMARETS Pierre-Marie, *Quinze ans de haute police*, édité par Léonce Grasilier, Paris, Garnier, 1900.

D'ARBLAY Fanny, *Du Consulat à Waterloo. Souvenirs d'une Anglaise à Paris et à Bruxelles*, traduit par Roger Kann, Paris, José Corti, 1992.

DU CASSE Albert, *Supplément à la correspondance de Napoléon Iᵉʳ*, Paris, Dentu, 1887.

FAIN baron, *Manuscrit de 1813*, Paris, Delaunay, 1824, 2 tomes.

FAIN baron, *Mémoires du baron Fain*, Paris, 1908.

FIERRO Alfred, *Les Français vus par eux-mêmes sous le Consulat et l'Empire*, Paris, Laffont, « Bouquins », 1997.

FIÉVÉE Joseph, *Correspondance et relations de J. Fiévée avec Bonaparte pendant onze années (1802 à 1813)*, Paris, Desrez et Beauvais, 1836-1863 ; *Correspondance de Joseph Fiévée et de François Ferrier (1803-1837)*, éditée par Etienne Hoffmann, Bern-Berlin, Peter Lang, 1994.

FLEURY DE CHABOULON, *Les Cent-Jours. Mémoires pour servir à l'histoire de la vie privée, du retour et du règne de Napoléon en 1815*, Londres, C. Roworth, 1820, rééd. Genève, Slatkine, 1975.

FLEURY Jacques-Pierre, *Mémoires sur la Révolution, le Premier Empire et les premières années de la Restauration*, édités par le R.P. Dom Piolin, Le Mans, Guicheux-Gallienne, 1871, rééd. Genève, Slatkine, 1975.

FOUCHÉ Joseph, *Mémoires*, édités par Michel Vovelle, Paris, Imprimerie Nationale, 1992.

FRÉNILLY, *Souvenirs du baron de Frénilly, pair de France*, édités par Albert Chuquet, Paris, Plon, 1909.

GAUDIN, *Mémoires, souvenirs, opinions et écrits du duc de Gaète*, Paris, Baudouin, 2 tomes, 1826.

GOSSEZ Rémi, *Un ouvrier en 1820. Manuscrit inédit de Jacques Etienne Bédé*, Paris, PUF, Centre de correspondance du XIXᵉ siècle, 1984.

GOTTERI Nicole, *La Police secrète du Premier Empire. Bulletins quotidiens adressés par Savary à l'Empereur*, Paris, Honoré Champion, 4 tomes parus, 1997-2000.

GOTTERI Nicole, *La Mission de Lagarde, policier de l'empereur, pendant la guerre d'Espagne (1809-1811). Édition des dépêches concernant la péninsule Ibérique*, Paris, Publisud, 1991.

GOURGAUD Gaspard, *Journal de Sainte-Hélène 1815-1818*, édité par Octave Aubry, Paris, Flammarion, 2 tomes, 1947.

GUIZOT François, *Mémoires pour servir à l'histoire de mon temps*, Paris, Michel Lévy, 8 tomes, 1858-1867.

HAUTERIVE (d') Ernest, *La Police secrète sous le Premier Empire*, Paris, 1908-1964, 5 tomes.

HYDE DE NEUVILLE, *Mémoires et souvenirs du baron Hyde de Neuville*, Paris, Plon, 1888, 3 tomes.

JOSÉPHINE Impératrice, *Correspondance 1782-1814*, éditée par Bernard Chevallier, Maurice Catinat et Christophe Pincemaille, Paris, Payot, 1996.

Journal d'un artisan tourangeau 1789-1830, tenu par Claude Bailly, artisan sellier à Chinon, présenté et commenté par Luc Boisnard, Chinon, 1989.

JAUFFRET Joseph, *Mémoires historiques sur les affaires ecclésiastiques de France pendant les premières années du XIXᵉ siècle*, Paris, Le Clère, 1819-1823, 3 tomes.

LAFFITTE Jacques, *Mémoires de Laffitte (1767-1844)*, édités par Paul Duchon, Paris, Firmin-Didot, 1932.

LAMARTINE (de) Alphonse, *Mémoires de jeunesse 1790-1815*, présentés par Marie-Renée Morin, Paris, Tallandier, 1990.

LAS CASES (de) Marie-Joseph-Emmanuel, *Le Mémorial de Sainte-Hélène*, édité par Marcel Dunan, Paris, Flammarion, 2 tomes, 1951, rééd. Garnier-Flammarion, 1983.

LAVALETTE (de) Antoine-Marie, *Mémoires et souvenirs du comte de Lavalette*, édition présentée par Stéphane Giocanti, Paris, Mercure de France, 1994.

Les Anglais en France après la paix d'Amiens. Impressions de voyage de Sir John Carr, édité par Albert Babeau, Paris, Plon, 1898.

LECESTRE Léon, *Lettres inédites de Napoléon Iᵉʳ (an VIII-1815)*, Paris, Plon, 1897, 2 tomes.

Lettres d'amour de Napoléon à Joséphine, éditées par Jean Tulard et Chantal de Tounier-Bonazzi, Paris, Fayard, 1981.

Lettres inédites de Napoléon Iᵉʳ à Marie-Louise, écrites de 1810 à 1814, avec introduction et notes par Louis Madelin, Paris, Éditions des Bibliothèques nationales de France, 1935.

MACDONALD, *Souvenirs du maréchal Macdonald duc de Tarente*, édités par Camille Rousset, Paris, Plon, 1892.

MARBOT général, *Mémoires du général baron de Marbot*, édités par Jacques Garnier, Paris, Mercure de France, 2 tomes, 1983.

Mémoires de l'abbé Baston, chanoine de Rouen, édités par Julien Loth pour la Société d'histoire contemporaine, Paris, Picard, 3 tomes, 1897-1899.

Mémoires de Madame la duchesse d'Abrantès ou souvenirs historiques sur Napoléon, la Révolution, le Directoire, le Consulat, l'Empire et la Restauration, Paris, Ladvocat, 18 tomes, 1831-1835.

Mémoires de Marchand, premier valet de chambre et exécuteur testamentaire de l'empereur, édités par Jean Bourguignon, Paris, Tallandier, 2 tomes, rééd. 1991.

Mémoires du sergent Bourgogne, présentés par Gilles Lapouge, Paris, Arléa, 1992.

MARQUISET Alfred, *Napoléon sténographié au Conseil d'État*, Paris, 1912.

MASSIN Jean (dir.), *Napoléon Bonaparte. L'Œuvre et l'histoire*, Paris, Club français du Livre, 1969, 12 volumes.

MÉNEVAL baron, *Mémoires pour servir à l'histoire de Napoléon Iᵉʳ depuis*

1802 jusqu'à 1815 par le baron Claude de Méneval, Paris, Dentu, 3 tomes, 1893-1894.

MIOT DE MÉLITO, *Mémoires du comte Miot de Mélito, ancien ministre, ambassadeur, conseiller d'État et membre de l'Institut (1788-1815)*, Paris, Michel Lévy, 3 tomes, 1858.

MOLÉ Mathieu, *Souvenirs de jeunesse (1793-1803)*, Paris, Mercure de France, « Le Temps retrouvé », 1991.

MOLLIEN François-Nicolas, *Mémoires d'un ministre du Trésor public (1789-1815)*, Paris, Garnier, 4 tomes, 1845.

MONTESQUIOU (de) comte Anatole, *Souvenirs sur la Révolution, l'Empire, la Restauration et le règne de Louis-Philippe*, Paris, Plon, 1961.

NODIER Charles, *Portraits de la Révolution et de l'Empire*, édité par Jean-Luc Steinmetz et J. d'Hendecourt, Paris, Tallandier, 2 tomes, 1988.

NORVINS (de) Jacques, *Mémorial de Jacques de Norvins*, publié par L. de Lanzac de Laborie, Paris, Plon, 3 tomes, 1897.

O'MEARA Bary Edward, *Napoléon dans l'exil (7 août 1815-25 juillet 1818)*, édité par Paul Ganière, Paris, Fondation Napoléon, 2 tomes, 1993.

OUVRARD, *Mémoires de G.-J. Ouvrard sur sa vie et ses diverses opérations financières*, Paris, Moutardier, 3 tomes, 1826.

PACCA Bartolomeo, *Mémoires du cardinal Pacca sur le pontificat de Pie VII*, Paris, Bray, 1860, 2 tomes.

PASQUIER Étienne-Denis, *Histoire de mon temps. Mémoires du chancelier Pasquier*, édités par le duc d'Audiffret-Pasquier, Paris, Plon, 6 tomes, 1893-1894.

PELET DE LA LOZÈRE, *Opinions de Napoléon sur divers sujets politiques et d'administration*, Paris, Firmin-Didot, 1833.

PERCY Pierre-François, *Journal des campagnes du baron Percy*, édité par Jacques Jourquin, Paris, Tallandier, 1986.

PERDIGUIER Agricol, *Mémoires d'un compagnon*, édités par Alain Faure, Paris, Maspero, 1977.

PONS DE L'HÉRAULT, *Napoléon, souverain de l'île d'Elbe. Mémoires de Pons de l'Hérault*, publiés par G. L. Pélissier, Paris, Plon, 1934.

PONTECOULANT (de) Philippe, *Souvenirs militaires. Napoléon à Waterloo*, Paris, Dumaine, 1866.

POUMIES DE LA SIBOUTIE Louis-François, *Souvenirs d'un médecin de Paris*, Paris, Plon, 1910.

Procès-verbal de la cérémonie du sacre et du couronnement de Napoléon, présenté par Jean Tulard, Paris, Imprimerie nationale, 1993.

RAMBUTEAU, *Mémoires du comte de Rambuteau*, introduction et notes par Georges Lequin, Paris, Calmann-Lévy, 1906.

RÉAL Pierre-François, *Les indiscrétions d'un préfet de police de Napoléon*, Paris, Tallandier, 2 tomes, 1896.

REICHARDT Johann-Friedrich, *Un hiver à Paris sous le Consulat 1802-1803*, Paris, Plon, 1896.

RÉMUSAT (de) Charles, *Mémoires de ma vie*, t. 1, *Enfance et jeunesse. La Restauration libérale (1797-1820)*, présentés et annotés par Charles H. Pouthas, Paris, Plon, 1958.

RÉMUSAT (de) comtesse, *Mémoires (1802-1808)*, édités par Paul de Rémusat, Paris, Plon, 3 tomes, 1879-1880.

ROEDERER, *Journal du comte P.L. Roederer, ministre et conseiller d'État.*

Notes intimes et politiques d'un familier des Tuileries, édités par Maurice Vitrac, Paris, Daragon, 1909.

ROUSSEL (P.), *Correspondance de Le Coz, évêque constitutionnel d'Ille-et-Vilaine*, publiée par la Société d'Histoire contemporaine, Paris, Picard, 1900, 2 tomes.

SAND George, *Histoire de ma vie, in Œuvres autobiographiques*, Paris, Gallimard, « La Pléiade », 1970, 2 tomes.

SAVARY, *Mémoires du duc de Rovigo*, édités par Désiré Lacroix, Paris, Garnier, 5 tomes, 1900.

SÉGUR (de) Philippe-Paul, *Histoire de Napoléon et de la Grande Armée pendant l'année 1812*, Paris-Bruxelles, Baudouin, 1825, 2 tomes.

SÉGUR (de) Philippe-Paul, *Histoire et mémoires*, Paris, Firmin-Didot, 1873, 7 tomes.

Souvenirs du commandant Parquin, édités par Jacques Jourquin, Paris, Tallandier, 1979.

STAËL (de) Germaine, *Considérations sur la Révolution française*, éditées par Jacques Godechot, Paris, Tallandier, 1983.

STAËL (de) Germaine, *Dix Années d'exil*, édité par Simone Balayé et Mariela Vianello Bonifacio, Paris, Fayard, 1996.

STENDHAL, *Œuvres intimes*, Paris, Gallimard, « Pléiade », 1955.

TALLEYRAND, *Mémoires 1754-1815*, édités par P.-L. et J.-P. Couchoud, Paris, Plon, 1982.

TERCIER Claude-Augustin, *Mémoires d'un chouan 1792-1802*, édités par Xavier du Boisrouvray, Paris, Tallandier, 1989.

THIBAUDEAU Antoine-Clair, *Mémoires sur le Consulat (1799-1804), par un ancien conseiller d'État*, Paris, Ponthieu, 1827.

THIBAUDEAU Antoine-Clair, *Mémoires de A.-C. Thibaudeau 1799-1815*, Paris, Plon, 1913, 2ᵉ éd.

TULARD Jean (éd.), *Napoléon à Sainte-Hélène*, Paris, Laffont, « Bouquins », 1981.

TUPINIER Jean-Marguerite, *Mémoires du baron Tupinier 1779-1850, directeur des ports et arsenaux (1779-1850)*, édités par Bernard Lutun, Paris, Éditions Desjonquières, 1994.

Une femme de diplomate. Lettres de Mme Reinhard à sa mère 1798-1815, traduites et publiées par la baronne de Wimpffen, Paris, Picard, 1900.

Un général hollandais sous le Premier Empire. Mémoires du général baron de Dedem de Gelder 1774-1825, Paris, Plon, 1900.

VOX Maximilien (éd.), *Correspondance de Napoléon. Six cents lettres de travail (1806-1810)*, Paris, Gallimard, 1943.

YORKE Henri Redhead, *Paris et la France sous le Consulat. Les hommes, les institutions, les mœurs*, Paris, Perrin, 1921

INSTRUMENTS DE TRAVAIL (DICTIONNAIRES, ATLAS, BIBLIOGRAPHIE)

BERGERON Louis et CHAUSSINAND-NOGARET Guy (dir.), *Grands notables du Premier Empire, notices de biographie sociale*, Paris, éd. du C.N.R.S., 1978-2000, 26 volumes parus.

BONIN Serge et LANGLOIS Claude (dir.), *Atlas de la Révolution française*, Paris, éd. de l'EHESS, 1987-1998, 10 volumes parus.

BOUET DU PORTAL (de) Marie-Christine, « Table générale de la *Revue de l'Institut Napoléon* 1938-1996 », *Revue de l'Institut Napoléon*, n° 174, 1997-1.

CALDWELL Ronald J., *The Era of Napoleon. A Bibliography of the History of Western Civilization 1799-1815*, New York-Londres, Garland Publishing, 1991, 2 tomes.

CHANDLER David G., *Dictionary of the Napoleonic Wars*, Londres, Arms and Armour Press, 1979.

HENRI-ROBERT Jacques, *Dictionnaire des diplomates de Napoléon*, Paris, Henri Veyrier et Kronos, 1990.

HORRICKS Raymond, *Napoleon's Elite*, New Brunswick (USA)-Londres, 1995.

JOURQUIN Jacques, *Dictionnaire des maréchaux de Napoléon*, Paris, Christian-Jas, 1999.

LENTZ Thierry, *Dictionnaire des ministres de Napoléon*, Paris, Christian-Jas, 1999.

PINAUD Pierre-François, *Les Receveurs généraux des Finances 1790-1815. Étude historique. Répertoires nominatif et territorial*, Genève, Droz, 1990.

QUINTIN Danielle et Bernard, *Dictionnaire des colonels de Napoléon*, Paris, SPM, 1996.

RÉVÉREND Albert, *Armorial du Premier Empire*, Paris, 1894-1897, rééd. 1972.

SIX Georges, *Dictionnaire biographique des généraux et amiraux français de la Révolution et de l'Empire*, Paris, 1934.

SZRAMKIEWICZ Romuald, *Les Régents et Censeurs de la Banque de France sous le Consulat et l'Empire*, Paris-Genève, Droz, 1974.

TODISCO Umberto, *Le Personnel de la Cour des comptes, 1807-1830*, Paris-Genève, Droz, 1969.

TULARD Jean (dir.), *Dictionnaire Napoléon*, Paris, Fayard, rééd. 1999.

TULARD Jean et *alii*, *Bibliographie critique des mémoires sur le Consulat et l'Empire*, Paris, Droz, rééd. 1991.

TULARD Jean et GARROS Louis, *Itinéraire de Napoléon au jour le jour, 1769-1821*, Paris, Tallandier, 1992.

OUVRAGES GÉNÉRAUX

« La France à l'époque napoléonienne », *Revue d'histoire moderne et contemporaine*, juillet-septembre 1970, t. 17.

BERGERON Louis, *L'Épisode napoléonien*, t. 1, *Aspects intérieurs 1799-1815*, Paris, Le Seuil, « Points », 1972.

BERTAUD Jean-Paul, *Le Consulat et l'Empire*, Paris, A. Colin, 1988.

BOUDON Jacques-Olivier, *Le Consulat et l'Empire*, Paris, Montchrestien, « Clefs Histoire », 1997.

FIERRO Alfred, PALLUEL-GUILLARD André et TULARD Jean, *Histoire et Dictionnaire du Consulat et de l'Empire*, Paris, Laffont, « Bouquins », 1995.

FURET François, *Les Révolutions 1770-1880*, Paris, Hachette, 1988.

GODECHOT Jacques, *L'Europe et l'Amérique à l'époque napoléonienne*, Paris, PUF, « Nouvelle Clio », 1967.

GODECHOT Jacques, *Les Institutions de la Révolution et de l'Empire*, Paris, PUF, rééd. 1990.

JESSENNE Jean-Pierre, *Révolution et Empire. 1783-1815*, Paris, Hachette, 1993.

LATREILLE André, *L'Ère napoléonienne*, Paris, A. Colin, 1972.

LEFEBVRE Georges, *Napoléon*, Paris, PUF, « Peuples et civilisations », rééd. 1969.

LENTZ Thierry, *Le Grand Consulat 1799-1804*, Paris, Fayard, 1999.

MCLYNN Franck, *Napoleon. A Biography*, Londres, Jonathan Cope, 1997.

MISTLER Jean (dir.), *Napoléon et l'Empire*, Paris, Hachette, 1968, 2 volumes.

SUTHERLAND Donald M. G., *Révolution et contre-révolution en France (1789-1815)*, Paris, Le Seuil, 1991.

TULARD Jean, *Les Révolutions (de 1789 à 1851), Histoire de France* (sous la direction de Jean FAVIER), t. IV, Paris, Fayard, 1984.

TULARD Jean, *Napoléon ou le mythe du sauveur*, Paris, Fayard, 1977, rééd. Pluriel, 1988.

VILLAT Louis, *La Révolution et l'Empire (1789-1815)*, t. 2, *Napoléon, 1799-1815*, Paris, PUF, « Clio », 1942.

HISTOIRE POLITIQUE, INSTITUTIONS, SOCIABILITÉ

AGULHON Maurice et *alii*, *Les Maires en France du Consulat à nos jours*, Paris, Publications de la Sorbonne, 1986.

AGULHON Maurice, *Le Cercle dans la France bourgeoise 1810-1848. Étude d'une mutation de sociabilité*, Paris, A. Colin, « Cahier des Annales », 1977.

ALEXANDER R. S., *Bonapartism and revolutionary tradition in France. The fédérés of 1815*, Cambridge, Cambridge University Press, 1991.

BASTID Paul, *Benjamin Constant et sa doctrine*, Paris, Armand Colin, 2 tomes, 1966.

BECK Thomas D., *French Legislators 1800-1834. A Study in Quantitative History*, Berkeley, University of California Press, 1974.

BERTAUD Jean-Paul, *1799. Bonaparte prend le pouvoir*, Bruxelles, Complexe, 1987.

BERTAUD Jean-Paul, *Bonaparte et le duc d'Enghien*, Paris, Laffont, 1972.

BESSON André, *Malet. L'homme qui fit trembler Napoléon*, Paris, éd. France-Empire, 1982.

BLOND Georges, *Les Cent-Jours*, Paris, Julliard, 1983.

BLUCHE Frédéric, *Le Bonapartisme. Aux origines de la droite autoritaire (1800-1850)*, Paris, N. E. L., 1980.

BLUCHE Frédéric, *Le Plébiscite des Cent-Jours (avril-mai 1815)*, Genève, Droz, 1974.

CABANIS André, *La Presse sous le Consulat et l'Empire*, Paris, Société des Études robespierristes, 1975.

CABANIS José, *Le Sacre de Napoléon*, Paris, Gallimard, rééd. Folio-Histoire, 1994.

CHAGNOLLAUD Dominique, *Le Premier des ordres. Les hauts fonctionnaires XVIIIe-XXe siècle*, Paris, Fayard, 1991.

COLLAVERI François, *La Franc-Maçonnerie des Bonaparte*, Paris, Payot, 1982 ; *Napoléon, empereur franc-maçon*, Paris, Tallandier, 1986.

CONRAD Olivier, *Le Conseil général du Haut-Rhin au XIXe siècle. Les débuts* *d'une collectivité territoriale et l'influence des notables dans l'administration départementale (1800-1870)*, Strasbourg, Presses universitaires de Strasbourg, 1998.

COPPOLANI Jean-Yves, *Les Élections en France à l'époque napoléonienne*, Paris, Albatros, 1979.

COSTE Laurent, *Le Maire et l'Empereur. Bordeaux sous le Premier Empire*, Bordeaux, Société archéologique et historique de Lignan, 1993.

ERLANNIG Even, *La Résistance bretonne à Napoléon Bonaparte 1799-1815*, Paris, Albatros-Duc, 1986.

FÉNÉANT Jacques, *Francs-maçons et sociétés secrètes en Val-de-Loire*, Chambray, CLD, 1986.

GAUBERT Henri, *Conspirateurs au temps de Napoléon Ier*, Paris, Flammarion, 1962.

GEORGE Jocelyne, *Histoire des maires 1789-1939*, Paris, Plon, 1989.

GODECHOT Jacques, *La Contre-Révolution 1789-1804*, Paris, PUF, rééd., 1984.

GODECHOT Jacques, *Le Comte d'Antraigues*, Paris, Fayard, 1986.

GUSDORF Georges, *La Conscience révolutionnaire. Les Idéologues*, Paris, Payot, 1978.

HALPÉRIN Jean-Louis, « La composition du Corps législatif sous le Consulat et l'Empire : de la notabilité révolutionnaire à la notabilité impériale », *Revue de l'Institut Napoléon*, 1985, 1, n° 144, p. 37-57.

HALPÉRIN Jean-Louis, *L'Impossible Code civil*, Paris, PUF, « Histoires », 1992.

HAMON Léo (dir.), *Les Cent-Jours dans l'Yonne. Aux origines du bonapartisme libéral,* Paris, éd. de la MSH, 1988.

La Cour des comptes, Histoire de l'administration française, Paris, éd. du CNRS, 1984.

LANGERON Roger, *Un conseiller secret de Louis XVIII, Royer-Collard*, Paris, Hachette, 1956.

LANGLOIS Claude, « Napoléon Bonaparte plébiscité ? », *in L'Élection du chef de l'État en France de Hugues Capet à nos jours*, Paris, Beauchesne, 1988, p. 81-93.

LANGLOIS Claude, « Le Plébiscite de l'an VIII ou le coup d'État du 18 pluviôse an VIII », *Annales historiques de la Révolution française*, 1972, p. 43-65, 231-246 et 391-415.

LE BASTARD DE VILLENEUVE Pierre, *Le Vrai Limolean*, Paris, Beauchesne, 1984.

Le Conseil d'État, son histoire à travers les documents d'époque, 1799-1974, Histoire de l'administration française, Paris, éd. du CNRS, 1974.

Les préfets en France (1800-1940), Genève, Droz, 1978.

LIGOU Daniel (sous la direction de), *Histoire des francs-maçons en France*, Toulouse, Privat, 1981.

LYONS Martyn, *Napoleon Bonaparte and the Legacy of the French Revolution*, Londres, Macmillan, 1994.

MANSEL Philip, *La Cour sous la Révolution, l'exil et la Restauration 1789-1830*, Paris, Tallandier, 1989.

MARAIS Jean-Luc, *Les Sociétés d'hommes. Histoire d'une sociabilité du XVIIIe siècle à nos jours, Anjou, Maine, Touraine*, La Sotellerie, éd. Y. Davy, 1986.

MARGERIT Robert, *Waterloo*, Paris, Gallimard, 1984.

Peyrard Christine, *Les Jacobins de l'Ouest. Sociabilité révolutionnaire et formes de politisation dans le Maine et la Basse-Normandie (1789-1799)*, Paris, Publications de la Sorbonne, 1996.

Regaldo Marc, *Un milieu intellectuel : la Décade philosophique 1794-1807*, Lille, Service de reproduction des thèses, 1976, 5 tomes.

Rigotard Jacques, *La Police parisienne de Napoléon*, Paris, Tallandier, 1990.

Saunier Éric, *Révolution et Sociabilité en Normandie au tournant des XVIIIe et XIXe siècles. Six mille francs-maçons de 1740 à 1830*, Rouen, PUR, 1999.

Sénié Jean, « Le Consulat et l'Empire (1799-1815) », *in Histoire du ministère de l'Intérieur de 1790 à nos jours*, Paris, La Documentation française, 1993, p. 31-57.

Soulet Jean-François, *Les Premiers Préfets de Hautes-Pyrénées (1800-1814)*, Paris, Société des Études robespierristes, 1965.

Sydenham Michael J., « The Crime of 3 Nivôse (24 december 1800) », *in* J.-F. Bosher, *French Government and Society 1500-1850. Essays in memory of Alfred Cobban*, Londres, The Athlone Press University of London, 1973, p. 295-320.

Thiry Jean, *Le Sénat de Napoléon (1800-1814)*, Paris, Berger-Levrault, 1949.

Tulard Jean, *Le 18-Brumaire. Comment terminer une révolution*, Paris, Perrin, 1999.

Tulard Jean, *Napoléon. Jeudi 12 octobre 1809. Le jour où Napoléon faillit être assassiné*, Paris, J.-C. Lattès, 1994.

Tulard Jean, *Paris et son administration (1800-1830)*, Paris, Ville de Paris, 1976.

Vandal Albert, *L'Avènement de Bonaparte*, t. I, *La Genèse du Consulat, Brumaire, la Constitution de l'an VIII*, Paris, Plon, 1902, t. II, *La République consulaire 1800*, Paris, Plon, 1907.

Vidalenc Jean, « L'opposition sous le Consulat et l'Empire », *Annales historiques de la Révolution française*, t. XL, 1968, p. 472-488.

Villefosse (de) Louis et Bouissounouse Janine, *L'Opposition à Napoléon*, Paris, Flammarion, 1969.

Vimont Jean-Claude, *La Prison politique en France. Genèse d'un mode d'incarcération spécifique XVIIIe-XXe siècles*, Paris, Anthropos, 1993.

Vovelle Michel, *Théodore Desorgues ou la désorganisation, Aix-Paris, 1763-1808*, Paris, Le Seuil, 1985.

Whitcomb Edward A., « Napoleon's Prefects », *The American Historical Review*, vol. 79, 1974, p. 1089-1118.

Woloch Isser, *Jacobin Legacy. The Democratic Movement Under the Directory*, Princeton University Press, 1970.

Zieseniss Charles Otto, *Napoléon et la cour impériale*, Paris, Tallandier, 1980.

ÉCONOMIE ET SOCIÉTÉ

Agulhon Maurice, *La Vie sociale en Provence au lendemain de la Révolution*, Paris, Société des Études robespierristes, 1970.

AGULHON Maurice, *Une ville ouvrière au temps du socialisme utopique. Toulon de 1815 à 1851*, Paris/La Haye, Mouton, 1970.

BERGERON Louis et CHAUSSINAND-NOGARET Guy, *Les « masses de granit ». Cent mille notables du Premier Empire*, Paris, éd. de l'EHESS, 1979.

BERGERON Louis, *Banquiers, négociants et manufacturiers à Paris*, Paris, Mouton, 1978, rééd. 2000.

BOURGUET Marie-Noëlle, *Déchiffrer la France. La statistique départementale à l'époque napoléonienne*, Paris, Éditions des archives contemporaines, 1989.

BRELOT Caude-Isabelle (dir.), *Noblesses et villes (1780-1850)*, Tours, Université de Tours, Maison des sciences de la ville, 1995.

BRELOT Caude-Isabelle, *La Noblesse en Franche-Comté de 1789 à 1808*, Paris, Les Belles-Lettres, 1972.

BRELOT Caude-Isabelle, *La Noblesse réinventée. Nobles de Franche-Comté de 1814 à 1870*, Paris, Les Belles Lettres, 1992, 2 tomes.

CHATELAIN Abel, *Les Migrants temporaires en France de 1800 à 1914*, Lille, Publications de l'Université de Lille III, 1976, 2 tomes.

CHAUSSINAND-NOGARET Guy, *Une histoire des élites (1700-1848)*, Paris/La Haye, Mouton, 1975.

CLAUSE Georges, *Le Département de la Marne sous le Consulat et l'Empire (1800-1815)*, Lille, Atelier de reproduction des thèses de l'université de Lille III, 2 volumes, 1983.

COBB Richard, *La Protestation populaire en France, 1789-1820*, Paris, Calmann-Lévy, 1975.

CROUZET François, *La Grande Inflation. La monnaie en France de Louis XVI à Napoléon*, Paris, Fayard, 1993.

DELSALLE Paul, *La Brouette et la navette. Tisserands et fabricants dans la région de Roubaix (Ferrain, Mélantois, Pévèle), 1800-1848*, Dunkerque, éd. des Beffrois, 1985.

DEWERPE Alain et GAULUPEAU Yves, *La Fabrique du prolétaire. Les ouvriers de la manufacture d'Oberkampf à Jouy-en-Josas, 1760-1815*, Paris, Presses de l'ENS, 1990.

DUBY Georges (dir.), *Histoire de la France urbaine*, t. 4, *La Ville de l'âge industriel*, Paris, Le Seuil, 1983.

DUBY Georges et WALLON Armand (dir.), *Histoire de la France rurale*, t. III, Paris, Le Seuil, 1976.

DUPÂQUIER Jacques (dir.), *Histoire de la population française*, t. 3, *De 1789 à 1914*, Paris, PUF, 1988.

DUPRAT Catherine, *Le Temps des philanthropes. La philanthropie parisienne des Lumières à la monarchie de Juillet*, t. 1, Paris, éd. du CTHS, 1993.

FARCY Jean-Claude, *Les Paysans beaucerons au XIXᵉ siècle*, Chartres, Société archéologique d'Eure-et-Loir, 1989, 2 tomes.

FIGEAC Michel, *Destins de la noblesse bordelaise (1770-1830)*, Bordeaux, Fédération historique du Sud-Ouest, 1996, 2 tomes.

GARRIER Gilbert, *Paysans du Beaujolais et du Lyonnais 1800-1970*, Grenoble, Presses universitaires de Grenoble, 1973, 2 tomes.

GAVIGNAUD Geneviève, *Propriétaires-viticulteurs en Roussillon. Structures, conjonctures, société XVIIIᵉ-XXᵉ siècles*, Paris, Publications de la Sorbonne, 1983, 2 tomes.

GAYOT Gérard, *Les Draps de Sedan 1646-1870*, Paris, éd. de l'EHESS, 1998.

HAU Michel, *L'Industrialisation de l'Alsace (1803-1939)*, Strasbourg, Publications des universités, 1987.

JESSENNE Jean-Pierre, *Pouvoir au village et Révolution. Artois 1760-1848*, Lille, Presses Universitaires de Lille, 1987.

La statistique en France à l'époque napoléonienne, Paris, Jean Touzot, 1980.

LENTZ Thierry et IMHOFF Denis, *La Moselle et Napoléon. Étude d'un département sous le Consulat et l'Empire*, Metz, éd. Serpenoise, 1986.

LHOTE Jean, *Aspects de la population de Metz sous le Consulat et l'Empire*, Nancy, Presses universitaires de Nancy-éd. Serpenoise, 1990.

MONNIER Raymonde, *Le Faubourg Saint-Antoine, 1789-1815*, Paris, Société des Études robespierristes, 1981.

MOULIN Annie, *Les Paysans dans la société française de la Révolution à nos jours*, Paris, Le Seuil, « Points », 1988.

NOIRIEL Gérard, *Les Ouvriers dans la société française XIXᵉ-XXᵉ siècle*, Paris, Le Seuil, « Points », 1986.

PALLUEL-GUILLARD André, *L'Aigle et la Croix. Une fusion manquée : Genève et la Savoie 1798-1815*, Saint-Gingolph, Cabédita, 1999.

PETITEAU Natalie, *Élites et mobilité : la noblesse d'Empire au XIXᵉ siècle*, Paris, Boutique de l'Histoire, 1997.

PIGENET Michel, *Les Ouvriers du Cher (fin XVIIIᵉ siècle-1914). Travail, espace et conscience sociale*, Paris, Institut CGT d'histoire sociale, 1990.

PROCACCI Giovanna, *Gouverner la misère. La question sociale en France 1789-1848*, Paris, Le Seuil, « L'Univers historique », 1993.

SEWELL William H., *Gens de métier et révolutions. Le langage du travail de l'Ancien Régime à 1848*, Paris, Aubier, 1983.

SOBOUL Albert, *La Civilisation de la Révolution française*, Paris, Arthaud, t. 3, 1983.

SUISSA Jean-Luc, *Le Département de l'Eure sous le Consulat et l'Empire (1799-1815)*, Évreux, Association normande de documentation et d'information culturelles, 1983.

TERRIER Didier, *Les Deux Ages de la proto-industrie. Les tisserands du Cambrésis et du Saint-Quentinois 1730-1880*, Paris, éd. de l'EHESS, 1996.

THUILLIER Guy, *La Monnaie en France au début du XIXᵉ siècle*, Genève, Droz, 1983.

THUILLIER Guy, *La Réforme monétaire de l'an XI. La création du franc germinal*, Paris, Comité pour l'Histoire économique et financière de la France, 1993.

TULARD Jean, *La Vie quotidienne des Français sous Napoléon*, Paris, Hachette, 1978.

TULARD Jean, *Napoléon et la noblesse d'Empire*, Paris, Tallandier, 1979.

TULARD Jean, *Paris sous le Consulat et l'Empire*, Nouvelle Histoire de Paris, Paris, Hachette, 1970.

VIVIER Nadine, *Le Briançonnais rural aux XVIIIᵉ et XIXᵉ siècles*, Paris, L'Harmattan, 1992.

WILLARD Claude (dir.), *La France ouvrière*, t. 1, *Des origines à 1920*, Paris, Éditions Sociales, 1993.

WORONOFF Denis, *L'Industrie sidérurgique en France pendant la révolution et l'Empire*, Paris, éd. de l'EHESS, 1984.

RELIGION, ÉDUCATION, ART ET CULTURE

BECKER Jean-Jacques et WIEVIORKA Annette, *Les Juifs de France de la Révolution à nos jours*, Paris, éd. Liani, 1998.

BLOT Thierry, *Reconstruire l'Église après la Révolution. Le diocèse de Bayeux*, Paris, éd. du Cerf, 1997.

BOUDON Jacques-Olivier, « Les élites ecclésiastiques à la fin du Premier Empire : les vicaires généraux de 1813 », *Revue historique*, avril-juin 1994, t. 265, 2, p. 265-297.

BOUDON Jacques-Olivier, *L'Épiscopat français à l'époque concordataire (1802-1905)*, Paris, éd. du Cerf, 1996.

BROOKER Anita, *Jacques-Louis David*, Paris, Armand Colin, 1990.

CHALINE Jean-Pierre, *Sociabilité et érudition. Les sociétés savantes en France XIXe-XXe siècles*, Paris, éd. du CTHS, 1995.

DELACROIX Simon, *La Réorganisation de l'Église de France après la Révolution 1801-1809*, t. 1, *Les Nominations d'évêques et la liquidation du passé*, Paris, éd. du Vitrail, 1962.

DIDIER Béatrice, *La Littérature sous le Consulat et l'Empire*, Paris, PUF, « Que sais-je ? », 1993.

FURET François et OZOUF Jacques, *Lire et écrire. L'alphabétisation des Français de Calvin à Jules Ferry*, Paris, éd. de Minuit, 1980-1982, 2 tomes.

GODEL Jean, *La Reconstruction concordataire dans le diocèse de Grenoble après la Révolution (1802-1809)*, Grenoble, 1968.

HUBERT Gérard, *La Sculpture dans l'Italie napoléonienne*, Paris, 1964.

KRAKOVITCH Odile, « La censure théâtrale sous le Premier Empire (1800-1815) », *Revue de l'Institut Napoléon*, 1992, n° 158-159, p. 9-105.

LANGLOIS Claude, « Philosophe sans impiété et religieux sans fanatisme. Portalis et l'idéologie du système concordataire », *Ricerche di Storia Sociale e Religiosa*, 15-16, 1979, p. 37-57.

LANGLOIS Claude, « Religion et politique dans la France napoléonienne : un essai de réévaluation », *Christianisme et pouvoirs politiques de Napoléon à Adenauer*, Paris/Lille, Université de Lille III/Éditions universitaires, 1974, p. 13-37.

LANGLOIS Claude, *Le Catholicisme au féminin. Les congrégations féminines à supérieure générale au XIXe siècle*, Paris, éd. du Cerf, 1984.

LANGLOIS Claude, *Le Diocèse de Vannes 1800-1830*, Paris, Klincksieck, 1974.

LATREILLE André, *Le Catéchisme impérial de 1806. Études et documents pour servir à l'histoire des rapports de Napoléon et du clergé concordataire*, Paris, Les Belles Lettres, 1935.

LATREILLE André, *L'Église catholique et la Révolution française*, t. 2, *1799-1815*, Paris, éd. du Cerf, rééd. 1970.

LENIAUD Jean-Michel, *L'Administration des cultes pendant la période concordataire*, Paris, NEL, 1988.

MARTIN Henri-Jean et CHARTIER Roger (dir.), *Histoire de l'édition française*, t. 2, *Le Livre triomphant*, Paris, Promodis, 1984

BIBLIOGRAPHIE

MAYEUR Françoise, *Histoire générale de l'enseignement et de l'éducation en France* (sous la direction de L.-H. PARIAS), t. 3, *De la Révolution à l'école républicaine*, Paris, Nouvelle Librairie de France, 1981.

MAYEUR Jean-Marie *et alii* (dir.), *Histoire du christianisme*, t. 10, *Les Défis de la modernité (1750-1840)*, sous la responsabilité de Bernard PLONGE-RON, Paris, Desclée, 1997.

MONGRÉDIEN Jean, *Jean-François Le Sueur : contribution à l'étude d'un demi-siècle de musique française (1780-1830)*, Berne-Francfort, Peter Lang, 1980, 2 tomes.

MONGRÉDIEN Jean, *La Musique en France des Lumières au romantisme*, Paris, Flammarion, 1986.

PEROUAS Louis et D'HOLLANDER Paul, *La Révolution : une rupture dans le christianisme ? Le cas du Limousin (1775-1822)*, Treignac, éd. Les Monédières, 1988.

PLONGERON Bernard (dir.), *Pratiques religieuses dans l'Europe révolution-naire (1770-1820)*, Paris, Brépols, 1988.

ROBERT Daniel, *Les Églises réformées en France, 1800-1830*, Paris-Genève, Droz-Minard, 1961.

ROBERT Daniel, *Textes et documents relatifs à l'histoire des Églises réfor-mées en France (période 1800-1830)*, Paris-Genève, Droz-Minard, 1962.

SCHNAPPER Antoine, *David, témoin de son temps*, Fribourg-Paris, Office du Livre-Bibliothèque des arts, 1980.

SCHNEIDHAUER Marcel, *Les Églises luthériennes en France 1800-1815, Alsace, Montbéliard, Paris*, Strasbourg, éd. Oberlin, 1975.

SCHWARZFUCHS Simon *The Jews, Napoleon and the Sanhedrin*, Londres-Boston, Henley-Routledge and K, 1979.

BIOGRAPHIES

ANTONETTI Guy, *Louis-Philippe*, Paris, Fayard, 1995.

ARJUZON (d') Antoine, *Castlereagh ou le défi à l'Europe de Napoléon*, Paris, Tallandier, 1995.

BARTON Dunbar Plunket, *Bernadotte*, Paris, Payot, rééd. 1983.

BERGEROT Bernard, *Daru, intendant général de la Grande Armée*, Paris, Tallandier, 1991.

BERGEROT Bernard, *Le Maréchal Suchet, duc d'Albuféra*, Paris, Tallandier, 1986.

BERTIER DE SAUVIGNY Guillaume, *Ferdinand de Bertier et l'énigme de la Congrégation*, Paris, 1949.

BERTIER DE SAUVIGNY Guillaume, *Metternich*, Paris, Fayard, 1986.

BREDIN Jean-Denis, *Sieyès. La clé de la Révolution française*, Paris, éd. de Fallois, 1988.

CHEVALIER Bernard et PINCEMAILLE Christian, *L'Impératrice Joséphine*, Paris, Payot, rééd. 1996.

COUTURAUD Laurence, *Augereau. L'enfant maudit de la gloire*, Paris, Kronos, 1990.

DENIS Antoine, *Amable-Guillaume-Prosper Bruguière baron de Barante (1782-1866). Homme politique, diplomate et historien*, Paris, Champion, 2000.

DHOMBRES Jean et Nicole, *Lazare Carnot*, Paris, Fayard, 1997.

DUPONT Maurice, *L'Amiral Wuillaumez*, Paris, Tallandier, 1987.

DUPONT Maurice, *L'Amiral Decrès et Napoléon*, Paris, Économica, 1991.

GIROD DE L'AIN Gabriel, *Joseph Bonaparte. Le roi malgré lui*, Paris, Librairie Académique Perrin, 1970.

GOTTERI Nicole, *Claude Petiet, ministre de la Guerre, intendant général de la Grande Armée et ses fils Alexandre, Auguste et Sylvain*, Paris, éd. SPM, 1999.

GOTTERI Nicole, *Soult, maréchal d'Empire et homme d'État*, Besançon, éd. La Manufacture, 1991.

LABOULAYE-LESAGE Isabelle, *Lectures et pratiques de l'espace. L'itinéraire de Coquebert de Montbret, savant et grand commis d'État (1755-1831)*, Paris, Champion, 1999.

LACOUR-GAYET Georges, *Talleyrand*, Paris, Payot, rééd. 1990.

LATREILLE André, *L'Ambassade du cardinal Fesch à Rome*, Paris, Alcan, 1935.

LE BOZEC Christine, *Boissy d'Anglas. Un grand notable libéral*, Privas, Fédération des Œuvres laïques de l'Ardèche, 1995.

LENTZ Thierry, *Roederer 1754-1835,* Metz, éd. Serpenoise, 1989.

LENTZ Thierry, *Savary. Le séide de Napoléon (1774-1833)*, Metz, éd. Serpenoise, 1993.

MADELIN Louis, *Fouché*, Paris, Plon, 1901.

MARTINEAU Gilbert, *Lucien Bonaparte, prince de Canino*, Paris, Tallandier, 1989.

MASSIE Michel, *Le Troisième Consul. Roger Ducos*, Biarritz, J. et D. Éditions, 1992.

MELCHIOR-BONNET Bernardine, *Jérôme Bonaparte ou l'envers de l'épopée*, Paris, Perrin, 1979.

PERONNET Michel (dir.), *Chaptal*, Toulouse, Privat, 1988.

PERRIN Éric, *Le Maréchal Ney*, Paris, Perrin, 1993.

PERRIN DE BOUSSAC Henri, *Un témoin de la Révolution et de l'Empire. Charles-Jean-Marie Alquier (1752-1826)*, La Rochelle, Rumeur des Ages, 1983.

PINAUD Pierre-François, *Cambacérès*, Paris, Perrin, 1995.

TAILLEMITE Étienne, *La Fayette*, Paris, Fayard, 1989.

TULARD Jean, *Joseph Fiévée*, Paris, Fayard, 1986.

TULARD Jean, *Murat*, Paris, Fayard, 1999.

TULARD Jean, *Napoléon II*, Paris, Fayard, 1992.

TULARD Jean, *Napoléon et Rouget de l'Isle*, Paris, Hermann, 2000.

WOLFF Jacques, *Le Financier Ouvrard*, Paris, Tallandier, 1992

ARMÉE

BALDET M., *La Vie quotidienne dans les armées de Napoléon*, Paris, Hachette, 1964.

BERTAUD Jean-Paul et SERMAN William, *Nouvelle histoire militaire de la France*, t. 1, *1789-1919*, Paris, Fayard, 1998.

BLOND Georges, *La Grande Armée*, Paris, Laffont, 1979.

CHANDLER David G., *The Campaigns of Napoleon*, Londres, Weidenfeld et Nicholson, 1966, rééd. 1995 ; *On the Napoleonic Wars. Collected Essays*, Londres, Greenhill Books, 1994.

Corvisier André (dir.), *Histoire militaire de la France*, t. 2, Paris, PUF, 1992.

Crépin Annie, *La Conscription en débat ou le triple apprentissage de la Nation, de la citoyenneté, de la République (1798-1889)*, Arras, Artois Presses Université, 1998.

Dupont Maurice, *Les Flottilles côtières de Pierre le Grand à Napoléon*, Paris, Économica, 2000.

Elting John R., *Swords around a Throne. Napoleon's Grande Armee*, Londres, Weidenfeld and Nicholson, 1988.

Forrest Alan, *Déserteurs et insoumis sous la Révolution et l'Empire*, Paris, Perrin, 1988.

Gates David, *The Napoleonic Wars 1803-1815*, Londres-New York, Arnold, 1997.

Houdaille Jacques, « Les officiers de la Grande Armée (an XII-1814) : étude par sondage au centième », *Revue de l'Institut Napoléon*, 1968, n° 108, p. 109-117 ; « Étude par sondage au millième des troupes de l'Empire (1803-1814) », *ibid.*, 1969, n° 113, p. 223-236 ; « Le problème des pertes de guerre », *Revue d'Histoire moderne et contemporaine*, juillet-septembre 1970, p. 411-423 ; « Pertes de l'armée de terre sous le Premier Empire d'après les registres matricules », *Population*, vol. 27, 1972, p. 27-50.

Lemaire Jean-François, *Coste, Premier médecin des armées de Napoléon*, Paris, Stock, 1997.

Lemaire Jean-François, *Les Blessés dans les armées napoléoniennes*, Paris, SPM, Lettrage, 1999.

Morvan Jean, *Le Soldat impérial (1800-1814)*, Paris, Plon, 1904, 2 tomes, rééd. Teissèdre, 1999.

Petiteau Natalie, « Les vétérans du Premier Empire : un groupe socio-professionnel oublié », *Cahiers d'histoire*, 1998, n° 1, p. 25-45.

Quoy-Bodin Jean-Luc, *L'Armée et la franc-maçonnerie, au déclin de la monarchie, sous la Révolution et l'Empire*, Paris, Edic/Economica, 1987.

Woloch Isser, *The French Veteran from the Revolution to the Restoration*, University of North California Press, 1979.

CONSTRUCTION DU MYTHE ET ESSOR DE LA LÉGENDE

Boudon Jacques-Olivier, « Grand homme ou demi-dieu ? La mise en place d'une religion napoléonienne », *Romantisme*, n° 100, 1998, p. 131-141 ; *Napoléon à Saint-Hélène. De l'exil à la légende*, Montréal, Fides, 2000.

Ganière Paul, *Napoléon à Sainte-Hélène*, Paris, Perrin, rééd. 1998.

Jourdan Annie, *Napoléon, héros, imperator, mécène*, Paris, Aubier, 1998.

Lucas-Lebreton Jean, *Le Culte de Napoléon (1815-1848)*, Paris, Albin Michel, 1960.

Martineau Gilbert, *Le Retour des cendres*, Paris, Tallandier, 1990.

Ménager Bernard, *Les Napoléon du peuple*, Paris, Aubier, 1988.

Petiteau Natalie, *Napoléon, de la mythologie à l'histoire*, Paris, Le Seuil, 1999.

Tulard Jean (dir.), *Histoire de Napoléon par la peinture*, Paris, Belfond, 1991.

TULARD Jean, *L'Anti-Napoléon. La légende noire de l'empereur*, Paris, Julliard, « Archives », 1965.

TULARD Jean, *Le Mythe de Napoléon*, Paris, A. Colin, 1971.

TULARD Jean, *Napoléon. Le pouvoir, la nation, la légende*, Paris, Le Livre de Poche, 1997.

LA FRANCE, L'EUROPE ET LE MONDE

AYMES Jean-René, *La Déportation sous le Premier Empire. Les Espagnols en France (1808-1814)*, Paris, Publications de la Sorbonne, 1983.

AYMES Jean-René, *La Guerre d'indépendance espagnole (1808-1814)*, Paris, Bordas, 1973.

BENOT Yves, *La Démence coloniale sous Napoléon*, Paris, La Découverte, 1992.

BERCÉ Yves-Marie, « Société et police dans l'Ombrie napoléonienne », *Annales historiques de la Révolution française*, 1975, p. 231-252.

BERCÉ Yves-Marie (dir.), *La Fin de l'Europe napoléonienne*, Paris, Khronos, 1988.

BERDING Helmut, *Napoleonische Herrschafts une Gesellschaftspolitik im Königreich Westphalien 1807-1813*, Göttingen, Vandenhoeck & Ruprecht, 1973.

BERDING Helmut, FRANÇOIS Étienne et ULMANN Hans-Peter (dir.), *La Révolution, la France et l'Allemagne. Deux modèles opposés de changement social ?* Paris, éd. de la MSH, 1989.

BONNEL Ulane, *La France, les États-Unis et la guerre de course (1797-1815)*, Paris, 1961.

CASAGLIA Gerardo, *Le Partage du monde. Napoléon et Alexandre à Tilsit*, Paris, SPM, 1998.

CROUZET François, *De la supériorité de l'Angleterre sur la France : l'économique et l'imaginaire XVIIe-XXe siècles*, Paris, Perrin, 1985.

CROUZET François, *L'Économie britannique et le Blocus continental*, Paris, Économica, rééd. 1987.

DROZ Jacques, *Le Romantisme allemand et l'État. Résistance et collaboration dans l'Allemagne napoléonienne*, Paris, Payot, 1966.

DUFRAISSE Roger et KERAUTRET Michel, *La France napoléonienne. Aspects extérieurs 1799-1815*, Paris, Le Seuil, « Points », 1999.

DUFRAISSE Roger, *L'Allemagne à l'époque napoléonienne. Questions d'histoire politique, économique et sociale*, Bonn-Berlin, Bouvier Verlag, 1992.

DUFRAISSE Roger, « Régime douanier, blocus et système continental », *Revue d'histoire économique et sociale*, 1966.

DUNAN Marcel, *Le Système continental et les débuts du royaume de Bavière*, Paris, 1943.

ELLIS Geoffrey, *Napoleon's Continental Blockade : The Case of Alsace*, Oxford, Clarendon Press, 1981.

FILIPPINI Jean-Philippe, « Les Livournais et l'occupation française sous le Premier Empire », *Annales historiques de la Révolution française*, 1975, p. 201-230.

LAURENS Henry (dir.), *L'Expédition d'Égypte 1798-1801. Bonaparte et l'islam. Le choc des cultures*, Paris, Armand Colin, 1989.

LOVIE Jacques et PALLUEL-GUILLARD André, *L'Épisode napoléonien*, t. 2, *Aspects extérieurs 1799-1815*, Paris, Le Seuil, « Points », 1972.

MURAT Inès, *Napoléon et le rêve américain*, Paris, Fayard, 1976.

NIEUWAZNY Andrzej, « L'administration du duché de Varsovie sous l'occupation russe 1813-1815 », *Revue de l'Institut Napoléon*, n° 177, 1998-2, p. 27-47.

SARRAMON Jean, *La Bataille de Vitoria : la fin de l'aventure napoléonienne en Espagne*, Paris, J.-C. Bailly, 1985.

SMETS J., *Les Pays rhénans (1794-1814) : le comportement des Rhénans face à l'occupation française*, Bern-Berlin, Lang, 1997.

TULARD Jean (dir.), *L'Europe au temps de Napoléon*, Le Coteau, Horvath, 1989.

TULARD Jean, *Le Grand Empire 1804-1815*, Paris, Albin Michel, 1982.

WOLFF Stuart, *Napoléon et la conquête de l'Europe*, Paris, Flammarion, 1990.

ZIESENISS Charles-Otto, *Le Congrès de Vienne*, Paris, Belfond, 1984.

ZYLBERBERG Michel, *Une si douce domination. Les milieux d'affaires français et l'Espagne vers 1780-1808*, Paris, Comité pour l'Histoire économique et financière de la France, 1993.

INDEX

497

TABLE

DEUXIÈME PARTIE

LA NAISSANCE D'UNE MONARCHIE
(1804-1809)

TABLE

collection tempus
Perrin

DÉJÀ PARU

Imprimé en France sur Presse Offset par
BRODARD ET TAUPIN
La Flèche (Sarthe), le 17-11-2004
pour le compte des Éditions Perrin
76, rue Bonaparte
Paris 6ᵉ
Nᵒ d'imprimeur : 27015 – Dépôt légal : février 2003
Nᵒ d'édition : 1771